죽음을 넘어

이 책의 저본은 鄭岩,『逝者的面具—汉唐墓葬艺术研究』(北京大学出版社, 2013)로,
한국어판 저작권은 저자 鄭岩과 독점 계약한 知와사랑 출판사에 있습니다.

죽음을 넘어

죽은 자와 산 자의 욕망이 교차하는
중국 고대 무덤의 세계

초판인쇄 2019. 12. 2
초판발행 2019. 12. 9

지은이 정옌 | 옮긴이 소현숙
펴낸이 김광우 | 편집 문혜영, 이정주 | 디자인 한윤아 | 마케팅 권순민, 박장희
펴낸곳 知와 사랑 | 주소 경기도 고양시 일산동구 중앙로 1275번길 38-10, 1504호
전화 (02)335-2964 | 팩스 (031)901-2965 | 홈페이지 www.jiwasarang.co.kr
등록번호 제2011-000074호 | 등록일 1999. 1. 23
인쇄 동화인쇄

이 도서의 국립중앙도서관 출판시도서목록(CIP)은 서지정보유통지원시스템
홈페이지(http://seoji.nl.go.kr)와 국가자료공동목록시스템(http://www.nl.go.kr/kolisnet)
에서 이용하실 수 있습니다.(CIP제어번호: CIP 2019043149)

ISBN 978-89-89007-89-0 (93910)
값 35,000원

죽음을
넘어

죽은 자와
산 자의 욕망이
교차하는

중국
고대 무덤의
세계

정옌 지음
소현숙 옮김

知와 사랑

일러두기

· 중국 지명과 고대 인명은 한자음으로 표기했다.
  다만, 근대 이후의 인명은 국립국어원의 외래어 표기법 및 표기 용례를 따랐다.

· 저자 주와 인용 출처는 각주로 표기했으며, 역자 주는 괄호 안에 넣었다. 참고문헌은 부록에서 한 번 더 밝혔다.

목차

중국 묘장미술의 태동

중국의 긴 역사에 비해 중국 대륙의 미술사 연구 역사는 매우 짧다. 1957년에 이르러 중앙미술학원中央美術學院에 미술사학과가 처음으로 개설되었으나 곧이어 문화대혁명이 발발하며 미술사는 부르조아지의 학문으로 치부되어 정체의 길을 걸었다. 중국 고대미술사는 오히려 구미歐美나 일본의 박물관과 대학 등에서 활발하게 연구되었다.

1970년대 말 중국의 개혁개방은 이런 학문적 흐름을 변화시키는 견인차 역할을 했다. 경제 개발의 바람과 함께 구제성 발굴이 증가했다. 여기에 대규모의 국가적 발굴 프로젝트가 겹치며 중국미술사 연구 대상이 폭발적으로 늘어났다. 체계적이고 과학적인 고고학적 발굴의 방식으로 새롭게 출토된 유물은 세계 각지의 미술관과 박물관에 흩어져 전시되던 이전의 유물과 달리 출처와 시대가 비교적 명확했다. 더욱 중요한 것은 유물이 유적의 전체적인 맥락 속에서 본연의 역사적 위치와 의미를 분명하게 드러낼 수 있게 되었다는 점이었다. 그 결과 미술사는 깊이와 다양성을 확보하여 보다 과학적인 학문으로 거듭날 수 있게 되었다.

발굴되어 세상에 나온 유물은 대부분 고분 출토품이다. 과거 중국의 무덤 출토품은 서양식 분류법에 따라 회화, 조각, 공예 등의 독립적인 영역으로 다뤄지며 본래의 맥락을 상실했다. 하지만 오늘날의 과학적인 발굴로 인해 학문적 사조가 변화했고, 고분건축과 장식벽화, 부장품은 시대적 환경과 문화적 맥락 속에서 연구되며 진정한 실체를 드러냈다. 이렇게 태동한 중국의 묘장미술 연구는 이제 하나의 연구 분과로 자리를 잡아가고 있다. 이런 흐름을 선두에서 주도하고 있는 학자가 본서의 저자인 중앙미술학원의 정옌 교수이다.

정옌 교수와는 2009년부터 서울과 베이징에서 몇 차례 만나며 학문세계를 나눠온 사이다. 특히 2013년 필자의 기획 아래 아시아뮤지엄연구소(AMI)와 국립중앙박물관이 공동으로 개최한 국제 학술심포지엄 '고려시대 포류수금문 나전향상螺鈿香箱 연구'에 정옌 교수가 발표자로 참여하면서 교류를 심화할 수 있었다. 같은 사회과학원 동학인 소현숙 박사의 노고로 중국 묘장미술사 연구의 진면목을 보여주는 그의 연구 성과를 국내 독자에게 알릴 수 있게 되어 매우 기쁘다. 중국 묘장미술사와 회화사 연구에서 드러나는 정옌 교수의 실험정신과 실천적 연구방법론이 한국 학자들에게 자극이 되길 바란다. 더불어, 그의 저술이 독자들에게 즐거운 지적 여행의 안내자가 될 것으로 기대한다.

김홍남

(이화여자대학교 미술사학과 명예교수, 전 국립중앙박물관 관장)

한국의
독자들에게

고고학과 미술사

우연히 발견된 옛 무덤들은 학술 연구에 매우 중요한 의미를 지닌다. 서진 태강 2년(281) 위魏나라 안리왕安釐王(?~기원전 243, 혹자는 위나라 양왕襄王으로 보기도 한다)의 무덤에서 도굴된 수십 부의 죽서竹書가 대표적인 사례로, 이것은 중국의 주요 고대 서적이 무덤에서 처음 발견된 경우다.[1] 북위의 역도원酈道元이 저술한 『수경주水經注』는 다량의 고분과 사당에 대해 기록하고 있어, 지금까지도 매우 중요한 사료적 가치를 지니고 있다.

신비한 고대 능묘는 사람들의 상상력을 불러일으켜 많은 소설들의 소재가 되었다.[2] 북송 이래로 금석학자들은 묘지墓誌와 묘비, 그리고 무덤과 유적으로부터 출토한 청동기와 옥기 등에 대해 심층적인 연구를 진행했고, 그 결과 풍부한 성과를 거두었다. 그러나 전체적으로 볼 때, 이런 작업들은 매우 분산적인 것이었다. 게다가 죽음에 대한 여러 금기 때문에 '무덤'은 중국 학계에서 명확한 연구대상이 되지 못했다.[3] 금석학자들은 옛 무덤에서 나온 유물들은 깊이 있게 연구했지

---

1 무덤의 도굴에 대해서는 王子今, 『中國盜墓史』, 北京: 中國廣播電視出版社, 1999을 참조.
2 관련연구로는 張玉蓮, 『古小說中的墓葬敘事研究』, 北京: 人民出版社, 2013이 있다. 이런 종류의 문학작품 가운데 가장 최근의 것으로는 현재 유행하는 『盜墓筆記』나 『鬼吹燈』같은 인터넷소설이 있다.
3 웃을 수도 울 수도 없는 사례로 송나라 철종 원우 연간(1086~1094) 조중홀(趙仲忽)이 진헌한 '주나라 문왕의 정[周文王鼎]'이 있다. 혹자는 이것이 폐허가 된 무덤에서 나온 것이므로 비난받아야 한다고 주장했다(王黼, 『重修宣和博古圖』 권2, 泊如齋重修, 明 萬曆 31년(1603) 刊本, 5쪽, Chinese-Japanese Library of Harvard Yenching Institute 소장).

만, 무덤 그 자체에는 주목하지 않았다. 근대에 고고학이 도입된 이후에야 비로소 과거의 상황이 변화했다.

20세기 초 근대고고학이 중국에 수용된 후부터 예술품과 문자자료 등의 '보물' 찾기 단계에서 벗어나 각종 재질의 유물과 이와 관련된 각종 정보를 체계적으로 다루는 단계로 발전했다. 중앙연구원中央硏究院이 1928년부터 1935년까지 실시한, 하남성 안양安陽 소재 은허殷墟에 대한 15차례의 발굴 목적은 단지 갑골문과 예술품을 찾아내는 데 국한되지 않았다. 은허에서 발견된 상商나라의 몇몇 대형무덤들은 이미 오래 전부터 수차례 도굴되었다. 그럼에도 불구하고 고고학자들은 이 무덤들을 과학적으로 발굴해 무덤의 완정完整한 평면, 무덤 형태 등의 정보를 획득함으로써 '묘장墓葬 제도' 연구에 중요한 자료를 제공해주었다. 1958년에서 1959년까지 진행된 섬서성 화음현華陰縣 횡진橫陣 유지의 앙소문화 매장구덩이에 대한 발굴 역시 성공적인 사례라 할 만하다. 이 무덤터에서 발견된 '커다란 구덩이에 소형 구덩이가 포함되어 있는' 세 개의 2차 합장合葬 유적은 선사시대 상장喪葬 풍속과 가족제도를 연구하는 데 중요한 자료가 되고 있다.[4]

전통적인 기물학器物學 연구 역시 체계적인 고고학 자료를 바탕으로 새로운 단계로 진입했다. 궈바오쥔郭寶鈞은 1981년 출간한 『상주시대 동기군의 종합연구商周銅器群綜合硏究』라는 책에서

---

4 中國社會科學院考古硏究所陝西工作隊, 「陝西華陰橫陣遺址發掘報告」, 『考古學集刊』 제4집, 北京: 中國社會科學出版社, 1984, pp.1-39.

'계표법界標法'을 주장했는데,[5] 이는 동기의 '군群'과 '조組'를 분류하고, 이를 동기가 출토된 무덤과 관련시킴으로써 상주시대 청동기 시대구분의 6개 지표를 확정한 것이다. 여기에 다시 주조기술, 기형器形, 문양, 명문銘文 등 네 측면에서 중국 청동문화를 6개의 발전단계로 나누고, 또한 예악기군禮樂器群의 조합에 착안하여 3개의 다른 시기를 구분해냈다. 이런 방법이 가능했던 것은 고고학자들이 이미 많은 무덤과 매장구덩이 발굴을 통해 하나의 세트를 이루는 청동기를 다수 출토했기 때문이었다. 박물관과 개인이 소장하고 있던 분산적인 기물을 중심으로 이뤄진 과거의 유형연구와 비교할 때, 이러한 연구는 보다 신뢰할 만하다고 하겠다. 더욱 중요한 것은 고고학계가 고대의 묘장제도 자체를 체계적이면서도 거시적으로 관찰하기 시작했다는 점이다.[6]

중국 고대 무덤의 고고학적 발굴. 그 의미는 자못 다채로운데, 미술사 역시 이로부터 많은 혜택을 입은 학문분야 가운데 하나다. 날로 풍부해지는 고고학적 자료들을 토대로 중국미술사는 시야가 넓어지고 심도를 더해갔다. 이 과정에서 고고학과 미술사의 두 학문이 밀접한 관계를 가지기 시작했다. 거시적으로 볼 때, 두 학문 사이의 상호연관을 주도한 것은 두 개의 기본적인 틀, 즉 '미술' 개념에 대한 이해와 중국의 '화학畫學' 전통이다.

유럽에서 기원하는 '미술fine arts'이라는 단어의 역사는 상당히 복잡하다.[7] 1568년 이탈리아의 조르조 바사리Giorgio Vasari(1511~1574)는 『미술가 열전Le Vite de' più eccellenti pittori, scultori, e architettori』의 제2판에서 회화와 조소, 그리고 건축을 하나의 전체로서 서술했으며, 이것들이 design[8]에서 유래한다고 했다. design이라는 단어에 대응하여 17세기 프랑스에서는 beaux-arts(미의 예술)라는 단어가 출현했다. 이는 회화, 조소, 건축을 포함할 뿐 아니라, 음악, 무용, 시 등의 예술형식도 아우르는 것이었다. 19세기에 이르러 이 프랑스 단어는 영어 'fine arts(또는 대문자로 시작하는 한 단어 Art)'로 대체되어 전 유럽과 미국에 영향을 미쳤는데, 이 글자의 의미는 '고급'예술과 비실용적인 시각예술에 한정되어 있었다. 이에 상응하여 이와 같은 '미술' 개념 위에서 통사류通史類의 서양미술사 저서들이 서술되었다. 한편, 예술의 순수화와 귀족화를 반대하는 과정에서 1918년 이후 독일에

5 　郭寶鈞, 『商周銅器群綜合研究』, 北京: 文物出版社, 1981.

6 　俞偉超, 「漢代諸侯王與列侯墓葬形制分析—兼論"周制", "漢制"與"晉制"的三階段性」, 『中國考古學會第一次年會論文集』, 北京: 文物出版社, 1979, pp.332-337; 王仲殊, 「中國古代墓葬概說」, 『考古』 1981년 제5기, pp.449-458.

7 　이 단어와 관련된 중국 내 논의는 다음 글들을 참고했다. 陳振濂, 「"美術"語源考—"美術"譯語引進史硏究」, 『美術硏究』 2003년 제4기, pp.60-71, 2004년 제1기, pp.14-23; 黃大德, 「"美術"硏究」, 『美術硏究』 2004년 제2기, pp.4-11; 邢莉·寧生, 「美術概念的形成—論西方"藝術"概念的發展和演變」, 『文藝硏究』 2006년 제4기, pp.105-115.

8 　範景中 主編, 『美術史的形狀: 從瓦薩里到20世紀20年代』, 杭州: 中國美術學院出版社, 2003, pp.22-31.

서 미술대학과 공예 및 설계학교를 하나로 통합해 20세기 미술대학의 기본적인 틀을 확립했다.[9]

미술이라는 단어는 20세기 초 일본을 통해 중국에 들어왔는데, 일본의 번역어가 그대로 사용되었다. 중국의 초기 신식미술학교는 학과 구분에서 기본적으로 서양과 일본의 방식을 따랐다. 비교적 이른 시기의 중국미술사 통사 교재 역시 서양과 일본의 영향을 받았고, 독자 역시 미술학교의 학생들로 한정되었다. 그리하여 중국미술사 관련 저술의 기본적인 틀은 서방의 전통적인 분류법을 따를 수밖에 없었다. 1957년 중국의 첫 미술사학과가 중앙미술학원中央美術學院에 개설됐는데, 이는 상술한 경향을 더욱 강화했다. 그 결과 원래 서양에서는 비교적 독립된 인문학과로 존재하던 미술사학이 특정 분야의 역사, 즉 '미술의 역사'처럼 되어버렸다.

전해 내려오는 작품[傳世品]에만 의존해서는 미술사 서술의 요구를 만족시키기 어려웠다. 이런 상황에서 고고학 자료들은 때마침 새로운 사료를 제공했다. 그 가운데 지상에 건설되어 비교적 보존이 잘된 석굴과 고건축을 제외하면, 고대 무덤과 유적에서 나온 것들이 가장 중요하다. 무덤은 인류가 신앙과 희망에 근거하여 의식적으로 만들어낸 매장으로, 일반적으로 도시나 촌락 등의 취락유적에 비해 보존이 잘 돼 있다. 무덤에서 출토된 장구葬具(관과 곽, 시상屍床 등 시체 안치와 관련된 물건들을 지칭: 역자 주), 부장품, 벽화는 물론, 무덤과 관련된 건축 자체도 기존의 '미술'이라는 틀, 즉 공예, 회화, 공예, 건축 등의 구분법에 따라 분류되었다. 그리고 출토된 묘지와 묘비, 간백簡帛 등은 서예사 연구의 대상이 되었다. 이와 같은 분류를 잘 보여주는 것이 1980년대 연속적으로 출판된 『중국미술전집中國美術全集』이다. 이 시리즈는 '회화편', '조소편', '공예미술편', '건축편' 등으로 분류했는데, 무덤에서 발견된 벽화, 화상석, 용俑, 청동기, 자기, 금은기 및 능원陵園과 사당, 묘실 등도 이 분류법에 따라 수록했다.

서양미술의 개념으로 중국예술의 역사를 볼 때, 이와 가장 잘 대응하는 것은 중국 고유의 '화학畫學'이다. 중국에서 오랜 기간 그려져 온 권축화卷軸畫는 휴대와 이동이 간편한데, 서양미술에서 논하는 회화류와 가장 유사하다. 중국회화는 늦어도 육조시기에 이르러 의식적으로 소장되거나 기록되었으며 임모되고 품평되곤 했다. 조각사와 건축사, 그리고 공예미술사 서적과 비교해보면 중국회화사 서적의 토대와 자료가 더욱 깊고 풍부하다. 그러나 중국회화에서 사용한 비단이나 종이는 무르고 약했기 때문에 초기회화 가운데 전해 내려오는 것이 매우 적다. 현존하는 작품 대부분은 송대 이후의 것이다. 당대唐代 회화의 실물도 매우 적은데, 그 이전의 작품이야 더할 나위가 없다. 그런 의미에서 무덤에서 출토된 벽화와 비단그림[帛畫], 여러 형식의 회화 및 석굴 속 벽

9 Nikolaus Pevsner, *Academies of Art, Past and Present*, Cambridge University Press, 1940. 이 글에서는 중국어 번역본인 佩夫斯納 著, 陳平 譯, 『美術學院的歷史』, 長沙: 湖南科學技術出版社, 2003, pp.203-241을 참조했다.

화는 매우 중요한 자료가 될 수밖에 없다. 현재 무덤에서 출토된 고고학적 자료를 기반으로 중국 회화사의 서술은 이미 신석기시대까지 올라갈 수 있게 되었다.

만약 서양에서 전래된 '미술'의 전통적 분류법에 따라 무덤 출토 자료를 대한다면, 조각사나 건축사처럼 서양에 비견될 만한 전문적인 미술사의 저술이 가능할 것이다. 그러나 이는 도리어 원자료에 대한 온전한 이해를 제한하기도 한다. 마찬가지로 무덤 자료를 이용해 저술된 회화통사는 보다 완전해 보일 수도 있으나 무덤 자료 자체의 특성을 간과하기 쉽다. 많은 책에서는 대부분 신선한 고고학적 자료를 단지 서양 전통의 '미술' 분류법에 따라, 혹은 후대의 회화개념에 근거하여 선택하고 해석한다. 이 과정에서 유물 사이의 내재적 관계, 유적과 무덤 전체의 상황은 대부분 소홀히 취급된다. 그리하여 결국 박물관 소장품과 전세품을 사용해 미술사를 저술하는 것과 본질적으로 다르지 않게 된다.

상술한 두 경향은 고고학에서 일반적으로 얘기되는 '역사를 보조'하거나 혹은 '역사를 논증'하는 기능과 유사하다. 이런 주장은 고고학을 역사학의 보조학문으로 전락시킨다. 즉, 고고학 이전에 이미 상대적으로 완전한 '역사' 체계가 있었으며, 고고학 자료는 이를 더욱 완전하게 하는 데 의미가 있을 뿐이라는 주장에 이르게 된다. 미술사연구 역시 고고학 자료를 이용할 때 유사한 상황에 직면하게 된다. 즉 이미 정립되어 수정이 어려운 '미술'의 개념, 또는 계통이 잘 정리된 회화사의 존재가 고고학 자료의 온전한 이용을 어렵게 한다. 이런 방식이 불러오는 문제는 연구자가 중국사에 원래부터 내재하는 논리를 가지고 중국미술사를 대할 수 없다는 것이다. 더불어 고고학 자료로부터 새로운 문제를 제기하지 못한 채 다른 지식체계, 즉 서양식 지식체계를 가지고 새로운 자료들을 다룸으로써, 이미 알고 있는 결과로부터 알지 못하는 과거로 소급해간다는 문제까지 지닌다.

'묘장미술' 연구의 대두와 그 미래

상술한 경향과 비교해볼 때, '묘장미술'이라는 개념은 매우 중요한 변화다('묘장미술'이란 무덤 내부는 물론, 무덤 바깥에 세워진 사당, 묘비, 석수石獸 등 상장 의례와 관련된 미술을 모두 포함하는 개념이다: 역자 주). 2007년 미술사학자 우훙巫鴻이 이 개념을 주장했을 때만 해도 이것을 중국미술사 연구에서 새롭게 '가능한', '하나의 학문분야'로 보는 시각은 없었다.[10] '묘장미술'이라는 단어는 'funerary art'라는 영어단어를 연상시킨다. 서양미술사에서는 묘장미술에 대한 구체적 연구가 적지 않았지만, 그

---

10 巫鴻, 「墓葬: 可能的美術史亞學科」, 『讀書』 2007년 제1기, pp.60-67.

럼에도 불구하고 이를 의식적으로 독립된 연구 영역으로 다루지는 않았다. 우훙 본인도 그의 영문 저술에서 'funerary art' 대신에 'tomb art'라는 단어를 더 많이 사용하고 있다. 아마도 후자가 중국어의 의미에 더욱 가까울 것이다. 실제로 이 개념은 우훙의 후한시대 석石사당인 무량사武梁祠 연구에서 연원했다. 1989년 그는 『무량사』라는 책에서 사당건축과 화상畫像 사이의 구조적 연관을 강조했다. 다시 말해 화상의 문맥context으로부터 '도상의 의미를 읽어낼 수 있는 질서pictorial program'[11]를 찾아내고자 했다. 묘장 자료를 전체적으로 이해할 수 있는 방법은 고고학의 무덤 발굴이나 그 기록 방식과 일치하며, 골동품 수장이나 박물관의 분류법과는 다르다.

에르빈 파노프스키Erwin Panofsky(1892~1968)는 "장례미술은 인류역사의 가장 오랜 단계부터 그 어떤 예술형식보다 더욱 명료하고 직접적으로 인류의 형이상학적 신념을 반영하고 있다"[12]고 주장했다. 프랑스 현대문학가이자 철학자인 레지스 드브레Régis Debray는 심지어 "도상학은 무덤에서 탄생한다"고 말했을 정도다.[13] 그는 사망과 관련한 초기 도상들이 종교적 마력을 가지고 있으며, 이런 역량 때문에 도상이 부단히 발전해 온 것이라고 보았다. 동일한 논리는 중국 묘장미술의 역사에도 적용할 수 있다. 전한시대 무덤인 호남성 장사시의 마왕퇴 1호묘에서 출토한 비단그림을 통해 한대 종교사상에 대한 논의가 가능하다. 이에 대해서는 이미 수십 년 동안 연구가 이루어져 왔다. 이런 연구는 학문분야로서 미술사의 위치에도 커다란 변화를 야기했다. 우훙이 '문맥'을 강조한 것은 단지 그것이 묘장의 도상을 보는 일종의 질서였기 때문만은 아니었다. 좀 더 고차원적으로 이 같은 입장은 묘장을 특정한 사람, 지역, 종교, 시대 등의 요소와 밀접하게 관련된 물질적 요소로 간주할 수 있게 하기 때문이다. 그리하여 이런 방법으로부터 출발해 묘장을 상례喪禮와 장례의 결과로 이해할 수 있고, 역으로 이로부터 상장예의와 상장제도를 고찰할 수 있으며, 나아가 이와 관련된 정치와 풍속, 사상적 배경 등을 이해할 수 있게 된다. 이렇게 역으로 '죽음'으로부터 '삶'으로 돌아옴으로써 묘장은 고대사회를 연구하는 하나의 통로가 되었으며, 방법적으로도 관련 학문과의 합작과 소통을 촉진시켰다.

11 Wu Hung, *The Wu Liang Shrine: The Ideology of Early Chinese Pictorial Art*, Stanford: Stanford University Press, 1989. 중문 번역본은 柳揚 · 岑河 譯, 『武梁祠─中國古代畫像藝術的思想性』, 北京: 生活 · 讀書 · 新知三聯書店, 2006.

12 潘諾夫斯基 著, 戚印平 · 範景中 譯, 『圖像學研究: 文藝復興時期藝術的人文主題』, 上海: 上海三聯書店, 2011, p.186(원 저작은 Erwin Panofsky, *Studies in Iconology: Humanistic Themes in the Art of the Renaissance*, Oxford University Press, 1939).

13 Régis Debray, *Vie et mort de l'image: Une histoire du regard en Occident*, Paris; Gallimard, 1992. 이 글에서는 중문 번역본인 雷吉斯 德布雷 著, 黃迅餘 · 黃建華 譯, 『圖像的生與死: 西方觀圖史』, 上海:華東師範大學出版社, 2014를 참조했다.

연구시각의 전환은 또 현대에 예술의 의미가 변화한 것과도 일정한 관계가 있다. 현대예술의 의의는 더 이상 고귀하고 장중하며, 우아하고 정교한 '순수미'에 국한되지 않는다. 전통적인 형식과 매체, 그리고 언어의 한계 등은 이미 파괴되었다. 이렇듯 변화한 예술의 개념에 초점을 맞추어 관념성과 기능성이 풍부한 고대의 묘장미술을 돌아보면, 하나의 무덤을 하나의 완전체로서 예술품으로 간주하게 된다. 심지어 그것과 관련된 각종 의례 또한 예술적 특징을 가진 행위로 볼 수 있다. 무덤은 죽은 자의 육신을 안치하는 장소이자 건축, 회화, 조소, 공예미술 등 여러 예술형식의 집합체로 이해할 수 있다. 또한 사람들이 '생사生死'라는 가장 크고 보편적 의의를 가진 철학적 명제를 물질적 자료와 조형적 수법, 그리고 시각적 언어를 가지고 관련 의식을 구축하며 시적으로 승화한 일종의 '사후세계(적어도 그 일부분)'로 볼 수도 있다. 후자의 입장에서 무덤은 단지 사자의 육신과 예술품(회화, 조소, 공예미술품)을 담는 상자가 아니라, 기능성과 궁극적인 가치를 지닌 예술작품이다.

묘장미술의 개념은 우리로 하여금 일부 미술사연구의 기본적 방법을 반성케 한다. 서방 고전시대 후기의 앙푀enfeus, 즉 교회 안에 분묘로 만들어진 소형 감龕이나 중세기 고딕식 벽묘壁墓(wall tomb) 등의 기념비적인 전개 방식과는 달리 중국 무덤의 특징은 매장이다. 『예기·단궁檀弓』은 이를 "'장사지낸다[葬]'는 것은 숨기는 것이다[藏]"라고 설명했다. 그러므로 '보는 것'으로부터 출발한 과거의 미술사적 양식 분석으로부터 유래하는 각종 방법들을 다시 비판적으로 검토하고, 중국 묘장미술 고유의 논리를 탐색할 필요가 있다. 우리는 이로부터 '채도彩陶-벽화-권축화'라는 단선적인 파악이 가지는 문제점을 생각해봐야 한다. 이와 같은 태도는 의심할 바 없이 중국역사의 측면에서 '미술'을 새롭게 이해하도록 해줄 것이다. 현재 상술한 작업들은 아직 깊이 있게 전개되지는 못했지만, 우리는 초보적이나마 이 이론이 가진 잠재적인 의의를 인식하고 있다.

물론 묘장미술이라는 개념은 여전히 전통적인 '예술품' 개념에서 한 단계 나아간 것에 불과하여, 형식적으로는 권축화, 석굴예술, 청동기예술 등과 동일한 선상에 있다. 그러나 오랫동안 이뤄진 연구자들의 분업과 특정 분야에서의 학문적 훈련 때문에 권축화, 석굴예술, 청동기예술 등은 이미 하나의 폐쇄적인 영역이 되어 버렸다. 묘장미술이라는 개념의 제기가 만일 이런 폐쇄적 개념에 대한 불만에 기초하고 있다면, 우리는 이 또한 새로운 폐쇄적 영역이 되는 것을 경계해야만 한다. 다시 말해 묘장미술이란 개념에 대한 적극적 반성이 필요하다. 특히 이것이 아주 '명확하고 견고한' 단어가 되는 것을 경계할 필요가 있다. 이 단어의 역사적 사명은 우리에게 새로운 사고의 전환을 이루도록 도와 토론의 무대를 마련해주는 데 있지, 어떤 '학파'를 세우는 데 있지 않다.

현재 중국의 고대 묘장미술 연구는 걸음마 단계에 있다. 많은 연결고리들이 아직은 매우 미약하다. 중국에서 고고학 자료가 가장 풍부한 신석기시대와 청동기시대에 대한 미술사연구의 축적은 초보 단계에 불과하다. 문화 사이의 경계를 넘은 비교연구는 아직 효과적으로 전개되지 못했으며, 자료의 양은 놀랄 정도로 증가하는 데 반해 방법이나 관념의 갱신은 거의 이루어지지 않고 있다. 이런 종류의 연구가 미술사 본래의 한계를 뛰어넘을 때, 연구자 자신의 지식구조 역시 시의적절하게 보충되어야 한다. 이런 문제들은 단시간 안에 해결될 사안이 절대 아니며, 심지어 한 세대, 또는 하나의 학문분야에서 해결될 문제가 아니다. 본서에서는 간략하나마 필자가 이해하는 중국의 묘장미술 연구 상황을 소개하여 이 분야에 대한 한국 연구자들의 관심과 비평을 기대하고자 한다.

이제 이 책에 대해 간략히 설명하려 한다. 이 책은 필자가 20년 동안 중국 묘장을 연구하며 발표한 논문들을 엮은 것이다. 논문이 다루고 있는 시대는 주로 전한과 후한 등 양한兩漢에서 남북조시대까지에 집중되어 있으며, 당·요·송·금·원 시대의 자료도 일부 언급하였다. 본서에서는 이 글들을 연구대상의 시대순으로 배열했지만, 실제 필자의 연구가 시대순으로 진행된 것은 아니다. 20년의 연구생활 속에서 필자의 연구시각과 방법에 변화가 있었다. 위에서 언급한 학술경향의 변화와 관련된 것 말고도 그간의 연구, 직업, 그리고 생활환경의 변화와도 관련이 있다. 필자는 일찍이 산동성박물관에서 10년 동안 근무했으며, 2003년부터는 중앙미술학원에서 학생들을 가르치고 있다. 박물관과 고고학연구의 영역으로부터 미술사연구라는 신천지로 진입한 것이다. 이런 인연은 필자로 하여금 다른 학문영역이나 다른 분야의 학자들이 동일한 자료에 대해 다른 방식으로 연구하는 것을 관찰하고 이해하며, 기존의 방식을 반성할 수 있는 기회를 제공해주었다. 필자는 다른 학문분야 사이, 혹은 다른 이론과 방법 사이에서 차별과 대립 이외에도 상호보충, 혹은 상호겸용의 패턴을 발견했다. 그리하여 일종의 실험적 연구를 통해 좀 더 많은 경로를 탐색하였으며, 고고학적 발굴자료가 가진 풍부한 정보로부터 많은 연관관계의 가능성을 찾아보고자 했다. 나아가 필자는 각각의 학문분야가 가진 순수성을 지나치게 강조하지 않았으며, 문제와 방법의 정통성 논의에도 끼어들지 않으려 했다. 또한 고정된 양식이나 패턴의 형성을 찾고자 하지도 않았다. 우리는 더욱 다원적인 실험을 시도해야 하며, 갑자기 결론을 이끌어내는 식의 연구는 경계해야 한다. 앞으로도 해야 할 작업은 많이 남아 있다. 이 책은 단지 필자 개인의 단계적 이해를 반영한 결과물에 불과하다. 이 글을 읽는 한국 독자들의 많은 질정을 기대한다.

이 책의 번역에 심혈을 기울인 역자 소현숙 박사의 도움에 깊이 감사드린다. 필자의 성숙하지 않은 문장을 번역하느라 많은 시간과 공력을 들인 역자에게 미안한 마음이 앞선다. 그리고 이 책의 번역을 처음 제의해주신 김홍남 이화여대 명예교수에게도 감사를 드린다. 필자의 지도교수인 양홍楊泓 선생에게도 깊이 감사드린다. 나아가 본서의 출판을 위해 힘써 주신 출판사의 여러 관계자분들께도 감사를 표하는 바이다.

한국 독자들의
새로운 시선을 기대하며

"죽은 자 섬기기를 산 자 섬기듯 하라〔事死如生〕."

『예기禮記』에 언급된 이 글귀는 고대 중국의 이천 년 상장문화喪葬文化를 끌어간 이데올로기였다. 죽음은 사자死者 혼자만의 것이지만, 죽은 자를 보내는 것은 산 자들의 몫이었다. 죽은 자의 후손 (어느 때는 부모가 될 수도 있다)을 비롯한 가족과 친족들, 심지어는 평소 죽은 자와 사회적 관계망을 형성했던 여러 계층의 사람들까지 죽은 자를 보내는 상장례喪葬禮의 전 과정에 깊숙이 참여했다. 효孝를 지극히 중시했던 고대 중국에서 죽은 자를 보내는 상장례는 가족들의 정을 펼쳐내는 사적인 활동을 넘어 남아 있는 자들의 욕망이 투영되는 사회적 활동의 무대였다.

산 자가 죽은 자를 보내는 방식은 시대와 지역에 따라 다르게 나타났다. 상장례는 사회적 활동이었던 만큼 시대의 사상 및 제도, 그리고 관습 등의 영향을 받았다. 여기에 지역적 환경의 차이, 심지어는 피장자의 민족적 특수성도 반영되어 중국의 묘장문화는 매우 복잡한 양상을 띠게 되었다. 산 자들의 특정한 욕망이 죽은 자들의 세계에 투사되어 문자나 물질 및 시각자료를 통해 발현되었다. 그러므로 무덤 그 자체는 물론 무덤 속 화상畵像과 출토품 또한 고대 중국인의 죽음에 대한 태도와 이를 둘러싼 사회적 기제, 사회적 권력관계 등을 들여다 볼 수 있는 중요한 통로가 된다.

중국 중앙미술학원 정옌鄭岩 교수가 쓴 『逝者的面具: 漢唐墓葬藝術硏究』(北京大學出版社, 2013)는 남아 있는 문자나 회화, 출토품 등의 물질자료를 통해 고대 중국인들의 사망에 대한 시선과 욕망, 사상 등을 다양한 각도에서 바라본 책이다. 사형師兄이었던 저자와 진작부터 학문적 교류를 해왔던 역자는 원서가 출간되자마자 이를 우리말로 번역하고픈 욕심이 생겼다. 한국 독자, 그 중에서도 미술사에 입문하는 학생들이 많이 읽으면 좋겠다는 바람이었다. 이 책에 한대부터 당대까지 중국의 고대 묘장미술墓葬美術을 바라보는 청년학자의 '새로운 시선'이 담겨 있기 때문이었다.

순전히 작은 희망에서 번역을 시작했지만 생각과 달리 일이 커져버렸다. 역자의 번역 의사를 듣자 저자는 『逝者的面具: 漢唐墓葬藝術研究』에 수록된 글 가운데 한 편을 빼고, 2013년 이후 새롭게 발표한 연구성과를 넣고자 했다. 저자의 요구를 반영해 한글 번역본에는 「鄴城規制—漢唐之間墓葬壁畵的一個接點」을 제외하고, 「구부러진 기둥—섬북陝北 지역 후한시대 화상석의 세부 도상」, 「장례葬禮와 도상圖像—양한兩漢 및 북조北朝의 자료를 중심으로」, 「북조시대 장구葬具에 표현된 효자도의 형식과 의미」, 「당대 한휴묘韓休墓 벽화의 산수도」, 「석양 아래: 고분벽화의 쇠락—산서성 흥현 홍욕촌 소재 원대 무경부부묘 벽화 연구」 등 5편을 추가했다. 그 결과 중국책보다 훨씬 풍부한 내용과 체제를 가지게 되었다. 번역의 시작은 '한대~당대의 묘장미술사'였지만, 결과는 원대까지 아우르는 고대 중국 묘장미술의 통사가 된 것이다. 저자는 특별히 한국 독자를 위해 한글책의 「서문」도 새롭게 써주었다.

이 책을 관통하는 키워드는 중국어판의 부제에서 보듯 '묘장미술funerary art'이다(역자는 원서의 '墓葬藝術'을 '묘장미술'로 번역하였다). 이는 한국 독자들에게 매우 낯선 개념이다. 과거 무덤 내 벽화나 출토품들은 무덤의 전체적인 구조나 맥락과는 동떨어져 벽화는 회화로, 도용陶俑은 도자사의 영역으로, 무덤 앞 석수石獸는 조각으로, 그리고 비석은 서예사나 문자학의 대상으로 흩어져 별개로 연구되었다. 동양의 묘장미술을 서양인들이 분류한 전통적인 미술 분류법에 억지로 끼워 맞춘 결과였다. 그리하여 무덤 속 벽화나 출토품들이 무덤이라는 특수한 환경에서 지녔던 맥락이나 원래의 의미가 간과되었다. '묘장미술론'은 이와 같은 분절적 연구방법론을 지양하며, 묘장미술을 상례喪禮와 장례라는 전체의 과정 속에서 이해하고자 한다. 더불어 무덤을 하나의 완전체로 보고 그 전체적 '문맥context' 속에서 벽화나 출토품 등을 들여다보고자 한다.

묘장미술이란 단어는 저자가 「서문」에서 밝혔듯이 미국 시카고대학교의 우홍巫鴻 교수가 처음 제시한 것이다. 우홍 교수는 1989년 출간한 *The Wu Liang Shrine: The Ideology of Early Chinese Pictorial Art*(중국어 번역본은 『武梁祠—中國古代畵像藝術的思想性』) 이래 중국미술사 연구에 서양의 인류학, 사회학 이론을 접맥하는 한편 미술품을 둘러싼 전체적 맥락을 중시하는 방향으로 연구를 진행해왔다. 이 연구방법론은 중국 내 소장학자들에게 큰 영향을 미쳤다. 저자 정옌은 대학교에서 고고학적 훈련을 받은 후 중국사회과학원에서 양홍楊泓 교수의 지도를 받으며 미술고고학과 미술사 연구 분야에서 전문적인 역량을 쌓았다. 그의 박사학위 논문을 바탕으로 하는 『魏晉南北朝壁畵墓研究』(2002. 2016년 增訂版 출간)는 고고학과 미술사 방법론을 결합한 위진남북조시대 묘장미술 연구서로 중국 내에서 '탁월한 업적'이라는 평가를 받았다. 저자는 이후 미국 시카고대학교와 하버드대학교 방문학자로서 우홍 교수와 밀접하게 학문적으로 교류하였으며, 동시에 서양의 미술사 이론과 사회학 이론 등을 폭넓게 섭렵했는데 이와 같은 학문적 행로가 본서에 잘 드러난다.

특히 본서의 「양식의 배후—전한시대 곽거병묘霍去病墓의 돌조각[石刻]에 대한 새로운 탐색」과 「한대 상장화상喪葬畵像의 관람자」는 묘장미술사의 새로운 연구방법을 잘 보여준다. 과거 많은 사람들은 곽거병묘의 석각으로 대표되는 한대 석조미술의 투박한 양식을 석각예술이 발전하지 못한 탓이라 인식해왔다. 그러나 저자는 이런 돌조각들을 개별적인 조각품이 아닌 능묘라는 전체적 경관의 일부로 봐야 한다고 강조한다. 그것들은 '경관미술景觀美術'이라는 유기체의 일부였기에 환경과 적당히 어울릴 만큼의 인공만이 허용되었다는 것이다. 이에 따르면 한대의 거칠고 투박한 대형 돌조각들은 한대인들이 잘 만들지 못해서가 아닌 특정한 목적을 위해 의도된 것이라는 과거와는 전혀 다른 결론이 도출된다. 한편 「한대 상장화상喪葬畵像의 관람자」는 사회학적 관찰을 시도한 것으로, 관람자를 두 종류로 구분하여 무덤과 사회적 여론, 윤리 및 도덕 간의 긴밀한 관계를 살펴보았다.

저자는 '일반화를 지향하는 고고학의 전통적 연구방법론인 유형학에서 탈피해, 보편성 속에 매몰되어 무시되었던 인간의 생생한 목소리를 듣는 미술사 연구'를 주창하고 있다. 이는 '자세히 읽기[細讀]'라는 방식을 통해 실현된다. 저자는 고고학보고서, 문헌자료, 도상자료 등을 자세히 관찰하고 이를 사회적 맥락 속에서 읽어내고자 했다. 더불어 이들이 지니는 시대적 보편성에 함몰되지 않고 그것이 가진 특수성을 읽어내어 묘주의 주체적 의지와 함께 이를 제작한 장인들의 예술적 의지를 보여줌으로써 중국 고대 미술사를 더욱 풍요롭게 그려냈다.

「어린이를 위한 상장공간─산동성 임치臨淄의 후한대 왕아명王阿命각석」은 이와 같은 특수성에 주목한 대표적 성과다. 저자는 산동성 임치석각예술박물관에 특별한 관심을 받지 못한 채 거의 방치되다시피 한 소형 석각을 중국 묘장미술사 영역으로 끌고 들어왔다. 그는 4살짜리 어린이를 위해 조성된 이 석각의 특수한 형태에 주목했다. 그리고 '거효렴擧孝廉'이라는 제도에 근거하여 한대를 풍미한 '사당 만들기' 열풍이라는 시대적 보편성에서 벗어나, 실제 이 각석을 관통하고 있는 것은 4살 어린이에 대한 부모의 특별한 애도임을 역설했다. 이런 작업을 통해 과거 미술사 연구에서 소외되었던 작품들에 대한 적극적인 읽기를 시도하고, 그들의 다양한 목소리를 드러내고자 했다.

21세기 들어 중국에서 소그드인을 포함한 서역 출신으로서 6~7세기 중국에 거주했던 사람들의 무덤과 석관 등의 장구葬具가 잇따라 발견되었다. 그 결과 '소그드미술'에 대한 관심이 커졌는데, 「청주靑州 출토 북제 화상석과 중국의 소그드미술─우홍묘 등 새로운 고고학 발견이 시사하는 것」과 「죽은 자의 마스크─북주 강업묘康業墓 석관상石棺床의 도상」도 이런 경향을 일정 부분 반영한다. 그러나 저자는 이 무덤들을 모두 '소그드미술'이라는 측면에서만 이해하는 데 비판적이다. 특히 후자에서는 강업묘 속 도상에 중국의 전통적 색채가 강하게 나타난다는 점을 지적하며 소그드인들의 중국 문화 지향성 등도 주목해야 함을 강조했다.

저자는 시각언어 자체의 발전 규율을 찾고, 그것이 가진 독특한 표현 가치를 찾아내는 데도 관심을 가졌다. 그에게 '장인'들은 그저 주문자의 의지대로 화상을 제조해내는 수동적 존재가 아니라, 일반적인 관행과 이데올로기를 따르면서도 예술 표현에 대한 자각과 의지를 가진 능동적인 예술 주체다. 「구부러진 기둥─섬북陝北 지역 후한시대 화상석의 세부 도상」, 「그림의 테두리를 누른 붓끝─고분벽화와 전통회화사의 관계」, 「석양 아래: 고분벽화의 쇠락─산서성 흥현 홍욕촌 소재 원대 무경부부묘 벽화 연구」 등에서 이와 같은 저자의 관점을 확인할 수 있다. 「반쯤 열린 문: '반계문半啓門' 도상 연구」는 본서의 18편의 글 중 특별한 위상을 지닌다. '반쯤 열린 문과 인물'은 한대부터 20세기 초까지 중국에서 거의 이천 년 동안 지속된 특이한 도상으로, 그만큼 많은 학자들의 주목을 받아왔다. 저자는 도상의 의미나 그 배후의 사회적 함의를 탐색하는 일반적인 연구 경향과 달리 도상이 가진 독특한 표현형식에 주목한다. 다시 말해 특정 표현형식이 서로 다른 공간과 역사, 그리고 환경 속에서 어떻게 개조되고 변형되는지를 탐색하고 있다. 이와 같은 연구방법은 과거에 거의 시도된 적이 없어 이질감마저 드는데, 이런 논문이 토론의 무대에 올라올 수 있다는 점에서는 중국 학계에 부러움마저 느낄 정도이다.

우훙과 저자가 각각 미국과 중국에서 주도하는 고대 중국의 묘장미술 연구는 중국 내에서 광범위한 호응을 얻고 있다. 우훙의 영문 저작 대부분이 중국에서 번역되어 활기차게 소비되고 있으며, 정옌 역시 마찬가지다. 본서의 저본이 된『逝者的面具: 漢唐墓葬藝術硏究』는 현재까지 모두 4차례 인쇄되어 대략 2만 부 정도가 판매되었는데 인문학 서적으로는 매우 드문 경우다. 두 사람 이외에도 리칭취안李淸泉, 허시린河西林, 양아이궈楊愛國 등 소장 학자들의 활발한 연구에 의해 중국의 묘장미술 연구는 회화, 조각, 공예, 도자처럼 미술사 분과의 하나로 자리를 잡아가고 있는 듯하다. 우훙과 저자는 2009년부터 이 년에 한 번씩 '古代墓葬美術硏究國際學術討論會'를 미국과 중국에서 번갈아 개최하며, 그 결과물로『古代墓葬美術硏究』를 발행하며 중국 내 묘장미술 연구를 주도하고 있다.

저자의 연구 목적은 확답을 내리는 데 있지 않다. 그는 자신의 연구방법과 결론이 지니는 한계를 인식하고 있다. 그는 다만 다양한 질문과 경계를 넘나드는 융합적인 연구방법을 시도하며 또 그것이 언제든지 변화할 수 있다는 가능성을 열어 놓고자 한다. 교조주의에 대한 저자의 결연한 태도는 "묘장미술이란 단어가 어떤 도그마가 되지 않도록 경계해야 하며, 이 단어의 역사적 사명은 새로운 사고의 전환을 촉구하고 토론의 무대를 마련해주는 데 있다"고 한 데서도 강하게 느낄 수 있다. 연구자로서의 겸손함과 다양한 분야를 포괄하는 유연함을 견지하는 저자의 학문적 태도는 한국 학계에도 유익한 영향을 줄 것으로 생각한다. 그의 겸손함은 기존의 연구성과를 인용하거나 동료 연구자들에 대한 고마움을 표하는 데서도 깊이 드러난다. 다양한 미덕을 가진 이 책이 미술사는 물론, 고고학이나 중국문화를 연구하는 많은 한국 학자들에게 자극이 되지 않을까 싶다. 뿐만 아니라 중국문화에 관심 있는 일반 독자들에게는 '중국 고대 무덤의 세계'로 떠나는 새로운 여행의 안내자가 될 것으로 기대한다.

본서는 애초 통사로 기획된 것은 아니며, 특정 무덤이나 주제를 논의한 연구논문들을 모아 놓은 것이었지만, 한국판으로 출간하며 '한대'부터 '남북조시대', '당~원대'까지 시대순으로 배열하게 되었다. 다만 다루는 시대가 비교적 광범위한 「장례葬禮와 도상圖像—양한兩漢 및 북조北朝의 자료를 중심으로」, 「묘주도墓主圖 연구」, 「반쯤 열린 문: '반계문半啓門' 도상 연구」 등은 내용과 시대적 형평을 고려하여 배치하였다. 이렇듯 시대순으로 배열하는 방식은 중국 고분벽화를 이해하는 데 매우 적절하다. 중국 고분벽화는 한대에 흥기하여 남북조시대에 하나의 제도로 정착한 후, 당대를 거쳐 원대 이후 점점 쇠퇴한다. 본서에는 '현존하는 최초의 고분벽화 무덤'인 하남성 망탕산 한대묘로부터 고분벽화의 기원 문제를 논의하고, 남북조시대 고분벽화의 가장 큰 주제였던 묘주도墓主圖의 성격과 의의를 분석한 후, 고분벽화 쇠퇴의 조짐이 드러나는 원대 홍욕촌 벽화로 마무리함으로써 기원-전개-쇠락으로 이어지는 중국 고분벽화의 계통을 일람할 수 있도록 했다. 아쉬운 점은 저자의 사정으로 「업성규제: 한~당시기 고분벽화의 한 접점鄴城規制—漢唐之間墓葬壁畫的一個接點」을 이 책에 수록하지 못한 것이다. 이는 '한대와 달리 동위·북제시대에 이르러 고분벽화가 묘주의 신분과 밀접하게 연동돼 하나의 제도로서 정착'했음을 논의한 것으로, 고분벽화의 발전사에 중요한 의미를 지니는 글이다. 『逝者的面具』이외에도 『魏晉南北朝壁畫墓研究』와 『藝術史研究』1집(中山大學出版社, 1999)에도 수록되어 있으므로, 중국 고대 고분벽화에 대해 깊이 알고자 하는 독자라면 찾아 읽어보았으면 하는 바람이다.

한대에서 원대까지 1500년의 시간을 종횡하는 18편의 글을 번역하는 동안, 역자가 너무 과욕을 부리는 것은 아닌지 여러 번 후회하기도 했다. 현재는 쓰지 않는 어려운 한자어, 해석하기 어려운 석각의 명문銘文들, 그리고 다양한 해석이 존재하는 경전의 글귀들로 곤혹스러울 때가 많았다. 이 과정에서 여러 연구자들의 도움을 받았다. 창원대 홍승현 선생님은 본서의 한대 부분을 읽고 수정 의견을 주셨으며, 연세대 박례경 선생님은 「장례葬禮와 도상圖像—양한兩漢 및 북조北朝의 자료를 중심으로」에서 언급된 『의례』와 『예기』 관련 부분을 꼼꼼하게 읽고 저자와 역자의 오류를 지적해주셨다. 두 분 덕분에 이 책이 좀 더 나은 모습으로 나올 수 있었다. 본서에 보이는 오류는 오롯이 역자의 몫이다. 중국미술사학자로서 흔쾌하게 이 책의 추천사를 써주신 김홍남 이화여대 명예교수께도 깊이 감사드린다.

2015년쯤 번역을 다 마치고도, 한국 출판계의 어려운 상황으로 본서를 상재上梓하기까지 시간이 많이 흘렀다. 덕분에 저자의 새로운 논문들이 추가됨으로써 이 책이 더욱 풍부해지는 의외의 성과도 있었다. 인문학 서적이 팔리지 않는 이 시대에 두꺼운 책의 출판을 기꺼이 맡아 주신 '지와 사랑'의 지미정 대표님, 그리고 방대한 글을 꼼꼼하게 봐주고 깔끔하게 책을 만들어준 편집부 이정주님께 감사의 마음을 전한다.

이제야 무거운 짐을 내려놓을 수 있다니, 생각만 해도 홀가분하다. 역자의 가뿐함과 달리, 한국의 연구자들과 독자들이 이 책을 읽으며 사색의 무거움을 갖기를 희망한다.

2019년 11월 세검정의 가을날에
역자 소현숙

I. 한대

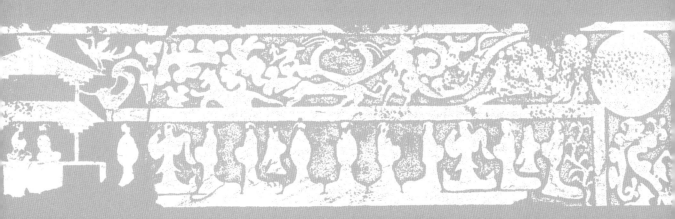

양식의
배후

●

전한시대
곽거병묘霍去病墓의 돌조각[石刻]에 대한
새로운 탐색

1. 곽거병의 무덤과 전한시대 돌조각

전한 무제 원수元狩 6년(기원전 117), 흉노와 수차례 전쟁에서 혁혁한 공을 세웠던 표기장군驃騎將軍 곽거병이 불행히도 24살의 젊은 나이에 병사했다. 사마천의『사기』는 성대한 그의 장례를 "천자가 이를 슬퍼하여 속국屬國의 철갑을 발發하였다. 병사들이 장안에서 무릉茂陵까지 진陣을 이루었다. 무덤은 기련산 모양으로 만들었다"라고 기록했다.[1]

전한의 도성 장안을 나와 서북쪽으로 위수渭水를 건너면 바로 함양원咸陽塬이다. 이곳은 위수 하곡河谷에서 황토고원으로 올라가는 첫 번째 단계에 해당한다. 전한시대 아홉 황제의 능은 높지만 평평한 이 함양원 위에 동쪽에서 서쪽으로 쭉 배열되어 있다. 각 황릉 부근에는 많은 배장묘陪葬墓들이 여기저기 분포해 있으며, 아울러 능읍陵邑이 설치되어 있다. 무제의 무릉은 현재 흥평시興平市 남위향南位鄕 장리촌張里村과 책촌策村, 그리고 도상촌道常村 사이에 자리한다. 능역陵域 안의 배장묘는 주로 동쪽 사마도司馬道의 좌우와 능읍의 동서 양쪽에 집중적으로 위치한다.[2]

당대의 사마정司馬貞은『사기』를 주석한『색은索隱』이라는 책에서 요찰姚察의 말을 인용, 곽거병의 무덤에 대해 다음과 같이 기록했다. "무덤은 무릉의 동북쪽에 있는데 위청衛靑의 무덤과 나란히 있다. 서쪽이 위청의 무덤이며, 동쪽이 곽거병의 무덤이

다. 무덤 위에 돌을 세웠는데 앞에는 석마石馬가 서로 마주보고 있으며, 또 석인石人이 있다."[3] 『한서·위청곽거병전衛靑霍去病傳』에서 안사고顔師古는 "무릉의 옆에 있다. 무덤 위에 돌이 서 있고, 앞에 돌로 된 말과 사람이 있는 곳이 그것이다"라고 부언해 놓았다.[4] 이 기록을 근거로 근대 이후에는 '석령자石岭子'란 이름을 가진 봉토封土 유지를 '곽거병묘'로 추정했는데, 지금 무릉박물관이 있는 곳이다. 2003년 봉토에 대한 시굴試掘조사 결과 밑면의 길이가 동서로 60m, 남북으로 95m이며, 정상 부분은 남북 16m, 동서 9.5m의 복두형覆斗形(마름모꼴 됫박을 엎어 놓은 형태: 역자 주) 무덤임을 파악했다. 길이 36m, 너비 6~24m의 묘도墓道는 봉토의 북쪽에 있는데, 중앙이 아니라 약간 동쪽으로 치우쳐 위치한다. 봉토의 남쪽 부분, 동쪽으로 약간 치우친 곳에 너비 6.5m의 긴 줄 형태의 배장갱陪葬坑이 하나 있는데 봉토 바깥으로 13m 정도 뻗어 나와 있다. 봉토의 서쪽 23m 되는 지점에는 남북 방향의 배장갱이 하나 있다.[5]

봉토의 정상, 봉토 사방의 경사면, 그리고 부근에서 인물 및 동물 형상의 돌조각 14개와 문자가 새겨진 돌 3개가 발견됐다. 이 가운데는 호랑이, 말, 소, 양, 코끼리, 돼지, 물고기, 두꺼비 등의 자연계 동물 이외에도 양을 먹는 괴수나 사람과 곰이 서로 겨루는 모습 등 신비한 소재의 돌조각도 있다. 길이

---

1 "天子悼之, 發屬國玄甲軍. 陳(陣)自長安至茂陵, 爲塚象祁連山."『史記·衛將軍驃騎列傳』, 北京: 中華書局, 1959, p.2939.

2 咸陽市文物考古研究所,『西漢帝陵鉆探調查報告』, 北京: 文物出版社, 2010, pp.43-72.

3 『史記』, p.2940.

4 『漢書』, 北京: 中華書局, 1964, p.2489.

5 咸陽市文物考古研究所,『西漢帝陵鉆探調查報告』, pp.54-56.

도1 곽거병묘의 '마답흉노' 돌조각, 전한(王仁波 主編, 『秦漢文化』, 北京·上海: 學林出版社·上海科技教育出版社, 2001, p.145의 도21)

묘에서 북쪽으로 100m 되는 지점, 즉 현재의 무릉박물관 숙소 구역에서 무덤 하나를 발견했다. 무덤방인 묘실墓室은 동서 19m, 남북 21m의 크기이며, 32m에 이르는 묘도는 서쪽으로 뻗어 있다. 과거 이무덤은 곽거병의 '의관총衣冠塚'으로 알려졌는데,[8] 무덤의 봉토는 이미 평평하게 깎인 상태였다. 최근 허시린賀西林은 새로 발견된 사실들을 바탕으로 상술한 돌조각과 곽거병묘의 관계에 대해 좀 더 진전된 의문을 제기했는데,[9] 이는 앞으로의 연구에 매우 중요한 의미를 지닌다. 그러나 이 유적에 대한 체계적 발굴이 이뤄지기 전까지 상술한 해석들은 모두 가설의 수준에 머무를 뿐이다. 그러므로 본문에서는 통설대로 석령자유적을 곽거병묘로 추정하고 논의를 진행하고자 한다.[10]

그동안 많은 연구자들은 곽거병묘의 돌조각을 중국의 대표적인 초기 조각의 하나로 보고 논의를 진행해왔다. 때문에 일찍부터 거의 모든 중국미술사 교재에 관련 사진이 수록되어 대중에게 매우 익숙한 존재가 되었다. 그러므로 여기서 또다시 이것들을 세세하게 설명할 필요는 없을 것이다. 이 돌조각들에 대한 많은 학자들의 평가는 다음과 같다. 즉, '매우 거대하다. 그리고 대부분 만들 형상을 생각하여 재료를 선택하고, 선택한 재료의 형태를 보

는 일반적으로 1.5m를 넘으며, 2.5m를 넘는 것도 존재한다. 가장 뛰어난 돌조각은 말이 흉노인을 밟고 있는, 이른바 '마답흉노馬踏匈奴'로 불리는 상이다.(도1) 높이 1.68m, 길이 1.9m의 이 돌조각은 곽거병이 한나라 병사를 거느리고 흉노를 정복한 공적을 상징하는 것으로 추정된다.[6]

1920년대에 미국의 존 퍼거슨John C. Ferguson은 이 돌조각의 연대 및 곽거병묘의 관계에 대해 의문을 제기한 바 있다.[7] 2003년 시굴조사 당시 곽거병

---

6 이 돌조각들을 전면적으로 다룬 가장 최근의 글은 湯池 主編, 『中國陵墓雕塑全集2·西漢』, 西安: 陝西人民美術出版社. 2009, pp.6-18과 도3-17이다.

7 John C. Ferguson, "Tomb of Ho Ch'ü-ping", *Artibus Asiae*, vol.3, no.4(1928-1929), pp.228-232.

8 咸陽市文物考古研究所, 『西漢帝陵鑽探調査報告』, p.54.

9 賀西林, 「"霍去病墓"的再思考」, 『美術研究』 2009년 제3기, pp.24-44.

10 설령 허시린의 주장, 즉 석령자유적이 일종의 종교시설이며 곽거병묘가 아니라는 추론이 성립한다 하더라도 본론의 입론에는 근본적인 영향을 미치지 않는다. 이 시설은 무릉의 범위 안에 위치하므로 우리들은 여전히 이 돌조각들을 무제시기의 '경관(景觀)'작품으로 볼 수 있기 때문이다.

고 형상을 만들었기 때문에 어느 정도 돌의 원래 모습을 남기고 있다. 동물은 대부분 누워 있다. 흉노를 밟고 있는 말이나 날아오르는 말의 사지四肢 사이에 구멍[透彫]을 파지 않고 그대로 놔두어서 조각하는 공력을 줄였으며, 심지어 어떤 것은 돌 원래의 표면을 그대로 남겨 놓기까지 하였다.'[11]

그렇다면 왜 이렇게 독특한 양식으로 표현했는가? 이것은 매우 오래전부터 제기된 질문이다. 그럼에도 불구하고 적당한 해답은 아직껏 나오지 않았다. 이를 단순히 '시대양식'으로 치부해버리는 것이 가장 일반적인 해석이었다. 문제는 여기서 말하는 '시대'가 정확한 연대를 지칭하는 학술 용어라기보다, 지나치게 넓은 의미를 포괄하는 편의를 위한 단어라는 점이다. 이런 상황에서는 양식이나 형식을 정확하게 묘사하기 어렵다. 그리하여 많은 문장이 그저 '깊고 웅대하다'라거나 혹은 '기세가 아주 대단하다'는 등의 상투적인 부연설명을 곁들였다.

필자는 이런 해석과 달리 이 돌조각들을 특정한 시대, 지역, 인물, 사건과 관련된 작품으로 보고, 그 양식을 보다 구체적인 역사적 배경 아래에서 해석하고자 한다. 따라서 사회나 종교 등 조각 외적인 부분에 대한 연구와 결합시켜 작품의 주제와 형식 등과 관련된 미술사적 의미를 논의하고자 한다.

실제 이 작품들은 절대 고립되어 존재하지 않는

다. 시기와 지역, 그리고 양식을 고려하여 이와 관련된 다른 많은 자료, 즉 상림원上林園 곤명지昆明池의 견우와 직녀상, 태액지太液池 유지에서 출토한 한 건의 석어石魚, 감천궁甘泉宮 유지에서 발견한 석웅石熊 등에 주목해야만 한다.

『한서·무제기』에는 원수 3년(기원전 120) "벌 받은 관리들을 징발하여 곤명지를 팠다"[12]라는 기록이 있으며, 반고班固의 〈서도부西都賦〉에는 "예장관豫章觀의 지붕 아래에 모여 곤명지를 마주하면, 왼쪽에 견우상이 있고 오른쪽에 직녀상이 있어 은하수가 끝없이 펼쳐진 듯하다"는 내용이 있다.[13] 장형張衡은 〈서경부西京賦〉에서 "곤명지라는 신령한 못이 있는데, 검은 물 가운데 작고 검은 섬이 있다. …… 견우상은 그('예장관'을 지칭함: 역자 주) 왼쪽에 세우고, 직녀상은 그 오른쪽에 두었다. 일월이 이곳에서 뜨고 지니 마치 부상扶桑과 몽사濛汜에서 뜨고 지는 것과 같다"라고 읊었다.[14] 『삼보황도三輔黃圖』 권4는 『관보고어關輔古語』를 인용해 "곤명지에 두 석인이 있다. 견우와 직녀를 연못의 동쪽과 서쪽에 세워 천하天河를 형상했다"[15]라고 적었다.

다행히도 문헌에서 언급한 견우와 직녀상이 현존한다. 견우상은 장안현長安縣 두문진斗門鎭 상가장常家莊의 밭 사이에 놓여 있는데, 높이 2.58m의 좌상으로 두부가 비교적 크며 왼쪽으로 기울어져

---

11 곽거병묘 돌조각의 양식에 대한 연구는 傅天仇,「陝西興平縣霍去病墓前的西漢石雕藝術」,『文物』1964년 제1기, pp.40-44를 참조.

12 "發謫吏穿昆明池."『漢書』, p.177.

13 "集乎豫章之宇, 臨乎昆明之池, 左牽牛而右織女, 似雲漢之無涯."蕭統 編, 李善 注,『文選』제1책, 上海: 上海古籍出版社, 1986, p.21.

14 "乃有昆明靈沼, 黑水玄阯, …… 牽牛立其左, 織女處其右, 日月於是乎出入, 象扶桑與濛汜."『文選』제1책, p.65.

15 "昆明池中有二石人, 立牽牛織女於池之東西, 以象天河."何淸谷,『三輔黃圖校注』, 西安: 三秦出版社, 2006, p.300.

도2 곤명지유지의 견우상, 전한(王子雲, 『陝西古代石雕刻 I 』, 西安: 陝西人民美術出版社, 1985, 도판1)

있다. 얼굴 새김은 조금 거칠고 소략하다. 머리카락은 끌로 판 음각선으로 묘사되었으며, 오른손은 가슴 앞으로 들어 올리고 왼손은 배 위에 두었다. 허리 이하는 세심하게 조각하지 않았다.(도2)[16] 높이

2.28m의 직녀상은 현재 두문진의 옷감 가공공장 부근에 있는데, 묶은 머리를 목 뒤로 늘어뜨리고 있다. 견우상과 마찬가지로 좌상이며, 신체가 비교적 뻣뻣하고 소매 속에 넣은 두 손을 무릎 위에 얹어놓았다. 얼굴은 후대에 보수한 것이다.(도3) 두 상은 모두 거대한 사각기둥 형태의 화강암을 사용했는데, 암석 자체의 기본적 윤곽을 그대로 보존하고 있다. 조각이 비교적 거칠어 한때 현지 농민들이 두 상의 성별을 혼돈하기도 했고,[17] 또 성별이 잘못 보도되기도 하였으나[18] 후에 모두 바로잡았다.[19]

문헌에는 곤명지에 견우와 직녀상 이외에도 '돌로 된 고래[石鯨魚]'가 있다는 기록이 있다.『서경잡기西京雜記』권1은 "곤명지에 옥석玉石을 새겨 만든 물고기, 즉 석어가 있다. 벼락이 치고 비가 올 때면 늘 이 석어가 큰 소리를 냈으며, 등지느러미와 갈기 또한 모두 움직였다. 한대에는 대대로 이 석어에게 기우제를 지냈는데, 곧잘 효험이 있었다"라고 적었다.[20]『삼보고사三輔故事』의 기록은 더욱 상세하여, "곤명지 안에는 예장대豫章臺와 석경石鯨이 있다. 돌을 새겨 고래를 만들었는데 길이가 3장丈이

---

16 두 상의 크기에 대해서는 李松 等, 『中國古代雕塑』, 北京: 外文出版社, 2006, p.65 참조.

17 견우상은 오랫동안 현지 농민들에 의해 여성신으로 받들어졌다. 농민들은 '석파묘(石婆廟)'를 세워 이 상을 봉안했는데, 한 때 섬서성 박물관(현재의 비림박물관)으로 옮겨 진열된 적이 있었다. 그런데 현지 농민들이 이곳에 와서 예배하는 바람에 장안 종남산 아래 초당사(草堂寺)로 옮겨 보존되었다가 다시 촌민들에 의해 원 위치로 옮겨져 새로 건립한 사당 안에 봉안되었다. 두 석상에 대한 민간 제사는 현재도 매우 성대하며, 민간에서는 견우상을 여전히 '석파', 즉 '돌할머니'로 간주하고 있다. 이에 대해서는 '즐거운 자유인의 블로그—牛郎織女與石婆廟'를 참조(http://sxmshanxi.blog.163.com/blog/static/6219126520087822915270/, 2010년 12월 30일 10시 10분 마지막으로 검색).

18 顧鐵符, 「西安附近所見的西漢石雕藝術」, 『文物參考資料』 1995년 제11기, pp.3-5.

19 兪偉超, 「應當愼重引用古代文獻」, 『考古通訊』 1957년 제2기, pp.76-77; 湯池, 「西漢石雕牽牛織女辨」, 『文物』 1979년 제2기, pp.87-88 및 p.84.

20 "昆明池刻玉石爲魚, 每至雷雨, 魚常鳴吼, 鬐尾皆動. 漢世祭之以祈雨, 往往有驗."『燕丹子/西京雜記』, 北京: 中華書局, 1985, p.6.

I. 한대

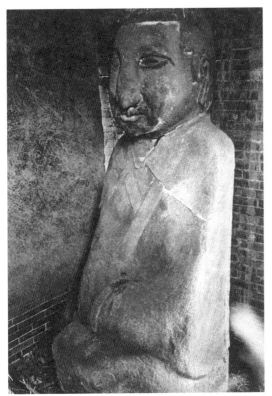

도3 곤명지유지의 직녀상, 전한(王子雲, 『陝西古代石雕刻 I』, 도판2)

년 '섬서역사박물관' 건립 이후 비림의 많은 문물이 계속 이 박물관으로 이전되었다. 『중국문물지도집中國文物地圖集·섬서분책陝西分冊』에도 천즈의 지적과 유사한 내용이 실려 있다. 즉 '돌고래 하나가 장안구長安區 두문향斗門鄉 마영채촌馬營寨村 서쪽에서 출토되었는데, 몸체와 꼬리 두 부분으로 조각나 있었다. 몸체 길이는 5m, 꼬리 길이는 1.1m다. 몸체는 처음에는 객성장客省莊(앞서 언급한 '開瑞莊'으로 추정)으로 옮겼으나 지금은 섬서역사박물관에 보존되고 있으며, 꼬리는 여전히 원 위치에 있다'라고 적고 있다.[24] 고고학자 류칭주劉慶柱와 리위팡李毓芳 역시 '마영채촌에서 한대의 돌고래가 출토되었는데, 원래 곤명지 안의 고래 돌조각이었을 것'이라고 추정한 바 있다. 그러나 돌고래의 모습에 대한 묘사는 『중국문물지도집·섬서분책』의 내용과 크게 다르다. 즉 두 사람은 "돌은 화성암질火成巖質로 고래의 몸체는 둥글며, 길이 1.6m, 최대 직경 0.96m다. 머리에는 고래의 눈을 조각했으며, 꼬리는 구부려져 있다. 고래의 비늘은 희미하나마 판별이 가능하다"라고 묘사했다.[25] 그런데 아쉽게도 '곤명지 돌고래'에 대해서는 상세한 내용을 찾기 어려울 뿐 아니라, 돌조각을 언급한 자료들도 사진을 싣지 않아 그 형상을 확인하기 어렵다.

섬서역사박물관 문 앞에 만들어진 연못에는 석

다. 벼락이 치고 비가 오면 항상 큰 소리를 냈으며 갈기가 모두 움직였다"라고 기록되어 있다.[21] 천즈陳直는 일찍이 "돌로 된 고래조각이 현재도 남아 있다. 원래 장안현長安縣 개서장開瑞莊에 있었는데 현재 섬서성 비림박물관으로 이전하였다"라고 지적한 바 있다.[22] 비림박물관은 1955년 6월에서 1993년 1월까지 '섬서성박물관'으로 불렸는데,[23] 1991

21 "昆明池中有豫章臺及石鯨. 刻石爲鯨魚, 長三丈, 每至雷雨, 常鳴吼, 鬐尾皆動." 陳曉捷 注, 『三輔決錄·三輔故事·三輔舊事』, 西安: 三秦出版社, 2006, p.23. 『三輔黃圖』 권4 역시 이 부분을 인용했는데, 이에 대해서는 何淸谷, 『三輔黃圖校注』, p.299 를 참조.

22 陳直, 『三輔黃圖校證』, p.94.

23 路遠, 『陝西碑林史』, 西安: 西安出版社, 1998, p.457, p.485.

24 國家文物局 編, 『中國文物地圖集·陝西分冊 下』, 西安: 西安地圖出版社, 1998, pp.101-102.

25 劉慶柱·李毓芳, 『漢長安城』, 北京: 文物出版社, 2003, p.197.

어 하나가 진열되어 있다.(도4) 박물관에 근무하는 원쥔文軍 여사는 박물관에 보존된 관련 서류를 조사하여 이 석어가 곤명지의 유물이 아니라 건장궁建章宮 태액지터에서 나온 것임을 밝혔다. 석어는 사암砂巖으로 만들어졌는데, 1973년 서안시 삼교三橋 북쪽에 위치한 고보자촌高堡子村의 서쪽에서 발견됐다. 길이 4.90m, 최대 지름 1m로 올리브 열매 형태를 하고 있으며, 머리에는 겨우 눈 하나만 새겨놓았다.[26] 『한서·무제기』에는 '태초太初 2년(기원전 103) 장안성 서쪽에 건장궁을 만들기 시작했다'는 기록이 있다.[27] 『사기·효무본기』는 "그 북쪽에 커다란 못을 조영했다. 점대漸臺의 높이가 20여 장丈에 이르렀다. 태액지라 이름하고, 그 안에 봉래蓬萊, 방장方丈, 영주瀛洲, 호량壺梁을 두었는데 바다의 신산神山과 거북이, 물고기 등을 형상한 것이다"라고 적었다.[28] 한편 『삼보황도』권4에는 『관보기關輔記』의 "건장궁 북쪽에 못이 있는데 북해北海를 형상한 것이다. 돌로 고래를 새겨 만들었는데 길이가 3장이다"라는 기록을 인용한 대목이 있다.[29] 석어의 발견자는 상술한 문헌들을 참고하여 이를 태액지 안의 돌고래로 추정한 것이다.

두문향 마영채촌과 삼교 고보자촌은 현재 각각 서안시의 서남쪽과 서북쪽 교외에 위치하여 꽤 거리가 있다. 그러므로 위에 언급한 두 주장이 가리키

도4 서안시 삼교 북고보자촌 출토 돌물고기, 전한(文軍 촬영)

는 것이 동일한 돌조각인지, 다른 돌조각인지는 앞으로의 연구를 기다려야 할 것이다.[30]

또 하나 주목해야 할 돌조각은 섬서성 순화현淳化縣의 현성縣城에서 북쪽으로 30km 정도 떨어진 호화흘탑산好花疙瘩山(옛날에는 감천산甘泉山으로 불렸다)의 남쪽, 양무제촌梁武帝村 서쪽에 위치한 전한 시대 감천궁의 '한무제묘漢武帝廟' 유적(통천대通天臺를 지칭한다)에서 발견된 '곰 돌조각[石熊]'이다. 높이 1.25m, 직경 2.93m의 이 곰은 장영암長英岩으로 제작됐다. 쭈그리고 앉아 있는데, 왼쪽 앞 발톱을 왼쪽 귀 근처까지 들어 올리고, 나머지 세 발톱은 배 앞에 오므리고 있다. 곰 조각에서 멀지 않은 곳에도 높이 1.46m의 석고石鼓가 있다.(도5) 석고 표면에

26 黑光, 「西安漢太液池出土一件巨型石魚」, 『文物』 1975년 제6기, pp.91-92.

27 『漢書』, p.199.

28 "其北治大池, 漸臺高二十餘丈, 名曰泰液池, 中有蓬萊方丈瀛洲壺梁, 象海中神山龜魚之屬." 『史記』, p.482.

29 "建章宮北有池, 以象北海, 刻石爲鯨魚, 長三丈." 何淸谷, 『三輔黃圖校注』, p.308.

30 린통안은 '곤명지 석경'과 '태액지 석경'을 별개의 것으로 보고 있다(林通雁, 「西漢霍去病墓石雕群的三個問題」, 『美術觀察』 2009년 제3기, p.104; 林通雁, 「論西漢長安的陵墓雕塑藝術」, 湯池 主編, 『中國陵墓雕塑全集2·西漢』, pp.67-68).

도5 감천궁 통천대유지와 석제 곰, 그리고 석고(石鼓), 전한(王仁波 主編, 『秦漢文化』, p.119의 도2)

는 북송 정화政和 병신년(1116) 이곳에 놀러왔던 사람이 남긴 제기題記가 있다.[31] 감천궁은 전한 때 하늘에 제사를 지내던 제천祭天의 땅이었다. 린메이춘林梅村은 이 곰을 무제가 태일太—에게 제사 지내던 자단전紫壇殿 앞에 진열돼 있던 석신石神과 석수石獸 가운데 하나로 추정하고 있다.[32] 그러나 감천궁유적은 아직 체계적인 발굴이 이루어지지 않았으며 이 자료들에 대한 정식 조사보고서도 발표되지 않았다. 그러므로 그 성격에 대해서는 이후의 연구를 기다려야 할 것이다.

상술한 석조 인물과 물고기, 곰, 그리고 곽거병묘의 돌조각은 몇 가지 공통점을 지닌다. 즉 모두 무제 때 제작되었으며 전한 도성인 장안 부근에 위치한다. 그리고 모두 궁정의 조영공사와 관련이 있으며, 크고 조각이 거칠다는 양식적 유사성이 있다.

일부 학자는 섬서성 성고현城固縣에 위치한 장건張騫 무덤 앞의 '호랑이'로 알려진 석수 역시 이 시기 작품으로 보기도 한다. 발표된 사진을 보면, 이 석수는 심각하게 훼손되어 단지 몸체와 목 부분만 남아 있다.[33] 복부 아래는 구멍이 뚫려 있으며, 외부 윤곽은 완연한 S자형으로 후한시대 양식과 유사하다. 1957년에는 산서성 안읍安邑 사촌社村의 옛 무덤에서 높이 0.71m, 길이 1.34m의 호랑이 돌조각 하나가 출토되었다. 두부만 구체적으로 묘사하고, 사지 사이에는 투각透刻이 전혀 없이 '돌의 원형을 유지한' 작품으로, 곽거병묘의 돌조각과 양식이 유사하다.[34] 관련 보도는 이를 '전한시대 무덤 혹은 사묘祠廟 앞의 물건'으로 추정하였다.[35] 이 밖에 1985년 하북성 석가장石家莊 소안사촌小安舍村에서 한 쌍의 석인石人이 출토되었는데, 전한 문제 때 만들어진 조타趙佗의 무덤과 관련이 있을 것으로 추정된다.[36] 세 작품은 연대 추정이 쉽지 않거나 혹은 성

31 陝西省地方志編纂委員會, 『陝西省志 · 文物志』, 西安: 三秦出版社, 1995, p.187; 姚生民, 『甘泉宮志』, 西安: 三秦出版社, 2003, pp.135-136, 도판8.

32 林梅村, 『古道西風—考古新發現所見中西文化交流』, 北京: 生活 · 讀書 · 新知三聯書店, 2000, pp.116-117.

33 王子雲, 『漢代陵墓圖考』, 西安: 太白文藝出版社, 2007, p.95. 이 석수에 대한 최근 연구는 沈琍, 「張騫墓石翼獸造型及相關問題研究」, 羅宏才 主編, 『從中亞到長安』, 上海: 上海大學出版社, 2011, pp.129-163에 소개되어 있다.

34 山西博物院, 『山西博物院珍粹』, 太原: 山西人民出版社, 2005, p.115.

35 湯池 主編, 『中國陵墓雕塑全集2 · 西漢』, 도판 p.18, 도판설명 p.11.

36 河北省石家莊市文保所, 「石家莊發現漢代石雕裸體人像」, 『文物』 1988년 제5기, pp.91-92; 湯池 主編, 『中國陵墓雕塑全集2 · 西漢』, 도판 pp.4-5, 도판설명 p.3.

격이 매우 불명확하고, 지역 또한 멀리 떨어져 있어 본문에서는 논의하지 않는다.

2. 전한시대 석제 가공기술의 발달

곽거병묘의 돌조각과 유사한 양식이 출현한 데 대한 과거의 해석은 다음과 같다. 즉 당시는 돌조각예술이 막 일어나던 단계로 중국인들이 돌의 성질을 잘 몰랐기 때문에 가공기술이 매우 정교한 수준에 이르지 못했고, 철제공구 역시 발달하지 못했으므로 장인은 이처럼 시간과 공력을 절약할 수 있는 방식을 채택할 수밖에 없었다는 것이다. 그러나 이와 같은 견해는 재고할 필요가 있다.

돌을 건축과 예술에 대규모로 사용한 것은 확실히 전한 때 시작된 새로운 변화다. 여기서 선사시대 석기의 가공기술을 논하는 것은 실질적으로 무의미하다. 연대가 비교적 이른 역사시대 유적 가운데 돌조각이 발견된 경우는 매우 적다. 상나라 은허殷墟 서북강西北岡 1001호 대묘大墓에서 37.1cm 높이의 석호石虎를 포함한 대리석조각들이 출토되었으며,[37] 은허 부호묘婦好墓에서도 대리석으로 만들어진 높이 40cm의 가마우지[鸕鷀] 한 쌍이 발견되었다.[38] 이 돌조각들의 조형과 문양은 동시기 청동기와 매우 유사하며, 표면 역시 매우 매끄럽다. 돌

조각들이 크지 않기 때문에 옥기를 제작하던 공구와 기술을 그대로 사용해 제작한 것으로 볼 수 있을 뿐, 이것들을 전한시기의 대형 돌조각들과 유기적으로 연관시키기는 어렵다.

1998~1999년 섬서성 임동현臨潼縣 여산酈山의 진시황릉에서 출토한 대량의 석제 갑주甲冑는 놀랄만한 돌의 가공방식을 말해준다.[39] 장인들은 많은 시간과 공을 들여 실물 갑편甲片과 같은 크기나 형태로 돌을 가공한 후 이를 연결하여 한 벌의 갑옷과 투구를 완성했다. 돌은 여기서 금속제품의 외형으로 변화함으로써 원래의 질감을 완전히 상실했다. 원래 갑주의 금속재료는 돌로 대체되었고, 그리하여 실전에서의 사용기능은 상실되었다. 이렇게 돌을 처리하는 방식은 전한 무제 시기의 대형 돌조각에서 사용한 수법과는 전혀 다른 것이다.

전체적으로 볼 때, 상술한 것처럼 연대가 비교적 이른 시기의 자료는 매우 적기 때문에 한대 돌조각 기술의 연원을 연구하는 데 충분한 정보를 제공해 주지 않는다. 그리하여 일찍이 곽거병묘를 조사했던 구미의 학자들이나 최근의 중국학자들은 모두 전한시기 새로운 예술형식의 출현을 북방 초원민족 또는 다른 외래문화의 영향으로 설명해왔다.[40] 그러나 기술 혹은 문화의 유입이 일부 있었다 하더라도, 외래 장인이 직접 이 돌조각의 제작에 참여했

---

37 梁思永 · 高去尋, 『侯家莊第二本 · 1001號大墓』 上冊, 臺北: 中央研究院歷史語言研究所, 1962, p.78.

38 中國社會科學院考古研究所, 『殷墟婦好墓』, 北京: 文物出版社, 1980, pp.201-202.

39 陝西省考古研究所 · 秦始皇兵馬俑博物館, 『秦始皇陵陵園考古報告 1999』, 北京: 科學出版社, 2000.

40 헨츠(Carl Hentz)는 '마답흉노상'이 기원전 7~6세기의 고(古)바빌로니아 사자상과 매우 유사하다고 보고 외래 영향의 가능성을 제기했다(Carl Hentz, "Les influences étrangères dans le monument de Houo-Kiu-ping" *Artibus Asiae*, Vol.1, no.1, 1925, pp.31-36). 최근 린메이춘은 진한대에 제작된 대형 돌조각이 유라시아 초원문화의 영향을 받았다고 추정했다(林梅村, 『古道西風—考古新發現所見中西文化交流』, pp.99-165).

다고 보기는 어렵다. 곽거병묘 봉토 주변의 커다란 돌에서 발견된 "左司空" 명문은 오히려 이 공사가 소부少府 좌사공의 감독 아래 이뤄졌음을 알려준다.(도6)[41] 그리고 "平原樂陵宿伯牙霍巨孟"의 명문(도7)은 장인 가운데 산동 북부의 평원군 낙릉현에서 온 사람이 있었음을 시사한다.[42]

현재까지 알려진 자료들을 종합해볼 때, 돌을 가공하는 기술은 진부터 전한 초기에 이르는 시기에 비약적으로 발전했으며, 사람들은 이 시기에 대형 돌조각을 제작하는 초보적 기술 수단을 장악하기 시작한 것으로 보인다. 야금학冶金學 연구에 의하면 전국시대 초기 이미 탈탄주철脫碳鑄鐵, 인성주철靭性鑄鐵, 그리고 주철탈탄강鑄鐵脫碳鋼의 생산이 출현한다. 그리고 전국시대 중후기에는 쉬화공예淬火工藝(일반적으로 알루미늄 합금, 동합금, 철합금, 강화유리 등의 재료를 응고 처리하거나 쾌속 냉각 과정에서 하는 열처리 공예를 지칭함: 역자 주)가 출현하여 전한 초기에 널리 보급되었다. 이런 발전은 철제 공구의 강도를 크게 높였으며 생산공구의 철기화를 실현시켰다. 일찍이 여산 진시황릉의 서북쪽에 위치한 정가장鄭家莊의 진나라 석제 가공시설 한 곳에서 돌을 깨는 용도의 철제 공구 175건이 출토되었다.[43] 이런 공구들은 석제 갑옷을 제작할 때 사용한 것은 아니며, 매우 거대한 부피의 원료를 가공하는 데 사용했을 것으로

도6 곽거병묘 "左司空" 명문(『文物』 1965년 제5기, 도판1-1)

추정된다. 하북성 만성滿城에 위치한 전한 중산정왕中山靖王 유승劉勝의 처 두관竇綰 무덤에서도 비교적 많은 생산공구가 발견되었다. 문을 봉쇄하기 위해 쌓은 바깥쪽 흙 속에 삽, 꽹이, 망치 등의 공구가 섞여 있었는데, 무덤을 팔 때 사용하고 남긴 것으로 보인다.[44] 이 공구들은 직접 돌을 다듬는 데 썼던 것은 아닌 듯하다. 그러나 산속에서 3000㎥의 면적에 이르는 대형 무덤을 파고 들어가는 데는 필연적으로 다량의 철제 공구가 필요했을 것이다. 두관묘에서 출토한 36건의 철제 모형[范]은 당시 무덤을 만들며 그때그때 현장에서 직접 공구를 주조했을 가능성을 보여준다.[45]

41 陳直, 「陝西興平縣茂陵鎭霍去病墓新出土左司空石刻題字考釋」, 『文物參考資料』 1958년 제11기, p.63. 1987년과 1989년에도 "左司空" 명문이 있는 조그만 돌이 두 개 발견되었다. 이에 대해서는 韓若春, 「西漢霍去病墓側新發現兩块 "左司空" 題記石」, 『考古與文物』 1993년 제1기, p.14를 참조.

42 陳直, 「陝西興平縣茂陵鎭霍去病墓新出土左司空石刻題字考釋」; 徐森玉, 「西漢石刻文字初探」, 『文物』 1964년 제5기, pp.2-3.

43 秦俑考古隊, 「臨潼鄭家莊秦石料加工場遺址調査報告」, 『考古與文物』 1981년 제1기, pp.39-43.

44 中國社會科學院考古硏究所·河北省文物管理處, 『滿城漢墓發掘報告』 上冊, 北京: 文物出版社, 1980, p.216, pp.279-280.

45 中國社會科學院考古硏究所·河北省文物管理處, 『滿城漢墓發掘報告』 上冊, pp.280-283.

도7 곽거병묘 "平原樂陵宿伯牙霍巨孟" 명문(『文物』 1965년 제5기, 도판1-2)

두관묘와 유사한 대형의 애동묘崖洞墓는 전한 초기부터 제후왕릉의 형식으로 곧잘 채택되었다. 애동묘는 산의 바위를 파고 들어가는 것으로, 내부의 많은 묘실이 서로 통하고 그 구조가 매우 복잡한 대형공사다. 애동묘의 유행은 한대 장인들에게 돌의 성질과 가공기술에 익숙해질 수 있는 기회를 크게 부여했을 것이다. 강소성 동산현銅山縣 구산龜山에서 발견된 전한시대 초왕楚王 및 왕후 무덤의 묘실 내벽은 놀랄 정도로 평평하게 가공돼 있으며, 길이 56m에 이르는 북쪽의 용도甬道는 매우 반듯하게 뻗어 있다.(도8, 도9)[46] 그런데 이처럼 돌의 표면을 아주 매끄럽게 다듬는 기술은 장안 부근의 인물과 동물돌조각에서는 찾아볼 수 없다.

석재를 가공하는 기술은 심지어 민간에서도 널리 보급되었다. 전한 중기에서 말기에 이르면 산동성 남부와 강소성 북부를 중심으로 하는 연해 지역, 하남성 동부와 안휘성 동북부를 포함하는 지역에서 석곽묘가 집단적으로 출현한다. 이 가운데 연대가 가장 이른 것은 적어도 무제시기까지 올라간다. 이 무덤들의 석재는 비교적 평평하게 가공되었으며, 시대가 뒤로 갈수록 복잡한 도상장식이 출현한다.[47]

---

46 南京博物院·銅山縣文化館, 「銅山龜山二號西漢崖洞墓」, 『考古學報』 1985년 제1기, pp.119-133.

47 이와 관련된 논의는 Zheng Yan, "Sarcophagus Tombs in Eastern China and the Transformation of Han Funerary Art"(translated by Marianne P Y Wong and Shi Jie) *RES: Journal of Anthropology and Aesthetics*, 61/62, 2012, pp.65-79. 이 글의 중문 제목은 「西漢石槨墓與墓葬美術的典型」이며, 본서의 「전한시대 석곽묘와 묘장미술의 변화」에 해당한다. 석곽묘의 연대에 대해서는 학자마다 의견이 조금씩 달라, 일부 학자는 전한 문제와 경제시기로 보기도 하며(賴非, 「濟寧·棗庄地區漢畵像石槪論」, 『中國畵像石全集』 제2권, 濟南·鄭州: 山東美術出版社·河南美術出版社, 2000, p.6), 일부 신중한 학자는 무제시기로 보기도 한다(蔣英炬, 「關於漢畵像石産生背景與藝術功能的思考」, 『考古』 1998년 제11기, pp.90-96). 최근 류준즈는 강소성 서주를 중심으로 출토된 일부 화상석 무덤(그 가운데는 등급이 비교적 높은 대형 묘도 포함되어 있다)의 연대를 전한 초기의 조금 늦은 단계까지 올려보아 그 상한을 경제 초까지 보았다(劉尊志, 「徐州地區早期漢畵像石的生産及其相關問題」, 『中原文物』 2008년 제4기, pp.87-95).

무제시기 돌조각의 제작은 황실이 장악했기 때문에 재정적인 문제가 전혀 없었다. 한대 초년 '무위이 치無爲而治'의 휴식기를 지나 무제시기에 이르면 이미 국력이 상당히 축적되었고, 황실이 주도하는 거대한 사업도 적지 않았다. 이는 소소한 몇 개의 석재를 소비하던 시대와는 비교도 할 수 없는 발전이다.

곽거병묘 돌조각의 재질은 네 종류로 알려졌다. 첫 번째는 화강위정암花崗偉晶巖(granite pegmatite)으로, 도약하는 말이 이 돌로 제작되었다. 웅크린 호랑이, 개구리, 양을 먹는 괴수는 모두 화강위정암의 암맥이 섞인 '흑운석과 사장석 구조의 편마암黑雲斜長片麻巖(Biotite plagioclase gneiss)'으로 만들어졌다. 두 번째는 편마 구조(gneissic structure)의 화강암이다. 이 돌을 이용해 누운 말, 누운 코끼리, 사람, 사람과 곰이 씨름하는 상 등이 제작되었다. 세 번째는 중간 정도의 입자 크기를 가진 이장화강암二長花崗巖(monzonitic granite)으로, 마답흉노상, 물고기 두 마리, 누운 소, 야생 돼지 등이 이 돌로 만들어졌다. 네 번째는 휘석암輝石巖(pyroxenite)으로, 오직 한 마리의 두꺼비 조각만 현존한다. 네 암석 모두 경도는 비교적 높지만, 외부에서 힘을 가하면 쉽게 파손되어 가공이 크게 어렵지 않다.[48]

설령 대다수 연구자처럼 이 돌조각들을 조각사의 맥락 속에 놓고 관찰하더라도 주의할 점이 있다. 즉 이들의 거칠고 소박하고 간결한 양식이 절대로 이 시기 모든 조각이 따랐던 규정은 아니라는 점이다. 함양咸陽 신장新莊에 위치한 원제의 위릉渭陵 서북

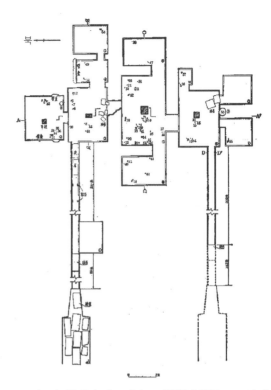

도8 강소성 서주 구산 2호묘 평면도, 전한(『考古學報』 1985년 제1기, p.120)

도9 구산 2호묘 북쪽 용도(필자 촬영)

---

48 劉丹龍·孫平燕, 「霍去病墓石刻藝術探微」, 『文博』 2004년 제6기, pp.88-91.

쪽과 왕황후王皇后의 무덤 동쪽 건물지에서 출토한 곰, 매, 벽사辟邪와 선인기마상(도10) 등에서 보듯 장안 부근에서 출토된 전한대 옥玉 작품 중에는 매우 뛰어난 작품이 많다.[49] 기법도 환조, 투조, 부조, 선각 등으로 다양하다. 전한시기에 유행한, 자리[席]의 사방 귀퉁이를 누르는 데 사용한 청동 누름쇠[鎭]는 조형이 매우 기묘한데, 바깥 표면에 금은으로 상감된 선線은 당시 사람들이 조각의 표면장식을 매우 중시했음을 보여준다. 무릉 구역 내 1호 무명총無名塚의 1호 배장갱에서 출토한 한 구의 금동 말은 길이 76cm, 높이 62cm로 조형이 정확하고 비례가 뛰어나 이 시기 조각예술의 사실적 수준을 잘 보여준다.(도11)[50] 다시 말해 이런 조각들은 재질상의 차이 이외에도 조형에 대한 이해와 추구하는 바가 동시기 대형 돌조각과는 큰 차이가 있다.

상술한 소형 작품 이외에 대형 조각 가운데도 선행하는 사례가 있다. 『사기·진시황본기』에는 "진나라에서 일찍이 12금인金人을 만들었다"라는 기록이 있는데,[51] 현재 그 형태를 알 수는 없다.[52] 어떤 학자는 시기가 많이 올라가는 증후을묘曾侯乙墓 출토 종거鐘虡에 표현된 동인銅人을 참고할 만하다고 했는데, 그 말처럼 양자의 차이는 크지 않을 것이다.[53] 그러나 이런 대형 청동조각은 전한시대 돌조각에 거의 영향을 미치지 않았다. 진시황릉 종장갱從葬坑에서 출토된 도용은 매우 사실적이지만, 이후에는 이처럼 사실적인 양식을 전혀 볼 수 없다.

또 하나 주목할 만한 내용은 애동묘를 만드는 과정에서 드러나는 한대인들의 돌에 대한 이해이다. 그들은 돌의 내부를 파내어 복잡한 공간을 만들어냈다. 그런데 이런 관념은 전한의 대형 돌조각에서는 출현하지 않는다. 대형 돌조각에 들인 공력은 단지 돌의 외부표면에 대한 절제된 가공에 불과하다.

지금까지 공구, 기술, 재료, 그리고 조각형태와 공간관계에 대한 이해 등의 요소에 대해 분석해보았다. 이는 상술한 조건들이 모두 갖추어졌을 때 비로소 숙련된 기술로 정교한 돌조각작품을 만들어낼 수 있음을 의미하는 것은 아니다. 왜냐하면 상술한 요소들이 하나의 작품에 어떻게 결합되는가는 당시 장인에게는 여전히 새로운 문제였을 것이기 때문이다. 그러나 각종 조건들이 잘 구비되었다면, 이런 문제는 어렵지 않게 해결될 것이다. 장인들이 조각의 일부분은 비교적 정교하게 처리한 것으로 보아 전면적 가공이 가능했으며 시간과 재력만 충분하다면 미처리된 석재의 표면 또한 잘 처리할 수 있었을 것이다. 다시 말해 말의 다리 사이를 투각하지 않거나 돌두꺼비를 공구로 다듬지 않은 것은 '하지 못해서'가 아니라 '하지 않은 것'으로 봐야 하는데, '하지 않음'의 배후에는 모종의 특수한 관념이 작용

49 張子波, 「咸陽新莊出土的四件玉雕品」, 『文物』1973년 第2기, p.60; 王丕忠, 「咸陽新莊出土的玉奔馬」, 『文物』1979년 第3기, p.86. 이 지점은 한 원제의 무덤인 위릉 구역 안에 위치한다. 이에 대해서는 陝西省文物局, 『陝西文物古迹大觀─全國重点文物保護單位巡禮之三』, 西安: 三秦出版社, 2003, pp.77-78 참조.

50 咸陽地區文管會·武陵博物館, 「陝西武陵一號無名塚一號從葬坑的發掘」, 『文物』1982년 第9기, p.2, 도판1.

51 『史記』, p.281.

52 『漢書』의 기록에 의하면 12금인은 대부분 이적(夷狄)의 옷을 입고 있다. 이에 대해서는 『漢書·五行志』, p.1472를 참조.

53 李零, 「關於中國早期雕刻傳統的思考─考古藝術史筆記」, 『新美術』2009년 第1기, pp.4-10.

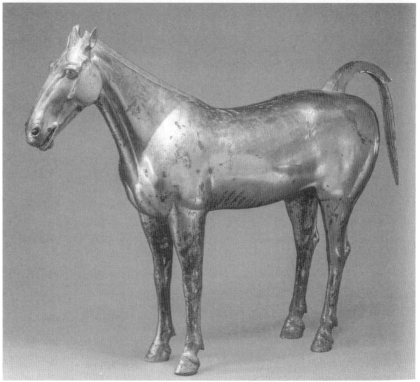

도10 함양 신장 출토 '말을 탄 선인' 옥조각, 전한(王啓 主編,『中華國寶─陝西文物集成·玉器卷』, 西安: 陝西人民敎育出版社, 1999, p.225)

도11 무릉 1호 무명총의 1호 배장갱 출토 금동 말, 전한(湯池 主編,『中國陵墓雕塑全集2·西漢』, p.74의 도86)

했을 가능성이 크다. 그리고 장인들이 반半제품처럼 보이는 양식을 수동적으로 수용한 것이 아니라, 오히려 반대로 조각들의 기능과 의미를 충분히 고려하여 능동적으로 그런 양식을 선택했다고 봐야 한다.

3. 곽거병묘: 선산仙山의 형상화

역사적인 맥락에서 볼 때 곽거병묘의 돌조각이나 견우와 직녀 석상은 결코 독립적인 조각이 아니다. 연구자들은 이 점을 소홀히 여기나, 그것들은 단독으로 진열된 것이 아니며 그 의미 또한 혼자만으로 실현되지 않는다. 그들은 거대한 규모를 가진 프로젝트의 구성요소 가운데 하나일 뿐이다.[54] 이런 프로젝트는 '경관景觀'이라 부를 수도 있으며, 혹은 1960년대 이후의 개념을 빌려 '대지예술(Land Art, Earth Art, 또는 Earthworks)'이라 부를 수도 있다. 그러나 비록 그 수단과 형식에 착안하여 2천 년 전의 이런 작업을 현재의 시각예술적 개념으로 묘사할 수 있

다 하더라도, 이것들은 결코 예술관념의 표현만은 아니며, 기능적 성격을 가진 조영이라는 점에 주목해야 한다. 설계사와 장인의 창조성 풍부한 작업의 배후에는 황제와 신하들의 의지 등이 개입되어 있다. 다시 말해 이런 조각들은 종교적 열정과 황제의 권위를 강하게 표현한다.

견우와 직녀상이 있는 곤명지는 상림원의 일부다. 상림원은 진나라 때의 옛 원림으로 무제가 건원建元 3년(기원전 138) 중건하면서 확대했다. 그 범위는 장안성 동남쪽에서 서남쪽에 이르는 광대한 지역을 포함하여, 서쪽으로는 주지현周至縣 종남진終南鎭, 동쪽으로는 남전현藍田縣 초대진焦岱鎭, 북쪽으로는 위하 이남, 남쪽으로는 종남산 기슭에 이른다.(도12)[55] 상림원 안에는 이궁과 별관別館이 아주 많았으며, 황제의 수렵과 감상을 위해 각종 금수를 놓아 길렀다. 또 넓은 면적의 못이 있었는데, 이 가운데 가장 중요한 것이 원수 3년(기원전 120) 건립된 곤명지다. 『사기·평준서』에 다음과 같은 기록이 전해온다.

---

54 필자는 본문을 완성한 후, Ann Paludan이 몇 년 전에 발표한 글을 다시 읽어 보았다. 그녀는 곽거병묘의 봉토 및 석어를 하나의 전체로 보았으며, 돌조각 하나하나를 독립적인 조각으로 보지 않았다. 또한 곽거병묘를 태액지의 석어, 곤명지의 견우상 및 직녀상과 비교 분석했는데, 이런 견해에 대해 필자도 동의한다. 그녀는 분류를 기초로 원래의 돌조각 위치를 복원하고 있다. 본문에서 언급한 '마답흉노상과 도약하는 말은 원래 각각 두 구씩으로 봉토 앞에 대칭으로 진열되어 있었으며, 석어와 제기(題記)가 있는 돌은 모두 건축부재로서 사당이나 제단을 구성하고 있었을 것'으로 추정했다(Ann Paludan, "An New Look at the Tomb of Huo Qubing", *Orientations*, Oct., 1992, pp.74-82). 그러나 이런 추정에 충분한 근거가 있는 것은 아니다.

55 劉慶柱, 「漢長安城的考古發現及相關問題研究—紀念漢長安城考古工作四十年」, 『考古』 1996년 제10기, p.6. 최근 상림원 안에 위치한 '진시황의 상천대(上天臺)' 유지, '자문석(磁文石)' 유지, '봉화대' 유지, 그리고 미앙궁 구역 안에 위치한 후위채촌(後圍寨村) 북쪽의 한 곳에 대해 트렌치조사와 시굴 등이 실시되었다. 그 결과 이 유적들은 모두 전국시대 후기에서 전한시기에 이르는 고대(高臺)의 건축유지로 밝혀졌다. 상술한 유지 발굴에 대한 연구성과는 순서대로, 中國社會科學院考古研究所·西安市文物保護考古所阿房宮考古隊, 「上林苑四號建築遺址的勘探和發掘」, 『考古學報』 2007년 제3기, pp.359-378; 中國社會科學院考古研究所·西安市文物保護考古所阿房宮考古隊, 「西安市上林苑遺址六號建築的勘探和試掘」, 『考古』 2007년 제11기, pp.94-96; 中國社會科學院考古研究所·西安市文物保護考古所阿房宮考古隊, 「西安市上林苑遺址一號·二號建築發掘簡報」, 『考古』 2006년 제2기, pp.26-34; 中國社會科學院考古研究所·西安市文物保護考古所阿房宮考古隊, 「西安市上林苑遺址三號建築及五號建築排水管道遺迹的發掘」, 『考古』 2007년 제3기, pp.3-14 등을 참조

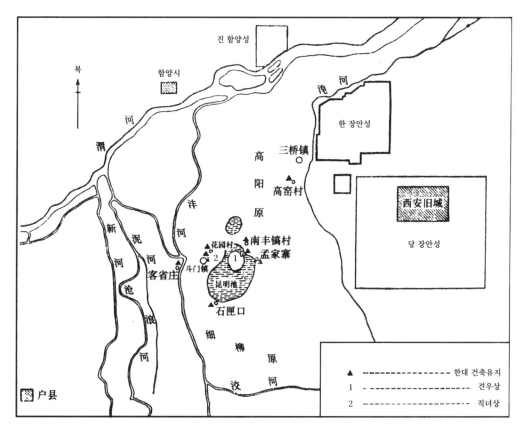

도12 상림원유지(中國社會科學院考古硏究所漢長安城工作隊·西安市漢長安城遺址保管所 編, 『漢長安城遺址研究』, 北京: 科學出版社, 2006, p.308)

이때 월나라가 배를 이용해 한나라와 전쟁하려 했다. 그리하여 (한에서는) 곤명지를 크게 만들고 그 주위를 각종 건축물(觀)로 빙 둘렀다. 높이가 10여 장 되는 누선樓船을 만들고 그 위에 깃발을 올리니 매우 장관이었다. 천자가 이를 보고 느낀 바 있어 백량대柏梁臺를 만들었는데 높이가 수십 장丈이었다. 이로부터 궁실의 건립이 날로 화려해졌다.[56]

곤명지유적은 두문진, 석갑구촌石匣口村, 만촌萬村, 그리고 남풍촌南風村 사이에 위치하며, 길이는 대략 동서 4.25km, 남북 5.69km에 이른다. 주위 둘레는 17.6km, 면적은 16.6km² 정도다. 최근 트렌치조사 등을 통해 곤명지 동안東岸에서는 물이 진입하는 2개의 수로를, 서안과 북안 근처에서는 물이 나가는 4개의 수로를 발견했다. 그리고 연못에서 4곳의 고지대를, 남안과 동안에서는 3곳의 건물

---

56 "是時越欲與漢用船戰逐, 乃大修昆明池, 列觀環之. 治樓船. 高十餘丈, 旗幟加其上, 甚壯. 於是天子感之, 乃作柏梁臺, 高數十丈. 宮室之修, 由此日麗." 『史記 · 平準書』, p.1436.

지를 발견했는데, 사마천이 '그 주위를 각종 건축물로 빙 둘렀다'고 한 지점으로 추정하고 있다.[57] 북쪽의 한 고지대는 연못 안에 만들었던 섬으로 추정하는데, 이곳에 예장관豫章觀이 있었을 것이다. 반고의 〈서도부〉와 장형의 〈서경부〉에서 언급된 견우상과 직녀상은 각각 섬과 곤명지의 서쪽에 위치하는데, 부賦의 기록과 완전히 일치한다.[58]

양웅揚雄의 〈우렵부羽獵賦〉 '서序'에는 무제가 "곤명지를 팠는데, 전하滇河를 형상화했다"라는 기록이 있다.[59] 그러나 곤명지에 견우상과 직녀상이 있었고, 또 상술한 『관보고어』의 기록에서도 밝혔듯이 곤명지는 하늘의 은하[天河]를 형상한 것이기도 하다. 곤명지의 조영은 인공의 건축과 조각은 물론, 자연의 물과 수목을 모두 포함한다. 조각의 의의는 다른 요소들과 달리 특수해서 이 조각들이 없었다면 공사의 화려함과는 무관하게 곤명지는 단지 장안성 밖의 인공호수에 불과했을 것이다. 그러나 견우상과 직녀상이 있기 때문에 곤명지의 의미는 크게 달라져 다른 한 공간과 대응하는 매우 상징적인 곳이 되었다. 여기서 '형상화했다[象]'는 단어는 두 가지 측면에서 이해할 수 있다. 첫째는 물질적이고 시각적인 면에서 목표로 하는 대상과 유사한 형상

을 건립했다는 점이며, 둘째는 이렇듯 유사한 형상과 목표로 했던 대상 사이에 의미적인 연관관계를 만들어냈다는 점이다. 여기서 돌조각은 단지 보는 대상이 아니다. 돌조각이 표지標識 기능을 지닌다는 점이 더욱 중요하다.[60] 다시 말해 돌조각들은 인도引導의 기능을 하고 있다.

견우상과 직녀상의 양식은 매우 유사하다. 게다가 건장궁 태액지의 돌고래도 단지 대강 외형만 조각했을 뿐, 세부묘사가 부족하다. 태액지 안에 있는 봉래, 방장, 영주, 호량은 모두 신산神山의 이름이다. 제齊나라의 위왕威王과 선왕宣王, 연燕나라의 소왕昭王은 일찍이 사람들을 바다로 보내 봉래, 방장, 영주의 삼신산을 찾도록 했다. "전하는 바에 의하면 이 삼신산은 발해 안에 있으며, 길은 그다지 멀지 않다. 어려운 점이라면 산 옆에 이르려 하면 바람이 불어 배를 산으로부터 멀리 떼놓는 것이다. 일찍이 어떤 사람이 여기에 가 본 적이 있다고 하며, 여러 선인과 불사의 약이 모두 여기에 있고, 그곳의 물건과 금수는 모두 흰색이며, 황금과 은으로 궁궐을 만들었다고 했다. 그곳에 이르기 전에 멀리서 보면 한 조각 구름 같았으며, 그곳에 당도하면 삼신산이 물 아래로 내려갔다. 가까이 다가가면 바람이 불어 삼

57 胡謙盈, 「漢昆明池及其有關遺存踏察記」, 『考古與文物』 1980년 창간호, pp.23-28; 中國社會科學院考古研究所漢長安城工作隊, 「西安市漢唐昆明池遺址的鑽探與試掘簡報」, 『考古』 2006년 제10기, pp.53-65.

58 王仲殊, 「西漢的都城長安」, 王仲殊 著, 『漢代考古學槪說』, 北京: 中華書局, 1984; 王仲殊 著, 『中日兩國考古學 · 古代史論文集』, 北京: 科學出版社, 2005, pp.61-62.

59 "穿昆明池, 象滇河." 蕭統 編, 李善 注, 『文選』 제1책, p.333; 『삼보황도』는 「서남이전」을 인용하여 "천자가 사신을 보내 신독국의 시장에서 대나무를 구하려 했으나 곤명에 이르러 길이 막혀버렸다. 천자가 이를 정벌하고자 했다. 월휴(越嶲) 곤명국(昆明國)에는 사방 300리에 이르는 전지(滇池)가 있었다. 그리하여 이와 유사하게 곤명지를 만들어 수전(水戰)을 연습했다"라고 기록하고 있다.

60 궈웨이치(郭偉其)는 「紀念與象徵: 霍去病墓石刻的類型及其功能」에서 이 단어를 사용하여 곽거병묘의 돌조각과 기련산의 관계를 논의하고 있다(『美術學報』 2010년 제4기, pp.50-59).

신산을 멀리 데려가 끝내 이를 수 없었다고 한다."[61] 이처럼 생생한 묘사는 방사方士의 입에서 나온 것으로 진한시대 궁정에서 매우 유행했다. 진나라 방사 서시徐市는 "봉래에 커다란 교어鮫魚가 있다"고 말하기도 했다. 『사기·진시황본기』에 다음과 같은 기록이 있다.

방사 서시가 바다에 들어가 신약을 구했으나 몇 년이 가도 얻지 못했다. 비용을 많이 썼기 때문에 책망을 들을까 두려워 "봉래의 약은 구할 수 있습니다. 그러나 항상 커다란 교어가 이를 위해 노심초사하기 때문에 얻을 수 없습니다. 청컨대 활 잘 쏘는 사람에게 도구를 주어 교어를 보자마자 노弩를 연달아 쏘게 하십시오"라고 거짓말을 했다. 진시황이 꿈에 해신海神과 싸우는 꿈을 꾸었는데 해신의 모습이 사람 같았다. 꿈의 뜻을 묻자 박사博士가 "물의 신은 볼 수 없습니다. 커다란 물고기와 교룡이 지키고 있기 때문입니다. 오늘 황제께서 사당을 만들어 열심히 기도한다면 이런 악신은 마땅히 제거할 수 있고 선신은 이르게 할 수 있습니다." 이에 바다로 가는 자에게 큰 물고기를 잡는 어구를 가지고 가 대어가 나올 때까지 기다렸다가 노를 연달아 쏘게 했다. 낭야琅邪로부터 북으로 영성산榮成山까지 이르렀으나 보지 못했다. 지부之罘에 이르러 큰 물고기를 보자 이를 쏘아 죽였다.[62]

『사기·진시황본기』에는 진시황 31년(기원전 216) 12월 "밤에 출행을 나갔다가 난지에서 도적을 만났다夜出逢盜蘭池"는 기록이 있다. 『사기정의史記正義』는 『괄지지括地志』를 인용하여 "난지피蘭池陂는 예전의 난지로, 함양현에 있다. 『진기秦記』에는 '진시황이 장안에 도읍하고 위수를 끌어와 연못을 만들었으며, 봉래와 영주를 쌓고 돌로 고래를 만들었는데, 연못의 길이가 200장丈에 이르렀다"라고 적었다.[63] 태액지 안의 돌고래는 '바닷속 신산의 거북이류를 형상화한 것'이거나 동해의 대어大魚 전설과 관련된 것으로 보이는데, 아마도 진나라 난지에서 돌고래를 놓아두었던 것을 계승했을 것이다.

새롭게 발견된 전한대 돌조각들은 모두 곽거병묘 돌조각과 양식이 유사하다. 이 때문에 곽거병묘 돌조각의 연대를 추정하는 데 어느 정도 간접적인 증거가 될 수 있다. 곽거병묘 돌조각은 중국 능묘조각의 시작으로 인식되어 왔다.[64] 그러나 이런 초기 사례는 후대 능묘의 신도神道 양쪽에 세워진 돌조각의 안치방식과 전혀 다르다. 1907년 9월 30일 일

61 "此三神山者, 其傳在勃海中, 去人不遠; 患且至, 則船風引而去. 蓋嘗有至者, 諸仙人及不死之藥皆在焉. 其物禽獸盡白, 而黃金銀爲宮闕. 未至, 望之如雲; 及到, 三神山反居水下. 臨之, 風輒引去, 終莫能至云."『史記·封禪書』, pp.1369-1370.

62 "方士徐市等入海求神藥, 數歲不得, 費多, 恐譴, 乃詐曰: '蓬萊藥可得, 然常爲大鮫魚所苦, 故不得至, 願請善射與俱, 見則以連弩射之.' 始皇夢與海神戰, 如人狀. 問占夢博士, 曰: '水神不可見, 以大魚蛟龍爲候. 今上禱祠備謹, 而有此惡神, 當除去, 而善神可致.' 乃令入海者齎捕巨魚具, 而自以連弩候大魚出射之. 自琅邪北至榮成山, 弗見. 至之罘, 見巨魚, 射殺一魚."『史記』, p.263.

63 "蘭池陂即古之蘭池, 在咸陽縣界. 『秦記』云: '始皇都長安, 引渭水爲池, 築爲蓬瀛, 刻石爲鯨, (池)長二百丈.'"『史記』, p.251.

64 楊寬, 『中國古代陵寢制度史研究』, 上海: 上海人民出版社, 2003, p.79.

본의 구와바라 짓조桑原騭藏가 곽거병묘를 조사할
당시 "수십 개의 석수石獸가 사방에 흩어져 있었고,
반수 이상이 이미 파괴된 상태"였다.[65] '수십 개'와
'파괴'는 명확하지 않은 표현이지만, 돌조각이 흩어
져 있었다는 사실은 훗날 다른 조사자도 반복해서
언급했다.

1914년 프랑스의 빅토르 세갈랭Victor Segalen과 길
베르 드 브아종Gilbert de Voisins, 장 라티그Jean Lartigue
등이 이 유적을 공동조사할 당시, 마답흉노상은 무
덤 앞에 세워져 있었지만 다른 돌조각들은 무덤의
꼭대기나 각 경사면에 흩어져 분포하고 있었다.[도
13] 후대인들은 석어 하나를 가공하여 무덤 정상
에 세워진 작은 사당의 계단석으로 사용하기도 했
다.[66] 세갈랭은 '마답흉노상이 놓인 곳은 이 조각의
원 소재지가 아니고, 현존하는 마답흉노상은 한 쌍
의 돌조각 가운데 하나며 또 쌍을 이루는 다른 돌조
각들이 봉토의 남쪽에 배열되어 있었을 것'으로 보
았다. 이런 추정은 요찰姚察의 "앞에는 석마石馬가
짝을 이루고 있었다"는 기록으로부터 나왔을 것이
다. 또는 후세의 신도 돌조각의 배열 방식을 참고
한 추론일지도 모른다. 그는 비교적 이른 시기에 유
적을 방문했지만, 조사할 수 있는 돌조각은 한정되

도13 1914년 세갈랭이 찍은 곽거병묘 사진(*Journal Asiatiques*,
mai-juin, 1915, p.473)

어 있었다. 초기 사진을 보면 당시 많은 돌들이 아
직도 봉토에 묻혀 있었음을 확인할 수 있다. 세갈랭
이 그린 곽거병묘 평면도는 매우 간략하여 마답흉
노상을 제외하고는 겨우 소[牛] 돌조각 하나와 누운
말의 위치만을 표시하고 있을 뿐이다.[67] 라티그는
1923년 곽거병묘를 재조사할 당시 약간의 새로운
발견을 했지만, 그의 글에는 단지 사람과 곰이 겨루
는 돌조각 하나만 추가되어 있을 뿐이다.[68] 다음해
미국인 칼 비숍이 조사 후 발표한 문장에는 두 건의
석어(아마도 세갈랭이 보았던 그 석어를 포함해서)와 돼지돌
조각 등 더욱 많은 조각이 수록되어 있다.[69]

1933년 겨울 이 유적을 방문한 마즈윈馬子雲은

65 桑原騭藏 著, 張明杰 譯, 『考史游記』, 北京: 中華書局, 2007, p.61.

66 Victor Segalen, "Premier Exposé des resultats archéologiques obtenu dans la Chine occidentale par la mission Gilbert de Voisins, Jean Lartigue et Victor Segalen(1914)", *Journal Asiatiques*, mai-juin, 1915, pp.467-480; Victor Segalen, "Recent Discoveries in Ancient Chinese Sculpture", *Journal of the North—China Branch of the Royal Asiatic Society*, vol.48, Shanghai, 1917, pp.153-155.

67 Victor Segalen, Gilbert de Voisins and Jean Lartigue, *Mission archéologique en Chine(1914)*, Geunther, Paris, 1923-35, vol.1, p.42.

68 Jean Lartigue, "Au tombeau de Houo-k'iu-Pimg", *Artibus Asiae*, 1927, no.2, pp.85-94.

69 Carl W. Bishop, "Notes on the Tomb of Ho Ch'ü-Ping", *Artibus Asiae*, 1928-1929, vol.3, no.1, pp. 34-46.

12점의 동물과 인물 돌조각에 대해 기록했다.[70] 그는 "곽거병묘와 여러 돌조각들은 명나라 초까지는 완전하여 파괴되지 않은 상태였다. 이후 명 가정嘉靖 연간 (1522~1566)의 지진으로 무덤 위에 세워졌던 얇고 높은 돌조각들은 무덤 아래로 떨어졌고, 두껍고 큰 것은 여전히 원래 자리에 있었다. 만력 연간에 이르러 무덤 꼭대기와 무덤 동북쪽 아래에 두 개의 작은 사당을 건립했다"고 적었다. 그는 또 '그가 이 유적지에 오기 2년 전, 서경 주위회西京籌委會가 돌조각 일부를 무덤 앞으로 이전하고 일부는 두 개의 낭도廊 道 아래에 진열했으며',[71] "가공되거나 혹은 가공되지 않은 많은 돌들이 무덤의 봉분 사방에 산재해 있었다"고 언급하기도 했다.[72] 천즈는 1950년대의 조사에 근거하여 "무덤의 정상과 무덤 아래 사방에 150여 개의 거대한 화강석이 분포하고 있다"[73]고 밝혔다. 1957년에는 섬서성 문물관리위원회가 명문이 있는 것을 포함해 많은 돌조각을 잇따라 발견했다.

상술한 발견자들의 기록을 통해 우리는 봉토 조성 당시 많은 동물과 인물 돌조각, 그리고 돌이 봉토 정상과 각 경사면 위에 산재해 있었음을 알 수

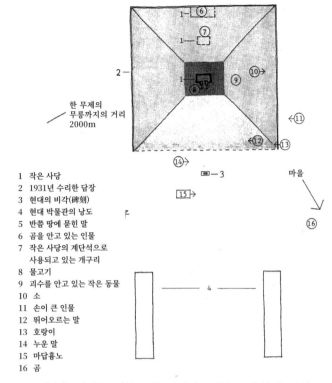

1 작은 사당
2 1931년 수리한 담장
3 현대의 비각(碑刻)
4 현대 박물관의 낭도
5 반쯤 땅에 묻힌 말
6 곰을 안고 있는 인물
7 작은 사당의 계단석으로 사용되고 있는 개구리
8 물고기
9 괴수를 안고 있는 작은 동물
10 소
11 손이 큰 인물
12 뛰어오르는 말
13 호랑이
14 누운 말
15 마답흉노
16 곰

도14 곽거병묘 위의 돌조각 분포도(Ann Paludan, *Chinese Spirit Road: The Classical Tradition of Stone Tomb Statuary*, New Haven and London: Yale University Press, 1991, p.241)

있다.(도14) 가정 연간의 지진과 기타 자연재해 및 인위적 요소 때문에 일부 돌조각과 돌이 어느 정도 이동되었지만, 그래도 관련 기관이 계획적으로 돌조각들을 이동시키기 전 이곳의 봉토는 기본적으로 전한시대의 상태를 그대로 보존하고 있었다.

최근 한 조사자는 봉토의 동서 양쪽에 아직도 커다란 천연석이 적지 않다는 사실을 알아차렸다.(도

70 馬子雲, 「西漢霍去病墓石刻記」, 『文物』 1964년 제1기, pp.45-46.

71 왕즈윈은 이 일이 1930년에 일어났다고 적고 있다. 이에 대해서는 王子雲, 『漢代陵墓圖考』, p.92를 참조.

72 馬子雲, 「西漢霍去病墓石刻記」, p.45.

73 陳直, 『漢書新證』, 天津: 天津人民出版社, 1985, p.322.

15)[74] 이처럼 수량이 계속 늘어나는 돌조각은 형상의 특징이 없는 수많은 돌덩어리들 사이에서 구분해 골라 낸 것이다. 이 가운데 일부 돌조각은 형상이 비교적 구체적이며, 일부는 그저 간단한 가공만을 해서 형상이 있는 듯 없는 듯하다. 당시 이 돌조각들을 찾아낸 담당자는 "어지러이 흩어진 돌들 사이에서 매우 좋은 돌조각을 발견했지만 친구를 찾느라 잠깐 고개를 돌렸다 다시 보면 그 돌조각을 찾을 수 없었다"고 회고했다.[75] 이는 '조각'과 인공적으로 쪼갠 돌덩어리들 사이에 엄격한 구분이 없었음을 의미한다.

도15 곽거병묘 봉토 위의 거석(咸陽市文物考古研究所, 『西漢帝陵鑽探調査報告』, 컬러도판29, 2)

무릉이 있는 함양 지역에는 석회암, 사암, 혈암, 점토암 등 고생대 혹은 중생대의 침적암沈積巖만 분포할 뿐, 곽거병묘 봉토 위에 놓인 화강암은 볼 수 없다. 이 대형 조각들의 석재, 그리고 간단히 절단했을 뿐 형상적 특징이 없는 화강암들은 대부분 진령秦嶺의 종남산 끝 북쪽 언덕에서 채집해 곽거병묘 봉토 위에 쌓아 올려졌다. 이 돌들은 모두 이곳의 경관을 만들어낸 구성요소다. 인물이나 동물조각이 아닌, 형상을 갖추지 못한 일부 돌덩어리들에서 명문이 발견되기도 했는데(도16)[76] 이 또한 상술한 추론을 증명한다.

돌조각들이 옮겨진 후 보호와 관광은 편리해졌지만 원래의 배열은 훼손되었다. 이 돌조각들은 현재 매우 정연하게 봉토 남면의 양쪽에 진열되어, 봉토와는 더 이상 어떤 관계도 가질 수 없게 되었다.(도17) 사람들이 돌조각의 사방을 돌며 관람하면 이것들은 전형적인 환조로 변화한다.[77] 현재 봉토 위에는 명청시대에 건립된 조그만 사당이 철거되고 관광객이 주위 경관을 잘 볼 수 있도록 정자가 건립되어 있다. 그리고 봉토 남쪽에는 못과 모형 산, 그리고 정자 등이 세워지고 기둥과 들보 등에 조각이 새겨짐으로써 볼썽사납게 되어버렸다. 그리고 옮겨진 돌조각들은 다시 현대인이 만든 새로운 경관 안에 파묻힘으로써 전한시대 곽거병묘의 풍모를 전혀 찾아볼 수 없게 되었다.

이천 년 전 이 돌조각들은 보통의 돌덩이나 무성한 풀 들 사이에 섞여 있었기 때문에 멀리서 보기에

74 咸陽市文物考古研究所, 『西漢帝陵鑽探調査報告』, p.54.

75 傅天仇, 「陝西興平縣霍去病墓前的西漢石雕藝術」, p.43.

76 형상이 없는 한 돌에서 "平原樂陵宿伯牙霍巨孟"의 명문을 발견했는데, 장인의 이름으로 추정하고 있다(陳直, 「陝西興平縣茂陵鎮霍去病墓新出土左司空石刻題字考釋」; 徐森玉, 「西漢石刻文字初探」, 『文物』 1964년 제5기, pp.2-3).

77 왕즈제처럼 이 돌조각들의 진열방식과 관람효과를 논의하려면 먼저 이 돌조각들이 '환조'라는 사실을 인정해야만 한다(王志杰, 「霍去病墓石刻陳列方式探討」, 『文博』 1994년 제1기, pp.103-108).

도16 곽거병묘 "左司空" 명문이 있는 돌(湯池 主編, 『中國陵墓雕塑全集2·西漢』, p.18의 도17)

도17 곽거병묘 돌조각의 현재 진열상태(王仁波 主編, 『秦漢文化』, p.44의 도23)

서 채집, 운반되어 조각된 돌들을 쌓아 놓은 봉토는 어떤 풍경을 만들어냈을까. 이런 풍경과 기련산 사이에는 어떤 관계가 있는가.

일반적으로 '기련산을 형상화했다'는 표현은 곽거병의 생전의 공적을 찬양한 말로 인식되었다. 『사기·위장군표기열전』에 대해 사마정은 『색은』에서 "최호崔浩가 '곽거병이 이 산에서 곤야昆邪를 격파했기 때문에 무덤의 모습을 그렇게 만들어 공을 드러낸 것이다'라고 말했던 것 같다"고 하였다.[78] 『한서·무제기』 안사고의 주注는 기련이라는 단어를 다른 뜻으로 해석했다. 즉 "흉노는 하늘을 기련이라고 부른다. …… 지금의 선비어鮮卑語도 그렇다"라고 적고 있다.[79] 현재 기련을 흉노어나 선비어

좋았을 뿐, 가까이에서 감상하기에는 적합하지 않았다. 그리하여 무덤의 봉토는 주변의 다른 배장묘들이 연출하는 것과는 전혀 다른 풍경을 만들어냈다. 마찬가지로 태액지 안의 돌고래 역시 진열과 관람을 위한 환조작품이 아니었으며, 원래 태액지 경관의 일부분이었을 뿐이다. 그리하여 돌고래는 수면 아래로 가라앉기까지 했다.

당대의 안사고와 요찰, 그리고 청대의 필원畢沅은 모두 석령자유적을 "곽거병묘는 기련산을 형상했다"는 『한서』의 기록과 연관시켰다. 그렇다면 멀리

---

78 "案; 崔浩云 '去病破昆邪於此山, 故令爲塚象之以旌功也'." 『史記』, p.2940.

79 "匈奴謂天爲祁連. …… 今鮮卑語尚然." 『漢書』, p.203.

와 연관시키는 데는 부정적이지만, 빅터 마이어는 '기련'이라는 말이 라틴어 caelum(天空, 天堂)과 어원이 같은 토화라吐火羅(Tokhara)어에서 온 것으로 생각했다.[80] 린메이춘은 한 걸음 더 나아가 '기련'은 토화라어의 양성陽性 형용사 체격體格 단수인 klom과 klyomo의 초기 형식인 kilyom(o)에서 유래했음이 분명하며, 그 뜻은 곧 '성스런 하늘'이라고 정의했다. 토화라인은 흉노에 의해 멸망한 서북 지역 민족인 월지月氏며, 기련산은 선진先秦시대 문헌에 나오는 '곤산昆山', 즉 곤륜산이다. '곤륜', 즉 kilyom(o)란 단어는 중국 단어 가운데서 가장 이른 인도유럽어의 번역어다.[81] '기련'이라는 단어의 어원에 대한 상술한 논의가 정확하든 아니든, 모든 해석이 기련과 하늘의 관계를 부정하지 않는 것만은 확실하다.

우리들은 한 무제시기에 '기련'이라는 단어가 원래의 뜻대로 이해되었는지 전혀 알 수 없다. 단지 도상적 측면에서 볼 때, 곽거병묘의 봉토 형식은 확실히 신비적인 색채를 띤다. 마즈윈은 1933년의 조사기록에서 곽거병묘의 봉토 형식이 한대 박산로(도18)의 뚜껑과 매우 흡사하다고 지적했다.[82] 세갈렝과[83] 미즈노 세이치水野淸一[84] 역시 유사한 견해를 표명했다. 앤 팔루단Ann Paludan,[85] 천스홍陳詩紅,[86] 허

도18 하북성 만성 중산정왕 유승묘 출토 박산로, 전한(中國社會科學院考古研究所·河北省文物管理處, 『滿城漢墓發掘報告』上冊, p.64)

시린,[87] 그리고 궈웨이치郭偉其[88] 등 여러 학자들이 대부분 이 견해를 수용했다. 청정程征은 좀 더 과감하게 "곽거병묘 위에 돌들이 어지럽게 널려 있었을 리 없다. 오히려 정연하게 진열되어 있었을 것이다"라며 유약을 입힌 도제 렴簾, 박산로, 그리고 화상전

80 Victor H. Mair, "Reflections on the Origins of the Modern Standard Mandarin Place Name 'Dunhuang'", 李錚 等 編, 『季羨林教授八十華誕紀念文集』권2, 南昌: 江西人民出版社, 1991, p.932.

81 林梅村, 『漢唐西域與中國文明』, 北京: 文物出版社, 1998, pp.64-69.

82 馬子雲, 「西漢霍去病墓石刻記」, p.46.

83 Victor Segalen, Gilbert de Voisins and Jean Lartigue, Mission archéologique en Chine(1914), vol.1, p.41.

84 水野淸一, 「前漢代に於ける墓飾石彫の一群に就いて—霍去病ての墳墓」, 『東方學報』제3책, 1933, pp.324-350.

85 Ann Paludan. "An New Look at the Tomb of Huo Qubing", pp.81-82.

86 陳詩紅, 「霍去病墓及其石雕的幾個問題」, 『美術』 1994년 제3기, pp.85-89.

87 賀西林, 『寄意神工—古代雕塑』, 北京: 生活·讀書·新知三聯書店, 2008, p.28.

88 郭偉其, 「紀念與象徵: 霍去病墓石刻的類型及其功能」.

등에 묘사된 산의 형태를 대조한 후, 이를 "암석들로 표현된 물결 형태의 첩첩산중에 호랑이, 코끼리, 돼지, 소, 두꺼비, 괴수 등 산과 물에 사는 괴이한 동물과 이를 잡아 죽이는 병마兵馬를 생생하게 표현한 것"이라고 추론했다.[89] 최근 린통안林通雁 역시 돌조각의 제재에 대한 분석을 통해 "곽거병묘가 상징하는 기련산은 장안 태액지 안의 봉래 등의 세 섬과 같은 신산 혹은 선산仙山이다"라고 추정했다.[90] 이런 견해는 매우 고무적이다. 한대 박산로 뚜껑은 야수가 출몰하는 끝없이 이어지는 산을 주조했는데, 당시 전설상의 선산 모습과 부합한다. 그러므로 곽거병묘의 봉토 위에 돌조각과 돌덩어리들을 이용해 조성한 것은 바로 선산과 유사한 경관으로 추정할 수 있다. 그러나 박산로와 조금 다른 점도 있다. 바로 박산로 아래에 흔히 보이는 용은 박산로의 뚜껑이 바다의 선산을 표현했음을 말해주는 데 비해, 곽거병묘의 봉토는 한대인들이 서방 곤륜산 등 선경에 대해 품었던 상상과 관련이 있을 것이라는 점이다.

선산의 의미는 '기련'이라는 단어가 가진 '성스런 하늘'의 뜻과 매우 유사하다. 혹자는 한대 사람들이 간혹 '하늘'과 '선계仙界'를 서로 다른 두 개의 세계로 인식했다고 하기도 한다.[91] 그러나 이 두 개념은 서로 연관되기도 했다. 전국시대와 달리 후한시대

도19 중경 무산(巫山) 출토 동패(銅牌)에 보이는 서왕모와 천문(天門), 후한(『考古』1998년 제12기, p.81의 도4.1)

의 많은 도상자료들은 후한대 사람들이 신선세계를 주관하는 서왕모가 '천문天門'의 안쪽에 살고 있다고 인식했음을 보여준다.(도19)[92] 만약 린메이춘이 말한 '기련'과 '곤륜'이 동일하다는 설명이 틀리지 않는다면, 전한시대에는 곤륜 역시 서왕모가 거처하는 선경仙境으로 간주되었을 것이다.

아마도 기련산이라는 단어의 의미가 곽거병의 공적과 관련된 인공의 무덤산을 하늘과 관련 있는 신산으로 상상하게끔 만들지 않았을까? 상술한『사기·위장군표기열전』에서 사마정이 인용한 "곽거병이 이 산에서 곤야를 격파하였기 때문에 무덤의 모

89 程征, 「爲家象祁連山─霍去病墓石刻群總體設計之探討」, 『西北美術』 1984년 제2기, p.17.

90 林通雁, 「西漢霍去病墓石雕群的三個問題」, pp.103-104.

91 信立祥, 『漢代畫像石綜合硏究』, 北京: 文物出版社, 2000, pp.143-182.

92 重慶巫山縣文物管理所·中國社會科學院考古硏究所三峽工作隊, 「重慶巫山縣東漢鎏金銅牌飾的發現與硏究」, 『考古』 1998년 제12기, pp.77-86.

습을 그렇게 만들어 공을 드러낸 것이다"라는 최호의 언급과[93] 상술한 학자들의 견해는 결코 모순되지 않는다. 그들의 해석은 이곳의 경관이 가지는 다층적 의미를 드러낸다. 한 무제에게 문무文武의 뛰어남과 선인이 되고자 하는 지나친 집착은 명확하게 구분될 수도, 대립될 수도 없었다. 이 시대에 인간세계의 일과 공업功業은 종종 하늘과 선계에 대한 상상과 연결되었다. 다시 말해, 병행하지 서로 어긋나지 않는다는 것이다. 주나라 목왕穆王이 영토를 확장하기 위해 서쪽을 정벌한 역사적 사건이 '서왕모와 만났다'는 식으로 문학적 변화를 이끈 것이나 진시황이 여러 차례 동쪽으로 순행한 것이 정치적 활동임과 동시에 종교적 의미를 지니는 점, 곤명지의 건립이 수군을 훈련시켜 서남 지역 이족夷族을 공격하고 나아가 장안성에 물을 제공하기 위한 것임과 동시에, 이곳의 지상경관이 공간적으로나 의미상으로 우리가 눈을 들어 볼 수 있는 하늘에 대응하고 있는 것 등이 좋은 사례다. 그러므로 우리는 마답흉노상을 곽거병의 공적의 상징으로 해석할 수 있다. 그리고 일부 학자들이 주목한 것처럼 이 돌조각들이 다루는 제재의 광범위함, 그리고 이미 서북 변방의 자연경물에 한정되지 않는 인간과 곰의 대결,(도20) 양을 먹는 괴수(도21) 등의 신비로운 제재들은 아마도 종교적 의미가 더욱 컸으리라 판단된다.[94] 곽거병묘의 봉토는 한 청년장군의 기념비일 뿐 아니라, 망자의 영혼이 돌아가는 이상적 공간이었을 것이다.

상술한 것처럼 곤명지는 '전하'와 '하늘의 은하'를 형상화했다. 양자의 관계는 분명치 않은데, 아마도 머나먼 서남의 변경지대 역시 다른 세계로 상상했을 가능성이 크다. 이처럼 형식적으로 한나라 제국의 통치 범위 안에 들어온 지역은 한대인들의 낭만적 상상을 불러일으키기에 충분했다. 전하 이외에 서부의 곤륜과 동해의 섬들 역시 멀고도 신비한 곳이었다.

사마천은 "진이 제후국을 격파할 때마다 그곳의 궁실을 모방한 건축물을 함양 북쪽에 건립했다"고 기록했다.[95] 진시황 때 '천하'는 역사상 유례가 없을 정도로 확대되었지만, 도성 부근에 안치된 6국의 궁실을 모방한 건축물은 제국을 순식간에 예술적으로 축소시켜 결국 진시황의 커다란 손 안에 들어가도록 했다. 그리고 전한의 장안 부근에 만들어진 상술한 프로젝트들은 동해의 선산, 서방의 곤륜, 남방의 전하, 천상의 은하를 모두 '……'를 형성했

---

93 『史記』, p.2940. 양아이궈(楊愛國) 선생이 필자에게 『구당서·이정전(李靖傳)』의 기록에 대해 일러주었는데, 내용은 다음과 같다. "정관 14년(640), 이정의 처가 죽자 조서를 내려 무덤제도를 한대의 위청과 곽거병의 전례에 따르도록 했다. 즉 궐을 쌓음에 돌궐에 있는 철산과 토욕혼에 있는 적석산의 형태로 만들어 그 뛰어난 업적을 드러내도록 했다"(『舊唐書』, 北京: 中華書局, 1975, p.2481). 이 기록을 통해 당대에 곽거병묘의 돌조각이 공적을 드러내는 의미를 가지고 있다는 생각이 일반적이었음을 알 수 있다. 여기서 위청과 곽거병을 함께 언급한 것은 『한서·위청곽거병전』의 원봉 5년(기원전 106) 위청이 죽자 "與主合葬, 爲塚象廬山"이라는 기록과 관련이 있다(p.2490). 위청의 무덤은 곽거병묘와 나란히 위치하고 있는데, 아직까지 돌조각은 발견되지 않았다. 이 무덤이 어떤 방식으로 '여산을 형상화했는지'는 아직까지 해결되지 못했다.

94 궈웨이치가 추정한 것처럼 '양을 먹는 괴수'는 『산해경』에서 언급한 곤륜산의 '땅강아지[土螻]'일 것이다. 이에 대해서는 郭偉其, 「紀念與象徵: 霍去病墓石刻的類型及其功能」을 참조.

95 "秦每破諸侯, 寫放(仿)其宮室, 作之咸陽北阪上." 『史記』, p.239.

도20 곽거병묘의 곰과 겨루는 인간 돌조각(王仁波 主編, 『秦漢文化』, p.143의 도19)
도21 곽거병묘의 양을 먹는 괴수 돌조각(王仁波 主編, 『秦漢文化』, p.131의 도21)

다'는 어법으로 황제 옆에 집중시켰다. 무제는 머나먼 서남 지역의 이민족을 정벌하고자 하는 원대한 목표를 가지고 있었으므로, 도성 근교의 곤명지는 그의 미래의 공적이었으며, 또한 망망한 하늘의 은하를 반영한 것이기도 했다. 시간적 개념으로 볼 때 곤명지는 미래를 지향하며 기련산은 과거와 연결된다. 그리고 공간적 개념으로 볼 때, 곤명지는 무제가 살던 도성 근교에 조성되었으며, 기련산은 무제가 죽은 후 묻힐 능묘 옆에 위치했다. 미래는 산 자들의 도성에 대응하며, 과거는 죽은 자들의 능묘에 대응하는 것이다.

이런 변화는 미술사적으로 매우 중요한 의미를 지닌다. 진에서 전한에 이르는 시기, 지하에 묻혀 있던 무덤이 공간개념의 측면에서 질적 변화를 일으켰다는 점에 주목해야 한다. 사마천의 기록에 의하면, 진시황제의 능묘 안에는 "수은으로 수많은 강과 바다를 만들어 서로 흘러들게 만들고, 위로는 천문을 갖추고 아래로는 지리를 갖추고 있었다."[96] 전한 중기 이후에 조성된 많은 무덤에서 '화상畫像예술'이 유행하는데, 묘실 천장에 묘사된 천상도天象圖는 가장 흔한 것이다. 그러나 이런 종류의 '천天' 도상은 자연 속의 하늘이 아니며 관념화된 하늘이다. 섬서성 서안시 교통대학交通大學 부속초등학교에서 발견한 전한 후기 벽돌무덤 속 천장의 천상도를 보자. 해 가운데에는 새가, 달 가운데에는 두꺼비와 계수나무 등이 있으며, 선학仙鶴은 운기雲氣 속에서 날고 있다. 그 주위를 감싸고 있는 사신四神과 28수宿는 각종 동물과 인물형상을 한 채 배치되어 있으

---

96 "以水銀爲百川江河大海, 機相灌輸, 上具天文, 下具地理." 『史記』, p.265.

며, 견우와 직녀의 측면상도 출현한다.(도22)[97] 보아
하니 당시 어느 정도 신분이나 재력이 있는 사람은
황제처럼 망망한 우주를 가슴에 품을 수 있었던 것
같다. 게다가 궁정에서 발명한 박산로 역시 민간의
무덤에서 출현하는데, 대부분은 금은으로 장식한
동기銅器가 아닌 흙으로 만든 거친 복제품이다. 이
미 훈향薰香의 기능은 사라지고, 선산의 조형과 관
념만이 유행한 것이다.

궁정의 경관 조성 프로젝트는 중국 고대 도성의
'상천법지象天法地'를 연상시킨다. 이것은 가장 금
기된 질문이기도 하지만, 그럼에도 불구하고 일상
화된 논의이기도 하다. 동중서董仲舒는 『춘추번로·
천지지행春秋繁露·天地之行』에서 "군주가 된 자는 그
법을 하늘로부터 취해야 한다"고 했다.[98] 그러나 이
는 기본적으로 유생들의 이상일 뿐이었다. 『삼보황
도』 권1에는 "사치가 극에 달한 진시황이 함양궁
을 쌓았는데, 북쪽 언덕에 궁전을 조영하고 사방으
로 문을 내어 하늘의 자궁紫宮을 본뜨고 천제天帝의
거처를 본떴다. 위수가 도성을 관통하고 있는데 하
늘의 은하를 본뜬 것이며, 남쪽으로 건널 수 있도
록 설치한 도로는 견우를 본뜬 것이다"라는 기록
이 있다.[99] 현재의 발굴로는 이 기록을 증명할 수 없
다. 『삼보황도』는 또 '(한나라 장안성의) 남쪽은 남

도22 서안시 교통대학 부속초등학교 발견 무덤의 천장벽화, 전한(『西安交通
大學西漢壁畵墓』, 도판2)

두형南斗形이며 북쪽은 북두형北斗形'이라고 적었
다.[100] 원대에 이르러 이호문李好問이 그의 저서 『장
안지도長安志圖』에서 상술한 기록에 의문을 제기한
후, 현재까지도 이에 대한 논의가 분분하다. 실제로
전한시대 장안성의 건설은 위수 이남의 진나라 궁
전지를 기초로 확대한 것이며 첫 단계부터 엄밀한
계획이 있었던 것은 아니었다.[101]

한 무제 때에 이뤄진 곽거병묘, 곤명지, 태액지,

---

97 陝西省考古研究所·西安交通大學, 『西安交通大學西漢壁畵墓』, 西安: 西安交通大學出版社, 1991, 도판2.

98 "爲人君者, 其法取象於天." 鐘肇鵬, 『春秋繁露校釋(校補本)』, 石家莊: 河北人民出版社, 2005, p.1064.

99 "始皇窮極奢侈, 築咸陽宮, 因北陵營殿, 端門四達, 以則紫宮, 象帝居. 渭水貫都, 以象天漢, 橫橋南渡, 以法牽牛." 何淸谷 校
注, 『三輔黃圖校注』, p.27.

100 위의 책, p.75.

101 이에 대한 논의가 적지 않은데 상술한 왕종수(王仲殊)의 「西漢的都城長安」이 좋은 참고자료다. 우홍 역시 미술사의 각도에서 치밀
한 논의를 전개한 바 있다(巫鴻 著, 李淸泉·鄭岩 等 譯, 「中國古代藝術與建築中的"紀念碑性"」, 上海: 上海人民出版社, 2009,
pp.185-245. 이 책의 한글 번역본은 우홍 지음, 김병준 옮김, 『순간과 영원—중국 고대의 미술과 건축』, 아카넷, 2001).

그리고 감천궁 등 경관의 조성은 장안성의 전체적인 계획과 비교할 때 '상천象天'류의 개념을 더욱 잘 구현했다. 이는 무제와 직접적으로 관련이 있는데, 『사기·봉선서』에 다음과 같은 기록이 전해진다.

제나라 출신의 소옹少翁은 방술 능력이 있어 황제를 알현할 수 있었다. 황제에게는 총애하는 왕부인이 있었는데 부인이 죽자 소옹이 '방술로써 밤에 왕부인과 부뚜막귀신의 모습을 오게 할 수 있다'고 했다. 황제가 멀찌감치 장막 안에서 이것들을 보았다. 그로 인해 소옹을 문성장군에 봉하고 많은 상을 주었다. 아울러 빈례賓禮로써 그를 대했다. 소옹은 "황제가 신과 통하고자 함에, 궁실과 피복被服이 모두 신의 형상이 아니면 신물이 이르지 않는다"라고 했다. 이에 운기거雲氣車를 그리고, 각각 오행이 상극하는 승일勝日의 수레로써 악귀를 물리치게 했다. 또한 감천궁을 짓고, 가운데에 대실臺室을 만들어 천·지·태일太一과 여러 귀신을 그리고, 제구祭具를 놓아 천신이 이르도록 했다.[102]

소옹은 사기꾼이며, 그의 말은 실제로 과거 연燕과 제齊 지역 방사들의 말을 좀 더 강하게 꾸민 데 불과했다. 그러나 무제는 그의 말을 믿고 신선의 기

운이 충만한 건축과 수레, 복식 등을 만들어내기에 이르렀다. 곽거병묘, 곤명호, 태액지 등의 대형 공사는 결코 유가 이론의 영향 아래 이뤄진 것이 아니며, 이 시기 방사들의 꼬드김과 관련이 있을 것이다. 그러므로 이런 시설들은 특정 시기와 사건, 그리고 특정 인물의 관념과 관련된 것으로 보아야 하며, 반드시 능묘제도와 같은 제도적 측면에서 해답을 찾아야 하는 것은 아니다.

4. 경관의 설계와 조각

소옹의 언급에 의하면, 신과 통하기 위해서는 반드시 '궁전과 복식'의 형태를 갖추거나 장식이 '신을 형상화[象神]한 것'이어야 했다. 이어지는 무제의 행동은 운기거에서 보듯 소옹이 말한 '신을 형상화' 하는 것을 실천한 것이다.[103] 상술한 '궁전과 복식'의 범위가 매우 넓었으므로, 궁중에서 사용하던 박산로도 이 범주 안에 포함될 것이다. 박산로는 생활 속의 사치품이며 개인화된 실내예술로, 사람들의 상상 속 선산을 축약의 방식으로 기물에 표현한 것이다. 무제의 무덤인 무릉 내 1호 무명총의 1호 배장갱에서 출토한 금은으로 장식한 동제 박산로는 현재까지 알려진 가장 화려한 것 가운데 하나다.(도 23)[104] 명문에 의하면, 이 박산로는 한 때 미앙궁未

---

102 "齊人少翁以鬼神方見上. 上有所幸王夫人, 夫人卒, 少翁以方蓋夜致王夫人及灶鬼之貌云, 天子自帷中望見焉. 於是乃拜少翁爲文成將軍, 賞賜甚多, 以客禮之. 文成言曰: '上即欲與神通, 宮室被服非象神, 神物不至.' 乃作畵雲氣車, 及各以勝日駕車辟惡鬼. 又作甘泉宮, 中爲台室, 畵天地太一諸鬼神, 而置祭具以致天神." 『史記』, pp.1387-1388.

103 진시황릉 출토 동제 거마에 묘사된 운기문 장식, 그리고 등급이 높은 전한대 무덤에서 나온 수레에 묘사된 운기문 등도 모두 '운기거'의 개념과 관계가 있을 것이다.

104 咸陽地區文管會·茂陵博物館, 「陝西茂陵一號無名冢一號從葬坑的發掘」, 도판4.

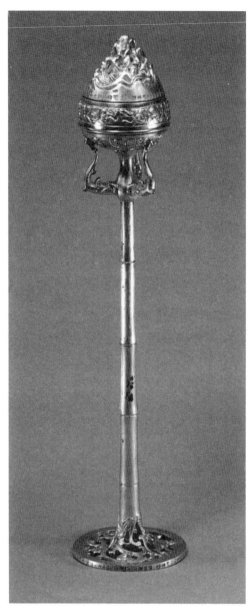

도23 무릉 1호 무명총의 1호 배장갱 출토 금은장식을 한 동제 박산로, 전한(王仁波 主編, 『秦漢文化』, p.182의 도7)

央宮에 속해 있었다고 한다.[105] 여기서 주의할 것은, 이런 기물은 단지 선경의 형상을 축소한 모사품이지만, 곽거병묘, 곤명지, 태액지, 그리고 감천궁의 각종 시설은 '신을 형상화'했을 뿐 아니라, 그 자체가 일종의 종교의례를 행하던 장소라는 점이다. 그러므로 상술한 대형 경관은 기물이 가지는 매우 정교하고 화려한 양식과는 다른 설계이념을 가지고 있었을 가능성이 크다.

종교적 경관의 설계에 대한 논의는 요녕遼寧 수중현綏中縣에 위치한 진나라 행궁行宮 유지를 참고할 만하다. 1982년 이후 고고학자들은 수중현으로부터 하북성 진황도시秦皇島市에 이르는 연해 지역에서 진한시대의 건축유적을 다수 발견했다. 모두 진부터 전한시기에 조성된 행궁유적이다. 이 가운데 수중현 만가진萬家鎭 남부 연해 일대의 석비지石碑地, 흑산두黑山斗, 와자지瓦子地, 대금사둔大金絲屯, 지묘만止錨灣, 그리고 주가남산周家南山 등에 이르는 지역에서 대형 건물지를 발견했는데, 900㎡에 걸쳐 분포한다.[106] 발해에 인접한 세 곳은 석비지를 중심으로 양쪽에 지묘만, 흑산두가 날개처럼 분포한다. 이 근해에는 모두 쌍을 이루는 거대한 초석礎石이 있는데, 마치 궐문闕門 같다. 석비지에는 이른바 '강녀분姜女墳'('강녀석石'으로 부르기도 한다)이라 불리는 세 개의 초석이 해안에서 대략 500m 되

---

105 박산로 뚜껑의 입구 바깥쪽에 "內者未央尙臥, 金黃塗竹節熏盧(爐)一具, 幷重十斤十二兩, 四年內官造, 五年十月輸, 第初三"의 명문이 있으며, 대좌의 둥근 테두리 부분 바깥쪽에 "內者未央尙臥, 金黃塗竹節熏盧(爐)一具, 幷重十一斤, 四年寺工造, 五年十月輸, 第初四"의 명문이 있다. 위의 글, p.3 참조.

106 遼寧省文物考古硏究所, 「遼寧綏中縣"姜女墳"秦漢建築遺址發掘簡報」, 『文物』 1986년 제8기, pp.25-40; 遼寧省文物考古硏究所·姜女石工作站, 「遼寧綏中縣"姜女石"秦漢建築群址石碑地遺址的勘探與試掘」, 「遼寧綏中縣石碑地秦漢宮城遺址1993~1995年發掘簡報」, 『考古』 1997년 제10기, pp.36-46, pp.47-57; 遼寧省文物考古硏究所, 『姜女石—秦行宮遺址發掘報告』, 北京: 文物出版社, 2010.

도24 요녕성 수중현 '강녀분' 근경(遼寧省文物考古研究所, 『姜女石─秦行宮遺址發掘報告』下冊, 도1)

는 수면 위에 우뚝 솟아 있다. 중간에 있는 돌 하나는 마치 무너진 것처럼 보인다.[도24][107] 이 초석들은 한 세트의 해식주海蝕柱며, 이 가운데 가장 큰 것은 검은색으로 수면에서 24m나 솟아 있다. 이 돌 아래에는 커다란 하얀색 조약돌이 무리지어 쌓여 있는데, 인근 해역에는 없는 것이어서 당시에 의도적으로 갖다 놓았음을 알 수 있다. 이 초석들과 대응하는 해안 위에는 매우 큰 규모의 건축물들이 무리 지어 있다.[도25] 해안에서 약 300m 떨어진 곳에는 대략 폭 10m 정도의 돌로 만든 통로가 동서로 위치한 초석대礁石帶를 관통하여 지묘만과 흑산두로 이

어진다.[도26][108] 지묘만유적의 주위 해상에는 원래 우뚝 솟은 초석이 많은데, 남북으로 60m, 동서로 30~40m에 이르는 범위 안에 분포한다. 흑산두유적의 맞은편 100여 m의 해상에도 역시 문과 비슷한 형태의 초석이 분포한다. 초석들의 거리는 대략 40m로, 세간에서는 '용문석龍門石'이라 부른다.[도27][109] 이 두 곳의 유적에도 역시 거대한 규모의 건물터가 있다.

이 유적군은 '강녀석' 유지로 불리는데, 진시황 32년(기원전 215) 동쪽으로 순행하여 연나라 출신의 노생盧生에게 신선인 선문羨門과 고서高誓를 찾게

---

107 『史記』, p.251; 華玉氷, 「試論秦始皇東巡的"碣石"與"碣石宮"」, 『考古』 1997년 제10기, p.83, p.84의 주19.
108 遼寧省文物考古研究所, 『姜女石─秦行宮遺址發掘報告』上冊, p.5.
109 위의 책.

北

墙子里屯

姜女石工作站

K3
K4
K2
K5
K1
K6
K8
K7
K9

0   60m

도25 요녕성 수중현 석비지의 진나라 건축유지 평면도(遼寧省文物考古研究所, 『姜女石─秦行宮遺址發掘報告』上冊, p.17의 도5)

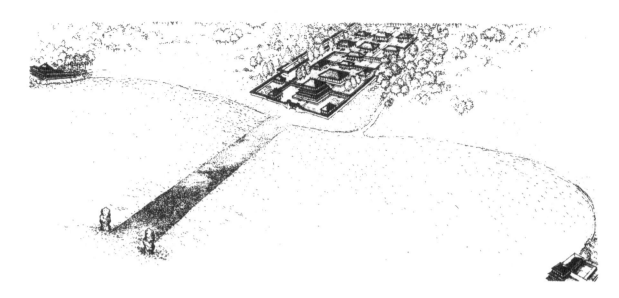

도26 요녕성 수중현 '강녀분' 진나라 건축유지와 경관 복원 오감도(楊鴻勛, 『宮殿考古通論』, 北京: 紫禁城出版社, 2009, p.227의 도218).

도27 요녕성 수중현 흑산두유지 부근(遼寧省文物考古研究所, 『姜女石—秦行宮遺址發掘報告』下冊, 도판206)

했던 '갈석碣石'행궁의 소재지다.[110] 발굴 결과, 방대한 규모의 이 행궁은 진나라 말기에 훼손되었으며 일부 지점은 전한 때 다시 중건되었음이 밝혀졌다.

기록에 의하면, 태초 3년(기원전 102) 4월 무제는 "북으로 갈석에 이르러, 요서遼西로부터 순행했다"[111]고 한다. 그의 순행은 이 궁전들의 중건과 관련이

---

110 갈석의 위치에 대해서는 아직도 의견이 분분하다. 일부 학자는 발해 연안의 강녀석 건축군을 갈석궁으로 보기도 하며, 혹자는 그 남쪽에 위치한 진황도 금산취(金山嘴) 유지를 갈석궁으로 보기도 한다. 또 이런 일련의 지점을 모두 통칭한 것이라는 추정도 있다. 관련 논의를 종합한 것으로는 中國社會科學院考古研究所, 『中國考古學·秦漢卷』, 北京: 中國社會科學出版社, 2010, pp.67-70을 참조.

111 『史記』, pp.1398-1399.

있을 것이다.

북위 역도원이 지은 『수경주·유수濡水』조는 경관을 상세하게 설명하고 있다.

지금 바닷속에 돌이 있는데 마치 수십 리에 이르는 통로 같다. 맞은편 산꼭대기에서는 종종 기둥 형태의 큰 돌을 볼 수 있다. 거대한 바다 가운데에 서있으며, 큰 조수가 이르면 사라졌다가 조수가 물러가도 움직이지도 사라지지도 않아 그 깊이를 알 수 없다. 사람들은 이를 '천교주天橋柱'라고 한다. 마치 사람이 만든 듯도 하고 사람이 만들 수 없는 것 같기도 하다. 위소韋昭 역시 이를 갈석으로 보았다. 『삼제약기三齊略記』에는 "진시황이 바다에 돌다리를 만들었는데 해신이 이를 위해 기둥을 세웠다. 진시황이 해신을 만나고자 했는데, 해신이 '나는 모습이 추하니 내 모습을 그리지 않는다면 황제와 만날 수 있다'라고 했다. 이에 바다로 40리 정도 가서 해신을 만났는데, 주변 사람들에게 손을 놀리지 말도록 했다. 그러나 장인이 몰래 발로 해신의 모습을 그렸다. 해신이 노하여 '황제가 약속을 어겼으니 빨리 가라'고 했다. 진시황이 말을 돌려 돌아오는데 말의 앞발이 서는 듯 하면 뒷다리가 쓰러져버리곤 했다. 겨우 해안에 오를 수 있었는데, 화공은 바다에 빠져 죽고 여러 산의 돌은 모두 기울어졌다. 지금도 동쪽으로 기운 듯 한데 아마도 이 때문일 것이다"라는 기록이 있다.[112]

바다에 있는 초석은 천연적으로 형성된 것이다. 그러나 진대에 이르러 홀연히 '발견'되었다. 여기서 발견이라는 것은 대자연의 조화를 어떤 형상으로 인정하는 것을 의미한다. 이 초석들은 마치 '육교의 기둥'처럼 '사람이 만든 듯'해야 했다. 그러나 한편으로는 반드시 '인력으로 만들 수 없는' 것이며, 『삼제약기』의 고사에서 언급한 것처럼 해신과 진시황의 합작품이어야 했다.

'발견'된 이후에는 '확인'되어야만 했다. 그곳에 놓였던, 다른 곳에서 운반해온 하얀 돌은 일종의 확인 수단이었을 것이다. 만약 아무런 인공의 흔적이 없다면 이것은 시각적으로나 또는 의미적으로 볼 때 자연 초석에 불과하다. 인공의 흔적을 만들 때도 반드시 엄격한 제약이 있다. 즉 초석 자체에는 인공의 가공 흔적을 전혀 내지 않았는데, 원래의 자연적 면모를 보존해야만 이런 특수한 형상의 초석이 가지는 초자연적 역량의 조화를 인정받기 때문이다. 다시 말해 인위적인 날조가 아닐 때 비로소 권위와 설득력을 갖는 것이다.

바다의 경관에 대응하는 해안의 이궁과 별관은 종교적 의미에 대한 진전된 '확인'이라 할 수 있다. 우리가 해안의 건축과 바다의 초석을 하나의 전체

---

112 "今枕海有石如甬道數十里, 當山頂有大石如柱形, 往往而見, 立於巨海之中, 潮水大至則隱, 及潮波退, 不動不沒, 不知深淺, 世名之天橋柱也. 狀若人造, 要亦非人力所就. 韋昭亦指此以爲碣石也. 『三齊略記』曰: '始皇於海中作石橋, 海神爲之豎柱. 始皇求與相見, 神曰: 我形醜, 莫圖我形, 當與帝相見. 乃入海四十里, 見海神, 左右莫動手, 工人潛以脚畫其狀. 神怒曰: 帝負約, 速去. 始皇轉馬還, 前脚猶立, 後脚隨崩, 僅得登岸, 畫者溺死於海, 衆山之石皆傾注, 今猶岌岌東趣, 疑即是也.'" 陳橋驛, 『水經注校證』, 北京: 中華書局, 2007, p.348.

로 볼 때, 이곳의 '대지예술' 작품이야말로 인공과 자연의 두 역량으로 구성된다. 물론 초석 자체는 종교활동의 종점이 아닌 중개물일 뿐이다. 즉 선경으로 통하는 교량인 셈이다. 진시황과 한 무제의 시선은 이곳으로부터 다시 대해大海의 깊은 곳을 향해 가는 것이다.

바닷속 초석의 자연적 형태는 사람들에게 어떤 사물의 형상을 연상케 했을 것이다. 유사한 사례는 전한시대에도 있었다. 『사기·이장군열전李將軍列傳』에는 "사냥 나간 이광李廣이 풀 사이에 놓인 돌을 보고 호랑이로 오인하여 쏘았다. 적중했으나 화살촉이 없어 이를 보니 돌이었다. 그리하여 다시 돌을 쏘았는데 끝내 돌을 뚫지 못했다"는 기록이 있다.[113] 동일한 줄거리는 동시대에 한영韓嬰이 편찬한 『한시외전韓詩外傳』 권6에도 있다. "옛날에 초나라의 웅거자熊渠子가 밤길을 가다가 누워 있는 돌을 웅크린 호랑이로 오인하고 활을 쏘았는데 화살촉과 깃장식이 사라져버렸다. 내려다보고서야 돌임을 알았다. 그래서 다시 돌을 쏘았는데 화살의 흔적을 찾을 수 없었다."[114] 이런 고사는 북주시대 인물인 이원李遠에게도 나타났다. 『주서·이원전』에는 "이원이 일찍이 사책莎柵에서 수렵을 했는데 우거진 풀숲에서 돌을 보고 웅크린 토끼로 오인하여 쏘았다. 적중하여 화살촉이 1마디 남짓 들어갔다. 가서 보니 곧 돌이었다"는 기록이 있다.[115]

유사한 일이 곽거병묘의 조영 과정에서 발생했다. 자연은 어떤 돌덩어리에게 특수한 형상을 부여했는데, 흡사 한 마리 두꺼비가 그 속에 숨어 있는 듯 했다. '발견' 이후 사람들은 두꺼비를 자연의 속박으로부터 구출하고자 했는데, 이것이야말로 '확인'의 작업이다. 장인은 일부만 가공하여 간단히 눈과 입 등을 조각하고 나머지 대부분은 원래의 외양을 그대로 남겨두었다.(도28)

부피가 거대한 경관작품을 만드는데 사용된 수법은 매우 다양하다. 돌두꺼비에서 본 제작방식 이외에, 일부 곽거병묘 돌조각에는 정교한 가공이 이뤄졌다. 그러나 봉토 전체를 하나의 완전한 물체로 인식한다면, 이런 가공은 여전히 부분적이며 대다수 돌은 단지 간단한 절단 작업만을 거쳤을 뿐이다. 일부 돌덩이들은 중량이 10톤 이상에 달하는데, 먼 길을 운반해온 노동량과 비교할 때 조각에 동원된 작업량은 아주 작은 부분에 불과하다.

'운반' 역시 대형 경관을 만들 때 잘 사용하는 방식이다. 상술한 갈석궁유적의 초석 옆에 있던, 다른 지역에서 운반해온 하얀 돌들이 대표적이다. 반고는 〈서도부〉에서 "상림원 안에는 구진九眞의 기린, 대완大宛의 말, 황지黃支의 물소, 조지條支의 새 등이 있다. 이역의 독특한 것들이 곤륜을 넘고 대해를

---

113 "廣出獵, 見草中石, 以爲虎而射之, 中石沒鏃, 視之石也. 因復更射之, 終不能復入石矣." 『史記』, pp.2871-2872. 이 기록은 유진 왕(Eugene Wang) 교수가 알려주었다.

114 "昔者楚熊渠子夜行, 寢石以爲伏虎, 彎弓而射之, 沒金飲羽. 下視知其石也. 因復射之, 矢躍無跡." 許維遹, 『韓詩外傳集釋』, 北京: 中華書局, 1980, p.230.

115 "(遠)嘗校獵於莎柵, 見石於叢蒲中, 以爲伏兔, 射之而中, 鏃入寸餘. 就而視之, 乃石也." 『周書』, 北京: 中華書局, 1971, p.420.

건너 삼만 리를 지나 이르렀다"고 상림원을 묘사했다.[116] 이역에서 수입한 동물들로 인해 상림원은 단지 황제의 수렵 장소에 머무르지 않고 모든 것을 가진 선경으로 전환된다. 태초 3년(기원전 102) 4월, 한 무제가 태산에서 세 번째 봉선을 할 당시, "먼 곳으로부터 기이한 동물과 조류, 그리고 하얀 꿩 등 여러 물건들이 예를 갖추어 이르렀다."[117] 태산에 기이한 동물과 조류가 존재하게 됨으로써, 태산은 하나의 신산으로 변모했다.[118]

만약 곽거병묘 돌조각을 인공적인 작품으로 본다면, 형상을 갖추지 못한 돌들과 연못 주변의 수목, 물속의 물고기 등은 대자연이 만들어낸 조화로 볼 수 있다. 독립된 조각은 외재적인 형상을 통해 재료의 특징을 완전히 숨길 수 있다. 그러나 단지 경관이나 경관의 구성요소라면 재료를 전적으로 숨길 수 있는 방법이 없으며, 또 숨길 수도 없다. 만약 전적으로 인공적으로 가공되어 자연적인 부분이 없다면, 이 작품들은 환경과의 관계를 잃어버려 어떤 종교적 역량도 갖추지 못한 장난감에 그칠 뿐이다. 갈석궁은 선계로 통하는 문턱이며, 곽거병묘의 봉토는 선산의 모방품이다. 그리고 곤명지는 은

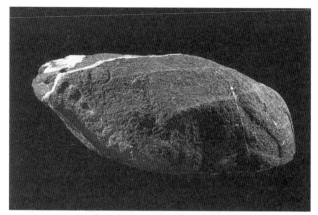

도28 곽거병묘의 두꺼비 돌조각(王仁波 主編, 『秦漢文化』, p.130의 도19)

하를 상징하며, 태액지는 선경의 화신이다. 이 경관들의 조영은 이념상으로 동일한 원칙을 가지고 있는 것이다.

한대 경관의 또 다른 사례로는 강소성 연운항시 連云港市의 공망산孔望山이 있다. 최근 이에 대한 새로운 조사와 발굴이 이뤄지고 그 결과 보고서가 출간되었다.[119] 보고서 안에 있는 선명한 선화線畫는 연구자들에게 참고할 만한 가치가 크다.(도29) 그러나 선화를 사진(도30)과 비교해보면, 후한시대에 암벽 위에 새긴 선각이 인위적으로 너무 강하게 표현되었다. 멀리서 보면 이곳 마애조각은 전체 바위산

116 "乃有九眞之麟, 大宛之馬, 黃支之犀, 條支之鳥. 踰昆侖. 越巨海. 殊方異類, 至於三萬里." 蕭統 編, 李善 注, 『文選』 제1책, p.11.

117 "縱遠方奇獸蜚禽及白雉諸物, 頗以加禮." 『史記·封禪書』, p.1398.

118 산림에 풀어 놓은 살아 있는 금수는 인간이 만든 동물 돌조각과는 성격이 다르다. 진시황의 지하왕국 안에서 이런 두 종류가 병존하는 현상을 볼 수 있다. 진시황릉의 종장갱에서 두 곳의 동물갱이 발견되었다. 하나는 능의 서쪽 내성과 외성 사이에 있는 서문의 남쪽에 위치하고 있는데, 모두 31개로 남북 방향으로 세 줄로 배열되어 있다. 여기서 사슴[鹿], 큰사슴[麋], 날짐승 등이 출토되었다. 다른 한 곳은 외성의 북쪽에 위치하는데, 닭, 돼지, 양, 개, 오소리, 자라, 물고기 등이 출토되었다. 이런 진짜 동물 이외에 최근 진시황릉의 외성 동북쪽 모서리 바깥에서 청동 물새류를 매장한 구덩이를 발견했다. 그곳 바닥에는 상징적인 수로가 있었다. 수로 양쪽에 나무를 덧댄 판축의 토대 위에서 실물 크기의 청동제 물새 46개를 발견했다. 고니, 학, 기러기 등이 포함되어 있었는데, 조각적인 방법으로 물새를 모방한 이들의 표면에는 채색흔적이 남아 있었으며, 자태도 제각각으로 마치 살아 있는 듯했다.

119 中國國家博物館田野考古研究中心 等, 『連云港孔望山』, 北京: 文物出版社, 2010.

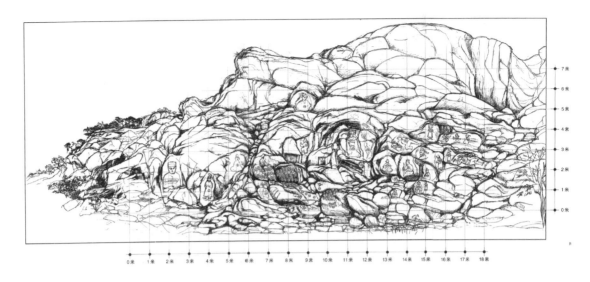

도29 공망산 마애조상군 실측도, 후한(中國國家博物館 田野考古研究中心 等, 『連云港孔望山』, p.42와 p.43 사이에 낀 도45)

도30 공망산 마애조상군, 후한(中國國家博物館 田野考古研究中心 等, 『連云港孔望山』, p.41 도45)

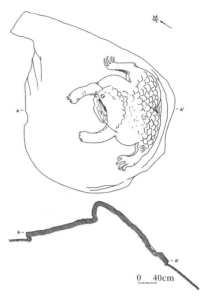

도31 공망산 마애두꺼비조각, 후한(中國國家博物館 田野考古研究中心 等,『連云港孔望山』, p.101의 도160)

도32 공망산 마애두꺼비조각의 평면도 등, 후한(中國國家博物館 田野考古研究中心 等,『連云港孔望山』, p.102의 도161)

과 혼연일체가 되어 있다. 선화를 그리는 과정 역시 하나의 식별 과정이다. 즉 무덤의 봉토에 어지러이 흩어진 돌 가운데서 조각된 돌을 찾아내는 과정과 마찬가지다. 이 마애돌조각이 존재함으로써, 그리고 산 위의 노반석露盤石, 동굴 등의 인공유적이 덧붙여짐으로써 평범한 이 돌산은 종교적 의미가 매우 농후한 경관으로 변화했다. 여기서 천연적 조화와 인공의 병존은 '사람이 만든 것 같기도 하고, 또 인력으로 절대 만들 수 없는' 것이 되었다.

공망산 부근의 두꺼비와 커다란 코끼리의 조각 기법은 어느 정도 전한의 조각전통을 지닌다. 두꺼비와 원래의 암석은 긴밀하게 연결되어,(도31, 도32) 단단한 돌이 마치 어떤 신의 힘에 의해 살아있는 것으로 변화한 듯 달이나 '음陰'과 관련된 동물로 보

인다. 코끼리는 먼 곳으로부터 온 공물이며, 하늘이 내린 상서기도 하다. 거대한 천연 돌덩어리 하나를 형태에 따라 새겨 만든 것으로, 비록 몸체는 연마되어 광이 나지만 사지 사이는 파내지 않아 놀라울 따름이다.(도33) 마답흉노상에서 본 것과 동일한 모습이다. 이것들을 동시대 무덤의 신도에 늘어선 동물 돌조각의 양식과 비교해보면,(도34) 전통의 힘이 이곳의 종교적 경관에 매우 완고하게 연속되고 있음을 곧바로 알아차릴 수 있다.

중경시重慶市 대족현大足縣 동북쪽에 위치한 보정산寶頂山에는 대불만大佛灣을 중심으로 늦어도 12세기 말에서 13세기 전기에는 조성된 것으로 추정되는 석굴이 있다. 이곳은 승려 조지봉趙智鳳의 주도 아래 70여 년 동안 조성한 대규모 석굴로,[120] 남

---

120 重慶大足石刻藝術博物館,『大足石刻』, 重慶: 重慶出版社, 1994.

　　　　　　　　　　　　　　　　　　　　　　　　　I. 한대

도33 공망산 마애코끼리조각, 후한(中國國家博物館 田野考古研究中心 等,『連云港孔望山』, p.93의 도145)

도34 하남성 맹진현(孟津縣) 상장(象莊) 능묘 앞의 돌코끼리, 후한(張書田 主編,『中國名流叢書·洛陽卷』, 香港: 香港大學出版印務公司, 1995, p.11)

도35 중경시 대족현 보정산 〈목우도〉 돌조각, 남송(필자 촬영)

도36 중경시 대족현 보정산 〈구룡관수〉 돌조각, 남송(필자 촬영)

쪽 절벽의 서쪽 끝에는 '목우정각도량牧牛正覺道場'
이 있다. 소를 마음에 비유하고, 목인牧人을 수행인
에 비유하여 선관의 수행과 마음의 조복調伏을 표
현했는데, 여기서 소들은 암석의 높낮이를 따라 조
각되었다.(도35) 동북쪽 모서리에 있는 아홉 마리 용
이 석가모니 태자를 목욕시키는 장면은 매우 교묘
하여, 산꼭대기의 샘물을 용머리까지 끌어와 맑은
물이 용의 주둥이에서 태자의 몸으로 떨어지도록
설계했다.(도36) 확실히 남송시대의 장인들이 만들어
낸 것은, 일련의 조각을 진열한 미술관이 아니라 인
간세계 속의 불국토다. 아마도 그들은 '한나라에도
그런 경우가 있었음'을 알 수 없었을 것이다. 그러
나 종교적 신앙심과 예술적 의도는 시공을 초월하
여 서로 호응했다.

이 글은 원래 『陝西歷史博物館館刊』 제18집(西
安: 三秦出版社, 2011, pp.140-161)에 실렸다. 필자가
곽거병묘 돌조각 등에 대해 관심을 갖게 된 것은
많은 부분 동료인 허시린賀西林 교수와의 교류를
통해서였다. 허교수는 오랫동안 곽거병묘 연구를
진행하여 새로운 해석들을 다수 내놓았는데, 나
에게도 많은 영향을 주었다. 본문의 지향점과 일
부 관점은 허교수의 그것과 다름에도 불구하고,
그는 자신이 모아온 많은 자료를 선뜻 내주었다.
이밖에 Eugene Wang, 文軍, 楊愛國, 吳雪彬, 王
文娟, 陳根遠, 徐濤, 范淑英, 郭偉其, 陳群, 劉曉
達 및 董睿 등도 본 논문의 작성 과정에서 중요
한 도움을 주었다. 이 자리를 빌려 친구들에게 감
사를 표한다.

고분벽화의
기원에 대하여

하남성
영성永城 시원柿園의
한대 무덤을 중심으로

1. 중국 최초의 벽화고분: 시원묘의 발견과 의의

1987년부터 1991년까지 발굴된 하남성 영성 시원의 한대 무덤은 미술사나 고고학적으로 매우 중요한 수확이었다.[1] 무덤에서 출토된 화폐로 미루어 무덤의 축조연대는 기원전 136년에서 기원전 118년 사이로 추정된다. 이는 현재까지 알려진 가장 이른 시기의 벽화고분이다.[2] 무덤의 피장자는 여러 양왕梁王 가운데 하나다. 이미 많은 학자들이 벽화의 내용과 회화양식 등을 연구했는데, 필자의 관심은 다른 데 있다. 첫째, '현재까지 알려진 가장 이른 시기의 벽화고분으로서 이 무덤의 발견이 고분벽화의 출현에 관한 연구에 어떤 의미를 지니는가'다. 둘째, 이 무덤은 제후의 왕릉인데, '여기에 출현하는 벽화와 전한시대 제후왕의 능묘제도는 무슨 관계가 있는가'다.

고분벽화의 연구가 진전됨에 따라 우리는 이 예술형식에 대해 좀 더 적극적으로 고찰할 필요가 있다. 그 가운데 '고분벽화의 기원'을 탐색하는 것은 매우 중요하고도 복잡한 과제다. 이에 대해서는 다방면의 연구가 가능하다. 즉 고분벽화가 기원하는 시간, 지점, 방식, 배경, 원인 등이 모두 논의되어야 한다. 물론 이것들은 한두 편의 논문을 통해 해결할 수 없다. 우리는 먼저 재료가 가지는 한계에 부딪칠 수밖에 없다. 연대가 비교적 이른 벽화고분은 가장 주목받기 마련인데, 그럼에도 불구하고 '현재까지 알려진 가장 이른 시기의 벽화고분'과 '역사상 가장 일찍 출현한 벽화고분'은 유사한 듯 하지만 전혀 다른 개념이다. 실물자료는 모두 우연히 보존되거나 발견되곤 한다. 우리는 아마도 영원히 '역사상 가장 이른 시기의 벽화고분'을 볼 수 없을지도 모른다. 단지 현재 있는 자료를 토대로 한정된 추론을 할 수 있을 뿐이다. 게다가 우리는 고분벽화가 매우 돌발적인 '발명'으로 인해 출현했다는 점도 증명할 수 없으며, 나아가 역사상 정말로 '가장 이른'이라는 수식어를 붙일 수 있는 벽화무덤이 존재했는지도 증명할 방법이 없다. 현재의 자료로 미루어 볼 때, 고분벽화는 오히려 점진적으로 형성된 예술형식에 가깝다. 여기서 '기원'이란 동태적이며 점진적인 개념이다. 이런 인식에 기초하여 우리의 강조점역시 구체적인 기원 시간을 확정하는 데서 벗어나다른 쪽으로 옮겨가야만 한다.

과거 학자들은 대부분 한대 고분 속 화상畵像예술의 기원을 사회적 배경이라는 측면에서 논의했다. 즉 전한시대 경제의 발전과 후장厚葬의 유행 등을 그 원인으로 지적하곤 했다. 물론 이런 연구들은 중요하다. 그러나 사회적 배경은 단지 화상예술 출현

---

1   閻根齊 主編, 『芒碭山西漢梁王墓地』, 北京: 文物出版社, 2001, pp.81-247.
2   일반적으로 '고분벽화'의 개념은 대략 두 가지 내용을 포함하고 있다. 첫째, 천장을 포함한 무덤의 벽면에 그려진다. 둘째 도상은 비교적 복잡한 내용과 구도를 가지고 있으며, 단순한 기하학적 문양장식이 아니다. 필자는 일반적으로 사용되는 '묘실벽화' 대신 '고분벽화'라는 단어를 사용하고자 한다. 왜냐하면 일부 무덤은 묘문과 묘도 등에도 장식벽화가 있어 '묘실벽화'라는 단어로는 이것들을 포괄할수 없기 때문이다. 이 밖에도 필자는 일찍이 재료의 한계를 넘어 화상석과 화상전 등 회화적 특징이 있는 도상 역시 '벽화'의 개념에 포함할 것을 주장했다(鄭岩, 『魏晉南北朝壁畵墓硏究』, 北京: 文物出版社, 2002, pp.14-16, 주1). 다만, 본문에서 중점적으로 토론하고자 하는 것은 특정 예술형식인 초기의 채색벽화에 관한 것이다. 다시 말해 제재 등의 특징을 강조할 필요가 있기 때문에, 본문에서 사용하는 '벽화'라는 단어는 특별한 언급이 없는 한 '채색으로 그린 벽화'를 가리킨다.

의 필요조건일 뿐 충분조건은 아니다. 미술사의 각도에서 우리는 다른 문제들에 더욱 관심을 가져야 한다. 즉 '왜 다른 형식이 아닌 회화라는 특별한 예술형식을 무덤에 채용했는가, 회화는 어떻게 무덤 안으로 옮겨갔는가? 벽화의 내용과 형식은 어디로부터 유래하는가?'와 같은 의문 말이다. 하남성의 시원묘는 이러한 문제에 매우 중요한 실마리를 제공한다.

고분벽화의 기원에 대한 논의에서 시원묘를 표본으로 선택한 것은 그것이 단지 현재까지 알려진 가장 이른 시기의 벽화라는 점 때문만은 아니다. 오히려 필자는 시원묘가 기존에 알려진 초기 벽화고

분들과 시간적으로나 공간적으로나 일정한 거리가 있다는 점에 주목했다. 초기 무덤들은 주로 하남성 낙양 지역(전한시대의 사예부司隸部 하남군河南郡 지역)에서 발견된 몇몇 공심전묘空心磚墓로,[3] 1916년 전후에 발견된 팔리대묘八里台墓,[4] 1957년 발굴된 소구燒溝 61호묘,[5] 1976년 발견된 소구 복천추묘卜千秋墓,[6] 1992년 발굴된 천정두묘淺井頭墓[7] 등을 포함한다. 이 밖에 1927년 영국에서 전시된 적이 있는, 벽화가 그려진 일군의 공심전(후에 영국박물관 소장) 역시 이 시기의 유물이다.[8] 낙양 소구 지역 무덤은 대략 전한 후기 원제元帝에서 성제成帝에 이르는 시기(기원전 48~기원전 7)에 해당하여 시원묘보다 반세기 정

---

3 본고의 초고가 발표될 당시에는 최근 발견된 서안 지역의 여러 무덤들, 즉 이공대학묘, 곡강 취죽원 1호묘, 1987년 발굴된 교통대학 부속초등학교묘, 1985년 발굴된 곡강지 1호묘 등을 언급하지 않았다(순서대로 西安市文物保護考古所,「西安理工大學西漢壁畵墓發掘簡報」,『文物』2006년 제5기, pp.7-44; 西安市文物保護考古所,「西安曲江翠竹園西漢壁畵墓發掘簡報」,『文物』2010년 제1기, 표지2, pp.26-39; 陝西省考古研究所·西安交通大學,『西安交通大學西漢壁畵墓』, 西安: 西安交通大學出版社, 1991; 徐進·張蘊,「西安南郊曲江池漢唐墓淸理簡報」,『考古與文物』1987년 제6기, pp.40-45). 앞의 세 무덤은 모두 조그만 벽돌로 쌓아 올린, 좌우에 이실(耳室)이 딸린 단실묘다. 이공대학묘의 벽화는 연음과 수렵 등을 표현하고 있는데, 사람과 말의 형체가 비교적 작지만 색채가 매우 화려하고 필묵이 섬세하다. 곡강 취죽원 1호묘 안에는 문을 지키는 관리, 시녀, 아이를 안은 부인 및 채색 도안이 있는 병풍 등이 그려져 있는데, 인물은 몸집이 크고 키가 큰 편이다. 교통대학 부속초등학교묘에서는 별자리그림이 새롭게 출현한다. 이 무덤의 주실 천장과 정벽 상부에는 운기문, 학, 사슴 등을 그리고, 해와 달은 각각 묘실 천장의 남벽과 북벽에 따로 묘사했는데, 그 주위에 두 겹의 거대한 원을 그리고 안에 사신과 28수를 그렸다. 묘사된 성수의 위치와 방향은 매우 정확했다. 상술한 벽화들의 회화적 수준은 낙양 지역보다 훨씬 뛰어난데, 이는 각 지역 벽화고분의 발전이 평준화되지 않았음을 의미한다. 서안 지역 무덤 안 벽화의 복잡한 내용과 성숙한 회화양식은 경기(京畿) 지역 벽화무덤 가운데 이보다 좀 더 이른 시기에 조성된 사례가 있을 가능성을 암시하는 것으로, 앞으로의 발굴을 기다려야 할 것이다. 곡강지 1호묘는 토동묘(土洞墓)로, 묘도와 묘실의 동서 벽면과 남벽의 흙벽 위에 각각 말, 노란 소, 물소, 물고기 등을 표현했다. 그림이 매우 간략하고 거친 감이 있어 다른 무덤의 벽화양식과 차이가 비교적 크다. 등급이 비교적 낮은 무덤이기 때문이 아닐까 싶다. 이 밖에도 2008년 발굴된 섬서성 정변(靖邊) 양교반(楊橋畔) 노분량(老墳梁) 42호묘와 119호묘(國家文物局 主編,『2008中國重要考古發現』, 北京: 文物出版社, 2009, pp.116-119), 그리고 1995년 발굴된 내몽고 포두(包斗) 소만(召灣) 51호묘(內蒙古文物考古研究所,『內蒙古中南部漢代墓葬』, 北京: 中國大百科全書出版社, 1998, pp.203-214) 역시 이 시기의 무덤으로 알려졌다. 날로 풍부해지는 자료는 우리로 하여금 전한시대 고분벽화 연구에서 지역 간의 차이에 더욱 주목해야 할 필요성을 제기하고 있다.

4 이 무덤의 벽화는 늦어도 1924년에는 중국 밖으로 유출되었는데, 현재 미국 보스턴미술관에 소장되어 있다. (黃明蘭·郭引强,『洛陽漢墓壁畵』, 北京: 文物出版社, 1996, pp.101-104).

5 河北省文化局文物工作隊,「洛陽西漢壁畵墓發掘報告」,『考古學報』1964년 제2기, pp.107-126.

6 洛陽博物館,「洛陽西漢卜千秋壁畵墓發掘簡報」,『文物』1977년 제6기, pp.1-12.

7 洛陽市第二文物工作隊,「洛陽淺井頭西漢壁畵墓發掘簡報」,『文物』1993년 제5기, pp.1-6.

8 Lukas Nickel, "Some Han-Dynasty Painting in the British Museum," *Artibus Asiae*, 60(1), pp.59-78.

도 늦다. 양자의 분포구역, 무덤형태, 그리고 등급에도 차이가 있다. 만약 우리가 낙양 지역의 전한시대 무덤을 벽화가 무리 지어 나타나는 초기 무덤으로 본다면, 시원묘의 벽화는 더욱 우연하고도 파편적인 '시제품'에 가깝다. 아래에서는 무덤 속의 벽화와 제후왕의 능묘제도 사이에 필연적 관계가 없다는 점을 논의할 텐데, 이것이야말로 새로운 사물이 출현하는 초기의 특징이다. 시원묘와 낙양의 여러 무덤들은 시간적으로나 공간적으로 연결고리가 약하다. 그러나 후술하는 분석을 통해 우리는 양자가 드러내고자 한 관념에 공통점이 많다는 것을 알 수 있다. 그러므로 고분벽화의 기원에 관한 논의에서 시원묘는 비교적 특수한 가치를 지닌다 하겠다.

본문의 연구 각도에 대해서도 부연설명해 둘 필요가 있다. 이 글에서는 단지 시원묘 하나를 '자세히 읽어내는 방식으로' 고분벽화의 기원이라는 복잡한 문제를 논의하고자 한다. 하나의 무덤은 일반적으로 보편성과 특수성을 동시에 지닌다. 전자는 이 무덤에 대한 연구를 통해 보편적 의미를 가진 역사적 현상을 연구할 수 있도록 해주며, 후자는 새로운 사유방식을 제기하고 나아가 다량의 재료를 종합정리하는 연구방식이 갖는 소략함을 피할 수 있도록 해준다. 동시에 우리는 이런 방법이 가지는 한계에도 주의를 기울여야 한다. 즉 세부를 지나치게 해석하거나 혹은 국부적인 결론을 확대하는 잘못을 범할 수도 있다. 이런 편차는 많은 내용을 논의해야 하는 연구라면 오류를 피하기 어렵게 한다. 따라서 시원묘와 그 벽화에 대해 자세히 분석하는 한편, 시원묘를 '무덤의 변화'라는 전체적인 맥락 속에 놓고 관찰하는 방식으로 절충하고자 한다.

이런 연구는 실험적인 것에 불과하다. 필자는 결코 고고학적으로 우연히 발견된 하나의 무덤을 가지고 어떤 거창한 결론을 얻고자 하는 것이 아니다. 오히려 좀 더 많은 개별연구를 통해 문제의 복잡성을 드러내고, 반복적인 사유와 고증을 통해 우리의 연구를 좀 더 심화시키고자 할 뿐이다.

2. 시원묘 벽화의 연원

시원묘 벽화 가운데 가장 완전한 한 폭은 현재 하남박물원 전시실에 진열되어 있을 뿐 아니라[도1] 많은 출판물에 수록되어 있다. 이와 같은 두 가지 전달방식은 벽화와 무덤 환경 사이에 형성된 기존의 관계를 크게 변화시켰다. 벽화는 원래 고분을 구성하는 요소이므로 먼저 시원묘의 전체적인 상황을 살펴볼 필요가 있다. 시원묘는 영성 망산진芒山鎭 시원촌의 동쪽 보안산保安山 동남쪽 구릉에 위치한, 산을 뚫어 만든 애동묘崖洞墓다. 무덤 꼭대기에는 원래 건축물이 있었던 것으로 생각되며, 능의 주위에는 울타리의 흔적이 남아 있다. 울타리 밖에서는 20여기의 부장附葬 석관묘가 발견되었다. 무덤은 서북향으로 앉아 있으며, 묘도墓道, 용도甬道, 주실主室, 갱도坑道, 그리고 8개의 측실側室로 구성되었는데, 전체 길이가 95.7m에 이른다.[도2]

무덤의 주실은 장방형이며, 천장과 벽면에 진흙을 한 번 바른 후 그 위에 백회를 발랐다. 벽화는 단지 주실의 일부에서만 출현하므로, 백회는 벽화를 그리기 위해 특별히 바른 것은 아니었을 것이다. 네 벽의 위쪽 끝에는 56개의 방형 홈이 있는데, 일부 홈 안에는 아직까지 '재'의 흔적이 남아 있었다(발굴보고서는 '재'라고 했지만, 아마도 썩은 목재가 아닐까 싶다). 입구 가까이에는 평평한 대臺가 하나 있는데, 대략 주실 총 면적의 1/3을 차지하며 묘실 천장의 벽화와 대응한다. 나머지 부분에는 배수용의 우묵한 홈이 나 있다.

무덤의 각 방에 남아 있는 유물로 미루어 관이 있던 방은 아마도 주실 오른쪽 벽의 입구에 가까운 1호 측실로 추정된다. 이 방의 동서 양벽 꼭대기와 네 모서리에도 홈이 파여 있다. 주실 오른쪽 벽 중앙에 위치한 2호 측실은 화폐를 저장해 놓는 장소로 추정된다. 왼쪽 벽 중앙의 3호 측실에는 청동기가 놓여 있다. 왼쪽 벽 뒤쪽에 위치한 4호 측실의 용도는 불분명하다. 후벽을 따라 두 개의 측실을 조성했는데, 왼쪽 끝 5호 측실에는 옷가지와 주사朱砂 등이 있다. 오른쪽 끝 6호 측실의 용도도 불분명한데, 그 벽면에도 석회가 칠해져 있다. 주실 후벽의 오른쪽에 통로가 하나 있는데, 여기에 또 두 개의 측실이 조성되었다. 먼저 나오는 7호 측실에는 상징성을 띤 목욕시설이 있으며 그 옆, 즉 이 무덤에서 가장 은밀한 곳에 위치한 8호 측실에는 우물과 화장실이 있다. 화장실의 발판돌 위에는 상록수, 작은 새, 옥벽玉璧 등이 묘사되어 있다.[9] 이 무덤의 묘실은 비

도1 영성 시원묘 벽화, 전한, 하남박물원 진열(辛培 촬영)

록 하북성 만성에 위치한 유승묘劉勝墓의 평면처럼 잘 정비된 형태는 아니지만,[10] 각 부분들이 서로 통하고 방마다 기능도 달라서 초보적이나마 지상건축을 상징했음을 알 수 있다.

벽화는 주실 앞쪽에 위치한 평평한 대와 대응하는 묘실의 천장,(도3, 도4) 남벽, 그리고 주실 서벽 입

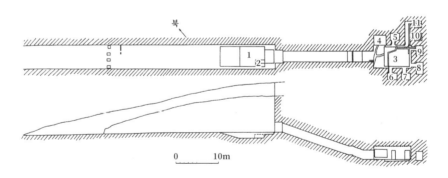

도2 영성 시원묘 평면도와 입면도, 전한 : (1)요갱(凹坑) (2)화폐 저장소 (3)주실 (4)1호 측실 (5)2호 측실 (6)3호 측실 (7)4호 측실 (8)5호 측실 (9)6호 측실 (10)7호 측실 (11)8호 측실(閻根齊 主編,『芒碭山西漢梁王墓地』, 도32)

---

9 이런 제재가 화장실에 출현하는 것은 상식적으로 맞지 않는다. 그리하여 후대의 무덤에서도 이와 유사한 경우가 매우 드물다. 아마도 도상과 묘실의 구조 사이에 비교적 고정된 배치관계가 아직 성립되지 않았기 때문이었을 것이다.

10 中國社會科學院考古研究所 · 河北省文物管理處,『滿城漢墓發掘報告』, 北京: 文物出版社, 1980.

도3 영성 시원묘 주실 상부의 벽화,
전한(閻根齊 主編, 『芒碭山西漢梁
王墓地』, 彩版1)

도4 영성 시원묘 주실 상부의 벽화,
전한(閻根齊 主編, 『芒碭山西漢梁
王墓地』, 도49)

구의 남쪽(도5)과 북쪽(도6)에 그려져 있다. 이 가운데 천장벽화의 보존상태가 비교적 양호한 편이며, 남벽과 주실 서벽 입구의 남쪽(왼쪽) 벽화는 겨우 위쪽만 남아 있다. 두 폭의 벽화는 모두 주요 화면 바깥쪽으로 마름모꼴의 천벽穿璧 도상이 있는 검은 회색의 문양대가 묘사되어 있다. 주 화면은 홍색을 주조로 하여 용과 선산仙山 등을 표현했다. 서벽 입구의 북쪽(오른쪽) 벽면은 면적이 비교적 좁은 관계로 가장자리 장식 그림만 일부 있을 뿐이다. 이 밖에 1호 측실의 천장, 5호 측실의 네 벽과 천장에서 붉은

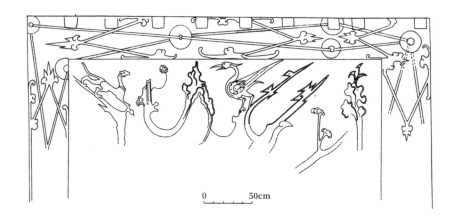
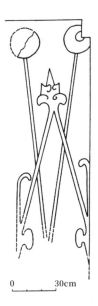

도5 영성 시원묘 주실 남벽과 서벽 좌측의 벽화, 전한(閻根齊 主編,『芒碭山西漢梁王墓地』, 도50)
도6 영성 시원묘 주실 서벽 우측의 벽화, 전한(閻根齊 主編,『芒碭山西漢梁王墓地』, 도51)

색을 칠한 흔적과 직선무늬가 발견되었다. 발굴보고서는 '이런 실내에도 원래 벽화가 있었을 것'으로 추정했다.[11]

문헌기록을 살펴보면, 궁전과 사당 등의 벽화는 대략 춘추시기에 출현한다.[12] 지상건축의 벽화는 확실히 고분벽화의 주요 연원이다. 다시 말해 벽화의 기법 등은 모두 지상건축에서 훈련되고 습득되었다. 고분벽화의 많은 제재 역시 지상건축의 영향을 받았을 것이다. 더욱 중요한 사실은 전한시기의 고분이 이미 '주택화'의 특징을 지닌다는 점이다.[13] 무덤의 전체적인 구조가 피장자인 묘주墓主의 지상가옥을 모방할 때, 지상건축의 구성요소인 벽화 역

시 매우 자연스럽게 지하무덤에 영향을 주게 된다.

무덤이 '주택화'된 배경에 대해서는 아직도 좀 더 깊은 연구가 필요하다. 현재로서는 대략 '죽은 자 섬기기를 산 자 섬기듯 하는 사사여생事死如生' 관념의 영향으로 해석하고 있다. 그러나 산 자의 세계는 삼라만상을 포괄하지만, 지하세계에 대한 '설계'는 지상의 사물을 단지 선택적으로 복제 혹은 모방할 뿐이다. 만일 어떤 사물이 당시 사람들의 사후관과 무관하다면 무덤에 출현할 수 없다. 상장喪葬관념 발전의 연속성을 고려할 때, 우리는 고분벽화와 기타 상장예술 형식의 관계에 더욱 주의를 기울여야만 한다.

11 閻根齊 主編,『芒碭山西漢梁王墓地』, p.11.

12 싱이톈이 관련 문헌기록을 자세히 정리해 놓았다(邢義田,「漢代壁畵的發展和壁畵墓」, 邢義田 著,『秦漢史論稿』, 臺北: 東大圖書公司, 1987, pp.450-452. 이 글의 수정본은 邢義田,『畵爲心聲: 畵像石, 畵像磚與壁畵』, 北京: 中華書局, 2011, pp.1-46이 있다).

13 兪偉超,「漢代諸侯王與列侯墓葬的制形分析―兼論"周制", "漢制"與"秦制"的三階段性」,『中國考古學會第一次年會論文集』, 北京: 文物出版社, 1979, pp.332-337; 吳曾德·肖亢達,「就大型漢代畵像石墓的形制論"漢制"」,『中原文物』1985년 제3기, pp.55-62.

도7 호남성 장사 마왕퇴 1호묘 발견 세 번째 칠관 왼쪽 측판의 선묘도, 전한(湖南省博物館 · 湖南省考古研究所, 『長沙馬王堆一號漢墓』 上卷, 北京: 文物出版社, 1973, 도23)

허시린은 시원묘 벽화를 언급하며 "증후을묘曾侯乙墓의 칠관漆棺, 한대 마왕퇴馬王堆 무덤의 칠관과 백화帛畵, 그리고 사자당묘砂子塘墓의 칠관화 등 초나라와 전한 초기의 많은 상장예술 속에서도 이처럼 농후한 장식적 성향을 찾아볼 수 있다"고 했다. 특히 호남성 장사시 마왕퇴 1호묘 출토 칠관 가운데 붉은 바탕에 채회를 한 세 번째 칠관의 왼쪽 화면(도7)의 조형, 구도, 색채 등이 시원묘 천장벽화와 놀랄 만큼 흡사하다는 점을 지적했다. 나아가 그는 전한의 동경, 직물 등의 예술형식과도 비교했다.[14] 그리하여 "이 시기의 묘실벽화는 도상에서 양식에 이르기까지 모두 다른 상장회화의 흔적을 갖고 있으며, 다른 전통예술로부터의 차용을 분명히 드러낸다"고 결론지었다.[15]

이런 판단은 정확하다. 형식이 다른 이 시기 작품들을 단순히 수량의 차이로 판단한다면, 다수[칠관화, 백화, 직물, 동경 등]에서 소수[벽화]로의 영향은 매우 논리적이다. 그러나 허시린이 책에서 제시한 비교 표준은 범위가 너무 넓어 오히려 이런 관계를 모호하게 만들어버렸다. 만약 좀 더 엄격하게 화면의 내용, 구도형식과 색채 등을 비교분석해보면, 시원묘의 벽화는 관棺의 장식에 더 근접하며 백화나 동경 등과는 거리가 있다. 즉 벽화의 장방형 구도, 사방 가장자리의 문양대, 용의 조형, 그리고 붉은 바탕은 모두 마왕퇴 1호묘 세 번째 칠관의 장식과 아주 똑같다.

다른 점이라면, 관은 일종의 '기구器具'로서 도상이 주로 외벽에 그려지고, 하나의 화면과 다른 화면이 '외향적' 관계임에 비해, 묘실은 일종의 내부공간으로 도상이 내벽에 분포하며 서로 '내향적' 관계에 있다는 것이다. 주목해야 할 점은, 관 위의 가장자리 장식은 화면의 테두리인 동시에 장방형의 각

14 賀西林, 『古墓丹青─漢代墓室壁畵的發現與硏究』, 西安: 陝西人民出版社, 2001, p.17.
15 위의 책, pp.14-15.

면 사이의 경계라는 점이다. 이는 관의 구조와 서로 통일을 이룬다. 그러나 묘실에서는 화상과 건축구조 사이의 관계가 오히려 혼란스럽게 변화한다. 필자는 보고서의 묘사에 의거, 삼차원기법을 이용해 묘실벽화 상황을 대략적으로 복원해보았다.(도8) 이를 통해 벽화와 건축의 관계를 대강 살펴볼 수 있었는데, 천장과 남벽 벽화의 동쪽 가장자리의 경우 가장자리 장식과 벽면의 구조 사이에 아무런 관계가 없음을 발견

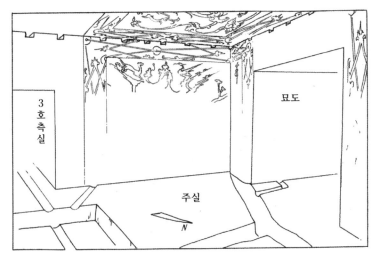

도8 영성 시원묘 주실 벽화배치도(필자 그림)

했다. 즉 두 부분의 벽면이 꺾이지도 않았는데, 가장자리 장식이 도중에 묘사됨으로써 화면이 갑자기 중간에 멈추고 있다. 다시 말해 이 부분의 가장자리 장식은 단지 화면의 테두리일 뿐이며, 벽면과는 관계가 없다. 특히 남벽의 벽화는 남벽에서 끝나는 것이 아니라 서벽 좌측까지 이어진다. 원래 설계대로 그리다보니 서쪽 벽면에서 어색하게 90도로 꺾인 모습으로 표현되었다. 게다가 마왕퇴 1호묘의 세 번째 칠관에서 볼 수 있던 각 화면 사이의 엄밀한 관계가 고분벽화에서는 거의 상실되었다. 보아하니 벽화의 설계자는 묘실 본래의 구조에는 진혀 신경을 쓰지 않았으며, 관의 장식에 더욱 익숙했던 것 같다. 그리하여 묘실의 전체 화상은 관에서 묘실로 그대로 옮겨온 듯하다. 필자는 이 벽화가 '장

식이 있는 관'을 만들던 화공의 손에서 나온 게 아닐까 추정하고 있다. 심지어 혹자는 고분벽화의 연원을 관에 그린 관화棺畫의 밑그림으로 추정하기도 한다.

마왕퇴 1호묘의 연대는 대략 기원전 165년 전후로, 시원묘보다 약간 빠르다. 그러나 이것이 곧 시원묘의 벽화가 마왕퇴 1호묘와 같은 어떤 구체적인 무덤을 베꼈다는 것을 의미하지는 않는다. 실제로 마왕퇴 1호묘에서 출토된 여러 겹의 칠관화상들은 그 자신만의 발전 계통을 지닌다. 관들이 가지고 있는 장식논리는 매우 엄밀하다.[16] 아마도 이전 시대에 더욱 오래된 전통을 가지고 있었을 가능성이 크다. 전국시대 증후을묘 칠관의 장식이 바로 더욱 이른 사례에 속한다.[17] 전한대 사자당묘 등에서 나온

16 Wu Hung, "Art in its Ritual Context: Rethinking Mawangdui", *Early China*, 17(1992), pp.111–145. 이 글의 중국어 번역본은 巫鴻 著, 陳星爛 譯, 「禮儀中的美術—馬王堆再思」, 鄭岩 · 王睿 編, 『禮儀中的美術—巫鴻中國古代美術史文編(上卷)』, 北京: 生活 · 讀書 · 新知三聯書店, 2005, pp.101–122.

17 湖北省博物館, 『曾侯乙墓(上冊)』, 北京: 文物出版社, 1989, p.36의 도21, p.39의 도22.

칠관회화의 발견은[18] 마왕퇴 칠관의 장식이 전혀 예외적이지 않음을 증명한다. 정확히 말하자면 고분의 예술형식으로 새롭게 출현한 시원묘의 벽화는 아마도 전통이 훨씬 오래된 장구葬具(장구는 시체를 안치하는 관, 곽, 관을 놓는 상床 등을 모두 포함하는 개념이다: 역자 주) 계통의 장식에서 영향을 받았을 것이다.

이와 같은 전승관계를 뒷받침해줄 만한 사실은, 시원묘처럼 산을 파고 들어가 묘실을 만드는 형태가 바로 칠관이 출토되는 수혈묘에서 발전했다는 점이다. 이 문제에 대해서는 이미 많은 논의가 있다.[19] 횡혈묘의 경우 묘실공간이 더욱 커짐으로써 장식할 수 있는 벽면의 면적이 확대되었다. 싱이톈 邢義田이 말한 것처럼 "방과 벽면의 존재는 벽화가 출현할 수 있는 전제조건이다. 횡혈묘가 수혈묘를 대체한 것은 조각이나 벽화가 있는 장식묘의 출현에 큰 영향을 미쳤다."[20]

목곽묘는 상주商周시대 이래의 전통적인 무덤형식이다. 무덤 안의 관곽棺槨은 묘주 신분의 차이에 따라 '1관1곽'부터 '5관2곽'까지 다르며, 또 2중, 3중, 5중, 7중의 구별이 있다. 신분이 비교적 높은 묘주의 관은 칠을 하고 채색으로 그림을 그린다. 이런 무덤은 전한 후기까지 장강長江 유역에서 지속적으로 나타나며, 변경 지역에서는 심지어 후한 전기까지도 출현한다. 횡혈묘에서 정방형의 묘혈墓穴공간은 칠관의 구조와 매우 흡사하지만 공간이 확대된 것이다. 그리하여 칠관의 그림은 자연스레 묘실의 벽면 위로 옮겨갈 수 있었다.

그렇다면 일종의 새로운 예술형식으로서 고분벽화의 출현은 전통적인 상장예술 형식의 모방에서 유래하는 것으로 봐야 한다. 이와 유사한 경우가 화상석예술의 연원 문제다. 산동성 남부와 강소성, 산동성, 하북성, 안휘성의 접경 지역에서 발견되는 전한 중후기 소형 석곽묘의 경우, 여기에 출현하는 화상은 초楚 지역의 그것과 매우 유사하다.[21]

유형이 다른 고분들 사이의 관계는 일방적이지 않으며 서로 영향을 주고받는다. 예를 들면, 마왕퇴 3호묘에서 발견된 내관內棺 좌우 측판側板 위에 걸린 비단그림은[22] 그 성격이 T자형 '비의非衣'와는 다

---

18 湖南省博物館, 「長沙砂子塘西漢墓發掘簡報」, 『文物』1963년 제2기, 도판2; 湖南省博物館, 『湖南省文物圖錄』, 長沙: 湖南人民出版社, 1964, 도판 72.

19 전한시대 고분형태의 변화를 논의한 글로는 兪偉超, 「漢代諸侯王與列侯墓葬的形制分析」과 王仲殊, 「中國古代墓葬槪說」(『考古』 1981년 제5기, pp.449-458)이 있다. 최근 황사오펀은 한대 무덤의 형태변화에 대한 상세한 연구를 통해 한대 무덤을 크게 '곽묘(槨墓)'와 '실묘(室墓)'로 구분했다. 전자는 수혈식 목곽묘를, 후자는 주로 횡혈식 무덤을 지칭한다. 애동묘에 속하는 시원묘는 '실묘'에 속한다. 황사오펀은 '곽묘'에서 '실묘'로의 변화는 전한의 대형무덤의 변화에서 주류를 이루고 있으며, 이 과정에서 층층이 폐쇄되고 서로 분할되었던 전자의 묘실이 점점 서로 연관되고 통하는 형식을 가진 과도기로 이행했으며, 후자는 공간감을 더욱 돌출시켜 묘실 안에 완전히 독립된 제사공간을 마련했다고 주장했다(黃曉芬, 『漢墓的考古學硏究』, 長沙: 岳麓書社, 2003, pp.70-95).

20 邢義田, 「漢代壁畵的發展和壁畫墓」修訂本, p.34.

21 관련 논의는 Zheng Yan, "Sarcophagus Tombs in Eastern China and the Transformation of Han Funerty Art"(translated by Marianne P Y Wong and Shi Jie) RES: Journal of Anthropology and Aesthetics, 61/62, 2012, pp.65-79. 이 글은 본서의 「전한시대 석곽묘와 묘장미술의 변화」이다.

22 湖南省博物館 · 湖南省文物考古研究所 何介鈞 主編, 『長沙馬王堆二 · 三號漢墓(第1卷 田野考古發掘報告)』, 北京: 文物出版社, 2004, pp.109-115.

르며, 벽화에 더욱 근접해 있다. 아마도 공간과 재료의 한계로 말미암아 사람들은 직접 관 안에 벽화를 그리기 어려웠으며, 단지 거는 비단그림의 형식을 채용했을 것이다. 이런 현상에 대해 이 무덤에서 벽화를 필요로 하게 되었다고 설명하기도, 혹은 이 시기에 이미 다른 무덤에서 벽화가 출현하여 도리어 전통적인 상장 계통에 영향을 주었다고 설명하기도 한다. 자료의 수량적 한계로 말미암아 이 문제는 현재 섣불리 결론지을 수 없으며, 이후 진전된 논의를 기다려야 할 것이다.

습관적인 분류방식에 따라 재질이 다른 유물은 종종 따로 논의되고, 원래 그것들 사이에 존재하는 관계는 소홀해지는 경향이 많았다. 그러므로 과거의 일부 연구방법은 재고할 필요가 있다. 일찍이 반세기 이전 텅구滕固는 한대 화상석의 조각기법을 논하면서 '회화를 모방하고, 부조를 모방했다'는 의견을 내놓은 바 있다.[23] 동시기의 윌마 페어뱅크Wilma Fairbank 역시 산동성 장청長淸 효당산孝堂山 무덤의 사당과 금향金郷 무덤의 사당(과거에는 '주유朱鮪 사당'으로 불렸다)에 대한 분석을 통해 동일한 결론에 이르렀다.[24] 이런 연구방향은 현재에도 여전히 유의미하다. 고고학과 미술사연구는 재료가 다른 미술품 사이에서 일어나는 유사한 도상의 전이, 그리고 이로부터 출현하는 새로운 형식 등에 대해 좀 더

주의를 기울여야 한다.

3.고분벽화의 제재와 기능

벽화의 제재로부터 논의를 진행해 보자. 그러나 논의의 중점은 구체적인 '도상학Iconography'이 아니라, 시원묘를 통해 고분벽화의 전체적인 내용상의 특징을 보고자 하는 데 있다.

시원묘 주실 천장벽화의 주체는 한 마리의 거대한 용이다. 그 사방에 백호, 주작, 그리고 오리 입을 한 일종의 물고기 괴물이 있으며, 휘도는 운기雲氣와 영지 등이 공간을 채우고 있다. 허시린은 오리 입을 가진 물고기 괴물을『산해경·대황서경大荒西經』에 나오는 '어부魚婦'로 보았는데, 이는 북방이나 생명의 전화轉化, 그리고 영혼의 재생 등을 상징한다.[25] 물론 무덤 안에 묘사된 동물들의 실제 위치가 사방四方과 부합하지 않지만, 그렇다 하더라도 이것들을 사신의 초기 형태로 보는 데는 무리가 없다. 허시린이 말한 대로 이 가운데 용(도9-1)의 조형은 마왕퇴 1호묘 세 번째 칠관의 좌측 판에 그려진 두 마리 용(도9-2)과 흡사하다. 다만 후자의 중앙에는 세 개의 봉우리를 가진 곤륜산이 있어 시원묘와 다르다. 마왕퇴 1호묘 출토 비단그림 상부에 묘사된 용의 자태 역시 이것과 기본적으로 동일하다.(도9-3) 동

23 滕固,「南陽漢畫像石刻之歷史的及風格的考察」,『張菊生七十生日紀念論文集』, 上海: 上海印書館, 1937. 본문은 沈寧 編,『滕固藝術文集』, 上海: 上海美術出版社, 2003, pp.280–292에 재수록된 글을 참조했다.

24 Wilma Fairbank, "A Structural Key to Han Mural Art", *Harvard Journal of Asiatic Studies*, 7, no. 1(April 1942), pp.52–88, 이 글은 저자의 *Adventures in Retrieval*, Cambridge, Mass.: Harvard University Press, 1972, pp.87–140에 재수록 됨.

25 賀西林,『古墓丹青─漢代墓室壁畫的發現與研究』, p.16.

도9 전한시대 고분 화상 속의 용: (1)영성 시원묘 주실 상부 벽화 속의 용(閻根齊 主編,『芒碭山西漢梁王墓地』, 도49) (2)장사 마왕퇴 1호묘 세 번째 칠관 왼쪽 측판에 묘사된 용(湖南省博物館·湖南省考古硏究所,『長沙馬王堆一號漢墓』上卷, 도2) (3)장사 마왕퇴 1호묘 비단그림 속의 용(湖南省博物館·湖南省考古硏究所,『長沙馬王堆一號漢墓』上卷, 도38) (4)하남성 낙양 소구 61호묘 벽화 속의 용(필자 그림)

일한 조형의 두 마리 용은 낙양 소구 61호묘 대들보 양쪽 벽면에서도 볼 수 있는데, 가운데는 천문天門이며 두 마리의 용은 모두 사람을 태우고 있다.(도9-4) 궈모뤄郭沫若는 이 사람을 묘주로,[26] 쑨쭤윈孫作雲은 우인羽人으로 해석했다.[27] 사신의 함의는 매우 복잡하다. 그러나 상술한 내용과 그림 안에 묘사된 영지와 운기 등의 세부표현을 고려할 때, 이 화면은 명백히 신선관념과 관계가 있다. 남벽에는 선산, 영지, 주작, 표범 등을 그렸는데, 선산과 표범 등은 장사시 사자당 1호 전한시대 무덤 출토 외관外棺의 칠

26 郭沫若,「洛陽漢墓壁畵試探」,『考古學報』1964년 제2기, pp.1-8.

27 孫作雲,「洛陽西漢墓壁畵考釋」,『孫作雲文集(第4卷)』, 鄭州: 河南大學出版社, 2003, p.185.

도10 호남성 장사 사자당 1호묘 외관(外棺)의 칠화, 전한(『文物』 1963년 제2기, 도판2)

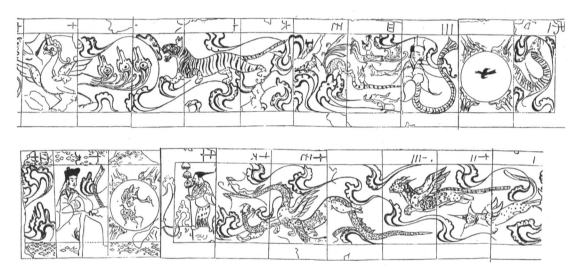

도11 하남성 낙양 복천추묘 천장마루의 벽화, 전한(『文物』 1977년 제6기, pp.10-11)

화에서도 나타난다.(도10)28 이곳의 선산은 '위가 삼
각형'이거나, 또는 '아래는 좁고 위는 넓은 형상'의
곤륜산일 것이다.29

그런데 전한 후기 낙양 지역 고분벽화의 주요 내
용이 대부분 승선昇仙과 벽사辟邪라는 점에 주목할

필요가 있다. 복천추묘의 경우 문액門額 위에는 인
면人面의 새를, 주실의 천장을 가로지르는 마루[脊]
의 양 끝에는 복희와 여와, 일월日月, 절節을 든 선
인, 쌍룡, 사나운 양, 봉황, 호랑이, 그리고 묘주 부
부가 용과 봉황을 타고 서왕모를 배알하는 장면을

28 湖南省博物館, 「長沙砂子塘西漢墓發掘簡報」, 도판2; 湖南省博物館, 『湖南省文物圖錄』, 도판72.
29 『十洲記』, 上海古籍出版社 編, 『漢魏六朝筆記小說大觀』, 上海: 上海古籍出版社, 1999, p.70.

도12 하남성 낙양 천정두묘 천장마루의 벽화, 전한(黃明蘭·郭引强, 『洛陽漢墓壁畵』, p.81)

그려 놓았다.^(도11) 주실 후벽에는 구사驅邪 기능을 가진 돼지머리의 방상씨方相氏가 있다. 천정두묘의 경우 천장마루에 일월, 복희, 여와, 인면수신의 괴물, 두 마리 용이 벽을 뚫는 형상의 쌍룡천벽雙龍穿璧 등이 출현하는 등^(도12) 복천추묘 벽화와 거의 유사하다. 소구 61호묘 벽화 역시 길상과 벽사의 내용을 묘사한다. 다만 벽 사이를 가로지른 들보 위에 '이도살삼사二桃殺三士'의 고사도가 있으며,^(도15) 천장마루에 일월과 유운流雲 외에 별자리가 있는 하늘을 표현하였다.^(도13)

여기서 문제가 되는 것은 '왜 초기의 고분벽화가 주로 신앙적인 내용을 표현하고 있는가'다. 역으로 질문하면 '왜 이런 내용을 벽화라는 새로운 예술형

식으로 표현했는가'다.

우리는 시원묘 자체에서 이 문제들에 대한 해답의 실마리를 찾을 수 있다. 시원묘는 비록 수차례 도굴되었지만, 다행히 남아 있는 부장품을 통해 무덤에 묻힌 양왕을 위해 사람들이 준비한 물품의 종류를 추정해볼 수 있다. 주실에는 금병金餠 1개가 남아 있었으며, 묘도를 막았던 돌 가운데 도제陶制 수레바퀴를 묻은 구덩이가 있었다. 묘도에는 225만 개의 화폐를 묻은 구덩이가 있었고, 2호 측실에도 역시 동전이 부장되었다. 묘도의 바닥에는 대량의 거마기車馬器, 도용陶俑과 병기兵器가 배열되었는데, 이곳에 놓였던 24대의 수레와 관련되어 있을 것이다.^(도14) 묘 안에서 문을 지키는 도용 하나, 여성

도13 하남성 낙양 소구 61호묘 천장마루의 벽화, 전한(蘇健, 『洛陽漢代彩畵』, 鄭州: 河南美術出版社, 1986, p.30)

도14 영성 시원묘 부장품의 분포도(閻根齊 主編, 『芒碭山西漢梁王墓地』, p.142)

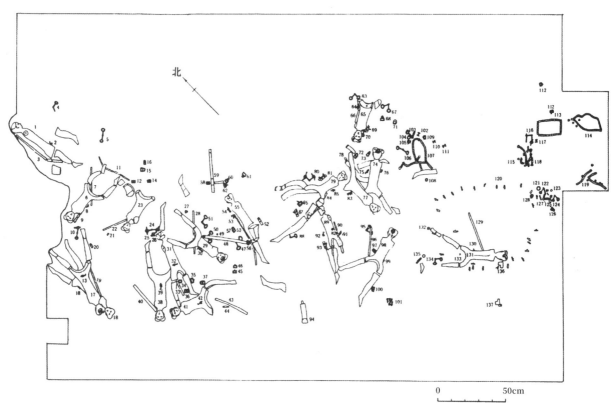

용 4개, 말 탄 용 40개 정도가 발견되었으며, 이 밖에도 각종 생활용구와 장식품 등이 발견되었다.

고분건축과 벽화를 관련시켜 생각해보면, 당시 사람들이 '또 다른 세계에서 필요로 한 것'이 무엇이었는지 알 수 있다. 여기에는 거주에 적합한 건축, 각종 음식, 출행에 사용하는 거마, 써도 써도 끝이 없는 금전 등의 각종 물질적 향유품은 물론, 전설 속의 선계仙界와 천계天界에 대한 구체적 묘사 등도 포함된다. 이런 내용은 사후세계에 대한 인간의 상상과 의도를 반영한 것이다.

무덤을 만드는 과정에서 사람들은 여러 가지 방식을 통해 이런 의도를 실현하고자 했다. 첫째, '옮겨 오는 것'이다. 즉 살았을 때 사용하던 화폐, 거마, 병기 등의 물건을 직접 무덤 안으로 옮겨 왔다. 둘째, '복제' 혹은 '모방'이다. 즉 조소雕塑의 형식으로 흙을 가지고 수레바퀴나 용 등 현실의 것들을 모방해 만드는 것이다. 이것들은 기본적으로 명기明器에 속한다. 지상건축을 모방한 묘실 자체도 이 유형에 해당된다. 셋째, '창조'다. 신앙 속에만 존재하는 내용으로 현실세계에서는 결코 체험할 수 없거나 실존하지 않는 무형의 개념들을 각종 신비한 괴물이나 선경과 같은 시각적이며 구상적인 형상으로 전환시키는 것이다.

'무형'은 조소 등의 형식으로 표현할 수도 있지만 조소는 회화만큼 풍부한 표현력을 가지지 못한다. 그러므로 초기 고분벽화가 맡은 임무는 바로 이런

것들을 표현하는 것이었다. 당나라 주경현朱景玄은 일찍이 회화의 장점을 "천지가 이르지 못하는 것을 다하고, 일월이 비추지 못하는 것을 드러내는 것"이며 "형상이 있는 것은 회화로 인해 서게 되며, 형상이 없는 것은 회화로 인해 생겨난다"라고 말한 바 있다.[30] 노먼 브라이슨Norman Bryson은 '새가 그림 속의 포도를 쪼아 먹었다'는 전설을 인용하면서 "새에게는 완벽한 복제를 방해하는 모든 것이야말로 장애물이라 할 수 있다. 그러나 우리에게, 혹은 인류에게 예술은 눈[시력]과 세계 사이의 인위적인 장애물이 세워지는 곳에서 시작된다"고 말했다.[31] 회화는 인류가 이용할 수 있는 가장 간편하고 표현력이 풍부한 수단이었고, 이를 통해 무형의 세계를 '창조'할 수 있었다.

아주 이른 시기의 회화는 주로 이런 '창조'의 목적을 위해 봉사했다. 호남성 장사시에 소재한 전국시대 초나라 무덤인 진가대산묘陳家大山墓와 자탄고묘子彈庫墓에서 출토된 비단그림은 각각 남녀 묘주가 신이한 동물의 힘을 빌려 다른 세계로 가는 과정을 묘사하고 있다. 이와 같은 시적詩的인 과정은 현실에서는 불가능하다.

후한시대 왕일王逸은 굴원이 『천문天問』에서 묘사한 것은 초나라 선왕先王의 종묘나 공경公卿의 사당 안에 그려진 벽화라고 보았다. 쑨쭤윈의 통계에 의하면, 그 내용은 일월성신, 비를 관장하는 병예屛翳, 바람신 비렴蜚廉, 곤륜산, 촉룡燭龍 이외에도 각종

---

30 "窮天地之不至, 顯日月之不照." "有象因之以立, 無形因之以生." 朱景玄, 『唐朝名畵錄』 「序」, 盧輔聖 主編, 『中國畵學全書』 제1책, 上海 : 上海書畵出版社, 1993, p.161.

31 諾曼 · 布列遜 著, 王之光 譯, 『詞語與圖像: 舊王朝時期的法國繪畵』, 杭州: 浙江攝影出版社, 2001, p.xiii.

도15 하남성 낙양 소구 61호묘의 〈이도살삼사도〉(『考古學報』 1964년 제2기, p.11)

역사 인물과 관련된 고사가 있다. 역사 인물로는 여와女媧, 곤鯀, 요堯, 순舜, 우禹, 후예后羿, 하걸왕夏桀王과 상탕왕商湯王, 이윤伊尹, 은주왕殷紂王, 강원姜嫄, 주문왕周文王, 강태공姜太公, 주무왕周武王, 주공周公, 주유왕周幽王, 제환공齊桓公, 진晉의 태자 신申, 초楚의 영윤令尹 자문子文, 오吳의 태백太伯, 팽시彭視, 여왕厲王, 백이伯夷, 숙제叔齊 등이 있다.[32] 시간적으로 너무 멀리 떨어져 있었기 때문에 후대인들은 이런 역사적 인물들을 직접 볼 수 없었다. 그리하여 이들을 회화로 표현하기 시작했으니, 낙양 소구 61호묘의 벽화에 있는 〈이도살삼사도二桃殺三士圖〉가 대표적이다.(도15)

그렇다면 무덤 안에 배치된 신선류 회화의 용도는 도대체 무엇인가? 이와 관련하여 시원묘가 조성되던 즈음, 한나라 궁정에서 특수한 종교활동이 출현한 사실에 주목해야 한다. 당시 많은 방사方士들이 각종 신비하고 기이한 술법으로 무제의 신임을

얻었는데, 『사기·봉선서』에 관련 기록이 있다.

제나라 출신의 소옹少翁은 방술 능력이 있어 황제를 알현할 수 있었다. 황제에게는 총애하는 왕부인이 있었는데 부인이 죽자 소옹이 "방술로써 밤에 왕부인과 부뚜막 귀신의 모습을 오게 할 수 있다"고 했다. 황제가 멀찌감치 장막 안에서 이것들을 보았다. 그로 인해 소옹을 문성장군에 봉하고 많은 상을 주었다. 아울러 빈례賓禮로써 그를 대했다. 소옹은 "황제가 신과 통하고자 함에, 궁실과 피복被服이 모두 신의 형상이 아니면 신물이 이르지 않는다"고 했다. 이에 운기거雲氣車를 그리고, 각각 오행이 상극하는 승일勝日의 수레로써 악귀를 불리치게 했다. 또한 감천궁을 짓고 가운데에 대실臺室을 만들어 천, 지, 태일太一과 여러 귀신을 그리고 제구祭具를 놓아 천신이 이르도록 했다.[33]

32 孫作雲, 「楚辭〈天問〉與楚宗廟壁畵」, 河南省考古學會 編, 『楚文化研究論文集』, 鄭州: 中州書畵社, 1983, pp.3-4.

33 "齊人少翁以鬼神方見上. 上有所幸王夫人, 夫人卒, 少翁以方蓋夜致王夫人及竈鬼之貌云, 天子自帷中望見焉. 於是乃拜少翁爲文成將軍, 賞賜甚多, 以客禮禮之. 文成言曰: "上卽欲與神通, 宮室被服非象神, 神物不至." 乃作畵雲氣車, 及各以勝日駕車辟惡鬼. 又作甘泉宮, 中爲臺室, 畵天·地·太一諸鬼神, 而置祭具以致天神." 『史記·封禪書』, 北京: 中華書局, 1959, pp.1387-1388.

방사 소옹의 행동은 일련의 종교예술품의 출현을 불러왔다. 이 도상들은 '악귀를 물리치고 천신을 이르게 하는' 종교적 기능을 가진 것으로 이해되었는데, 이전의 방사 이소군李少君의 상투적 언어와 매우 유사하다.

> 소군이 황제에게 "조왕신에게 제사하면 곧 물物이 이르며(致), 물이 이르면 주사는 황금이 될 수 있으며, 이때 만들어진 황금으로 음식기를 만들어 쓰면 장수하고, 장수하면 바다 속 봉래의 선인을 볼 수 있습니다. 이 선인을 보고 봉선을 하면 죽지 않는데, 황제가 바로 이런 경우입니다"라고 말했다.[34]

여기서 '물物'은 귀신 종류로 볼 수 있으며, 회화와 건축은 조왕신에게 제사 지내는 등의 종교의식과 마찬가지로 모두 '물을 이르게 하거나 천신이 이르게 하는' 효과를 가지고 있다. 이런 관념은 전국시대 이후 승선을 주제로 한 회화창작에 매우 중요한 작용을 했을 것이다. 왜냐하면 궁중에서 활약한 방사들은 대부분 동쪽의 연燕과 제齊 지역의 민간에서 왔기 때문에, 이런 관념은 단지 무제 한사람의 마음만 움직인 게 아니었을 것이기 때문이다. 그렇다면 우리는 시원묘 벽화의 기능에 대해서도 유사한 관점을 가질 수 있다. 즉 이 벽화들은 결코 심미적 목적에서 나온 '장식'이 아니며, 종교적 기능을 가진 '도구'라는 점이다.

벽화들이 무덤에 설치된 상황 역시 벽화의 주된 의미가 시각적인 데 있지 않음을 시사한다. 시원묘 주실 네 벽의 최상부에 파진 홈은 원래 이곳에 나무로 된 지붕골조가 놓여 있었음을 말해준다. 그렇다면 이 골조는 천장의 벽화를 가리게 되어[35] 장례에 참석한 사람들은 묘실에 들어오더라도 벽화들을 볼 수 없었다.

그렇다면 이렇게 아름다운 벽화를 보는 이, 즉 '관람자'는 도대체 누구인가. 가능한 답안 가운데 하나는 이미 죽은 양왕만이 이런 도상들을 감상할 수 있다는 것이다. 옛사람들은 죽은 사람이 지하에서도 지각을 갖고 있으며, 그들의 각종 인체기관은 살아있을 때와 마찬가지로 작동하므로 보는 능력도 있다고 믿었다.[36] 시원묘에 벽화가 설치된 방식은 눈을 감은 자의 '보는 방식'이 산 자의 그것과는 다르다는 인식을 설명하는지도 모른다. 도연명은 〈만가시삼수輓歌詩三首〉의 두 번째 수에서 "말을 하고 싶어도 소리가 안 나오고, 보고 싶어도 눈에 빛이 없다"라고 읊었는데,[37] '빛이 없는' 사자의 눈에 현실세계의 광학원리는 의미가 없을 것이다.

조금 더 가능성이 큰 답안은 이 벽화들이 한 무제

---

34 "少君言上曰: '祠竈則致物, 致物而丹沙可化爲黃金, 黃金成以爲飮食器則益壽, 益壽而海中蓬萊仙者乃可見, 見之以封禪則不死, 黃帝是也.'" 『史記』, p.1385.

35 시원묘 주실 상단에 설치되었던 목제 골조가 무슨 기능을 했는지 현재로서는 알 수 없다. 유사한 구조를 가진 것으로는 동시대에 만들어진 하북성 만성의 유승묘(기원전 113) 중실(中室)에 설치된 토목(土木) 구조의 집이 있다. 이런 구조물은 무덤 전체를 더욱더 지상의 주택처럼 만들어 준다.

36 이 문제에 대한 논의는 본서 「한대 상장화상(喪葬畵像)의 관람자」를 참조.

37 "欲語口無音, 欲視眼無光." 王叔岷, 『陶淵明詩箋證稿』, 北京: 中華書局, 2007, p.500

의 감천궁 벽화처럼 오직 천신天神에 대해서만 의미를 지닌다는 것이다. 즉 하늘의 선인仙人이 이미 죽은 사람을 영접하기 위해 제작했다고 보는 것이다. '궁실의 피복被服을 신의 형상으로 만들지 않으면 신물神物이 이르지 않는다'라고 했으므로 무덤 안에 선경과 기이한 물건, 그리고 경관을 그려 놓아야 반드시 신물이 하늘에서 내려온다고 상상했을 것이다. 이런 벽화들이 그려진 이후에야 비로소 묘실은 이중의 의미를 가진다. 즉 무덤은 시체와 각종 물건을 넣는 공간일 뿐 아니라, 선경과 유사한 공간이 되어 사자 및 부장품들이 놓이는 배경이 된다. 이렇게 하여 묘실은 현실세계를 그대로 옮긴 '그림자상[鏡像]'이 됨과 동시에 현실과 선계를 잇는 교량이 되는 것이다.

고분벽화가 보편적으로 수용되면 벽화의 내용과 기능도 점진적으로 변화한다. 그리고 선택하는 소재의 범위도 날로 확대된다. 지위나 재력 모두 중하층사회에 속하는 묘주는 결코 제왕처럼 각종 재부를 마음껏 매장할 수 없다. 다만 상대적으로 값이 싼 벽화로써 생전에 소유한(혹은 꿈꿔온) 주택, 장원, 거마, 시종 등을 복제할 수는 있다. 이는 의심할 바 없이 가장 손쉬운 방법이었다. 그리고 많은 벽화가 회화의 장점을 발휘하여 대규모의 인물 활동을 표현했다.

후한 후기에 이르면 고분벽화는 고인의 자손이 효행을 드러내는 수단이 되었다. 당시 인재 선발제도인 '거효렴擧孝廉'의 목적을 보다 쉽게 이루기 위해 일부 무덤은 벽화를 완성한 후 심지어 공개전시하기도 했다. 그리하여 벽화의 기능에 새로운 변화가 일어났다.[38] 화상과 도용 등 예술형식의 분업은 더 이상 초기처럼 분명하지 않았으며, 서로 영향을 주고받았다. 이처럼 층층이 누적되어 만들어진 내용은 포함하지 않는 것이 없을 정도로 다양해져 중국의 회화예술을 더욱 풍부하게 만들었는데, 본문에서는 이런 후대 고분벽화의 변화 양상에 대해서는 논의하지 않는다.

4. 중국 고분벽화사상 시원묘의 의의

발굴보고서는 시원묘의 묘주를 기원전 136년 사망한 양공왕梁共王 유매劉買로 추정하는 한편, 양효왕梁孝王 부부일 가능성도 배제하지 않았다. 다른 연구자들 역시 이 무덤을 전한 초기 제후왕 무덤의 한 사례로 보고 있다. 시원묘의 발견은 확실히 전한대 제후왕의 매장제도를 연구하는데 매우 중요한 의미를 지닌다. 그러나 영성 지역 양왕들의 무덤 가운데 벽화가 출현하는 것은 겨우 이것 하나뿐이다. 그러므로 양왕 또는 한대 제후왕들의 상장제도에서 시원묘는 단지 하나의 특수 사례로 간주되어야만 한다.

일반적으로 제재 능력이 있는 규범과 법으로서 제도의 수립은 일종의 관방官方 행위다. 현존 기록에는 한대 상층계급의 무덤에서 벽화를 사용해야 한다는 규정이 없다. 고고학적 자료 역시 등급이 높은 무덤에서 벽화가 보편이었음을 설명해주지 않는다. 1957년 낙양의 소둔촌小屯村 동북쪽에서

---

38 본서 「한대 상장화상(喪葬畵像)의 관람자」를 참조.

채색그림이 있는, 길이 10m, 너비 9m, 깊이 12m가 넘는 전국시대의 대형 무덤을 발견했다. 부장품이 매우 풍부했는데 부장품 가운데 '천자天子' 묵서를 가진 석규石圭가 있었다. 발굴자는 이 묘를 천자의 능침, 혹은 귀족의 묘로 추정했다. 묘혈의 네 벽과 묘도에는 홍색, 황색, 흑색, 백색 등 4색의 도안이 있었는데, 발굴자는 이를 '유막帷幕과 화만畵幔 기능을 가진 묘혈장식'으로 추정했다.[39] 그러나 이런 도안은 아직 진정한 의미에서 벽화라고 하기 힘들다. 진시황릉은 "위로는 천문을 갖추고, 아래로는 지리를 갖추었다"고 했지만,[40] 아직 발굴되지 않았으므로 이런 글귀만 가지고는 벽화라는 형식이 출현했는지 알 수 없다. 문헌기록에 의하면 전한과 후한시대 황릉에는 대부분 황장제주黃腸題湊(제왕의 능침 곽실槨室의 사방 주위를 측백나무로 층층이 쌓아 윤곽을 만드는 형식: 역자 주)를 사용했다.[41] 황장제주는 황제가 가까운 신하에게 하사하기도 했다.[42] 현재 전한 및 후한시대 황릉은 발굴되지 않았지만, 왕후급의 황장제주 무덤은 발견되었다.[43] 이런 무덤은 묘실 구조상 벽화를 사용할 수 없다.

황잔위에黃展岳의 1998년 통계에 의하면, 이미 발굴된 34기의 전한 제후왕과 왕후의 무덤 가운데 20기는 애동묘며, 나머지 14기는 흙과 돌로 만든 수혈목곽묘, 황장제주묘, 그리고 석실묘 등이다.[44] 영성 망탕산에 조성된 여러 대代의 양왕과 왕후의 무덤은 애동묘에 속한다. 그러나 산의 암석을 파고 만든 같은 애동묘라 하더라도 묘실의 내부구조는 조금씩 다르다. 다시 말해 묘도의 길이, 측실의 수량과 평면 등이 같지 않다. 비록 한대에 제후왕의 상장제도에 대한 일련의 규정이 있었다 하더라도, 구체적인 묘실의 조영에서 모든 세부가 제도와 관련돼 있던 것은 아니었다. 그리고 벽화의 사용 여부도 일정한 규정이 없었던 것 같다.

발굴보고서는 시원묘 묘실 천장벽화 속의 거대한 용과 묘주의 신분을 관련짓고 있다. 그러나 한대 미술에서 용은 결코 천자 혹은 왕후만의 전유물은 아니었다. 많은 중소형 무덤 그림에서 쉽게 용의 형상을 볼 수 있다.

현재 발굴된 전한과 후한시대 제후의 왕릉 가운데 채색벽화 혹은 화상석을 사용한 경우는 매우 적

39 考古研究所洛陽發掘隊, 「洛陽西郊一號戰國墓發掘記」, 『考古』 1959년 제12기, pp.653-654.

40 "上具天文, 下具地理." 『史記·秦始皇本紀』, p.265.

41 "方石治黃腸題湊便房如禮." 『後漢書·禮儀志 下』. 유소(劉昭)의 주(注)는 이에 대해 다음과 같이 언급하고 있다. "『漢舊儀』略載 前漢諸帝壽陵曰: '天子即位明年, 將作大匠營陵地, 用地七頃, 方中用地一頃. 深十三丈, 堂壇高三丈, 墳高十二丈. 武帝墳高 二十丈, 明中高一丈七尺, 四周二丈, 內梓棺柏黃腸題湊, 以次百官藏畢. 其設四通羨門, 容大車六馬, 皆藏之內方, 外陟車石. 外方立, 先閉劍戶, 戶設夜龍·莫邪劍·伏弩, 設伏火. 已營陵, 餘地爲西園後陵, 餘地爲婕妤以下, 次賜親屬功臣.'" 『後漢書』, 北京: 中華書局, 1965, p.3144.

42 『한서·곽광전』은 지절 2년(기원전 68) 곽광의 사후 선제가 '재궁(梓宮)과 편방(便房), 그리고 황장제주 각각 1구(具)'를 하사했다고 기록하고 있다. 『漢書』, 北京: 中華書局, 1962, p.2948.

43 비교적 전형적인 전한시대 황장제주 무덤으로는 북경의 대보대 무덤이 있다(中國社會科學院考古研究所, 『北京大葆臺漢墓』, 北京: 文物出版社, 1989).

44 黃展岳, 「漢代諸侯王墓論述」, 『考古學報』 1998년 제1기, pp.11-34.

다.[45] 이후 후한 후기에 이르기까지 일급一級 왕후의 묘에 회화나 부조를 제작하는 방식이 제도로 정착되지 않았다. 이들 무덤에서 채색벽화나 화상석의 출현은 단지 우연하고도 분산적인, 그리고 개별적인 현상일 뿐이었다. 전체적으로 볼 때, 전한과 후한시대에 벽화와 화상석은 대부분 중간계층에 속하는 인물의 무덤에서 출현한다. 이 가운데 지위가 비교적 높은 경우라 하더라도 2천 석石의 녹봉을 받는 관원 정도며, 대부분 하층관리나 관질官秩이 없는 지역부호에 속하는 사람들이다. 그러므로 문헌에 언급된 고분벽화의 사례는 『후한서·조기전趙岐傳』의 사례 이외에는 전무하다.[46]

고분벽화의 유행과 한대 제왕帝王의 장례제도는 관계가 없다. 그러나 한대 황제의 대상大喪에서 사용된 관에는 여전히 복잡한 채색화가 출현한다. 『후한서·예의지 하』에는 "동원장東園匠과 고공령考工令이 '동원비기東園秘器의 안팎은 모두 붉은색으로 하고 거문虎文을 장식하며, 일·월·새·물고기·용·호랑이·연벽連璧·언월偃月을 그려야 하며, 아회

재궁牙檜梓宮은 옛 고사대로 해야 한다'고 상주했다"는 기록이 있다.[47] 쑨지孫機는 비기秘器를 관으로 추정했는데,[48] 타당한 견해로 생각한다. 제후왕, 공주, 귀인은 "장목樟木, 즉 녹나무 관을 쓰며, 붉은색을 칠하고 운기를 그렸다." 새로운 예술형식으로서의 벽화는 비록 전통적인 관의 장식을 차용했지만, 유행한 계층이 달랐으므로 원래의 전통을 완전히 대체할 수는 없었다.

무덤 안에 화상이 등장하는 전통은 장기간 사회의 중하층에서 유행했다. 그러므로 이것이 반영하는 상장관념은 다른 관련 사상과 일치하기가 어려웠다. 게다가 엄격히 제도화되기는 더욱 힘들었다. 많은 학자들이 화상의 제재를 분류하고 전체적인 윤곽을 도출한다. 그러나 실제로 후한 후기까지 동일 등급의 무덤에서 벽화를 사용했는지의 여부, 어떤 내용의 벽화를 그렸는지, 벽화가 무덤 안에서 어떻게 분포하는지 등은 종종 해당 지역의 전통적인 습속과 피장자 가족의 경제력, 그리고 그 밖의 각종 개인적 요소에 의해 결정되었다. 이 시기에는 불교

---

45 현재까지 발굴된 제후왕과 열후들의 무덤에서 장식적인 그림이 나타나는 경우는 매우 적다. 통계에 의하면 시원묘 이외에 다음과 같은 극소수의 사례가 있을 뿐이다. 첫째, 광주(廣州)에서 출토된 전한 남월왕 조매묘(趙眛墓)의 전실 벽과 묘실 천장, 그리고 남북의 두 통로 석문 위에 붉은색과 먹색으로 그린 구름문 도안이 있다(廣州市文物管理委員會·中國社會科學院考古研究所·廣東省博物館,『西漢南越王墓(上冊)』, 北京: 文物出版社, 1991, pp.28-29). 둘째, 강소성 휴녕 구녀돈의 후한대 화상석묘로, 옥의(玉衣) 조각이 출토되어 어느 초왕(楚王)의 무덤으로 추정하고 있다(李鑒昭,「江蘇睢寧九女墩漢墓淸理簡報」,『考古通訊』1955년 제2기, pp.31-33). 셋째, 안휘성 박현 동원촌(董園村) 1호묘로, 무덤 내 일부 화상석에 채색으로 칠한 흔적이 있었는데, 은루옥의와 동루옥의가 각각 한 벌씩 출토되었다. 그리고 묘 안에서 출토된 벽돌 위에 후한 연가(延嘉) 7년(164)과 "조후(曹侯)"의 제기가 있었다(安徽省亳縣博物館,「亳縣曹操宗族墓葬」,『文物』1978년 제8기, pp.34-35). 넷째, 안휘성 박현 동원촌 2호묘(후한대)로 무덤에 일부 화상석이 있었으며, 채색벽화의 흔적도 있었다. 이 무덤에서는 동루옥의 잔편이 발견되어 피장자가 1급 열후에 속하는 것으로 추정하고 있다(「亳縣曹操宗族墓葬」, pp.35-36). 다섯째, 최근 보도된 산동성 등주 염산(染山)의 한대 무덤으로 안에서 화상석 일부가 발견되었으며, 옥의 조각이 출토되었다. 조사자는 무덤의 연대를 전한 중기로, 피장자를 제후왕으로 추정하였다(滕州市漢畫像石館,『染山漢墓』, 濟南: 齊魯書社, 2010, pp.1-35).

46 『後漢書』, p.2124.

47 "東園匠·考工令奏東園秘器, 表裏洞赤, 虎文畫日月鳥龜龍虎連璧偃月, 牙檜梓宮如故事."『後漢書』, pp.3141-3142.

48 孫機,「"溫明"和"秘器"」, 楊泓·孫機,『尋常的精致』, 沈陽: 遼寧教育出版社, 1996, pp.223-229.

예술에서 볼 수 있는 것과 같은 비교적 엄격한 도상 체계를 찾아보기 어렵다. 비록 한대 무덤 일부에서 묘주 생전의 관직 승진과정을 묘사했지만, 묘주의 신분을 반영한 것으로 보이는 일부 거마출행도의 경우 신분등급의 혼란스러운 상황이 드러나는 경우가 많다. 그러므로 문헌기록과 대조해보면 맞는 경우가 드물다. 제도적인 면에서 볼 때, 묘주의 신분등급은 화상을 통해서가 아니라 무덤의 형태, 관곽, 옥의玉衣 및 기타 부장품 등을 통해 표현했다.

남북조시대에 이르러 비로소 상황이 변화했다. 남조 송宋·제齊·양梁의 몇몇 황릉에서 동일한 모본을 사용한 대형의 '무늬를 찍은 벽돌[模印磚]' 벽화가 출현하는 것이 그 증거다.[49] 엄격하게 정리된 내용의 도상은 이제 황릉제도의 일부가 되었다. 북제 北齊(550~577) 지역에서 발견된 황릉과 귀족묘에서도 역시 일반적으로 채색벽화가 출현하는데, 내용과 배치에 일정한 원칙이 있다. 벽화와 황릉의 결합은 아마도 남북조시대 회화예술이 점차 독립된 지위를 갖게 되고, 아울러 상층사회에서 이를 좋아하는 풍습이 생긴 것과 관련이 있을 것이다. 벽화가 상층사회와 결합할 때 비로소 일정한 제도를 형성하게 된다. 당대의 대형 무덤에서도 여전히 벽화가 유행하는데, 이는 남북조시대 고분벽화의 변화와 관련이 있다.[50] 우리가 간혹 역사의 연속성에 너무 집착하여 제도와의 관계를 논할 때 습관적으로 낙양 시원묘와 남북조시대 무덤과의 관계를 추론하는데, 이런 관점은 수용하기 어렵다. 양자의 연대가 너무 멀어 벽화의 주인이나 화가는 미리 예상할 수도 없고 서로를 추념할 수도 없기 때문이다.

이 글은 원래 『故宮博物院院刊』 2005년 제3기, pp.56-74에 실린 것이다. 이 책에서는 약간의 수정을 하였다.

---

49 南京博物院·南京市文物保管委員會,「南京西善橋南朝大墓及其磚刻壁畵」,『文物』1960년 제8·9기 합간, pp.37-42; 羅宗眞, 「南京西善橋油坊村南朝大墓的發掘」,『考古』1963년 제6기, pp.291-300, p.290; 南京博物院,「江蘇丹陽胡橋南朝大墓及磚刻壁畵」,『文物』1974년 제2기, pp.44-56; 南京博物院,「江蘇丹陽胡橋·建山兩座南朝墓葬」,『文物』1980년 제2기, pp.1-17.

50 남북조시대 고분벽화와 제도의 관계에 대해서는 鄭岩,『魏晋南北朝壁畵墓研究』, 北京; 文物出版社, 2002, pp.197-198을 참조.

전한시대 석곽묘와
묘장미술의 변화

1. 석곽묘의 출현과 화상석예술의 태동

전한 중기에서 후기까지, 즉 기원전 2세기 중엽에서 기원후 1세기 초까지 산동성 남부와 강소성 북부를 중심으로 하는 동부 연해 지역 및 하남성 동부와 안휘성 동북부를 포함하는 지역에서 일군의 석곽묘石槨墓가 출현했다.[1] 이 무덤들은 먼저 아래로 깊이 흙구덩이[土壙]를 판 후, 가운데에 석판으로 곽실槨室을 만든다. 토광의 크기는 겨우 석곽이 들어갈 만하며, 일부 무덤에서는 석곽 밖에 부장품을 늘

어놓은 소형 감龕을 만들기도 한다. 석곽의 수량은 무덤마다 달라, 하나만 있는 경우도 있고 두세 개를 병렬하는 경우도 있다.(도1, 도2)

석곽의 석판 위에는 간단한 화상畫像을 조각했다. 화상의 내용은 점점 풍부해졌으며, 기원후 1세기 전후에는 매우 보편적인 예술형식으로 발전했다. 그리하여 돌로 만든 많은 무덤 안에 화상이 대량으로 장식되었으며, 무덤 바깥에 놓인 문궐門闕과 사당에도 표현되었다. 이처럼 화상조각이 있는 석재

---

1 이 무덤들에 대한 보도자료는 다음과 같다. 산동 지역의 대표적 무덤으로는 임술 조장(曹莊) 서남령 1·2호묘(劉福俊·齊克榮, 「臨沭縣西南嶺西漢畫像石墓」, 中國考古學會 編, 『中國考古學年鑑1995』, 北京: 文物出版社, 1997, pp.155-156; 臨沂市博物館 編, 『臨沂漢畫像石』, 濟南: 山東美術出版社, 2002, p.141, 도242-244)와 추성 용수촌(龍水村)의 석곽묘 4기(胡新立, 『鄒城漢畫像石』, 北京: 文物出版社, 2008, pp.1-27, 도165-176), 등주 강두 1호묘(燕生東·劉智敏, 「蘇魯豫皖交界區西漢石槨墓及其畫像石的分期」, 『中原文物』 1995년 제1기, pp.79-103), 등주 봉산묘군(封山墓群)(山東省文物考古研究所, 『魯中南漢墓』 上冊, 北京: 文物出版社, 2009, pp.15-97), 등주 동정장묘군(東鄭莊墓群)(앞의 논문, pp.98-194), 등주 동소궁묘군(東小宮墓群)(앞의 논문, pp.195-335), 조장 소산의 석곽묘 3기(棗莊市文物管理委員會·棗莊市博物館, 「山東棗莊小山西漢畫像石墓」, 『文物』 1997년 제12기, pp.34-43), 조장 임산묘군(棗莊市文物管理委員會·棗莊市博物館, 「山東棗莊市臨山漢墓發掘簡報」, 『考古』 2003년 제11기, pp.49-59), 조장 갈구묘군(棗莊市博物館, 「山東棗莊渴口漢墓」, 『考古學集刊』 제14집, 北京: 文物出版社, 2004, pp.80-160), 임기 나장구(羅莊區) 경운산 남쪽 기슭의 1·2호묘(臨沂市博物館, 「臨沂的西漢甕棺, 磚槨, 石棺墓」, 『文物』 1988년 제10기, pp.8-75; 臨沂市博物館 編, 『臨沂漢畫像石』, p.61, 도106·107; 『中國畫像石全集』編輯委員會, 『中國畫像石全集』 제1권, 濟南·鄭州: 山東美術出版社·河南美術出版社, 2000, p.72, p.73, 도100-103), 제녕의 사전묘지에서 두 차례에 걸쳐 출토된 18기의 묘(王思禮, 「山東濟寧發現漢墓一座」, 『考古通訊』 1957년 제1기, pp.58-60; 濟寧市博物館, 「山東濟寧師專西漢墓群清理簡報」, 『文物』 1992년 제9기, pp.22-36), 제녕 초왕장 1·2호묘(胡廣躍·朱衛華, 「濟寧肖王莊石槨畫像及相關問題」, 中國漢畫學會·四川博物院, 『中國漢畫學會第十二屆年會論文集』, 香港: 中國國際文化出版社, 2010, pp.285-289), 평음 신둔 2호묘(濟南市文化局·平陰縣博物館籌建處, 「山東平陰新屯漢畫像石墓」, 『考古』 1988년 제11기, pp.961-974), 미산현 남구촌묘(南溝村墓)(王思禮·賴非·丁沖·萬良, 「山東微山漢代畫像石調查報告」, 『考古』 1989년 제8기, pp.699-709), 미산현 하진(夏鎭) 청산촌묘(青山村墓)(微山縣文物管理所, 「山東微山縣近年出土的漢畫像石」, 『考古』 2006년 제2기, pp.35-47), 미산현 대신장(大辛莊) 18호묘(微山縣文管所, 「山東微山縣出土一座西漢畫像石墓」, 『文物』 2000년 제10기, pp.61-67), 연주 농기학교묘(農機學校墓)(『中國畫像石全集』編輯委員會, 『中國畫像石全集』 제2권, 濟南·鄭州: 山東美術出版社·河南美術出版社, 2000, pp.12-14, pp.20-23, 도18-20·26·27), 추성 와호산 1·2·3호묘(鄒城市文物管理局, 「山東鄒城市臥虎山漢畫像石墓」, 『考古』 1999년 제6기, pp.43-51), 곡부 한가포 안한리묘(蔣英炬, 「略論曲阜"東安漢里畫象"石」, 『考古』 1985년 제12기, pp.1130-1135), 곡부 시욕(柴峪) 묘지(山東省文物考古研究所, 『魯中南漢墓』 下冊, pp.674-815), 연주 서가영묘군(徐家營墓群)(앞의 책, pp.409-586) 등이 있다. 강소성 서주 지역의 대표적인 사례로는 패현 서산묘(徐州博物館·沛縣文化館, 「江蘇沛縣棲山畫像石墓清理簡報」, 『考古』編輯部 編, 『考古學集刊』 제2집, 北京: 中國社會科學出版社, 1982, pp.106-112), 서주 만채묘(萬寨墓)와 범산묘(範山墓)(王愷, 「徐州地區石槨墓」, 『江蘇社聯通訊』, 1980년 10월, pp.19-23; 徐州博物館, 『徐州漢畫像石』, 南京: 江蘇美術出版社, 1985, 附圖1, 도1-4), 연운항 도화간묘(桃花澗墓), 주점묘(酒店墓), 백합간묘(白鴿澗墓), 유정묘(劉頂墓)(李洪甫, 「連云港市錦屏山漢畫像石墓」, 『考古』 1983년 제10기, pp.894-896), 사홍 중강묘(南京博物院·泗洪縣圖書館, 「江蘇泗洪重崗漢畫像石墓」, 『考古』 1986년 7기, pp.614-622) 등이 있다. 하남성 하읍 오장묘도 이런 종류의 무덤에 속한다(商丘地區文化局, 「河南夏邑吳莊石槨墓」, 『中原文物』 1990년 제1기, pp.1-6).

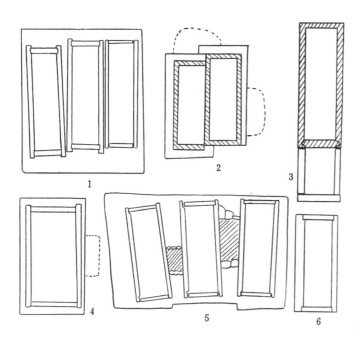

도1 석곽묘 (1)강소성 패현 서산(棲山) 1호묘 (2)산동성 평음 신둔 2호묘 (3)하남 하읍(夏邑) 오장(吳莊) 26호묘 (4)산동 자장 도관(陶官) 1호묘 (5)산동성 자장 소산 1호묘 (6)산동성 등주 강두(『劉敦願先生紀念文集』, p.440)

도2 산동성 등주 포동소구(浦東小區) 석곽묘, 전한(『滕州漢畵像石館』의 진열 자료)

의 건축부재는 일반적으로 '화상석'이라 불리며, 송대 이후 금석학, 고고학 및 미술사 연구의 중요 분야가 되었다. 비록 성숙한 단계 이후의 화상석은 부조 등 다양한 조각기술을 채용했지만, 전체적으로 볼 때 도상은 주로 이차원적인 형식으로 출현한다.

그리하여 한대에는 이것들을 '화畵'라 불렀다.[2] 그러므로 이것들을 광의적인 '회화'의 개념 아래에서 논의할 수 있다.

학자들은 대부분 전한시대 석곽 위에 나타나는, 조각기법과 내용이 비교적 간단한 이런 도상들을

---

2 '화상석'이란 명칭은 금석학자들이 처음 제기한 이래 지금까지 사용하고 있다. 최초의 이름은 한대 비명에서 언급된 '畵'자에서 유래한다. 즉 산동성 가상현 후한대 무량의 비석에 "雕文刻畵"라는 구절이 있는데 송대 홍괄은 "흡사 이 그림을 가리키는 듯하다. 그러므로 나는 '무량사당 화상'으로 이름 지으려한다"고 적었다(洪适, 『隸釋 隸續』, 北京: 中華書局, 1985, pp.168-169). 그리고 산동 창산(蒼山)의 후한 원가 원년(151) 화상석무덤의 제기 역시 무덤 안의 화상을 '畵'라 칭하고 있다(山東省博物館·山東省文物考古研究所, 『山東漢畵像石選集』, 濟南: 齊魯書社, 1982, p.42). 한대 자료를 살펴보면, 칠기에서 전문적으로 채회를 담당하는 사람을 '화공(畵工)'이라고 한 것처럼 기물의 표면장식을 종종 '畵'로 불렀다(洪石, 『戰國秦漢漆器硏究』, 北京: 文物出版社, 2006, pp.161-168, 표2). 기물의 장식과 달리 조각은 석판에 새겨지는 화상이다. 공구와 재료의 특수성을 제외하면, 이차원적 평면과 복잡한 내용은 지금의 '회화'에 더욱 가깝다.

화상석예술의 초기 단계로 간주하고, 석곽묘의 변화과정을 시간 순서대로 설명해왔다.[3] 쟝잉쥐蔣英炬는 대략 아래와 같이 개괄했다.

종합적으로 보면, 화상 석곽묘는 주로 강소, 산동, 하북, 안휘의 접경 지역에 분포한다. 연대가 이른 경우 대략 전한 무제까지 올라가며, 전한 말기에 이르러 유행했다. 모든 화상이 석곽의 판 위에 새겨져 있으며, 조각기법은 주로 음각선을 사용했다. 선은 매우 거칠고 두꺼우며, 화상의 내용과 가장자리 장식문양은 비교적 간단하다. 시간이 흐름에 따라 오목한 면면선각이 출현하기 시작하며, 화상의 내용도 간단한 문궐, 누당樓堂, 인물에서 점점 확대되어 사회생활을 다룬 내용이 많아졌다. 뿐만 아니라 신선, 괴수 등의 형상도 출현하기 시작하는데, 전체적으로 발전하는 추세를 보인다.[4]

화상석예술에 한정해서 본다면, 이처럼 간단한 것에서 복잡한 것으로, 저급한 것에서 고급스러운 것으로 '진화'하는 과정은 당연한 것처럼 보인다. 그러나 회화사는 단선적으로 볼 수 없으며, 많은 계통이 서로 교차하며 형성하는 그물망과 같다. 화상석은 단지 당시 회화예술의 한 형식일 뿐이다. 실제로 다른 재질과 다른 형태의 회화 발전은 결코 동시에 이뤄지지 않는다. 일찍이 전한시대 초기, 심지어는 전국시대와 진대秦代에 이미 상당히 복잡한 내용의 회화가 출현했다. 우리는 구체적인 재료나 공구, 그리고 기능과 배경을 떠나 중국 고대회화의 역사를 서술할 수 없다. 또한 우리는 이 시대 무덤과 상장喪葬이 중요한 전환기에 처했음을 주목해야 한다. 이 석곽묘들은 건축형태면에서, 또는 장식면에서 모두 이런 전환과 표리일체를 이룬다. 그러므로 필자는 화상석의 생산과정을 평면적인 회화와 특정한 재질, 기술과 관념이 서로 관련되는 역사로 이해하고자 한다. 본문에서는 이런 인식에 기초하여 묘장제도와 풍속의 전환이라는 커다란 배경 아래 회화예술과 묘장이 결합하는 구체적 과정을 관찰

---

3 이 무덤들의 형태와 연대에 대한 대표적인 연구로는, 王愷,「蘇魯豫皖交界地區漢畫像石墓墓葬形制」, 南陽漢代畫像石學術討論會辦公室 編,『漢代畫像石研究』, 北京: 文物出版社, 1987, pp.53-61; 信立祥,「漢畫像石的分區與分期研究」, 兪偉超 主編,『考古類型學的理論與實踐』, 北京: 文物出版社, 1989, pp.234-306; 王愷,「蘇魯豫皖交界地區漢畫像石墓的分期」,『中原文物』1990년 제1기, pp.51-61; 楊愛國·鄭同修,「山東, 蘇北, 皖北, 豫東區漢畫像石墓葬形制」, 山東大學考古系 編,『劉敦願先生紀念文集』, 濟南: 山東大學出版社, 1998, pp.438-449 등이 있다. 이 무덤들의 연대에 대해 일부 학자는 시기가 좀 이른 산동 임술 조장 서남령 1·2호묘와 추성 용수천 석곽묘를 문제(재위 기원전 180~157), 경제(재위 기원전 157~141) 시기로 추정하고 있다(臨沂市博物館 編,『臨沂漢畫像石』, p.3, p.10; 賴非,「濟寧, 棗莊地區漢畫像石槪論」,『中國畫像石全集』編輯委員會,『中國畫像石全集』제2권, p.6; 田立振·田超,「濟寧市漢畫像石分期及相關問題的探討」, 鄭先興 主編,『中國漢畫學會第十次年會論文集』, 武漢: 湖北人民出版社, 2006, pp.437-443). 좀 더 신중한 학자는 상한을 무제시기로 본다(蔣英炬,「關於漢畫像石產生背景與藝術功能的思考」,『考古』1998년 제11기, pp.90-96). 하한에 대해서는 일반적으로 전한 말기에서 후한 초기로 본다. 최근 일부 학자는 강소성 서주 일대에서 화상석이 출토된 일부 무덤(이 가운데는 등급이 비교적 높은 대형 무덤도 포함된다)의 연대를 전한 초기의 조금 늦은 단계까지 올려보고, 그 상한선을 경제 초기까지 올려볼 수 있다고 주장하였다(劉尊志,「徐州地區早期漢畫像石的產生及其相關問題」,『中原文物』2008년 제4기, pp.87-95).

4 蔣英炬·楊愛國,『漢代畫像石與畫像磚』, 北京: 文物出版社, 2001, pp.73-74.

하고자 한다. 동시에 역으로 화상의 출현으로 인해 석곽 본래의 의미도 변화했음을 논할 것이다.

2. '도圖'에서 '화畵'로: 석곽묘 화상의 질적 변화

동북 지역의 신석기시대 중기 홍륭와문화興隆洼文化(약 기원전 6000~기원전 5300)에서 석판으로 만든 장구葬具(장구는 시체를 안치하는 관, 곽, 관을 놓는 상床 등을 모두 포함하는 개념이다: 역자 주)가 발견되었다. 북방 지역의 홍산문화紅山文化(약 기원전 4500~기원전 3000), 소하연문화小河沿文化(약 기원전 3500~기원전 3000) 및 산동 지역의 북신문화北辛文化(약 기원전 5400~기원전 4200), 용산문화龍山文化(약 기원전 2600~기원전 2000)에도 유사한 사례의 무덤이 있다.[5] 그러나 석제 장구 자체는 '발전의 연속성과 계통성이 결여된 것'으로,[6] 한대 석곽의 연대와는 거리가 너무 멀다. 즉 양자 사이에는 직접적 관계가 없다. 그러므로 본고에서는 이 무덤들에 대해서는 논하지 않는다.

역사시대에 진입한 이후 강소, 산동, 하북, 안휘 등의 지역에서 발견된 무덤들에서 석제 장구가 가장 빨리 출현한다. 산동 임기臨沂 지역에서는 목곽묘, 벽돌로 만든 전관묘磚棺墓, 옹관묘, 석곽묘가 모두 출현하였는데,[7] 이 시기에 상장풍속이 다원화됐으며 특정 장구를 전문적으로 제작하는 안정된 공

인집단이 아직 형성되지 않았음을 시사한다.

강소, 산동, 하북, 안휘 지역에서 석곽묘가 역사 무대에 등장할 당시부터 재질과 기술, 그리고 형태의 변혁이 동시에 이뤄진 것은 결코 아니다. 재질의 교체가 가장 먼저 이뤄졌다. 이전 건축은 대부분 토목土木 구조로, 석재를 사용하는 경우가 아주 적었다. 그러므로 당시 석곽을 제작했던 장인은 중국에서 가장 이른 시기의 석공이라 할 수 있다. 석곽은 구조상 선진시대 목제 관곽을 그대로 계승했다. 석공에게 가장 필요한 임무는 완전히 새로운 구조를 창조하는 데 있지 않았으며, 새로운 재료로 옛 재료를 대체하는 데 있었다. 공인들은 먼저 돌덩어리를 하나하나의 석재로 가공해야만 했다.[8] 그리고 이것을 접합하고, 접합한 곳에는 장부[榫] 및 장부구멍[卯榫]과 유사한 구조를 만들었다. 이런 것들은 모두 목기木器의 가공기술에서 유래했는데, 여기에서 전통에 대한 변혁이 이뤄졌을 뿐 아니라 전통의 계승 또한 존재한다는 사실을 알 수 있다.

당시의 석공들을 예술가로 보기는 어렵다. 그들은 결코 회화에 익숙하지 않았으며, 공구와 기술 또한 복잡한 도상을 만드는 일에 충분하지 않았다. 가장 이른 석곽묘의 연대는 대략 기원전 2세기 후반이며, 이 시기 석곽의 '화상'은 원형과 삼각형 등으로 매우 간단하다. 산동성 임술현臨沭縣 조장진曹莊

---

5 상술한 고고학문화의 연대는 모두 中國社會科學院考古研究所 編著, 『中國考古學·新石器時代卷』, 北京: 中國社會科學出版社, 2010에 의거했다.

6 欒豊實, 「史前棺槨的産生·發展和棺槨制度的形成」, 『文物』 2006년 제6기, p.49.

7 臨沂文化館, 「山東臨沂金雀山九號漢墓發掘簡報」, 『文物』 1977년 제11기, pp.24-27; 臨沂市博物館, 「臨沂的西漢甕棺·磚棺·石棺墓」, 『文物』 1988년 제10기, pp.68-75.

8 강소성 서주에서 발견한 채석장유적을 근거로 이 시기 석재의 채취와 초보적인 가공기술에 대한 글이 발표되었다(劉尊志, 「徐州地區早期漢畵像石的産生及其相關問題」, p.91).

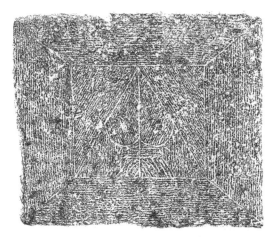

도3 산동성 임술현 조장진 서남령 석곽묘 화상(『臨沂漢畵像石』, p.141)

鎭 서남령西南嶺 1·2호묘는 이 시기의 전형적 사례다.(도3)9 석곽 위에 표현된 원형은 옥벽玉璧이며, 삼각형은 측백나무[柏樹]일 것이다. 등급이 높은 무덤에서는 옥벽장식이 있는 목제 칠관이 발견된다.10 측백나무는 장생 및 벽사辟邪의 기능과 의미를 지닌다.

이런 도형은 기술적으로나 심미적으로나 아직 회화라 부르기에는 어색하다. 이처럼 간단한 도형을 제작하는 데 장인들은 단지 몇 개의 개념만을 필요로 했는데, 이 개념들은 언어를 통해 전파될 수 있었으며, 만들어진 화본畵本 같은 것은 필요 없었

다. 장인은 심지어 조각하기 전에 구도와 선 등을 엄밀하고 복잡하게 계획하거나 구상할 필요조차 없었다. 그것들은 문자처럼 '인식되고 읽히는 것'이며, '본다'는 말은 사용하기 어려운 것이었다. 도형의 의의는 장식에 있지 않다. 왜냐하면 그것은 시각적으로 볼만한 게 없기 때문이다. 돌 표면은 대부분 정성껏 다듬지 않았으며, 끌로 깎아낸 여러 방향의 평행선이 '바탕문'을 구성한다. 심지어 바탕문과 도형의 선의 깊이가 거의 같아 구분하기 어려운 경우도 있다.11 평행선은 석판의 표면을 평평하게 가공하기 위해 끌질을 한 것으로, 원래 관념적인 의미가

---

9 臨沂市博物館 編, 『臨沂漢畵像石』, p.141, 도242-244.

10 한대 무덤 속 벽(璧)의 의미에 대해서는 巫鴻, 「引魂靈璧」, 巫鴻·鄭岩 主編, 『古代墓葬美術硏究』 제1집, 北京: 文物出版社, 2011, pp.55-64를 참조.

11 '경험이 많은' 사람이 탁본을 뜰 때는 바탕의 무늬를 되도록 옅게 하여 주요 도상의 선을 좀 더 잘 보이게 한다. 그러나 실제로 바탕문과 사물의 형상을 구분하기는 어렵다. 동일한 석각을 두 번 탁본하면 매우 다른 효과가 난다. 이를 통해 탁본을 뜨는 사람이 선을 선택하는 일이 얼마나 어려운지 알 수 있다. 예를 들면 『중국화상석전집』에 수록된 경운산 2호묘 남벽 화상의 탁본과 『문물』잡지에 발표한 동일한 석각의 탁본은 매우 다르다. 전자는 오른쪽 한 사람의 얼굴이 완전하지 않으며, 또한 두 사람의 지팡이(?)도 제대로 부각되지 않았다. 반면 후자는 단지 주요 도상만을 취했을 뿐, 주변의 테두리는 완전히 생략했다(『中國畵像石全集』編輯委員會, 『中國畵像石全集』 제1권, p.73, 도102; 臨沂市博物館, 「臨沂的西漢甕棺·磚棺·石棺墓」, p.73, 도15).

전혀 없다. 그러나 그 평행선은 석공들로 하여금 어떤 특정 사물이나 형상을 연상하도록 유도하기도 했다.[12] 혹자는 이런 평행선으로부터 도상의 기본적 형상이 나왔다고 얘기한다. 예를 들면, 두 방향으로 교차하면서 형성된 마름모꼴은 옥벽을 관통하는 십자형 문양과 합치된다. 마찬가지로 교차하는 선은 삼각형을 이루기도 하는데, 안쪽에 두 세트의 평행선을 다시 채우면 간단한 나무 형태가 된다. 익숙하지 않은 재질과 낮은 수준의 기술은 이와 같은 뻣뻣한 기하학적 도상을 만들어냈다.

그런데 전국시대에 이르면, 호남성 장사시 진가대산陳家大山과 자탄고子彈庫의 초나라 무덤에서 출토된 두 폭의 비단그림[帛畵],[13] 다량의 칠기 장식, 상감과 침각針刻 기법으로 만든 새로운 청동기 장식, 그리고 굴원이 『천문天問』에서 묘사한 초楚 지역 사당벽화에서 보듯 회화가 이미 상당한 수준에 이르렀다.[14] 섬서성 함양시 함양원咸陽塬 우양구牛羊溝에서 발견된, 전국시대 중기부터 진秦 시기에 건축된 3호 궁전터 북쪽 회랑의 벽화는 큰 폭의 채색 거

마의장도로, 이 시기 북방 지역 회화의 중요한 사례다.[15] 전한시대에는 이미 다양한 양식의 생동적인 회화가 출현하였는데, 상술한 석곽묘들과 거의 같은 시기에 제작된, 장사 마왕퇴 1호묘와 3호묘에서 출토한 비단그림과 관곽그림 등은 상당히 복잡한 내용을 담고 있다.[16] 진나라 함양궁의 벽화 이외에 대부분의 초기 회화는 남방의 초 지역에서 발견된다. 전국시대 후기 산동 남부에 위치한 노나라가 초나라에 멸망당함으로써 남방 지역의 문화가 북쪽으로 진출했다. 한나라 황실은 강소성 북부에서 유래했으므로, 전한 건국 이후 초 문화의 전파속도는 더욱 빨라졌다.[17] 산동의 상장문화가 초 문화의 영향을 받았다는 주장은 상당히 근거가 있다. 신분이 비교적 높은 사람의 것으로 추정되는 임기 지역 전한시대 무덤에서 명정銘旌 기능을 가진 비단그림이 여럿 발견되었는데,[18] 그 내용이 초 지역에서 발견된 것들과 매우 일치하기 때문이다.

그렇다면 일찍이 남방 지역에서 출현한 칠관의 화상이 왜 강소, 산동, 하북, 안휘 지역의 석곽에는

---

12 이런 경향의 또 다른 사례는 전한 중기에 일어난다. 무제의 무릉에 배장(陪葬)된 곽거병묘 봉토의 석조는 단지 간단한 가공만 했으므로 대부분의 석각이 돌의 자연적 표피를 간직하고 있다. 이 동물 형상들은 먼저 장인들의 마음속에 존재했던 듯하다. 그러나 돌을 선택할 때 돌의 외형으로부터 영향을 받기도 했을 텐데, 양자의 상호작용에 의해 이런 작품들이 만들어졌다. 관련 논의는 본서 「양식의 배후―전한시대 곽거병묘(霍去病墓)의 돌조각[石刻]에 대한 새로운 탐색」을 참조.

13 『長沙馬王堆楚墓帛畵』, 北京: 文物出版社, 1973; 熊傳新, 「對照新舊摹本談楚國人物龍鳳帛畵」, 『江漢論壇』 1981년 제1기, pp.90-94.

14 전국시대 회화에 대한 개요는 楊泓, 「戰國繪畵」, 『文物』 1989년 제10기, pp.53-59, p.36.

15 陝西省考古研究所, 『秦都咸陽考古報告』, 北京: 科學出版社, 2004, pp.283-574.

16 文物出版社 編, 『西漢帛畵』, 北京: 文物出版社, 1972; 湖南省博物館·湖南省文物考古研究所, 『長沙馬王堆2·3號漢墓―田野考古發掘報告』 제1권, 北京: 文物出版社, 2004, pp.103-116.

17 楊泓, 「漢俑楚風」, 楊泓, 『逝去的風韻―楊泓談文物』, 北京: 中華書局, 2007, pp.181-185. 루쉰은 『漢文學史綱要』에 실은 '한나라 궁중의 초나라 음악(漢宮之楚聲)'이란 글에서 "그러므로 문장의 경우 초한 교체기에 시교(詩敎)는 이미 소멸했으며, 민간의 음악은 대부분 초나라 것이었다. 유방이 일개 정장(亭長)에서 황제의 자리에 올라 초나라풍이 마침내 궁에서도 영향력을 발휘했다"고 적고 있다(『魯迅全集』 제9권, 北京: 人民文學出版社, 2005, pp.398-401).

18 臨沂文化館, 「山東臨沂金雀山九號漢墓發掘簡報」, p.24.

직접적으로 이식되지 않았는가. 이 문제에 대답하기 위해서는 앞서 언급한 기술적인 원인 이외에도 무덤의 등급을 고려해야 한다. 이 석곽묘들은 대부분 신분이 높지 않은 사람의 무덤으로, 묘주는 대부분 부유한 지주들이다. 산동성 제녕시 사전師專의 석곽묘에서 나온 몇 개의 인장印章은 모두 관직명이 없어,(도4)[19] 묘주가 관작官爵이 없는 평민이었음을 말해준다. 다른 무덤들도 대부분 문자자료가 아주 적고, 부장품의 수량도 적은 편이며 수준도 높지 않다. 현재까지 발견된 선진先秦시대와 이 시기의 회화는 대부분 상층사회에서 출현한 것이다. 하층 민중은 그림의 화본을 손에 넣기가 쉽지 않았고, 또 정교하고 아름다운 회화를 제작할 재력도 없었을 것이다. 거대한 규모의 하남성 영성 시원묘(전한)에서는 주실의 천장과 측벽에 벽화가 출현하는데, 천장벽화의 제재와 형식은 마왕퇴 1호묘에서 출토된 세 번째 칠관의 회화와 매우 유사하다. 이미 본서에서 이 벽화들이 관그림의 모본에서 기원한다고 밝혔는데,[20] 시원묘의 묘주는 어느 양왕梁王과 그의 배우자로 추정된다. 같은 시기의 사례는 화본이 다른 지역이나 재질 사이에서보다 동일 계층의 무덤에서 더욱 직접적으로 전승되었음을 알려준다.

석곽 위에 묘사된 도형은 상형문자와 흡사해 보이는데, 이는 '표지' 정도의 의미에 불과하다. 즉 간단한 선을 통해 기본적으로 사물의 외형적 특징만을 드러낼 뿐이며, 사물의 구체적인 세부를 표현할

도4 산동성 제녕 사전 석곽묘 출토 인장(『文物』 1992년 제9기, p.31)

방법은 없다. '표지'는 손쉽게 달성될 수 있지만, 회화는 결코 하루아침에 이뤄지지 않는다. 그러나 이 도형들은 간단한 원시상태에 머물러 있지만은 않았으며, 문자처럼 정형화되지도 않았다. 비록 초보적이지만 성장할 여지가 매우 컸으며, 장인의 기술이 발전함에 따라 성숙한 회화로 발전할 수 있었다. 그리고 '표지'의 측면에서도 이미 형성된 다른 도상 계통들을 흡수할 수 있었다.

상술한 것처럼 고고학자는 이미 연대학적으로 첫 번째 경우의 역사적 궤적을 밝혀냈다. 두 번째 경우로는 산동성 임기 나장구羅莊區 경운산慶雲山 남쪽 기슭에 위치한 2호묘가 대표적이다. 이 무덤에서는 두 개의 곽槨이 동서로 병렬하는데, 동쪽 곽의 바닥에 박국博局을 선각하고(도5) 그 좌우에 장방

---

19 濟寧市博物館, 「山東濟寧師專西漢墓群淸理簡報」, p.31.

20 본서 「고분벽화의 기원에 대하여—하남성 영성(永城) 시원(柿園)의 한대 무덤을 중심으로」 참조.

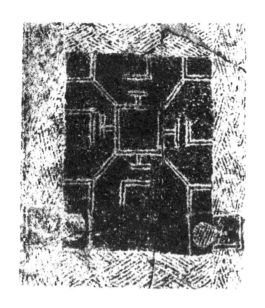

도5 산동성 임기 경운산 2호묘 바닥의 〈박국도〉(『文物』1988년
제10기, p.72)

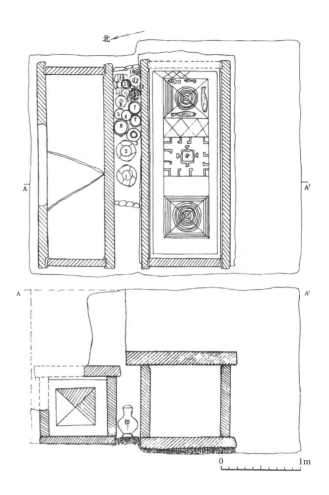

도6 산동성 자장시 소산 2호묘(『文物』1997년 제12기, p.36)

형, 방형, 마름모꼴, 그리고 삼각형 도안을 대칭으로 표현했다.[21] 신리샹信立祥은 이 무덤의 연대를 대략 선제宣帝(재위 기원전 74~기원전 49)와 원제元帝(재위 기원전 48~기원전 33) 사이로 보았다. 대략 동시기로 추정되는 산동성 자장시棗莊市 소산小山 2호묘의 바닥에도 박국도가 새겨져 있다.(도6)[22] 두 사례는 이 도상이 일정한 범위 안에서 유행했음을 말해준다. 소산 2호묘에서는 두 개의 석곽이 남북으로 병렬해 있는데, 지층관계를 볼 때 북쪽 석곽이 남쪽 석곽보다 늦으며, 후자가 조금 크다. 남쪽 석곽 바닥판의 중간 칸에 박국이 새겨져 있고, 양쪽 칸에는 각각

옥벽이 새겨져 있다. 서쪽 옥벽의 주위에는 네 마리의 물고기가 새겨져 있다.(도7)

박국도는 선진 및 양한시기의 육박六博과 관련이 있다. 이미 사라져버린 이 오락에 대해 일찍이 많은 학자들이 주목했다. 육박을 하는데 필요한 도구가 발굴됐을 뿐 아니라, 관련 도상들도 속속 발견되

---

21 臨沂市博物館, 「臨沂的西漢甕棺·磚棺·石棺墓」, pp.72-73. 유감스럽게도 발굴보고서는 2호묘 바닥의 완전한 도상을 발표하지 않았으며 단지 박국도 일부만을 발표했다. 뒷날 출판된 두 종류의 도록에서도 이 묘의 바닥돌 하나를 생략하고 싶지 않았다(臨沂市博物館 編, 『臨沂漢畵像石』, p.61, 도106-107; 『中國畵像石全集』編輯委員會, 『中國畵像石全集』제1권, pp.72-72, 도100-103).

22 棗莊市文物管理委員會·棗莊市博物館, 「山東棗莊小山西漢畵像石墓」, p.36, p.42.

I. 한대

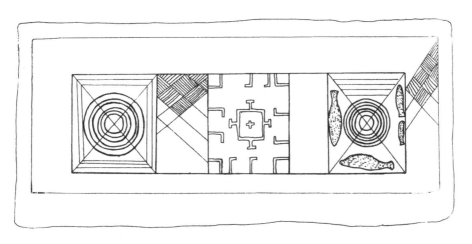

도7 산동성 자장시 소산 2호묘 석곽 바닥의 화상(『文物』1997년 제12기, p.42)

었기 때문이다. 한대 동경의 뒷면에는 기국棋局 도상이 표현되었으며,(도8) 회화에도 육박 장면이 자주 출현한다. 그러나 경운산과 소산의 무덤처럼 석곽의 바닥에 박국이 출현하는 경우는 결코 많지 않다.

박국도는 사각형 네 변의 각 중앙에 거꾸로 된 L자와 네 모서리에 V자형을 새긴 것으로, 이 선각들은 공간의 '12도度'를 대표한다. 안쪽의 네 변에는 각각 T형이 있다. 임기 경운산묘의 경우, 4줄의 선이 V형의 끝과 중앙에 있는 사각형의 네 모서리를 잇고 있는데, 사방팔위四方八位의 개념과 관련이 있는 것 같다. 또 한 변에 두 개의 원문이 있는데, '경^耴'이라 불리는 주사위일 것이다. 소산의 경우 특이한 점은, 네 변에 각각 두 개의 뒤집어진 L자형이 있다는 것이다.

경운산과 소산 석곽의 바닥에 묘사된 박국도의 전신은 아마도 전국시대 중후기 초나라 무덤에서 발견되는 영상箬床 위의 장식일 것이다. 영상은 조

도8 〈박국문 거울〉(직경 17.7cm), 전한(郭玉海, 『故宮藏鏡』, 北京: 紫禁城出版社, 1996, p.31)

각이 있는 나무판으로 목관 아래쪽에 끼워 넣고 그 위에 시체를 놓는 것인데, 일반적으로 관의 바닥판과는 일정한 거리가 있다. 형태가 일상에서 사용하는 상牀을 모방했을 가능성이 크므로, 명칭 또한 대나무 상에서 기원했을 것이다.[23]

---

23 賀剛, 「"箬床"正義」, 『江漢考古』 1991년 제4기, pp.88~92.

도9 호북성 강릉 전국시대 초나라 무덤의 영상 (1)망산 1호묘(『江陵望山沙塚楚墓』, p.18의 도14) (2)망산 3호묘(『江陵望山沙塚楚墓』, p.198의 도133) (3)우대산 169호묘(湖北省荊州地區博物館, 『江陵雨台山楚墓』, 北京: 文物出版社, 1984, p.35의 도25) (4)우대산 323호묘(『江陵雨台山楚墓』, p.38의 도27) (5)우대산 555호묘(『江陵雨台山楚墓』, p.52의 도34) (6)마산 1호묘(湖北省荊州地區博物館, 『江陵馬山一號楚墓』, 北京: 文物出版社, 1985, p.8의 도9)

　　영상에는 투조한 도형이 많다. 호북성 강릉 우대산雨臺山과 망산望山 등지의 초 지역 무덤에서 볼 수 있는 것은 대부분 방형方形이다. 망산 1호묘(도9-1)와 2호묘 영상에 있는 두 개의 방형 도안은 경운산 2호묘와 소산 2호묘 바닥의 박국과 가장 유사하다.[24] 기본 구성요소는 X형, T형, 그리고 거꾸로 된 L자형 선으로 나눌 수 있다. 그러나 이 도형들은 결코 박국도가 아니다. 다른 사례의 경우(도9-2~6)를 보아도, 선들의 조합은 결코 고정불변한 게 아니어서 영상의 도안이 모종의 특수한 의미를 가지고 있다고

단언하기는 어렵다. 경운산과 소산 무덤 바닥의 박국도는 단지 영상이라는 오래되고도 희미한 전통에 대한 기억일 것이다. 그 사이에 뚜렷한 변화가 발생해 재질이 바뀌었을 뿐 아니라, 영상 도안의 투조기술이 석곽에서는 음각선으로 대체되었다.[25] 더욱 중요한 것은, 석곽이 상장 이외의 도상계통으로부터 새로운 요소를 도입하여, 원래는 매우 융통성 있고 변화가 많았던 도안을 보다 확정적인 박국도로 변환시켰다는 점이다.

　　많은 학자들이 지적한 대로 박국도는 '식式'이라

24　湖北省文物考古研究所, 『江陵望山沙塚楚墓』, 北京: 文物出版社, 1996, p.18, 도판62-3.

25　허강은 영상의 도안이 투조기법을 채택한 이유에 대해 시체를 건조한 상태로 보관하기 위해서였을 것으로 추정했다(賀剛, 「"筓床"正義」, p.92).

I. 한대

고 하는 지반地盤에서 유래했다. 식은 고대 술수가術數家들이 시일時日을 점칠 때 사용한 공구로, 원형의 천반天盤과 방형의 지반地盤을 겹쳐 만든 것이다. 이것은 선진과 양한시대에 유행한 '개천설蓋天說'이라는 우주관 및 음양오행설과 밀접한 관련이 있다. 여기에 표현된 선線은 공간과 시간관념을 간단하게 나타낸 것이며, 추상적인 개념을 가시적인 형상으로 변화시킨 것이다. 리링李零은 식에 대한 연구에서 다음과 같이 주장했다.

식은 아주 작은 우주 모형이다. 식에 표현된 공간과 시간의 구조, 배수配數와 배물配物의 원리는 곳곳에서 모방의 특징을 드러내고 있다. 그러나 여기에서 논의해야 할 것은, 옛사람들이 이 모형을 발명한 목적이 단순히 '모방'에만 있지 않으며, 이것의 도움을 받아 각종 신비를 추산하고 문제를 내고 답안을 찾아 천인天人과 소통하고자 했다는 점이다.[26]

그러므로 이런 도형은 본질적으로 장식이 아니며 종교적 능력을 지닌다. 이와 관련된 육박 역시 순수한 오락성 유희가 아니며 고서古書에서 거듭 언급된 선인들, 특히 신인神人들 사이의 박혁博奕이다. 문헌기록 이외에 한대 화상석에서도 선인의 육박도상을 볼 수 있다. 한대에는 육박에 사용하는 도구들이 서왕모를 제사하는 의례에서도 출현한다.[27]

우훙巫鴻은 이런 견해에서 한 걸음 더 나아가 '식'으로 대표되는 이런 도상을 '도圖'라 불렀다. 그의 해석에 따르면 '도'는 일부 '추상적인 부호와 도형으로 이뤄졌으며, 종종 우주의 도해圖解와 상징으로 사용되었다. 그는 동주시대부터 한대까지 만들어진 '도'는 기존의 예술사 연구에서 주목받지 못한 영역임을 지적했다.[28]

석곽묘에 묘사된 박국에서 몇 가지 주목할 점이 있다. 첫째, 박국도는 원래 식의 지반에서 유래하는데, 석곽묘의 박국도는 석곽의 바닥에 위치한다.[29] 경운산 2호묘에서 박국도와 함께 출현하는 물고기는 물의 존재를 암시하는데, 물은 땅 또는 음陰의 개념과 관련이 있다. 이렇게 대지를 표현한 그림은 삼차원적인 석곽과 함께 연관되며, 나아가 그 특수한 위치로 말미암아 석곽을 한층 더 축소된 우주로 변환시킨다.

둘째, 두 폭의 박국도는 결코 고립적으로 존재하지 않는다. 사자의 시신은 직접적으로 박국 위에 놓

---

26 李零, 「式與中國古代的宇宙模式」, 『中國方術正考』, 北京: 中華書局, 2006, p.127.

27 "其夏, 京師郡國民聚會里巷阡陌, 設祭, 張博具, 歌舞, 祠西王母." 『한서 · 오행지』에는 건평 4년(기원전 3) 관동에 대가뭄이 들자 민중들이 '서왕모주(西王母籌)'의 난을 일으켰는데, 이 때 제사를 지내면서 육박에 사용하는 도구를 사용했다는 기록이 있다. 『漢書』, 北京: 中華書局, 1964, p.1476.

28 Wu Hung, "Picturing or Diagramming the Universe", Francesca Bray, Vera Dorofeeva-Lichtmann and Georges Métailié, eds., Graphics and Text in the Production of Technical Knowledge in China, Laden: Brill, 2007, pp.191-214. 중국어 번역본은 巫鴻 著, 李清泉 譯, 「"圖""畵"天地」, 鄭岩 · 王睿 編, 『禮儀中的美術—巫鴻中國古代美術史文編』, 北京: 生活 · 讀書 · 新知三聯書店, 2005, p.642.

29 사천 지역의 후한시대 석관에서 사람들은 '화(畵)'를 통해 매우 형상적인 방법으로 관 뚜껑을 '하늘'로 변화시키고 있다. 그러나 '땅'의 개념을 강조한 경우는 매우 적다. 반면, 산동의 전한시대 석곽에서는 도리어 '하늘'에 대한 표현이 적다.

인다. 그러므로 우리는 인간의 신체와 박국의 관계를 생각해보지 않을 수 없으며, 결국 연대가 조금 늦은 왕망의 명당明堂에 생각이 미치게 된다. 우홍은 왕망의 명당설계의 중요한 연원 가운데 하나가 '식'이라고 지적한 바 있다. 설계에 의하면, 황제는 1년 12개월 동안 명당의 사방에 위치한 12개 청당廳堂에 순서대로 거주한다. 그리고 황제는 신체의 이동을 통해 시간과 공간의 개념을 함께 관통시킴으로써 운동하는 우주를 구성하는 요소가 된다.[30] 물론 산동의 이 소형 무덤 안에 왕망의 명당처럼 복잡한 사상이 포함되어 있다고 생각하기는 어렵다. 그러나 식과 밀접한 관계를 가진 음양오행이론은 중국 고대사회의 각 계층에 깊이 침투한 보편적인 세계관이었다.[31]

셋째, 두 묘의 석곽 바닥에 보이는 박국도는 현재까지 알려진 박국도 가운데 가장 크다. 발굴보고서는 너무 간단하여 박국의 상세한 크기를 언급하지 않았다. 그런데 경운산 석곽의 바닥 부분은 너비 1m, 소산 석곽의 바닥 부분은 너비 1.2m이므로, 이를 통해 추산해보면 박국 한 변의 길이는 80~100cm 사이가 될 것이다. 마왕퇴 3호묘에서 출토한 육박기국은 비교적 큰 편인데도 한 변의 길이가 45cm에 불과하다. 그리고 한대 동경 뒷면의

박국 역시 직경이 겨우 20cm 좌우에 불과하다. 석곽에서 박국이 커진 것은 곽의 크기에 맞추기 위해서였을 것이다. 그러나 이것으로부터 우리는 오래된 전설을 연상하게 된다.

진나라 소왕이 장인에게 사다리를 설치하라 명하고, 이를 이용해 화산에 올랐다. 송백나무의 심으로 박博을 만들고, 전箭의 길이는 8척, 기棋의 길이는 8촌으로 하였다. 그리고 "소왕이 일찍이 천신과 함께 여기서 박을 했다"는 글을 새겼다.[32]

'전箭'은 육박기의 산주算籌로 모두 6개다. 각각의 길이는 보통 23~24cm로, 대략 한대의 1척尺에 해당한다. '기'는 '육박의 돌[棋子]'로, 일반적으로 12개다. 각각의 길이는 2.3~2.4cm로 대략 한대의 1촌寸에 해당한다.[33] 진 소왕이 만든 육박은 보통 것보다 8배나 크다. 이 고사와 석곽의 박국도에 보이는 크기의 증대를 직접적으로 연관시키는 것은 좀 억지스러울 수도 있다. 그러나 박국도를 확대하는 수법이 혹시 종교적 힘의 증가를 의미하는 것은 아닌지 생각해 볼 여지는 있다.

넷째, 연대가 조금 늦은 무덤의 경우 육박을 하거나 육박을 하는 모임을 묘사한 내용은 사망관념과

---

30 Wu Hung, *Monumentality in Early Chinese Art and Architecture*, Stanford: Stanford University Press, 1995, p.186. 중국어 번역은 李淸泉·鄭岩 等 譯, 『中國古代藝術與建築中的"紀念碑性"』, 上海: 上海人民出版社, 2009, p.238을 참조.

31 구제강은 "오행은 중국인의 사유법칙이자 우주에 대한 신앙이다. 2천년 이래 이것은 매우 강고한 영향력을 가지고 있다"고 지적했다 (顧頡剛, 「五德始終說下的政治與歷史」, 『古史辨』 제5책, 上海: 上海古籍出版社, 1982, p.404).

32 "秦昭王令工施鉤梯而上華山, 以松柏之心爲博, 箭長八尺, 棋長八寸, 而勒之曰: "昭王嘗與天神博於此矣."" 王先愼, 『韓非子集解』, 北京: 中華書局, 1998, p.267.

33 척도의 고증은 李零, 「式與中國古代的宇宙模式」, p.133을 참조했다.

도10 산동성 거야 구산묘 석곽의 측벽 화상(『中國漢畵硏究』 제3권, p.8의 도10)

관련된 예술적 모티프가 되었다.[34] 석곽 바닥에 묘사된 박국도가 무덤에 육박 관련 도구를 부장하거나 혹은 육박 등을 하는 모임을 그리는 습속과 전승 관계에 있는지의 여부는 자료의 한계로 말미암아 아직 단정 짓기는 어렵다.

조각으로 이처럼 간단한 '도圖'를 만드는 것은 결코 어렵지 않다. 석공은 일상에서 볼 수 있는 육박의 기판, 혹은 동경 위에 새겨진 가로세로로 이루어진 도형만 있으면 됐다. 이는 칠관 위에 '화畵'를 베껴 그리는 것보다 훨씬 간단하고 쉬운 일이었다. 옥벽을 표현한 원형과 측백나무를 표현한 삼각형 등과 마찬가지로, '도'는 '표지의 성격'이 매우 커 석곽을 하나의 축소된 우주로 변화시켰다.

장인은 형식적인 면에서 박국도와 석곽의 구조를 연관시키고자 박국도의 크기를 확대하여 석곽의 바닥 크기에 맞추었다. 그러나 '도'의 형식은 매우 강력한 규정성을 가지며, 또 아주 쉽게 다른 위치로 옮아갈 수도 있고, 그 내부의 선 역시 아무런

변동도 일어나지 않을 수 있다. 선학들도 이미 이 점을 지적했는데, 박국도 내부의 선과 육박의 오락 규칙은 매우 긴밀한 관계가 있다. 동경의 뒷면에서 이 도형은 동경 자체의 원형 윤곽과 새로운 관계를 형성하여 천지와 음양을 상징한다. 그러나 유사한 연관이 석곽에서는 도리어 완벽하게 성립하지 못했다. 박국도는 여전히 평면적 특징을 유지하고 있다. 그리하여 다른 곳에서 잘라와 석곽에 아주 뻣뻣하게 접합한 모양새가 되어버렸다. 다시 말해, 박국도와 석곽의 결합은 심층적이고 엄밀한 관계를 형성하는 데는 실패했다. '도'와 석곽의 결합은 결코 지속되지 못했다. 최근 보도된 산동 거야巨野 구산묘龜山墓 석곽의 측판 하나는 3개의 공간으로 나뉘어 있는데, 중앙의 긴 직사각형 공간이 비어 있다. 좌우 양측 공간은 정방형으로, 왼쪽엔 한 사람이 말을 끌고 있는 도상이, 오른쪽엔 박국도가 새겨져 있다.(도10)[35] 여기서는 영상의 문양에서 발전한 석곽 바닥의 박국도가 이미 석곽의 측벽으로 이동했음

34 이 문제에 대한 상세한 연구는 李淸泉, 『宣化遼墓: 墓葬藝術與遼代社會』, 北京: 文物出版社, 2008, pp.212-221.

35 周建軍·祝延峰, 「山東巨野發現的漢代畵像石」, 朱靑生 主編, 『中國漢畵硏究』 제3권, 桂林: 廣西師範大學出版社, 2010, p.8.

도11 산동성 임기 경운산 2호묘 측벽의 화상(『中國畵像石全集』 제1권, p.72 및 p.73의 도100과 101)

을 볼 수 있다.

한편, 옥벽과 측백나무를 표현한 원형과 삼각형은 간단하지만 결코 형상에만 머물러 있지는 않았다. 시대의 변화와 함께 도형을 구성하는 선이 나날이 복잡해지고 내용 또한 날로 풍부해지면서 결국 엄격한 의미의 '화'로 발전해갔다. 경운산묘와 소산묘의 석곽 측벽에는 모두 비교적 복잡한 내용을 조각했는데, 심지어 건축과 인물형상이 출현하기도 한다.(도11) 이 화면들은 석곽 바닥의 박국도와 함께 출현했는데, 박국도는 시종 주류主流로서의 힘을 가지지 못했다.

흥미롭게도 평음현平陰縣 신둔新屯에서 수집한 석곽의 측판에서 두 계통의 교묘한 결합을 볼 수 있

다. 석판에는 누각이 새겨져 있는데, 누각의 처마 아래에 육박과 박주博籌가 있다.(도12)[36] 이 박국도는 측판에 묘사되어 상술한 거야현 구산묘의 수법을 계승한 것으로 보이기도 한다. 그러나 더욱 중요한 변화가 일어났다. 즉 이것은 이미 '화'의 일부가 되었으며 더 이상 독립된 '도'가 아니라는 점이다. '화' 속의 박국은 여전히 옆으로 선 정방형으로, 원래의 '도'가 가지는 틀을 거의 온존하고 있다. 그러나 '누각의 처마 아래에 사람이 있음으로써' 석곽의 구조와는 전혀 무관한 것이 되었으며, 나아가 '선인이 되고자 하는 관념' 등의 새로운 의미가 추가되었다. 이런 간단한 도형은 경운산묘와 소산묘에서 창안된 길을 따라 '도'의 방향으로 가지 않고 날로 생동

---

36 濟南市文化局 · 平陰縣博物館籌建處,「山東平陰新屯漢畵像石墓」, p.968; 焦德森 主編 · 楊愛國 副主編,『中國畵像石全集』 제
3권, 濟南 · 鄭州: 山東美術出版社 · 河南美術出版社, 2000, p.168, 도188.

도12 산동성 평음현 신둔 석곽 측판의 화상(『中國畵像石全集』 제3권, p.168의 도188)

도13 강소성 동산대(銅山臺) 출토 육박화상석, 후한(『中國畵像石全集』 제4권, 濟南·鄭州: 山東美術出版社·河南美術出版社, 2000, p.43)

적인 '화'로 발전해갔다.(도13) 몇 대에 걸친 노력으로 장인들은 마침내 끌 등의 도구를 가지고 그림을 잘 만들어내는 전문가로 성장했다. 그리하여 후한 화상석 제기에서 보듯, 그들은 '사師', '양장良匠', '명공名工' 등의 존칭으로 불리게 된다.

3. 한대 상장관념 및 제도의 변화와 미술

상술한 논의는 주로 도상이 표현되는 재료의 측면에서 접근한 것이다. 실제로 석곽묘에서 평면적인 화상과 삼차원적 공간은 매우 밀접하게 연결되어 있다. 석곽묘가 유행하던 당시, 한대의 묘장제도와 풍속이 매우 격렬하게 변화하고 있었으므로, 묘장 전체의 변화와 연관시켜 평면적 도상을 고려해야만 한다.

30년 전쯤, 위웨이차오兪偉超는 중국 고대 묘장 발전의 규칙을 개괄적으로 제시했다. 그는 전한 무제시대를 전후하여 묘장제도와 풍속이 아주 분명하게 변화하고 있음에 주의했다. 관곽제도를 핵심으로 하는 수혈묘('주나라 제도'로 표현)에서 지상건축을 모방한 횡혈묘('한나라 제도'로 표현)로 변화한 것이다.[37] 전자는 묘실을 사자의 시신을 놓는 폐쇄된 공간으로 만들어, 관곽 등의 장구葬具를 층층이 겹쳐 포개는 형태로 조성했다. 그리고 지하에 깊이 묻었는데, 이런 전통은 실제 신석기시대까지 거슬러 올라간다. 한대 이후 새롭게 등장하는 횡혈묘는 지상

---

37 兪偉超, 「漢代諸侯王與列侯墓葬形制分析—兼論"周制", "漢制"與"晉制"的三階段性」, 『中國考古學會第一次年會論文集』, 北京: 文物出版社, 1979, p.332.

세계와의 단절이라는 측면보다 지하묘실 내부의 각 부분들을 서로 통하는 공간으로 만들고자 하는 경향이 강했다. 전체적으로 지상가옥을 모방한 형식이라고 할 수 있다. 이 때문에 혹자는 한대의 횡혈묘를 '주택화住宅化'라는 말로 표현했다.[38] 이런 변화는 현상적으로는 무덤의 구조와 장구, 그리고 부장품의 변화로 나타나며, 심층적으로는 생사관념 및 관련 예의의 변화와 관계를 지닌다.

무덤의 핵심은 죽은 자의 시신을 안장하는 것이다. '주나라 제도'를 따랐던 등급이 높은 무덤에서 사자의 시신은 층층이 밀봉된다. 다시 말해 옷가지와 천 등으로 시신을 쌀 뿐 아니라, 장구 역시 층층으로 만들었다. 장구는 관과 곽의 두 요소로 구성했다. 일반적으로 관의 개념은 비교적 정의하기 쉬워, 직접적으로 사자의 시신을 넣는 용구를 지칭한다. 『설문說文』은 "관은 닫는 것이다. 그렇게 하여 시체를 보이지 않게 하는 것이다"라고 설명했다.[39] 곽은 관을 넣기 위한 것으로, 무덤 안에 석재나 목재를 사용해 만든다. 『설문』에 "안장하는 데 목곽을 쓴다槨, 葬有木槨也"라고 했는데, 단옥재段玉裁는 이 구절에 대해 "목곽은 나무로 만들어 관을 두르는 것이다. 성에 성곽이 있는 것과 같다"라고 하였다.[40] 그렇다면 관과 곽은 모두 사자의 유체를 '포장'하기 위한 것이다. 그러므로 구조가 서로 조응하고 외형

도 비슷하며 크기도 서로 짝이 맞는다. 그러나 차이도 존재한다. 관과 곽은 제작 순서나 사용하는 경우가 다르다. 관은 구조가 엄밀한 용기로, 상례喪禮 단계에서 이미 나타나며 송장送葬 행렬에도 출현한다. 그리고 마지막으로 시신과 함께 무덤 안에 안치된다. 서주와 동주시기, 등급이 비교적 높은 관 밖에는 구의柩衣('褚'라 불린다), 유황帷荒, 장류墻柳, 제齊, 삽翣, 지池, 패貝, 어魚 등의 각종 장식이 있었다. 이 장식들은 대부분 거실의 유막帷幕을 모방한 것으로,[41] 관을 사자의 '다른 세계 속의 집'으로 변화시켰다. 이와 달리 곽의 안팎에는 일반적으로 그림이나 도형 등의 장식이 없다.

호남성 장사시 마왕퇴 1호묘에서 전한시대 관곽의 관계와 두 장구의 차이를 확인할 수 있다.(도14) 묘혈 안에 방형의 나무로 조립된 곽은 여러 부분으로 나뉘는데, 중간 곽실槨室에는 4중의 관을 안치하고 그 주변의 곽실에는 각종 부장품을 늘어놓았다. 마왕퇴의 관곽은 또한 선진시기의 중요한 전통을 반영하는데, 관곽의 수량과 피장자 신분과의 밀접한 관계가 그것이다.[42]

전한시대 마왕퇴무덤의 관곽은 기본적으로 선진시대의 옛 제도를 이어받았다. '한나라 제도'를 가진 무덤에서는 선진시대 이래의 수혈묘가 횡혈묘로 변화하기 시작하고, 전통적인 관곽제도 역시 묘

38 吳曾德·肖亢達, 「就大型漢代畫像石墓的形制論"漢制"」, 『中原文物』 1985년 3기, pp.55-62.

39 "棺, 關也, 所以掩屍." 段玉裁, 『說文解字注』, 上海: 上海古籍出版社, 1981, p.270.

40 "木槨者, 以木爲之, 周於棺, 如城之有郭也." 위의 책.

41 喬卓俊, 「兩周時期中原地區的棺飾硏究」, 山東大學東方考古硏究中心 編, 『東方考古』 제7집, 北京: 科學出版社, 2010, pp.136-213.

42 俞偉超, 「馬王堆一號漢墓棺制的推定」, 『湖南考古輯刊』 제1집, 長沙: 嶽麓書社, 1982, pp.111-115.

도14 호남성 장사 마왕퇴 1호묘 관곽의 평면도와 입면도, 전한(『長沙馬王堆一號漢墓』, 도6·36)

실제도의 변화에 따라 와해된다. 비록 죽은 자의 시신은 과거처럼 여전히 매우 세심하게 처리되었지만, 묘주의 신분은 장구의 수량으로 표현되지 않고 묘실의 규모나 구조 등으로 표현되었다. 이런 새로운 관념의 내용이 구체적으로 무엇인지 확실하지는 않지만, 이 모든 것들은 사자의 육체와 영혼에 대한 사람들의 이해가 근본적으로 변화하고 있음을 암시한다.

전한 때부터 전통적인 관곽제도가 점점 붕괴되

기 시작했을 뿐 아니라, 관곽의 개념도 미묘하게 변하기 시작했다. 예를 들면 마왕퇴 3호묘 관실棺室의 동벽과 서벽에는 거마의장과 묘주의 행락도를 묘사한 비단그림이 걸렸고,[43] 1호묘 '북쪽의 곽실[北箱]' 사방에는 휘장이 걸려 있었다.[44] 싱이톈邢義田은 한대 주택의 거실 벽에 금수錦繡를 걸어 장식하던 풍습의 영향으로 추정했다.[45] 여기서 주의할 점은, 이런 회화가 더 이상 관그림처럼 외부를 향하지 않고 내부를 향한다는 것이다. 이런 변화는 석곽묘에서도 출현한다.

이와 같은 전한시대 무덤의 장구는 '곽'이라 불리는데, 여기에는 일정한 근거가 있다. 먼저, 몇몇 무덤의 석판 안쪽에서 썩은 목관의 흔적을 발견했다.[46] 짜 맞춘 석판은 구조적으로 전체 형태를 완성하여 운반하기가 어려울 뿐 아니라,[47] 관처럼 장례 도중에 사람들이 볼 수도 없다. 발굴된 무덤들의 보존상태가 대부분 좋지 않고 발굴보고서 역시 매우 간략하여, 모든 석곽 안에 목관이 있었는지 여부는 확인하기 어렵다. 아마도 크기가 작은 일부 석곽의 경우, 사자의 시신을 직접 그 안에 안치했을 것이다. 동주시대 이래 관 바깥에 나타났던 회화가 이제 석곽 위에 출현하기 시작한다. 이처럼 '곽'의 의미

43 湖南省博物館·湖南省文物考古研究所 何介鈞 主編,『長沙馬王堆2·3號漢墓—田野考古發掘報告』 제1권, pp.109-115

44 湖南省博物館·中國科學院考古研究所,『長沙馬王堆1號漢墓』上冊, 北京: 文物出版社, 1973, pp.73-75; 下冊, p.10, 도판 12·13.

45 邢義田,「漢代壁畫的發展和壁畫墓」(修訂本),『畫爲心聲: 畫像石·畫像磚與壁畫』, 北京: 中華書局, 2011, p.27.

46 이 목관들은 대부분 흔적만 남아 있다. 평음 신둔 2호묘(濟南市文化局·平陰縣博物館籌建處,「山東平陰新屯漢畫像石墓」)와 임술현 조장의 서남령묘(劉福俊·齊克榮,「臨沭縣西南嶺西漢畫像石墓」) 등에서는 석곽 안에서 목관의 부식물을 발견했다.

47 조장 소산 1호묘의 안치형태나 순서 등은 석곽의 시대적 선후관계를 알려주며, 3개의 석곽이 연접하는 곳 역시 서로의 관계를 잘 보여준다. 다른 시기에 형성된 석곽들은 최종적으로 하나의 완결체가 되는데, 그 구조와 시간적인 결합과정이 사람들의 주목을 끌었다(棗莊市文物管理委員會·棗莊市博物館,「山東棗莊小山西漢畫像石墓」, p.35의 도2).

는 날이 갈수록 '관'에 접근해갔다.

곽의 판 위에 나타나는 그림의 위치가 명확하게 정해진 것은 아니었다. 안에 출현하기도 했고, 바깥에 출현하기도 했다. 바깥에 출현한 그림은 아마도 관의 전통적인 방법을 따라 외부로부터 오는 관람자의 시선을 중시했을 것이다. 안쪽의 그림은 다른 것에 봉사하기 위한 것이다. 즉 곽의 바깥은 거칠게 파낸 흙구덩이였고, 곽의 벽면은 가공하지 않았다. 일부 부장품을 넣기 위해 소형 감龕을 파낸 것 말고는 결코 공간이 많지 않았다.[48] 그러므로 안쪽을 향한 화상은 하남 영성 시원묘에 출현한 벽화처럼 내부공간이 더욱 가치 있음을 암시한다고 볼 수 있다.

그렇다면 이런 구조를 '곽'이라고 부르는 것은 더 이상 정확하지 않은 표현일 것이다. 이것은 실제로 관, 곽, 그리고 묘실의 세 개념을 관통한다. 바로 이 시기 등급이 높은 무덤들은 수혈묘에서 횡혈묘로 변화하고 있었다. 석곽묘의 기초 위에서 내부가 좀 더 넓어지고 완전히 주택을 모방한 석실묘가 출현한 것이다.

이 과정에서 평면적인 도상 역시 변화했다. 석곽묘의 화상은 비록 직접적으로 칠관화의 화본을 사용하지 않았지만, 화상으로 장구를 장식하는 방식은 당연히 선진시대의 칠관에서 유래했다. 화상은 전통적인 칠관에서 석곽 위로 옮겨갔고, 석곽묘가

석실묘로 발전함에 따라 묘실의 벽면 위로 옮겨갔다. 이와 같은 전이의 과정은 무덤의 구조 및 개념의 변화와 일치한다.

중요한 점은 이 과정에서 화상이 결코 피동적인 위치에 있지 않았다는 것이다. 그것들은 어느 정도 장구에 새로운 의미를 부여해주었다. '도圖'와 '화畵'의 선이 얼마나 간단한가에 관계없이 그것들이 일단 출현하자 석곽은 더 이상 간단한 상자가 아니라 종교적 의의를 가진 공간으로 변화했다. 화상의 제재와 위치로 볼 때, 석곽이 상징하는 의미에 대한 당시 사람들의 이해가 매우 복잡했음을 알 수 있는데, 현존하는 자료로 볼 때 대략 다음과 같이 정리할 수 있다.

첫째, 경운산과 소산의 무덤 바닥에 표현된 도형은 식의 지반에서 왔는데, 이는 사람들이 곽의 바닥을 '땅'으로 이해했다는 진일보한 인식을 보여준다. 도상으로 이뤄진 '땅'은 현실의 땅과 관련되기도 하지만 또한 다르기도 하다. 그것은 실재하는 자연의 대지 아래에서 도상으로 창조한 '땅'의 개념이다. 연대가 조금 늦은 곡부曲阜 한가포韓家鋪 안한리安漢里 석곽에서는 사방을 상징하는 사신四神이 출현한다.[49] 이 경우 석곽의 실제 구조는 고대 중국인들의 공간개념, 예를 들어 상대商代 이래, 심지어는 신석기시대 중후기 이래 줄곧 존재하던 '사방'의 개념

---

48 물론 예외적인 무덤도 있다. 등주 봉산 6호묘에는 채회 흔적이 있는데, 곽실이 하나인 이 무덤의 규모는 매우 작아 묘혈의 길이 2.86m, 너비 1.72m, 깊이 4.94m로, 겨우 석곽(길이 2.4m, 너비 1.06m, 높이 1.12m) 하나만 들어갈 수 있다. 곽실의 상부 석판에서 10cm 정도 아래에 위치한 묘 벽에는 가공 흔적이 있는데 20cm 정도 두께의 진흙을 바르고 여기에 채회를 했다. 색은 홍색과 백색의 두 가지며, 홍색으로 그린 구형(矩形)의 테두리를 명백하게 식별할 수 있다. 석곽 위에는 평행하는 음각선으로 방형 테두리를 조각했다. 발굴자의 추정에 의하면, 이 무덤은 전한 초에 조영되었다. 이곳 전체 묘지에 분포한 백여 기의 한대 무덤 가운데 이처럼 채회가 있는 무덤은 겨우 하나에 불과하다(山東省文物考古研究所, 『魯中南漢墓』上冊, p.80).

49 蔣英炬, 「略論曲阜"東安漢裏畵象石"」

과 연결된다. 이런 개념 아래서 곽의 네 벽은 실제로 존재하는 '울타리'로서 내부와 외계를 분리시키는 한편, 또 다른 '방향'들을 대표하면서 밖을 향해 무한히 뻗어나갈 수 있게 된다.

둘째, 연대가 조금 늦은 무덤들은 석곽을 사자를 위한 '주택'으로 표현하고자 한 경향이 크다. 곡부 한가포 안한리석곽의 앞쪽 판의 바깥쪽 화상이 대표적인 경우로, 포수鋪首가 둥근 고리를 물고 있는 모습의 문이 표현되어 있다. 이 문으로 인해 석곽은 주택으로 변화한다. 다른 사례는 전한 후기 추성鄒城의 와호산臥虎山 2호묘 석곽이다. 석곽의 동단東端 바깥쪽에 한 쌍의 포수가 입에 고리를 물고 있는 도상을 새겼는데, 포수의 상부에는 상서롭지 못한 것을 없앤다는 의미를 지닌 호랑이를 묘사하고, 아래쪽에는 각각 문을 지키는 개를 한 마리씩 표현했다.[50] 여기서 가장 흥미로운 것은 한 사람이 문틈으로 몸을 반쯤 내민 도상으로, 이를 통해 내부세계와 외부세계의 관계를 암시했다.(도15)[51] 제녕시 사전師專 4호묘에서는 석곽의 남단 바깥쪽에 궐문을 새겼는데, 남향을 한 이 문은 지상건축에서 흔히 볼 수 있는 대문과 방향이 일치한다.(도16) 이런 도상들이 반영하는 관념은 한대 고분 형식의 '주택화' 경향과 일치한다.

셋째, 석곽 남단 바깥쪽의 궐문 방식과 달리 제녕 사전 4호묘 석곽의 동벽과 서벽의 바깥쪽 화상은 대량의 건축, 거마, 악무, 어렵漁獵 등 복잡한 화면

도15 산동성 추성 와호산 2호묘 석곽 동단의 바깥쪽 화상(『鄒城漢畫像石』, p.14의 도19)

도16 산동성 제녕 사전 4호묘 석곽 남단의 바깥쪽 화상(필자 그림)

---

50 胡新立, 『鄒城漢畫像石』, p.14의 도19.

51 후한시대에 '반쯤 열린 문'을 표현하는 형식은 공간 관계를 표현하는 수법 가운데 하나였다. 이후 중국의 묘장미술과 종교예술에서 이런 도상을 흔히 볼 수 있는데, 독특한 예술형식으로 많은 학자들의 주목을 받고 있다. 이 문제에 대한 논의는 본서 「반쯤 열린 문: '반계문(半啓門)' 도상 연구」를 참고.

도17 산동성 제녕 사전 4호묘 석곽의 동쪽판과 서쪽판의 바깥쪽 화상(『中國畵像石全集』 제2권, p.1의 도1·2)

을 포함한다.(도17) 이런 화면은 전체적으로 하나의 이상화된, 삼라만상을 포함하는 장원莊園으로 해석할 수 있다. 그러나 그것들과 석곽구조와의 관계는 산만하다. 전한 말기에서 후한 초기에 제작된 석곽에서는 더욱 복잡한 도상이 출현한다. 사람들의 실외활동이 많이 묘사되었고, 또 각종 신선과 상서로운 동물 등 현실세계에서는 볼 수 없는 경관이 나타난다. 역사적인 고사가 표현되기도 하는 등 시간과 공간이 무한하게 확대되었다. 미산微山 남구촌南溝村 석곽에서는 장례를 묘사한 장면까지 출현한다.(도18)[52] 이런 상황에서 석공에게 석판은 곧 화가가 그

림을 그리는 종이와 같다. 그들은 종이의 존재를 의식했을 뿐 아니라, 종이에 의지해 창작하고 나아가 종이의 한계를 깨트렸다. 즉 석공들은 화면구도의 요구에 따라 긴 석곽의 측판을 좌우와 중간 등의 3개 공간으로 분할하여 더욱 풍부한 내용을 표현하였다. 이런 분할은 석곽의 구조나 의의와는 아무런 관련이 없다.

상술한 여러 상황은 강소, 산동, 하북, 안휘 지역의 석곽묘 안에서 어지러이 섞여 있지만, 서로 충돌을 일으키지는 않는다. 각 지역의 각계각층에서 유래한 신구新舊 요소들이 한데 얽혀 묘장제도와 풍

---

52 이런 사례에 대해서는 Wu Hung, "Where Are They Going? Where Did They Come From?—Hearse and 'Soul-carriage' in Han Dynasty Tomb Art", *Orientations*, vol 29, no.6(June 1998), p.22. 중문 번역본은 鄭岩 譯, 「從哪里來? 從哪里去?—漢代喪葬藝術中的"柩車"與"魂車"」, 鄭岩·王睿 編, 『禮儀中的美術—巫鴻中國古代美術史文編』 上卷, pp.263-264.

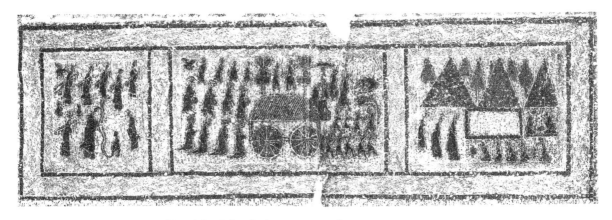

도18 산동성 미산 남구촌묘 석곽 화상(『中國畫像石全集』제2권, pp.46-47, 도55)

속의 변환기에 처한 석곽묘들로부터 다원화되고 동태적인 특징이 출현하도록 했다.

한대인은 사후세계가 현실세계와 유사하며, 각종 예술수단을 통해 복제할 수 있다고 생각했다. 이런 인식은 중국의 예술발전에 새로운 명제를 던져주었다. 그리고 무덤공간을 나날이 확대시킴으로써 무덤을 예술적 창조력을 발휘할 수 있는 신천지로 변화시켰다. 지하에 밀봉된 도상체계는 허구였으며, 묘문 바깥은 곧 무정하고도 단단한 흙과 돌이었다. 그러나 이런 허구성은 오히려 사상과 예술의 차원을 확대시키기도 했다. 사람들은 자유롭게 시공의 개념을 초월한 많은 개념을 끌어들일 수 있었다. 후한시기에 석곽의 형태는 철저하게 전당후실前堂後室의 체제를 가지고 들보와 기둥을 갖춘 석실묘로 발전하며, 이후 중국의 묘장미술은 곧 첫 번째 전성기에 도달했다. 그리고 중국의 2천년 묘장회화 발전의 중요한 기초가 되었다. 최고 예술의 전주곡이야말로 이처럼 구조가 간단하고 규모도 작은 석곽묘였던 것이다.

본문을 작성하는 과정에서 巫鴻, 黄佩賢, 李光雨, 徐加軍, 賀西林, 陳群 등의 도움을 많이 받았다. 이 자리를 빌려 감사드린다. 본문의 영문 번역본은 "Sarcophagus Tombs in Eastern China and the Transformation of Han Funerary Art,"(translated by Marianne P Y Wong and Shi Jie, *RES: Journal of Anthropology and Aesthetics*, 61/62, 2012, pp.65-79)이다. 이 글은 원래 山東大學東方考古研究所中心 編, 『東方考古』제9집(北京: 科學出版社, 2012, pp.367-385)에 실린 것인데, 본서에서 약간의 수정을 했다.

어린이를 위한
상장공간

●

산동성 임치臨淄의
후한대 왕아명王阿命각석

산동성 임치에 소재한 '석각예술진열관' 서쪽 낭도廊道에는 형태가 비교적 특수한 각석刻石이 하나 있다.(도1)[1] 1995년 6월 13일 필자가 진열관을 참관하던 당시 이를 대강 조사했으며, 2000년에는 당시 치박시박물관淄博市博物館에서 근무하던 친구 쉬룽궈徐龍國 선생에게 관련 자료의 수집을 부탁했다. 쉬 선생은 자세한 크기를 알려주고 사진 등을 제공해주었을 뿐 아니라, 임치의 제국고성박물관齊國故城博物館(현재의 '제국역사박물관')의 주위더朱玉德 선생에게 부탁해 각석의 화상과 제기를 탁본해주었다. 이 글에서는 두 선생이 제공해 준 자료와 필자의 참관 당시 기록 등을 결합하여 각석을 분석하고자 한다.

도1 산동성 임치 석각예술진열관 소장 왕아명각석, 후한(徐龍國 촬영)

1. 어린이 왕아명을 위한 각석

이 각석은 하나의 돌로 만들어졌는데, 앞이 낮고 뒤가 높다. 전방후원前方後圓의 평면을 가지고 있으며, 총길이 142cm, 높이 78cm이다. 앞부분에 너비 92.5cm, 깊이 46.5cm, 높이 21cm의 낮고 작은 '평평한 대[平臺]'가 있다. 뒤쪽은 둥글게 만들었는데 이것과 평대가 만나는 지점을 직선으로 '깎아'냄으로써 평대의 수평면과 수직이 되는 입면立面을 형성했다. 이 입면의 아래쪽 중앙에 매우 얕게 방형의 감龕을 팠는데, 너비 38cm, 높이 40cm이다. 방형 감의 바깥 위쪽으로 대략 3cm 정도 떨어진 지점에 3개의 와당을 조각했으며, 꼭대기에는 대략 20cm에 이르는 세 줄의 기왓골을 새겼다. 기왓골 정상과 평대 수평면과의 거리는 대략 53cm 정도이다. 기왓골의 뒤쪽은 둥근 꼭대기와 만난다. 꼭대기에는 2cm 정도 솟은 직경 32cm의 원형 수평면이 있다.

소형 감의 정벽에는 음각선의 화상이 있는데, 선이 매우 거칠고 대략적이다. 필자는 주위더 선생이 제공한 탁본(도2)을 스캔한 후, 포토샵 작업과 선 주위의 반점을 제거하는 보정 작업을 통해 비교적 분명한 '선그림[線畵]'을 얻을 수 있었다.(도3) 반점을 제거하는 작업에서 중요한 것은 묘사된 사물의 선을 변별해내는 것이다. 필자가 선을 처리하는 과정은

---

1 임치의 석각예술박물관은 1985년 서천사(西天寺) 유지에 건립되었다(서천사는 십육국시대 후조의 흥국사(興國寺)다). 제나라 고성의 궁성 안에 있으며, 현재 임치의 서관(西關)소학교 북쪽에 위치한다. '제국역사박물관'에서 관리하고 있다.

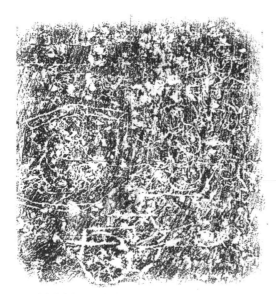

도2 왕아명각석 소형 감 정벽의 화상 탁본, 후한(朱玉德 탁본)

도3 왕아명각석 소형 감 정벽의 화상 선도, 후한(필자 제작)

취이동비崔東壁가 말한 "고증할 수 없는 것은 그대로 두고, 부족하여 의심스럽다 하더라도 감히 망언으로 혹세하지 않는다"는 원칙을 따랐다.[2] 다시 말해 비슷해 보이지만 아닌 것은 과감히 버리고 알 수 있는 것만을 취했다. 이렇게 해서 비교적 신중하고 보수적인 한 장의 도판을 얻을 수 있었다. 그 덕분에 적어도 과도한 사족과 오독誤讀은 피할 수 있을 것이다. 필자가 변별할 수 없는 부분은 이후 연구자들의 혜안을 통해 수정이 이뤄질 것으로 기대한다.

이 도판을 보면 화면 왼쪽에 탑榻 위에 앉은 인물이 하나 있는데,[3] 3/4 측면관으로 둥근 얼굴을 하고 있다. 아직 관冠을 쓰지 않은 듯한데, 머리 양쪽에 두 개의 원형 상투가 있어 '총각總角'으로 추정한다. 둥근 깃의 옷을 입고 두 손을 앞으로 내민 인물의 앞에는 궤안几案이 하나 놓여있는 듯하다. 인물 뒤에는 두 폭의 병풍이 놓여 있는데, 원래 세 폭이지만 인물이 가려질까봐 화면 앞쪽의 한 폭을 생략했을 것이다. 인물 맞은편에는 둥근 얼굴을 한 사람이 앉아 있는데, 마치 병풍 앞 인물과 담화를 하는 모양새다. 화면 오른쪽 모서리에는 말을 탄 사람이 하나 있다. 오른쪽 아래에도 한 사람이 있는데 모호하다. 화면 아래 중앙에는 수레가 한 대 있는데, 수레를 끄는 동물은 없다. 소형 감의 바깥 오른쪽 면에 예서로 된 2행의 제기가 있다. "齊郎王漢特(?)之男阿命四歲, 光和六年三月廿四日物故, 痛哉"(도4)로 읽을 수 있는데, 광화光和는 후한 영제 유굉劉宏

---

2   崔述,『考信錄提要 卷上』,『崔東壁遺書』 제1책, 臺北: 河洛圖書出版社, 1975. p.23.

3   많은 고고학 관련 보고서에서는 이런 자세를 기좌(跽坐)로 묘사하고 있는데, 선진시대 및 양한(兩漢)시기의 표준적인 자세다(李濟, 「跪坐蹲居與箕踞」,『中央研究院歷史言語研究所集刊』 第24本, 1953, pp.283-301; 楊泓, 「說坐, 跽和跂坐」,『逝去的風韻―楊泓談文物』, 北京: 中華書局, 2007, pp.28-31).

도4 왕아명각석 제기 탁본, 후한(朱玉德 탁본)

의 세 번째 연호로, 광화 6년은 183년이다.

이 각석은 출토 상황에 대한 기록이 부족하여 원래의 위치나 방향, 그리고 주변 환경 등을 전혀 알 수 없으며, 과거에 완전한 자료로 발표된 적도 없다. 1982년 리파린李發林 선생이 제기를 "齊郡王漢特之男阿合以光和六年三月廿四日物故哀哉"로 읽고, 이 각석에 대해 "조각기법은 음각의 선각이며 화상의 내용은 인물이다"라고 언급했지만 사진자료는 발표하지 않았다.[4] 도이 요시코土居淑子 역시 이 각석에 주목했는데, 리파린의 자료를 사용했다.[5] 신리샹信立祥은 1986년 이 각석 화상의 임모본을 발표하고, 리파린이 발표한 제기와는 조금 다르게 "齊郡王漢特之男阿命以光和六年三月廿四日物故痛哉"로 읽었다.[6] 1990년 출판된 『임치문물지臨淄文物志』는 이 각석을 '후한시대 조상造像'으로 보았다. 그리고 모양에 대해 '옛 사찰의 전당殿堂 구조를 취한 것'이라 하

고 실측수치를 발표했다. 이 책에서는 또 "꼭대기에 '曹大夫와 賈大夫'의 제기가 있다"고 언급하기도 했다.[7] 그러나 유감스럽게 관련 사진은 수록하지 않았다.

최근 양아이궈楊愛國는 저서 『유명의 두 세계─제작연대가 분명한 한대 화상석 연구幽明兩界─紀年漢代畫像石研究』에 사진과 함께 이 각석을 자세히 소개했다.[8] 양아이궈는 주위더가 제공한 자료를 근거로 이 각석을 1970년대 현지 농민이 토지 정리를 하던 당시 임치의 제나라 고성인 소성小城의 동북쪽 성 밖에서 발견한 것으로 적고 있다. 그리고 제기는 "齊郎王漢特之男阿命□, 光和六年三月廿四日物故痛哉"로 읽었다. 이 책에서 제시한 각석의 크기는 『임치문물지』의 그것과 동일하다.[9] 그는 또 정상 부분에 "賈夫人"과 "曹夫人"의 글자가 있다고 했는데, 이는 『임치문물지』에서 언급한 "曹大夫와 賈大夫"의 제기와 관련이 있을 것이다. 필자가 이 각석을 보았을 당시 '가부인'의 제기는 확실히 존재했지만, '조부인'의 제기는 보지 못했다. 이와 같은 몇몇 제기는 후대 사람들의 추각追刻일 가능성이 크다. 그러므로 현지조사 당시 보지 못했던 것은 본고에서 언급하지 않을 것이다.

2007년 한웨이둥韓偉東과 류쉐롄劉學連은 각석의 제기 탁본과 두 장의 사진을 발표하고, 아울러 이

---

4 李發林, 『山東漢畫像石研究』, 濟南: 齊魯書社, 1982, p.47.

5 土居淑子, 『古代中國の畫象石』, 京都: 同朋舍, 1986, p.21.

6 信立祥, 「漢畫像石의 分區與分期研究」, 兪偉超 主編, 『考古類型學의 理論與實踐』, 北京: 文物出版社, 1986, p.269의 도13-2.

7 臨淄文物志 編輯組, 『臨淄文物志』, 北京: 中國友誼出版公司, 1990, pp.98-99.

8 楊愛國, 『幽明兩界─紀年漢代畫像石研究』, 西安: 陝西人民美術出版社, 2006, p.65.

9 양아이궈 선생은 자신의 저서에서 언급한 이 각석의 수치가 『임치문물지』를 근거로 했다고 알려주었다.

각석을 '후한시대 석감石龕 조상'이라 불렀다.[10] 그리고 제기를 "齊君王漢□□男阿命□, 光和六年三月廿四日物故□"로 읽었다.

2. 사당과 무덤의 형태를 결합한 특수한 각석

상술한 각석의 소형 감 오른쪽 제기는 석각의 성격을 이해하는 데 매우 중요하다. 두 번째 글자는 양아이궈의 주장처럼 '郞'이며, '郡'은 아닌 것 같다. 진부터 전한시기까지 임치에는 '제군齊郡'이 없었다. 후한 건무 11년(35)에 '제국齊國'으로 봉해지면서 유장劉章이 제왕齊王으로 왔으며, 건안 11년(206)에는 '제국'이 없어졌다. 그러므로 광화 6년 당시에는 제군이 존재하지 않았다. 한대의 '낭'은 인수印綬도 없고 실질적으로 다스리는 일도 없는 산관散官이다. 중앙의 낭관은 궁중에 들어가 숙위할 수 있고, 나와서는 거기車騎로서 황제 좌우에서 시종할 수 있었다.[11] 왕국에도 역시 낭관이 있는데 낭, 낭중郞中, 중랑中郞, 시랑侍郞 등을 포함하며 모두 왕의 좌우에서 시종하는 무리다. 문헌에는 여러 왕국의 낭에 대한 기록이 상당히 많다.『한서·문삼왕전文三王傳』에는 "양평왕梁平王 양襄 당시에 윤패尹霸라는 낭이 있었다"는 기록이 있다.[12]『후한서·백관지5』에 '후한시대 왕국의 낭중은 겨우 이백석의 관리'였다고 했으므로,[13] '낭'의 지위 역시 대략 이와 같았을 것이다.

'왕한특'은 '낭'의 이름이며, 마지막 글자는 '특特' 혹은 '지持'로 읽히는데, 판정하기 어렵다. 필자는 신리샹과 양아이궈의 설을 따른다. '아명'은 왕한특의 아들 이름이다. 두 번째 글자는 신리샹, 양아이궈, 한웨이동, 류쉐롄의 해석대로 '명'이 맞으며 '합습'은 아니다. 아이의 이름 앞에 '아'자를 붙이는 것은 흔한 일로,『한서·고혜고후문공신표高惠高後文功臣表』에서 토군식후土軍式侯 선의宣義(재위 기원전 196~기원전 189)의 현손玄孫의 어릴 적 이름을 '아무阿武'로,[14]『후한서·팽성정왕공전彭城靖王恭傳』에서 팽성정왕 유공의 어릴 적 이름을 '아노阿奴'라 기록하고 있다.[15] 또한 하남성 남양南陽 이상공장李相公莊에서 출토된, 건녕 3년(170)에 제작된 5살짜리 사당 화상석의 제기도 '허아구許阿瞿'로 적고 있다.[16]

---

10 韓偉東 · 劉學連,「臨淄石刻擷萃」,『書法叢刊』2007년 제6기, pp.24-25. 이 글은 류하이위(劉海宇) 선생이 제공해주셨다. 이 자리를 빌려 감사드린다.

11 安作璋 · 熊鐵基,『秦漢官制史稿』, 濟南: 齊魯書社, 1985, p.375.

12『漢書』, 北京: 中華書局, 1962, p.2214. 왕국의 중랑 문제에 대한 논의는 安作璋 · 熊鐵基,『秦漢官制史稿』下冊, p.255를 참조.

13『後漢書』, 北京: 中華書局, 1965, p.3629.

14『漢書』, p.603.

15『後漢書』, p.1670.

16 南陽市博物館,「南陽發現東漢許阿瞿墓志畫像石」,『文物』1974년 제8기, pp.73-75. 이 화상석은 원래 어떤 상태로 쓰였는지 분명히 알 수 없지만, 과거 위진시기 무덤에 사용된 석재로 추정하고 있다. 혹자는 이것을 사당의 부재로 추정했는데, 필자도 이 추정이 타당하다고 생각한다. 이에 대한 논의는 巫鴻,「"私愛"與"公義"─漢代畫像中的兒童圖像」, 巫鴻 著, 鄭岩 等 譯,『禮儀中的美術─巫鴻中國古代美術史文編』上卷, 北京: 生活 · 讀書 · 新知三聯書店, 2005, p.225; 楊愛國,『幽明兩界─紀年漢代畫像石硏究』, pp.200-201. 이 밖에 왕젠종(王建中)은 허아구 화상석을 "지상의 사당 건축물일 가능성도 배제할 수 없다"고 했는데 이에 대해서는 그의『漢代畫像石通論』, 北京: 紫禁城出版社, 2001, p.202를 참조.

도5 사천성 광한 무덤 출토 벽돌의 "千萬歲" 명문, 한(龔廷萬·龔玉·戴嘉陵, 『巴蜀漢代畵像集』, 도판 467)

도6 사천성 비현 태평향 양경백묘 묘문 제기 가운데의 '痛'자, 후한(高文 主編, 『中國畵像石全集』第7卷, p.47의 도56)

'명命' 아래 제1행의 끝에 있는 글자에 대해 리파린과 신리샹은 '이以'로 보았는데 근거가 없다. 양아이궈, 한웨이동, 류쉐롄은 비교적 신중하여 한 글자가 결락한 것으로 보았다. 탁본을 자세히 살펴보면 "四歲"라는 두 글자임을 알 수 있다. 이 가운데 위쪽의 '四'는 매우 불분명하다. '歲'자는 허아구 제기에서는 '歲'로 쓰여 있는데, 임치의 이 각석은 '세'자 윗부분의 '山'자 우측의 돌이 조금 갈라져 있고 아래 '戊'자 안에는 점 하나만이 있다. 사천성 광한시廣漢市 출토 한대 무덤의 벽돌에 있는 "千萬歲" 명문에서도 '歲'자 아래쪽의 '戊' 안에 점 하나만 있는데,(도5)[17] 동일한 수법이라 하겠다. 한대 묘비와 사당 제기에서는 피장자의 연령과 죽은 시간을 분명히 언급하는데, 이 각석 또한 예외가 아니다.

'物故'는 죽음을 의미한다. 한대 문헌과 고고학적 자료 가운데 이를 증명하는 사례가 매우 많으므로 여기서는 따로 언급하지 않는

다. 뒤의 글자는 '广'변이 명확하여 '痛'으로 보는 게 합리적이다. 그 아래 붙은 것은 '心'자로 추정된다. 사천성 비현郫縣 태평향太平鄕의 후한대 양경백楊耿伯 무덤의 묘문 제기에는 '痛'자 아래에 '心'자가 있다.(도6)[18] 허아구 제기 가운데의 '痛哉可哀'의 '痛'자 역시 이와 같다.(도7)

상술한 내용을 종합해보면, 이 각석은 요절한 아이를 위해 제작한 것이며, 화상 속의 주인공은 죽은 '왕아명'임을 알 수 있다. 허아구의 제기는 "惟漢建寧, 號政三年, 三月戊午, 甲寅中旬. 痛哉可哀, 許阿瞿身. 年甫五歲, 去離世榮"으로 시작하는데 운문인 반면 왕아명의 제기는 간단하고 직접적이다. 그러나 양자의 기본적인 내용에는 본질적인 차이가 없다.

필자는 과거 양아이궈 선생과 이 각석에 대해 토론한 적이 있는데 서로 같은 견해를 가지고 있음을 확인했다. 양 선생은 그의 저서에서 두 가지 문제를 언급했다. 첫째, 이 각석을 '왕아명사당'으로 불렀는데, 신리샹이 이것을 묘실화상으로 본 것[19]과 비교할 때, 훨씬 합리적인 견해라 생각한다. 둘째, 그는 각석을 사망한 아이의 것으로 추정했는데, 필자 역시 이 관점에 동의한다. 그러나 양아이궈는 책에서 "이 석사당의 뒤쪽 원형 부분은 후대에 개조된 것"이라고 했는데,[20] 필자의 생각은 다르다.

그 이유는 첫째, 논리적으로 볼 때 만약 후대인이 이 각석을 다시 깎아내려고 한다면 단지 '감법減法',

17 龔廷萬·龔玉·戴嘉陵, 『巴蜀漢代畵像集』, 北京: 文物出版社, 1998, 도판467.
18 高文 主編, 『中國畵像石全集』제7권, 濟南·鄭州: 山東美術出版社·河南美術出版社, 2000, p.47의 도56.
19 信立祥, 「漢畵像石的分區與分期硏究」, p.268.
20 楊愛國, 『幽明兩界─紀年漢代畵像石硏究』, p.201.

도7 하남성 남양 동관 이상공장 허아구 제기, 후한(王建中·閃修山,『南陽兩漢畵像石』北京: 文物出版社, 1990, 도282)

즉 원래의 형태에서 일부분을 제거하는 방법만이 가능하다. 그러나 앞쪽의 평대, 소형 감, 처마 등을 보면 각석 뒤쪽의 원형 부분이 더 크다. 그러므로 설령 '후대인의 개조'라는 설이 성립하여 다른 부분을 덧댄다 하더라도 변화 후의 모습을 상상하기 어렵다.

둘째, '후대인의 개조'를 거친 각석은 새로운 기능에 적응해야만 한다. 그러나 이처럼 앞이 네모지고 뒤쪽이 원형인 형태는 다른 용도로 사용하기가 매우 어렵다. 설령 이것이 기둥의 초석礎石으로 사용되었을 가능성을 상정하더라도, 앞쪽의 방형 대와 소형 감 부분이 완전하게 남아 있기 때문에 받아들이기 어렵다.

셋째, 필자가 직접 조사한 것과 쉬롱궈가 제공한 사진자료(도8)를 보더라도 이 각석의 앞쪽과 뒤쪽의 깎인 부분의 깊이와 밀도가 상당히 일치하여 동시

에 완성된 것으로 추정할 수 있다.

넷째, 유일하게 의심되는 부분은 소형 감 양측 상부의 모서리다. 이 부분은 지나치게 가공한 흔적이 있다. 처마의 기왓골과 와당은 단지 세 개여서 완성된 형태로 보이지 않는다. 그러나 자세히 분석해보면, 이 부분은 구조상 합리적이어서 후대인이 다시 가공하지는 않았을 것이다. 화상을 새긴 소형 감이야말로 이 각석에서 가장 중요한 부분이다. 이 부분이 바닥돌의 중간 부분까지 물러나고 일정한 폭으로 만들어진 이유는 양쪽 모서리에 충분한 공간을 남겨두고 전체를 원형으로 깎아 뒤쪽 형태와 통일시키기 위함이다. 오른쪽 두 행의 제기는 모두 완전하며 안쪽으로 치우쳐 있는데, 옆의 원각圓角을 피하고자 했음이 분명하다.

다섯째는 가장 중요한 점으로, 이 각석이 후한시대의 산동 지역에 출현한 점을 고려할 때 기능상 이

도8 왕아명각석 측면, 후한(徐龍國 촬영)

런 형태를 가지는 게 당연하다. 필자가 보기에 이 각석은 '구체적이면서 소소한' 방법으로 한대 사당과 무덤에서 흔히 보이는 결합방식을 재현했다. 즉 일반적으로 사당의 후반부는 무덤의 봉토에 묻히는데, 이 각석의 뒷부분 역시 돌의 형식으로 무덤의 봉토를 복제한 데 지나지 않는다. 따라서 엄격히 말해 이 각석이 표현한 것은 무덤의 지상부분, 즉 봉토와 사당이 결합한 형태며 단지 사당만은 아니다.

산동 지역의 경우, 후한시대에 돌로 만든 석사당과 무덤 사이의 위치관계는 대략 두 종류로 나눌 수 있다. 첫째, 사당과 무덤 사이에 일정한 거리가 있는 것으로, 제남濟南 장청구長清區 효리포孝里鋪 효당

산孝堂山 석사당, 가상현嘉祥縣 무택산武宅山 무량사武梁祠와 금향현金鄕縣 이루촌里樓村 석사당이 전형적인 사례다. 또 다른 유형은 사당의 후반부가 무덤의 봉토 속에 묻히는 경우로, 가상현 무씨사의 전석실前石室과 좌석실左石室, 가상현 송산宋山의 소형 사당이 대표적이다.

장청 효당산 석사당의 연대는 대략 후한 초 장제章帝(재위 75~88)시기로, 지금까지 원위치에 잘 보존되어 있다.(도9) 남향을 한[21] 석사당 외벽은 측벽과 후벽 등을 모두 평평하게 가공하고, 기하학적인 화문대花文帶로 장식했다.(도10) 지붕은 후대에 보수했는데, 6개의 석판으로 이뤄졌다. 이 가운데 동쪽 칸

---

21 羅哲文,「孝堂山郭氏墓石祠」,『文物』1961년 제4·5기合刊, pp.44-55; 羅哲文,「孝堂山郭氏墓石祠補正」,『文物』1962년 제10기, p.23 이 사당은 과거 효자 곽거의 무덤에 있던 사당으로 추정되었으나 실제로는 2천 석 관원의 사당일 가능성이 크다. 이에 대한 논의는 蔣英炬,「孝堂山石祠管見」, 南陽漢代畫像石學術討論會辦公室 編,『漢代畫像石研究』, 北京: 文物出版社, 1987, pp.214-218.

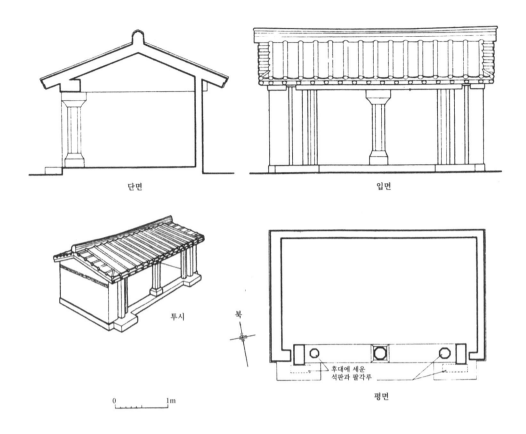

단면　　　　　　　　　　입면

투시　　　북

0　　　　　1m

후대에 세운
석판과 팔각루

평면

도9 산동성 장청 효당산 석사당, 후한(劉敦楨 主編,『中國古代建築史』제2판, 北京: 中國建築工業出版社, 1984, p.56의 도36)

도10 효당산 석사당 동쪽 면과 뒷면, 후한(필자 촬영)

도11 효당산 석사당 지붕면, 후한(동쪽에서 서쪽을 향해 촬영, 楊新壽 촬영)

앞뒤의 석판은 사당 건립 당시의 것이다. 양신셔우 楊新壽 선생이 꼭대기에서 찍은 사진을 보면,(도11) 이 부분의 앞뒤 지붕에 모두 기왓골이 있다. 다른 처마에는 처마 끝과 와당을 표현했다. 일본의 세키노 다다시關野貞는 일찍이 사당과 무덤의 관계를 그린 평면도를 제작했는데, 이를 통해 사당이 무덤 앞에 위치한다는 사실을 알 수 있다.(도12)[22] 무덤의 봉분은 높이 3.2m이다.[23] 사당 좌우 양 벽의 바깥쪽과 정벽 뒷면, 지붕 앞뒤 경사면은 모두 정교하게 가공됐다. 그러므로 비록 원래의 무덤 봉토가 세키노가 본 것보다 컸다 할지라도 사당의 뒷부분을 흙으로 덮지는 않았을 것이다. 만약 덮었다면 뒷면의 정교한 가공은 아무런 의미가 없기 때문이다.

월마 페어뱅크, 장잉쥐蔣英炬와 우원치吳文祺가 시도한 가상현의 원가 원년(151) 무량사의 복원방안[24]을 통해 무량사와 효당산 석사당이 동일한 유형에 속한다는 사실을 알 수 있다. 무량사 지붕의 앞뒤 경사면에는 기왓골이, 앞뒤 처마에는 와당과 처마가 새겨져 있다.(도13) 외벽에도 화문대장식이 있다.[25] 이를 통해 무량사가 지상에 독립적으로 존재했음을 알 수 있다. 사당은 무덤의 봉토와 일정한 거리를 두고 있기 때문에 관람자는 사당 주위를 돌면서 바라볼 수 있다. 후벽 잔편의 바깥쪽 탁본

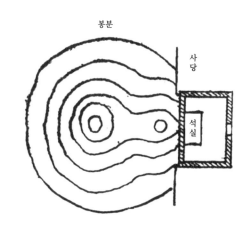

봉분

사당

석실

도12 세키노 다다시(關野貞)가 그린 효당산 석사당과 묘장 봉토의 평면도, 후한(그림 속 '석실(石室)'로 표기된 것이 효당산 석사당이며, '사당(祠堂)'은 후세에 석사당을 보호하기 위해 건립된 건축물이다. (南陽漢代畫像石學術討論會辦公室 編, 『漢代畫像石研究』, p.208))

은 과거 발표된 적이 없었는데, 이번에 소장자인 장잉쥐 선생의 허락을 얻어 본고에 실을 수 있게 되었다.(도14) 탁본을 보면 이것은 후벽 동단東端 상부의 한 지점으로, 여기에서 권운문卷雲文, 능형문, 수장문垂帳文으로 구성된 화문대와 수평의 띠무늬 하나를 확인할 수 있다. 아마도 그 위치와 형식은 내벽의 대응하는 부분과 기본적으로 동일할 것이다.

금향현 이루촌에 있었던, '주유朱鮪사당'으로 알려진 후한 후기 사당 역시 이 유형에 속한다. 1907년 에두아르 샤반Édouard Chavannes이 찍은 사진을 통

22 關野貞, 『支那の建築と藝術』, 蔣英炬, 「孝堂山石祠管見」, p.208에서 재인용.

23 蔣英炬, 「孝堂山石祠管見」, p.204.

24 Wilma Fairbank, "The Offering Shrines of 'Wu Liang Tz'u'", in *Adventures in Retrieval*, Cambridge, mass: Harvard University Press, 1972, pp.41-86; 費慰梅 글, 王世襄 譯, 「漢"武梁祠"建築原形考」, 『中國營造學社匯刊』 제7권 제2기, pp.1-40; 蔣英炬·吳文祺, 「武氏祠畫像石建築配置考」, 『考古學報』 1981년 제2기, pp.165-184; 蔣英炬·吳文祺, 『漢代武氏墓群石刻研究』, 濟南：山東美術出版社, 1995.

25 蔣英炬·吳文祺, 『漢代武氏墓群石刻研究』, p.50.

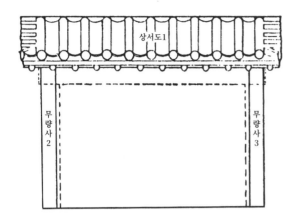
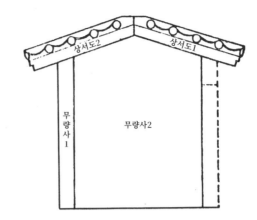

도13 산동성 가상현 무량사 건축배치도, 후한(蔣英炬·吳文祺, 『漢代武氏墓群石刻研究』, p.36)

해[26] 원래의 위치 등을 파악할 수 있는데, 지붕의 앞쪽 경사면이 일부 남아 있는 상태다.(도15) 1934년 월마 페어뱅크가 금향현에 도착해 조사하던 당시, 사당은 이미 철거되어 금향현의 명륜당에 보존되고 있었다. 다행히도 페어뱅크는 아직 남아 있던 무덤을 조사하고 무덤과 사당의 배치관계를 복원해냈다.(도16) 복원도를 통해 무덤과 사당이 일정한 거리를 두고 있음을 알 수 있다.[27] 이 석각들은 산동석각예술관에 소장된 이후 수장고를 떠나 전시를 나간 적이 없었다. 필자는 과거 산동성 문물 관련 기관에서 10년 정도 근무했는데, 그때도 이 물건들을 보지 못했다가 2010년이 되어서야 비로소 산동박물관 신관 진열실에서 그 가운데 세 개의 돌을 볼 수 있었다. 그러나 단지 그 내부의 화상만을 볼 수 있었을 뿐, 바깥면의 상태는 여전히 알 수 없었다. 장잉쥐 선생이 1980년대 초 뜬 사당의 탁본에 근거

도14 무량사 후벽 외면의 부분 탁본, 후한(蔣英炬 선생 제공)

도15 샤반이 1907년 촬영한 산동성 금향현 주유사당, 후한
(Édouard Chavannes, *Mission archéologique dans la Chine septentrionale*, fig.911)

---

26 Édouard Chavannes, *Mission archéologique dans la Chine septentrionale*, Paris, 1913, Pl, CCCX, figs. 911, 912, 913.

27 Wilma Fairbank, "A Structural Key to Han Mural Art", in *Adventures in Retrieval*, pp.87–140.

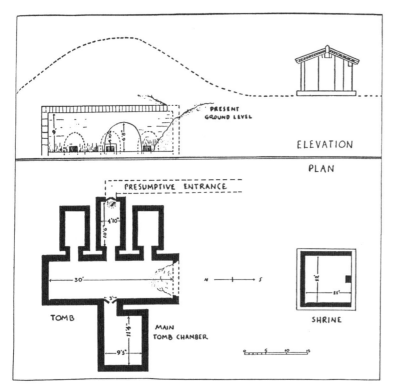

도16 윌마 페어뱅크가 그린 주유사당과 무덤의 배치관계 복원도, 후한(Wilma Fairbank, *Adventures in Retrieval*, p.137, fig.15)

해 한 개의 돌 바깥에 복잡한 내용의 화상이 있음을 알 수 있었다. 그러나 오랫동안 야외에 방치되었기 때문에 내용이 매우 모호해졌으며, 단지 바닥을 깎아내고 음각선으로 화상을 조각했다는 점만을 알 수 있었다. 이는 무씨사의 조각기술과 유사하지만, 사당 내부의 음각선 기법과는 다르다.

사당과 봉토의 이런 위치 관계는 독립된 건축으로서 사당의 외부형상을 비교적 완전하게 남겨놓았다. 효당산과 금향현의 두 사당은 모두 문이 없는 개방된 두 칸 건축으로, 홑처마에 맞배지붕을 하고 있다. 무량사는 문이 없는 한 칸 건축으로, 역시 홑

처마의 맞배지붕 구조이다. 한대 사람들은 먼저 완전한 건축을 본 후에야 내부의 화상에 주의를 기울였다. 다른 유형의 사당건축은 그 형상이 완전하게 드러나지 않고 사당의 뒤쪽 절반가량이 무덤의 봉토에 묻혀 있었을 가능성이 크다. 이 경우 시간과 공력을 절약하기 위해 봉토에 묻히는 부분의 외벽은 정교하게 가공하지 않은 경우가 많다.

무씨사 전前석실과 좌左석실에 대한 장잉쥐와 우원치의 복원에 근거, 두 사당 모두 문이 없는 두 칸 건물에 홑처마를 가진 맞배지붕 구조임을 알 수 있다. 효당산 석사당과 다른 점은 후벽에 바깥쪽으로 튀어나온 소형 감이 있다는 것이다. 장잉쥐와 우원치는 "전석실과 좌석실의 앞 정면에 화문花文 장식을 새긴 것 이외에 양쪽 박공 부분과 후벽의 바깥에 모두 요철이 있어 평평하지 않은데, 이로 미루어 이 석사당의 양쪽과 뒷면은 봉토로 가려졌던 듯하다"고 추정했다.[28] 수록된 평면도를 통해 전석실과 좌석실 박공 외벽의 앞쪽은 대략 1/4 부분만 평평하게 가공되고, 뒤쪽으로는 거친 면이 남아 있음을 알 수 있다.(도17) 두 사람의 소개에 의하면, 전석실 앞면의 지붕돌(황이黃易가 '후석실4', '후설식5'로 지칭한 두 돌이다) 위쪽의 한 면에는 기왓골이 새겨져 있으며, 뒤쪽의 경사면 부재는 이미 사라져 자세한 내용을 알 수 없

---

28 蔣英炬·吳文祺, 『漢代武氏墓群石刻研究』, p.50.

다. 좌석실의 구조는 전석실과 동일
하여 앞쪽 경사면의 위쪽에 기왓골
이 새겨져 있다. 뒤쪽 경사면은 다
행히 동쪽의 돌 하나가(황이가 '후석
실1'로 지칭한 것) 남아 있다. "그러나
이 돌의 뒷면(필자가 보기에는 위쪽을 향
한 면)은 기왓골이 새겨져 있지 않으
며, 단지 요철만 있어 평평하지 않
고 거칠다." 좌석실에 배치된 깨진
용마루 돌 하나는 전면에 화문만을
새겼으며, 후면은 오히려 거친 면
그대로이다. 이를 통해 두 사당 모
두 후벽 소감의 전부, 그리고 좌벽
과 우벽 대부분이 봉토에 묻혀 있
었고, 또 지붕의 경우 용마루를 경
계로 뒤쪽 경사면이 전부 흙속에
묻혀 있었으며, 사당의 정면과 앞쪽

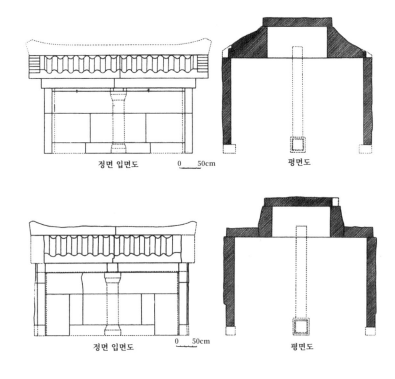

도17 가상현 무씨사 전석실과 좌석실의 건축배치도, 후한(위는 전석실, 아래는 좌석실. 蔣英炬·吳文祺, 『漢代武氏墓群石刻研究』, p.39, p.44)

의 지붕 경사면만 밖으로 드러나 있었음을 알 수 있
다. 무씨사 좌석실과 봉토의 조합을 표현한 필자의
그림을 통해 이런 관계를 좀 더 직관적으로 파악할
수 있다.(도18)

　장잉쥐는 1978년과 1980년 가상현 송산에서 출
토한 두 무더기의 완전하지 못한 화상석들을 형태
와 규모가 일치하는 4개의 소형 석사당으로 복원
해냈다.[29] 이 사당들은 모두 앞에 문이 없는 한 칸의
가옥형태로 내부에 화상이 가득 새겨져 있다. 이 밖
에 덮개돌과 동서 두 벽의 앞쪽 측면에는 연속하는
화문대가, 기좌석基座石의 전면에는 화상과 화문이

새겨져 있다. 장잉쥐가 복원한 1호사당을 보면,(도
19) 지붕에는 짧고 경사진 마루가 있어 우진각지붕
을 모방했음을 알 수 있다. 다만 규모가 작기 때문
에 내부는 간단히 평평한 지붕형태로 처리했다. 원
래의 보고서와 장잉쥐의 문장에서는 이 사당들의
외벽에 대한 소개가 없었다. 다행히 필자는 이 가운
데 산동석각예술박물관에 소장된 일부 원석原石을
살펴볼 기회가 있었다. 그때 뒤쪽이 모두 거칠고 평
평하지 않은 것을 발견했다. 한편 장잉쥐의 글에 실
린 도판을 보면, 1호사당의 지붕돌 동쪽 끝에 권운
문이 있다. 이와 같은 사실들을 종합해 볼 때, 이런

29　蔣英炬, 「漢代的小祠堂─嘉祥宋山漢畫像石的建築復原」, 『考古』 1983년 제8기, pp.741-751.

도18 무씨사 좌석실과 봉토의 관계 추정도, 후한(필자 그림)

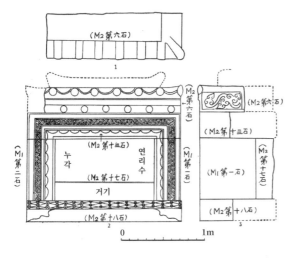

도19 가상현 송산 1호 소사당 배치도, 후한(『考古』 1983년 제8기, p.743)

소형 사당의 대부분은 봉토에 묻혀 있었을 가능성이 크며, 단지 앞면과 처마 양쪽, 혹은 박공의 일부만 밖으로 드러나 있었을 것이다.(도20) 2010년 장잉쥐의 복원안에 근거해 이 소형 사당의 부재가 조합

되었으며, 이것이 산동박물관 신관에 전시되었다. 온전한 구조의 사당 측면과 후면의 돌들이 전시되었는데(도21, 도22) 지표에 드러났을 부분과 봉토 내부에 묻혀 있었을 부분이 선명하게 대비되어 필자가 이 글을 처음 발표할 당시의 추정을 완벽하게 입증하고 있다.

장잉쥐의 말처럼 산동 지역에는 이런 소형 사당이 상당히 많다. 필자는 일찍이 곡부 공묘孔廟에 있는 미산현微山縣 양성兩城에서 출토된 몇 개의 소형 사당 부재와 산동박물관에 소장된 비성현肥城縣 출토 건초 8년(83) 사당 부재, 등주한화관滕州漢畫館 소장의 등주 출토 몇몇 소형 석사당 부재의 원석을 다시 조사했는데, 뒷면이 모두 거칠고 평평하지 않아 정미한 가공을 하지 않았음을 발견했다. 이는 이전에 발견된 많은 소형 사당이 대부분 봉토 안에 묻혀 있었으며, 그러므로 무덤의 사당이 확실하다는 사실을 말해준다.

상술한 것처럼 이런 소형 사당과 봉토의 배치관계는 사당 외벽의 가공 흔적으로부터 유추한 것이다. 일찍이 안휘성 숙현宿縣의 저란褚蘭과 강소성 서주徐州의 백집白集에서 사당과 무덤이 세트를 이루는 사례가 발견되었는데,[30] 사당과 무덤의 거리가 매우 가까웠다. 그러나 안타깝게도 불완전한 모습만 남아 봉토의 원래 모습을 보기 어려웠다. 이런 상황에서 왕아명각석의 발견은 중요한 의미가 있다. 이 각석은 봉토와 사당의 형태를 모방한 것이다. 즉 소형 감과 방, 처마는 사당을 상징하고 뒤쪽

---

30 王步毅, 「安徽宿縣褚蘭漢畫像石墓」, 『考古學報』 1993년 제4기, pp.515-549; 南京博物院, 「徐州靑山泉白集東漢畫像石墓」,

도20 송산 1호 소사당과 봉토의 관계 추정도, 후한(필자 그림)

도21 송산 1호 소사당의 정면과 좌측면, 후한(필자 촬영)

은 봉토를 대표하여 전체적으로 봉토에 반쯤 묻힌 사당의 형태를 표현했다. 이것이야말로 사당과 봉토의 원래 배치관계를 잘 드러낸, 매우 특수한 경우라 하겠다.

3. 왕아명각석의 기능과 형태의 관계

한대의 석사당은 돌로 당시의 목조건축을 모방한 것으로,[31] '치환置換'이라 부를 수 있다. 돌은 목재와 달리 시간이 흘러도 쉽게 마손되지 않는다. 썩어 무너지기 쉬운 토목土木건축은 재료의 치환을 통해 형상을 보존할 수 있었는데, 사당 내부의 화상 역시

도22 송산 1호 소사당의 우측면과 뒷면, 후한(필자 촬영)

『考古』1981년 제2기, pp.137-150. 숙현 저란의 두 무덤은 모두 서향이며, 이와 짝을 이루는 소형 사당은 모두 남향으로 비교적 특수한 배치형식을 가지고 있다. 저란 2호묘의 발견 상황을 보면, 사당의 동서 외벽은 묘의 울타리가 서로 이어지고, 무덤의 울타리와 묘실의 거리가 가장 가까운 곳은 1m도 되지 않아 무덤 울타리의 기능이 봉토를 막는 데 있음을 알 수 있다. 그렇다면 사당의 대부분은 봉토에 묻혀 있었을 것이다. 필자는 현지조사를 통해 서주 백집사당 양쪽 측벽의 바깥쪽 역시 무덤의 울타리와 서로 연결되고 있음을 확인하였다. 그러므로 상술한 사례와 유사한 유형이라 할 수 있다.

31 신리샹은 '한대 무덤의 사당은 원래 혜제가 창시한 고조 장릉(長陵)의 침묘(寢廟) 제도에서 유래하며, 무제 이후 중하층사회에 보급된

한대 화상예술을 알 수 있는 귀중한 자료이다. 의심의 여지없이 한대에 발생한 이런 '치환'은 예술사연구에 풍부한 실물자료를 제공한다. 그러나 본고에서 논의하고자 하는 것은 사당의 현재적 의미가 아니라 원래의 가치다.

한대에 출현하는, 돌의 단단한 물리적 성능과 이로부터 발생한 관념은 모두 상장건축의 수요에 잘 부합했다.[32] 돌로 만든 사당과 무덤은 영원을 상징했는데, 한대인들은 이러한 석제건축이 오랫동안 잘 보존되므로 죽은 자가 끝없이 제사 음식을 받을 수 있으리라는 환상을 가졌다. 무량의 비석[武梁碑]에는 사당을 건립할 때 "집안의 모든 재물을 들여 이름난 돌을 선택하였다. 남산의 남쪽에서 아주 좋은 것을 골랐는데 노란 얼룩이 없었다"라고 적고 있다.[33] 이런 표현은 당시 석재를 중시했음을 잘 보여준다.

돌로 사당을 만든 장인은 결코 석재의 특징에 근거해 새로운 형태를 만들어낸 것은 아니며, 토목구조의 사당이 가진 원형을 충실하게 재현했다. 석사당에서 와당은 쉽게 썩는 처마 끝을 보호하기 위한 것이 아니었으며, 단지 일종의 시각적 형상으로 전환되었다. 한대인에게 이런 형상의 의의는 결코 심미적인 데 있지 않았으며, 중요한 것은 이것을 보는 자에게 그 원형의 가치를 추억케 하는 것이었다.

돌로 만든 와당이 강조하는 것은 이것이 여전히 사당이지만, 원래의 토목구조 사당보다 훨씬 견고하다는 점이다. 석사당은 매우 신중하게 원래의 종교적·예의적 가치를 계승했을 뿐 아니라, 이를 영원한 것으로 변화시켰다.[34] 이후 원래의 '사당' 개념에서 멀어지자 순수한 시각적 형상의 의미 또한 상실되었다. 이를 잘 보여주는 역설적인 증거는, 한나라 말기부터 위진시대까지 일어난 전쟁, 그리고 왕조교체의 와중에 사당을 만든 가족이 이산되는 고통을 당하자 전통적인 상장관념 역시 와해되어 많은 사당이 훼손됐다는 점이다. 정성껏 조각한 건축부재와 화상석은 다시 무의미한 돌덩어리로 환원되었다. 그리하여 이미 가공되어 사용이 용이하고 크기 또한 적당하다는 이유만으로 온데간데없이 사라져버렸다.

다른 사당과 달리 왕아명각석의 치환작업은 사당 뒤의 봉토를 포함한다. 그리고 이런 치환 과정에서 두 가지 다른 수법이 사용되었는데, '축소'와 '간략화'다.

실제로 대부분의 무덤사당은 돌로 흙이나 나무 등의 재료를 치환함과 동시에, 그 크기는 모두 '축소'의 과정을 거친다. 신리샹은 현존하는 대부분의 석사당이 규모가 작고 처마와 횡방橫枋이 매우 낮아 사람의 출입이 불가능하므로 제사가 사당 밖에

것'으로 추정했다. 현존하는 석사당은 전한 후기~후한 초기에 제작되었으며, 화상의 내용과 배치는 매우 규격화되고 고정적이다. 이미 정형화된 토목구조의 사당벽화를 모방했기 때문이다(信立祥, 「論漢代的墓上祠堂及其畫像」, 南陽漢代畫像石學術討論會辦公室 編, 『漢代畫像石硏究』, pp.180-184).

32 巫鴻 著, 鄭岩 譯, 「"玉人"或"玉衣"? ─滿城漢墓與漢代墓葬藝術中的質料象徵意義」, 『禮儀中的美術』上卷, pp.123-142.

33 "竭家所有, 選擇名石, 南山之陽, 擢取妙好, 色無斑黃." 蔣英炬·吳文祺, 『漢代武氏墓群石刻硏究』, p.17.

34 산동 미산의 영화 4년(139) 사당의 제기는 "傳後世子孫令知之"라고 되어 있어 사당의 영원성에 대한 당시 사람들의 소망을 드러내주고 있다(山東省博物館·山東省文物考古硏究所, 『山東漢畫像石選集』, 濟南: 齊魯書社, 1982, p.47).

서 진행됐을 것으로 추정했다.[35] 사당의 크기가 축소된 이유는 재료와 공예, 그리고 자금의 한계 때문이었을 것이다. 석재는 부드럽지 않기 때문에 기울기나 처마의 튀어나온 정도가 지나치게 클 수 없다. 규모가 크고 구조가 복잡한 건축을 만들기 위해서는 더욱 복잡한 건축기술이 필요했다. 일반적으로 동일한 크기의 석재를 가공하는 것은 토목에 비해 소비되는 노동력이 훨씬 커 재력이 부족한 민간에서는 그렇게 하기 어려웠다. 그리하여 피장자의 가족은 어쩔 수 없이 사당을 적당한 크기로 제한해야만 했다. 효자들은 석사당이 너무 작다는 것을 분명히 의식했기 때문에 사당의 기둥에 "당堂은 비록 작지만 오랜 시간을 들여 남산에서 돌을 골라 왔다. 그렇게 하고도 2년을 훌쩍 넘겼다"는 등의 글을 써서 심정을 토로하기도 했다.[36] 그러나 왕아명각석은 효자들이 부모를 위해 건립한 석사당과는 성격이 매우 다르다. 왕아명각석의 봉토는 높이가 겨우 78cm이며, 사당의 높이도 53cm에 불과하다. 일반적으로 석사당이 아무리 간략하더라도 '건축'이라 부를 수 있을 만하지만, 왕아명각석은 오늘날 건축공사나 전쟁 중에 사용하는 샌드박스sandbox, 혹은 디지털 삼차원모형에 가깝다. 다시 말해 여기에서는 '축소'의 수법이 최고의 형태로 운용되었다.

샌드박스 속의 축소된 산봉우리를 통해 현실의 산봉우리를 상상하듯, 우리는 왕아명각석에 근거하여 원래의 구조를 상상할 수 있다. 한편 이 각석은 샌드박스나 모형과도 다른데, 샌드박스나 모형에서는 사물이 동일비례에 의해 축소된다면, 왕아명각석은 동일비례에 의해 '과학적'으로 축소한 게 아니다. 샌드박스와 모형은 단지 원래의 시각형상을 그대로 남기거나 재현한다. 그러나 우리는 샌드박스 위에서 시공施工을 할 수 없으며 공격이나 방어 역시 불가능하다. 반면 왕아명에 대한 제사는 여전히 이 각석을 통해 진행되었다. 결국 이 각석은 본래의 기능을 잃거나 부정하지 않았으며, 오히려 원래의 기능을 강화했다.

왕아명각석을 축소하는 과정에서 부적절한 비례가 출현한다. 각석 앞부분에 돌출한 사각형의 평대는 '제물을 놓는 탁자, 즉 공안供案'으로, 이런 공안석은 산동 지역에서 다수 발견된다.[37] 무씨 무덤들

35 信立祥, 「論漢代的墓上祠堂及其畫像」, pp.180-184, pp.192-193.

36 "堂雖小, 經日甚久, 取石南山, 更逾二年……" 이 문자는 1934년 산동 동아현 서쪽 철두산(鐵頭山)에서 출토한 향타군사당의 것이다(羅福頤, 「薌他君石祠堂題字解釋」, 『故宮博物院院刊』 총 제2기, 1960, p.180).

37 효당산사당의 내부 뒤쪽에는 높게 만들어진 석대(石臺)가 있는데 제물을 놓는 곳이 확실하다. 이런 유물은 산동의 서남부 지역에서 다수 발견된다. 1986년 산동 조장시 대아장구(台兒莊區) 비장촌(邳莊村)에서 출토된 사례 가운데는 물고기를 담은 접시 이외에, 세 개의 향을 꽂은 호(壺)가 있다. 건축배치에 대한 지식의 결여로 인해 원 보고서는 이를 예불(禮佛)과 관련한 것으로 보았다(棗莊市文物管理站, 「山東棗莊畫像石調査記」, 『考古與文物』 1983년 제3기, pp.28-30; 賴非 主編, 『中國畫像石全集』 제2권, 濟南 · 鄭州: 山東美術出版社 · 河南美術出版社, 2000, p.141의 도150). 한편 리사오난(李少南)은 이것이 '불교도상'에 속하지 않으며 "후한시기 사자를 제사하는 설치물"이라고 정확하게 판단했다(李少南, 「山東棗莊畫像石中 "佛教圖像" 商榷」, 『考古與文物』 1987년 제3기, p.108). 1982년 산동 등주시 관교진(官橋鎭) 후장대(後掌大)에서 출토된 돌에는 십자(十字)가 벽(壁)을 뚫는 형태의 문양이 새겨져 있었는데 가장자리(사당 바깥쪽을 향한 한 변?)의 중앙에 두 개의 이배(耳杯)가 묘사되어 있다. 제사 때 진설하는 술을 표현한 것이리라. 양쪽에는 물고기를 담은 접시가 있는데, 접시와 술잔 모두 부감법으로 묘사되었다. 이 돌은 세로 102cm, 가로 181cm의 크기로, 소형 사당의 아랫돌이면서 공안석의 기능을 했을 것이다(賴非 主編, 『中國畫像石全集』 제2권, p.170의 도178).

도23 산동성 가상 무씨묘군(武氏墓群) 석각 중의 공안석, 후한('기타 제2석', 朱錫祿, 『武氏祠漢畫像石』, 濟南 : 山東美術出版社, 1986, p.63)

소되고 도상화되는 방식과 달리, 사각형 대는 실제로 제물을 놓는 곳이기 때문에 원래의 크기를 유지해야만 했다. 한대의 척도로 계산하면 사각형 대는 너비 2척, 깊이 1척이다.[40] 이런 크기는 사당 내부에 설치할 수 없으며, 앞쪽으로 연장할 수밖에 없다. 그리하여 동일한 비례에 의해 축소 처리하는 전체적인 방향과는 다를 수밖에 없게 된 것이다.

그럴 수밖에 없는 이유는 이 각석의 기능 때문이다. 공안의 척도는 전체 각석의 비례가 아닌 여기에 놓일 제물을 놓는 잔과 접시에 의해 결정되었다. 그리하여 무덤보다 평대가 커져버렸는데, 동일 비례의 축소에 의한 시각적인 효과는 실용적인 기능에 양보해야만 했다. 시각심리학의 측면에서 보면, '축소'된 부분과 상대적으로 비교할 때 공안석은 도리어 '확대'되었다. 공안석은 원래 사당의 일부분이지

의 석각 가운데 '기타 화상석'으로 분류되는 이른바 '이배성어耳杯盛魚' 화상석이 있는데, 이것이 바로 공안석이다.(도23) 각석 가운데에 원형 구멍이 하나 있고 양쪽에 이배가 조각되어 있다. 그 안에 물고기를 담고, 그 아래에 또 두 개의 접시를 놓고 각각 닭 한 마리씩을 올려놓았다.[38] 접시와 잔은 모두 부감법으로 묘사했다.[39] 왕아명각석의 사각형 대는 비록 간략하여 복잡한 화상은 없지만, 그 기능은 동일하다고 할 수 있다. 봉토나 사당이 간략해지거나 축

이렇게 제물을 놓는 공안을 새긴 사례는 고대 이집트에서도 발견된다. 1999년 1월 필자는 미국 시애틀미술관의 이집트미술 전시에서 그 사례를 발견했다. 전시회 안내문은 비문에 새겨진 문자를 토대로 다음과 같이 설명하고 있다. 즉 "옛사람들이 돌 위에 제물을 새겨 놓는 것은 제사를 지내는 사람이 늘 현장에 있지 못하기 때문이며, 제사를 지내는 사람은 그들이 현장에 없을 때도 이 그림이 여전히 음식에 대한 사자의 수요를 만족시켜주기를 희망한다."

규모가 작은 사당에서 제사를 지내는 사람은 사당 내부로 들어갈 수 없으며, 아래의 바닥돌은 제물을 놓는 공안을 겸하고 있다. 장잉쥐는 송산의 소형 사당 바닥돌의 앞쪽 입면(본문의 도19가 표시하는 'M2제18석'처럼)의 양쪽 끝에 주목, "활 모양의 아판(牙板) 형식을 새겼는데 한대의 탑(榻)이나 궤좌(几座)의 장식과 유사하다"고 추정했다. 그리고 "이것들은 건축물에서도 기좌(基座)의 작용을 하고 있다"고 적었다(蔣英炬, 「漢代的小祠堂—嘉祥宋山漢畫像石的建築復原」, p.743). 필자가 보기에 이런 설계의 좀 더 중요한 의미는 이 돌이 하나의 가구, 즉 제사용 상을 모방했다는 점에 있다.

동일한 선묘는 무씨사 전석실 후벽의 소형 감 아래 바닥돌의 앞쪽 입면에서도 보인다. 사람들은 규모가 한정된 사당에 들어갈 수 없지만, 제물은 아마도 봉토 안으로 깊숙이 들어간 감 안에 차려졌을 것이다. 그렇다면 봉토 안쪽으로 들어간 소형 감, 혹은 소형 사당은 제사를 지내는 자가 제물을 묘실에 더욱 근접시켜고자 했던 소망을 반영하는 것은 아닐까. 이처럼 형식이 다른 사당은 형식이 다른 일부 의례 및 관념과 관련되는 것은 아닐까. 이런 문제들은 앞으로 좀 더 새로운 자료의 발굴과 연구를 통해 해결될 것이다.

38 장잉쥐와 우원치는 접시 위의 물건을 '금계[鷄]'로 잘못 추정했다.

39 이와 같은 부감적 시각은 실제 제사를 지내는 자[관람자]의 각도로부터 결정된다. 공안이 비교적 낮고 작기 때문에 사당 앞에서 제사를 지내는 자는 공안 위에 놓인 제물을 내려다보게 된다. 이와 달리 사당의 정벽에 출현하는 인물, 건축, 가구와 각종 기물은 모두 평시(平視)의 각도를 취하고 있다. 다시 말해 화상의 제작자는 묘사 대상과 관람자가 동일한 지평선 상에 처해 있다고 인식하고 있었다.

40 후한시대의 1척은 23.2~23.9cm이다.

만 현재 그 척도는 오히려 사당의 원래 크기를 크게 초과하여 작은 처마로는 가릴 수 없다. 상대적으로 크기를 키움으로써 제사의례에서 각석의 기능은 더욱 돌출되는 것이다.[41]

왕아명각석이 가진 또 하나의 조형예술 수법은 '간략화'다. 각석 정면에는 소형 사당의 앞쪽 입면이 노출되어 있는데, 처마와 지붕은 단지 3개의 와당과 기왓골로 표현했을 뿐, 건축형상은 최소한으로 간략해졌다. 사당이 이미 간략해졌으므로, 사당을 완성한 후 다시 봉토 안에 묻었다고 하기보다는, 봉토 또한 조각으로 표현해냄으로써 더욱 간략해졌다고 말하는 게 나을 것이다. 즉 사당의 건축형상이 간략해졌을 뿐 아니라, 다른 두 개의 시공단계 역시 하나로 통일되었다. 동시에 흙, 나무, 벽돌, 돌 등의 다양한 재료 역시 간략하게 돌로 단일화했다.

더욱 중요한 것은 다량의 정보를 갖고 있는 전체 화상 역시 크게 간략해졌다는 점이다. 지붕과 처마 아래쪽의 내부공간은 간략해져 낮은 감龕이 되었고, 그 좌우벽과 안쪽 천장은 깊이의 제한으로 인해

화상을 새길 수 없게 되었다. 그렇다면 간략화 이후 사당에는 어떤 그림이 남는가? 바로 정벽에 새겨진 왕아명의 초상이다.[42] 이 초상은 죽은 자의 영혼의 상징이며, 전체 제사의 핵심이다. 사당은 단지 이 초상을 안치하기 위한 장소며, 초상을 둘러싸고 벌어지는 의례활동을 위해 설립한 공간이다. 만약 초상이 없다면 공안석과 사당은 아무런 의미가 없다.

왕아명 초상은 당시에 유행하던 사주祀主 초상의 기본 형태를 따르고 있다. 즉 주인과 빈객이 만나는 장면을 통해 죽은 자의 존귀함을 표현했다. 이런 제재는 산동 지역에서 매우 유행했는데, 가장 전형적인 사례를 무씨사(도24)와 송산사당에서 볼 수 있다.[43] 조금 다른 점은 이 화상의 주인공이 3/4 각도를 채용하고 있다는 것이다. 이런 각도는 화면 내부의 인물들 사이의 관계를 표현하는 데 유리할 뿐 아니라, 외부에서 화상을 보는 사람을 고려한 것이기도 하다. 당시 제물을 놓은 1척의 방형 대 너머로 이 화상을 대면한 사람은 비탄에 잠긴 왕한특 부부였을 것이다.[44]

---

41 신리샹은 후한대 석사당이 규모의 제한을 받았고 제사를 지내는 사람은 사당을 드나들 수 없었으므로, 제사가 사당 외부에서 진행되었을 것으로 추정했다. 그러나 무씨사 전석실과 송산의 소형 사당의 공안 설계를 볼 때, 제물은 직접 사당의 내부에 놓을 수 있다고 보았다. 신리샹은 또한 〈무량비〉의 "앞에는 단을 설치하고, 뒤에는 사당을 건립했다"는 기록을 토대로 무량사 앞에 돌로 된 평평한 대가 설치되었을 것으로 추정했다(信立祥, 「論漢代的墓上祠堂及其畵像」, pp.189-190). 필자는 공안을 단과 같은 구조로 이해하고 있다. 흥미로운 것은 왕아명각석에서 공안과 사당의 '앞뒤' 공간관계가 상당히 분명하다는 점이다. 이런 관계는 비록 무량사의 구조와 완전히 대응하는 것은 아니지만, 한대인이 공안과 사당의 관계에 대해 어떻게 인식하고 있었는지를 이해하는 데 도움을 준다. 다시 말해 공안은 줄곧 사당의 주인공인 사주(祠主) 화상의 앞쪽에 위치하고, 공안 위의 제물은 사자와 산 자를 연결하는 매개가 되는 것이다.

42 필자는 다른 글에서 고대 중국의 상장건축에 표현된 묘주의 '초상' 문제를 다루었는데, 초상의 양식적 특징과 의례적 기능은 상장의례의 관점에서 봐야 하며, 단순히 서양 르네상스 이후의 초상화 개념에 근거해 이해해서는 안 된다고 지적하였다. 이에 대해서는 본서 「묘주도(墓主圖) 연구」를 참조.

43 이런 화상에 대한 논의는 비교적 많은 편인데, 비교적 중요한 글은 다음과 같다. 信立祥, 「論漢代的墓上祠堂及其畵像」, pp.194-195; 巫鴻 著, 柳揚·岑河 譯, 『武梁祠—中國古代畵像藝術的思想性』, 北京: 生活·讀書·新知三聯書店, 2006, pp.208-226; 蔣英炬, 「漢代畵像"樓閣拜謁圖"中的大樹方位與諸圖像意義」, 『藝術史研究』 제6집(廣州: 中山大學藝術史研究中心 編), 2004, pp.149-172; 楊愛國, 「"祠主受祭圖"再檢討」, 『文藝研究』 2007년 제2기, pp.130-137.

44 한대인이 죽은 아이를 제사했다는 문헌기록은 없다. 그러므로 도대체 누가 이 요절한 아이를 제사했는지, 이런 제사가 가족에게 어떤

도24 무씨사 좌석실의 사주(祠主) 화상, 후한(朱錫祿, 『武氏祠漢畫像石』, p.60)

4. 왕아명각석의 보편성과 특수성

왕아명각석의 제작과 대조적으로 후한 후기 산동 지역 사당화상은 매우 풍부하고도 복잡한 단계에 접어들었다. 가상의 무량사를 보자. 문이 없는 한 칸의 사당 안에 풍부한 화상을 표현했다. 천장에는 천명天命을 표현한 상서도祥瑞圖를, 동쪽과 서쪽의 박공 부분에는 동왕공과 서왕모를 중심으로 하는 신선세계를, 삼면의 벽은 서쪽에서 동쪽으로, 그리고 위에서 아래로 순차적으로 삼황오제三皇五帝 이래의 중국 역사를 묘사했다. 그러나 사주祀主 화상은 이처럼 매우 광대한 시공간을 표현한 도상 속에서 자취를 감추었다. 우홍은 심지어 이 사당의 화상이 사주인 무량 자신의 역사, 정치, 도덕에 대한 매우 독특한 사상과 목소리를 담고 있다고 보았다.[45]

돈을 내 사당을 건립한 효자들은 사당의 내용에 대해서는 전혀 무관심한 반면, 제기에 자신들의 '효행'에 대한 과장된 묘사를 넘치도록 표현했다. 화상의 내용은 제기에서 우연히 언급될 뿐이다. 그나마도 뜬구름 잡는 식의 상투어에 불과하다.[46]

후한 후기 무덤과 사당화상의 범람은 결코 순수한 예술운동이 아니다. 심지어 순수한 사상사적 변화의 결과도 아니다. 우리가 건축과 화상을 통해 2세기 중국인의 생사관을 논하지만, 간과할 수 없는 것은 정치와 사회 분위기의 변화가 후한 후기 화상 범람의 중요한 요인이 되었다는 점이다. 산동 지역의 사당 제기에서 효자들이 서술한 내용의 초점은 죽은 가족의 도덕을 드러내는 것도, 그리고 종교의례와 생사관에 대한 이해도 아니었다. 사당 안 화상

의미가 있는지, 나이 많은 가족이 사망함에 따라 이런 제사는 어느 정도 오래 지속되었는지 등에 대해서는 추후의 연구를 기다려야 할 것이다. 다만 허아구사당 제기의 어투로 미루어, 이런 사당에서 느껴지는 것은 확실히 부모의 목소리다.

45 후한시대 사당의 화상과 사상에 대한 논의는 信立祥, 「論漢代的墓上祠堂及其畫像」, pp.196-201; 巫鴻 著, 柳揚·岑河 譯, 『武梁祠─中國古代畫像藝術的思想性』을 참조.

46 필자는 일찍이 산동 가상현 안국사당에 새겨진 제기의 특징에 대해 논한 바 있다. 이에 대해서는 본서 「한대 상장화상(喪葬畫像)의 관람자」를 참조.

에 대한 구체적 내용은 더더욱 아니었다. 오히려 그들이 사당과 무덤을 건립하는 과정에서 들인 노고에 대한 것이었다. 동아현東阿縣 향타군薌他君사당의 제기가 이를 잘 보여준다.

무환無患과 봉종奉宗이 부모의 은혜를 생각하고, 돌아가심에 비통한 정을 생각한다. 우리 형제가 무덤에서 이슬을 맞으며, 새벽과 밤을 가리지 않고 흙을 쌓아 무덤을 만들고, 송백을 줄지어 심고 석사당을 세웠다. 양친의 혼령이 이곳에 의지하기를 바란다. 세밑에 제례하며 자손들이 기뻐한다. 사당은 비록 작으나 많은 시간 공들여 남산에서 돌을 구했으며, 또 2년을 넘겨 마침내 오늘 이것을 이루었다. 스승으로 하여금 의를 지키게 하고, 산양과 하구는 성대하게 보전되기를. 화사 고평대성, 소강생 등 십여 인. 2만 5천의 돈[錢]이 들었다.[47]

이처럼 자신을 과장해 드러내는 언어는 사당과 무덤이 피장자의 영혼이 머무는 공간이었을 뿐 아니라, 피장자의 자손들이 자신의 효행을 드러내는 무대였음을 보여준다. 무덤은 '효렴孝廉'으로 천거되어 벼슬자리를 얻기 위한 첫 걸음을 제공해주었다. 왕부王符는 『잠부론·부치潛夫論·浮侈』에서 "지금

경사의 귀척이나 군현의 부호는 부모 생전에는 지극히 봉양하지 않지만, 부모가 죽은 후에는 상례를 매우 성대하게 한다. 혹은 금루옥의를 새기고, 좋은 나무로 관을 만들고, 좋은 땅에 무덤을 만들어 깊숙이 시신을 감춘다. 그리고 진귀한 보물과 사람 모양의 용, 수레와 말 등을 많이 묻는다. 또 크게 봉토를 만들고 널리 소나무와 측백나무를 심으며 초막과 사당을 만든다. 이러한 사치스러움이 참월의 지경에 이를 정도이다"라고 세밀히 묘사했다.[48]

4세 아이의 무덤으로는 유일한 왕아명묘는 바로 이런 오염된 사회 분위기 아래에서 만들어졌다. 이 각석은 머리가 희끗한 부모가 어린 자식을 보내는 비극을 보여주어, 효의 관념과는 전혀 관련이 없다. 그리고 다른 귀척이나 부호의 무덤사당처럼 '사치스러워 참월의 지경'까지 이르지도 않았다. 각석 속의 사당화상은 다른 데서 흔히 볼 수 있는 가무나 백희, 훌륭한 저택과 농토, 효자와 절부節婦, 동왕공과 서왕모, 기이한 동물 같은 것은 없고, 오직 왕아명의 간단한 초상화만이 선각으로 묘사되어 있을 뿐이다. 이는 후한 후기의 삼라만상을 포괄하는 많은 도상의 홍수로부터 갑자기 가장 소박한 사당형식으로 돌아간 것이며, 또 사당의 원래 의미로 돌아간 것이다. 화상과 제기는 간단명료하여 왕아명가족의 절절한 슬픔을 잘 드러낸다.[49]

---

47 "無患奉宗, 克念父母之恩, 思念忉怛悲楚之情, 兄弟暴露在塚, 不辭晨昏, 負土成墓, 列種松柏, 起立石祠堂, 冀二親魂零(靈), 有所依止. 歲臘拜賀, 子孫懽喜. 堂雖小, 經日甚久, 取石南山, 更逾二年, 迄今成已. 使師操義, 山陽瑕丘榮保, 畫師高平代盛, 邵强生等十餘人. 價錢二萬五千." 羅福頤, 「薌他君石祠堂題字解釋」, p.180.

48 "今京師貴戚, 郡縣豪家, 生不極養, 死乃崇喪. 或至刻金鏤玉, 檽梓梗柟, 良田造堂, 黃壤致藏, 多埋珍寶偶人車馬, 造起大塚, 廣種松柏, 廬舍祠堂, 崇侈上僭." 汪繼培 箋, 『潛夫論箋校正』, 北京: 中華書局, 1985, p.137.

49 왕아명각석과 비교해볼 때, 허아구사당의 제기에는 사자에 대한 부모의 애통함이 더욱 처절하게 표현되어 있다. 이 글에는 부모가 아들의 사후생활을 상상한 것이 다음처럼 자세히 묘사되어 있다. "遂就長夜, 不見日星. 神靈獨處, 下歸窈冥. 永與家絶, 豈復望顔? 謁

그러나 만약 왕아명각석을 완전히 독립된 또 하나의 상장계통으로 본다면 너무 간단한 이해라 할 수 있다. 각석이 채용한 예술언어는 여전히 사회사적 각도에서 이해할 수 있기 때문이다.

후한 후기의 묘지사당 가운데 '치환'은 보편적으로 사용되던 수법이다. 특히 지금의 산동성 서남부와 강소성 서북부의 서주를 중심으로 안휘성 북쪽과 하남성 동쪽을 포함하는 넓은 지역에서(한대에 연주, 청주, 서주, 예주 관할에 속하는 곳이다) 돌을 이용해 사당을 건립하는 것은 매우 흔한 일이었다. 즉 '치환'은 왕아명각석에서만 유일하게 나타나는 것은 아니며, 단지 '축소'와 '간략화' 수법이 이 각석에서 좀 더 전형적으로 두드러질 뿐이다. 바로 이런 수법을 사용했기 때문에 우리는 이 각석에 대해 강렬한 인상을 갖게 된다. 그렇다면 왜 이처럼 독특한 수법이 이 무덤에서 집중적으로 출현하는가. 해답은 매우 간단하다. 주인공이 어린아이기 때문이다.

양칭쿤楊慶堃은 고대 중국에서 상례와 제사의 목적이 혈연조직을 강화하고 유지하기 위한 것이라고 보았다. 그는 "결혼하지 않은, 혹은 12세 이하에 요절한 사람은 간단한 의식만 치른 채, 혹은 아무 의식 없이 서둘러 매장했으며, 집안에는 심지어 미성년자를 위한 영위靈位조차 놓지 않았다. 이에 대한 유일한 해석은, 가정이라는 조직에서 결혼하지 않은 젊은 사자死者의 지위가 매우 낮았기 때문"이라고 설명했다.[50]

이는 중국 고대사회에서 매우 보편적인 현상으로, 고고학 자료에서도 유사한 사례를 다수 발견할 수 있다. 신석기시대 어린이의 옹관이 공동묘지가 아닌 주거지의 가옥 내부나 옆에 위치하는 것이 대표적이다. 일반적으로 '죽은 아동들이 너무 어려 성정례成丁禮를 하지 않았으므로 완전한 인간으로 보지 않았고, 아직 씨족사회에 진입할 수 있는 자격이 없었기 때문'으로 추정하고 있다.[51] 지금까지 발견된 한대 어린이의 무덤은 규모가 작은 편이다. 낙양 중주로中州路의 도로건설 현장에서 어린이를 전문으로 매장한 옹관묘와 와관묘瓦棺墓가 발견되었다. 옹관은 커다란 옹 하나와 대접 형태의 뚜껑 하나로 구성되어 있었으며 부장품은 없었다. 와관묘는 암키와 형식의 몇몇 기와로 만들어졌으며, 묘는 일정한 구덩이 형태가 없고 부장품은 더욱 보기 어려웠다. 그나마 가장 잘 갖춰진 712호 벽돌관[磚棺] 무덤은 관의 길이 1.15m, 너비 0.2m로 겨우 몸 하나 들어갈 크기다.[52] 감숙성 주천酒泉에서 발견한 7기의 한대 어린이무덤은 규모가 한정되어 있다. 비교적 완전하게 남아 있는 3호묘의 경우, 푸른 벽돌을 평평하게 쌓았는데 묘실 바닥은 길이 0.95m, 너비 0.27m이다. 여기서 철제 칼, 목걸이 장식 등이 출토

見先祖, 念子營營. 三增仗火, 皆往弔親. 瞿不識之, 啼泣東西. 久乃隨逐(逝), 當時復遷." 커다란 묘실, 찬란한 벽화, 그리고 호화로운 부장품으로 구성된 무덤들은 일종의 달콤하고 따뜻한 집과 같지만, 허아구부모의 상상은 이와는 전혀 다른 형태의 상상이다. 바로 이런 공포감 때문에 무덤의 조영은 전혀 다른 방향으로 발전하여 사후세계의 상황을 바꿀 수 있기를 기대하였다.

50 楊慶堃 著, 範麗珠 等 譯, 『中國社會中的宗教—宗教的現代社會功能與其歷史因素之研究』, 上海: 上海人民出版社, 2007, p.57.

51 許宏, 「略論我國史前時期甕棺葬」, 『考古』 1989년 제4기, pp.336-337.

52 中國科學院考古研究所, 『洛陽中州路(西工段)』, 北京: 科學出版社, 1959, pp.131-132.

되었다. 7호묘는 아치형 천장을 가진 단실의 벽돌무덤이다. 일반적으로 벽돌무덤의 묘실면적은 넓지만, 이 묘실의 길이는 겨우 2.16m이며, 가장 넓은 곳이라고 해봐야 0.73m에 불과하다.[53] 그러므로 왕아명각석에서 보이는 '축소'와 '간략화'는 결코 이 집안의 재력이 부족해서가 아니라, 죽은 자의 연령과 밀접한 관련이 있다고 봐야 한다.

우홍은 허아구초상의 조형이 한대 화상 속에 보편적으로 나타나는, 성년의 남자 주인이 빈객의 예를 받고 무악을 감상하는 표준형식에서 유래하며 '진정한' 어린이가 이상화된 '공적公的' 도상으로 바뀐 사례라고 예리하게 지적했다. "아이에 대한 그리움은 단지 일반적으로 통용되는 공공예술의 공식에 의지해서만 비로소 도달할 수 있는 듯하며, 찬문贊文 속에 드러난 아이에 대한 부모의 강렬한 사랑은 상장예술에서 통용되는 언어를 통해서만 진술할 수 있는 듯하다."[54] 사실 왕아명의 모습 역시 '공적'인 도상을 채택하고 있는데, 유사한 도상의 사례는 매우 많다. 요양遼陽 봉대자奉台子 1호묘 벽화에 묘사된 묘주도墓主圖[도25] 역시 매우 유사한 구도를 보인다.[55] 다만 왕아명초상에서 달라진 것은 성년의 위치에 아동의 형상을 치환한 것으로, 둥근 얼굴이나 머리 위의 총각은 모두 어린이의 표지다.

화상뿐만 아니라 왕아명사당과 봉토 역시 성인의 형식을 채용했다. 상술한 것처럼 이런 형식은 일찍이 후한 후기 산동 지역에 널리 존재했다. 왕아명이 채택한 것은 축소된 성인의 무덤이며, 화상 속에서는 성인이 쓰는 가구를 사용하고 있다. 또한 성인의 자태로 앉아 있으며, 성인문화에 특유한 빈객과 주인의 관계 속에 위치하고 있다.

이 각석은 사람들에게 개방된 묘지에 노출된 왕아명의 기념비다. 가족의 슬픔을 드러낼 뿐 아니라, 동시에 건축, 조각, 그리고 회화적 언어를 통해 왕아명의 영원한 형상을 창조해냈다. 화상이건, 건축형식이건 모두 왕아명을 존경받을 만한 '작은 대인'의 모습으로 드러내고 있다. 이런 형상은 어린이에 대한 한대 상층사회의 소망이기도 했다.

왕즈진王子今은 한대의 '신동神童'고사를 집중적으로 연구했는데, 한대 전후에 출현한 신동의 개념에 주의했다.[56] 이른바 신동은 결코 그들이 정말로 초자연적 신성을 얻었음을 의미하는 건 아니었다. 조숙하거나 일찍부터 남보다 지혜가 뛰어나서 보통의 경우 성인이 되어서야 얻을 수 있는 지식과 도덕수준을 갖추고, 심지어 어느 면에서 성인을 뛰어넘는 존재였다. 산동 화상석 가운데 항탁項橐의 형상이 유행했는데, 그는 7살에 공자의 스승이 되었

53 甘肅省博物館, 「甘肅酒泉漢代小孩墓清理」, 『考古』 1960년 제6기, pp.16-17.

54 巫鴻, 「"私愛"與"公義"—漢代畵像中的兒童圖像」, p.242.

55 李文信, 「遼陽發現的三座壁畵古墓」, 『文物參考資料』 1955년 제5기, pp.17-18.

56 王子今, 「漢代神童故事」, http://www.studytimes.com.cn/txt/2007-06/26/content_8443009.htm. 마지막으로 검색한 시간은 2008년 9월 12일 10시 15분이다.

도25 요녕성 요양 봉대자 1호묘 벽화 속의 묘주, 후한(『文物參考資料』 1955년 제5기, p.17, p.18)

다고 하며,[(도26)57] 모범적 인물로 표현된 무량사의 효손 원곡原穀은[58] 도덕수준이나 지혜 모두 그의 부친을 뛰어넘었다고 한다.[(도27)] 『화양국지·후현지華陽國志·後賢志』의 부편附篇인 「익주, 양주, 영주 등 3주의 선한 이래의 사녀목록益梁寧三州先漢以來士女目錄」은 9살에 죽은 신동 양오楊烏를 언급했는데, 그는 문학가 양웅楊雄의 둘째 아들로 어리지만 매우 총명하여 양웅이 『태현太玄』을 저술하던 당시 많은 도움을 주었다고 한다.[59]

왕즈진은 그의 글에서 『설부說郛』 권57에 수록된 도잠陶潛의 『군보록群輔錄』에 언급된 이른바 '제 북쪽 지역의 다섯 용濟北五龍'을 인용, "교동령 노범소는 자가 홍선, 낙성령 강재기의 자는 자릉, 영음령 강서안의 자는 맹평, 경령 노하은의 자는 숙세, 주별가사 구유빈의 자는 문요인데, 일설에는 세주라고도 한다. 제북 지역의 이 오룡은 나이가 어리나 남다른 재주가 있어 모두 '신동'이라 부른다. 환제와 영제시기에 사람들이 이들을 '오룡'이라 불렀는

---

57 항탁의 고사에 대한 가장 상세한 서술은 돈황 장경동 출토 변문 「공자와 항탁이 서로 묻다(孔子項託相問書)」에 나타나 있다(項楚, 『敦煌變文選注(增訂本)』 上冊, 北京: 中華書局 , 2006, pp.473-487).

58 원곡의 고사는 『태평어람』에 수록되었는데, 이는 무명씨의 『효자전』을 인용한 것이다(李昉 編, 『太平御覽』, 北京: 中華書局, 1960, p.2360).

59 常璩 撰, 任乃强 校注, 『華陽國志校補圖注』, 上海: 上海古籍出版社, 1987, p.667.

도26 산동성 가상 제산의 〈공자가 노자를 만나다(孔子見老子圖)〉 부분, 후한 (가운데 아동이 항탁이다. 山東省博物館·山東省文物考古研究所, 『山東漢畵像石選集』, 도판79, 도179)

도27 무량사의 효손 원곡의 화상, 후한(容庚, 『漢武梁祠畵像錄』, 北平: 北平考古學社, 1936, p.24)

데, 관련 기록이 『제북영현전濟北英賢傳』에 보인다"라고 적었다.[60] 그는 또 "도잠의 글에서는 이 '오룡'을 '팔준八俊', '팔고八顧', '팔급八及' 등과 함께 설명했는데, 이 또한 환제와 영제시기 사회여론과 인물품평에 대한 기록이다"라고 지적했다. 성인세계에서 유행한 인물품평의 바람이 아이들에게까지 미쳤던 것인데, 그 결과 어린이의 무덤 역시 성인 무덤의 양식대로 만들게 된 것이다. 그러므로 죽은 왕아명을 '작은 대인'의 형상으로 만든 것은 매우 합리적이다. 왕아명이 거주하던 제나라는 바로 '오룡'이 출현한 '제북濟北'의 범위 안에 있는데, 이런 배경 아래 낭관이었던 왕한특 역시 당시 유행의 영향으로부터 자유롭지 못했을 것이다.

양아이꾀는 그의 저서에서 『예석』 권10에 수록된 광화 4년(181)의 〈동자봉성비童子逢盛碑〉[도28]를 언급했다. 비문은 매우 고심하며 지은 흔적이 뚜렷한데, '태회정기胎懷正氣'로부터 시작한다. 여기에서는 본래 별로 내세울 만한 행적이 없는 12살 어린이 봉성을 재주와 지혜가 매우 뛰어나고 하나를 들으면 열을 아는, 그래서 항탁에 견줄 만큼 뛰어난 신동으로 묘사했다. 비문의 최후에는 "그리하여 문생인 동무東武의 손리孫理, 하밀下密의 왕승王升 등이 세 번이나 감격해 뜻을 모아 함께 돌을 조각하고, 그의 재주를 서술하고 명문을 기록하여 없어지지 않게 했다於是門生東武孫理, 下密王升等, 感激三成, 一列同義, 故共刊石, 敍述才美, 以銘不朽"고 기술했다. 멍스밍蒙思明은 "12살의 어린이가 어떻게 문생이 있겠는가. 여기서 언급한 문생은 부친의 문생일 것"이라

60 "膠東令盧汜昭字興先, 樂城令剛載祈字子陵, 潁陰令剛徐晏字孟平, 涇令盧夏隱字叔世, 州別駕蛇邱劉彬字文曜, 一雲世州. 右濟北五龍, 少並有異才, 皆稱神'. 當桓靈之世, 時人號爲五'. 見『濟北英賢傳』." 陶宗儀 等 編, 『說郛三種』, 上海: 上海古籍出版社, 1988, p.2623.

```
童子逢盛碑
童子　　　　弘即
逢盛碑　　　引字即
　　　　　聚蚋動亦蟻省也

童子諱盛字伯彌薄令之玄孫成君之曾孫安平
君之孫五官掾之長子也胎懷正氣生克自然摛育
孩嬰弱而能言至於垂髫智惠過庭愛試退誦
詩禮心開意審聞一知十書畫規柜制中圓椷日就
月將學有絹熙文亞后橐當為師楷自天生授罔不
左初謂當加遂令儀令色礬齋珪角立朝進仕究竟
人爵克啓歟後誘以彰明德消嗣昭達何禧季世顯天

隸釋　　卷第十　　八

不惠伯彊涇行降此大庚年十有二歲在協給五月
乙已噎喻不反夭隕精晃苗而不秀命有遜捏無可
奈河慈父悼傷割哀回鯉其十二月丁酉而安措諸
求潛黃壚沒而不存於是門生東武孫理下窆王升
等感憝三成一列同義故共刊石叙述才美以銘不
朽其辭曰
嘉慈伯彌天攬其姿乖克岐嶷聰叡敏達當遂遍池
立禡建基時非三代符命無恒人生在世壽無金石
身潛名彰顯於後葉
```

도28 〈동자봉성비(童子逢盛碑)〉 비문, 후한(洪适, 『隸釋·隸續』(洪氏晦木齋刻本影印), 北京: 中華書局, 1985, p.114)

고 추정했다.[61] 『예석』에는 이 비석이 원래 산동 창읍昌邑에 있었다고 했는데, 지금은 이미 일실되어 비석의 형태가 성인의 것과 동일한지는 알 수 없다. 다만 비문의 전개방식이 성인의 비문과 똑같은 것은 확실하다. 봉성에 대한 아부와 빈말은 권귀에 빌붙어 벼슬길에 나아가고자 하는 문생들이 윗사람과 결탁할 때 썼던 수법에 불과하다. 비문의 문체는 날아갈 듯하고 글은 현란하지만, 글자와 행간에서 어떤 진정성도 찾아볼 수 없다. 봉성의 죽음은 결국 성인들끼리 인간관계를 맺을 수 있는 기회를 제공했는데, "어린이가 맞닥뜨린 세계는 어린이들을 위

해 설계된 세계가 아니며, 성인들의 편의를 위해 배치된 공간이었다."[62]

〈동자봉성비〉와 비슷한 것으로 채옹蔡邕이 지은 〈동유호근비童幼胡根碑〉와 〈원만래비袁滿來碑〉가 있다.[63] 전자의 주인공은 건녕 2년(169) 질병으로 요절한 7살의 호근이다. 비문에는 그가 "총명하고 민첩하며, 묻기를 좋아하여 남보다 일찍 변별력이 있었다. 그가 사용하는 말이나 지혜와 생각은 어른의 덕으로도 보탤 것이 없었다聰明敏惠, 好問早識, 言語所及, 智思所生, 雖成人之德, 無以加焉"라고 적혀 있다. 그를 위해 비석을 세운 자는 '친속 이도李陶 등'이다. 그

61　蒙思明, 『魏晉南北朝的社會』, 上海: 上海人民出版社 2006, p.20의 주122.
62　費孝通, 「生育制度」, 費孝通, 『鄕土中國·生育制度』, 北京: 北京大學出版社, 1998, p.190.
63　嚴可均 校輯, 『全上古三代秦漢三國六朝文』 권76, 권79, 北京: 中華書局, 1958, p.884, p.896.

러나 비문에서 언급한, 정말로 상심한 사람들은 그의 모친과 큰누나였다. 호근과 성이 다른 '친속'은 도대체 누구인지 분명치 않다. 〈원만래비〉의 비문 역시 전자와 대동소이한데, 사자는 15살의 원만래다. 당시 왜 사회에 전혀 공헌이 없는 아이들을 위해 풍비豊碑를 세웠던 걸까. 왜 명성이 자자한 문학가를 초청하여 비문을 짓게 했던 걸까. 봉성과 마찬가지로 그들은 일반적인 가정의 아이가 아니다. 호근의 부친은 진류태수陳留太守 호석胡碩이며, 조부는 태위太尉 호광胡廣이다.[64] 그리고 원만래는 태위공太尉公의 손자며, 사도공司徒公의 아들이었다.

남양에서 발견된, 건녕 3년(170) 건립된 5살배기 허아구사당의 화상석 제기는 140자 안팎에 이르는 긴 운문으로(일부 문자는 마손) 부모의 말투로 쓰였다. 비록 글 가운데서 허아구 부모의 관직을 찾아낼 수는 없지만, 매우 공들인 문자는 아이를 잃고 비통에 잠긴 부모의 손에서 나온 것으로는 믿기 어렵다. 이것 역시 〈동유호근비〉와 〈원만래비〉처럼 어떤 문학가의 손에서 나온 것이 아닐까 싶다. 다만 글의 작자가 채옹처럼 유명한 사람은 아닐 것이다. 허아구사당과 달리 왕아명각석의 제기는 "성명과 연령, 애끓는 비통의 소리 이외에는 어느 것도 말하지 않는

다."[65] 그러나 이처럼 간단한 문자가 결코 집안사람들의 애통을 감출 수는 없었다. 그럼에도 불구하고 왕아명각석은 일반적으로 통용되는 무덤과 사당의 형태를 모방하고, 화상 역시 흔한 형식을 채택했다. 이제 사람들은 독특한 예술형식을 통해 결코 복제할 수 없는 자신들의 감정을 표현하지는 않았다.

어린이 문제로 다시 돌아가 보자. 한의 왕충王充 역시 자신을 '규칙을 지키고 글 읽기를 좋아하는 작은 대인'이라고 설명했다. "어린 시절 친구들과 놀 때, 가볍게 남을 놀리는 것을 좋아하지 않았다. 친구들은 참새를 숨기고, 매미를 잡고, 돈 놀이를 하거나 나무 타는 것 등을 즐겼는데, 왕충만은 하지 않았다."[66] 사람들은 이런 왕충을 보고 자신의 아이들도 그랬으면 하고 바랐다. 왕충의 글 속에 표현된 '자화상'과 유사한 경우는 아마도 항탁의 화상(도27)일 것이다. 손에 쥔 소형 장난감 차 이외에, 이 7살짜리의 복식, 신체 비례와 움직임 모두 어린이의 특징이 전혀 없다. 그는 정말로 그럴싸하게 앉아 공자와 평등하게 대화를 나누고 있다. 다시 말해 그는 어른 형상의 '축소판'이다.

그러나 왕충이 말한 대로 많은 아이들의 어린 시절은 결코 그렇지 않았다. 보통 아이들의 형상은 강

---

64 채옹은 일찍이 황제의 명을 받아 〈호광황경송(胡廣黃瓊頌)〉과 〈태부호광비(太傅胡廣碑)〉를 지었다. 그는 일찍이 태위 호광을 섬겼으며, 호씨 일가와 밀접한 관계를 가지고 있었다. 〈호광비〉와 〈호근비(胡根碑)〉 이외에도 〈진류태수호석비(陳留太守胡碩碑)〉, 〈교지도위호부군부인황씨신고(交趾都尉胡君夫人黃氏神誥)〉, 〈태부안락후호공부인영표(太傅安樂侯胡公夫人靈表)〉, 〈의랑호공부인조씨애찬(議郞胡公夫人趙氏哀贊)〉 등의 비명을 지었다. 이에 대한 논의는 黃金明, 『漢魏晉南北朝誄碑文研究』, 北京: 人民文學出版社, 2005, pp.62-67.

65 이 구절은 프랑스 학자 Jean-Pierre Néraudaud의 저서인 『古羅馬的兒童』(張鴻·向征 譯, 桂林: 廣西師範大學出版社, 2005)에서 인용했다. 이 책에서 분석한 로마 아동의 묘지 문자(pp.339-340)는 한대 아동의 사당 속 제기와 비교할 수 있다.

66 "爲小兒, 與儕倫遨戲, 不好狎侮. 儕倫好掩雀, 捕蟬, 戲錢, 林熙, 充獨不肯." 王充 撰, 黃暉 校釋, 『論衡校釋』(劉盼遂 集解가 부록으로 있음), 北京: 中華書局, 1990. p.1188.

도29 강소성 비현 무우묘의 〈아동포선도(兒童捕蟬圖)〉, 후한(필자 그림)

소성 비현邳縣의 후한대 무우묘繆宇墓 화상석에서 볼 수 있다. 매미를 잡고 노는 데 푹 빠진 한 무리 아이들이 있는데, 옷은 얼룩으로 더럽고, 동작도 매우 동적이다. 그들은 친구를 부르기도 하는데, 노는 것이 매우 개구지고 사랑스럽다.(도29)[67] 죽은 왕아명이 만약 영혼이 있어 지각능력이 있다면, 아마도 항탁과 같은 모습을 싫어했을 것이며, 자신의 무덤 앞에서 몸을 바로 하고 꿇어앉아 있는 것도 싫어했을 것이다. 대신 매미 잡고 노는 친구들의 즐거움과 자유로움을 부러워했으리라.

본문 집필 과정에서 蔣英炬, 朱玉德, 楊愛國, 徐龍國, 楊新壽, 劉海宇 등의 도움을 얻었다. 이 자리를 빌려 특별히 감사드린다. 이 글은 원래 中山大學 藝術史研究中心 編, 『藝術史研究』 제10집(廣州: 中山大學出版社, 2008, pp.275-297)에 발표했으며, 이 책에서는 일부 수정을 가하였다.

---

67 『徐州漢畫像石』, 南京: 江蘇美術出版社, 1985, 도153.

이민족에 대한
시선

●

한대 예술 속의
호인胡人 형상

1. 서쪽에서 온 신선의 이미지

1980년 산동성 청주시의 이름난 하천인 폭수간瀑水澗의 옛 물길 속에서 높이 3.05m에 달하는 환조丸彫의 석인石人 하나를 발견했다. 현재 이 석인은 산동성 석각예술박물관에 소장되어 있다.[1] 끝이 뾰족한 모자를 쓴 석인의 얼굴은 길고 야윈 편이며, 두 눈은 움푹 들어가 있고 신체는 네모난 돌기둥 같다. 두 손을 배 앞에서 잡고 방형의 대좌 위에 앉아 있다. 뾰족 모자 하단에는 마름모꼴의 천환문穿環文과 물결문이 한 바퀴 둘러져 있고 복부에도 역시 마름모꼴의 천환문이 있다.^(도1) 이런 문양은 한대 그림에서 흔히 출현하는데, 이 석인에는 선이 돌기되어 후한 후기의 특징에 가깝다. 이 밖에 다른 조각양식들을 종합해볼 때, 이 석상은 2세기 작품으로 추정할 수 있다. 석인이 쓴 뾰족 모자, 몸에 달라붙은 상의와 바지는 중원中原의 전통적인 복식과 다르며, 깊은 눈과 높은 코 등 이른바 심목고비深目高鼻(약간의 파손이 있다)의 이목구비는 한대 예술 속에 나타난 호인의 특징과 부합한다.

한대의 호인은 북방 유목민족인 흉노족과 오늘날의 발카시호Balkhash Lake 동쪽과 이남의 신강新疆 등지에서 활동한 민족을 지칭하며, 심지어는 더 멀리 중앙아시아 지역의 민족까지도 포함한다. 한대 이후에는 한족과 다른 모든 이민족을 지칭하는 말로 사용되어 그 범위가 넓어졌다.

산동 지역은 한대 석각예술이 가장 발달한 곳으로, 관련 자료가 매우 풍부하게 남아 있다. 그리하여 예술품 속의 호인 형상 역시 산동 지역에 가장

도1 산동성 청주시 폭수간 출토 호인상, 후한(劉振清 主編, 『齊魯文化—東方思想的搖籃』, p.195)

많지만, 문헌에서 이런 예술품을 언급한 경우는 매우 적다. 다행히 후한 왕연수王延壽가 전한시대 노공왕魯恭王 유여劉餘가 곡부에 건립한 영광전靈光殿을 노래한 글에서 장식적 요소로 호인을 언급하고 있다.

---

1   劉振清 主編, 『齊魯文化—東方思想的搖籃』, 濟南: 山東美術出版社 · 香港商務印書館, 1997, p.195.

호인들이 저 멀리 기둥 상단에 모여, 공경스럽고 장중한 태도로 꿇어 앉아 서로 마주 대하고 있다. 그들은 큰 머리를 들고 수리새 같은 눈으로 보며 움푹 꺼진 두 눈을 부릅뜨고 있는데, 표정은 마치 위험한 곳에 처해 슬프고 근심스러운 듯하며, 처참함으로 눈살을 찌푸리고 이마를 찡그리고서 근심을 머금고 있다.[2]

1972년 산동성 임기臨沂 백장白莊(吳白莊이라 부르기도 한다)에서 출토한 후한 후기 화상석묘의 아치형 문기둥에 많은 고부조高浮彫 장식이 있었다. 이 가운데 두 개의 기둥 상단에 위쪽의 건축부재를 지탱하는 호인상이 하나씩 있다. 바로 문헌 속 '저 멀리 기둥 상단에 모인 호인'의 모습이다.(도2-1,2)[3]

완룽춘阮榮春은 백장묘의 묘주를 낭야국琅琊國 제5대 왕인 안왕安王 거据(재위 140~187), 혹은 제6대 왕인 순왕順王 용容(재위 187~195)으로 추정했으며, 이곳의 호인 형상을 남방에서 전래된 불교적 요소의 영향 아래 출현한 '호승胡僧'으로 보았다.[4] 필자는 백장묘가 제후왕릉이 아니며, 호인 역시 불교조상

의 특징을 가지고 있지 않아 '호승'으로 볼 만한 직접적 증거가 없다고 생각한다. 호인은 비록 이민족의 얼굴 생김새를 하고 있지만, 여기에 표현된 내용은 여전히 중원의 전통적인 신선사상이다.

왕연수의 〈노영광전부魯靈光殿賦〉에서는 기둥 위 호인 장식의 의미를 명확하게 언급하지 않았지만, 전후 문맥 속에서 그 실마리를 찾을 수 있다. 달리는 호랑이, 교룡蛟龍, 붉은 새, 등사騰蛇, 백호, 반리蟠螭, 교활한 토끼[狡兔], 검은 곰[玄熊] 등 조류와 동물의 형상을 묘사한 후, 왕연수는 다음과 같이 썼다.

신선들이 동량棟梁 사이에서 곧게 서 있고 옥녀는 창문으로 아래를 보고 있다. 그러다가 갑자기 잘 보이지 않고 어렴풋해져, 귀신처럼 있는 것 같기도 하고 없는 것 같기도 하다.[5]

여기서 언급한 각종 동물들은 대부분 전한 이래로 성행한 상서祥瑞를 상징하는 제재다. 그리고 이어지는 선인과 옥녀는 신선관념과 관련된다. 상술한 호인과 마찬가지로 이 내용 대부분을 백장묘에

---

2 "胡人遙集於上楹, 儼雅踞而相對. 仡欺媿以雕䐉, 鷳顡顡而睒睗, 狀若悲愁於危處, 憯嚬蹙而含悴." 蕭統 編, 李善 注, 『文選』 제2책, 上海: 上海古籍出版社, 1986, pp.514-515. 한글 해석은 김영문 등 역, 『문선역주』 2, 소명출판, 2010, p.294를 참조.

3 백장묘는 현재까지도 완전한 보고서가 나오지 않았으며, 부분 자료만 소개되었다. 山東省博物館·山東省文物考古研究所 編, 『山東漢畫像石選集』, 濟南: 齊魯書社, 1982, 도판161-171, 도360-386; 管恩潔·霍啓明·尹世娟, 「山東臨沂吳白莊漢畫像石墓」, 『東南文化』 1999년 제6기, pp.45-55; 焦德森 主編, 楊愛國 副主編, 『中國畫像石全集』 제3권, 濟南·鄭州: 山東美術出版社·河南美術出版社, 2000, pp.1-31의 도1-35; 臨沂市博物館, 『臨沂漢畫像石』, 濟南: 山東美術出版社, 2002, pp.1-26의 도1-39. 그런데 상술한 자료들은 모두 본문에서 언급한 기둥에 대해 언급하지 않았다. 이 기둥들의 사진은 완룽춘의 글에서 처음 소개되었다(阮榮春, 「"佛敎南方之路"北滲山東南部─論臨沂, 沂南畫像石中的外來影響」, 『故宮文物月刊』 총166기, 1997년 1월, pp.78-89).

4 阮榮春, 「"佛敎南方之路"北滲山東南部─論臨沂·沂南畫像石中的外來影響」, p.78, p.87.

5 "神仙嶽嶽於棟間, 玉女窺窗而下視, 忽瞟眇以響像, 若鬼神之仿佛." 蕭統 編, 李善 注, 『文選』 제2책, p.515. 한글 해석은 김영문 등 역, 『문선역주』 2, p.294를 참조.

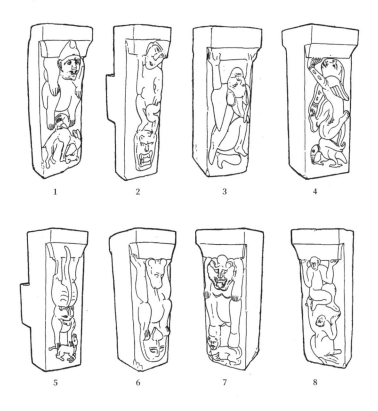

도2 산동성 임기시 백장묘 기둥 조각, 후한(필자의 현장 그림)

이처럼 호인 모티프가 문학작품 속에서 묘사되고 무덤에도 등장하는 것은 이것이 상서와 신선 등을 표현하는 전체 도상계통의 한 구성요소임을 말해준다. 백장묘를 보면 호인의 위치, 조각 기법과 양식이 모두 다른 도상들과 분리되어 있지 않다. 그러므로 그 의미 또한 필연적으로 이들 도상과 관련되어 있다고 할 수 있다.

백장묘의 아치형 상인방上引枋한 곳에는 호인이 운기雲氣에서 날아오르는 장면이 선각으로 묘사되었는데, 교묘한 자태가 일반적인 선인과 같다. 이 밖에도 화면 속에는 용, 벼락 수레를 끄는 선인 등이 있는데, 모두 천상의 신령들이다.(도3)[7]

서 찾을 수 있다. 즉 호인을 새긴 기둥과 병렬하고 있는 다른 돌기둥 위에도 선인, 곰, 호랑이, 토끼, 새, 원숭이 등이 묘사되었다.(도2-3~8) 왕연수가 글에서 묘사한 대부분이 백장묘의 돌기둥에 나타나는 것이다.[6]

동일한 내용의 조합은 이 밖에도 꽤 있다. 첫째, 유명한 기남沂南 북채北寨 후한 화상석묘 전실前室의 팔각기둥 위에 묘사된 4명의 호인이다.(도4, 도5)[8] 이 역시 '호인들이 저 멀리 기둥 상단에 모여 있는'

---

6 영광전은 기원전 2세기의 건축이며, 백장묘의 연대는 2세기 말이다. 전한대 궁전벽화의 실물자료가 적기 때문에 왕연수의 글이 당시 벽화의 실제상황을 어느 정도 반영했는지 알 수 없다. 전각 안 도상에 대한 왕연수의 묘사와 백장묘 조각의 일치성은 두 가지로 해석해볼 수 있다. 첫째, 이런 도상의 조합관계가 전한시기에 이미 궁전건축에 다수 출현하며, 후한시기 묘장미술에 여전히 계승되고 있다고 보는 것이다. 둘째, 왕연수가 부를 지을 당시, 그 시대 예술제재를 무의식적으로 전한대 건축장식을 묘사하는 부분에 삽입했다고 보는 것이다. 부는 형식성이 매우 강한 문학형식이며, 그 언어는 이미 존재하는 모종의 규정을 따라야 한다. 그러므로 필자가 다른 글에서 언급했듯이 〈노영광전부〉의 구조가 『초사·천문』의 영향을 받은 것도 결코 이상하지 않다. 이에 대해서는 본서 「그림의 테두리를 누른 붓끝—고분벽화와 전통회화사의 관계」를 참조.

7 탁본은 臨沂市博物館, 『臨沂漢畫像石』, p.26의 도37을 참조.

8 曾昭燏·蔣寶庚·黎忠義, 『沂南古畫像石墓發掘報告』, 北京: 文化部文物管理局, 1956, 도판42·43.

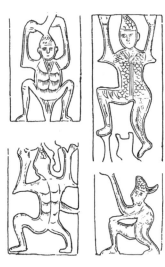

도3 산동성 임기시 백장묘 아치형 문미의 선각화 부분(필자의 현장 그림)

도4 산동성 임기시 백장묘 전실 기둥(필자 촬영)

도5 산동성 임기시 백장묘 전실 기둥의 호인 형상(필자 그림)

형상의 작품이다. 호인의 뾰족 모자와 의복에는 비늘문양을 장식하기도 했는데, 전설 속 용의 신성한 특징과 같다. 또는 전신에 털이 나서 선인의 모습과 흡사한데, 이런 표현을 통해 호인의 비범한 신성을 표현했다. 4명의 호인은 모두 지붕을 받치고 있다. 동일 부분의 기둥 사면에는 지초芝草를 든 선인, 날개 달린 사슴, 사람 머리에 호랑이 몸체를 가진 괴물, 인면의 새, 세 개의 머리를 가진 동물, 달리는 용, 그리고 이름 붙이기 어려운 온갖 기이한 금수들이 있다.

둘째, 기남현 소서독수천小西獨樹村에서 새로 발견된 화상석에도 한 명의 호인과 익룡翼龍, 새의 머리를 한 괴이한 동물 등의 도상이 있다.[9]

도6 산동성 임기시박물관 〈화상비〉, 후한(필자 촬영)

---

9   趙文俊·于秋偉, 「山東沂南縣近年來發現的漢畵像石」, 『考古』 1998년 제4기, p.53의 도25.

도7·8 산동성 임기시박물관 〈화상비〉 측면 호인 형상(필자 촬영)

셋째, 임기시 난산구蘭山區 부둔傅屯 출토의 한대 화상비畵像碑다.(도6)[10] 화상이 새겨진 비석형태의 입석立石은 기남현, 여현莒縣 및 서주 등지에서도 발견된다. 종종 쌍으로 출토되는데, 묘지의 신도神道 양쪽에 세워졌을 것이다. 이 비석의 한 면에는 봉조鳳鳥와 서왕모西王母가, 다른 쪽에는 각종 상서로운 동물이, 측면에는 고부조의 인물이 있는데 판별이 가능한 얼굴은 모두 호인의 모습이다.(도7, 도8) 서왕모 양쪽의 호인은 서왕모를 중심으로 하는 신선 계통에 속할 것이다.

상술한 사례에서 호인은 모두 각종 상서 및 신들과 조합하여 하나의 군상을 이루는데, 이런 장식은 묘실과 묘지에 나타나는 것으로 당시 사람들의 승선에 대한 희망을 반영한다. 그렇다면 호인도상은 어떻게 해서 신선이나 상서를 주제로 한 도상과 결합할 수 있었는가? 한대인은 왜 호인을 신으로 보았는가?

신선에 대한 이야기는 전국시대 제齊와 연燕 일대에서 흥기했으며, 진 제국으로부터 전한 전기에 이르기까지 황제의 구선求仙 활동 대부분은 산동 지역에서 일어났다. 그들은 전설 속의 바다 속 선산에서 불사의 약을 찾을 수 있으리라 생각했다. 한 무제는 동방에서 선인을 찾는 데 실패한 후 방향을 바꿔 서방 내륙에서 장생불사의 약을 구하였는데, 서왕모가 사는 신선세계를 찾고자 했다. 우홍巫鴻은 일찍이 서방을 향한 구선과 서왕모도상의 관계에 대해 자세히 연구한 바 있다.[11] 호인은 서방과 북방

---

10 이 석각의 양쪽 화상 탁본은 臨沂市博物館, 『臨沂漢畵像石』, p.62의 도108 · 109 참조.

11 Wu Hung, *The Wu Liang Shrine: The Ideology of Early Pictorial Art*, Stanford: Stanford University Press, 1989, pp.108–141.

의 민족이며, 구선활동이 서방으로 방향을 바꾼 것은 아마도 후한시대 예술에서 호인도상과 신선관념이 일체화되는 하나의 배경이 되었을 것이다.

서왕모를 중심으로 하는 신선도상 계통은 완전하고 엄격한 종교적 규범이 없었다. 전국시대 이래 신선에 관한 전설은 매우 복잡하고 잡다했으며, 명칭 역시 다양했다. 왕충王充은 『논형論衡』에서 이런 도상과 구전되는 전설 사이에 존재하는 모순을 지적했다. 즉 그는 '벼락을 그리는 사람들圖雷之家'과 '벼락에 대해 말하는 사람들說雷之家' 사이에 나타나는 벼락에 대한 묘사의 차이를 지적했으며,[12] 나아가 선인의 형상에 대한 구전의 묘사와 그림 사이에도 모순이 있음을 지적했다.[13] 도상자료를 보면, 동일한 신에 대한 묘사 역시 매우 불확정적이다. 그러므로 많은 신선도상 속에 이민족의 외형적 특징을 가진 호인 형상이 도입되었을 가능성이 있다.

왕연수는 각종 조수와 선인, 그리고 옥녀는 매우 간략히 설명했지만, 호인은 매우 상세히 묘사했다. 얼굴의 특징에 대해 큰 관심을 보였는데, 그 가운데 '슬픈 듯한 형상'이라고 한 대목은 관찰자인 왕연수 개인의 주관적 인상이다. 여기서 우리는 왕연수가 다른 시선으로 이민족을 보았음을 알 수 있는데, 동일한 시선은 번흠繁欽(?~218)의 〈삼호부三胡賦〉에서

도 나타난다.

사거莎車의 호인은 눈이 노랗고 깊으며, 귀가 둥글고 턱이 좁다. 강거康居의 호인은 그을린 듯한 머리에 콧마루가 꺾여 있으며, 높은 하악골은 깎아지른 듯하며, 눈에 검은자가 없고 뺨에는 살이 많지 않다. 계빈罽賓의 호인은 얼굴이 구운 고슴도치 같고, 정수리는 마치 주머니가 하나 있는 것 같다. 콧마루가 비어 있는 듯하고 코가 높이 올라와 있다. 눈은 낭떠러지 같고 붉은 눈가를 가지고 있다. 이마는 족제비 가죽 같고 색깔은 시든 귤과 같다.[14]

한대 예술작품에서 나타나는 선인은 일반적으로 신체가 마르고 가늘며, 두 귀가 길고 크다. 두 어깨에는 날개가 있고 무릎에도 역시 아래로 늘어진 깃털이 있으며, 얼굴은 보통 사람과 다르다. 1964년 섬서성 서안시 남옥풍촌南玉豊村과[15] 1987년 하남성 낙양시 동쪽 교외[16]에서 출토한 두 청동 우인羽人 대좌는 호인의 모습을 구체적으로 보여준다.(도9, 도10) 『회남자·도응훈道應訓』은 진시황 때의 방사 노오盧敖가 본 신선의 독특한 모습을 "눈이 깊고 검은 구레나룻을 가지고 있으며, 눈물이 떨어질 듯하고

이 책의 중역본은 柳揚·岑河 譯, 『武梁祠—中國古代畫像藝術的思想性』, 北京: 生活·讀書·新知三聯書店, pp.128-158.

12 『論衡·雷虛篇』, "且說雷之家, 謂雷天怒呴籲也; 圖雷之家, 謂之雷公怒引連鼓也. 審如說雷之家, 則圖雷之家非; 審如圖雷之家, 則說雷之家誤.", 王充 撰, 黃暉 校釋, 『論衡校釋』, 北京: 中華書局, 1990, p.305.

13 『論衡·雷虛篇』, "飛者皆有翼, 物無翼而飛謂仙人, 畫仙人之形, 爲之作翼." 출처는 주 12와 동일

14 "莎車之胡, 黃目深精, 員耳狹頤. 康居之胡, 焦頭折頞, 高輔陷無, 眼無黑眸, 頰無餘肉. 罽賓之胡, 面象炙蝟, 頂如持囊. 隈目赤眥, 洞頞卬鼻." "頜似鼬皮, 色象萎橘." 李昉 等, 『太平御覽』 권382, 권966, 北京: 中華書局, 1960, p.1764, p.4287.

15 西安市文物保護研究所 編著, 『西安文物精華·靑銅器』, 北京: 世界圖書出版公司, 2005, 도판267.

16 趙春靑, 「洛陽漢塚靑銅羽人」, 『文物天地』 1993년 제5기, p.23 및 표지.

도9 섬서성 서안시 남옥풍촌 출토 금동 우인 대좌, 후한(西安市
文物保護研究所 編著, 『西安文物精華·靑銅器』, 도판267)

도10 하남 낙양시 동교(東郊) 출토 금동 우인 대좌, 후한
(Jessica Rawson ed., *Mysteries of Ancient China: New
Discoveries from the Early Dynasties*, London: British
Museum Press, 1996, p.176)

솔개 같은 어깨를 갖고 있다. 이마는 넓지만 아래
는 가늘다"라고 기록했다.[17] 백장묘의 기둥에서 호
인은 선인과 함께 출현하는데, 전자는 심목고비이
며,(도11, 도12, 도2-1,2) 후자는 귀가 길고 머리를 늘어뜨
리고 있다.(도13, 도2-3,4) 둘 다 모습이 기이하여 보통
사람의 신명神明과는 다르다. 장기간 정착하여 안정
적인 생활을 영위한 한인漢人들은 얼굴이 기이하고
각종 환술과 잡기에 능숙한 호인을 온갖 잡술에 능
하고 도술로써 사람들을 미혹하는 방사들과 유사
한 부류로 인식했을 가능성이 크다. 그렇다면 방사

들이 언급했던 신선들은 심목고비를 한 이민족의
신명들로 인식되었을 것이다.

2. '대인大人'의 이미지를 가진 호인

한대에 서역과 교통한 이후 불교가 중국에 전래되
었다. 산동성 기남의 한대 무덤에서 불상의 특징
을 가진 인물상이 다소 출현하는데, 서방의 신선관
념과 관련된 호인도상 역시 불교적 특징을 지닌다.
비록 백장묘에서는 이런 특징들이 출현하지 않지

---

17 "深目而玄鬢, 泪注而鳶肩, 豊上而殺下." 劉文典, 『淮南鴻烈集解』, 北京: 中華書局, 1989, p.406.

도11·12 산동성 임기시 백장묘 기둥 위의 호인 형상(필자 촬영)　　　　　　　　　　　도13 산동성 임기시 백장묘 기둥 위의 선인 형상
　　　(필자 촬영)

만, 여기서 멀지 않은 강소성 연운항連雲港 공망산孔望山의 마애조각에서 호인의 모습을 다수 볼 수 있다.(도14)[18] 호인들의 도상은 가부좌를 하거나 오른손을 들어 가슴 앞에 대기도 하고, 손에 연화를 들기도 하는 등 분명히 불교예술의 특징을 보여준다. 일부 도상은 백희百戱를 하기도 하고, 일부는 공양인 또는 예배자 같기도 하다. 공망산조상의 연대에 대해서는 의견이 분분한데, 후한 후기설이 비교적 타당해 보인다. 이 도상의 성격에 대해서도 의견이 달라, 혹자는 중국 최초의 불교조상으로, 혹자는 불도佛道 혼합조상이지만 도교적인 예배장소로, 혹자는 불교조상의 영향을 받았지만 주로 세속의 내용을

표현한 조각으로 보았다. 그러나 어떤 견해든 간에 모두 도상 속에 불교조상의 특징이 출현한다는 사실은 부정하지 않는데, 호인의 형상은 바로 불교적 요소의 주요 내용 가운데 하나다.

그러나 공망산 호인상에 불교조상의 특징이 일부 있더라도 거기에 표현된 것이 불교와 관련된 교의라고 단정할 수는 없다. 양홍楊泓 선생은 한대 무덤에서 출현하는 불교 관련 도상에 대해 "모두 중국의 신선사상과 초기 도교의 범주 안에서 출현한 것"이라고 지적했는데, 공망산조상에 대해서도 "호인의 출현이 반드시 불교와 직접적 관계가 있다고 할 수 없다"고 주장했다.[19] 우훙 역시 '전체적으로

18　連雲港市博物館,「連雲港市孔望山摩崖造像調査報告」,『文物』1981년 제7기, pp.1-7; 中國國家博物館田野考古研究中心 等,
　　『連雲港孔望山』, 北京: 文物出版社, 2010.
19　楊泓,「四川早期佛敎造像」, 楊泓·孫機,『尋常的精致』, 沈陽: 遼寧敎育出版社, 1996, pp.230-236.

도14 강소성 연운항 공망산 마애조상 속의 호인 형상, 후한(『文物』1981년 제7기, p.4)

볼 때 공망산 불상은 다른 전통적 신들과 마찬가지로 도교조상의 시원에 해당한다'고 추정했다.[20] 이런 주장들이 설득력을 갖는 이유는, 그것이 형상만을 고립적으로 연구한 것이 아니라 도상의 조합관계 및 문화적 배경을 충분히 고려했기 때문이다.

본문 서두에서 소개한 청주 지역 석인은 상술한 임기와 기남 등지의 호인도상과 달리 자세가 매우 반듯하여 명백히 신상神像의 특징을 가지고 있다. 특히 크고 높은 형태가 사람들에게 강한 시각적 인상을 준다. 청주 석인을 옛날에는 용俑이라 불렀는데, 이처럼 높고 큰 것은 무덤에 두기 어렵다. 혹자는 무덤 앞 신도 양쪽의 석각으로 추정하지만 증거가 부족하다. 관련 출토자료가 부족하여 그 성격을 확정 짓기 어렵기 때문에 아래에서는 간접적인 자료만을 토대로 추론하고자 한다.

산동 거남莒南 대점大店에서 출토된 한 기의 화상석 상부에는 크고 작은 두 인물이 있는데, 큰 인물이 호인이다. 하부에는 누각을 묘사했는데, 작은 인물을 평균 크기라 가정하면 오른쪽 호인은 거인이 된다. 앉은 자세와 몸 아래의 탑榻은 모두 청주 석인의 그것과 유사하다. 왼쪽의 소인은 허리를 굽혀 거인에게 예를 드리고 있다.(도15)[21] 당시 청주 석인도 이처럼 사람들의 제사와 예배를 받았는지 모른다.

이와 같은 석인은 문헌 속에 묘사된 '대인大人'을 떠올리게 한다. 중국 고대에 대인과 관련된 최초의 전설은 주周의 시조신화와 관련이 있다. 한대의 대인은 곧 선인仙人을 지칭한다. 사마상여司馬相如(기원전 179~117)는 일찍이 〈대인부大人賦〉를 썼는데, 내용은 모두 구선求仙에 관한 것이다.[22] 전설에 의하면, 한 무제가 선인을 만나고자 했을 때 일찍이 '대인

20 Wu Hung, "Buddhist Elements in Early Chinese Art(2nd and 3rd Century AD)", *Artibus Asiae*, vol.47, no.3/4, 1986, pp.263-347. 중국어 번역본은 巫鴻,「早期中國藝術中的佛敎因素(2-3世紀)」, 巫鴻 著, 鄭岩 · 王睿 編,『禮儀中的美術—巫鴻中國古代美術史文編』(下), 北京: 生活 · 讀書 · 新知三聯書店, 2005, pp.289-345 참조.

21 山東省博物館 · 山東省文物考古研究所,『山東漢畵像石選集』, 도판190, 도440.

22 『史記 · 司馬相如列傳』, 北京: 中華書局, 1959, pp.3056-3062.

도15 산동성 거남 대점 화상석, 후한(山東省博物館·山東省
文物考古研究所, 『山東漢畫像石選集』, 도판190, 도440)

의 자취'를 보았다.[23] 가장 흥미로운 것은 진시황이 금인金人을 주조한 고사가 한대에 오면 변화하지만 역시 대인과 관련이 있다는 점이다. 통일 이후 진시황은 천하의 무기를 함양咸陽에 모아 12명의 금인金人을 주조했다. 이는 예악을 새롭게 제정하고자 했던 진시황의 정치적 조치였다. 그러나 한대 이후 전설에는 "진시황이 임조臨洮에서 대인을 보았는데, 모두 이적의 옷을 입었다. 진시황이 상서라 생각하여 기뻐했으며, 동銅으로 그들의 모습을 주조했다"는 내용으로 변화했다.[24] 이는 곧 대인과 이민족을 연관시킨 것이다. 한대의 대인은 곧 신선이었으며, 간혹 호인의 형상을 띠었다.

불교가 처음 중국에 전래되었을 당시, 불교는 단지 외래의 신선방술이었고 '부처'는 '호신胡神'으로 인식되었다. 불경에서 부처의 신장이 1장 6척이라고 했는데 이는 중국 전설 속 대인의 형상과 부합한다. 한대에는 진나라에서 만들었던 동인銅人 가운데 몇 구가 남아, 감천궁에 세워져 있었다.[25] 한 무제 때 얻은 휴도왕休屠王의 제천의식과 관련된 금인역시 감천궁에 있었다. 후자가 꼭 불교조상은 아니었겠지만, 『위서·석로지釋老志』는 '크기가 1장丈 남짓한 대신大神'이라 서술하고, 이를 불교 유통의 시작으로 보았다.[26] 여기서도 '부처는 대인'이라는 관념이 여전히 계승되고 있음을 볼 수 있다. 그렇다면 석인상은 당시 민간에서 소문에 근거하여 조각한

23 『史記·封禪書』, 北京: 中華書局, 1959, p.1397.

24 『漢書·五行志』, 北京: 中華書局, 1964, p.1472.

25 양웅의 〈감천부〉에 묘사된 "金人仡仡其承鍾虞兮, 嵌巖巖其龍鱗."은 바로 진나라의 동인을 지칭한다. 『漢書·揚雄傳』, 北京: 中華書局, 1964, p.3526.

26 『魏書』, 北京: 中華書局, 1974, p.3025.

'호신'상으로 볼 수도 있다. 그들의 특수한 모습은 이것이 '서방에서 온 신'임을 말해준다. 즉 불교전설과 관련되어 민간에서 존숭되던 신상이었을 가능성이 크다. 그렇다 하더라도 실제로는 여전히 신선신앙의 범주를 벗어나지 않는다.

3. 재해와 재난을 막아주는 호인

청주 석인이 수로 옆에서 발견되었다는 점은 주목할 만하다. 이 수로와 관련된 역사자료는 없지만, 이것이 한대의 수로였다면 다른 자료들을 주의할 필요가 있다. 1993년 산동성 연주시兗州市 사하泗河 금구패金口壩의 모래에서 발견된 세 구의 석인 가운데 머리가 없는 두 구의 석인 뒤쪽에 제기가 있었다. 이를 통해 북위 연창 3년(514) 연주의 현지 관원이 수로를 준설, 수축修築하고 다리와 제방을 완성한 후 이 상을 만들었음을 알 수 있다. 제기에는 "이 석인이 다리와 제방을 지키고 있어 사람과 뱀이 훼손할 수 없다. 만약 훼손한다면 재앙이 만세까지 미칠 것이다此石人令守橋堰, 人蛟不得毀壞. 有輒毀壞, 殃及萬世"라고 쓰여 있다. 또 다른 한 구의 석인은 높이 1.35m로, 머리에 뾰족 모자를 쓴 호인의 모습인데,[27] 양식적으로 볼 때 한대 작품이 틀림없다. 이 세 구의 석인은 모두 같은 곳에서 출토되어, 이곳에서 석인을 사용해 물을 다스리고 다리를 보호하는 전통이 있었음을 알려준다. 연주 출토 석인의 조형과 출토상황은 청주 석인과 유사하다. 그러므로 청주 석인 역시 물을 다스리고 다리와 제방을 지키는 신상이었을 가능성이 크다. 1970년대 사천성 관현灌縣에서 출토된 건녕 원년(168) 이빙李冰의 석상과 삽을 든 한 구의 석인상[28] 역시 물을 다스리는 데 사용되었다. 이런 사례들을 통해 한대에 석인을 사용해 물을 다스리는 것이 보편적이었음을 알 수 있다. 이빙은 기원전 3세기 이 지역 치수에 성공한 영웅이었다. 전설에 의하면 그는 물의 괴신을 이겨 해악을 이로움으로 변화시켰다고 한다. 옛날부터 중국의 민간에서는 역사상의 영웅을 신으로 받드는 일이 흔했는데, 이와 달리 청주 호인상은 한대에 출현한 새로운 제재였다.

현재는 청주 석인의 용도를 판단하기 위한 단서가 부족하므로 이 문제는 잠시 제쳐두기로 하자. 1996년 가을, 산동성 치박시淄博市 임치구臨淄區 인민로人民路 중단中段의 북쪽 300m 지점에서 호인 석상 하나가 발견되었다.(도16)[29] 높이 2.9m로 발견 당시 지면에서 1.7m 아래 흙 속에 가로놓여 있었다. 조형과 크기 모두 1980년 청주 출토 석인상과 유사했지만, 보존 상태는 더 좋았다. 임치와 청주는 서로 이웃하므로, 후한시기 이 지역에서 이런 종류의 석인을 조각하는 것이 일종의 보편적 습속이 아니었을까 싶다. 다만 임치의 석인 역시 과학적 발굴에 의해 얻은 것이 아니어서, 관련 유물로부터 그 성격을 판단하기는 어렵다.

27 樊英民, 「山東兗州金口壩出土南北朝石人」, 『文物』 1995년 제9기, pp.48-49.

28 四川省灌縣文教局, 「都江堰出土東漢李冰石像」, 『文物』 1974년 제7기, pp.27-28; 四川省博物館·灌縣工農兵文化站, 「都江堰又出土一軀漢代石像」, 『文物』 1975년 제8기, pp.89-90.

29 王新良, 「山東臨淄出土一件漢代人物圓雕石像」, 『文物』 2005년 제7기, p.91, p.96.

도16 산동성 임치시 인민로 출토 호인상, 후한(Lukas Nickel 촬영)

도17 강소성 동해 창리 저수지 1호묘 측실 벽감의 기둥, 후한(『文物參考資料』 1957년 제12기, 도판 2의 9)

도18 산동성 제녕의 아이를 안은 석인상, 후한(王書德 촬영)

한대의 호인은 때로 아이를 주는 신이기도 했다. 상술한 임기의 화상비 측면 고부조 아래에 어린이를 안은 호인이 있다.(도7) 강소성 동해현東海縣 창리昌梨 저수지 1호묘 측실 벽감의 기둥에도[30] 아이를 안은 호인이 묘사되어 있다.(도17) 동일한 제재는 시카고미술관Art Institute of Chicago 소장의 도용에서도 볼 수 있다. 아이를 안고 있는 호인의 도상이 반복적으로 출현하는 데에는 반드시 어떤 의미가 있다고 볼 수 있다. 이런 형식은 1950년대 산동성 제녕濟寧에서 수집한 석상과 유사하다. 높이 30.1cm의

이 석상은 한 남성이 왼손으로 아이를 안고, 오른손으로 호적을 들고 있는 모양인데,(도18)[31] 쑨쭤윈孫作雲은 이 상을 인류의 자손을 관장하는 사명신司命神의 형상으로 추정했다.[32] 아이를 안은 호인 역시 유사한 의미를 가지고 있을 것이다.

필자는 일찍이 산동성 안구安丘 동가장董家莊의 후한 화상석묘의 인물 기둥에 대해 논하며, 인물군상 조각이 한대의 생식숭배와 관련이 있다고 추정했다.[33] 하지만 지금 보아하니 초기 도교의 일부 관념과 관련이 있는 듯해 위의 관점은 재고할 필요가

---

30 南京博物院, 「昌梨水庫漢墓群發掘簡報」, 『文物參考資料』 1957년 제12기, p.39의 도판 2-9.

31 劉振清 主編, 『齊魯文化—東方思想的搖籃』, p.185.

32 孫作雲, 「漢代司命神像的發現」, 『光明日報』 1963년 12월 4일, 제4판.

33 鄭岩, 「安丘董家莊漢墓立柱雕刻圖像考」, 山東大學歷史系考古敎研室 編, 『紀念山東大學考古專業創建20周年文集』, 濟南: 山

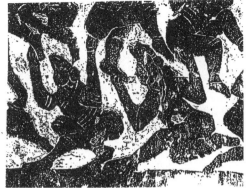

도19 산동성 평음현 맹장묘 기둥 화상의 부분, 후한(劉善沂 탁본)

있다. 그리고 보충해둬야 할 것은, 이 가운데 출현하는 심목고비의 인물들로, 비록 뾰족 모자를 쓰지 않았지만 호인일 가능성이 크다. 즉 후실 북벽 중앙 기둥 상부 서남쪽 모서리에 있는 인물은 두 눈이 우묵하게 깊어 호인의 특징을 가지고 있다. 그 아래에는 쭈그리고 앉은 곰이 있는데, 이렇게 정면향으로 쭈그리고 앉은 곰은 임기 화상비의 아이를 안은 호인도상의 상단에도 사례가 있다. 『시경·소아·사간詩經·小雅·斯干』의 "곰은 남자의 상서다"[34]라는 글귀에서 보듯, 곰 꿈은 아들을 낳을 길몽으로 인식되었다. 호인상 역시 이와 관련된 것은 아닐까. 더욱이 산동 평음현平陰縣 맹장莊孟 화상석묘의 기둥에 나타나는 호인은 춤을 추고 포옹하고 심지어는 교합하는 남녀들과 함께 출현한다.(도19) 류둔위안劉敦

願 선생은 기둥 위의 이런 화상이 민간의 절일節日에 있었던 제사와 관련된 광환狂歡의 정경을 묘사한 것이며, 생식숭배나 자손을 바라는 관념과 밀접한 관계에 있다고 추정했다.[35] 그렇다면 상술한 호인 역시 이런 범주에 속할 것이다.

서역 소수민족과 중원의 생활방식은 달랐다. 그리고 고대 중원 사람들은 '타자의 시선'으로 그것들을 보았다. 『북사北史·서역전』에서 구자국龜玆國을 "풍속과 성품이 많이 음란하다"고 기록한 게 대표적이다.[36] 『서경잡기西京雜記』 권3은 궁정의 음악을 "7월 7일 백자지百子池에 이르러 우전악于闐樂을 연주한다. 음악이 끝나면 오색실로 서로를 묶는데 이를 상련수相連受라 한다"고 설명했다.[37] 당대 최령흠崔令欽은 저서 『교방기敎坊記』에서 여성들의 음란을

東大學出版社, 1992, pp.397-413.

34 "維熊維羆, 男子之祥." 『毛詩正義』, 『十三經注疏』, 北京: 中華書局, 1980, p.437.

35 劉敦願, 「漢畵像石上的"飮食男女"—平陰孟莊漢墓立柱祭祀歌舞圖像分析」, 『故宮文物月刊』 총141기, 1994년 12월, pp.122-135.

36 『北史』, 北京: 中華書局, 1974, p.3218.

37 "至七月七日, 臨百子池, 作於闐樂. 樂畢, 以五色縷相羈, 謂之相連受." 向新陽·劉克任, 『西京雜記校注』, 上海: 上海古籍出版社, 1991, p.138.

기록하고 이에 대해 "돌궐의 법法을 배웠다"라고 적었다.[38] 이런 것들은 모두 중원의 한족이 서역 소수민족의 남녀관계에 대해 느끼는 견해를 반영한 것이다. 그래서 사람들은 그들이 아이를 잘 생육한다고 믿었는지도 모른다. 이후 이런 관념이 신화神化되면서 호인은 인간세계에서 자손의 번성을 관장하는 신으로 인식되었을 것이다.

한대 예술 속의 호인은 또 다른 내용을 가지고 있다. 많은 화상 속 호인들이 모두 상술한 것처럼 신이한 색채가 농후한 것은 아니다. 산동성 곡부의 공묘孔廟 소재 화상석에는 빗자루[彗]를 쥔 호인이 새겨져 있다.(도20, 도21) 한대에는 빗자루를 쥐는 것이 빈객을 맞는 예법으로, 한대 화상석의 빗자루를 쥔 인물은 대부분 문리門吏의 형상이다. 그러므로 공묘의 돌 역시 문 옆에 세워졌을 것이다. 하남성 방성方城 양집楊集 출토의 한 수문守門 화상석에 새겨진 인물의 얼굴과 의복은 한나라 사람과 다르지 않지만, "호노문胡奴門"이라는 세 글자가 새겨져 있어 동일한 도상을 표현했음을 알 수 있다.(도22)[39] 이 인물은 손에 빗자루를 쥐고 어깨에는 도끼를 메고 있는데, 도끼를 메는 것은 호위護衛를 의미한다. 도끼를 가지고 문을 지키는 호인은 하남성 남양南陽의 화상전에서도 나타난다.[40] 한대 화상에서 문을 지키

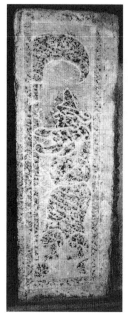
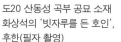

도20 산동성 곡부 공묘 소재 화상석의 '빗자루를 든 호인', 후한(필자 촬영)

도21 산동성 곡부 공묘 소재 화상석의 '빗자루를 든 호인', 후한(필자 그림)

도22 하남성 방성 "胡奴門" 명문이 있는 화상석, 후한(필자 그림)

는 사람은 대부분 낮은 등급의 관리나 무사로, 전설 속의 신도神荼와 울루鬱壘 등도 이 범주에 포함된다. 문을 지키는 호인의 도상은 좋지 못한 것을 피하고 피장자인 묘주의 안전을 보장하기 위한 상징적 의미를 가지고 있을 가능성을 배제할 수 없지만, '호노'라는 두 글자는 호인이 결코 신의 신분으로 출현한 것이 아니며 지위가 낮다는 것을 말해준다. 특히 방성의 호인 얼굴에는 둥근 형상이 묘사되어 있는데, 경형黥刑을 받은 흔적 같다. 한대 문헌에는 문을 지키는 정장亭長을 지낸 호인에 대한 기록이 있다.

38 『唐五代筆記小說大觀』上卷, 上海: 上海古籍出版社, 2000, p.125.

39 劉玉生, 「淺談"胡奴門"漢畫像石」, 南陽漢代畫像石學術討論會辦公室 編, 『漢代畫像石研究』, 北京: 文物出版社, 1987, pp.286-288. 최근 왕즈진 역시 중국 내 호노의 문제를 다루었다. 이에 대해서는 그의 저서 『秦漢邊疆與民族問題』, 北京: 中國人民大學出版社, 2011, pp.381-387 참조.

40 劉玉生, 「淺談"胡奴門"漢畫像石」, pp.287-288.

범엽范曄의 『후한서·응봉전應奉傳』의 주注는 사승謝承의 『후한서』를 인용하여 "정장 호노의 이름이 록祿이다"라고 기록했다.[41] 호노의 연원은 대부분 전쟁포로였다. 방성 출토의 화상석에는 호인이 소를 거세하는 도상이 있는데,[42] 산동에서도 낙타나 큰 코끼리를 끄는 호인의 형상이 많다.[43] 이는 당시 이 민족의 직업이 매우 천한 것이었음을 말해준다.

4. 한족과 전쟁을 하는 호인

서역과의 교통로가 개통된 후 사신과 상인이 왕래하기 시작했으며, 중앙아시아 일대의 예술도 함께 동쪽으로 전해졌다. 각지의 한대 무덤에서 출토된 악기를 연주하는 도용에는 호인형상이 매우 많다. 사천성 팽산彭山 550호 애묘에서는 일찍이 피리를 부는 호인용 하나가 출토되었으며,[44] 서주의 '한화상석박물관'이 최근 수집한 묘실의 기둥에도 이런 도상이 있다.(도23)[45] 문헌기록에 의하면 당시 서역의 잡기雜技가 중원에서 매우 유행했다고 한다. 그리하여 하남 숭산嵩山의 계모궐啓母闕 화상석에도 불을 내뿜는 잡기를 하는 호인이 있는데 수준이 매우 뛰어나다.[46] 산동성 조장시 소산小山의 한대 무덤에서

새로 출토된 화상석 가운데는 건고建鼓 양쪽에 거꾸로 서 있는 호인이 있는데, 백희를 하는 모습으로 보인다.(도24)[47] 각종 선인이나 기이한 동물들과 함께 표현된 호인과 비교하면 문지기, 소를 거세하는 호인, 주악을 하거나 불을 내뿜는 호인이야말로 당시 한족들 속에서 생활하던 이민족의 진짜 모습일 것이다.

서방의 각종 신선과 사람들의 눈을 현혹하는 서역의 잡기가 전래되기 이전, 각 민족들 사이에는 전쟁이 있었다. 한과 흉노 사이의 전투 역시 한대 예술의 주제였다. 섬서성 흥평현興平縣에 위치한 전한 표기장군 곽거병묘 위의 유명한 마답흉노馬踏匈奴 석상은 이런 제재를 표현한 가장 이른 시기의 작품이다. 머리를 들고 선 말이 흉노인을 누르고 있는 모습으로, 손에 활을 잡고 얼굴을 들고 땅에 엎드린 흉노인은 용모가 매우 비루하고 추하다.[48] 이런 기념비적 조각이 상징하는 의미는 매우 분명하여, 사람들은 이 조각을 보자마자 묘주의 혁혁한 전과를 떠올렸을 것이다.

후한 이후 호한전쟁胡漢戰爭을 표현한 화상이 대량으로 출현한다. 산동 지역의 자료가 가장 풍부하며, 하남성 신야新野 번집樊集 37호 한대 무덤에도

41 "亭長胡奴名祿, 以飲漿來." 『後漢書』, 北京: 中華書局, 1965, p.1607.

42 劉玉生, 「淺談"胡奴門"漢畫像石」, pp.287-288.

43 山東省博物館 · 山東省文物考古研究所, 『山東漢畫像石選集』, 도판30, 도62, 도판46, 도101.

44 南京博物館, 『四川彭山漢代崖墓』, 北京: 文物出版, 1991, 도판23.

45 서주 한화상석박물관 관장인 우리화(武利華) 선생은 필자가 이 자료를 사용할 수 있도록 허락해주었다. 이에 감사드린다.

46 呂品, 『中嶽漢三闕』, 北京: 文物出版社, 1996, 도판94.

47 이 화상석은 현재 조장시박물관에 소장되어 있다.

48 王子雲, 『陝西古代石雕刻』, 西安: 陝西人民美術出版社, 1985, 도3 · 4.

도23 강소성 서주 한화상석박물관 소장 무덤 기둥 위의 호인 형상, 후한(필자 촬영)
도24 산동성 조장시 소산묘 화상석 부분, 후한(필자의 현장 그림)

나타난다.[49] 마답흉노상이 호한의 전쟁을 상징적으로 나타낸 것과 달리 이런 화상은 모두 전쟁 장면을 직접적으로 묘사한다. 화면 속의 한나라 병사와 호인 병사는 서로 대치하며, 한나라 병사들이 말을 타거나 전차를 끌고 있는 반면, 호인 병사는 산 속에 숨어 있거나 산에서 말을 타고 나와 진격하고 있다. 그리고 두 쪽 병사들이 접전하는 경우, 호인 병사들의 말은 쓰러지고 그들의 머리는 땅에 떨어지고 있어 한나라 병사들이 우세를 점하고 있음이 분명해 보인다. 싸움은 대부분 다리 위에서 벌어진다. 일부 장면에서는 한나라 병사들이 전쟁 포로를 끌고 개선하여 전공을 보고하고 있다. 또는 호인의 머리가 문 위에 걸리거나 혹은 단정하게 앉은 한 조정 관원 앞에 진열되어 있기도 하다. 제남濟南 장청구長淸區 효당산에 있는 후한 석사당 서벽의 이런 도상에는 "호왕胡王"의 명문이 있고,[50] 미산현微山縣 양성兩城 화상에는 "호장군胡將軍"의 명문이 새겨져 있다.[51] 이를 통해 화상의 주제를 확인할 수 있다.

49 趙成甫 主編, 『南陽漢代畵像磚』, 北京: 文物出版社, 1990, 도판61, 탁본144-147.

50 羅哲文, 「孝堂山郭氏墓石祠」, 『文物』1961년 제4·5기 합간, p.49.

51 山東省博物館·山東省文物考古研究所, 『山東漢畵像石選集』, 도판7, 도3.

많은 학자들이 습관적으로 고사적 성격이 강한 무덤 안 화상을 묘주의 생전 경력과 관련시키려 한다. 그리하여 효당산사당 속의 호한전쟁과 포로를 바치는 장면을 다음과 같이 해석하기도 했다.

포로의 머리를 잘라 바치고, 수레를 전복시켜 물속에 빠뜨리는 두 폭의 화상은 생각 없이 만든 게 아니다. 이 장면이 의도한 것은 아마도 무덤 속의 사람을 위해 알 수 없는 것을 실제로 기록한 게 아닐까. 이 주장이 좀 기이하긴 하나 확실하다.[52]

기남沂南 북채北寨 화상석묘 문미門楣 위에는 수레가 다리를 건너는 장면을 중심으로 한 호한전쟁도가 있다.(도25~27) 발굴자는 "그 주제와 사상은 묘주 생전에 가장 중요하고 가장 가치 있는 기념할 만한 사적—즉 일찍이 군대를 거느리고 이민족을 물리친 것—을 공전도攻戰圖를 통해 표현한 것"이라고 보았다.[53] 이런 주장에 찬성하는 사람이 적지 않다.

최근 몇십 년 동안 고고학 자료의 증가로 20여 개의 '호한전쟁도'가 알려졌는데, 모두 산동성 중부와 남부, 그리고 서남부의 한정된 지역에서만 발견되었다. 그러므로 실제 수량은 그보다 더 많을 것이다. 이 가운데 비성肥城 난진欒鎭 사당의 화상은 건초 8년(83)의 제기가 있고,[54] 시기가 늦은 경우 후한 후기의 것도 있어, 도상이 출현한 기간이 한 세기를 넘는다. 만약 이처럼 수량도 많고, 분포 범위도 넓

도25 산동성 기남시 북채묘의 묘문, 후한(필자 촬영)

고, 출현 기간도 긴 화상을 전통적인 관점에서 해석한다면 산동 지역 대부분의 중소지주가 일찍이 흉노와의 전쟁에 참여한 것이 된다. 그러나 이는 문헌상으로 충분한 논거가 없으며, 연대적으로 볼 때도 사실과 부합하지 않는다. 게다가 산동과 달리 북방 변방 지역과 근접한 섬북陝北 지역 화상석에서는 이런 도상이 오히려 적어 흥미롭다.

만약 이런 도상이 고인의 생전 경력을 묘사한 것이라면 줄거리가 독특하고 개성이 풍부해야 한다. 그러나 '호한전쟁도'는 대부분 화면이 비슷비슷하다. 피냄새가 흥건한 장면이 감정적 색채가 결여된 나무인형놀이처럼 묘사되는 등 매우 형식화되었다. 마답흉노상처럼 독창성과 예술적 전염성이 강한 조각과는 전혀 다르다.

효당산사당의 호한전쟁을 '역사적 제재'로 보고 이를 한나라 조정의 공적에 대한 송가頌歌로 보는

---

52 "而斬馘獻俘, 覆車墜河二段, 亦非無謂而作. 意者, 即爲墓中人實錄未可知也. 此說奇而確." 葉昌熾 撰, 柯昌泗 評, 『語石/語石異同評』, 北京: 中華書局, 1994, p.330.

53 曾昭燏·蔣寶庚·黎忠義, 『沂南古畫像石墓發掘報告』, p.30의 탁본1.

54 山東省博物館·山東省文物考古硏究所, 『山東漢畫像石選集』, 도판199, 도472.

도26 산동성 기남시 북채묘 무덤 문미의 호한전쟁도, 후한(曾昭燏·蔣寶庚·黎忠義, 「沂南古畵像石墓發掘報告」, p.30의 탁본1)
도27 산동성 기남시 북채묘 문미의 호한전쟁도 부분, 후한(필자 촬영)

학자도 있다.[55] 그러나 중앙정부는 향촌에서 멀리 떨어져 있다. 이 도상을 정부의 정치적 이상을 표현한 제재라고 한다면, 일반의 부유한 농민이나 중하층 관리와 이 도상 사이에 도대체 무슨 관계가 있단 말인가. 그리고 어찌하여 개인의 무덤에 다량으로 출현한단 말인가.

문헌에는 이 문제에 답을 줄 만한 직접적 증거가 전혀 없다. 이 때문에 일본의 하야시 미나오林巳奈夫는 한대 동경에서 자주 출현하는 명문에 주목했는데,[56] 명문의 기본 형식은 다음과 같다.

XX가 거울을 만드니 사방의 이민족이 복종한다. 국가와 인민이 쉬게 됨을 크게 기뻐한다. 이민족들이 모두 전멸되니 천하가 부흥하고 비바람이 때에 맞으니 오곡이 잘 익어간다. 부모님이 오랫동안 건강하시기를. 후세에게 고하노니 오랫동안 즐거움이 끝이 없으라.

XX作竟(鏡)四夷服, 多賀國家人民息, 胡虜殄滅天下復, 風雨時節五穀熟, 長保二親得天力(利), 傳告後世樂無極.

이와 같은 명문을 가진 동경은 강소성 한강邗江과 소주蘇州, 하남성 맹진孟津, 호북성 악성鄂城, 절강성 소흥紹興, 광서성 귀현貴縣, 사천성 자양資陽 등지의 후한에서 서진시기에 이르는 무덤에서 모두 출토된다.[57] 산동박물관 소장의 후한시대 반룡경盤龍鏡

55 夏超雄, 「孝堂山石祠畵像年代及主人試探」, 『文物』 1984년 제4기, pp.37-38.
56 林巳奈夫, 『石に刻まれた世界』, 東京: 東方書店, 1992, p.84. 중국어 번역본은 唐利國 譯, 『刻在石頭上的世界』, 北京: 商務印書館, 2010, p.93.
57 孔祥星, 『中國銅鏡圖典』, 北京: 文物出版社, 1992, pp.271·341·342·422·436·438·439·445·452·453·479·480·481.

에는 "靑羊作竟四夷服……"의 명문이 있다. 1972 년 산동성 자장시 대아장구台兒莊區 도구교촌濤溝橋村에서도 후한 중기로 추정되는 동경 하나가 출토되었는데, "王氏作竟四夷服……"의 명문을 통해 왕씨가 제작했음을 알 수 있다.[58] 1998년 산동성 등주 동소궁東小宮 108호묘에서 출토된, 유사한 종류의 명문이 있는 전한대 방격규구사신경方格規矩四神鏡 역시 왕씨가 만들었다.[59] 맹진 출토품은 영원 5년(93)의 기년이 있고, 일본 고지마五島미술관 소장의 원강 3년(282) 거울은 시기가 다소 늦다. 여기에 출현하는 장인은 왕王, 이李, 장張, 여呂, 전田, 주周, 송宋, 백柏, 추騶, 주朱, 공척公戚, 청개靑蓋, 청양靑羊 등의 성씨를 지닌다. 주조된 도상은 결코 고정적이지 않으며, 또한 호한전쟁과 대응하는 도상도 없다.

이와 같은 명문을 가진 동경은 언급된 장인의 이름이 매우 다양해 대부분 민간에서 사주私鑄된 것으로 보인다. 게다가 분포 범위도 매우 넓기 때문에, 명문은 민간에서 보편적으로 유행하는 관념을 반영했을 것이다. 하야시 미나오는 영국박물관 소장의 한대 동경에 표현된 호한전쟁도를 언급한 바 있는데,(도28)[60] 비록 상술한 명문과 함께 나타나는 것은 아니지만 반영된 관념은 동일할 것이다. 이런 사실들은 이 명문과 무덤 및 사당 속의 호한전쟁도를 연관시켜 생각하도록 해준다.

명문의 서술은 세 단계로 나눌 수 있다. 첫째, 한나라 병사가 호인을 이긴 사실, 둘째, 승리가 국가와 백성에게 평화를 가져온 점, 셋째, 백성의 생활이 부유해지고, 부모와 자손이 평화로운 환경에서 하늘의 보호를 받는 것이다. 명문과 달리 도상은 단지 양쪽 군대의 교전 상태만을 표현하는데, 이는 명문의 첫 번째 단계와 일치한다. 그러나 도상의 숨겨진 뜻까지 설명해주지는 않는다. 무덤은 사적 공간이며, 사당은 일정 부분 교화기능이 있지만 최종 목적은 여전히 죽은 자를 위한 것이다. 그러므로 무덤과 사당의 화상은 필연적으로 고인이나 그 친족 개인의 이익을 표현해야만 한다. 명문의 제3단계는 바로 호한전쟁과 개인의 관계를 설명하는데, 호한전쟁도에 대한 해석이라고 할 수 있다. 화상 속 한나라 병사를 지휘하는 수레를 탄 관원, 사당 위에서 바쳐진 포로를 받는 장자長子는 황제나 장군이라기보다는 "長保二親得天力"이 가리키는 묘주로 봐야 한다. 명문의 제1단계와 도상의 표상은 단지 일종의 외피에 지나지 않으며, '호로胡虜'가 가리키는 것은 반드시 '호인'에 한정된 것이 아닌 사람들에게 고난을 가져오는 적이나 나쁜 세력들을 통칭할 가능성이 크다. 그렇다면 무덤과 사당 속의 호한전쟁도는 좀 더 많은 상징적 의의를 가지게 될 것이다.

신리샹은 다리 위의 호한전쟁도가 유명幽明 세계의 관념을 반영하며, 다리는 인간세계에서 혼귀魂鬼의 세계에 이르는 상징물로서, 후세의 전설 속에 출현하는 음계와 양계를 잇는 '내하교奈何橋'의 함의와 동일하다고 보았다. 그리고 유명은 북방과 관련

58 石敬東·蘇昭秀, 「山東棗莊市博物館收藏的戰國漢代銅鏡」, 『考古』 2001년 제7기, pp.95-96.
59 秋山進午·佟佩華 等, 『鏡の中の宇宙』, 山口: 山口縣立萩美術館·浦上紀念館, 2005, p.54.
60 林巳奈夫, 『漢代の神神』, 京都: 臨川書店, 1989, p.117.

되고 호인은 북방에 위치하므로, 호인은 바로 유명세계의 수호자며, 사자의 거기車騎가 호인을 이기는 장면은 사자가 자유로이 지하세계와 사당 사이를 왕래하여 때때로 자손의 제사를 받을 수 있음을 의미한다고 주장했다.[61] 기남 화상석묘를 연구한 리디아 톰슨Lydia Thomson은 문미 위의 호한전쟁도에 대해 상징주의적 해석을 내렸다. 즉 '화면 중앙의 거마가 다리를 건너는 장면은 사자가 산 자의 세계에서 사후세계에 이르는 과도적 단계를 표시하며, 좌측의 산들은 아마 곤륜산으로 대표되는 서방의 선경과 관련이 있고, 호인은 지하에 존재하는 각종 마귀를 대표하기 때문에 호한전쟁도는 사자의 영혼이 한나라 병사의 보호 아래 이상 속의 낙토樂土로 가는 장면을 묘사한 것'이라고 보았다.[62] 이런 견해는 비록 직접적인 증거는 없지만 중시할 만하다.

한대에는 호인이라 부른 민족이 매우 많았고, 또 이들과 중원 정권의 관계 역시 같지 않았다. 그러므로 뾰족 모자를 쓴 심목고비의 형상은 단지 하나의 개념, 즉 한민족과 다른 사람들임을 드러낼 뿐이다. 천편일률적으로 동일한 얼굴을 가진 한대 인물 속에서 호인의 모습은 보통 사람과 매우 다르다. 이는 보통의 화공과 석공들, 그리고 향촌의 중소지주들이 이민족을 자신의 친지나 친구, 혹은 이웃과는 다른 시선으로 봤다는 사실을 드러낸다. 그리고 이런 시선 속에는 신비, 호기심, 앙모, 경외감이 충만함

도28 영국박물관 소장 동경에 묘사된 호한전쟁도, 한대(林巳奈夫, 『漢代の神神』, p.117)

과 동시에 문화적 차이가 만들어내는 우월감, 전쟁이 가져온 증오와 적의도 내포되어 있다. 각종 예술품에서 호인은 때론 신으로, 때론 노복奴僕으로, 때론 악마로 출현한다. 기남 북채묘에서 신선으로서의 호인도상과 호한전쟁도가 함께 출현하지만 전혀 모순되지 않는다. 이는 당시 사람들의 호인에 대

---

61 信立祥, 『中國漢代畫像石の硏究』, 東京: 同成社, 1996, pp.248-251.

62 Lydia Thomson, *The Yi'nan Tomb: Narrative and Ritual in Pictorial Art of the Eastern Han(25~220 C. E.)*, Ph. D. dissertation, New York: New York University, 1998, pp.323-332. 서양학자들의 이런 관점은 A. Bulling까지 소급된다. 이에 대해서는 A. Bulling, "Three Popular Motives in the Art of the Eastern Han Period: The Lifting of the Tripod, the Crossing of a Bridge, Divinities", *Archives of Asian Arts*, 20(1996~1997), pp.25-53.

한 생각이 매우 복잡하게 뒤섞여 명료하지 않았음을 의미한다. 과거의 한때 사람들은 이민족을 이성적이고 평등한 태도로 대하기 어려웠다. '사이四夷의 빈복賓服과 원방遠方의 공물'은 중국의 고대 통치자가 숭배하던 정치적 이상이었다. 이역에서 바친 기이한 물건은 종종 하늘이 내려준 상서로 숭배되기도 했다. 묘실과 사당 안을 장식한 호인은 바로 '기이한 물건', 혹은 '기이한 사람'으로 간주되었으며, 새로운 유행으로 사람들의 각종 소망을 의탁하는 의지처가 되었다.

본문의 영문 글은 Valerie C. Doran이 번역한 "Barbarian Images in Han Period Art"(*Orientations*, 1998, No.6, pp.50-59)이다. 중문은 이 글에 약간의 수정을 가해 「漢代藝術中的胡人圖像」의 제목으로 『藝術史研究』제1집(廣州 中山大學 藝術學研究中心 編, 1999, pp.133-150)에 수록했다. 원고 집필 과정에서 姜伯勤 선생, 楊愛國, 李淸泉 등의 격려와 도움을 받았다. 이 자리를 빌려 특별히 감사드린다. 본서에서는 약간의 새 자료를 첨가하였으며, 제목과 본문의 문자 역시 약간 수정했다. 영문 원고가 나오던 당시 Lydia Thomson이 쓴 평론이 동시에 발표되었다. 관심 있는 독자는 이를 참고해도 좋을 것이다. 최근 본문에서 논의한 몇 가지 문제에 대해 많은 학자들이 새로운 연구 성과를 내놓았다. 邢義田, 「古代中國及歐亞文獻·圖像與考古資料中的"胡人"外貌」와 「漢代畫像胡漢戰爭圖的構成·類型與意義」(邢義田, 『畫爲心聲—畫像石·畫像磚與壁畫』, 北京: 中華書局, 2011, pp.197-314, pp.315-397); 劉文鎖, 「漢代"胡人"圖像補說」(『漢代考古與漢文化國際學術研討會論文集』, 濟南: 齊魯書社, 2006, pp.487-493); 劉文鎖, 「巴蜀"胡人"圖像札記」(『四川文物』2005년 제4기, pp.51-56); 陳健文, 「先秦至兩漢胡人意象的形成與變遷」(國立臺灣師範大學歷史研究所博士論文, 2005) 등이 있는데, 읽어볼 만한 가치가 있다. 본고는 기본적으로는 원문의 모습을 유지하고 있으며, 위에 언급한 새로운 연구성과는 포함하지 않았다.

한대
상장화상喪葬畫像의
관람자

1. 상장예술, 누구를 위해 제작하는가?

중국의 청동기시대와 비교할 때, 금석학과 고고학이 보여주는 한대 예술의 중요한 특징 가운데 하나는 평면적인 화상예술의 흥기다. 최근 한대 상장건축의 화상석, 화상전, 그리고 채색벽화를 둘러싼 연구는 명문의 해석, 도상학 연구, 건축구조의 복원, 그리고 도상의 상징적 의의와 역사적 배경에 대한 논의 등을 포함하고 있다. 많은 학자들이 언급했던 것처럼, 이 도상들의 문화사적 의의를 탐색할 때는 반드시 도상 자체에 대한 연구를 넘어 그것들과 인간 행위 사이의 여러 관계를 고찰해야만 한다. 예를 들어 우훙巫鴻은 일찍이 고인의 가족 구성원, 고인 생전의 친구와 동료, 고인 본인, 그리고 무덤을 만든 사람 등 네 종류의 다른 계층으로부터 후한시대 상장건축의 사회적 기능을 논한 적이 있다.[1] 필자 역시 이 방법론에 기초하되, 범위를 확장해 관람자와 화상의 관계를 논의에 포함시키고자 한다. 물론 우훙이 언급한 몇몇 측면 역시 관람자의 범주에 포함시킬 수 있지만, 그의 주안점은 무덤과 사당을 짓고 화상을 창조한 내부적 요소인 데 비해, 필자가 서술하고자 하는 관람자는 창작주체나 작품과 상대적인 관계를 지니는 외부 요소다.

화상예술에 대한 초기 기록은 전국시대 굴원의 〈천문天問〉으로, 초나라 선왕先王들의 사당[廟]과 공경公卿들의 사당 내 벽화를 묘사했다.[2] 후한의 왕연수王延壽는 노魯나라 공왕恭王의 영광전靈光殿 벽화를 묘사한 글을 남겼는데,[3] 이것들은 모두 관찰자가 남긴 기록이다. 현재 우리가 한대 상장과 관련된 화상예술에 대해 원고를 쓰거나 강연을 하는 것도 모두 '보고 관찰'한 이후의 결과다.

관람자는 대략 두 종류로 구분된다. 첫째, 상가喪家와 창작자[4]가 예상한 관람자로, 모든 화상은 그들이 보기 위해 제작되며 이런 관람자의 참여에 의해서만 화상의 종교, 예의, 사회기능이 실현된다. 둘째, 상가와 창작자가 미처 예상치 못한 관람자다. 이런 관람자는 종종 화상이 제작된 시기와 비교적 거리가 멀며, 화상이 속하는 의례 계통의 밖에 위치한다. 그러므로 그들은 화상의 의미와 원래의 의의를 이해할 수도, 이해하지 못할 수도 있다. 즉 어떤 의미에서 후자의 존재는 '담론discourse'의 역사를 구성할 수 있으며, 마찬가지로 연구할 가치도 있다.[5] 그러나 본문은 첫 번째 유형의 관람자에 대해 살펴

---

1 Wu Hung, *Monumentality in Early Chinese Art and Architecture*, Stanford: Stanford University Press, 1995, pp.189–250. 중국어 번역본은 李清泉·鄭岩 等 譯, 『中國古代藝術與建築中的"紀念碑性"』, 上海: 世紀出版集團上海人民出版社, 2009, pp.247–323.

2 洪興祖, 『楚辭補注』, 北京: 中華書局, 2002(重印修訂本), pp.85–119.

3 蕭統 編, 李善 注, 『文選』 제2책, 上海: 上海古籍出版社, 1986, pp.508–522.

4 여기서 창작자는 설계자와 시공자를 포함한다. 설계와 시공은 분업으로 행해지기도 한다. 즉 돈을 내는 시주자(patron)가 도상에 대한 명제를 주면, 석공이 이를 구체적으로 실시하는 것이다. 양자는 때론 하나가 되기도 하여, 시주자는 단지 돈만 내고 규모 등 대략 큰 요구만 할 뿐이며, 구체적인 건축과 화상은 석공이 관례에 따라 확정하는 것이다.

5 유진 왕과 필자는 일찍이 산동 안구(安丘)에 소재한 청 도광 9년(1829) 만들어진 엄상방(庵上坊)을 중심으로 후대의 관람자들 사이에서 파생된 각종 형식의 담론(구전된 전설, 문자로 된 글과 도상표현 등 다양한 형식을 모두 포함)에 대해 연구했는데, 본문에서 논하는 종류의 연구사례다. 이에 대해서는 Eugene Y. Wang and Zheng Yan, "Romancing the Stone: An Archway in Shandong", *Ori-*

보고자 하므로, 기타 상황에 대해서는 언급하지 않는다.

2. 사당 화상의 관람자: 사주祀主와 그 후손들

현존하는 한대 석사당石祠堂은 다양한 화상으로 장식되어 있는데, 이런 화상은 일종의 시각예술품으로 관람자와의 관계를 통해 그 가치가 실현된다. 사당의 첫째 기능은 "귀신이 있는 곳으로 제사가 이뤄지는 공간이다."[6] 이런 기능은 사당의 화상에서 두 종류의 관람자를 전제로 한다.

첫째, 제사를 받는 사주祀主다. 사주는 전체 도상의 소유자다. 사람들은 죽은 자들의 영혼이 지각능력이 있으며, 그리하여 '보는' 능력이 있다고 자연스레 믿었다(뒤에서 자세히 논의함). 그 영혼들은 제사상 위에 차려진 제수를 받는 것처럼 부엌이나 가무歌舞 등의 화상을 보고 또 가질 수 있었다. 자손들은 사주를 위해 각종 물질과 정신적 재부財富를 바쳤는데, 실제 이것들은 단지 하나의 그림일 뿐이다. 산 자에게 이 화상들은 '갖추었으나 사용할 수 없는 것'으로[7] 이른바 '그림의 떡' 같은 것이었다. 그러나

죽은 자에게는 무덤 안에 묻은 명기明器와 마찬가지로 실질적인 의미를 갖는다.

둘째, 사당에 와서 제사를 지내는 사람이다. 여기에는 돈을 내고 사람을 고용해 사당을 지은 형제나 효자뿐 아니라, 후세의 자손들까지 포함된다. 산동성 가상현嘉祥縣 후한시대 무씨武氏의 무덤에 있는 〈무량비武梁碑〉는 사당의 건립 과정을 서술하고 있는데, 비문 가운데 "후손들에게 보여 만세토록 잊지 말라"는 내용이 있다.[8] 이런 글귀는 우리로 하여금 상주商周시대 청동기 명문의 "자자손손 영원히 보배로써 향용하라子子孫孫 永寶用享" 등의 길상어吉祥語를 떠올리게 한다(사당을 단단한 석재로 건립한 것은 '목숨이 돌처럼 오래가기를' 바라는 것처럼 고용주가 사당의 운명이 돌처럼 단단하기를 희망했음을 말해 준다). 이런 관람자에게 사당 중앙에 묘사된 사주화상은 가장 중요하다. 와서 제사를 지내는 형제 자손은 사주화상을 통해 고인의 영혼과 소통하는데, 바로 여기서 선조에 대한 그리움을 표명하고 나아가 자신에 대한 선조의 보호를 빈다.

이 밖에 화상과 함께 나오는 제기題記는 세 번째 유형의 관람자를 시사한다. 산동의 몇몇 후한시대

entations, vol.35, no.2, March 2004, pp.90-97. 중국어 번역본은 鄭岩 · 汪悅進(Eugene Wang), 『庵上坊—口述, 文字和圖像』, 北京: 生活 · 讀書 · 新知三聯書店, 2008.

6 "墓者, 鬼神所在, 祭祀之處." 王充, 『論衡 · 四諱篇』, 그런데 이 앞 문장에는 "古禮廟祭, 今俗墓祀"라는 기록이 있어 이곳의 '묘'는 결코 묘실이 아니며, 상장건축 전체를 의미하는 것임을 알 수 있다. 여기에는 당연히 사당이 포함된다. 그리하여 많은 선학들은 이 글귀를 인용해 사당의 기능을 논증했다. 이에 대해서는 『諸子集成』 제7책 『論衡』, 上海: 上海書店, 1986, p.228; 信立祥, 『論漢代的墓上祠堂及其畵像』, 北京: 文物出版社, 2000, p.185; 蔣英炬 · 吳文祺, 『漢代武氏墓群石刻研究』, 濟南: 山東美術出版社, 1995, p.97.

7 "孔子謂爲明器者, 知喪道矣. 備物而不可用也, 哀哉." 『禮記 · 檀弓 下』, 『十三經注疏』, 北京: 中華書局, 1980, p.1303. 『염철론 · 산부족(鹽鐵論 · 散不足)』에는 "古者明器有形無實, 示民不可用也."라는 기록이 있다(王利器 校注, 『鹽鐵論校注』, 北京: 中華書局, 1992, p.353).

8 "垂示後嗣, 萬世不亡(忘)." 洪适, 『隸釋』 권7, 『隸釋 · 隸續』, 北京: 中華書局, 1985, p.75.

도1 산동성 등주 영원 3년(91) 사당의 제기, 후한(『中研院歷史語言研究所藏漢代石刻畫像拓本精選集』, p.62)

사당 제기 가운데 관람자를 언급한 것이 있는데, 가장 이른 시기의 것은 『등현금석지滕縣金石志』에 수록된 〈한영원잔석漢永元殘石〉이다. 이 돌은 사당의 부재로 추정되는데, 대만 중앙연구원 역사어언연구소에서 최근 아주 명료한 탁본을 발표했다. 명문의 전문은 다음과 같다.

영원 3년 4월 …… 이루어졌다. 후세에 전하고자 한다. 사대부들에게 삼가 아뢰노니 이것을 훼손하지 마십시오, 훼손하지 마십시오.

永元三年(91)四月 …… □成, 傳於後世, 敬白士大夫, 願毋毀傷, 願毋毀傷.(도1)9

영흥永興 2년(154) 향무환蘠無患, 향봉종蘠奉宗 형제가 고인이 된 부모 향타군蘠他君 부부를 위해 만든 사당이 1934년 발견되었다. 사당의 문기둥에 새겨진 제기의 뒷부분에는 "보고자 하는 여러분은 올라와서 훼손하지 마십시오. 그리하면 만 년 동안 살 것이며, 집안이 번창할 것입니다(도2)"10라고 명백하게 관람자를 언급했다. 1980년 가상현 송산宋山에서 출토한 영수 3년(158) 12월의 안국安國사당에는 461자에 달하는 긴 제기가 있는데, 역시 말미에서 관람자를 언급했다.

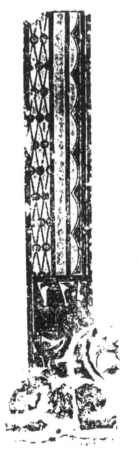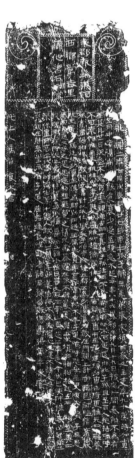

도2 산동성 동아현 향타군사당의 문기둥 및 제기, 후한(『故宮博物院院刊』 총 제2기, p.180)

9   生克昭, 『滕縣金石志』, 北京: 法源寺刊本, 1944, p.29. 역사어언연구소 소장 탁본번호 28111로, 이 자료는 文物圖像研究室漢代拓片整理小組, 『中研院歷史語言研究所藏漢代石刻畫像拓本精選集』, 臺北: 中央研究院歷史語言研究所, 2004, pp.62·63·168을 참조.

10   "觀者諸君, 願勿販(攀)傷, 壽得萬年, 家富昌." 羅福頤, 「蘠他君石祠堂題字解釋」, 『故宮博物院院刊』 총 제2기, 1960, p.180.

여러 관람자들은 깊은 슬픔과 연민을 가져 수명이 금석과 같이 길고 자손이 만년을 가기를. 말과 소, 그리고 양을 기르는 여러 목동들은 모두 양가의 자제이니, 당택堂宅에 들어와 단지 보기만 하고 화상을 쪼지 않으면 장수할 것이며, 적의 화를 입거나 자손에 난亂이 미치지 않을 것이다. 현인과 사해의 선비는 이 글을 살펴 소홀히 하지 말기를. (도3)[11]

도3 산동성 가상현 안국사당 화상 및 제기, 후한(朱錫祿, 『嘉祥漢畫像石』, 濟南: 山東美術出版社, 1992, p.59)

〈한영원잔석〉과 향타군사당에서 언급한 관람자는 내용상으로는 안국사당 제기와 상당히 일치한다. 안국사당 화상의 양식은 향타군사당이나 무씨사 화상의 양식과 유사한 데가 많다. 그리하여 안국사당은 일찌감치 발견된 상술한 자료들이 신뢰할 만하다는 사실을 증명해주고 있다.

2000년 가상현에서 발견된 영화 6년(141) 사당 제기 또한 관람자를 언급한다. 그러나 아직 정식 보고서가 출간되지 않은 데다, 필자가 실물이나 탁본을 보지 못했으므로 여기서는 거론하지 않는다. 관람자와 관련된 문자는 "와서 이곳을 보는 여러분들은 내려와서 …… 이를 망가뜨리지 마십시오. 그리하면 천 년을 살 것이며 즐거움은 끝이 없을 것입니다. 머리를 조아려 향리의 여러 분들께 부탁드립니다諸君往來觀者, 下至□重□, 勿敗易, 壽得千年, 長樂未央. 頓首, 長累諸鄕" 부분이다.[12]

우훙은 안국사당 제기 속에서 '언급된 사람'은 당연히 사당을 만든 사람, 즉 사자의 후손이라고 추론했다.[13] 그러므로 이런 제기는 제작자의 의도를 이해할 수 있는 직접적인 자료가 된다. 제작자는 많은 땀과 돈을 들여 만든 사당을 관람자가 아껴주기를 바랐다. 물론 "훼손하지 마십시오, 훼손하지 마십시오願毋毀傷, 願毋毀傷"와 같은 구절의 반복이나 "말

---

11 "唯諸觀者, 深加哀憐, 壽如金石, 子孫萬年. 牧馬牛羊諸僮, 皆良家子, 來入堂宅, 但觀耳, 無得琢畫, 令人壽. 無爲賊禍, 亂及子孫. 明語賢仁四海士, 唯省此書, 無忽矣." 李發林, 『山東漢畫像石硏究』, 濟南: 齊魯書社, 1982, p.102.

12 江繼甚, 「漢畫題榜藝術」, 朱靑生 主編, 『中國漢畫學會第九屆年會論文集』, 北京: 中國社會出版社, 2004, p.535.

13 Wu Hung, *Monumentality in Early Chinese Art and Architecture*, p.195; 『中國古代藝術與建築中的"紀念碑性"』, p.255.

도4 산동성 비성현 사당의 화상, 후한(『山東漢畵像石選集』, 도472)

과 소, 그리고 양을 기르는 목동들은 모두 양가의 자제牧馬牛羊諸僮, 皆良家子라고 표현한 조심스런 태도는 모두 그들의 황공한 태도를 드러낸다.

산동성 장청 효당산사당에는 관람자들이 새긴 제기가 다수 있는데, 삼각의 격량석隔梁石 서면西面 한쪽에 "평원 현음군의 소선군이 영건 4년(129) 4월 24일 이 당堂에 온 적이 있다. 머리를 조아리고 현명賢明에게 감사했다"는 글귀가 있다.[14] 신리상信立祥은 이 글 가운데 '감사했다謝'는 글자에 근거하여 이 제기가 아마도 사주의 문생고리門生故吏에 의해 제작되었으며, 사당을 건립한 시점에서 그다지 멀지 않은 시기에 쓰였을 것으로 추정했다.[15] 다른 각도에서 보면, 이 제기는 당시 관람자가 사당에 제기를 새겨 훼손하는 제작자가 걱정했던 현상이 존재했음을 보여준다. 사당의 제기에 나오는 "훼손하지 마십시오", "화상을 쪼지 마십시오" 등의 기원은 비성肥城의 건초 8년(83) 제기까

지 거슬러 올라간다. 여기에는 "건초 8년 8월에 완성했다. 효자 장문이 부친을 그리다가 울며 예禮를 다했다. 돌은 삼천의 값어치가 있다. 왕차가 만들었다. 훼손하지 마십시오[도4]"라는 글이 있다.[16] 비록 이 곳에서는 명확하게 관람자를 언급하지 않았으나 "勿敗□(훼손하지 마십시오)"라는 세 글자는 분명히 관람자를 의도한 것이다.

이 문자들이 언급한 '와서 보는 여러분'은 '현인과 사해의 사賢仁四海士'나 '사대부' 등 사회 각계의 사람들과 심지어는 양, 말, 소 등을 기르는 목동도 포함한다. 이는 사당 제작자가 사당이 비록 가정제사의 중심이지만 향촌에 노출되어 일종의 공공적 성격을 띠었음을 분명히 의식하고 있었음을 시사한다. 제작자는 단지 관람자가 사당의 건축과 화상을 아껴주기를 기원하는 데 그치지 않고, 나아가 많은 사람들이 이를 보고 사당으로부터 좀 더 많은 정보를 얻기를 희망했다.

우홍은 후한시대 사당의 제기題記에 대한 종합연구에서 제기의 초점이 변화하는 것에 주목했다. 즉 초기에는 사당의 기능에 대한 기록과 고인의 평생 사적을 간략하게 서술했다면, 후기에는 사당의 건립과정을 상세하게 묘사하는 쪽으로 방향이 변화한 것이다. 우홍은 이런 변화를 2세기 민간에서 일어난 '광적인 효孝 보여주기'로 해석했다.[17] 당시에

14 "平原濕陰郡邵善君, 以永建四年(129)四月廿四日, 來過此堂, 叩頭謝賢明." 蔣英炬, 「孝堂山石祠管見」, 南陽漢代畵像石學術討論會辦公室 編, 『漢代畵像石硏究』, 北京: 文物出版社, 1987, p.213.

15 信立祥, 『漢代畵像石綜合硏究』, 北京: 文物出版社, 2000, p.82.

16 "建初八年八月成. 孝子張文思哭父而禮. 石値三千, 王次作. 勿敗□." 山東省博物館·山東省文物考古硏究所, 『山東漢畵像石選集』, 濟南: 齊魯書社, 1982, 도472.

17 Wu Hung, *Monumentality in Early Chinese Art and Architecture*, pp.193-200; 『中國古代藝術與建築中的"紀念碑性"』, pp.252-264.

많은 지식인들은 이런 열광적인 움직임을 비난했다. 여느 사람들과 달리 매우 강직했다는 왕부王符가 말하길, "지금 많은 사람들이 어버이의 뜻을 거스르고 봉양에 검약하여, 인색하게 굶면서 죽어주기를 기다린다. 그러나 죽은 후에는 도리어 상사喪事를 숭상하는 것처럼 꾸며 이를 효라 말하며, 풍성한 음식으로 손님을 대접하여 명성을 구한다. 선의 명분에 미혹된 무리들이 이를 좇아 그를 칭찬한다. 이는 효제孝悌의 참뜻을 어지럽히고 후인들의 애통을 오도하는 것이다."[18] 이런 악습의 출현은 당시 '거효렴擧孝廉' 제도와 관련이 있다. 벼슬길에 오르려는 많은 사람들이 사회에서 먼저 얻어야 하는 것은 효와 관련된 명성이었으므로, "살아생전에는 지극하게 부양하지 않다가 죽어서야 비로소 상례를 후하게 치르곤 했다."[19] 상장에서 이를 구체적으로 표현한 것이 왕부가 말한 "커다란 무덤을 만들고 널리 소나무와 측백나무를 심고, 초막과 사당을 만들어 사치스러움이 참월의 지경에 이른" 상태다.[20]

사당 기능의 미묘한 변화를 불러온 원인은 관람자의 변화와 관계가 있다. 사당은 원래 고인에게 제사를 지내는 장소였으나, 지상에 노출되어 보기가 더욱 편리했으므로 여러 사람들에게 제작자의 효행을 드러내는 수단이 될 수 있었다. 제기의 글은 이런 제작자의 의도를 분명히 드러낸다. 제기는 항상 돌을 고르는데 얼마나 많은 공을 들였는지, 초청된 장인이 얼마나 저명한 사람인지, 만드는 데 얼마나 오래 걸렸는지를 자랑하고 있다. 향타군의 제기를 보자.

무환無患과 봉종奉宗이 부모의 은혜를 생각하고, 돌아가심에 비통한 정을 생각한다. 우리 형제가 무덤에서 이슬을 맞으며, 새벽과 밤을 가리지 않고 흙을 쌓아 무덤을 만들고, 송백을 줄지어 심고 석사당을 세웠다. 양친의 혼령이 이곳에 의지하기를 바란다. 세밑에 제례하며 자손들이 기뻐한다. 사당은 비록 작으나 많은 시간 공들여 남산에서 돌을 구했으며, 또 2년을 넘겨 마침내 오늘 이루었다. 스승으로 하여금 의를 지키게 하고, 산양과 하구는 성대하게 보전되기를. 화사畵師 고평대성, 소강생 등 십여 인. 2만 5천의 돈〔錢〕이 들었다.[21]

안국사당 제기의 가장 마지막에도 "만드는 데 몇 달이 걸렸는데 공이 매우 지극했다. 2만 7천의 돈이 들었다"는 구절이 있다.[22] 가토 나오코加藤直子는 사당 제기에 기록된 비용과 이것의 실제 구매력을 비

18 "今多違志儉養, 約生以待終. 終沒之後, 乃崇飭喪紀以言孝, 盛饗賓旅以求名, 誣善之徒, 從而稱之, 此亂孝悌之真行, 而誤後生之痛者也."『潛夫論·務本篇』, 王符 撰, 汪繼培 箋, 彭鐸 點校, 『潛夫論箋校正』, 北京: 中華書局, 1985, p.20.

19 "生不極養, 死乃崇喪"『潛夫論·浮侈篇』, p.137.

20 "造起大塚, 廣種松柏, 廬舍祠堂, 崇侈上僭."『潛夫論·浮侈篇』, p.137.

21 "無患, 奉宗, 克念父母之恩, 思念忉怛悲楚之情, 兄弟暴露在塚, 不辟晨昏, 負土成墓, 列種松柏, 起立石祠堂, 冀二親魂零〔靈〕, 有所依止. 歲臘拜賀, 子孫懽喜. 堂雖小, 經日甚久, 取石南山, 更逾二年, 迄今成已. 使師操義, 山陽瑕丘榮保, 畵師高平代盛邵強生等十餘人. 價錢二萬五千." 羅福頤, 「薌他君石祠堂題字解釋」, p.180.

22 "作治連月, 工夫無極, 價錢二萬七千." 李發林, 『山東漢畫像石研究』, p.102.

교해 이 수치가 대부분 과장임을 발견했다.[23] 사당을 만드는 긴 과정은 아마도 향리에서 효행을 보여주는 일종의 연출이었을 것이다.[24]

그렇다면 관람자인 대중은 사당에서 무엇을 보게 되는가? 또는 사당 안의 화상과 관람자는 어떤 관계인가? 우리는 과연 관람자의 입장에서 사당 안의 화상을 이해할 수 있는가? 사당 안을 장식한 화상 모두 제작자가 자신의 효행을 대중에게 전시하기 위한 것인가?

이런 문제들에 답하는 데 가장 큰 어려움은 상술한 영원 3년의 사당, 향타군사당, 안국사당이 현재 완전하지 않아 화상내용을 전면적으로 고찰할 수 없다는 점이다. 다행히 안국사당 제기에 아주 적지만 화상에 대한 묘사가 있다.

문양을 조각하고 그림을 새겼는데, 용과 뱀이 엉키고 맹호가 노려보고, 검은 원숭이는 높이 오르고, 곰은 장난을 친다. 여러 새들이 모여들고 많은 동물이 구름처럼 포진한다. 대각들은 높이 솟고 수레는 아주 많다. 위에는 운기와 선인이 있고 아래에는 효자와 현자, 그리고 인자들이 있다. 따르는 사람은 공손하고, 시종은 조용히 시봉하

고 있는데 빛나고 부드러운 모습이 마치 儵 같았다.[25]

상술했듯이 우홍은 제기의 작자를 사당의 제작자로 추정했는데, 필자도 이에 동의한다. 그러나 제작자와 화상 내용의 관계를 살피는 것은 상당히 복잡한 문제다. 일부 사당이나 무덤의 화상은 아마도 그들의 엄격한 감독 아래 제작되어 그들의 의도대로 설계되었을 것이다. 그러나 어떤 것은 제작자가 대략 사당의 규모나 조각의 정교함 정도의 큰 요구만 하고, 화상의 구체적 내용은 장인들이 관례대로 만들었을 것이다. 안국사당은 분명히 후자에 속한다. 상술한 인용문에서 화려한 수식은 주로 화상예술을 효과적으로 과장한 것이며, 화상의 상징은 전혀 언급되지 않았다. 다시 말해 명확한 사상을 반영했다고 보기 어렵다. 제작자는 이 글을 쓸 때, 대략 화상의 전체 내용을 훑어보았을 뿐, 도상의 함의에 대해서는 자세히 생각하지 않았다. 왕연수의 〈노영광전부〉의 일부와 비교해보자.

각종 날짐승과 길짐승들이 나무의 부재에 따라 그려지고 새겨져 자태를 드러낸다. 짝을 이룬 맹

---

23 加藤直子,「ひらかれた漢墓—孝廉と'孝子'たちの戰略」,『美術史研究』35책, 東京: 二玄社, 1997, pp.67-86.

24 싱이텐 교수는 본문의 초고를 심사한 후 "우리는 당시의 거주상태를 예상할 수 있다. 즉 한대의 무덤은 왕왕 취락 부근에 있었으며, 경작지 역시 부근에 있었다. 향리 주민 사이에 설령 친지가 아니고 연고가 없다 하더라도 누군가 세상을 떠나면 누가 묘를 만들고, 어떻게 만드는지 등의 소식이 당연히 현지에 알려진다. 석각묘의 석재는 무덤 안에서 조립되기 전 일반적으로 장지 옆의 지면 위에서 만들어진다. 이름난 장인을 초청하여 몇 달 동안 지속적으로 만들기 때문에 제작과정이 향리사람들의 주목을 끌게 되고, 향리사람들이 와서 이것을 보게 된다. 이는 '뛰어난 것을 제작할 수 있는' 기회고 명성을 널리 알리는 기회이다. 그러므로 '관람자'는 다중적인 존재로, 고인일 수도 있고 산 자일 수도 있다"고 평가했다(2002년 9월 29일 필자에게 보낸 이메일)

25 "調(雕)文刻畫, 交龍委蛇, 猛虎延視. 玄猨登高, 阤熊嚛戲. 眾禽群聚, 萬狩(獸)雲布, 台閣參差, 大興輿駕, 上有雲氣與仙人, 下有孝及賢仁. 遵者儼然, 從者肅侍, 煌煌濡濡, 其色若儵." 李發林,『山東漢畫像石研究』, pp.101-102.

호가 서로 붙잡고 치고 박고 싸우는데, 머리를 들고서 떨쳐 일어나 갈기를 세우고 있다. 규룡이 날아오르며 구불대니, 턱이 끄덕이고 몸이 꿈틀거리면서 움직이는 것 같다. 남방의 신 주작이 날개를 펼치고 난간에 서 있으며, 날아다니는 뱀 등사가 또아리를 틀어 서까래를 휘감고 있다. 신록인 흰 사슴이 두공 위에서 머리를 내밀고, 몸을 서린 이룡이 들보를 휘어감아 받들고 있다. 교활한 토끼가 두공 위 횡목 곁에서 웅크리고 있으며, 각종 원숭이들이 서까래를 부여잡고 서로 쫓고 있다. 검은 곰들이 혀를 내놓고 이빨을 드러내고서 동량棟梁을 등에 지고 기둥 끝에 쭈그리고 앉아 있다. 이 금수들은 일제히 머리를 들고 눈을 뜨고 쳐다보는데, 단지 응시하고 노려보고 있다. 호인들이 저 멀리 기둥 상단에 모여, 공경스럽고 장중한 태도로 꿇어 앉아 서로 마주 대하고 있다. 그들은 큰 머리를 들고 수리새 같은 눈으로 보며 움푹 꺼진 두 눈을 부릅뜨고 있는데, 표정은 마치 위험한 곳에 처해 슬프고 근심스러운 듯하여, 처참함으로 눈살을 찌푸리고 이마를 찡그리고서 근심을 머금고 있다. 또한 신선들이 동량 사이에서 곧게 서 있고 옥녀는 창문으로 아래를 보고 있다.

그러다가 갑자기 잘 보이지 않고 어렴풋해져, 귀신처럼 있는 것 같기도 하고 없는 것 같기도 하다.[26]

우리는 양자의 유사성을 쉽게 발견할 수 있다. 즉 안국사당에서 출현한 "온갖 새들이 모여들고 많은 동물이 구름처럼 포진해 있다衆禽群聚, 萬狩獸雲布"는 부분은 왕연수의 "나는 새와 달리는 동물"에 대응한다. 그리고 전자의 '뒤엉킨 용과 뱀交龍委蛇'은 후자의 '규룡이 날아오르며 구불대니虯龍騰驤以蜿蟺'에, 전자의 '검은 원숭이가 높이 오르고玄蝯登高'는 후자의 '각종 원숭이들이 서까래를 부여잡고猿狖攀椽'에, 전자의 '陃熊'은 후자의 '검은 곰玄熊'에, 전자의 '선인仙人'은 후자의 '신선神仙'에 대응한다. 이 밖에도 양자는 모두 '위로는……, 아래로는……'의 방향과 어투를 통해 화상을 묘사하고 있다. 결론적으로 말해 안국사당 제기에서 짝을 이루는 병려騈麗의 형식은 후한대 부사賦辭의 형식과 일치한다. 작자는 당시 유행하던 문풍文風을 모방하는 데 중점을 두었으며, 사당의 화상 내용을 생생하게 묘사하는 데는 관심이 없었던 것 같다.[27] 이 제기에는 비록 틀린 글자가 많지만, 효자들은 제기를 통해 그들의

---

26 "飛禽走獸, 因木生姿. 奔虎攫挐以梁倚, 仡奮臂而軒鬐. 虯龍騰驤以蜿蟺, 頷若動而蹼跙. 朱鳥舒翼以峙衡, 騰蛇蟉虯而繞榱. 白鹿子蜺於欂櫨, 蟠螭宛轉而承楣. 狡兔跧伏於柎側, 猿狖攀椽而相追. 玄熊舑舕以齗齗, 卻負載而蹲跠. 齊首目以瞪眙, 徒眽眽而狋狋. 胡人遙集於上楹, 儼雅跽而相對. 仡欺䫜以雕䫄, 鬒顲顇而睽睢, 狀若悲愁於危處, 憯嚬蹙而含悴. 神仙嶽嶽於棟間, 玉女窺窗而下視. 忽瞟眇以響像, 若鬼神之仿佛." 蕭統 編, 李善 注, 『文選』 제2책, pp.514-515. 한글 해석은 김영문 등 역, 『문선역주』 2, 소명출판, 2010, pp.293-294를 참조했다.

27 이 제기는 화려한 수식어가 가득하여 의식적으로 문채를 과시하려는 느낌이 크다. 문학적 수양은 한대 관원이 반드시 갖춰야 할 기본적인 소질이었다. 이에 대해서는 邢義田, 「允文允武: 漢代官吏的典型—"郡縣時代的封建餘韻"考論之一」, 『中央研究院歷史語言研究所集刊』 第75本 第2分, 2004, pp.223-282. 수정본은 「允文允武: 漢代官吏的一種典型」, 邢義田, 『天下一家—皇帝·官僚與社會』, 北京: 中華書局, 2011, pp.224-284.

I. 한대

문학적 수양을 보여주려 했을 것이다.

화상에 대한 간략한 서술과 화려하나 실속 없는 문장에서 중요한 것은 관람자를 향해 사당 내 장식의 화려함을 드러내는 것이지, 관람자로 하여금 화상의 의미를 이해하도록 인내심 있게 이끄는 것은 아니었다. "현인과 사해의 선비들에게 분명히 말하노니, 이 글을 살펴보고 소홀히 하지 마십시오明語賢仁四海土, 唯省此書, 無忽矣"라는 글은 제기를 쓴 자의 의도가 자신이 쓴 문자를 자세히 읽도록 하는 데 있음을 보여준다. 왜냐하면 화상은 주로 장인의 손에서 나온 반면,[28] 제기가 포괄하는 내용이야말로 제작자가 창조한 것이기 때문이다. 이 내용들은 화상이나 건축과 같은 유형의 '물증'뿐만 아니라, 이들이 고생하여 지은 사당의 전체 건축 과정까지도 포함한다. 제작자는 사람들이 화상과 건축을 보는 데서 그치지 않고, 제기에서 거론한 제작자의 여러 행위도 알고 갔으면 했다. 이렇게 드러내 보여주는 목적은 제작자가 "효가 지극하고 행동이 특별하고 의리가 돈독한"사람이라는 점이다.[29] 제작자가 보기

에 유형有形의 화상과 건축은 단지 관람자를 이끄는 물건이며, 제작자에 대한 도덕적 표창이야말로 그가 궁극적으로 원하는 것이었다.

산동성 장청의 효당산사당에는 한 줄의 제기가 있다. "신상룡이 영강 2년(301, 혹은 397) 2월 (사)당에 와서 이 사람의 지극한 효를 느낀다"(도5-1)[30]는 내용이다. 제기의 연대가 사당의 제작 연대보다 2~3세기 정도 늦지만, 관람자로서 신상룡이 사당을 보고 느낀 바와 제작자의 소망은 기본적으로 부합한다. 북위 태화 3년(479)과 경명 2년(501)의 제기는 이 사당을 직접적으로 '효당孝堂', 혹은 '효자당'으로 불렀다.(도5-2,3)[31] 『수경주水經注』 권8의 '제수濟水' 조에도 "세상에서 이를 효자당으로 부른다"는 기록이 있다.[32] 당시에 이런 명칭이 나온 데는 이유가 있다. 장잉쥐蔣英炬는 "효자가 만든 사당 또는 효제孝祭를 지내는 당을 효자당으로 부른 것은 매우 적절하며", 이런 명칭이 일찍이 한위漢魏시기에 사용되었을 것으로 보았다. 이런 '효자당'을 효자 곽거郭巨를 기념하는 사당으로 잘못 이해한 것은 훗날의 일이다.[33]

---

28 안국사당의 제기와 동시에 출토된 가상 송산의 다른 화상석은 이미 장잉쥐에 의해 4기의 소형 사당으로 완전히 복원되었다(蔣英炬, 「漢代的小祠堂—嘉祥宋山漢畵像石的建築複原」, 『考古』 1983년 제8기, pp.741-751). 사당들에 표현된 화상의 양식은 일군의 동일한 장인의 손에서 나온 듯하다. 화상이 매우 유사하며, 심지어는 다른 사당에서 동일한 모본을 사용하기도 했다. 안국사당에 표현된 화상의 양식이 이 소형 사당들의 화상과 유사한 점은 주의할 만하다. 안국사당은 나머지 4기의 소형 사당과 마찬가지로 장인이 모본에 따라 화상의 내용을 결정했을 가능성이 있다.

29 "竭孝, 行殊, 義篤" 안국사당의 제기에 의거함.

30 "申上龍以永康二年二月來此堂, 感斯人至孝." 蔣英炬, 「孝堂山石祠管見」, p.205.

31 蔣英炬, 「孝堂山石祠管見」, p.205.

32 陳橋驛, 『水經注校正』, 北京: 中華書局, 2007, p.208.

33 장잉쥐는 북제 무평 원년(570) 농동왕(隴東王) 호장인(胡長仁)의 〈농동왕감효송(隴東王感孝頌)〉을 근거로 효당산사당을 곽거의 무덤사당으로 보는 견해가 호장인으로부터 시작됐다고 보았다(蔣英炬, 「孝堂山石祠管見」, p.206). 그러나 린성즈는 "訪詢耆舊"의 글귀를 토대로 호장인은 단지 현지의 민간에서 전해지는 전설을 기록한 것으로 추정했다. 그는 또 "남북조시대에는 사당을 만드는 것을 효자의 증거로 보았다. 남북조시대의 사당에 대한 인식은 기본적으로 한대의 전통을 계승한 것으로, 이것이야말로 북제에서 효당산사당을 곽거의 무덤사당으로 본 이유기도 하다. 북조에서 효당산사당이 곽거사당이라는 전설이 형성된 것은 한대에 사당 조영을 효자가 효를 행하는 방법으로 간주하는 것에서 진일보한 결과이다"라고 추정했다(林聖智, 「北魏寧懋石室的圖像與功能」, 國立台灣大學美

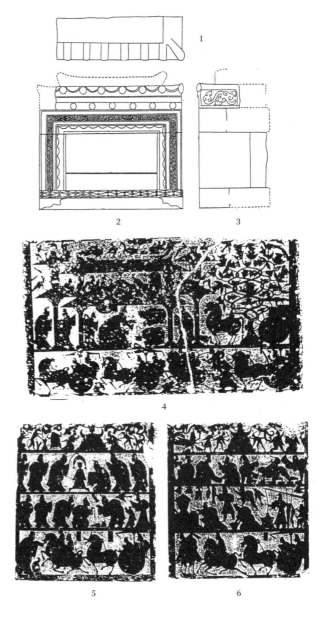

景明二年吳□□古来至此孝子堂
3

太和三年三月廿五日山荏縣
人王天明王群王定畵三人
等在此行到孝堂造此字
2

申□龍□孔康二年二月二日来此学
感斯人孝至
1

도5 산동성 장청 효당산사당에 후대인이 새긴 제기의 모본(南陽漢代畵像石學術討論會辦公室, 『漢代畵像石研究』, p.206, 도2)

도6 산동성 가상현 송산의 1호사당 복원도와 화상, 후한(蔣英炬, 「漢代的小祠堂—嘉祥宋山漢畵像石的建築復原」, 도2-3)

그러나 한대 사당이 순수하게 제작자가 자신을 선전하기 위해 만든 것이라고 한다면 문제를 지나치게 단순화하는 것이다. 제기와 달리 사당 안의 화상은 자신만의 전통을 지닌다. 연대가 비교적 이른 비성현 건초 8년(83)의 사당으로부터 안국사당과 동시기에 만들어진 가상현 송산의 기타 소형 사당(도6)에 이르기까지 화상의 제재는 날로 풍부해졌다. 그럼에도 화상들은 모두 정벽의 사주祀主화상을 중심으로 전개된다. 2세기에 사당이 날로 많아지는 과정에서 제기의 중심은 변화했으나 도상의 기본

術史研究集刊編輯委員會 編, 『美術史研究集刊』 제18기, 臺北: 國立臺灣大學藝術史研究所, 2005, pp.48-49).

적 배치는 근본적으로 변화하지 않았다. 신리샹은 사주화상을 사당화상 가운데 '불변하는 내용'으로 규정했다.[34] 양아이궈楊愛國도 "사당 화상석에서 다른 제제의 내용이 증감하거나 자리를 바꾸어도 사주 부부를 상징하는 누각배알도樓閣拜謁圖의 위치는 시종 변화가 없는데, 이는 사당의 기본적 기능이 시종일관 변하지 않았음을 드러낸다"라고 하였다.[35]

화상의 주제가 이렇듯 안정성을 보여주는 원인은 다양하다. 장인이 옛 제재를 장기간 그대로 사용했기 때문일 수도 있다. 화상석 생산의 전문성이 날로 강화됨에 따라 경험이 풍부한 뛰어난 장인들이 장식의 내용을 결정하는 데 상당히 큰 결정권을 행사했을 것이다. 더욱 중요한 점은, 만약 '사당은 귀신이 있는 곳으로 제사하는 곳'이라는 기능을 포기하면, 그것은 사당이 될 수 없으며 제작자의 효심을 드러낼 방법도 없어진다는 것이다. 그러므로 향타군의 두 아들인 향무환과 향봉종은 제기에서 사당의 목적을 "양친의 혼령이 의지처로 삼기를 바란다冀二親魂零靈, 有所依止"라고 분명히 밝혔다.

위에서 관람자들의 신분이 다르기 때문에 사당 화상을 '보는' 각도 역시 서로 다른 점을 고려해 보았는데, 이는 결코 다른 시선이 사당의 화상을 전혀 다른 부분들로 분할한다는 의미가 아니다. 오히려 이와 반대로 대부분의 사당 화상은 여전히 완전한 통일체며, 다른 내용과 기능을 가진 화상들은 흔적을 드러내지 않으면서 함께 잘 조직되었다. 후장厚葬의 범람과 화상예술의 성행은 거효렴의 제도 아래서 명예를 위한 행위를 만들어내는 데 많은 영향을 미쳤다. 그러나 세상을 속이고 명성을 훔치는 행위와 이로 인해 발생하는 화상기능의 변화들은 단지 전통적 관념과 습속의 부속물에 불과했다.

3. 무덤 속 화상의 관람자

사당과 달리 무덤은 폐쇄된 공간이다. 그러나 무덤 안의 화상 역시 사당과 마찬가지로 관람자와 일정한 관계를 지닌다. 최근 발견된 섬서성 수덕현綏德縣 신점辛店 명인천嗚咽泉 소재 후한대 화상석묘 후실의 문 좌우에 다음과 같은 제기가 있다.

> 覽樊姬觀列女崇禮讓遵大雅貴組綬富支子,
> 帷居上寬和貴齊殷勤同恩愛述神道熹苗裔.[도7][36]

제기 첫 행에 '람覽'과 '관觀'의 두 동사가 있지만, 유감스럽게도 주어가 생략되어 있어 직접적인 해답을 주지는 못한다.

한대인에게 무덤은 단지 사자의 시신을 놓는 곳이 아니라 사자의 영혼이 계속 '생존'하는 공간이었다. 사람들은 사자를 위해 이 공간에 식량과 음식물, 장원과 관아, 좋은 말과 화려한 수레, 남녀 동복

---

34 信立祥, 『漢代畫像石綜合研究』, p.118.

35 楊愛國, 「東漢石祠畫像布局反映的問題」, 미출간.

36 吳蘭·志安·春寧, 「綏德辛店發現的兩座畫像石墓」, 『考古與文物』 1993년 제1기, pp.17-22. 제기의 해독은 張俐, 「論陝北東漢銘文刻石」, 朱青生 主編, 『中國漢畫研究』 제2권, 桂林: 廣西師範大學出版社, 2006, pp.215-216. 樊姬의 사적에 대해서는 張濤, 『列女傳譯注』, 濟南: 山東大學出版社, 1990, p.63을 참조.

童仆, 악무 백희 등 그가 생전에 향유했거나 혹은 향유하지 못했던 일체를 준비했다. 사자는 이곳을 출발하여 신선이 거주하는 낙원으로 가기를 꿈꾸었다. 이러한 소망을 부장품을 통해서 구현하거나 채색의 벽화, 화상석, 혹은 화상전의 예술형식을 통해 표현했다.

무덤 속 세계는 집의 따스함이 충만한 곳이지만, 또 한편으로는 매우 공포스러운 곳이었다. 『초사·초혼招魂』은 지하에 각종 괴물이 있다고 기록하고 있다. 즉 "혼이여 돌아오라. 그대는 땅속 어두운 곳으로 내려가려 하지 말라. 그곳에는 토지신이 있는데, 꼬리가 아홉이고 달린 뿔은 매우 날카롭도다. 넓적한 등에 피 묻은 엄지손가락으로 사람을 보면 세차게 쫓을 것이로다. 눈이 세 개 달린 호랑이 머리, 그 몸뚱이는 소를 닮았도다. 모두가 사람을 달콤히 여기나니. 돌아오라, 재앙을 자초할까 두렵도다"[37]라고 읊었다.

무덤은 지하에 만들어지기 때문에 각종 위협에서 자유로울 수 없었다. 이런 관념은 한대인의 사상에 깊은 영향을 미쳐, 그들에게 부득불 어떤 조치들을 취하도록 했다. 즉 제후왕이나 열후 등의 '대상大喪'에서는 '곰 가죽을 뒤집어쓰고 네 개의 황금 눈을 하고, 검은 상의와 붉은 치마를 입고, 창[戈]을 잡고 방패를 든' 방상씨方相氏가 무덤 속으로 들어간 후 네 모서리를 창으로 두드려 방량方良 등의 괴물을 쫓아냈다.[38] 일반 무덤에서도 매우 흉악한 형상의

도7 섬서성 수덕현 신점 명인천 화상석묘 제기, 후한(李貴龍·王建勤 主編, 『綏德漢代畫像石』, 西安: 陝西人民美術出版社, 2001, p.154)

진묘수나 이와 유사한 화상을 놓았는데, 바로 '독으로 독을 제압하는以毒制毒' 수법으로, 사악한 기운과 재해를 물리치기 위한 것이다. 이는 지하의 사자에게 안녕을 보장해주는 한편, 산 자 역시 마음을 놓을 수 있도록 해주었다.

설령 사람들이 사후세계에 대해 온갖 아름다운 상상을 하더라도 이것은 결코 확인될 수 없었으며, 또한 사망에 대한 공포로부터 멀어질 수도 없었다. 옛사람들은 생전에 가장 친근한 사람이었더라도

---

37 "魂兮歸來! 君無下此幽都些. 土伯九約, 其角觺觺些. 敦恢血拇, 逐人駓駓些. 三目虎首, 其身若牛些. 此皆甘人, 歸來! 恐自遺災些." 洪興祖 撰, 白化文 等 點校, 『楚辭補注』, 北京: 中華書局, 1983, pp.201-202. 한글 번역은 류성준 편저, 『초사(楚辭)』, 문이재, 2002, p.126을 참조함.

38 『周禮·夏官司馬』, 『十三經注疏』本, p.213.

사후에는 전혀 다른 세계 속 사람이 된다고 믿었다. 왕충은 『논형·정귀訂鬼』의 서두에서 "천지간의 귀신은 사람이 죽은 후 그 정신이 변해서 된 것이 아니며, 모두 사람들의 생각이 만들어낸 것"이라고 했다.[39] 이 글은 당시 보통 사람들이 '사람이 죽으면 그 정신이 귀신이 되고, 이런 귀신이 때때로 산 자에게 위협을 준다'라고 인식했음을 보여준다. 후한에서 위진시대에 제작된 도교적 색채를 가진 진묘문鎭墓文의 작용은 바로 이런 위협을 없애기 위한 것이다. 진묘문 가운데는 '생사가 다르니 서로 간섭하지 말라'는 내용이 여러 번 강조되고,[40] 한대 무덤에는 '무덤이 봉쇄되면 다시는 나오지 말라'는 글이 쓰인 경우가 있는데,[41] 이런 관념과 관련이 있다.

무덤에 금은주옥金銀珠玉을 부장하는 것은 도적들의 약탈을 야기했다. 그리하여 무덤은 될 수 있는 한 매우 단단하게 봉쇄되었고, 아주 정교한 도둑 방지 장치가 만들어졌다.[42] 옛사람들이 묘에 자주 와서 제사를 지내는 풍습이 있었다는 것을 증명할 자료가 현재로서는 충분치 않다. 비록 무덤 안에서 세트를 이루는 제기가 발견되지만, 그것은 아마도 무덤을 폐쇄하기 전에 행했던 일회성 제사에서만 사용되었을 것이다. 중국의 옛 필기소설筆記小說에는 무덤의 용俑이 인간들에게 재앙을 주는 고사가 많다. 무덤에서 출토한 물건은 산 자에게는 피하려 해도 피할 수 없는 공포였다.

겹겹이 만들어진 물질과 관념의 울타리는 무덤과 지상의 세계를 분리해버렸다. 일반적인 의미에서 무덤은 공공장소가 아니며, 사자 개인이 혼자 향유하는 은밀한 사적 공간이다. 각종 벽화는 상장의례의 일부고, 산 자가 사자에게 바치는 봉헌이며, 단지 사자만이 볼 수 있는 것이었다.

그렇다면 옛사람들은 이미 눈을 감은 사자가 정말로 보는 능력이 있다고 생각한 걸까. 이 역시 앞서 사당화상을 논할 때 남겨둔 문제였다. 도연명의 〈만가시輓歌詩 3수〉 가운데 두 번째에 다음과 같은 내용이 있다.

어제 술 마시지 않았는데 오늘은 빈 잔만 있네.
봄이 깨어나니 개미가 살아오는데, 어느 때 다시 맛볼 수 있을까.

---

39 "凡天地之間有鬼, 非人死精神爲之也, 皆人思念存想之所致也." 王充 撰, 黃暉 校釋, 『論衡校釋』, 北京: 中華書局, 1990, p.931.

40 1972년 섬서성 호현(戶縣) 주가보(朱家堡)의 한대 무덤에서 출토한 양가 2년(133) 해제관(解除罐)의 붉은색 진묘문은 "謹爲曹伯魯之家移央去咎, 遠之千里. 咎□大桃不得留. □□至之鬼所, 徐□□. 生人得九, 死人得五, 生死異路, 相去萬里. 從今以長保子孫, 壽如金石, 終無凶. 何以爲信？ 神葬厭墳, 封黃神地章之印. 如律令！"이라 쓰여 있다(陝西省考古硏究所 禚振西, 「陝西戶縣的兩座漢墓」, 『考古與文物』 1980년 제1기, pp.46-47). 1997년 산서성 임의현(臨猗縣) 가서촌(街西村) 출토 후한 연희 9년(166) 해제병(解除瓶)의 진묘문에는 "延熹九年十月丁巳朔五日辛佑直開, 移五部中都二千石丘丞墓伯塚侯司馬. 地下秅羊令韓祔興塚中□安千秋萬歲, 物復相求, 動伯□, 生人自有宅舍, 死人自有棺槨, 生死異處, 無與生人相索, 填塚雄黃, 四時五行, 可除. 若吉央富貴毋極, 如律令！"의 글이 있다(王澤慶, 「東漢延熹九年朱書魂瓶」, 『中國文物報』 1993년 11월 7일, 제3판).

41 "長就幽冥則決絶, 閉壙之後不復發." 산동성 창산 후한 원가 원년(151) 무덤의 제기(山東省博物館·山東省文物考古硏究所, 『山東漢畵像石選集』 p.42).

42 楊愛國, 「先秦兩漢時期陵墓防盜設施略論」, 『考古』 1995년 제5기, pp.436-444.

제물 가득한 상이 내 앞에 있고 친지와 벗들이 옆에서 곡을 하네.

말하려 하나 소리가 안 나오고, 보고자 하나 눈에 빛이 없구나.

옛날엔 높은 당에서 잤는데, 오늘은 거친 풀이 있는 향촌에 누웠구나.[43]

도연명은 지식인으로서 사망의 의미를 분명히 알았다. 그는 "말하려 하나 소리가 안 나오고, 보고자 하나 눈에 빛이 없다"고 슬퍼했다. 그러나 시의 내용은 한편으로는 모순된다. 그는 여전히 사자의 입으로 말을 하고 있으며, 그의 두 눈은 비록 빛은 없지만 여전히 보려 한다.

일부 무덤에는 묘주형상이 그려져 있는데, 여기서 사자는 '보고자 하나 눈에 빛이 없는' 해골이 아니라 색채가 아주 선명한 산 자의 형상이다. 이런 형상은 무덤 안의 각종 맛난 음식을 향유할 수 있고 눈앞의 무악을 즐길 수 있는데, 묘주가 다른 세계에서도 계속 생활하고 있음을 드러낸다. 묘주에게 무덤 속 화상은 결코 실체 없는 그림자가 아니라 실재하는 재부財富를 상징한다.

리디아 톰슨Lydia Thompson은 컴퓨터를 이용해 산동성 기남沂南의 후한대 무덤을 3차원 모형으로 제작하는 흥미로운 실험을 했다. 그리고 이 모형을 이용해 사자의 위치에 서서 관곽이 놓인 후실에서 전실을 향해 시선을 옮겨갔다. 그 결과 들보 위 화상의 방향, 배치, 제재가 모두 우리가 가정한 피장자의 '시선'과 일치했다.[44] 이에 대한 해답은 역시 동진시대 문학가 육기陸機의 〈만가시 3수〉에서도 찾을 수 있다. 시에는 다음과 같은 구절이 있다.

중첩된 산들이 어찌 그리 높이 솟았나! 검은 초막이 그 가운데 감춰져 있네.

넓고 넓은 자리는 사방 먼 곳의 땅을 세웠으며, 가운데가 높고 사방이 낮은 형세는 푸른 하늘을 본떴도다.

옆에서는 지하 도랑의 물 흐르는 소리 들리고, 누워서는 천정天井에 매달린 일월성신 보이는구나.

넓은 하늘은 어찌 그리 쓸쓸하고 적막한가! 긴긴 밤은 어찌 새벽이 올 수나 있겠는가![45]

작자는 사자의 어투를 모방하여 무덤 안의 정경을 서술했다. 여기에서 사자는 들을 수도 있고 볼 수도 있다. 이런 글귀는 우리로 하여금 옛사람들이 '죽은 자가 지하에서도 지각능력을 갖고 있으며, 일부 인체기관이 여전히 생전처럼 작용하고 있다'고 믿었음을 알려준다.

물론 다른 생각도 있었다. 위魏 문제 조비曹조는

43 "在昔無酒飮, 今但湛空觴. / 春醪生浮蟻, 何時更能嘗? / 肴案盈我前, 親舊哭我傍. / 欲語口無音, 欲視眼無光. / 昔在高堂寢, 今宿荒草鄕." 王叔岷, 『陶淵明詩箋證稿』, 北京: 中華書局, 2007, pp.499-500.

44 Lydia Thompson, *The Yi'nan Tomb: Narrative and Ritual in Pictorial Art of the Eastern Han(25-220C.E.)*, Ph. D. dissertation, New York: Institute of Fine Arts of New York University, 1998, pp.207-211.

45 "重阜何崔嵬, 玄廬竄其間. / 旁薄立四極, 穹隆放蒼天. / 側聽陰溝湧, 臥觀天井懸. / 壙宵何寥廓, 大暮安可晨?" 蕭統 編, 李善 注, 『文選』 제3책, pp.1334-1335. 한글 해석은 김영문 등 역주, 『문선역주』 5, 소명출판, 2010, p.187을 참조.

"뼈는 아프고 가려운 지각이 없고, 무덤은 신명이 깃드는 집도 아니다", "관곽은 썩은 뼈를 담고, 옷은 썩은 살을 담을 뿐이다"라고 했다.[46] 그리하여 그는 부장품을 많이 넣지 않는 간단한 박장薄葬을 주장했다. 그러나 이런 주장 역시 화상으로 무덤을 장식하는 후장풍속이 사자가 지각이 있다고 믿는 관념과 관련이 있음을 반증한다.

고고학적 자료에 익숙한 독자라면 육기의 시를 읽을 때 시에서 묘사한 내용이 놀랍게도 이 시기 무덤구조와 잘 부합한다는 사실을 알아차릴 것이다. 궁륭형의 무덤 천장, 거꾸로 달린 하늘 우물, 음계陰界의 배수구 등은 모두 육조시대 무덤에서 출현한다.[47] 육기는 살아 있는 자인데 어떻게 무덤에 대해 이처럼 잘 알 수 있었을까. 육기는 비록 무덤을 만드는 장인이 아니라 문인이지만, 이런 무덤을 볼 기회가 자주 있었을 가능성이 크다.

『후한서·조기전趙岐傳』에는 조기가 생전에 조성한 자신의 무덤, 즉 '수장壽藏'의 회화에 대해 언급한 대목이 있다.[48] 이는 순수하게 조기의 개인적 행위에 속하는데, 개인의 행적이 어떻게 세상에 전해졌을까. 하나는 조기 자신의 서술일 가능성이며, 좀더 큰 가능성은 다른 사람이 무덤이 폐쇄되기 전에 이런 화상을 보았을 가능성이다. 그러므로 무덤벽화에는 묘주 이외에 또 다른 관람자가 있었다고 가정할 수 있다.

이 가설은 새로운 고고학적 발견으로 논증될 수 있다. 섬서성 순읍현旬邑縣 백자촌百子村에 소재한 후한대 벽화묘는 새로운 실마리를 제공한다. 이 묘는 경사진 묘도를 가진 벽돌무덤으로, 벽화 내용이 아주 풍부하다. 제기에 의해 어느 '빈왕邠王'의 무덤임을 알 수 있는데, '빈邠'은 곧 '빈豳'이다. 『후한서·군국지郡國志』에는 "순읍에 빈향이 있다栒邑有豳鄕"라는 기록이 있는데,[49] 주나라 사람들의 조상인 공유公劉의 옛 땅이다. 백자촌묘의 용도甬道 양 벽에는 각각 문을 지키는 역사力士가 그려져 있으며, 역사 바깥쪽에는 각각 "관람자들은 모두 신발을 벗어야 하며, 벗으면 곧 들어올 수 있다諸觀者皆解履乃得入(도 8, 도9)", "보고자 하는 사람들은 모두 신발을 벗어야 하며, 벗으면 곧 들어와 볼 수 있다諸欲觀者皆當解履乃得入觀此"는 제기가 붉은 글씨로 쓰여 있다.[50]

선진시대에서 한위시기에 이르기까지 신발을 벗는 것은 윗사람을 접견할 때의 예의로, 당시 실내에

46 『三國志·魏書·文帝紀』, 北京: 中華書局, 1959, p.81.

47 동진과 남조의 무덤에 대한 종합적인 서술은 中國社會科學院考古研究所 編, 『新中國的考古發現和研究』, 北京: 文物出版社 1984, pp.527-536; 羅宗真, 『六朝考古』, 南京: 南京大學出版社, 1994, pp.54-98, pp.106-239.

48 『後漢書』, 北京: 中華書局, 1965, p.2124.

49 『後漢書』, p.3406.

50 2001년 10월 필자는 섬서성 고고연구소에서 이 묘에서 떼어낸 벽화 일부를 보았는데, 이 가운데 제기가 있는 문을 지키는 역사상이 있었다. 무덤에 대한 간단한 보고는 陝西省考古研究所, 「陝西旬邑發現東漢壁畫墓」, 『考古與文物』 2002년 제3기, p.76. 이 무덤의 도록이 독일에서 출간되었다. Susanne Greiff, Yin Shenpping, *Das Grab des Bin Wang: Wandmalereien der Ostlichen Han-zeit in China*, Verlag des Romisch-Germanischen Zentralmuseums in Kommission bei Harrassowitz Verlag · Wiesbaden, Mainz, 2002. 이 책에 대한 필자의 서평은 中山大學藝術史研究中心 編, 『藝術史研究』 제5집, 廣州: 中山大學出版社, 2003, pp.510-518.

도8 섬서성 순읍현 백자촌묘 용도 동벽의 벽화, 후한(陝西省文物局·上海博物館, 『周秦漢唐文明』, 上海: 上海書畫出版社, 2004, p.99)

도9 순읍현 백자촌묘 용도 동벽 벽화의 제기, 후한(사진이 불분명해 수정을 가함)

서 자리를 깔고 생활하는 습속에서 유래했다. 『예기·곡례曲禮』에는 "윗사람 옆에 앉아 시중을 들 때, 신발을 신고는 당堂에 오르지 못한다"는 규정이 있다.[51] 신발을 벗는다는 것은 또 출사出仕의 뜻이 있다. 『북제서·문원文苑』에는 "성년이 되지 않은 나이에 벼슬길에 올라 오직 신발을 벗고 종군했다"는 기록이 있다.[52] 백자촌묘 제기의 '신발을 벗는다'는 것은 물론 원래의 뜻이다. 즉 무덤은 사자의 집이기 때문에 관람자는 신발을 벗고 묘에 들어가 사자에 대한 존경을 표해야 한다. 두 줄의 제기는 비록 문을 지키는 역사의 옆에 쓰여 있었지만, 결코 이 그림에 대한 해설은 아니다. 역사상에서 더욱 가까운 곳에 "빈왕역사邠王力士"의 제기가 있기 때문이다. 이른바 "여러 관람자諸觀者" 혹은 "보고자 하는 여러 관람자諸欲觀者"는 모두 복수 형식으로, 묘주 한 사람을 가리키는 것이 아니라 외부에서 무덤에 들어오는 산 자를 가리키는 것이 분명하다. 그렇다면 적어도 후한대 무덤은 순수하게 개인공간만은 아니었으며, 벽화 완성 후, 그리고 하장下葬하기 전에 일부 묘실은 사람들에게 공개되어 참관이 가능했

51 "侍坐於長者, 履不上於堂." 『禮記正義』, 『十三經注疏』本, p.12.

52 "未成冠而登仕, 財解履以從軍." 『北齊書』, 北京: 中華書局, 1972, p.620.

을 것이다.

후한시기에 무덤을 사람들에게 개방했던 것은 당시의 '거효렴' 제도와 관련이 있다. 양수다楊樹達는 한대의 상장 관련 문헌을 수집, 분석하여 황제만 생전에 수릉壽陵을 건설한 것이 아니라 신하나 백성들도 생전에 스스로 무덤을 만들었음을 발견했다. 즉 대신大臣 곽광霍光과 장우張禹, 문인 풍연馮衍과 조기 및 공탐孔耽, 그리고 환관 후람侯覽과 조충趙忠 등이 그러했다. 그리고 사람이 죽은 후 바로 묻지 않았으며, 장례기간은 7일에서 400여 일까지 일정하지 않았다.[53] 이처럼 생전에 무덤을 만들거나, 죽은 후 상을 멈추고도 매장하지 않는 풍속은 산 자가 묘실에 들어가 벽화를 볼 수 있는 시간을 제공했다. 이 밖에도 송장送葬 당시에는 사자의 친구, 옛 관리, 문생 등 많은 손님들이 참가했다. 마치 왕부가 "총신과 귀척, 주군의 세가世家는 상장이 있을 때마다 모두 관속 현의 관리를 파견해 예물을 바치고 거마와 유장 등 손님을 접대하는 물건을 빌려 화려함을 경쟁했다"라고 말한 것과 같다.[54] 대유학자 정현鄭玄의 장례에는 송장자만 천여 명에 이를 정도로 많았다.[55] 묘문을 닫기 전에 이런 인물들이 모두 묘장 미술의 관람자가 되었을 것이다.

『후한서 · 진번전陳蕃傳』에는 '마을사람 조선趙宣이 부모를 묻고도 묘도를 봉쇄하지 않고 묘실에서 20여 년 동안 복服을 입었다'라는 기록이 있다.[56] 이로 인해 그는 향촌에서 명성을 얻었는데, 지하의 묘실이 효행을 드러내는 특수한 장소임을 보여준다.

섬서성 북부 지역의 많은 화상석묘에는 화상이 주로 묘문과 문 테두리, 문미 등에서 발견되는데, 이곳들은 대부분 밖을 향하고 있어 묘주의 시선과는 어긋나며 도리어 묘실에 들어가는 사람들이 도상을 보기에 편리하다.

상술한 내용을 종합해보면, 제작자의 주관적 의도에서 볼 때 고분벽화는 사자의 영혼을 위해 만들어졌지만, 일부 산 자를 위해서도 설계되었다. 사당과 달리 무덤의 제기에서 명확하게 관람자를 언급한 경우는 결코 많지 않다. 아마도 무덤과 사당의 개방 정도에 차이가 있었기 때문일 것이다. 백자촌묘 제기는 비교적 간략하여 관람자의 신분, 묘실 개방의 시간 등 구체적인 내용은 알 수 없다. 이런 문제들은 앞으로 더욱 많은 자료의 출현으로 해결할 수 있을 것이다.

새로운 고고학적 발견은 더욱 복잡한 현상을 드러낸다. 하남성 영성永城 시원杮園에 있는 전한 양왕릉梁王陵의 묘실 꼭대기에는 비교적 잘 보존된 대형 벽화가 있다.[57] 묘실 네 벽의 꼭대기 사방 테두리에 홈이 쭉 나 있는데, 홈 안에서 썩은 나무 재가 발견되었다. 이는 텐트 형식의 목조지붕이 설치되었을 가능성을 시사한다. 그렇다면 목조 지붕이 무덤 꼭대기의 벽화를 가리게 되고, 이 때문에 장례에 참

---

53 楊樹達, 『漢代婚喪禮俗考』, 上海: 上海古籍出版社, 2000, pp.87-99.

54 "寵臣貴戚, 州郡世家, 每有喪葬, 都官屬縣, 各當遣吏齎奉, 車馬帷帳, 貸假待客之具, 競爲華觀." 『潛夫論 · 浮侈篇』, p.137.

55 『後漢書 · 鄭玄傳』, p.1211.

56 『後漢書』, pp.2159-2160.

57 閻根齊 主編, 『芒碭山西漢梁王墓地』, 北京: 文物出版社, 2001, pp.81-247.

가한 사람들은 묘실에 들어오더라도 꼭대기의 벽화들을 보지 못했을 것이다. 만약 죽은 양왕만이 이 도상의 존재를 안다면, 목조지붕의 존재는 사자와 산 자의 보는 방식이 달랐음을 보여주는 것은 아닐까. 아마도 가능성이 더 큰 추론은 이 벽화들이 단지 일부 신명神明에게만 의미가 있다는 점이다. 이런 추정을 간접적으로 지지해주는 것은 동시기 한대 궁정에 새로이 출현한 예술활동이다. 동방에서 온 많은 방사方士들은 구선求仙에 열중하던 무제에게 방술을 사용해 '물物', 즉 신선이 오도록 건의했다. 그들은 황제를 꾀어 "궁실과 의복을 신의 형상으로 만들지 않으면 신물은 오지 않는다"고 목소리를 높였다. 그리하여 무제는 장식이 화려한 운기거雲氣車를 만들었으며, "또 감천궁을 지어 가운데를 대실臺室로 꾸미고 천·지·태일太一 등의 여러 귀신을 그린 후 제구祭具를 놓아 천신이 이르도록 했다."[58] 이제 회화는 종교활동의 수단이 된 것이다.[59]

덧붙이는 말

관람자의 문제는 상장예술의 기능과 주제를 이해하기 위한 것으로, 한대 화상연구의 기초적인 문제 가운데 하나다. 동일한 의례 과정에서 관람자와 도상은 서로 상보관계이자 영향을 주고받는 관계에 있다.

섬서성 수덕의 명인천묘 제기처럼 도상의 교화작용이 두드러지는 사례에서 보듯 도상은 관람자의 사상에 영향을 준다. 또한 '누구에게 보이기 위한 것인가'라는 '관람자의 차이'는 도상 내용의 선택과 형식의 변화에 영향을 주었는데, 조기의 무덤 벽화에 대한 북위 역도원酈道元의 해석이 좋은 사례라 할 수 있다. 역도원은 "영성에 있는 조대경趙台卿의 무덤은 조기趙岐가 생전에 직접 만들었다. 무덤에는 빈객과 묘주의 얼굴을 그렸는데, 그 정情이 매우 잘 보존되어 있고 숭상하는 바를 잘 서술하고 있다"라고 기록하였다.[60] 조기묘의 벽화가 만약 다른 사람이 볼 수 있다는 가정 아래 만들어졌다면, 제재의 선택은 '조기의 뜻을 드러낸' 것이라 할 수 있다. 사당 가운데는 간혹 우연히 묘주의 생전 경력을 묘사하는 경우가 있다. 그 사례가 산동성 가상현의 무량사 동벽 하층下層에 보이는 '현공조縣功曹가 처사處士를 초치招致하는' 그림이다. 이것은 〈무량비〉 속의 "주군에서 불렀으나 병을 이유로 나아가지 않았다州郡請召, 辭疾不就"는 기록에 대응한다. 무씨사 전前석실 내 상부에 동서 측벽과 후벽을 관통하여 대형의 거마행렬도가 새겨져 있고, 전벽前壁의 승첨방承簷枋 안쪽과 삼각의 격량隔梁 양쪽에도 거마출행도가 새겨져 있다. 이 출행도 위의 제기는 모두 무영武榮의 사적을 언급한 비문과 부합한다.[61] 신리샹은 이와 같은 무씨사 전석실의 화상을 근거로 장청

58 "又作甘泉宮, 中爲台室, 畫天地太一諸鬼神, 而置祭具以致天神."『史記·封禪書』, 北京: 中華書局, 1959, pp.1387-1388.

59 영성 시원묘에 대한 논의는 본서「고분벽화의 기원에 대하여─하남성 영성(永城) 시원(柿園)의 한대 무덤을 중심으로」참조.

60 "(郢)城中有趙台卿塚, 岐平生自所營也, 塚圖賓主之容, 用存情好, 敘其宿尚矣." 施蟄存,『水經注碑錄』, 天津: 天津古籍出版社, 1987, p.405.

61 蔣英炬·吳文祺,『漢代武氏墓群石刻研究』, pp.107-108.

효당산사당 상부의 거마출행도가 사당 주인이 생전에 '대왕大王(제후왕)'의 수행자 신분으로 대왕의 출행에 참여한 것과 관련이 있으며, 이처럼 가장 빛나는 행적을 사당 안에 새겨놓았다고 추정했다. 그는 또한 "사주祀主 생전에 가장 빛나는 경력을 표현한 거마출행도는 '사주가 제사를 받는 그림祀主受祭圖'과 필연적 관계가 있지는 않으며, 사당 화상 가운데서도 가변적 내용에 속한다"고 보았다.[62]

마찬가지로 내몽고 화림격이和林格爾 신점자新店子 소판신小板申에 위치한 한대 무덤의 화상도 타인이 볼 수 있도록 한 것이라면, 묘주 생전의 사적을 표현한 그림이 출현하는 것 역시 쉽게 이해할 수 있다.[63] 이런 화상의 의의는 대중에게 사자 본인의 공적을 선양하는 데 있다. 그리고 이런 공적은 종종 자손들이 사회적 지위를 얻는 데 중요한 자본이 되기도 했을 것이다. 그러므로 한대 사당과 무덤을 당시의 사회적 맥락 속에 위치시키고, 관람자의 각도에서 화상의 제작 동기와 내용을 이해하는 것은 매우 가치 있고 중요한 일이다.

'관람자가 어떻게 보는가'는 또 다른 문제며, 본문에서 논의할 사항은 아니다. 왕부 같은 관람자라면 사자의 후손들이 공들여 만든 것을 도리어 비난했을 것이다. 후세에는 효당산사당을 효자 곽거의 기념당으로 오인했는데,[64] 이런 착오가 천여 년 동안 지속되었다. 이런 상황을 어찌 상가喪家에서 미리 알기나 했겠는가?

본문 집필 과정에서 楊泓, 邢義田, 許湘苓, Lucas Nickel, 楊愛國, 施杰, 邱忠鳴, 劉婕 등의 도움을 받았다. 특별히 감사드린다. 본문은 원래 朱靑生 主編, 『中國漢畫硏究』 제2권(桂林: 廣西師範大學出版社, 2006, pp.39-55)에 실렸다. 영역본은 "Concerning the Viewers of Han Mortuary Art" (translated by Eileen Hsiang-ling Hsu, *Rethinking Recarving: Ideals, Practices, and Problems of the "Wu Family Shrine" and Han China*, Yale University Press, 2008, pp.92-109)로, 일역본은 加藤直子 번역으로 「漢代喪葬畫像にぉける觀者の問題」(『美術硏究』 395號, 2008.8, pp.1-19)에 게재되었다. 본서에서는 약간의 수정을 가했다.

---

62 信立祥, 『漢代畫像石綜合硏究』, pp.107-118.

63 內蒙古自治區博物館文物工作隊, 『和林格爾漢墓壁畫』, 北京: 文物出版社, 1978.

64 金文明, 『金石錄校證』, 上海: 上海書畫出版社, 1985, p.44.

구부러진
기둥

●

섬북陝北 지역
후한시대 화상석의
세부 도상

1. 화상 속 구부러진 기둥

1996년 섬서성 신목神木 대보당大保當 후한대 무덤군에서 중요한 화상석들이 출토되어 많은 주목을 받았다. 필자가 관심을 가진 것은 16호묘 묘문 바깥 문미門楣 아래층에 표현된 그림의 세부였다. 많은 역사고사도가 출현하는데, 여기 묘사된 사람들

의 활동은 세 개의 기둥을 둘러싸고 전개된다. 기이한 것은 이 기둥들이 곧게 뻗지 않고 구부러져 있다는 점이다. 기둥의 양쪽 가장자리에는 위아래로 반복되는 불규칙한 파도선이 있고, 윤곽선 안쪽에는 가늘고 짧은 곡선이 약간 있는데, 마치 구름이나 물 같다.(도1, 도2)[1] 건축물에서 건물의 무게를 지탱하는 기둥이 이렇게 생긴 것은 상식적이지 않다.

대보당의 화상은 조각 후 채색을 했고 세부가 비교적 분명하여, 이전의 섬북 지역 화상석이 대부분 윤곽만으로 대상을 묘사했던 것과는 차이가 크다. 16호묘의 이 화면은 세 부분으로 나눌 수 있다. 발굴보고서는 화면 중앙을 형가荊軻가 훗날 진시황이 되는 진왕秦王 영정嬴政을 찌르는 고사(형가척진왕荊軻刺秦王)로 추정했는데, 확실히 그런 것 같다. 오른쪽 끝에 묘사된 한 무리의 인물에 대해 보고서는 두 가지 해석을 내놓았다. 하나는 형가가 진왕을 찌르기 전 연국燕國의 태자 단丹이 이수易水에서 그를 보내는 장면으로 추정한 것이며,[2] 다른 하나는 인상여

도1 섬서성 신목 대보당 16호묘 묘문 화상, 후한(『神木大保當: 漢代城址與墓葬考古報告』, p.60의 도77)

도2 섬서성 신목 대보당 16호묘 묘문 문미 화상, 후한(『神木大保當: 漢代城址與墓葬考古報告』, p.61의 도78)

---

1 陝西省考古研究所 · 楡林市文物管理委員會辦公室, 『神木大保當: 漢代城址與墓葬考古報告』, 北京: 科學出版社, 2001, pp.60-61의 도77 · 78. 1996년 대보당 묘지에서 모두 5기의 화상석무덤이 발굴되었으며, 2008년에도 이 묘지에서 두 기의 화상석무덤이 발굴되었다. 후자에 대해서는 西北大學文博學院 · 陝西省考古研究院 · 楡林市文物考古勘探工作隊 · 神木縣文物管理辦公室, 「陝西神木大保當東漢畵像石墓」, 『文物』 2011년 제12기, pp.72-82를 참조.

2 이 주장은 먼저 韓偉 主編, 『陝西神木大保當漢彩繪畵像石』, 重慶: 重慶出版社, 2000, p.5를 참조. 이 책의 저자는 옥벽(玉璧)을 북[鼓]으로 해석했는데, 이에 대해서는 싱이톈이 그 오류를 지적한 바 있다(邢義田, 「格套 · 榜題 · 文獻與畵像解釋」(修訂本), 邢義田, 『畵爲心聲—畵像石 · 畵像磚與壁畵』, 北京: 中華書局, 2011, p.130의 주석42).

藺相如의 '완벽귀조完璧歸趙' 고사로 보는 것이다. 전자는 문미 화상의 전체 내용을 고려한 것으로, 보고서는 화면 좌측 끝의 인물 역시 형가척진왕 고사의 구성부분으로 보았다. 이처럼 전체 화면은 오른쪽에서 왼쪽으로 하나의 연속적인 서열을 이루고 있다. 그러나 다른 부분과 대조해보면, 후자의 의견이 더욱 그럴듯하다. 왼쪽 끝 기둥의 반 정도가 화면의 테두리에 의지해 묘사되었는데 옆에서 두

도3 산동성 가상현 무량사의 '형가척진왕' 화상, 후한 원가 원년(151)(容庚, 『漢武梁祠畫像錄』, 北平: 北平考古學社, 1936, p.11)

사람이 대화를 나누고 있다. 이 고사의 내용은 분명하지 않다.

대보당 화상의 기둥은 왜 구부러진 걸까? 본고는 이처럼 기이한 형식이 결코 고사와 관련된 문헌에서 유래하지 않으며, 또 동일한 제재를 다룬 다른 지역 도상과도 다르다는 점을 지적하고자 한다.

형가척진왕 고사를 모티프로 한 한대 화상석은 이미 다수 발견되었다. 산동성, 절강성, 사천성 등지에 분포하는데,[3] 이 가운데 가장 유명한 것은 산동성 가상현嘉祥縣 후한대 무씨묘武氏墓의 세 사

당에 표현된 사례다. 이들은 각각 무량사武梁祠 서벽,(도3) 전석실前石室과 좌석실左石室 후벽 소형 감龕의 서쪽에 표현되었다.[4] 청대의 풍운붕馮雲鵬과 풍운원馮雲鵷은 『금석색金石索』이라는 책에서 화상과 방제, 그리고 『사기·자객열전』을 대조하여 화면의 내용을 상세히 묘사하고 고증했다. 그들은 무량사의 "그림은 형가가 머리를 내리고 곧장 달려오고, 무양舞陽은 공포에 질려 땅에 엎드려 있으며, 진왕은 기둥을 돌아 도망가는 장면을 묘사했는데, 모두 신비로운 기운이 있다. 칼날이 기둥을 뚫었는데, 이

---

3 황치옹이의 2006년 통계에 의하면 한대 화상석에서 보이는 '형가척진왕' 화상은 신목 대보당 16호묘, 후술하는 산동성 가상현 무씨사의 세 사례, 섬서성 수덕의 한 사례가 있으며, 또한 산동성 기남 북채묘 중심 서벽의 북쪽, 산동성 미산 서도구촌묘, 절강성 해녕 장안진 해녕중학묘 전실 동벽과 사천성 거현 왕가평 무명궐 누각 부분의 뒷면, 사천성 합주묘 후실 문미의 횡액, 사천성 악산 마호 애묘 등에서도 볼 수 있다(黃瓊儀, 「漢畫中的秦始皇形象」, 臺北: 臺灣大學歷史學硏究所 碩士論文, 2006, pp.38-46). 이 밖에 후한 말에서 촉한(蜀漢) 시대에 걸쳐 조성된 것으로 추정되는 사천성 강안현 계화촌 무덤의 석관, 강소성 사양 타고돈 번씨묘에도 이 제재의 화상이 있다. 이에 대해서는 崔陳, 「江安縣黃新龍鄕魏晋石室墓」, 『四川文物』 1989년 제1기, pp.63-65; 淮陰市博物館 · 泗陽縣圖書館, 「江蘇泗陽打鼓墩樊氏畫像石墓」, 『考古』 1992년 제9기, pp.818-819를 참조.

4 무씨사의 세 그림은 각각 蔣英炬 主編, 『中國畫像石全集』 제1권, 濟南 · 鄭州: 山東美術出版社 · 河南美術出版社, 2000, p.29의 도49, p.40의 도62, p.56의 도80에서 볼 수 있다.

른바 '비수를 가지고 진왕을 찌르고자 했으나 적중하지 않고 대신 동銅으로 된 기둥에 꽂혔다'고 한 것이 그것이다"라고 서술했다.[5] 대보당 16호묘 문미 화상은 비록 방제는 없지만 무량사 도상과의 비교를 통해 고사의 주제를 쉽게 알 수 있다.

한편 보고서는 다른 지역에서 이뤄진 유사한 발견은 언급하지 않은 채 『사기·자객열전』의 기록을 논거로 했는데, 이처럼 '경전을 인용해 전거로 삼는 것'은 다른 고고학적 발견과 비교할 때 훨씬 설득력이 있다. 그러나 문헌이 확고부동한 것은 아니다. 『사기』 이외에도 형가가 진왕을 찌른 고사는 전한 말 유향劉向이 편찬한 『전국책戰國策·연책燕策 2』, 후한에서 위진시대 사이에 편찬된 『삼진기三秦記』, 그리고 한에서 수대 사이에 이뤄진 『연단자燕丹子』 등에도 보인다. 사마천은 「자객열전」의 말미에서 "세상에서는 형가가 태자 단의 명령을 수행하자 '하늘이 비처럼 좁쌀을 내리고 말에 뿔이 났다'고 하는데 크게 잘못된 것이다. 또 형가가 진왕을 상해했다고 하는데 모두 잘못이다. 처음 공손계공公孫季功과 동생董生이 하무차夏無且와 교유할 때 모두 그 사실을 알았는데 나를 위해 그렇게 말해주었다'고 적었

다.[6] 이 기록으로부터 전한시기에 이미 이 고사와 관련해 민간에 적지 않은 이설이 존재했음을 알 수 있다.[7] 다만 사마천의 서술은 그 일을 친히 겪은 진왕의 시의侍醫였던 하무차의 이야기를 참고했으므로 더욱 믿을 만하다.

『사기』의 뜻은 '일가一家의 말을 이루는 데' 있었으며,[8] 책이 완성된 후에는 "명산에 감춰두고, 부본副本은 경사에 두고 후세의 성인군자를 기다렸다."[9] "시비가 자못 성인과 달라 대도를 논할 때 황노黃老를 앞에 두고 육경을 뒤에 두었으며, 유협에 순서를 매길 때도 처사는 뒤로 물리고 간웅을 앞으로 끌어냈다. 화식을 논할 때는 세리를 숭상하고 빈천을 부끄럽게 여겼기"[10] 때문에 조정에서 지지하던 사상과 충돌했다. 그러므로 이 책은 양한兩漢시대에는 널리 전파되지 못했다. 그러므로 화상석을 만든 장인이 근거로 삼은 것은 역사가의 손에서 나온 문자가 아니라 민간에 유포된 전설이었을 가능성이 더 크다. 혹은 문헌과 구술계통 이외에, 도상의 모본이 각지에 널리 전파되었을 가능성도 있다. 그림 속 형가의 허리를 감싸는 내용이 문헌에는 없지만 산동, 사천 및 섭북의 화상에는 출현한다.[11] 그러므로 미

5 "圖畵荊軻被髮直指, 舞陽振怒伏地, 秦王環柱而走, 俱有神氣. 其柱中有刃貫之, 所謂'以匕首擿秦王, 不中, 中桐柱'者是也." 馮雲鵬·馮雲鵷, 『金石索·石索』(下冊) 1의 17, 北京: 書目文獻出版社, 1996, p.1287.

6 "世言荊軻, 其稱太子丹之命, '天雨粟, 馬生角'也, 太過. 又言荊軻傷秦王, 皆非也. 始公孫季功, 董生與夏無且遊, 具知其事, 爲餘道之如是."『史記』, 北京: 中華書局, 1959, p.2538.

7 이와 관련된 논의는 邢義田,「格套·榜題·文獻與畵像解釋」(修訂本), pp.131-132 참조.

8 梁啓超,「要籍解題及其讀法」,『飮冰室專集』의 72, 上海: 中華書局, 1936, p.18.

9 "藏之名山, 副在京師, 俟後世聖人君子."『史記』, p.3320.

10 "是非頗謬於聖人, 論大道則先黃老而後六經, 序遊俠則退處士而進奸雄, 述貨殖則崇勢利而羞賤貧."『漢書·司馬遷傳』, 北京: 中華書局, 1964, pp.2737-2738.

11 『금석색』의 저자는 이미 이 구절에 주의하고 하나의 가설을 내세웠다. 즉 "시의 하무차가 약주머니로 형가를 끄는 장면은 그리지 않았는데 허리를 감싸는 자가 그인가?(惟未畵侍醫夏無且以藥囊提荊軻一節, 其卽抱腰者歟)"라고 의문을 제기하고 있다." (馮雲鵬·

술사연구에서 더욱 중시해야 하는 것은 문헌을 참고하는 것을 넘어 도상자료를 비교하는 것이다. 비교의 목적은 화상이 무엇을 표현했는지를 찾는 것 이외에도 어떻게 표현했는지를 관찰하는 것이다.

대보당 16호묘와 무량사의 형가척진왕 도상 모두 형가가 진왕 영정에게 비수를 던지는 찰나를 표현하고 "다른 시간대와 앞뒤로 발생한 약간의 줄거리를 동일한 화면 속에서 압축적으로 표현하고 있다."[12] 그 기본요소는 형가, 진왕, 진무양秦舞陽(무량사 방제에는 '秦武陽'으로 되어 있다), 번오기두樊於期頭, 비수 등으로 모두 같다. 한편 양자의 차이도 분명한데, 조형과 조각기법 등의 차이 말고 세부내용의 차이도 있다. 예를 들면, 진왕은 무씨사 화상에서는 손에 옥벽玉璧을 들고 있으나[13] 대보당 화상에서는 검을 들고 있다. 그리고 기둥도 달라, 무량사의 기둥은 곧게 선 데 비해 대보당 16호묘 그림 속의 기둥은 구부러져 있다.

『사기』는 진나라 궁전의 기둥을 '동주銅柱'로 표현했다. 동으로 만든 기둥은 아마도 건축의 등급과 관련이 있을 것이다. 혹은 동이 매우 단단하므로 던

진 비수가 동주에 맞았다고 하여 형가의 힘을 강조했을 가능성도 있다. 그러므로 '동주'라고 한 것은 일종의 문학적 수법일 수도 있다. 화면 속에서 비수와 기둥의 관계는 단지 '기둥에 맞았다'는 것 이외에도 '기둥을 뚫었다'가 되어, 형가의 힘과 긴장을 한층 더 강화한다. 대보당 16호묘에서 볼 수 있는 '구부러진 기둥'은 문헌이나 다른 지역 도상에서는 발견할 수 없다.

16호묘 화면 좌우의 기둥은 구부러져 있다. 오른쪽 끝 '완벽귀조'의 고사에서는 기둥 양쪽에 각각 한 남자가 있고 오른쪽 등 돌린 남자는 오른손에 옥벽을 잡고 있다. 그는 옥벽과 함께 머리를 기둥에 부딪치려고 하는 인상여가 틀림없다. 기둥의 반대편에는 진의 소왕昭王이 있고, 그 배후의 한 시종은 극戟을 들고 서있다. 이 고사는 『사기·염파인상여열전廉頗藺相如列傳』에서 볼 수 있는데,[14] 역시 기둥을 둘러싸고 발생한 대결고사다. 완벽귀조를 제재로 한 화상은 다른 지역에서는 비교적 드문 편이며, 다만 산동 가상현 무량사 후벽의 제3층에서 한 사례를 볼 수 있다.(도4)[15] 방제는 "진왕秦王"과 "인상여

馮雲鵬, 『金石索·石索』(下冊) 1의 17, p.1287). 주시루는 이 설을 채용했다(朱錫祿, 『武氏祠漢畫像石』, 濟南: 山東美術出版社, 1986, pp.112-123).

12 상세한 논의는 邢義田, 「格套·榜題·文獻與畫像解釋」(修訂本), pp.106-110을 참조.

13 싱이톈은 무씨사 화상 속의 진왕이 옥벽을 쥐고 있는 사실, 그리고 대보당 16호묘에서 형가가 진왕을 찌르고 인상여가 온전한 벽을 들고 조나라로 들어간 두 고사를 함께 표현하는 현상에 대해, "형가척진왕 제재와 인상여의 완벽귀조 도상은 내용은 다르지만 진왕과 관련 있는 두 도상을 화공이 의식적으로 같이 배치한 게 아닐까"라고 추정했다(邢義田, 「格套·榜題·文獻與畫像解釋」(修訂本), p.130).

14 『史記』, pp.2439-2441.

15 容庚, 『漢武梁祠畫像錄』, 北平: 北平考古社, 1936, p.45. 이 밖에 산동성 기남 북채 후한 화상석묘 중실 북벽 동단 상층에 그려진 두 무사에는 각각 "令(藺)相如", "孟犇(賁)"의 방제가 있다. 두 사람 사이에는 높은 두(豆)가 있고 두의 접시 안에는 두 개의 복숭아가 있다. 그러나 그림 속에 진왕과 기둥은 나타나지 않는다. 발굴보고서는 이 그림을 '완벽귀조'의 고사로 추정했다. 싱이톈은 이 그림은 '이도살삼사도(二桃殺三士圖)'에서 한 사람을 생략한 것으로 보고 방제가 잘못되었다고 추정했는데, 합리적인 해석이라고 생각한다. 관련 자료는 曾昭燏·蔣寶庚·黎忠義, 『沂南古畫像石墓發掘報告』, 北京: 文化部文物事業管理局, 1956, pp.40-45, 도판

도4 산동성 가상현 무량사의 '완벽귀조' 화상, 후한 원가 원년(151)(容庚, 『漢武梁祠畫像錄』, p.45)

는 조나라 신하로서 벽을 갖고서 진나라에 갔다藺相如, 趙臣也, 奉璧於秦"이며, 후자는 화면 속 기둥에 새겨져 있다. 기둥의 상부는 이미 훼손되었으나, 대보당의 것과 달리 곧게 서 있다.

그렇다면 대보당 화상 속의 구부러진 기둥은 도대체 어디에서 유래하는가? 결론부터 말하자면, 문미에 표현된 기둥은 실제로 섬북 화상석에 나타나는 선산仙山의 조형에서 영향을 받은 것이다. 아래에서는 이를 논증하고, 나아가 이 현상의 배후에 놓인 도상의 내용과 형식의 복잡한 관계를 관찰하고 분석하고자 한다.

2. 화면 분할을 위해 고안된 기둥

현재 구부러진 기둥이 표현된 형가척진왕 화상은 섬북 지역에서만 볼 수 있다. 대보당 무덤 외에 또 다른 사례는 수덕綏德 지역에서 출현하는 것으로,[도 5)[16] 대보당 16호묘 화상과 마찬가지로 묘문의 문미 부분에 표현되었다. 형가척진왕 고사는 화면의 한 가운데 위치한다. 좌측에 극을 든 시종이 표현되지 않은 것을 제외하고, 나머지 인물의 조형은 대보당 16호묘와 동일하다. 일부 학자들은 섬북 화상석이 다수의 '모형 판[模板]'을 사용해 제작했다고 추정하는데,[17] 이외에 화고畫稿에 근거해 제작했을 가능성

55; 邢義田, 「漢代畫像內容與榜題的關系」(修訂本), 邢義田, 『畫爲心聲─畫像石·畫像磚與壁畫』, pp.84-85이 있다.

16 綏德縣畫像石展覽館 編, 『綏德漢代畫像石』, 西安: 陝西人民美術出版社, 2001, pp.146-147, 도78上石.

17 다이잉신 등은 수덕 황가탑(黃家塔) 화상에 대해 언급하며, 도상의 각 단위의 형상과 크기가 완전히 동일했기 때문에 화상석을 처음 만들 때 아마도 얇은 나무조각이나 직물로 제작한 모형 판을 사용했을 것으로 보았다. 그런데 이런 모형 판은 수시로 이동이 가능했고 뒤집어 사용할 수도 있다. 이에 대해서는 戴應新·魏遂志, 「陝西綏德黃家塔東漢畫像石墓群發掘簡報」, 『考古與文物』 1988년

도5 섬서성 수덕 무덤의 문미 화상, 후한(『綏德漢代畫像石』, pp.146-147, 도78上石)

도6 섬서성 수덕 사십포묘의 문미 화상, 후한(『中國畫像石全集』 제5권, pp.92-93, 도122)

도 있다. 아마도 동일한 제재의 화상이 다른 무덤에서도 동일하게 나타나는 것은 이 때문일 것이다.

섬북 지역에서는 완벽귀조 도상이 형가척진왕 도상보다 훨씬 더 많다. 수덕 사십포四十鋪의 묘문 문미에 새겨진 3건,^(도6)¹⁸ 수덕 연가차묘延家岔墓 전실 남벽의 횡액橫額,^(도7)¹⁹ 수덕 하가만賀家灣의 잔편,²⁰ 1977년 수덕에서 수집한 한 건의 문미 혹은 횡액,²¹ 그리고 미지米脂 관장官莊 7호묘 전실 북벽

5・6기 합간, pp.251-261을 참조. 장신은 이에 대해 좀 더 정밀하게 논의를 진행했다(張欣, 「規制與變異─陝北漢代畫像石綜述」, 朱青生 主編, 『中國漢畫研究』 제2권, 桂林: 廣西師範大學出版社, 2006, pp.284-287).

18 수덕 사십포 화상의 하나는 綏德縣畫像石展覽館 編, 『綏德漢代畫像石』, pp.124-125, 도67上石에서 볼 수 있다(이 도판의 좌측 끝에는 화면의 테두리에 기댄 기둥이 있는데, 옆에 두 사람이 대담을 하고 있다. 그 형식이 대보당 16호묘 좌측 끝에 표현된 것과 완전히 같다. 그러나 다른 고사와 조합되었다. 이는 이 줄거리가 결코 '형가척진왕' 고사를 구성하는 부분이 아님을 다시 증명하는 것이다). 다른 하나는 같은 책의 도67下石에서 볼 수 있다. 그리고 湯池 主編, 『中國畫像石全集』 제5권, 濟南・鄭州: 山東美術出版社・河南美術出版社, 2000, pp.92-93, 도122에서도 볼 수 있다. 두 책의 해설은 모두 이 고사를 '절부구조(竊符救趙)'로 잘못 보았다. 세 번째 사례는 『綏德漢代畫像石』, pp.132-133, 도71上石에서 볼 수 있다.

19 綏德縣畫像石展覽館 編, 『綏德漢代畫像石』, pp.76-77, 도33.

20 위의 책, p.146의 도78中石.

21 湯池 主編, 『中國畫像石全集』 제5권, pp.112-113, 도15. 이 돌은 둘로 쪼개져 있는데, 화면 하단 문의 가장자리 테두리선을 대조해 보면 도판 속 2단(段) 잔편의 거리가 너무 가까워 '완벽귀조'의 고사가 한쪽에 치우치게 된다. 실제로는 이 고사가 화면 중앙에 위치해야 한다.

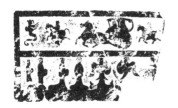

도7 섬서성 수덕 연가차묘 전실 남벽 횡액의 화상, 후한(『綏德漢代畫像石』, pp.76-77, 도33)

도8 섬서성 미지 관장 7호묘 문미 화상, 후한(『米脂官莊畫像石墓』, p.164, p.171, 도37)

도9 섬서성 신목 대보당 9호묘 문미 화상, 후한(『神木大保當: 漢代城址與墓葬考古報告』, p.82의 도114)

의 횡액(도8)22 등에서 동일한 제재를 볼 수 있다. 이 가운데 몇 사례는 완벽귀조 고사가 화면 중앙에 출현하여, 대보당 16호묘 문미에서 모퉁이에 치우쳐 있는 것과 다르다. 대보당 16호묘에서는 형가척진왕 고사도가 중앙에 위치한다.

문미 혹은 묘실 벽의 횡액에 묘사된 형가척진왕 및 완벽귀조 화상을 관찰하면 흥미로운 현상을 발견할 수 있다. 바로 화면 중앙에 모두 기둥이 나오는 고사가 등장한다는 점이다. 이는 화면 형식상의 공통점인데, 분석은 여기서부터 시작한다.

신목 대보당 9호묘 문미 화상 중앙에도 기둥이 하나 있지만, 이것은 결코 구부러지지 않았다.(도9) 곧게 선 기둥은 화면을 두 부분으로 나누고 있는데, 오른쪽은 수렵 장면이며 왼쪽은 수레의 출행 장면이다. 두 부분의 도상과 기둥은 주제상 관련이 없으며,23 형식적으로 화면을 둘로 나누고 있을 뿐이다. 이 때문에 우리는 하나의 가설을 세울 수 있다. 즉 문미 중앙에서 필요한 것은 하나의 기둥일 뿐, 형가척진왕이나 완벽귀조 같은 특정 고사가 아니라는 점이다.

섬북 화상석묘의 문미와 묘실 벽의 횡액은 긴 두루마리식 화면으로, 여러 인물의 활동이나 동물의

---

22 榆林市文物保護研究所 · 榆林市文物考古勘探工作隊, 『米脂官莊畫像石墓』, 北京: 文物出版社, 2009, p.164, p.171, 도37.

23 陝西省考古研究所 · 榆林市文物管理委員會辦公室, 『神木大保當: 漢代城址與墓葬考古報告』, p.82의 도114.

도10 섬서성 미지 관장 3호묘 문미 화상, 후한(『米脂官莊畫像石墓』, p.95의 도102)

무리를 묘사하는 대형 장면에 적절하다. 특히 출행과 수렵 등의 주제에 매우 적합한데, 이처럼 가로로 전개되는 화면은 관람자로 하여금 그 시선을 좌우로 훑어보도록 하여 화면의 운동감을 강화한다.

가로로 긴 화상의 구도에는 여러 종류가 있다. 미지 관장 3호묘(도10)는[24] 일종의 통련식通聯式 구도로, 화면이 오른쪽에서 왼쪽으로 끝없이 연속하는 전체로서의 모습을 보여준다. 기둥으로 화면을 구분하는 대보당 9호묘의 문미는 가운데를 나누는 중간분할식 구도라 할 수 있는데, 이런 구도는 동시에 두 가지 내용을 표현하여 화면공간을 효과적으로 이용할 수 있다. 중간분할식 구도는 하나의 '선線'을 도입해야만 한다. 이 선은 넓은 화면을 좌우 두 부분으로 나누는 기능을 한다. 구조면에서 볼 때 이 선은 기하학적 형식을 가지면 그만이었다. 그러나 선이 너무 단조롭거나 생경하다고 생각되자 대보당 9호묘 화상 속에서 보듯 장인은 그 선을 조금 발전시켜 하나의 곧은 기둥으로 만들었다. 이는 중요한 진전이다. 즉 기둥은 형식적으로 선의 기능에 부합할 뿐 아니라, 동시에 특정한 '형상'으로 특정 장

면에 들어감으로써 특정 내용을 구성하고 특정한 의미를 획득하게 된 것이다. 이로 인해 화면의 구조는 원래의 뜻에서 멀어지게 된다.

이후 장인은 형식과 내용을 확대하여, 기둥과 관련된 형가척진왕 및 완벽귀조의 고사를 첨가한다. 형식상 하나의 선이 확대되어 하나의 '면面'이 되며, 이 면의 작용은 단순히 화면을 분할하는 데 그치지 않고, 너비와 좌우 부분의 화면을 동일하게 나누고 심지어 화면의 핵심이 된다. 수덕 화상에서(도5) 형가척진왕 고사 양쪽에 새겨진 말 탄 인물은 몸을 틀어 호랑이 혹은 곰을 쏘고 있는데, 좌우대칭을 이루어 중앙의 고사가 화면의 중심이 되도록 만들었다. 다시 말해 화면구조에 중요한 변화가 일어나 중간분할식 구도는 향심식向心式 구도로 바뀐다.

장인은 고사의 내용도 염두에 두었을 것이다. 싱이톈邢義田이 지적했듯이, 신목 대보당 16호묘 문미 화상 가운데 형가척진왕과 완벽귀조의 두 고사는 모두 진왕과 관련이 있다. 그러나 그들은 동일한 진왕이 아니다.[25] 두 고사에서는 모두 진왕을 부정적 인물로 표현했다. 우리들은 아마도 도상학의 이

---

24 楡林市文物保護研究所 · 楡林市文物考古勘探工作隊, 『米脂官莊畫像石墓』, p.95의 도102.
25 邢義田, 「格套 · 榜題 · 文獻與畫像解釋」(修訂本), p. 130.

I. 한대

도11 섬서성 신목 대보당 6호묘 묘문 화상, 후한(『神木大保當: 漢代城址與墓葬考古報告』, p.134의 도3)

론과 방법에 따라 다양한 각도에서 두 고사의 의미를 논의할 수 있을 것이다. 예를 들면, 이런 고사도를 교화기능을 가진 도상으로 보고 묘주, 상가喪家 혹은 장인의 정치와 도덕적 이상을 거론할 수도 있다. 또는 고사도를 일종의 상징적 도상으로 보고 진왕을 특정한 악을 대표하는 지하세계의 인물로 해석할 수도 있다. 즉 진왕을 공격하는 행위를 사자를 보호하여 지하의 안녕을 확보하는 종교적 의미로 해석할 수도 있다. 이런 상상은 매우 매력적이다. 그러나 문제는 이와 같은 해석이 도상 자체의 능동성을 소홀히 하고 단지 도상을 모종의 도덕이나 종교적 관념을 드러내는 수단으로 본다는 점이다. 이런 위험을 회피하기 위해 우리는 화면의 형식 변화를 관찰해야만 한다.

기둥 이외에도 장인은 다른 '면'을 가지고 화면을 분할했다. 대보당 6호묘 화상 중앙에는 한 채의 가옥이 있다.(도11)[26] 기둥은 단지 건축의 부재며 가옥이야말로 완전한 건축이다. '면' 특유의 너비와 안

정성 덕택에 화면은 다시 향심식 구도로 변화한다.

이처럼 각각의 특징을 가진 시도는 처음에는 장인들이 개별적으로 발명했거나 혹은 한 장인이 서로 다른 시기에 발명했을 것이다. 일부는 같거나 다른 시도들을 한 군데 모아 더욱 복잡한 화면을 만들어내기도 한다. 예를 들면 대보당 16호묘에는 기둥과 관련된 세 고사가 동시에 출현하는데, 동일한 방식이 한 화면 속에서 세 번 중복되는 것을 볼 수 있다. 여기서 화면을 분할하는 기둥의 작용은 이미 희미해졌다. 수덕 연가차의 또 다른 무덤의 문미 중앙에도 2층 누각이 하나 있다. 위층에는 인물의 대담 장면을, 아래층 중앙에는 하나의 기둥을 그리고, 그 양쪽에 각각 개와 양을 새겨 넣었다.(도12)[27] 그리하여 기둥과 가옥으로 표현하던 두 가지 방식의 시도는 한 군데에서 융합된다(이 건축의 기둥 역시 변형된 고사 역할을 하고 있다). 1975년 수덕 사십포에서 발견된 화상석에는 장인이 가옥과 기둥의 두 방식을 합쳐 놓았다. 즉 높은 대 위에 2층 누각을 세우고, '완벽

26 楡林市文物保護研究所·楡林市文物考古勘探工作隊, 『米脂官莊畫像石墓』, p.134의 도3; 吳蘭·學勇, 「陝西米脂官莊東漢畫像石墓」, 『考古』1987년 제11기, p.998의 도3.

27 綏德縣畫像石展覽館 編, 『綏德漢代畫像石』, pp.110-11, 도60上石.

귀조'의 고사까지 표현했다.(도13) 누각에는 사각형이 다수 표현되어 안정적이며 면적인 느낌을 준다. 더불어 누각이 중앙에 위치하기 때문에 화면 왼쪽의 완벽귀조 장면은 누각의 한쪽으로 옮겨와 상연되는 듯하다.[28]

심지어 장인은 원래의 인물관계를 분해하여 자유롭게 새로운 조합을 창조했다. 그리하여 엄밀했던 고사의 줄거리와 화면은 연관관계를 잃고 불합리한 화면이 되었다. 수덕 소가언蘇家堰에 위치한 영원 8년(96) 양맹원묘楊孟元墓 문미와 전실 후벽에 묘사된 두 폭의 그림에서 인상여는 손에 옥벽을 쥐고 있지만 원래의 고사에서 분리되어 다른 남녀인물, 거마, 동물 등과 어지러이 뒤섞여 있다.(도14, 도15)[29] 옛 고사는 더 이상 존재하지 않으며, 원래 고사 속 인물 역시 다른 시대의 인물과 새로운 줄거리를 만들어낸다.

섬북 화상석의 창작 과정에서 사용한 모형 판은 각종 인물이나 동물을 단위로 하여 이를 비교적 자유롭게 사용하는 경향이 컸다.[30] 이는 상술한 '분해'와 '조합'이 일어났던 현상을 해석할 수 있는 하나의 요소일 수도 있다. 도상의 '분해'와 '조합'에 대한 또 다른 해석은, 상가에서는 어떤 고사를 새겼는지

도12 섬서성 수덕 연가차묘의 화상, 후한(『綏德漢代畫像石』, pp.110-111, 도60上石)

도무지 관심이 없었으며, 단지 사람들의 눈길을 끄는 화려한 그림으로 고인을 위로하고 자신이 효자임을 드러낸다면 만족했으리라는 것이다.[31]

3. 구부러진 기둥: '선산仙山'의 조형

서양예술에 문외한인 필자는 일찍이 중세와 르네상스 전후의 〈수태고지The Annunciation〉를 소재로 한 많은 회화에서 왜 중앙에 회랑의 기둥이 놓이는지 매우 궁금했다. 그림 속에서는 인물의 움직임과 각도를 서로 호응시킴으로써 화면의 통일을 추구하는데, 곧게 선 기둥은 성모와 천사를 두 개의 다

---

28 앞의 책, pp.128-129, 도69上石; 湯池 主編, 『中國畫像石全集』 제5권, pp.122-123, 도161.

29 湯池 主編, 『中國畫像石全集』 제5권, pp.66-67, 도92, pp.62-63.

30 張欣, 「規制與變異—陝北漢代畫像石綜述」, p.285.

31 효자들은 명문에서 화상에 대한 묘사를 거의 하지 않았는데, 예외적인 사례가 산동 가상현 송산(宋山)의 후한 영수 3년(158) 안국사당의 제기다. 그러나 이것도 매우 대략적이고 진부하다. 반면, 효자가 묘와 사당을 세운 효행을 언급하는 부분은 매우 구체적이고 자세하다. 이에 대한 논의는 Wu Hung, *Monumentality in Early Chinese Art and Architecture*, Stanford: Stanford University Press, 1995, pp.193-200이 있다. 중국어 번역본은 李清泉·鄭岩 等 譯, 『中國古代藝術與建築中的"紀念碑性"』, 上海: 世紀出版集團 上海人民出版社, 2009, pp.252-264; 鄭岩, 「關於漢代喪葬畫像觀者問題的思考」, 朱青生 主編, 『中國漢畫研究』 제2권, 桂林: 廣西師範大學出版社, 2006, pp.39-55. 이 글은 본서 「한대 상장화상(喪葬畫像)의 관람자」이다.

도13 섬서성 수덕 사십포묘의 화상, 후한(『中國畫像石全集』 제5권, pp.122-123, 도161)

도14 섬서성 수덕 소가언 양맹원묘 문미 화상, 후한 영원 8년(96) (『中國畫像石全集』 제5권, pp.62-63, 도87)

도15 섬서성 수덕 소가언 양맹원묘 전실 후벽 횡액 화상, 후한 영원 8년(96) (『中國畫像石全集』 제5권, pp.66-67, 도92)

른 공간으로 생경하게 분할한다.(도16) 이런 궁금증에 대한 답은 다니엘 아라스Daniel Arasse의 책 속에서 찾을 수 있었다. 즉 '기둥은 예수의 상징Columna est Christus' 가운데 하나였다.[32] 예수는 인간의 형상으로 화면에 등장하지 않기 때문에 성모와 천사가 형성하는 서사적인 구조와 조화를 이루기 어렵다. 그러나 이 기둥은 의미면에서 볼 때 화면의 핵심이 된다. 아라스는 프란체스코 델 코사Francesco del Cossa(1435~1477)가 독특한 방식으로 이 문제를 어느 정도 해결했음에 주목했다. 코사는 화면의 투시를

조정함으로써 좌우로 병렬한 성모와 천사를 사선 관계로 변화시키고, '피사계 심도Depth of field, DOF'에서 기둥을 두 사람 사이에 놓았다.(도17)[33] 이로 인해 평면의 이원분립적 구조가 약화되고 기둥이 이야기 속으로 들어감으로써 화면의 완정성이 크게 증대되었다.

섬북 지역 후한대 무덤의 문미 위에 표현된 기둥 역시 유사한 문제에 직면하고 있다. 즉 어떻게 기둥을 화면의 초점으로 만드는 동시에 기둥으로 인한 화면의 분할을 방지하느냐이다. 한대인의 해결 방

32 達尼埃爾 阿拉斯(Daniel Arasse)著, 孫凱 譯, 董强 審校, 『繪畫史事』, 北京: 北京大學出版社, 2007, pp.45-46.

33 위의 책, pp.70-71.

도16 프라 안젤리코Fra Angelico, 〈수태고지(The Annunciation)〉, 1438년경, 이탈리아 마르코 수도원(Convento di San Marco) 북쪽 회랑(Roy Bolton, *A Brief History of Painting*, London: Magpie Books, 2004, p.28).

도17 프란체스코 델 코사Francesco del Cossa, 〈수태고지(The Annunciation)〉, 약1470~1472, 독일 드레스덴미술관 소장 (Daniel Arasse, *On n'y voit rien. Descriptions*, Denoël, 2005, p.29)

안은 결코 투시법을 적용해 3차원적 공간을 만드는 데 있지 않았다. 그들은 평면 속에서 해결방법을 찾고자 했다. 기둥을 구부러지게 함으로써 직선이 가지는 생경함을 어느 정도 약화시켰다. 흔들리는 기둥의 윤곽은 좌우에 묘사된 인물의 활동과 호응하면서 기둥의 좌우를 완정한 모습으로 만들었다.

그렇다면 이런 형식의 변화는 의미상 어떤 근거가 있는가? 여기서 우리는 본문 서두에서 제기한 문제로 돌아갈 필요가 있다. 즉 왜 대보당 화상 속의 기둥은 곧지 않고 구부러져 있는가? 상술한 형가척진왕과 완벽귀조의 화상, 그리고 수덕 연가차의 누각화상 속의 기둥은 모두 구부러져 있었다. 그리고 구부러진 기둥은 이처럼 서로 다른 제재를 묘사한 화면 속의 공통요소였다. 기둥의 유사한 형태 역시 그것들이 동일한 근원에서 유래했을 가능성을 시사한다. 그러나 그것은 고사 자체에 내재했던 것이 아니며, 고사의 밖으로부터 왔을 것이다. 이와 관련해 『해내십주기海內十洲記』의 글을 주목할 필요가 있다.

곤륜은 곤릉이라고 하는데 서해의 술지戌地, 북해의 해지亥地에 있다. 해안으로부터 13만 리 떨어져 있다. …… 산은 높고 평지는 3만 6천 리다. 위쪽은 세 개의 모퉁이가 있고, 사방의 너비가 만 리에 이른다. 형태는 마치 대야를 엎어 놓은 듯하고, 아래는 좁고 위는 넓다. 그리하여 곤륜이라 부른다. …… 서왕모가 다스리는 곳이며, 진관선령眞官仙靈의 근본이 되는 곳이다.[34]

---

34 "昆侖, 號曰昆陵, 在西海之戌地, 北海之亥地, 去岸十三萬里. …… 山高平地三萬六千里. 上有三角, 方廣萬里, 形如偃盆, 下

도18 사천성 팽산 고가구(高家溝) 애묘 석관 화상, 후한(高文 主編, 『中國畵像石全集』 제7권, 濟南·鄭州: 山東美術出版社·河南美術出版社, 2000, pp.120–121, 도157)

한대 화상석에서는 '아래는 좁고 위는 넓은' 선산을 흔하게 볼 수 있다.(도18) 우홍巫鴻은 이런 양식을 영지버섯의 모습을 본뜬 것으로 보았는데, 영지는 신선신앙에서 불사의 약으로 간주되었다.[35] 섬북 지역의 선산도상은 대부분 묘문 양쪽의 기둥에 새겨졌는데, 꼭대기는 평평한 대臺며, '아래가 좁은' 부분은 곡선 형태이다. 그러므로 선산이 영지와 같은 선초仙草를 모방했다는 주장은 설득력을 지닌다. 이런 선산은 묘문의 양쪽에 함께 나열되어 있고 평평한 대에는 동왕공이나 서왕모, 혹은 우수인신牛首人身, 우수계신牛首雞身 등 이름도 알 수 없는 신성한 괴물이 위치한다. 때로는 육박을 하는 선인도 있

다. 좀 더 복잡한 경우에는, 크기가 제각각인 '아래가 좁고 위가 넓은' 산봉우리를 많이 배열하고, 각종 금수와 신명神明이 그 속에서 기거하고 있는 모습으로 표현되기도 한다.(도19) 대보당 16호묘 문미의 형가척진왕과 완벽귀조의 고사 속 구부러진 기둥은 이런 선산 조형의 영향을 받은 게 분명하다. 이 무덤의 묘문 양쪽 기둥에도 영지 형태의 선산이 새겨져 있다.(도1)

형가척진왕과 완벽귀조의 고사는 분명히 신선신앙과 관계가 없는데, 그림 속 기둥은 왜 이렇게 변형되었을까. 이 문제에 대한 답을 찾기 위해서는 단지 기둥의 형식뿐 아니라, 기둥의 기능과 의미도 살

狹上廣, 故名曰崑崙. …… 西王母之所治也, 真官仙靈之所宗."『漢魏六朝筆記小說大觀』, 上海: 上海古籍出版社, 1999, p.70. 『海內十洲記』는 『十洲記』라고도 하는데, 예전에는 동방삭이 만든 것이라 보았지만, 후세인들이 그의 이름을 가탁한 것이 맞을 것이다. 『사고전서총목』은 이 책의 완성시기를 육조시기로 보았는데, 현재는 한대 말이면 완성되었을 것으로 추정하고 있다. 이에 대해서는 위의 책 p.63의 '교점설명'을 참조.

35 상세한 논의는 巫鴻, 「漢代道敎美術試探」, 巫鴻 著, 鄭岩·王睿 編, 『禮儀中的美術—巫鴻中國古代美術史文編』, 北京: 生活·讀書·新知三聯書店, 2005, pp.465–466.

도19 섬북 지역 무덤 묘문 좌우 기둥 위의 선산 화상, 후한

1 유림 고성계묘(古城界墓.『中國畫像石全集』제5권, p.10, 도 14·15)

2 미지 당가구묘(黨家溝墓.『中國畫像石全集』제5권, p.37, 도 49·50)

3 미지 관장 8호묘(『米脂官莊畫像石墓』, p.187의 도52)

4 미지 관장 수집 화상석(『中國畫像石全集』제5권, p.48의 도 64·65)

중앙의 기둥을 더욱 도드라지게 만든다. 비록 기둥의 입면은 매우 좁지만 무덤 속 가장 중요한 방제는 오히려 이 위에 새겨져 있다. 따라서 기둥은 일종의 표지성 부호로 변화한다.

한대인에게 기둥의 입면 형상은 매우 중요했다. 두공은 중국건축에서 가장 대표적인 의미를 가진 부재로, 한대에 그 기본형식이 완성되었다.[37] 주초柱礎와 주신柱身, 두斗, 공栱, 승升 등 형식이 다른 부재들이 서로 배합되어 구조적 기능을 수행함과 동시에 기둥의 시각적 형상도 더욱 풍부하게 만들었다. 한대 무덤의 구조와 벽화, 그리고 명기를 살펴보면, 한대인들이 이런 형상에 대해 많은 미련을 가지고 있음을 알 수 있다. 산동 기남 북채의 화상석묘 묘실 중축선상에는 화려한 두공을 가진 기둥이 연속적으로 배치되어 있으며,(도21) 후실 중앙을 가로지르는 벽에는 거대한 두공이 하나 배치되었다. 그러나 주신과 주초는 생략하고 단지 아래쪽에 반

펴봐야 한다.

우리는 여러 측면에서 이 기둥을 정의할 수 있다. 건축적으로 볼 때, 기둥은 들보와 가옥의 지붕 등을 아래에서 받쳐주는 부재로, 구조적으로 매우 중요한 물건이다. 수덕 양맹원묘 전실과 후실 사이에 위치한 두 용도甬道 사이의 기둥이 횡액을 받치는 작용을 하는 것처럼 말이다.(도20)[36] 이 기둥과 양쪽에 서있는 돌(실제로는 기둥의 기능을 한다)은 전실 후벽을 두 개의 칸으로 나누고 있다. 문이 없는 두 통로는

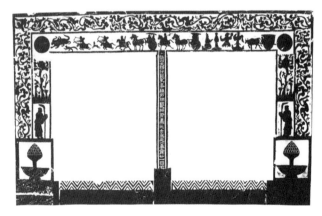

도20 섬서성 수덕 소가언 양맹원묘 전실 후벽 화상, 후한 영원 8년 (96)(『中國畫像石全集』제5권, pp.66~67, 도92)

36 湯池 主編,『中國畫像石全集』제5권, pp.66~67, 도92.

37 劉敦傑,「漢代斗栱的類型與演變初探」,『文物資料叢刊』제2집, 北京: 文物出版社, 1978, pp.222~228.

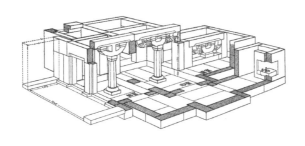

도21 산동성 기남 북채묘 투시도, 후한(『沂南古畫像石墓發掘報告』, p.4의 삽도3)

도22 산동성 기남 북채묘 후실의 두공, 후한(필자 촬영)

도23 섬서성 미지 관장 7호묘 전실 서벽 화상, 후한(『中國漢畫研究』 제2권, p.9의 도10)

전하는 노두櫨斗를 설치함으로써 두공은 과장된 장식이 되었다.(도22)[38] 더욱 의미 있는 사례는 미지 관장의 7호묘다. 전실 서벽에 있는 두 문의 통로 사이

에 돌 하나가 서있는데, 이 돌은 기둥이 가지는 본래의 구조적 사명을 완성한다. 그러나 장인들은 이 돌에 기둥과 노두의 형상을 조각했다.(도23)[39] 다시 말해 기둥의 '실체' 속에 기둥의 '도상'을 감입한 것이다. 단조로운 실체만으로 기둥이 가지는 의미를 전부 설명할 수 없었으므로 도상을 통해 보충 설명했다.

시각적인 면에서 볼 때, 기둥은 사람들에게 풍부한 상상을 제공한다. 고대 로마의 건축가 마르쿠스 비트루비우스 폴리오Marcus Vitruvius Pollio는 『건축십서建築十書』에서 고전시대의 각종 기둥 가운데 인체 비례를 모방한 게 많으며, 심지어는 직접 인간형상을 한 기둥을 만들기도 했다고 밝혔다.[40] 유사한 상황은 한대에도 찾을 수 있다. 산동성 안구安丘 동가장董家莊 한대 무덤의 전실과 중실 사이의 기둥,(도

38 　曾昭燏 · 蔣寶庚 · 黎忠義, 『沂南古畫像石墓發掘報告』, pp.3–11.

39 　朱青生 主編, 『中國漢畫研究』 제2권, p.9의 도10. 동일한 사례는 수덕 황가탑 9호묘 후실 문 통로 사이의 기둥에서도 볼 수 있다(戴應新 · 魏遂志, 「陝西綏德黃家塔東漢畫像石墓群發掘簡報」, p.255).

40 　維特魯威 著, 高履泰 譯, 『建築十書』, 北京: 知識産權出版社, 2001.

도24 산동성 안구 동가장묘 앞돌 사이의 기둥, 후한(필자 촬영)

도25 강소성 동해 창리수고 1호묘 측실 벽감의 기둥, 후한(『文物參考資料』 1957년 제12기, 도판2의 9)

24)[41] 그리고 강소성 동해東海 창리수고昌梨水庫 1호묘 측실 벽감의 기둥(도25)[42]은 '조각'이라고 부를 만한 수준이다.

도상은 기둥에 새 생명을 부여했다. 역으로 기둥 자체의 구조 역시 사람들에게 많은 상상의 공간을 제공했다. 기둥은 재료와 기술의 제한을 크게 받지만, 상상력은 실로 무궁무진하다. 너무 높아 오를 수 없는 곳은 보통 인간과 상대되는 또 다른 세계다. 산봉우리, 사다리, 커다란 나무, 기둥, 그리고

『요재지이聊齋志異』에 실린 '복숭아를 훔치다偸桃' 고사 속의 술수를 하는 사람이 공중을 향해 던진 밧줄[43] 등은 모두 상상을 통해 미지의 세계와 연결되고 그곳에 이르게 해준다. 이런 관념은 동주시대와 한대의 많은 문헌 속에서 찾아볼 수 있다. 『산해경山海經』의 건목建木이나,[44] 『회남자·지형훈墜形訓』의 "여러 제帝가 여기에서 위아래로 드나든다衆帝所自上下"[45]는 기록 등이 대표적이다. 그리고 파촉巴蜀 지역의 한대 무덤에서 볼 수 있는 요전수搖錢樹의

---

41 鄭岩, 「安丘董家莊漢墓立柱雕刻圖像考」, 山東大學歷史系考古教研室 編, 『紀念山東大學考古專業創建二十周年文集』, 濟南: 山東大學出版社, 1992, pp.397-413.

42 南京博物院, 「昌梨水庫漢墓群發掘簡報」, 『文物參考資料』 1957년 제12기, p.39 도판2의 9.

43 蒲松齡, 『聊齋志異(二十四卷抄本)』 권1, 濟南: 齊魯書社, 1981, pp.13-14.

44 『山海經·海內經』, "有木, 靑葉紫莖, 玄華黃實, 名曰建木, 百仞無枝, 上有九欘, 下有九枸, 其實如麻, 其葉如芒, 大皥爰過, 黃帝所爲." 袁珂, 『山海經校注』, 上海: 上海古籍出版社, 1980, p.448.

45 『淮南子·墜形訓』, "建木在都廣, 眾帝所自上下. 日中無景, 呼而無響, 蓋天地之中也." 劉文典 撰, 馮逸·喬華 點校, 『淮南鴻

도26 산동성 기남 북채묘 전실과 중실의 기둥 위 화상, 후한(『沂南古畫像石墓發掘報告』, 도판42-43, 65-68)

각종 신선과 신령스런 장식 역시 이런 관념과 관련이 있다.

이런 배경 아래에서 비로소 왜 일부 무덤의 기둥에 선기仙氣가 가득한지 이해할 수 있다. 상술한 미지 관장 7호묘에서는 기둥 양쪽에 각종 인물과 동물을 장식하고 아래에는 불사不死의 약을 찧는 옥토끼를 배치했다.(도23) 그리고 기남 북채묘의 전실과 중실의 기둥, 그 주변에는 각종 선인과 상서로운 동물 등을 가득 새기고, 심지어는 불상 같은 외래의 신선까지 묘사했다.(도26)46 그리고 안구 동가장묘 후실 중앙의 원형 기둥에는 각종 상서로운 동물과 인간의 얼굴을 새겨놓았다.(도27)

미지, 기남, 그리고 안구 지역 무덤의 기둥은 사람들의 신앙을 반영했는데, 그 전에 먼저 실질적으로 묘실의 들보와 창방 등을 받쳐주어야만 했다. 그러므로 반드시 곧게 서 있어야 했지만, 회화 속 기둥은 오히려 물질성의 제약에서 크게 벗어날 수 있었다. 내몽고 화림격이和林格爾 소판신小板申 후한대 무덤의 북쪽 이실耳室 벽화 속 기둥은 매우 가늘지만 여러 층의 횡방橫枋을 뚫고 지나가며, 계속 상승하여 곧장 묘실의 꼭대기까지 이른다. 주위에 묘사된 운문雲文은 그것이 도상과 관념 속의 하늘을 동

烈集解』, 北京: 中華書局, 1989, p.136.
46 曾昭燏·蔣寶庚·黎忠義, 『沂南古畫像石墓發掘報告』, 도판42-43, 65-68

도27 산동성 안구 동가장묘 후실 원형 기둥의 전개도, 후한(필자 그림)

시에 지탱하고 있음을 설명해준다.(도28)[47] 대보당 문미에 묘사된 기둥은 원래의 고사에서 이탈하여 선산의 관념 및 형식과 연결됨으로써 기둥의 몸체가 미묘하게 구부러졌다. 〈수태고지〉의 기둥과 달리 여기에서 의미는 더 이상 형식의 내부에 숨지 않고 형식과 일체를 이루어 상식의 논리를 벗어난다.

기둥과 선산의 결합은 도상을 좀 더 대담하게 변화시켰다. 신목 대보당 5호묘의 묘문 우측 기둥에는 한 폭의 '완벽귀조' 화상이 있는데, 반전되고 또 나뉘어져 있으며 상하로 배열되어 있다.(도29) 아래에는 인상여가 옥벽을 쥐고 기둥을 보고 서 있고, 진의 소왕昭王은 화면 꼭대기에 올라가 선산 위에서 육박을 하는 선인들과 함께 배열되어 있다. 중간에는 또 유사한 자세의 한 사람이 있다.[48] 여기에서는 원래의 선산과 변형된 기둥이 동시에 출현하고, 역사고사 속 인물과 선인이 함께 나열되어 있다.

47 리스스는 이 자료를 주목했는데, 이에 대해서는 李思思, 「漢代建築明器研究」, 北京: 中央美術學院人文學院 碩士論文, 2012, p.45를 참조.

48 陝西省考古研究所·楡林市文物管理委員會辦公室, 『神木大保當: 漢代城址與墓葬考古報告』, p.54의 도66, p.55의 도69.

I. 한대

도28 내몽고 화림격이 소판신묘 북쪽 이실의 북벽 벽화, 후한(陳永志·黑田彰 主編, 『和林格爾漢墓孝子傳圖輯録』, 北京: 文物出版社, 2009, pp.106-108, 도47·48)

도29 섬서성 신목 대보당 5호묘 묘문 우측의 기둥, 후한(『神木大保當: 漢代城址與墓葬考古報告』, p.54의 도66, p.55의 도69)

『한비자韓非子』에는 소왕이 일찍이 화산華山에 올라 천신과 함께 박희博戲를 했다는 고사가 기록되어 있다.[49] 상술한 화면이 소왕과 천신이 육박을 했다는 고사와 관련이 있는지는 알 수 없다. 그러나 적어도 시각적으로 볼 때, 장인들이 새로운 화면을 창조했음은 확실하다.

4. 도상의 복제와 변형, 그리고 의미의 변화

마지막으로 본문에서 사용한 방법에 대해 설명하고자 한다. 본문이 전제로 하는 이론은 첫째, 도상의 형식은 그 자체가 생명을 지니며 내용과의 관계가 매우 복잡하고, 형식이 내용에 의해 '결정'되는 것만은 아니라는 점이다. 둘째, 이 이론은 도상자료의 대조분석을 통해 논증할 수 있으며, 문헌자료와 같은 다른 계통의 자료를 빌려야만 완전히 '증명'되는 것은 아니라는 것이다. 비록 필자 역시 이런 도상들이 모종의 종교적 기능을 가지고 있다고 믿지만, 상술한 것처럼 부단히 복제되고 변형되는 과정에서 화상이 원래 가지고 있던 의미는 중요하지 않아졌으며, 혹은 적어도 더 이상 의심할 여지없이 확정적인 것은 아니게 되었다.

고고학자는 아마도 내가 먼저 연대적으로 자료를 배열하고, 그 내부의 논리적 관계를 찾아가는 유형학적 방법론을 사용하지 않았다고 비난할지도 모르겠다. 내가 그렇게 한 데는 두 가지 이유가 있다. 첫째, 고고학의 유형학적 연구는 연구표본의 수량이 풍부할 때 가능하다. 표본들은 반드시 오랜 시간 동안 제작된 것이어야 한다. 그런데 섬북 지역 화상은 후한 중기, 즉 화제和帝 영원 원년(89) 거기장군車騎將軍 두헌竇憲이 흉노를 격파한 이후부터 순제順帝 영화 5년(140) 남흉노가 하서군河西郡과 상군上郡을 공격하여 분할 점령한 시기에 집중되어 있다.[50] 시간상으로 볼 때 50년 정도의 기간이다. 이처럼 짧은 역사 단계에서 유한한 자료를 가지고 세세하게 시기를 나누기는 매우 어렵다. 둘째, 이처럼 수량이 많지 않은 사례들 간의 미묘한 차이는 시간적 요인 때문에 빚어진 결과라기보다 좀 더 복잡한

49 『韓非子 · 外儲說 左上』, "秦昭王令工施鉤梯而上華山, 以松柏之心爲博, 箭長八尺, 棋長八寸, 而勒之曰: '昭王嘗與天神博於此矣.'"『諸子集成 · 韓非子集解』, 上海: 上海書店, 1986, p.206.

50 섬북 지역에서 연대가 가장 이른 화상석은 1983년 발굴한 수덕 황가탑의 영원 2년(90) 요동태수(遼東太守) 왕군묘(王君墓) 화상이며(綏德縣畫像石展覽館 編, 『綏德漢代畫像石』, pp.34-42, 도13), 가장 연대가 늦은 것은 1978년 미지 관장에서 출토한 영화 4년

원인에 기인한다. 예를 들면 공방工坊의 전통, 모형과 모본의 사용, 장인 또는 상가 개인의 취향 등 여러 요인들이 수시로 도상을 변화시켰을 것이다. 고고학의 유형학적 연구는 생물분류학에서 연원하는 것으로, 주로 연구대상의 형식적 공통점을 찾고자 하여, 개성이 풍부하고 다양한 변화양상을 보이는 도상의 논의에서는 효율적이지 않다.

본문에서 시도한 실험적 연구는 섬북 지역의 일련의 후한대 화상을 쭉 연결하여, 당시 장인의 입장에 서서 도상창작의 과정을 경험하고 복원하는 형태로 진행했다. 비록 문장에서 사용한 도상자료가 풍부해 보이지만, 이처럼 우연히 발견된 고고학적 자료는 그 자체가 체계적이지 못하며 요행히 남겨진 파편에 불과하다. 그러므로 단지 지금까지 발견된 극소량의 파편을 가지고 모종의 규율을 찾는 것 자체가 일종의 모험이라 할 수 있다. 상술한 판단 역시 경계심을 가지고 봐야만 한다.

예술창작은 매우 복잡한 과정이며 각종 필연성과 우연성으로 충만하다. 실제로 우리들이 탐구하려는 것은 특정 장인의 작업 순서가 아니며, 도상 생산의 가능성에 대한 것이다. 의심할 여지없이 도상의 생산은 2000년 전 석공의 공방에서 이뤄졌으며, 고사 역시 다음과 같은 노선을 따라 발전했을 것이다. 즉 1.먼저 문미 위에 각종 역사고사도가 출현했다. 2.장인은 그들의 공통점, 즉 모두 기둥을 포함하고 있다는 데 주목했다. 3.반복적인 실험 속에서 어떤 장인이 그 가운데 한 고사를 화면 중앙에

고정시켰다. 그리하여 고사를 표현하는 데 영향을 주지 않으면서 화면을 분할하는 작용을 하기 시작했다. 4.이 방법이 매우 교묘하여 다른 장인들이 앞다투어 모방하기 시작했다.

더 큰 가능성은 도상 발전의 각종 루트가 동시에 병존하며 서로 영향을 주고받았다는 것이다. 상술한 각종 가능성은 도상의 내용과 형식의 복잡한 연동 속에서 드러난다. 이것이야말로 미술사 연구의 중요한 주제라 할 수 있다. 여러 가능성의 존재는 한대 화상석예술의 발전에 풍부한 색채를 부여해주었으며, 이런 화상을 연구하는 것은 곧 고대 장인들과 나누는 영적인 대화가 되었다.

본문의 원글은 巫鴻·朱靑生·鄭岩 主編,『古代墓葬美術硏究』제2집, 長沙: 湖南美術出版社, 2013. pp.149-167에 수록되어 있다.

---

(139) 하내산양위(河內山陽尉) 우계평묘(牛季平墓)의 기둥이다(李林·康蘭英·趙力光,『陝北漢代畵像石』, 西安: 陝西人民出版社, 1995, 도160; 楡林市文物保護硏究所·楡林市文物考古勘探工作隊,『米脂官莊畵像石墓』, pp.130-131).

Ⅱ. 남북조시대

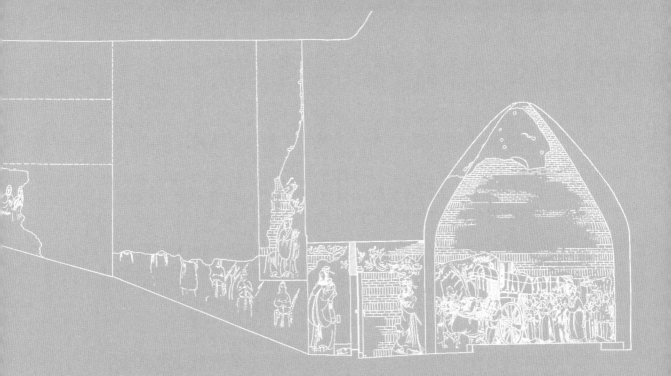

장례葬禮와
도상圖像

●

양한兩漢 및
북조北朝의 자료를
중심으로

1. 도상 속의 장례

중국 고대의 상장의례와 상장제도는 사망에서 매장 및 제사까지의 전 과정을 모두 포함한다. 리안자이李安宅는 이를 '매장 전'과 '매장', 그리고 '매장 후'의 세 단계로 분류한다.[1] 까오총원高崇文 역시 유사하게 '장렴裝斂의식'과 '매장의식', '매장 후의 제사의식' 등으로 나누었다.[2] 고고학과 미술사연구는 주로 지하의 묘실, 묘지의 사당, 그리고 현존하는 무덤 등의 석각에 집중했을 뿐, 장례와 같은 상장喪葬의 다른 부분에 대한 연구는 거의 진행하지 않았다. 시간의 흐름대로 전개되는 과정의 성격을 가진 의례는 정태적靜態的이고 고립적인 물질자료와 시각자료 속에서 전면적으로 드러나기 어렵기 때문이다. 50여 년 전 천공로陳公柔는 문헌에 나타나는 주대周代의 상장제도와 발굴된 주대 무덤을 비교분석한 후, 부장품과 장구葬具, 그리고 염장斂葬 때 사용하는 옷과 장식품 등의 명물名物제도를 살펴보고 『의례』 속 「사상례士喪禮」와 「기석례旣夕禮」의 성립 연대를 추정했다.[3]

본고가 성립하기 위한 중요한 전제는 '매장 전의 의례와 묘장은 서로 연관되며, 매장 전 의례에서 진열된 제기나 관구棺柩 등은 장례를 통해 무덤 안으로 옮겨진다. 그러므로 문헌에 기록된 매장 전 의례 속의 기물들을 무덤 출토품과 서로 대조할 수 있다'는 것이다. 이 글의 초점은 묘장 자료에 대한 해석에 맞춰져 있다. 이와 반대로 무덤 속의 기물을 가지고 매장 전의 제사의식과 장례의 구체적인 과정을 복원하기는 매우 어려울 것이다.

매장 전의 의례와 무덤을 연관시키는 또 다른 방법은 도상자료를 이용하는 것이다. 도상의 중요한 기능 가운데 하나는 '기록'이다. 특히 서사적인 도상은 특정 시공간에서 발생한 사건을 보존하여 다시 드러내는 데 매우 중요하다. 프랑스 화가 구스타브 쿠르베Gustave Courbet(1819~1877)는 〈오르낭의 장례식Un enterrement à Ornans〉에서 거대한 화폭에 하층민의 장례과정을 사실적으로 묘사했다.[4] 중국회화에는 이 같은 구상적인 서사 작품이 없다. 중국에서는 장례를 구체적으로 표현하는 경우가 매우 드문데, 아마도 사망에 대한 금기와 관련이 있을 것이다. 중국예술에서 사망에 대해 직접적으로 표현한 전형적인 사례는 불교의 열반도 정도가 있을 뿐이다. 그러나 민간에서는 이마저도 '와불臥佛'이라는, 부처의 편안한 자태가 두드러지는 모습으로 변화하며, 제자들의 통곡 장면은 약화된다. 근대기에 사진과 영화가 출연한 이후에야 비로소 장례에 대한 기록이 등장한다.

필자는 전한과 후한, 그리고 북조의 무덤에서 장례와 관련된 도상자료가 있을 것으로 생각한다. 본고에서는 이를 '도상 속의 장례'라 부르고자 한다. 이런 자료들은 무덤의 내부에 집중되어 있었기 때문에 사망이라는 금기의 제한을 받지 않았을 것이다. 이런 자료는 매우 적어 하나의 계통을 이루기는

---

1 李安宅, 『〈儀禮〉與〈禮記〉之社會學的研究』, 上海: 上海人民出版社, 2005, pp.44-45.

2 高崇文, 「試論先秦兩漢喪葬禮俗的演變」, 『考古學報』 2006년 제4기, pp.447-471.

3 陳公柔, 「士喪禮·旣夕禮中所記載的喪葬制度」, 『考古學報』 1956년 제4기, pp.67-84.

4 현재 프랑스 파리 오르세미술관(Musée d'Orsay)에 소장되어 있다.

어렵지만, 오히려 새로운 각도에서 의례와 도상의 관계를 짚어볼 수 있게 해준다. 또한 역으로 무덤 본래의 종교적 의미를 생각하게 하고, 예술 표현형식 본래의 가치를 관찰할 수 있도록 해준다.

이 글에서 논의해야 할 또 하나의 자료는 '장례 속 도상', 즉 장례에서 사용하는 도상과 관련된 문제다. 필자는 주로 6세기 후반 동위·북제시대 무덤의 묘도에 그려진 벽화를 거론할 텐데, 도상의 세부가 아닌 장례와 무덤의 관계를 고찰할 것이다. 이는 '도상 속 장례'와는 동일한 문제의 다른 측면이라 할 수 있다.

2. 한대 도용 및 화상석과 상례喪禮

'도상 속 장례'와 관련된 첫 번째 자료들은 주로 전한과 후한시기에 집중되어 있다. 산동성 양곡陽谷 오루吳樓 1호 한대 무덤에서 출토된 일군의 도용陶俑은 지금껏 거의 주목받지 못했다.[5] 이 무덤은 남쪽으로 향한 벽돌무덤으로, 두 개의 묘실이 병렬하고 있는데 각각 묘주 부부의 것이다. 묘실 바깥에는 회랑이 있다.(도1) 발굴보고서는 무덤의 연대를 전한 말기 또는 후한 초기로 보았으며, 양평후陽平侯 왕금王禁가족과 관련이 있을 것으로 추정했다. 묘주의 추정은 좀 더 논의가 필요하지만, 무덤의 연대는 신뢰할 수 있다. 묘실은 일찍 도굴되었기 때문에 많은 기물들의 원래 위치는 알 수 없다. 그렇지만 북쪽 회랑 서쪽 끝 모서리에서 발견된 도제陶製 누각과 창고, 우물 등에서 보듯 일부 도기는 여전히 규

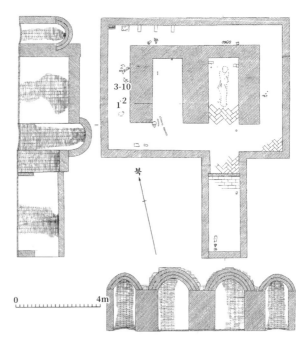

도1 산동성 양곡 오루 1호묘의 평면도와 입면도, 한(그림 가운데 1-10은 도용이다. 『考古』 1999년 11기, p.36의 도3)

율을 따라 무덤 내에 분포되었다. 서쪽 회랑에는 도용과 개, 거위, 돼지, 양 등의 도기들을 진열해 놓았는데, 도제 명기들은 세트를 이뤄 규칙적으로 출토되었다. 이는 재질이 좋지 않아 도굴꾼의 주목을 끌지 못했거나, 혹은 비록 움직임이 있었다 하더라도 기본적인 조합이 흐트러지지 않았음을 말해준다. 이 가운데 M1: 1~12의 번호를 가진 작은 용들에 주목할 필요가 있다.(도2) 도용은 모두 길이와 높이가 10cm를 넘지 않으며 손으로 눌러 만들어 상당히 거칠다. 표면을 하얗게 칠했으며, 먹선으로 그린 눈썹과 눈 등이 남아 있다.

도용들은 자세가 매우 특이하여, 대부분 한대인의 일상 예법에 맞지 않는다. M1: 1~5의 번호를 가

---

5 聊城市文物管理委員會, 「山東陽谷縣吳樓一號漢墓的發掘」, 『考古』 1999년 제11기, pp.35-45.

도2 산동성 양곡 오루 1호묘 출토 도용, 한 (1)M1:11 (2)M1:6 (3)M1:4
(4)M1:3 (5)M1:10 (6)M1:12 (7)M1:1 (8)M1:5 (9)M1:8 (10)M1:2
(11)M1:7 (12)M1:9 (『考古』1999년 11기, p41의 도6)

진 5개의 도용은 모두 꿇어앉아 있다. 몸은 앞으로 구부리고 있으나 머리는 위로 들었으며, 한 손이나 두 손으로 땅을 짚고 있다. 발굴보고서는 이를 '땅을 치며 통곡하는 듯하다'고 묘사했다.(도3, 도4) M1: 6~9의 번호를 가진 4개의 도용은 기좌跪坐, 즉 두 무릎을 땅에 대고 엉덩이로 다리 뒤쪽을 누르는 무릎 꿇은 자세를 하고 있는데, 한대의 실제 좌법坐法과 매우 유사하다.[6] 그러나 단정한 모습은 아니며, 신체를 앞으로 기울이고 머리를 들어 올리거나 두 손을 몸 앞에서 합장하는 등 변화가 비교적 크다. 나머지 M1: 10~12의 번호를 가진 세 도용은 '앉은 모습'으로 표현되어 있는데, 두 도용은 엉덩이를 땅에 대고 허벅지를 앞으로 뻗어 기좌跂坐와 유사하며, 다른 도용 하나는 가부좌의 책상다리를 하고 앉아 있다.

발굴보고서는 이 12개의 도용을 두 종류로 나누

도3 산동성 양곡 오루 1호묘 출토 도용, 한(M1:4,『考古』1999년 11기, 圖版 5:1)

도4 산동성 양곡 오루 1호묘 출토 도용, 한(M1:5,『考古』 1999년 11기, 圖版5:3)

---

6 李濟, 「跪坐蹲居與箕踞—殷墟石刻研究之一」, 張光直·李光謨 編, 『李濟考古學論文選集』, 北京: 文物出版社, 1990, pp.943-961; 楊泓, 「說坐, 跽和跂坐」, 楊泓, 『逝去的風韻—楊泓談文物』, 北京: 中華書局, 2007, pp.28-31.

도5 산동성 제남 무영산묘 출토 도용, 전한(湯池 主編, 『中國陵墓雕塑全集』 제2권, 西安: 陝西人民美術出版社, 2009, p.257의 도305)

었다. 첫째는 '상을 당해 우는 용'으로, 두 무릎을 땅에 대고 몸을 앞으로 구부린 채 땅을 짚고 울고 있는 M1: 1·2·3·5가 해당한다. 보고서의 결론에서는 "얼굴에 슬픈 모습이 있다"는 보충설명이 있다. 나머지 8건의 도용은 '도인용導引俑'으로 구분했는데, 호남성 장사시長沙市 마왕퇴 3호묘 출토 비단그림인 〈도인도導引圖〉 속 인물들이 추론의 근거가 되었다. 그러나 12개의 도용들은 크기와 제작수법이 동일하고 동일 지점에서 출토되었기 때문에 주제가 다른 두 종류로 구분하기 어렵다. 특히 이것을 〈도인도〉와 비교한 것은 좀 억지스럽다. 필자는 이 두 종류를 동일한 성격의 도용 무리로 보고자 한다. 대부분의 용이 몸을 구부리거나 땅을 치는 자세를 하고 있기 때문에 노래를 부르는 배우 같은 존재는 아

닐 것이다. 산동성 제남시濟南市의 무영산無影山에서 출토된 전한시대 악무백희용樂舞百戲俑(도5)과 비교해도 차이가 아주 분명하다. 필자는 '상을 당해 우는 용'으로 추정한 발굴보고서의 의견을 수용하고자 한다. 바꿔 말해 여러 자세들이 어지러이 섞인 도용은 장례에서 울고 있는 사자의 친지와 가족 등을 표현했을 가능성이 크다.

한대의 도용은 대부분 군진軍陣, 잡역에 종사하는 시종, 악공과 기예의 무리 등이며, 이처럼 상을 당해 우는 용은 거의 없다. 한대 무덤은 일종의 '행복한 집'으로, 사자가 다른 세계에서 살기 위한 요구들을 만족시키기 위해 조영했다.[7] 친지와 가족에게 남긴 사망의 고통은 묘비나 묘지, 그리고 사당의 제기 속 "아 슬프구나鳴呼哀哉"라는 글귀에서나 우연

---

7 巫鴻 著, 鄭岩 等 譯, 『禮儀中的美術—巫鴻中國古代美術史文編』 上冊, 北京: 生活·讀書·新知三聯書店, 2005, pp.109-110.

도6 산동성 미산 구남묘 화상석, 한(賴非 主編,『中國畫像石全集』제2권, pp.46-47, 도55)

히 볼 수 있을 뿐이다. 그러므로 이와 같은 특수한 도용의 출토는 묘장의 의미가 더욱 복잡해졌을 가능성을 시사한다.

한대 무덤 속 회화예술에 나타난 장례 장면 가운데 연대가 비교적 이른 것은 전한 말기에서 후한 초에 제작된 것으로 추정되는 산동성 미산微山 구남溝南 출토 석곽의 도상이다.(도6)[8] 이 석곽의 한쪽 내벽은 화면을 3개로 나누었는데, 왼쪽 한 폭에 9명이 새겨져 있다. 보고서에서는 이를 '공자가 노자를 만나는 장면'으로 해석했지만[9] 근거가 부족하다. 우홍巫鴻은 보고서에서 '구부러진 지팡이를 잡은 공자와 어린 항탁項橐'으로 추정한 장면을 "몸집이 큰 인물이 한 필의 비단(?)을 어린이에게 주는 장면"으로 보고, "장례가 시작될 때 빈객들이 사자의 집에 와

서 사자의 후손들에게 문상을 하며 예물을 주는 장면"일 가능성이 크다고 해석했다.[10] 중앙과 오른쪽 도상의 내용을 연결시켜 볼 때, 우홍의 해석이 더욱 그럴듯해 보인다. 그림 속 구부러진 긴 물건은 아마도 『의례儀禮』에서 언급한 속백류束帛類의 물건일 것이다. 「기석례」에서 언급된 '공봉公賵'은 국군國君이 증여한 장례를 돕는 물품이다. 이런 물건에는 '현훈속玄纁束', 즉 검은색과 연노랑색의 비단[帛]이 있다. 중앙 화면의 중심에는 높은 장막이 쳐진 사륜거四輪車가 있는데, 수레의 장막 위에는 기둥 세 개가 있으며, 여기에 우보羽葆와 화개華蓋 같은 것들을 배치했다.

수레 앞쪽의 경우, 수레의 몸체는 있으나 끌채는 없으며 10명이 '동아줄을 잡고[執紼]' 걸어가면서

---

8 이 석곽의 좌단(左段)은 山東省博物館 · 山東省文物考古研究所,『山東漢畫像石選集』, 濟南: 齊魯書社, 1982, 도51에 실려 있다. 훗날 우단(右段)을 찾아 이를 합친 결과 총 길이 2.52m의 석곽 측판을 확인할 수 있었다. 이에 대해서는 王思禮 · 賴非 · 丁沖 · 萬良,「山東微山縣漢代畫像石調查簡報」,『考古』1989년 제8기, p.707 참조.

9 동일한 관점은 賴非 主編,『中國畫像石全集』제2권, 濟南 · 鄭州: 山東美術出版社 · 河南美術出版社, 2000, 도판설명 p.18.

10 巫鴻 著, 鄭岩 等 譯,『禮儀中的美術—巫鴻中國古代美術史文編』上冊, p.263.

수레를 끌고 있다.[11] 이 가운데 한 명은 정번旌幡 같은 것을 들고 있으며, 한 사람은 땅에 엎드려 땅을 두드리며 맞이하고 있다. 그 모습으로 미루어 몸에는 참최복斬衰服을 입고 목과 허리에 마로 짠 질絰을 찬 효자일 가능성이 크다.[12] 수레 뒤와 왼쪽에는 십여 명이 수레를 따라 걷고 있다. 오른쪽 화면에서는 세 개의 산山 혹은 봉분을 볼 수 있다. 사이에는 나무가 매우 무성하며, 앞쪽에 장방형의 무덤구덩이가 있다.[13] 구덩이 왼쪽의 3인은 두 손을 모으고 서 있으며, 오른쪽 두 사람은 탑상榻床 위에 앉아 있다. 가운데에는 상자[奩]로 추정되는 물건이 있다. 구덩이 아래쪽에는 5명이 앉아 있으며, 상자나 병 같은 기물들이 있다.

보고서는 중앙의 화면을 〈상례도喪禮圖〉로 보고 그 수레를 이거輀車로, 오른쪽 화면을 묘지墓地로 해석했다. 이 화면에 대한 우홍과 쑨지孫機의 해석은 대략 보고서와 같은데, 그림 속 이거를 '구거柩車'로 추정했다. 『의례·기석례』의 '상축식구商祝飾柩'에 대해 정현鄭玄은 "관을 장식한다飾柩고 하는 것은 장牆과 유柳를 설치하는 것이다. 두건을 쓰고 제사를 지

낼 때는 장牆을 설치하는데, 이를 지칭한다. 장에는 천으로 된 장막[帷]이 있으며, 유柳에도 천으로 된 황荒이 있다"고 주를 달았다.[14] 가공언賈公彦은 "정현이 '관을 장식한다고 하는 것은 장류를 설치하는 것이다飾柩, 爲設牆柳也'고 말한 것은 곧 유유帷와 황荒을 덧댄 것이다"고 소疏를 달았다.[15] 『예기·상대기禮記·喪大記』에서 정현은 "황은 덮는 것이다. 옆에 있는 것은 유帷, 위에 있는 것은 황荒이라 부른다. 모두 유거柳車를 덮는 것이다"고 주를 달았으며,[16] 공영달孔穎達은 이에 대해 "황은 덮는 것이다. 유거 위를 덮는 것을 말하는데, 별갑거鼈甲車라 지칭한다"고 소疏를 달았다.[17] 이를 통해 구남석곽의 가운데 칸에 묘사된 수레 덮은 장막은 '황유荒帷'의 '황荒'임을 알 수 있다.[18]

판즈쥔范志軍은 두예杜預의 『요집要集』에 실린 "천자는 여섯 개의 불紼을, 제후는 네 개를, 대부는 두 개를, 사는 하나를 끈다"[19]는 기록과 대조한 후, 구남석곽 속 동아줄을 잡고 수레를 끄는 두 줄의 인물은 "사자가 대부大夫일 가능성을 표현한 것"으로 추정했다.[20] 미산에서 멀지 않은 강소성 패현沛縣 용

11 '집불'이라는 설에 대해서는 范志軍, 「漢代帛畫和畫像石中所見喪服圖與行喪圖」, 『文博』 2006년 제3기, p.86; 孫機, 「仙凡幽明之間─漢畫像石與"大象其生"」, 孫機, 『仰觀集─古文物的欣賞與鑒別』, 北京: 文物出版社, 2012, p.185.

12 『儀禮·喪服』, 鄭玄注: "凡服, 上曰衰, 下曰裳, 麻在首, 在要皆曰絰." 十三經注疏整理委員會 整理, 『儀禮注疏』, 北京: 北京大學出版社, 2000, p.540; 范志軍, 「漢代帛畫和畫像石中所見喪服圖與行喪圖」, p.86.

13 무덤의 구덩이에 대해서는 마왕퇴 3호묘 출토 비단그림인 〈성읍도(城邑圖)〉〈원침도(園寢圖)〉라고도 함)를 참고할 수 있다. 이에 대해서는 傅擧有·陳松長 編著, 『馬王堆漢墓文物』, 長沙: 湖南出版社, 1992, p.153 참조.

14 "飾柩, 爲設牆柳也. 巾奠乃設, 謂此也. 牆有布帷, 柳有布荒."

15 "云'飾柩, 爲設牆柳也'者, 即加帷荒是也." 十三經注疏整理委員會 整理, 『儀禮注疏』, p.732, p.733.

16 "荒, 蒙也, 在旁曰帷, 在上曰荒, 皆所以衣柳也."

17 "荒, 蒙也, 謂柳車上覆, 謂鼈甲車也." 十三經注疏整理委員會整理, 『禮記正義』, 北京: 北京大學出版社, 2000, pp.1496, 1497.

18 朱蔚, 「〈儀禮·士喪禮〉〈既夕禮〉所反映的喪葬制度研究」, 廈門大學 碩士論文, 2008, pp.20-21.

19 "凡挽, 天子六紼, 諸侯四, 大夫二, 士一." 李昉 等, 『太平御覽』 권552, 北京: 中華書局, 1960, p.2499.

20 范志軍, 「漢代帛畫和畫像石中所見喪服圖與行喪圖」, p.86.

도7 강소성 패현 삼리묘 출토 화상석, 한(『文博』 2006년 제3기, p.87의 도4)

고진龍固鎮 삼리묘三里廟에서 출토된 화상석 가운데도 구남석곽의 중앙에 묘사된 것과 유사한 내용이 있다. 다만 화면이 비교적 간단하다.[도7][21] 화면에는 한 마리 소가 끄는 수레가 있는데, 수레 위의 장막 역시 자라의 등[鼈甲] 같다. 앞에는 두 사람이 무릎을 꿇고 있는데, 상례 때 짚는 지팡이를 손에 들고 있다. 수레 뒤에는 두 사람이 머리를 숙이고 뒤따르는데, 화면의 효과는 구남석곽의 그림보다 못하다. 발굴자는 이 화상석의 연대를 전한 말기로 추정했는데,[22] 필자는 연대의 하한선을 후한 초기, 즉 구남 화상석과 동시기라 생각한다. 삼리묘 무덤과 관련해서는 아직 구체적인 내용이 발표되지 않았지만, 과거의 유사사례를 토대로 추정해보면 산동성과 강소성 북부 지역에 분포하는 전한 말기부터 후한

초기의 석곽묘가 확실하다.[23] 이 지역 석곽묘는 대부분 동일계층의 무덤으로 묘주의 신분이 높지 않다. 산동성 제녕시濟寧市 사전師專 석곽묘에서 출토된 여러 개의 인장에는 '정광지인鄭廣之印', '정옹유鄭翁儒', '정원지인鄭元之印', '정속하鄭束何' 등의 글자가 있는데, 모두 관직명이 없다.[24] 다시 말해 피장자는 관작이 없는 평민이었다. 이 무덤들의 부장품은 대부분 도제陶製로, 수량도 비교적 적고 제품의 질도 높지 않다. 그러므로 판즈쥔이 구남묘의 묘주를 대부로 추정한 것은 적절하지 않다. 그렇다면 도대체 이 도상 가운데 어떤 것이 현실에서 일어난 장례를 실질적으로 반영하고 있는 걸까. 이 도상들은 역사에 대한 기록인가, 아니면 일종의 이상화된 그림인가? 이런 문제들, 즉 도상의 기능과 성격을 거론하는 것은 미술사연구에서 매우 중요한 의미를 지닌다. 그러나 유감스럽게도 현재는 자료가 부족하므로, 연구는 후학들에게 미뤄두어야만 할 것이다.

리디아 톰슨Lydia D. Thompson은 산동성 기남沂南 북채北寨의 후한대 화상석묘의 전실 남벽의 들보에 묘사된, 누각 하나를 둘러싸고 전개된 한 폭의 그림[도8]이 매장 하루 전날 조묘祖廟에서 이뤄지는 문상

---

21 范志軍, 「漢代帛畵和畵像石中所見喪服圖與行喪圖」, p.87의 도4.

22 劉尊志, 『徐州漢墓與漢代社會硏究』, 北京: 科學出版社, 2011, p.284.

23 산동성과 강소성 북부의 석곽묘에 대한 연구는 본서 「전한시대 석곽묘와 묘장미술의 변화」를 참조

24 濟寧市博物館, 「山東濟寧師專西漢墓群淸理簡報」, 『文物』 1992년 제9기, p.31.

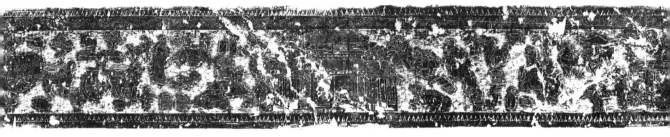

도8 산동성 기남 북채 화상석묘 전실 남벽 횡량(橫梁)의 화상, 후한(曾昭燏·蔣寶庚·黎忠義, 『沂南古畫像石墓發掘報告』, 北京: 文化部 文物管理局, 1956, 탁본 제7폭)

을 표현한 것이며, 그림 속 지상에 늘어놓은 술과 음식은 상가에 보내진 예물로 추정했다.[25] 만약 그렇다면 이 화면은 사자의 죽음과 송장送葬 전의 추도의식을 묘사한 드문 사례라 할 수 있다.

상술한 사례들은 현재까지 알려진 한대 자료 가운데 일부에 불과하다. 이 자료들의 성격에 대한 논의는 앞으로 좀 더 자세히 진행될 필요가 있다. 그리고 다른 자료들이 추가될 수도 있다. 예를 들면 일부 학자들은 진시황릉의 병마용과 전한 양가만楊家灣 무덤의 병마용이 군진軍陣의 송장제도와 관련되며,[26] 마왕퇴 3호묘 관실 서벽에 걸린 길이 2.12m, 너비 0.94m의 거대한 거마인물 비단그림(도9)을 군진송장을 주제로 한 것으로 보기도 한다.[27] 필자는 여기에서 상술한 자료들의 세부를 다시 논

의하거나, 새 자료들을 모아 논의를 발전시킬 생각은 없다. 다만 새로운 문제, 즉 '왜 무덤 속에 상장의례의 과정을 도상으로 표현했는가?'란 질문을 제기하고 싶다. 현재 이에 대한 전면적인 답변을 내놓을 수는 없다. 필자는 단지 초보적인 생각들을 제시함으로써, 이 문제에 흥미를 느끼는 연구자들의 참여와 비판을 기대하고자 한다.

거시적인 관점에서 고대 묘장의 발전사를 보면, 진한시기에 이미 도상으로 서사적인 내용을 표현하는 조건이 갖춰져 묘장의 형태 및 부장품의 종류가 크게 확대되었다. 진시황릉은 "위로는 천문을 갖추고 아래로는 지리를 갖춘上具天文, 下具地理", 즉 포함하지 않는 것이 없는 하나의 체계를 갖고 있다. 많은 도용과 날로 풍부해지는 회화예술은 모두 서

25 Lydia D. Thompson, *The Yi'nan Tomb: Narrative and Ritual in Pictorial Art of the Eastern Han(25-220 C. E.)*, Ph. D. dissertation, New York University, 1998. 이 견해는 우홍의 지지를 얻었다. 우홍은 또한 한대 화상석의 거마출행도 가운데 일부가 송장장면을 표현했다고 보았다. 예를 들면 산동성 창산(蒼山)의 원가 원년(151) 무덤 전실 서벽과 동벽의 화상, 기남 북채묘 중실 북벽의 거마도상 등이다. 이에 대해서는 巫鴻, 『禮儀中的美術―巫鴻中國古代美術史文編』, pp.265-266를 참조. 최근 쑨지는 거마출행도의 의미에 대해 다른 견해를 제기했다. 이에 대해서는 孫機, 「仙凡幽明之間―漢畫像石與"大象其生"」, pp.178-190을 참조.

26 황잔위에(黃展岳)는 "출토 상황으로 미루어 진시황릉의 병마용은 송장용 용들로 봐야 한다. 이들의 형상은 진시황 시대의 군진배열을 보여주고 있다"고 주장했다(黃展岳, 「中國西安·洛陽漢唐陵墓的調査與發掘」, 『考古』 1981년 제6기, p.532).

27 湖南省博物館·湖南省文物考古研究所, 『長沙馬王堆二·三號漢墓 第一卷: 田野考古發掘報告』, 北京: 文物出版社, 2004, pp.109-111.

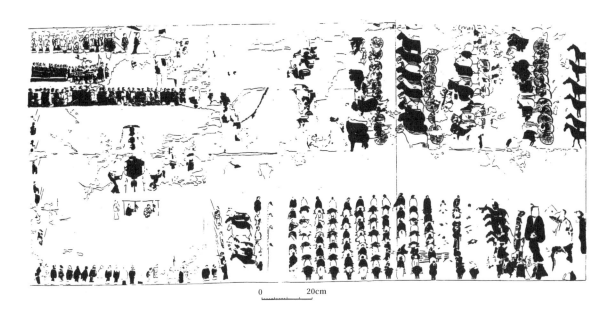

도9　호남성 장사 마왕퇴 3호묘 관실 서벽의 비단그림, 한(湖南省博物館·湖南省文物考古研究所,『長沙馬王堆二·三號漢墓 第一卷 田野考古發掘報告』, p.113의 도32)

사적 주제를 표현하는 유효한 수단이 되었다. 전한 말기에 조영된 낙양 소구燒溝 61호묘에는 '이도살삼사二桃殺三士' 등의 고사를 소재로 한 벽화가 그려져 있다.[28] 비록 상징적 의미를 배제할 수는 없지만, 그것이 표상하는 것은 특정 시간과 지점에서 발생한 사건의 재현과 전이라고 할 수 있으며, 그 기능은 무덤 속의 관곽棺槨과 반함飯含, 장례 당시 사용한 제기나 부장용 명기明器 등과는 명백히 구별된다. 이런 상황 아래서 막 끝난 장례는 곧 무덤 안에 드러날 수 있는 조건을 갖추게 된다.

의례화된 장례는 공공적 성격을 가진 '연출'로 볼 수도 있다. 그러나 그 근원은 상가와 사자 등 개인의 이익과 관련된다. 즉 고인의 집안 식구들이나 친지, 친구들의 애통함을 적당히 표현하는 한편, 사후 세계에서 사자의 물질적, 정신적 요구를 만족시켜 주어야만 하므로 "반드시 정성을 다해야만 했다."[29] 근본적인 의미에서 장례는 죽은 자를 위한 산 자의 봉헌이다. 이런 이유 때문에 의례적이고 절차화된 행위는 여러 부장품들과 함께 사자의 최후 안식처인 무덤 안에 복제되는 것이다.

이런 의미에서 『의례』에서 언급된 독봉讀賵과 독견讀遣에 주목할 필요가 있다. 「기석례」의 "판方에 예물을 보낸 사람의 이름과 그 물건을 기록하는데, 판마다 9행 또는 7행, 또는 5행을 기록한다. 간책에

28　河南省文化局文物工作隊,「洛陽西漢壁畵墓發掘報告」,『考古學報』1964년 제2기, pp.107-126.

29　『禮記·檀弓 上』, "子思曰: '喪三日而殯, 凡附於身者, 必誠必信, 勿之有悔焉耳矣. 三月而葬, 凡附於棺者, 必誠必信, 勿之有悔焉耳矣……'" 十三經注疏整理委員會 整理,『禮記正義』, pp.203-204.

빈賓들이 보내온 광壙에 매장할 기물을 모두 기록한다書賵於方, 若九, 若七, 若五. 書遣於策"는 구절에 대해 정현은 "'方'이란 판이다. 판에 봉賵, 전奠, 부賻, 증贈한 사람의 이름과 물건을 기록한다(원대 진호陳澔에 따르면 봉賵은 수레나 말을 주는 것이고, 부賻는 재화를 주는 것이며, 함含은 구슬과 옥을 주는 것이고, 수襚는 의복을 주는 것으로 네 가지를 총칭해서 증贈이라 한다. 전奠은 상제喪祭에 올릴 물건을 가리킨다: 역자 주). 판마다 9행, 또는 7행, 또는 5행을 기록한다." 그리고 "'책策'은 간簡이다. '견遣'은 보낸다는 뜻과 같다. 광壙에 넣어야 하는 물건들로 인茵 이하의 것이다"라고 주석했다.[30] 「기석례」의 묘사에 따르면 독봉은 상주喪主의 사史가 봉서賵書를, 독견은 국군國君의 사史가 견책遣策을 각각 한 차례씩 낭독하는 것이다.[31]

상주의 사史가 주인에게 봉서賵書를 읽을 것을 청하고, 부사副史가 주판을 들고 사를 따른다. 관의 동쪽 즉 널의 앞부분을 묶은 부분에 해당하는 곳에서 서쪽을 향하여 선다. 모두에게 곡을 멈추도록 명하면, 곡하는 자들이 서로 곡을 멈추라고 권계한다. 오직 주인과 주부만 곡을 한다. 횃불을 든 집사가 사의 오른쪽에서 남쪽을 향하여 선다.

사가 서서 봉서를 읽는데, 부사가 주판을 놓아 셈할 때는 바닥에 앉는다. 봉서를 읽는 것이 끝나면, 곡을 하도록 명하고, 횃불을 끄며, 사는 봉서를 들고 부사는 주판을 들어 반대 순서로 나간다. 국군의 사가 관의 서편에서 동쪽을 향하여 선다. 곡을 중지하도록 명한다. 주인과 주부가 모두 곡을 멈춘다. 국군의 사가 견책을 읽고, 읽기를 마치면 곡을 하도록 명한다. 이때 횃불을 끄고, 국군의 사가 나간다.[32]

『예기·단궁 상禮記·檀弓 上』에는 "증자가 독봉에 대해 '옛 제도가 아니다. 그것은 두 번 거듭 고하는 것'이라고 해석했다讀賵, 曾子曰: '非古也, 是再告也'"는 내용이 있다. 이에 대해 손희단孫希旦은 "내가 생각하기에 죽은 자를 전송할 때 사용하도록 수레나 말 등을 보내는 것을 '봉'이라 부른다. '봉을 읽는다'는 것은 나무판에 봉으로 받은 물건들을 기록해 두었다가 장례행렬을 시작하려 할 때 상주의 사史가 영구의 동쪽 앞에서 그 기록을 읽게 된다는 뜻이다. 그러나 봉을 전달하는 빈객은 폐물을 받들고서 빈소를 향해 국군의 말을 전달하는데, 이때 이미 죽은 자에게 아뢴 것이다. 그런데 장례행렬이 떠나려 할

---

30 "方, 板也, 書賵奠賻贈之人名與其物於板. 每板若九行, 若七行, 若五行." "策, 簡也. 遣, 猶送也. 謂所當藏物茵以下." 十三經注疏整理委員會 整理, 『儀禮注疏』, p.864.

31 역자주: 저자는 상주(喪主)의 사(史)와 국군(國君)의 사(史)가 모두 봉서(賵書)를 각각 한 차례씩 읽는다고 했지만, 아래 인용된 『의례』에서 보듯, 상주의 사가 봉서를, 국군(國君)의 사(史)가 견책(遣策)을 각각 한차례씩 낭독한다. 봉서는 국군이 보내온 봉(賵)의 물품을 적은 문서고, 견책(遣策)은 국군이 보내온 광(壙) 속에 넣을 물건의 목록을 적은 문서다. 이를 각각 주인쪽과 국군쪽에서 읽는 것이 독봉과 독견이다.

32 "主人之史請讀賵, 執籌從, 柩東, 當前束, 西面. 不命毋哭. 哭者相止也. 唯主人, 主婦哭. 燭在右, 南面. 讀書, 釋籌則坐. 卒, 命哭, 滅燭, 書與籌, 執之以逆出. 公史自西方東面, 命毋哭, 主人主婦皆不哭. 讀遣卒, 命哭. 滅燭, 出." 十三經注疏整理委員會 整理, 『儀禮注疏』, pp.873-874.

때 다시 이 기록을 읽었기 때문에 증자는 재차 아뢰는 것이 된다고 여긴 것이다"라고 보았다.[33]

국군과 친구인 빈객들이 바치는 부봉賻賵은 사자를 향한 일종의 '알림[告]'이라 할 수 있다. 독봉의 객관적인 효과, 혹은 진정한 목적은 아마도 국군이나 빈객 친구들의 아름다운 뜻과 상주가 얻는 영광을 여러 사람들에게 드러내보이고자 한 데 있었을 것이다. 그러나 주목할 점은 '주인의 사'와 공사가 독봉할 때 각각 동쪽과 서쪽에서 시체를 넣은 널을 향해 선다는 점이다. 그러므로 손희단은 '재고再告'를 받는 자를 사자로 보았다. 적어도 명목상으로는 말이다.

부장품을 포함한 일부 부봉은 그 명단을 견책에 써야만 했다. 견책을 읽은 다음, 견책을 부장품과 함께 무덤 안에 묻는다. 이것이 또 한 번의 '알림[告]'이다. 견책을 무덤에 묻는 목적은 묘주가 또 다른 세계에서 부장품들의 품목을 손쉽게 점검할 수 있도록 한 것이 아닐까 싶다.

독봉 및 독견의식, 그리고 견책을 매장하는 과정에서 봉헌奉獻은 일종의 행위로 매번 중복된다. 그리고 형식적으로도 끊임없이 전환한다. 즉 실물에서 문자로, 그리고 다시 음성으로 변화한다. 이런 변화는 의식을 통해 실현된다. 장례의식을 묘실 속의 도상에 재현하는 것 역시 이와 유사한 중복과 전환으로 이해할 수 있다. 시간적 제약을 받는 일회적인 장례의식은 바로 이런 중복과 전환을 통해 정태

적이고 가시적인, 그리고 영원한 존재가 되는 것이다.

유사한 사례로 하북성 평산平山 칠급촌七汲村의 전국시대 중산왕中山王 무덤에서 출토된 〈조역도兆域圖〉 동판銅版을 들 수 있다.[도10][34] 이 그림은 국왕이 친히 보고 결정한 지상의 능원계획도로 추정하고 있다. 그러나 청동으로 제작한 후 금은을 화려하게 상감한 이 물건은 결코 시공 과정에서 실제로 사용한 '종이그림'이 아니다. 〈조역도〉에 딸린 '소명詔命'에는 "하나는 함께 묻고, 하나는 부고府庫에 보관한다其一從, 其一藏府"라고 밝혔다. 이 계획안의 호화로운 복제판은 봉토 위의 향당享堂과 능원 공사 당시 이미 무덤 속 곽실槨室에 매장되었다. 이런 시설은 도상과 문자로 변환되었으며, 따라서 원래의 물질형태로부터 이탈하여 정보를 더욱 쉽게 전달·전파함으로써 영원히 보존하는 문서가 되었다. 지하의 국왕은 사망 이후 아주 간편하게 이 〈조역도〉를 대조함으로써 아랫사람들이 명령을 충실히 집행했는지 살필 수 있었다. '소명'에는 아주 준엄하게 "왕명을 행하지 않는 자, 그 재앙이 자손까지 미칠지어다不行王命者, 殃連子孫"라고 밝히고 있다. 이런 어투는 정령政令이라기보다는 저주에 가까우며, 국왕은 항명한 자에 대해 행정수단 등을 통해 처벌할 수 없고, 종교적 힘을 빌릴 수밖에 없음을 암시한다.

마찬가지로 비물질적인 의식은 사자에 대한 봉헌으로써 도상을 통해 묘실 안에서도 재현될 수 있

---

33 "愚謂以車馬送死者曰賵. 讀賵, 謂書賵物於方, 將行, 主人之史當柩束前束讀之也. 然致賵之賓奉幣向殯將命, 是已告於死者矣, 至將行而又讀之, 故曾子以爲再告." 孫希旦 著, 沈嘯寰·王星賢 點校, 『禮記集解』, 北京: 中華書局, 1989, p.226.

34 河北省文物管理處, 『譽墓—戰國中山國國王之墓』, 北京: 文物出版社, 1996, pp.104~110.

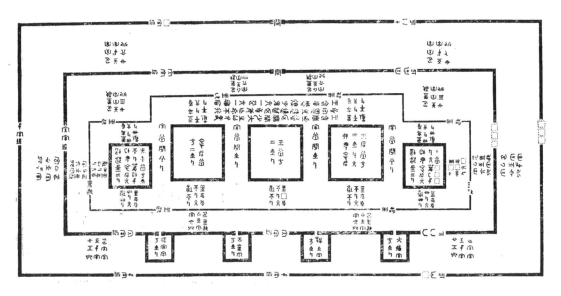

도10 하북성 평산 중산왕묘 〈조역도〉 동판, 전국시대(河北省文物管理處, 『詈墓—戰國中山國國王之墓』, p.105의 도32)

었으며, 따라서 죽은 자에게도 전달되었다. 장례 도 상화의 과정은 이미 발생한 사건을 기록하고 보존 했으며, 도상의 서사방식을 더욱 풍부하게 만들어 주었다. 한대의 서사성 회화를 연구하는 학자들은 항상 역사고사도를 주요한 논제로 삼곤 한다. 산동 성 가상현의 후한대 무씨묘武氏墓의 무덤사당에 출 현한 3폭의 〈형가가 진왕을 찌르다荊軻刺秦王〉 도상 이 전형적인 사례다(각각 무량사의 서벽, 전前석실과 좌左 석실의 후벽 소형 감의 서쪽에 표현되었다).[35] 세 폭은 모두 단폭單幅으로 그림 주제가 같다. 고트홀트 에프라임 레싱Gotthold Ephraim Lessing(1729~1781)이 고대 그리스 조각 〈라오콘〉을 찬미하던 말을 빌려 그 특징을 표 현하자면 "가장 의미가 풍부한 순간을 선택하여, 이

순간으로부터 그 전후를 모두 분명히 인식할 수 있 도록 했다."[36]

'도상 속 장례' 가운데 패현 삼리묘촌 화상석은 '단폭식' 사례이며, 미산 구남석관의 화상은 세 폭 으로 장례 과정을 표현했다. 구남 화상의 작자는 제 재 자체의 특성, 즉 일련의 규칙적인 순서를 지닌 복잡한 의식을 단계별로 하나씩 드러내지 않는다 면 의식의 특징을 잘 표현할 수 없었기 때문에 그런 형태를 선택했을 것이다. 이런 '연환화식連環畫式' 표현수법은 일반적으로 불교 전래 이후, 혹은 고개 지의 〈낙신부도〉 같은 문학적인 회화제재가 유행한 이후 비로소 출현한 것으로 인식되어 왔다. 그러나 대략 전한과 후한 교체기에 제작된 구남의 장례도

---

35 蔣英炬 主編, 『中國畫像石全集』 제1권, 濟南 · 鄭州: 山東美術出版社 · 河南美術出版社, 2000, p.29의 도49, p.40의 도62, p.56 의 도80. 이에 대한 상세한 논의는 邢義田, 『格套 · 榜題 · 文獻與畫像解釋』(修訂本), 邢義田, 『畫爲心聲—畫像石 · 畫像磚與壁 畫』, 北京: 中華書局, 2011, pp.131−132; 陳葆眞, 『〈洛神賦圖〉與中國古代故事畫』, 杭州: 浙江大學出版社, 2012, pp.71−74.

36 萊辛(Lessing) 著, 朱光潛 譯, 『拉奧孔』, 北京: 人民文學出版社, 1979, p.38.

는 이와 같은 기존의 인식을 어느 정도 수정해야 함을 시사한다.[37]

3. 북조 후기 묘장미술 속의 장례 도상

'도상 속의 장례'와 관련된 두 번째 자료는 북조 후기에 집중적으로 출현한다. 이 시기 서사성 회화는 이미 많은 진전이 이뤄졌다. 그러나 형식이 모두 다르기 때문에 여러 무덤에서 출현한 도상들을 연계해야만 비로소 비교적 완전한 장례 과정을 재구성할 수 있다.

먼저 산동성 청주시靑州市(원래는 익도현益都縣) 부가촌傅家村의 북제 무평 4년(573) 무덤 출토 화상석을 보자. 이 무덤은 과학적인 발굴이 이뤄지지 않았기 때문에 묘실의 구조를 상세히 알 수 없다. 현지박물관에서 무덤 안에 있던 9개의 화상석을 수집했는데, '묘주의 호인胡人 접견, 안마鞍馬와 우거牛車 출행, 호인이 낙타와 말을 끄는 장면, 코끼리 수레, 송장' 등의 내용이 포함되어 있다.[38] 제9석石은 한 사람이 네 필의 말을 끌고 있으며 이 말들이 한 채의 목조가옥을 운반하는 장면을 새겨놓았다.(도11) 필자는 이렇게 운반이 가능한 조그만 집은 시체를 담는 장구葬具라고 추정한다. 산서성 수양壽陽 가가

도11 산동성 청주 부가묘 화상석 제9석, 북제 무평 4년(573)(필자 그림)

장가莊家의 북제 태녕 2년(562) 고적회락묘庫狄迴洛墓에서 가옥형 목곽이 출토된 적이 있으며,[39] 북위·북주·수·당·요·송대 무덤에서도 돌이나 나무로 만든 가옥형 장구를 볼 수 있다. 필자는 이전에 부가의

---

37 중국 초기 고사화의 표현방법의 발전과정에 대한 상세한 논의는 陳葆眞, 『〈洛神賦圖〉與中國古代故事畵』, pp.71~112를 참조. 그러나 장례도(葬禮圖)는 이미 천바오전(陳葆眞)이 언급한 '고사화'의 범주에 속하지 않으며, 의미가 더욱 넓은 서사에 속한다고 할 수 있다.

38 山東省益都縣博物館 夏名采, 「益都北齊石室墓線刻畵像」, 『文物』 1986년 제10기, pp.49~54; 夏名采, 「靑州傅家北齊畵像石補遺」, 『文物』 2001년 제4기, pp.92~93. 부가 화상석에 대한 논의는 본서 「청주(靑州) 출토 북제 화상석과 중국의 소그드미술—우홍묘 등 새로운 고고학 발견이 시사하는 것」을 참조.

39 王克林, 「北齊庫狄迴洛墓」, 『考古學報』 1979년 제3기, pp.377-402.

북제묘 화상은 중국에 거주하던 소그드인의 상장미술의 영향을 받은 것이라 추정했는데,[40] 적잖은 학자들이 이 관점에 동의했다. 또한 필자는 제9석의 세부표현 가운데 말 옆에서 말들을 따라가는 한 마리 개에 대해 '소그드 지역에서 들개가 시체를 먹는 장례풍속과 관련이 있다'고 추론한 적이 있다.[41] 훗날 주디스 러너Judith Lerner와 롱신장榮新江은 이를 소그드 장례의식 중의 '견시犬視(Sagdīd)'로 수정했으며,[42] 나아가 이것이 장송장면임을 밝혔다.

주디스 러너는 최근 『아베스타Avestar』의 'Vendidad'의 기록에 근거하여 '조로아스터교의 장례는 사흘 낮밤을 내리 진행하는 기도와 의식을 포함하며, 이 기간 동안 행해지는 핵심의례로 '견시'가 세 차례 있다'고 지적했다. 선량함과 정의를 대표하는 개가 사자를 응시함으로써 사자의 시체를 침해하는 사악함과 사망의 정결하지 않은 영靈(nasā)이 제거되리라 믿었다. 첫 번째 견시는 사자의 숨이 끊어지자마자 바로 행한다. 두 번째는 3일째 되는 날 시체를 씻고 의례의 불을 점화한 후 행한다. 4일째 되는 날 사자의 시체는 '정적의 탑dakhma'으로 운반된다. 벽돌이나 돌로 만들어진 정적의 탑은 시체

가 오염된 지면에 접촉할 수 없도록 해주며, 여기서 유체는 천천히 부패해 간다. 장송행렬이 정적의 탑에 이를 때, 마지막 견시가 행해진다. 러너는 청주의 부가묘 출토 화상석의 제9석을 세 번째 견시의 송장 장면으로 추정했다.[43] 그러나 이 장면에서 중원中原 지역의 가옥형 장구가 사용된 점에 주목해야 한다. 다시 말해 화상석은 원래의 조로아스터교 장례 풍속을 충실하게 반영했다고 할 수 없다. 아마도 중원과 소그드의 두 문화 요소를 혼합한 장례형식일 것이다.

견시는 일본 미호Miho미술관 소장 북조 석관상 가장자리를 두른 병풍에도 출현한다.(도12) 대다수 학자들은 이것을 전형적인 조로아스터교 특징을 가진 장례장면으로 보고 있다.[44] 화면 속에 수목이 있는 것으로 보아 장례는 야외에서 거행되는데, 모두 17명이 참여하고 있다. 상부의 인물은 대부분 오른쪽을 향하고, 아래쪽 인물의 얼굴은 대부분 왼쪽을 향한다. 마치 동일한 대열을 전후 투시관계에 의해 묘사한 것처럼 보인다. 다시 말해 방향은 다르지만 인물의 대열이 매우 길다는 것을 암시한다. 가장 주목을 끄는 것은 화면 위쪽에 묘사된, 마스크padām

40 鄭岩, 「青州北齊畫像石與入華粟特人美術─虞弘墓等考古新發現的啟示」, 巫鴻 主編, 『漢唐之間文化藝術的互動與交融』, 北京: 文物出版社, 2001, pp.73-109; 鄭岩, 『魏晉南北朝壁畫墓研究』, pp.236-284.

41 『通典』 권193에서는 위절의 「서번기(西蕃記)」를 인용해, "國城外別有二百餘戶, 專知喪事. 別築一院, 其院內養狗, 每有人死, 即 往取屍, 置此院內, 令狗食之肉盡, 收骸骨埋殯, 無棺槨."이라 기록하고 있다(『通典』, 北京: 中華書局, 1984, p.1039).

42 Judith Lerner, "Central Asians in Sixth-Century China: A Zoroastrian Funerary Rite," *Iranica Antiqua*, XXX(1995), pp.179-190; 榮新江, 「Miho美術館粟特石棺屏風的圖像及其組合」, 中山大學 藝術史研究中心 編, 『藝術史研究』 제4집, 廣州: 中山大學出版社, 2002, pp.199-221.

43 Judith Lerner, "Zoroastrian Funerary Beliefs and Practices Known from the Sino-Sogdian Tombs in China," *The Silk Road*, Volume9(2011), pp.18-25.

44 Judith Lerner, "Central Asians in Sixth-Century China: A Zoroastrian Funerary Rite"; 榮新江, 『中古中國與外來文明』, 北京: 生活·讀書·新知三聯書店, 2001, pp.154-155.

도12 일본 미호미술관 소장 석관상의 둘레병풍 화상, 북조(필자 그림)

에서도 출현한다. 화단의 왼쪽 아래에는 개 한 마리가, 오른쪽 아래에는 술과 음식을 담은 용기가 그려져 있다. 고인의 네 가족들은 사제 뒤쪽에서 손에 뾰족한 칼을 들고 '얼굴을 긋고 귀를 자르고 있으며剺面截耳',[47] 나머지 사람들은 머리를 숙이고 엄숙하게 서 있다. 아래쪽 세 필의 말이 싣고 있는 것은 상장에 사용되는 물건이리라. 이 사례는 중국에 거주하는 소그드인의 묘장미술에서는 상장의 장면을 표현하는 것이 일반적인 수법이었음을 설명해주고 있다. 주의할 곳은 도12의 우측 위쪽에 묘사된 물건을 실은 세 필의 말(혹은 낙타)의 후반신이다. 그 앞쪽에는 난간이 있는데, 2003년 북주 사군묘史君墓에서 석곽이 발견된 후 비로소 이것이 다리의 난간임을 알 수 있었다. 주디스 러너는 '미호미술관의 이 화상이 표현하고 있는 것은 세 번째 견시로 보이지만, chahārōm(4일째 되는 날의 의식)을 시작하는 순간일 가능성도 있다'고 주장했다.[48]

견시와 관련하여 필자가 과거에 논의했던 자료들을 살펴볼 필요가 있다. 미국의 넬슨아트킨스미술관The Nelson-Atkins Museum of Art 소장 낙양 출토 북위 효자석관의 오른쪽 가운데 부분에는(도14)[49] 한대 효자인 채순蔡順이 화재가 엄습했을 때, 돌아가신 모친의 관을 몸으로 지키는 고사가 새겨져 있다.[50]

를 쓰고 화단火壇에 불을 붙이는 사제다. 이런 형상은 일찍이 하남성 안양安陽 출토 석관상石棺床,[45] 섬서성 서안시 항저채炕底寨 출토 북주 대상 원년(579) 동주살보同州薩保 안가묘安伽墓의 문미門楣(도13)[46] 등

45 Gustina Scaglia, "Central Asians on a Northern Ch'i Gate Shrine," *Artibus Asiae*, vol.XXI, 1, 1958, pp.9-28.

46 陝西省考古研究所, 『西安北周安伽墓』, 北京: 文物出版社, 2003, pp.16-17.

47 소무구성(昭武九姓) 호인들의 상례 가운데 '얼굴을 긋고 귀를 자르는 풍속'에 대해서는 蔡鴻生, 『唐代九姓胡與突厥文化』, 北京: 中華書局, 1998, pp.24-25를 참조

48 Judith Lerner, "Zoroastrian Funerary Beliefs and Practices Known from the Sino-Sogdian Tombs in China", p.20.

49 黃明蘭, 『洛陽北魏世俗石刻線畫集』, 北京: 人民美術出版社, 1987, pp.1-10.

50 "每年九十, 以壽終. 未及得葬, 裏中災, 火將逼其舍, 順抱伏棺柩, 號哭叫天, 火遂越燒它室, 順獨得免." 『後漢書·周磐傳』, 北京: 中華書局, 1964, p.1312.

도13 섬서성 서안 안가묘 문미 화상, 북주 대상 원년(579)(陝西省考古研究所, 『西安北周安伽墓』, pp.16-17)

화면에서 채순 모친의 관이 놓인 가옥의 바깥 우측 하부에는 개 한 마리가 있는데, 이 동물은 원래 고사의 줄거리와는 관계가 없다. 필자는 다른 글에서 이런 효자도상의 주제와 형식이 매우 복잡하며 유가의 도덕적 설법에 국한되지 않는다고 주장한 바 있다.[51] 그렇다면 이 그림 속의 불, 올빼미, 개는 다른 것을 상징하는 걸까? 화면은 채순의 고사를 그리고 있을 뿐 아니라, 상장의 장면도 표현한 것은 아닐까. 『위서·선무영황후호씨열전宣武靈皇后胡氏列傳』에는 "황후가 숭산에 행행하여 부인, 구빈, 공주 이하 시종 수백 인과 함께 정상에 올랐다.

도14 미국 넬슨아트킨스미술관 소장 하남 낙양 출토 석관 화상, 북위(黃明蘭, 『洛陽北魏世俗石刻線畫集』 p.4의 도6)

---

51 본서 「북조시대 장구(葬具)에 표현된 효자도의 형식과 의미」를 참조

이곳에서 거행하는 각종 음사淫祀를 폐지했는데, 호천신胡天神만은 제외했다"는 기록이 있다.[52] 천위안陳垣은 이에 근거하여 "호천에 대한 제사가 북위에서 시작됐다"고 주장했다.[53] 그러나 중원 지역 묘장에 대한 천교祆敎, 즉 조로아스터교의 영향을 보여주는 북위시대 자료는 아직 드물기 때문에 이 기록을 토대로 어떠한 추정을 하기는 어렵다.

프란츠 그루네Frantz Grenet는 안가묘 문미의 화상을 소그드인의 장례를 표현한 것으로 보았다.[54] 화면 속 마스크를 쓴 사제의 하반신은 새의 몸으로, 특수한 종교적 신분을 나타낸다. 미호미술관의 화면에서 간단하게 표현되었던 음식과 술이 여기서는 성대하게 물건을 담은 두 개의 공양탁자로 변했으며, 그 위에는 술과 음식을 담은 그릇 이외에도 많은 꽃병이 놓여 있다. 중앙의 화단은 세 개의 머리를 가진 낙타 위에 놓여 있는데, 매우 화려하고 아름답다. 하늘 위의 기악인과 채색 구름은 슬픈 의식을 즐거운 분위기로 연출한다.

안가묘 화상은 부가촌 출토 화상 및 미호미술관의 화상과는 다른 경향을 지니는데, 전자가 낭만적이라면 후자는 사실적이다. 섬서성 서안시 정상촌井上村 소재 북주 대상 2년(580) 양주살보涼州薩保 사군묘에서 출토한 석관(함께 발견된 묘지墓誌에서는 이를 '석당石堂'이라 표현했다)의 동벽 그림에서는 이런 두 경향이 혼연일체 되어 있다.(도15)[55] 거대한 화면은 두 개의 기둥을 뛰어넘어 석곽 동벽을 모두 차지한다. 불을 붙이는 화단의 사제는 우측 하단에 묘사된 다리 입구에 출현하는데, 그 형상은 미호미술관의 그것과 같다. 비록 화단은 보이지 않지만 앞쪽 상부에 훨훨 타오르는 두 개의 불꽃이 보인다. 양쥔카이楊軍凱는 이 화면을 '사자가 친바트Cinvat 다리를 건너 천국으로 가는 과정을 묘사한 것'으로 추정했다.[56] 현실의 장례 장면은 단지 화면의 일부 모서리에만 표현되었을 뿐, 나머지 부분은 사자가 차안에서 피안으로 가는 과정을 묘사하고 있다. 화면 우측 상부 모서리에는 피장자 부부 등이 신의 심판을 기다리고 있으며, 그 위쪽의 왼편에는 부적격 판정을 받은 인물이 공중에서 아래로 떨어지고 있어 물속 괴수의 먹잇감이 될 것을 암시한다. 화면의 좌측 상단에는 피장자 부부의 형상이 다시 출현하는데, 그들은 두 필의 날개 달린 말 위에 타고 네 명의 기악천이 호위하는 가운데 성공적으로 피안에 도달하고 있다. 다리에는 여러 시종과 화물을 실은 낙타와 소, 말 등이 있다. 뒤쪽 끝의 낙타와 다리의 난간, 다리 입구의 사제는 미호미술관 화상의 '키워드'라 할 수 있다.

---

52 "後幸嵩高山, 夫人九嬪公主已下從者數百人, 升於頂中. 廢諸淫祀, 而胡天神不在其列."『魏書』, 北京: 中華書局, 1974, p.338.

53 陳垣, 「火祆敎入中國考」,『國學季刊』제1권 제1호, 1923, pp.29-30.

54 Frantz Grenet, et al., "Zoroastrian Scenes on a Newly Discovered Sogdian Tomb in Xi'an, Northern China," *Studia Iranica*, 33.2, 2004, pp.273-284.

55 西安市文物保護考古所, 「西安市北周史君石槨墓」,『考古』2004년 제7기, pp.38-49. 圖版7·8·9; 西安市文物保護考古所, 「西安北周涼州薩保史君墓發掘簡報」,『文物』2005년 제3기, pp.4-33.

56 楊軍凱, 「入華粟特聚落首領墓葬的新發現—北周涼州薩保史君墓石槨圖像初釋」, 榮新江·張志淸 主編,『從撒馬爾幹到長安—粟特人在中國的文化遺跡』, 北京: 北京圖書館出版社, 2004, pp.17-26.

도15 섬서성 서안 사군묘 석곽의 동벽 화상, 북주 대상 2년(580)(西安市文物保護硏究院 제공)

중앙아시아의 소그드인들은 죽은 자를 땅에 묻지 않았다. 부패한 시체는 '정적의 탑'에서 마지막으로 불태우고 남은 뼈와 골회는 납골함Ossuary에 넣는다. 5세기 후반 남조에서 활동한 도사 고환顧歡은 "관곽을 이용해 사체를 땅에 묻는 것은 중국의 제도며, 화장과 수장 등은 서융西戎의 습속이다"라고 했는데,[57] 이는 중앙아시아와 중원의 전통적인 장례풍속의 차이를 설명한 것이다. 사군史君의 육신

---

57 "棺殯槨葬, 中夏之制. 火焚水沈, 西戎之俗."『南齊書·顧歡傳』, 北京: 中華書局, 1972, p.931.

이 최후로 돌아간 곳은 납골함이 아니라 석곽이며, 이 석곽은 중원의 전통적인 가옥형이다. 그러나 동벽의 도상은 소그드인의 옛 모본을 사용한 것으로 보인다. 여기서는 원래의 상장관념과 종교관념을 비교적 온전하게 보존하여 소그드전통에 대한 기억을 표현하고 있다. 장구와 도상에서 보이는 문화적 지향이 다르기 때문에 중원의 중심지대에서 생활한 서역인들이 도대체 어떤 장례풍속을 채택했는지는 알 수 없다. 이런 점에서 볼 때, 청주 부가촌 화상석의 제9석에 묘사된, 중원의 관곽을 사용하면서도 여전히 견시의 풍속이 존재하는 것이 비교적 진실에 가깝다고 할 수 있다. 미술사의 관점에서 안가묘와 사군묘의 화상은 독특한 가치를 지닌다. 여기서 도상의 역할은 단순히 피동적으로 장례를 기록하거나 재현하는 데 머무르지 않는다. 그것들은 표현력과 창조력을 토대로 사망과 장례를 더욱 시적인 것으로 만들고 무형의 종교사상을 가시화하여 의식과 관념, 보는 것과 생각하는 것 등을 하나의 완전체로 만들고 있다.

많은 학자들이 사군묘 석곽의 화상이 서벽에서 북벽을 거쳐 동벽까지 사군의 탄생에서 사망에 이르는 일생을 순서대로 묘사한 것으로 보고 있다.[58]

그러나 이 고사도의 종착지는 납골함도 무덤도 아닌 천국이다. 한대 유물인 산동성 미산 구남석곽에 표현된 화상의 서사와 달리 사군묘 화상의 장례는 묘주의 새로운 생명형식을 창조했다. 사망은 더 이상 하나의 점이나 선線이 아닌 피안에 이르는 여정이었다.[59] 화상에는 사자의 얼굴이나 구거柩車 등은 보이지 않으며 생명을 잃은 살보薩保 부부는 영생을 얻은 형상으로 변화했다.

필자는 묘장에 표현된 사실적인 도상이 모두 묘주의 생전 경력이라는 주장에 반대한다.[60] 그러나 사군묘처럼 사자의 평생 경력을 묘사한 경우도 확실히 존재한다. 이보다 이른 더욱 전형적인 사례는 내몽고자치구 화림격이和林格爾 소판신小板申의 후한대 무덤벽화와[61] 하남성 형양滎陽 장촌萇村의 후한대 무덤벽화다.[62] 전자는 용도에서 전실을 거쳐 중실까지 성지城池, 곡식창고, 저택, 관리와 거마행렬을 묘사한 벽화가 출현하는데, "擧孝廉", "郞", "西河長史", "行上郡屬國都尉", "繁陽令", "使持節護烏桓校尉", "使君從繁陽遷度關時", "寧城" 등의 방제가 있는 것으로 보아 묘주의 일생과 관련이 있다. 사군묘와 마찬가지로 화림격이묘의 묘주 일생도를 연구할 때는 다른 벽화들도 함께 고려해

---

58 Albert E. Dien, "Observations Concerning the Tomb of Master Shi," *Bulletin of the Asia Institute*, vol.17(2003), pp.105-115; Frantz Grenet and Riboud, "A Reflection of the Hephtalite Empire: The Biographical Narrative in the Reliefs of the Tomb of the *Sabao* Wirkak(494-579)," *Bulletin of the Asia Institute*, vol.17(2003), pp.133-143; Albert E. Dien, "The Tomb of the Sogdian Master Shi: Insights into the Life of a *Sabao*," *Silk Road*, vol.7(Autumn 2009), pp.42-50.

59 관련이론에 관한 문제는 巫鴻, 「超越"大限"—蒼山石刻與墓葬敍事畵像」, 巫鴻 著, 鄭岩 等 譯, 『禮儀中的美術—巫鴻中國古代美術史文編』, 北京: 生活·讀書·新知三聯書店, 2005, pp.205-224를 참조.

60 본서 「죽은 자의 마스크—북주 강업묘(康業墓) 석관상(石棺床)의 도상」 참조.

61 內蒙古自治區博物館文物工作隊, 『和林格爾漢墓壁畵』, 北京: 文物出版社, 1978.

62 鄭州市文物考古研究所·滎陽市文物保護管理所, 「河南滎陽萇村壁畵墓調査」, 『文物』 1996년 제3기, pp.18-27.

야만 한다. 예를 들어 후실에 묘사된 농상農桑, 목축 및 각종 수공업활동 등이 묘주 생전의 재부財富를 표현한 것인지, 아니면 이상화된 사후세계를 묘사한 것인지 등은 앞으로 논의할 만한 가치가 있다.

서사적 경향은 후한과 위진 이후 흥성하는 묘지墓誌에서 더욱 강하게 표현되었다. 묘지는 죽은 자의 일생을 포함할 뿐 아니라, 간혹 장례에 대해 기술하기도 한다. 문자와 도상이 서로를 인증하거나 보충하면서 우리로 하여금 장례와 무덤의 의미에 대해 다시 생각케 한다. 즉 사자의 육신을 안치한 무덤은 한편으로는 영원한 '자료실'로서 사자가 겪었던 각종 삶의 형식을 보존한다. 그리고 장례와 그 도상은 지상과 지하의 무덤을 잇는 다리의 역할을 하는 동시에 사자의 과거와 '미래'가 의미 있는 관계를 가지도록 해준다.

4. 신분제도와 고분벽화의 도상

이국적 정취가 가득한 소그드인의 무덤 속 그림과 달리 '장례 속의 도상'은 동위와 북제에서 규정한 상장제도와 관련이 있다. 전형적인 사례는 경기 지역인 업성鄴城(현재의 하북성 임장현臨漳縣 일대)과 병주并州(현재의 산서성 태원太原)를 포함하는 지역에 분포한 등급이 높은 무덤들이다. 하북성 자현磁縣 대총

영촌大塚營村 동위 무정 8년(550) 여여린화茹茹鄰和공주 여질지련묘閭叱地連墓,[63] 자현 동진촌東陳村 북제 천통 3년(567) 표기대장군조주자사驃騎大將軍趙州刺史 요준묘堯峻墓,[64] 태원 왕가봉王家峰 북제 무평 2년(571) 사공무안왕司空武安王 서현수묘徐顯秀墓,[65] 자현 동괴수촌東槐樹村 무평 7년(576) 좌승상문소왕左丞相文昭王 고윤묘高潤墓,[66] 그리고 북제 황제의 무덤으로 추정되는 자현의 만장묘灣漳墓[67] 등이 여기에 해당한다. 이 무덤들은 모두 단실묘로, 묘문 밖에는 경사진 긴 묘도가 있다. 이 가운데 규모가 가장 큰 것은 만장묘로, 묘도의 길이가 37m에 이른다.(도16) 이 무덤들의 묘실, 용도, 묘도에는 모두 벽화가 그려져 있는데, 묘주의 신분이 비교적 높은 무덤의 경우에는 묘도 양 벽의 앞쪽 끝에 청룡과 백호가, 비교적 낮은 무덤에는 신수神獸가 그려져 있다. 묘도 양쪽의 중간 부분에는 의장고취儀仗鼓吹가 그려졌으며, 일부 무덤에서는 낭옥廊屋 안의 열극列戟이 묘사되기도 했다. 또 일부 묘도의 지면에는 연화와 인동문 등이 그려지기도 했다. 묘문 위로 높이 솟아 묘도를 향하는 벽의 중앙에는 정면향의 주작이, 그 양쪽에는 신수가 그려졌다. 묘실 내부의 천장에는 천상도가, 북벽(정벽)에는 묘주상이, 양 벽에는 우거와 안장을 얹은 말이 있다. 그 뒤로는 의장행렬이 남벽까지 이어지는데, 이는 다시 용도의 양 벽을 경

63 磁縣文化館,「河北磁縣東魏茹茹公主墓發掘簡報」,『文物』1984년 제4기, pp.1-9.

64 磁縣文化館,「河北磁縣東陳村北齊堯峻墓」,『文物』1984년 제4기, pp.16-22.

65 山西省考古研究所·太原市文物考古研究所,「太原北齊徐顯秀墓發掘簡報」,『文物』2003년 제10기, pp.4-40.

66 磁縣文化館,「河北磁縣北齊高潤墓」,『考古』1979년 제3기, pp.235-243, p.234.

67 中國社會科學院考古研究所·河北省文物研究所,『磁縣灣漳北朝壁畫墓』, 北京: 科學出版社, 2003.

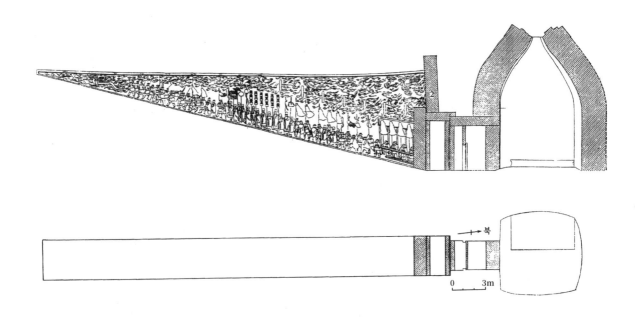

도16 하북성 자현 만장묘의 평면도와 입면도, 북제(中國社會科學院考古研究所·河北省文物研究所, 『磁縣灣漳北朝壁畫墓』, p.6의 도4A)

유하여 묘도 양 벽의 의장과 연결된다. 이런 내용들은 제도화의 특징을 분명하게 보여준다.[68]

비록 묘문 안팎의 벽화가 내용과 형식 면에서 긴밀하게 연결되어 있지만 일단 묘문이 닫히면 긴 묘도는 흙으로 채워지고 묘실은 지하에 깊이 묻힌 '빈 공간'이 된다. 무덤발굴에 참여한 고고학자들은 묘실과 묘도의 차이를 매우 강렬하게 느끼게 된다. 즉 묘도 부분의 벽화는 묘문 폐쇄 후에 채워진 흙과 그 자리에 원래부터 있던 생토生土 사이에 끼어 있어 많은 시간과 인력을 들여 흙을 긁어내야만 비로소

드러난다.[도17] 반면 묘실의 경우 천장 부분이 잘 보존되어 있으면 단지 무덤 안에 쌓인 약간의 흙만 제거하면 묘실 대부분의 벽화를 볼 수 있다. 이런 현상은 묘도의 구조와 그 벽화가 하장下葬 당시의 의례를 위해 설계됐음을 설명해준다. 그러므로 우리는 이 부분의 벽화를 장례 때 사용한 도상으로 볼 수 있다.

문헌에는 북조의 세부적인 장례절차에 대한 기록이 없다.[69] 그러나 이 벽화들의 기능을 고려한다면 우리는 어렵지 않게 이와 같은 내용과 형식을 선

---

68 楊泓, 「南北朝墓的壁畫和拼鑲磚畫」, 『漢唐美術考古和佛教藝術』, 北京: 科學出版社, 2000, p.434; 鄭岩, 「論鄴城規制—漢唐之間墓葬壁畫的一個接點」, 中山大學 藝術史研究中心 編, 『藝術史研究』 제3집, 廣州: 中山大學出版社, 2001, pp.295-329.

69 일부 소략적인 자료에 의하면 당시 장례의 규모가 매우 컸다. 북위 신구 2년(519) 임성왕 원징(元澄) 사후 장례 물품과 장례 과정에 대한 조서와 조수(趙修)의 부친상에 대한 기록은 좋은 사례라 할 수 있다. "賻布一千二百匹, 錢六十萬, 蠟四百斤, 給東園溫明秘器, 朝服一具, 衣一襲. 大鴻臚監護喪事, 詔百僚會喪. …… 澄之葬也, 凶飾甚盛."『魏書·任城王澄傳』, p.480; "百僚自王公以下無

도17 하북성 자현 만장묘 묘도의 발굴 장면, 북제(中國社會科學院考古研究所·河北省文物研究所,『磁縣灣漳北朝壁畫墓』, 彩版3)

도18 산서성 태원 서현수묘 묘도, 북제(太原市文物考古研究所,『北齊徐顯秀墓』, 北京: 文物出版社, 2005, p.14의 도1)

택한 이유를 이해할 수 있다. 수바이宿白 선생은 '만장묘와 여여공주묘의 묘도 앞쪽 끝에 표현된 커다란 청룡과 백호가 황실과 관련이 있고, 나아가 그 연원이 남조에 있을 것'으로 추론했다.[70] 그는 『양서·무제기梁書·武帝紀』의 양 천감 7년(508) "단문 대사마문 밖에 신룡궐과 인호궐을 만들었다作神龍仁虎闕於端門大司馬門外"는 기록과 같은 책 「경제기敬帝紀」의 양 태평 원년(556) "운룡문과 신호문에서 일어났다起雲龍神虎門"는 기록을 인용, 이런 회화의 제재가 지상건축과 관련이 있다고 주장했다. 송장의 행렬이 묘 입구에 이르렀을 때, 머리를 들면 곧 묘문 위로 높이 솟은 벽면의 주작 벽화를 멀리서 볼 수 있다. 묘도 지면의 연화문은 송장을 위해 설계된 것으로, 사람들로 하여금 '걸음걸음마다 연화가 피

不吊祭, 酒犧祭奠之具, 塡塞門街. 於京師爲制碑銘, 石獸, 石柱皆發民車牛, 傳到本縣. 財用之費, 悉自公家. 凶吉車乘將百兩, 道路供給, 亦皆出官."『魏書‧恩倖‧趙修傳』, p.1998.

70 宿白, 「關於河北四處古墓的札記」, 『文物』 1996년 제9기, p.58.

도19 하북성 자현 만장묘의 묘실, 용도, 묘도 벽화의 투시도, 북제(『磁縣灣漳北朝壁畫墓』, p.8의 도5)

어났다步步生蓮花'[71]는 고사를 떠올리게 했을 것이다. 묘도 상부의 신령스럽고 기이한 동물과 날짐승들은 대부분 수평방향으로 분포한다. 그리고 중간단中間段의 의장행렬은 묘도 바닥의 각도와 일치하여 밖으로부터 안으로 점차 낮아진다. 벽화 속 의장인물의 높이와 실제 인간의 크기가 같아 영구를 운반하는 대열이 묘실을 향해 행진할 때 벽화 속의 행렬은 그 양쪽에 죽 늘어서게 되는 것이다.[도18]

여여공주묘와 만장묘의 묘문 가까운 곳에는 사자의 신분을 표시하는 낭옥 안의 열극이 표현되었다.[도19] 북조의 열극제도는 상세하지 않지만, 당대唐代만 해도 문에 계극棨戟을 나열하는 데 엄격한 규정이 있었다. 『신당서·백관지新唐書·百官志』에 관련 기록이 있다.

6품 이상의 장례에는 노부와 계극을 제공한다. 극의 경우, 묘廟·사社·궁宮·전殿의 문에는 24개를, 동궁의 문에는 18개를, 1품의 문에는 16개

71 '步步生蓮花' 구절은 북위의 담요(曇曜)가 번역한 『잡보장경(雜寶藏經)』 권1, 「녹녀부인연(鹿女夫人緣)」에서 볼 수 있다. 더욱 유명한 사례는 남제의 폐제(廢帝) 동혼후(東昏侯)가 반비(潘妃)를 찬미한 구절이다. 이에 대해서는 『南史·齊紀下·廢帝東昏侯』, 北京: 中華書局, 1975, p.154를 참조.

를, 2품 및 경조 하남 태원윤·대도독·대도호의 문에는 14개를, 3품 및 상도독·중도독·상도호·상주의 문에는 12개를, 하도독·하도호·중주·하주의 문에는 각각 10개를 놓는다. 열극에 입힌 옷이나 번幡이 훼손되면 5년에 한 번 이를 바꾼다. 사망한 사람을 매장하고 나면 돌려줘야 한다.[72]

서안 지역의 당대 귀족이나 고관의 무덤에서는 묘도의 벽화 뒤쪽 끝 부분에서 항상 문에 나열된 계극을 볼 수 있는데, 장례 중의 의장과 관련이 있다. 그리고 매장 후 벽화는 흙으로 메워 가리는데, '매장하고 나면 돌려줘야 한다'는 규정과도 일치한다.

매장의식에서 이런 벽화는 채색이 매우 화려하여 선명한 환경을 만들어주며, 전체 송장행렬을 전방위적으로 감싸준다. 벽화의 제재는 두 가지로 구분할 수 있는데, 첫째는 장례 노부鹵簿의 복제와 연속, 그리고 확대다. 묘도의 너비는 한계가 있기 때문에 영구를 운반하는 필요 인력을 제외하고 양쪽에 많은 인원이 서 있을 수 없다. 그 때문에 도로 양쪽에 배열된 의장은 묘도 입구에서 멈춰야만 하며, 이를 대신하는 것이 바로 벽화 속 인물이다. 둘째, 용, 호랑이, 신수, 그리고 각종 기이한 날짐승과 연화 등의 비현실적 도상이다. 신화神化된 동물 형상

은 안가묘와 사군묘 화상의 기악천이나 천마 같은 것과 대응하며, 장례에 종교적 색채를 강화한다.

'장례 속 도상'의 더욱 이른 사례는 전국시대와 한대의 명정銘旌(마왕퇴 1호묘와 3호묘의 견책에는 이를 '비의非衣'라 기록하고 있다)이다. 많은 학자들은 묘주형상을 그린 비단그림을 장례 때 사용된 정번旌幡 종류로 추정했다. 그리하여 옛사람들의 사망에 대한 관념과 의식을 가지고 이 도상을 분석하고자 했다.[73] 주목할 것은, 이런 종류의 비단그림이 최종적으로 사자의 내관內棺 위에 놓여 무덤 속 물건의 일부가 된다는 것이다. 이는 우리로 하여금 북조 후기 묘도 벽화와 묘실벽화의 관계를 생각하게 한다.

송장행렬을 따라 북조 무덤의 전체 벽화를 관찰하다보면, 최후의 지향점이 묘실 정벽의 엄숙한 묘주상임을 알게 된다.(도20) 이로 인해 의례 자체는 묘실과 묘도의 벽화를 일체로 만들어준다. 북위 무덤에서 유행하기 시작한 정면의 묘주상은 북제에 이르러 마침내 제도로 정착되었다. 묘주 부부의 눈빛은 무덤 밖을 직시하고 송장의 대오와 바로 만나게 된다. 6세기 귀족의 묘실은 더 이상 한대처럼 따뜻한 정이 흐르는 개인의 집이 아니며, 장례와 결합하여 사자의 신분과 지위를 표현하는 정치적 장소로 변화했다. 만약 장례가 권력을 표현하는 행위라면, 웃음기 없는 묘주 부부의 엄숙한 얼굴 역시 이와 동

---

72 "給六品以上葬鹵簿, 榮軾. 凡軾, 廟·社·宮·殿之門二十有四, 東宮之門一十八, 一品之門十六, 二品及京兆河南太原尹·大都督·大都護之門十四, 三品及上都督·中都督·上都護·上州之門十二, 下都督·下都護·中州·下州之門各十. 衣幡壞者, 五歲一易之. 薨卒者既葬, 追還." 『新唐書』, 北京: 中華書局, 1975, p.1249.

73 마왕퇴 비단그림에 대한 새로운 연구로는 Eugene Y. Wang, "Ascend to Heaven or Stay in the Tomb? Paintings in Mawangdui Tomb 1 and the Virtual Ritual of Revival in the Second-Century B.C.E. China," Amy Olberding and Philip Ivanhoe, eds., Albany: SUNY, 2011, pp.37-85가 있다.

도20 산서성 태원 서현수묘 묘실 북벽 벽화, 북제(『文物』 2003년 제10기, p.21의 도29)

일한 성격을 가지고 있다고 하겠다.[74] 다시 말해 묘문이 닫히기 전 묘실 안의 벽화는 묘도의 벽화와 마찬가지로 장례를 구성하는 한 요소지만, 묘문이 닫힌 후 이들 화상은 사자가 또 다른 세계에서 영생하는 '마스크'가 된다.[75]

경사진 긴 묘도는 아마도 북조 후기의 특정한 장례의식을 위해 설계되고, 벽화 역시 이에 상응하여 장례 및 무덤 형태의 변화에 따라 변화되고 갱신되었을 것이다. 그러나 벽화 자체는 이런 흐름에 피동적으로 종속되지 않았다는 점을 주지해야 한다. 최근 산서성 삭주朔州 수천량水泉梁에서 출토된 북제 무덤의 묘실에는 좌우 양 벽에 우거와 안마 그림 이외에도 출행하고 회귀回歸하는 말의 행렬이 그려져 있다.[76] 수천량묘는 등급이 비교적 낮아 경사진 긴

---

74 북제 무덤의 구조와 당시의 종교 및 정치공간의 관계에 대해서는 본서 「묘주 도상의 전승과 변화—북제 서현수묘(徐顯秀墓)를 중심으로」 참조

75 이에 대한 논의는 본서 「죽은 자의 마스크—북주 강업묘(康業墓) 석관상(石棺床)의 도상」을 참조.

76 山西省考古研究所·山西省博物館·朔州市文物局·崇福寺文物管理所,「山西朔州水泉梁北齊壁畵墓發掘簡報」,『文物』 2010년 제12기, pp.26-42.

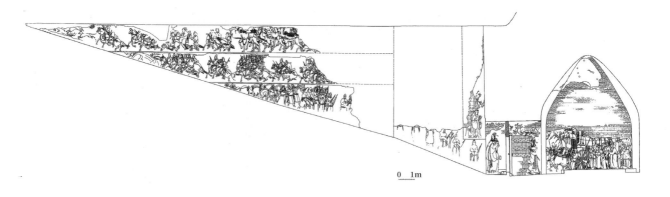

도21 산서성 태원 왕곽촌 누예묘 묘실 북벽의 벽화, 북제(『北齊東安王婁睿墓』, p.15의 도9)

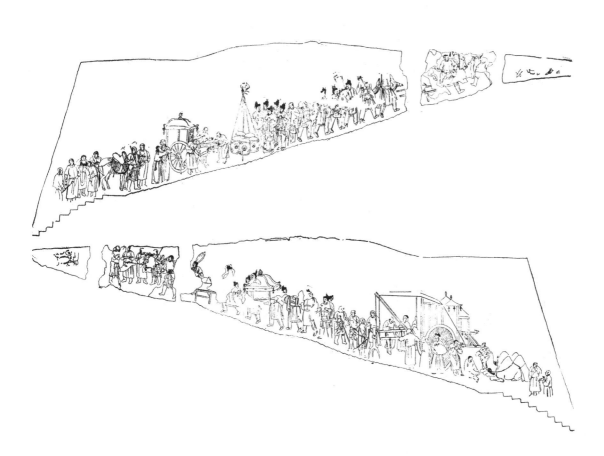

도22 내몽고 철리목맹 고륜기 전물력포격 1호묘의 묘도 벽화, 요(王健群·陳相偉, 『庫倫遼代壁畫墓』, 도16)

묘도가 없다. 그러나 태원시 왕곽촌王郭村 북제 무평 원년(570) 동안왕東安王 누예묘婁睿墓에는 '출행과 회귀'의 내용이 묘실에서부터 묘도의 넓은 벽까지 이어져 있다. 화면을 상중하 3단으로 나눈 후 말의 대열과 낙타를 묘사했는데, 업성에서 흔히 나타나는 형식과는 다르다.(도21)[77] 벽화의 기능은 여전히 장례의식에 한정되어 있지만, 이미 장례의식과의 유기적인 관련성은 상실했다. 뛰어난 회화 수준에 기대어 장례를 위한 일종의 시각적 효과를 증가시킬 뿐이다. 다만 고취와 의장대열이 묘도의 끝에서 바닥 선을 따라 일렬로 정연하게 용도 근방까지 이어지는 점은 장례의식과 관련이 있다.

경사진 긴 묘도는 북주에서도 볼 수 있다. 그러나 동위·북제와는 달리 완전히 개방적인 형태다. 영하회족자치구 고원固原 심구촌深溝村의 북주 천화 4년(569) 주국대장군원주자사하서공柱國大將軍原州刺史河西公 이현묘李賢墓의 경우,[78] 묘도 후반부에 연속하는 천정天井과 과동過洞을 만들어 공간의 깊이감을 두드러지게 했는데, 이렇게 복잡한 시설은 묘문이 닫힌 후 흙을 채워 메운다. 장례 과정에서 각 과동의 앞쪽과 용도의 묘문 밖을 향한 벽면 위에 묘사된 문루와 묘도, 과동 및 천정의 동서 양 벽에 그려진 의장용 칼을 쥔 18명의 무사는 죽은 자가 겹겹이 만들어진 높은 문을 지나 이 지하궁전에 들어왔음을 확실히 알려준다.

북조 후기의 무덤에서 보이는 이와 같은 변화들은 수당대 무덤의 새로운 형식의 형성에 영향을 주었다. 당대 경기 지역의 귀족묘는 북제와 북주의 두 전통을 융합하고 아울러 새롭게 발전시켰다.[79] 묘도의 벽화는 계속하여 장례 속의 '도구'로 기능했으며, 동시에 장례와 관련 없는 일부 내용들, 예를 들면 수렵출행과 같은 제재도 묘실과 묘도 등 다양한 위치에 출현했다. 요대에 제작된 내몽고 철리목맹哲里木盟 고륜기庫倫旗 전물력포격前勿力布格 1호묘의 경우, 장례행렬이 막 묘도의 바깥 끝에 도달했을 때 묘주의 출행과 회귀 행렬은 이미 묘도의 양 벽을 점유하고 있다.(도22)[80] 매장 전의 의례와 무덤, 그리고 의례와 도상은 이로 인해 더욱 긴밀하게 연결되어 전체가 되는 것이다.

본문은 원래 『미술연구美術研究』 2013년 제4기, pp.64-76에 게재되었다.

---

77 山西省考古研究所·太原市文物考古研究所,『北齊東安王婁睿墓』, 北京: 文物出版社, 2006, 도57.

78 寧夏回族自治區博物館·寧夏固原博物館,「寧夏固原北周李賢夫婦墓發掘簡報」,『文物』1985년 제11기, pp.1-20.

79 楊泓,「隋唐造型藝術淵源簡論」, 楊泓,『漢唐美術考古和佛教藝術』, pp.157-158.

80 王健群·陳相偉,『庫倫遼代壁畫墓』, 北京: 文物出版社, 1989, pp.20-33.

묘주도墓主圖
연구

중국 고대 무덤 속 묘주도는 인물화의 중요한 구성 요소로서, 다양한 문제를 제기한다. 현재 발굴로 인해 실물자료가 매우 풍부해졌는데, 본문은 이런 도상자료를 기초로 몇 가지 측면에서 이 문제를 논의하고자 한다. 당대 이후의 인물화로 전해지는 작품은 비교적 많지만, 초기 자료에 대한 선학들의 연구는 상대적으로 적다. 그러므로 더욱 중시할 필요가 있는데, 본고는 바로 이런 이유에서 당대 이전의 자료를 중점적으로 논의할 것이다.

1. 묘주도의 출토 현황

현재까지 알려진 가장 이른 시기의 묘주도는 전국시대 작품이다. 남방의 초楚 지역은 풍속이 특별해 "무귀巫鬼를 믿고, 음사淫祀를 중시했는데",[1] 전국시대에 이르러 상장喪葬의례에서 사자死者의 그림을 사용하기 시작했다. 『초사·초혼招魂』에는 "군君의 방에 상像을 놓고 조용히 쉬게 한다"는 기록이 있다. 이에 대해 한대의 왕일王逸은 『초사장구楚辭章句』에서 "말하고자 한 것은, 군을 위해 집을 지었는데 그 법도는 옛 집을 따랐다. 그것이 있는 곳은 청정하고 넓고 조용하고 안락하다"고 주를 달았다.[2] 문장에서처럼 그림을 놓은 가옥은 아직 발견된 적이 없지만, 무덤 안에서는 사자를 그린 그림을 볼 수 있다. 1949년과 1973년 호남성 장사시 진가대산陳家大山과 자탄고子彈庫의 전국시대 초나라 무덤에서 발견된 두 폭의 비단그림(이하 백화帛畫로 약칭)(도1, 도2)에는 측면의 인물상이 있는데,[3] 묘주의 초상으로 추정하고 있다.[4]

초상의 연원은 선사시대와 상주商周시대 무덤에서 우연히 발견되는 다양한 재료로 만든 소형 인면상人面像까지 소급할 수도 있다. 그러나 이들은 대부분 원시종교와 무술의 산물로 성격이 매우 복잡하다. 이 가운데 일부는 먼 조상의 모습일 가능성도 있지만, 묘주의 형상인지는 확정하기 어렵다.

전한시대 무덤인 호남성 장사시 마왕퇴馬王堆 1호묘 출토 백화(도3)[5]와 3호묘 출토 백화[6]에 묘사된 묘주도는 전국시대 이래 이 지역의 전통을 계승하고 있다. 역시 전한대 무덤인 산동성 임기臨沂 금작산묘金雀山墓 출토 백화(도4)[7] 역시 초 문화의 영향을

1 『漢書·地理志 下』, 北京: 中華書局, 1964, p.1666.

2 白化文 等 點校, 『楚辭補注』, 北京: 中華書局, 1983, p.202.

3 湖南省博物館, 「新發現的長沙戰國楚墓帛畫」, 『文物』 1973년 제7기, pp.3-4; 湖南省博物館, 「長沙子彈庫戰國木槨墓」, 『文物』 1974년 제2기, pp.36-43; 熊傳新, 「對照新舊摹本談楚國人物龍鳳帛畫」, 『江漢論壇』 1981년 제1기, pp.90-94. 이 밖에 강릉 마산 1호묘에서도 전국시대 중기의 약간 늦은 단계, 혹은 전국시대 후기의 조금 이른 시기에 해당하는 백화 한 폭이 발견되었다. 상술한 두 사례와 그림의 성격이 같을 것으로 추정되는데, 훼손이 심해 도상이 분명하지 않다. 이에 대해서는 湖北省荊州地區博物館, 『江陵馬山一號楚墓』, 北京: 文物出版社, 1985, p.9를 참조.

4 中央美術學院美術史系中國美術教研室 編著, 『中國美術簡史(新修訂本)』, 北京: 中國靑年出版社, 2010, p.29.

5 文物出版社 編, 『西漢帛畫』, 北京: 文物出版社, 1972; 湖南省博物館·中國科學院考古研究所, 『長沙馬王堆一號漢墓』 上冊, 北京: 文物出版社, 1973, p.40의 도38.

6 金維諾, 「談長沙馬王堆三號漢墓帛畫」, 『文物』 1974년 제11기, p.40; 湖南省博物館·湖南省文物考古研究所, 『田野考古發掘報告: 長沙馬王堆二·三號漢墓』 제1권, 北京: 文物出版社, 2004, p.103.

7 臨沂文化館, 「山東臨沂金雀山九號漢墓發掘簡報」, 『文物』 1977년 제11기, pp.25-26, 표지2, 도판1.

받았다. 중원 지역의 전한시대 벽화묘 가운데 낙양洛陽 복천추묘ト千秋墓에서는 남녀 묘주가 용과 봉황을 타고 서왕모를 알현하는 장면이 있는데,(도5)[8] 전국시대의 전통이 상당 부분 남아 있다. 그러나 현재 발견된 전한시대 벽화묘는 수량이 적으며, 특히 묘주도가 발견된 것은 더욱 드물다. 동시기 중원 지역에서 다량으로 발견되는 화상전에도 묘주도는 보이지 않는다.

후한시대에 이르러 벽화묘와 화상석묘가 유행함에 따라 묘주도가 다량으로 출현하는데, 지하의 묘실에도,[9] 그리고 지상의 사당에도 나타난다.[10] 묘주도는 대략 두 종류로 구분할 수 있다. 첫째는 상대적으로 독립된 묘주상으로, 묘주는 측면, 정면, 반측면 등 다양한 형태로 표현되었으며, 대부분 묘주의 형체가 크다. 그리고 사당의 정벽 혹은 묘실 안에서도 매우 두드러진 곳에 위치한다. 누각 같은 건축도 안에 묘사되기도 하고, 혹은 찾아온 손님의 절을 받거나 탑榻에 앉아 성대한 연회를 즐기는 모습으로 출현하기도 한다. 이런 그림 속에서 묘주의 형상은 여전히 돌출되어 있다. 둘째, 거마행렬도 속의 주거主車에 탔거나 악무백희를 보는 관중으로 출현한다. 여기서 묘주 개인의 형상은 특별히 돌출되지 않는다. 이런 두 화상의 의미와 형식 사이에 엄격한 경계가 있는 건 아니다. 그러나 전자는 점점 독립적으로 발전하여 마지막으로 '신상식神像式 초상'이 되고,

도1 호남성 진가대산묘 출토 백화, 전국시대(中國古代書畫鑒定組, 『中國繪畫全集』1, 北京·杭州: 文物出版社·浙江人民美術出版社, 1997, p.1의 도판1)

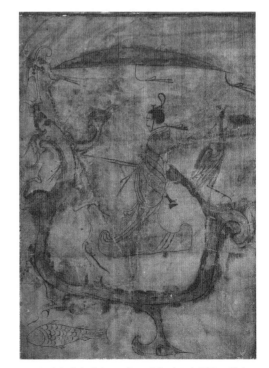

도2 호남성 장사 자탄고묘 출토 백화, 전국시대(『中國繪畫全集』1, p.2의 도판2)

---

8 洛陽市博物館, 「洛陽西漢ト千秋墓發掘簡報」, 『文物』 1977년 제6기, pp.1-12.

9 산동성 창산의 후한 원가 원년(151) 화상석묘 제기 속 "其中畫, 像家親"은 묘주상을 가리키는데, 무덤 안의 화상과 대응하고 있다. 명문의 판독은 趙超, 「漢代畫像石墓中的畫像布局及其意義」, 『中原文物』 1991년 제3기, pp.18-24.

10 한대 석사당의 정벽에는 대부분 묘주(祀主이기도 함)의 상이 새겨져 있다. 가상현 초성촌(焦城村)사당 후벽 화상의 경우, 주요 인물 뒤쪽의 기둥 위에 제기가 있다. 과거 이를 「此齊王也」로 판독했지만, 새롭게 「此齋主也」로 판독한 경우가 있는데 따를 만하다. 이에 대해서는 信立祥, 「論漢代的墓上祠堂及其畫像」, 南陽漢代畫像石學術討論會辦公室 編, 『漢代畫像石硏究』, 北京: 文物出版社, 1987, pp.180-203.

▶도4 산동성 임기 금작산묘 출토 백화, 전한(『文物』1977년 제11기, 封2)

▼도5 하남성 낙양 복천추묘 벽화 속의 묘주도, 전한(『文物』1977년 제6기, p.10)

도3 호남성 장사 마왕퇴 1호묘 출토 백화, 전한(『長沙馬王堆一號漢墓』上冊, p.40, 도38)

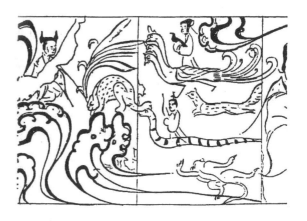

후자는 서사에 중점을 두어 묘주의 형상이 특별히 두드러지지 않는다. 본고에서 주로 다루고자 하는 것은 전자이며, 후자에 대해서는 뒷날 따로 논의하고자 한다.

후한 후기에서 위진십육국시대까지 동북 지역에서는 벽화묘가 유행하여, 정면의 묘주도가 많이 남아 있다. 고구려 벽화무덤은 북방 지역 한대 무덤의 전통을 많이 계승했는데, 역시 큰 폭의 묘주도가 유행했다. 이 점은 주목할 필요가 있다. 일찍이 전연前燕의 사마司馬를 역임하고 고구려에 망명한 동수冬壽의 무덤(375)이 한반도의 안악安岳에서 발견되었으며,[11] 유주자사幽州刺史와 국소대형國小大兄 등의 관직을 역임했던 '□□鎭'의 묘(409)가 덕흥리德興里에서 발견되었다.[12] 두 무덤에는 모두 정면의 묘주도가 있다. 북조 무덤에서도 정면의 묘주도는 고정적으로 출현하기 때문에 관련 자료가 풍부하며, 수대에는 산동성 가상현嘉祥縣의 서민행묘徐敏行墓에서도 발견되었다.[13]

당대에 이르러 벽화의 제재는 남북조시대와 달라지며 묘주도가 많지 않다. 서안西安에서 발견된 천보 15년(756) 고원규高元珪의 묘주도는 비교적 드문 사례다.[14] 사천성 성도成都에 소재한 오대 전촉前蜀의 왕건묘王建墓에서 매우 사실적인 묘주 조각상이 발견되었는데,[15] 이 또한 특수한 경우다. 송·요·금·원대의 벽화묘에서는 묘주 부부의 '개방연開芳宴' 제재가 유행한다.[16] 이와 같은 후대의 자료는 본문에서 논의하지 않는다.

2. 묘주도의 기능

마왕퇴 1호묘에서 백화가 출토된 이후 관련 논의가 집중적으로 이뤄졌다. 백화의 성격에 대해서는 초혼 기능을 하는 비의非衣로 보거나 명정銘旌으로 보는 두 가지 관점이 존재한다.[17] 1992년 우홍巫鴻은 '명정설'을 지지했는데, 사람이 죽은 후 매장 전에 거행하는 의례에서 명정이 시체의 대체물로써 많은 사람들의 제배祭拜를 받는다고 보았다. 그리고 조상弔喪 후에는 사자의 시체와 함께 매장되어 '구柩'의 구성요소가 된다고 추정했다. 그는 또한 "명정에는 사자의 두 형상이 있다. 하나는 시체를 대표하는 것이며, 하나는 피장자의 음택에서의 생활을 묘사한 것이다. 전자의 경우 '형상'은 조상弔喪의례에서 사자의 영혼을 상징하는 것으로 사람들의 제배를 받는 데 그 의의가 있다. 반면, 후자의 경우 '형

---

11 宿白,「朝鮮安岳所發現的冬壽墓」,『文物參考資料』 1952년 제1기, pp.101-104; 洪晴玉,「關於冬壽墓的發現和研究」,『考古』 1959년 제1기, pp.27-35. (이 무덤에 비록 동수와 관련된 제기가 출현하지만 과연 무덤 속 피장자가 동수인지에 대해 한국학계는 부정적이다. 그러므로 이후 이 무덤의 명칭은 '동수묘'가 아니라 '안악3호분'으로 부르기로 한다: 역자 주)

12 朝鮮民主主義人民共和國社會科學院·朝鮮畵報社,『德興里高句麗壁畵古墳』, 東京: 講談社, 1986; 雲鐸·銘學,「朝鮮德興里高句麗壁畵墓」, 東北歷史與考古編輯委員會,『東北歷史與考古』 제1집, 北京: 文物出版社, 1982, pp.228-230.

13 山東省博物館,「山東嘉祥英山一號隋墓淸理簡報一隋代墓室壁畵的首次發現」,『文物』 1981년 제4기, pp.28-33.

14 賀梓成,「唐墓壁畵」,『文物』 1959년 제8기, p.31.

15 馮漢驥,『前蜀王建墓發掘報告』, 北京: 文物出版社, 1964, p.38.

16 中國社會科學院考古硏究所,『新中國的考古發現和硏究』, 北京: 文物出版社, 1984, pp.597-609.

17 『文物』 1972년 제9기와 『考古』 1973년 제2기의 관련논문을 참조.

상'은 사자가 '위로 천문天文을 갖추고 아래로 지리地理를 갖춘' 우주를 배경으로 행복한 집, 혹은 영원한 집을 의미하는 무덤에서 생활하는 것을 대표하는 데 의미가 있다"고 추정했다.[18] 따라서 백화 속 마왕퇴 1호묘의 묘주인 대후軑侯 부인의 초상은 "우리가 습관적으로 이해하고 있는, 예술이 표현하는 아주 생생한 사람의 형상 개념과는 반드시 구별해야 한다"고 지적했다.[19]

우흥의 관점은 묘주도 연구에 매우 중요한 의미를 지닌다. 조상弔喪의례에서 명정은 사자 영혼의 의탁처로 기능한다. 이미 지적했듯 그 시원적 형식은 『의례·사상례士喪禮』에서 말한 것처럼 단지 '○氏○之柩'라고 쓰는 것이다. 사자의 시체는 이때 산 자와 소통할 수 없다. 다시 말해 정현鄭玄이 언급했듯, "사자와 이별할 수 없으므로 그 기치旗識를 사용해서 그를 판별하고 사랑하는 것이다."[20] 전국시대에 문자가 쓰인 명정은 장사 출토 백화에서 보듯 용을 몰거나 혹은 손으로 용과 봉황을 잡은 묘주도로 발전한다. 그러나 마왕퇴 백화의 위아래에 묘사된 천상과 지하의 여러 정경은 상례에서는 실용적

인 의미가 없다. 그러므로 전한 후기 명정이 쇠퇴하며 다시 문자만을 쓰는 형식이 출현하고[21] 천상과 지하의 정경은 무덤의 벽과 천장 등으로 옮겨갔다.

『백호통·붕홍白虎通·崩薨』에는 "시체의 뜻은 늘어놓는다는 것이다. 기氣와 신神을 잃고 형체만이 놓여 있다"는 기록이 있다.[22] 엄격히 말해 사자의 시체는 조상弔喪 과정에서 영혼의 상징이 될 수 없으며, 사후생활의 주체가 될 수도 없다. 그러므로 화상이나 이름으로 이를 대체할 필요가 있다. 이는 비교적 공들여 만든 대형 무덤과 중형 무덤에 반영되어 있다. 하북성 만성滿城의 전한 중산왕中山王 유승묘劉勝墓의 내부에는 유장帷帳을 설치했는데,[23] 제사를 드리는 상징물이었을 것이다. 그리고 요녕성 요양遼陽 북원北園의 후한대 무덤에서는 회랑 후벽에 소형 감을 만들어 묘주상을 그렸으며,(도6)[24] 하북성 안평安平 녹가장逯家莊 후한대 무덤의 묘주상은 혼자 조그만 방에서 공봉을 받고 있다.[25] 물론 사자의 모습이 없는 무덤도 많다.

현존 자료를 볼 때, 후한시대 무덤과 사당의 화상 내용은 본질적으로 차이가 없는 듯하지만, 양자

---

18 본고의 제1장에서도 묘주도를 두 유형으로 분류했는데, 역시 제2장의 두 유형과 기본적으로 일치한다.

19 Wu Hung, "Art in Its Ritual Context: Rethinking Mawangdui", *Early China*, 17(1992), pp.111-145. 중국어 번역본은 陳星燦 譯,「禮儀中的美術—馬王堆再思」, 鄭岩·王睿 編,『禮儀中的美術—巫鴻中國古代美術史文編』上卷, 北京: 生活·讀書·新知三聯書店, 2005, pp.101-122.

20 "以死者爲不可別, 故以其旗識識之愛之."『儀禮』,『十三經注疏』本, 北京: 中華書局, 1980, p.1130.

21 감숙성 무위(武威) 마취자 한대 무덤에서 나온 명정이 여기에 해당한다. 이에 대해서는 甘肅省博物館,「甘肅磨嘴子三座漢墓發掘簡報」,『文物』1972년 제12기, p.9를 참조.

22 "屍之爲言陳也, 失氣忘神, 形體獨陳." 陳立 撰, 吳則虞 點校,『白虎通疏證』下冊, 北京: 中華書局, 1994, p.556.

23 中國社會科學院考古研究所·河北省文物管理處,『滿城漢墓發掘報告』, 北京: 文物出版社, 1980, pp.10-37.

24 Wilma Fairbank and Kitano Masao(北野正男), "Han Mural Paintings in the Pei-Yuan Tomb at Liao-yang, South Manchuria", *Artibus Asiae*, 17, no.3/4(1954), pp.238-264. 이 글은 Wilma Fairbank, *Adventure in Retrieval,* Cambridge, Massachusetts: Harvard University Press, 1972, pp.143-180에 재수록되었다.

25 河北省文物研究所,『安平東漢壁畫墓』, 北京: 文物出版社, 1990, pp.25-26, 도6, 도판40.

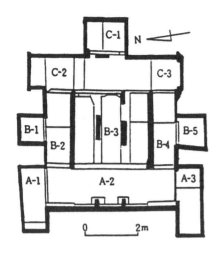

도6a 요녕성 요양 북원묘 평면도, 후한(Wilma Fairbank, Adventures in Retrieval, p.149, fig.1)

도6b 후벽 소감(C-1) 안의 묘주도(필자 그림)

의 관계에 대한 심층적인 연구가 지속되어야 한다. 무덤과 사당 안의 묘주도는 공통된 형식이 많다. 그러나 이와 관련된 의례에는 아마도 미묘한 차이가 있었을 것이다. 일반적으로 묘실은 개인적 공간이다. 현재로서는 옛사람들이 자주 무덤의 문을 열고 그 안에서 제사를 지내는 풍속이 있었다는 증거가 적다.[26] 무덤 안에 제기 세트가 있다 하더라도, 묘를 봉쇄하기 전에 한 차례 제사를 지낼 때 사용되었거나 아니면 '영원한 집', 즉 무덤의 구성요소에 불과할 것이다. 일반적으로 공개되지 않는, 그리고 사자를 위해 만든 몇몇 도상들은 상대적으로 불확정성이 더욱 크다. 따라서 많은 무덤에 사자의 화상이 없으며, 부장품과 무덤벽화의 화상은 단지 관곽棺槨을 둘러싸고 설치되었다. 그러나 사당은 대외적으로 전시되는 건축으로, 공공적 성격을 가진 공간이다. 그리하여 사당의 방제旁題 가운데는 '이것을 보는 자'에 대한 관심을 드러내는 사례가 상당히 많다.[27] 사당의 첫째 기능은 제사를 지내고 사자를 기념하기 위한 것이다. 그러므로 많은 사당에 제사를 지내는 상석床石이 있으며, 지하의 사자와 격리되었

---

26 『後漢書 · 陳王列傳』에는 "백성 가운데 조선이라는 자가 어버이를 묻은 후 연도를 닫지 않고 그 안에 살면서 20여 년을 복상했다"는 유명한 기록이 있다(北京: 中華書局, 1965, pp.2159-2160). 많은 화상의 방제에는 반복적으로 "長就幽冥則決絕, 閉曠(壙)之後不復發", 혹은 "千歲不發"의 글귀가 출현한다(山東省博物館 · 蒼山縣文化館, 「山東蒼山元嘉元年畫象石墓」, 『考古』, 1975년 제2기, p.127; 南陽地區文物隊 · 南陽博物館, 「唐河漢鬱平大尹馮君孺人畫象石墓」, 『考古學報』 1980년 제2기, p.248, 도14右). 그리고 일부 무덤에는 도둑을 방지하기 위한 정교한 시설이 있다. 그러므로 무덤을 자주 열지 않았을 것이다(楊愛國, 「先秦兩漢時期陵墓防盜設施略論」, 『考古』 1995년 제5기, pp.436-444).

27 동아현 향타군사당에는 "觀者諸君, 願勿販傷, 壽得千年."의 제기가, 가상현 영수 3년(158) 석사당에는 "唯諸觀者, 深加哀憐, 壽如金石, 子孫萬年. 牧馬牛羊諸僮, 皆良家子, 來入堂宅, 但觀耳, 無得琢畫, 令人壽. 無爲賊禍, 亂及子孫. 明語賢仁四海士, 唯省此書, 無忽矣."의 제기가 있다(羅福頤, 「薌他君石祠堂題字解釋」, 『故宮博物院院刊』 총 제2기, 1960, p.180; 李發林, 『山東漢畫像石研究』, 濟南: 齊魯書社, 1982, p.102).

기 때문에 묘주의 형상도 반드시 있어야만 했다. 아마도 사당 묘주도의 영향 아래 훗날 집안의 사당에서 흔히 볼 수 있는 '영정'이 탄생했을 것 같은데, 여기서는 신상의 기능 이외에 기념비적 성격이 더욱 두드러진다.

3. 화상의 금기

문헌에 기록된 초기의 묘주도 사례는 『후한서·조기전趙岐傳』에 나온다.

> 조기는 건안 6년 사망했다. 죽기 전에[先] 스스로를 위해 무덤을 조영하고, 계찰, 자산, 안영, 숙향 등 네 사람의 형상을 그려 손님 자리에 배치하고, 자신의 모습은 주인의 자리에 그려 놓았다. 모두가 송찬하였다.[28]

진한 이래로 산 자가 생전에 자신의 무덤을 만드는 것은 결코 드물지 않았다. 그러나 위의 기록에서는 시간적 전도顚倒를 볼 수 있다. 즉 조기의 죽음을 먼저 서술하고 '先'자를 써서 시간을 전환하여 묘를 세우고 화상을 만든 것을 추억했다. 여기에는 두 가지 의미가 있다. 첫째, 조기는 '당고黨錮의 화'로 박해를 받은 적이 있는 뛰어난 유학자다. 그러므로 그가 자신의 그림을 고대의 명사와 함께 나열한 것은 고인을 빌려 자신의 뜻을 비유하기 위한 것으로, 속류俗流와 다르다는 것을 표현한 것이다. 둘째, 무덤 안에 자신의 화상을 그리는 것이 당시에는 매우 흔하지 않았을 가능성을 보여준다. 다시 말해 다른 사람들과 달랐기 때문에 사서에 기록이 남았을 것이다. 그러므로 당대의 장언원張彦遠을 비롯한 후세 학자들에 의해 널리 인용되었던 이 기록이야말로 조기의 행적이 결코 당시의 보편적 습속을 대표하지 않았음을 시사한다.

문헌기록에 의하면, 한대 인물화에서 가장 중요한 것은 궁실에서 그린 명신名臣과 열녀도이다. 무제는 자신이 총애했지만 일찍 죽은 이부인李夫人의 모습을 감천궁에 그렸다.[29] 또 아들 교육에 뛰어났던 김일제金日磾의 어머니가 죽자 그 모습을 감천궁에 그리도록 했다.[30] 전한 감로 3년(기원전 51), 선제宣帝는 장안성 미앙궁未央宮의 기린각麒麟閣에 곽광霍光과 소무蘇武 등 이미 작고한 장수 11명을 그리라고 했는데, "그 모습을 따랐으며, 관작과 성명을 써넣었다." 그리고 이들을 주 선왕宣王시기의 명신인 방숙方叔, 소호召虎, 중산보仲山甫 등 3인의 모습과 나란히 놓음으로써 그들을 표양하고 중흥의 신하로서 크게 드러냈다.[31] 후한 명제明帝 영평 연간(58~75)에 낙양성 남궁南宮 운대雲臺에 선황시대의

---

28 "(岐)建安六年卒. 先自爲壽藏, 圖季劄子產晏嬰叔向四像居賓位, 又自畵其像, 居主位, 皆爲贊頌." 『後漢書·吳延史盧趙列傳』, p.2124.

29 『漢書·外戚傳』, p.3935.

30 『漢書·霍光金日磾傳』, p.2960.

31 『漢書·李廣蘇建傳』, p.2468-2469; 『漢書·趙充國辛慶忌傳』, pp.2994-2995.

공신인 28명의 장수와 왕상王常, 이통李通, 두융竇融, 탁무卓茂 등을 합한 32명의 모습을 그렸다.[32] 희평 6년(177) 영제靈帝는 옛 덕을 그리워하여 호광胡廣, 황경黃瓊의 모습을 성省 안에 그리고,[33] 또 동관東觀에 명하여 고표高彪의 모습을 그려 "배움을 권하였다."[34] 또한 홍도문학鴻都文學의 낙송樂松, 강람江覽 등 32명의 화상에 찬을 짓기도 했다.[35] 이런 화상들의 목적은 공덕을 드러내 알리고 이름을 후세에 드러내 교화를 이롭게 하는 것이었다.

황제가 조서를 내려 화상을 그리게 한 것은 지방관리들에게 큰 영향을 미쳤다. 이와 관련된 자료는 매우 많아, 『화양국지華陽國志』에서 기록한 촉蜀 지역의 사례만 해도 십여 개에 이른다. 이들은 대부분 지방 군현의 부정府廷, 학관學官, 동관東觀에 충신효자와 정녀열사貞女烈士를 그린 것이다.[36] 이런 풍속은 심지어 향촌까지 미쳐 연독延篤이 죽은 후 "향리에서 굴원의 사당에 그의 모습을 그렸고",[37] 채옹蔡邕이 옥중에서 죽은 후에는 "연주兗州와 진류陳留 사이의 지역에서 모두 그의 모습을을 그려 칭송했다"[38]고 한다.

그런데 상술한 화상들이 모두 사람이 죽은 후 만들어졌다는 점에 주의해야 한다. 화상은 비석을 세우는 것과 마찬가지로 공적을 기록하고 표창하는 방식이며, 사람이 죽은 후 '관을 덮고 그에 대한 논의를 정하는 것'이었다. 그 때문에 『논형·수송편論衡·須頌篇』에는 "선제 때 한나라의 여러 사士를 그렸다. 혹 그림이 없는 것을 자손이 부끄러워했다"는 기록이 있다.[39] 조기처럼 생전에 자신의 모습을 그리는 경우가 아주 없었던 것은 아니지만, 있더라도 매우 적었다. 『후한서·강굉전姜肱傳』에는 "환제가 화공에게 팽성으로 내려가 강굉의 형상을 그리게 했다. 강굉은 어두운 곳에 누워 얼굴을 드러내지 않고 '눈에 질병이 있어 바람을 맞지 않으려 한다'고 말했다. 결국 화공이 그를 볼 수 없었다"[40]고 적혀 있다. 또 같은 책 「주목전朱穆傳」은 사승謝承의 『후한서』 주注를 인용해 "기주종사冀州從事가 화상을 만들어 청당에 두고 섬기고자 했지만, 주목朱穆이 '부담스러우니 내 모습을 그리지 마시오. 충의가 드러나지 않았으니 어찌 형상으로 기억할 만한 것이겠소'라는 판서를 남겼다"고 기록했다.[41] 공이 있

32 『後漢書·朱景王杜馬劉傅堅馬列傳』, pp.789-791.

33 『後漢書·鄧張徐張胡列傳』, p.1511.

34 『後漢書·文苑列傳』, p.2652.

35 『後漢書·酷吏列傳』, p.2499.

36 싱이톈은 「漢代壁畫的發展和壁畫墓」에서 관련 사료를 모아놓았는데, 매우 구체적이다(『秦漢史論稿』, 臺北: 東大圖書公司, 1987, pp.449-489). 수정본은 그의 『畫爲心聲——畫像石·畫像磚與壁畫』, 北京: 中華書局, 2011, pp.1-46을 참조.

37 『後漢書·吳延史盧趙列傳』, p.2108.

38 『後漢書·蔡邕列傳』, p.2006.

39 "宣帝之時, 畫圖漢列士. 或不在於畫上者, 子孫恥之." 王充 撰, 黃暉 集釋, 『論衡集釋』, 北京 : 中華書局, 1990, p.851.

40 "桓帝乃于彭城, 使畫工圖其形狀. 肱臥於幽暗, 以被韜面, 言患眩疾, 不欲出風. 工竟不得見之." 『後漢書·周黃徐姜申屠列傳』, p.1750.

41 "冀州從事欲爲畫像置聽事上, 穆留板書曰:'勿畫吾形, 以爲重負. 忠義之未顯, 何形象之足紀也!'" 『後漢書·朱樂何列傳』, p.1471.

는 신하가 그의 상을 그리고자 하는 청을 거절했는데, 여기에는 아마 겸손을 드러내는 것 이외에 더욱 깊은 문화적 배경이 있었을 것이다.

상술한 것처럼 사자를 그린 그림은 상장의례에서 영혼을 상징한다. 유사 이래로 사람들은 화상에 대해 일종의 금기를 가지고 있었다. 무술巫術과 교감한다는 원칙에 기초한 원시시대의 '주살술呪殺術'은 일찍이 많은 민족들 사이에서 보편적으로 행해졌는데, 심지어 문명사회에도 그 잔재가 남아 있다. 『전국책·연戰國策·燕 2』에는 "지금 송왕이 하늘을 쏘고 땅을 치고, 제후의 모습을 주조하여 화장실에서 시중들게 하고, 팔을 늘이고 코를 튀기니 이것이야말로 천하의 무도하고 불의한 것이다"는 기록이 있다.[42] 『한서·무오자전武五子傳』에는 "강충이 무혹한 것을 다스리는 일을 맡았는데 …… 그가 마침내 태자궁에 이르러 벌레[蠱]를 파내고 동과 나무로 만든 사람 형상을 얻었다"는 기록이 있고,[43] 『후한서·제무왕인전齊武王縯傳』에는 "왕망이 본래 그 이름을 듣고 크게 떨며 두려워했다. …… 장안의 관서와 천하의 향정에 모두 백승伯升의 모습을 숙塾에 그리게 하고 아침에 일어나 이를 쏘게 했다"는 기록이 있다.[44] 또한 장언원의 『역대명화기』 권5에 "(고

장강이) 일찍이 이웃집 여인을 좋아해 벽에 그 여성을 그리고 심장에 못을 박았다. 여성이 가슴이 아프다며 장강에게 고하였다. 장강이 못을 뽑아버리자 곧 치유되었다"는 기록도 있다.[45] 이런 고사들은 매우 황당하지만 그 관념과 배경은 유사하다. 『태평어람』 권396에는 『위략魏略』을 인용해, "묘苗가 처음 관직에 올라 장제를 알현하고자 했다. 장제는 본디 술을 좋아했는데, 마침 그가 갔을 때 취한 상태였다. 그 때문에 묘를 알아보지 못했다. 묘가 이를 원망하여 나무를 새겨 사람 형상을 만들고 '술꾼 장제'라고 썼다. 이것을 단에 세워놓고 아침저녁으로 쏘았다"라고 기록했는데,[46] 이런 관념은 근대까지 줄곧 영향을 미쳤다. 사진술이 처음 중국에 전래되었을 당시, 어떤 사람들은 촬영을 '눈물이 아니면 곧 사람의 피'라고 보았다.[47] 이 때문에 감히 사진을 찍지 못했다.

산 자의 형상이 일단 회화나 조소로 만들어지면 곧 다른 사람에게 저주를 당하거나 공격 받을 위험이 있었다. 게다가 사후의 지하세계는 더 무서운 곳이었다. 『초사·초혼』에는 "혼이여 돌아오라. 그대는 땅속 어두운 곳으로 내려가려 하지 말라. 그곳에는 토지신이 있는데 꼬리가 아홉이고, 달린 뿔은 매

---

42 "今宋王射天笞地, 鑄諸侯之象, 使侍屛厦, 展其臂, 彈其鼻, 此天下之無道不義." 劉向 集錄, 範祥雍 箋證, 『戰國策箋證』, 上海: 上海古籍出版社, 2011, p.1764.

43 "(江)充典治巫蠱 …… 充遂至太子宮掘蠱, 得桐木人." 『漢書·武五子傳』, p.2742.

44 "王莽素聞其名, 大震懼 …… 使長安中官署及天下鄉亭皆畫伯升像於塾, 旦起射之." 『後漢書·宗室4·王三侯列傳』, p.550.

45 "(顧長康)又嘗悅一鄰女, 乃畫女於壁, 當心釘之. 女患心痛, 告於長康, 拔去釘, 乃愈." 張彦遠 撰, 秦仲文·黃苗子 點校, 『歷代名畫記』, 北京: 人民美術出版社, 1963, p.112.

46 "(時)苗以初至任, 欲謁(蔣)濟. 濟素好酒, 適會其醉, 不能見苗, 苗怨恨, 還刻木爲人, 署曰: '酒徒蔣濟'. 立之於壇, 旦夕射之." 李昉 等 撰, 夏劍欽·張意民 點校, 『太平御覽』, 石家莊: 河北教育出版社, 1994, p.1831.

47 陳申·胡志川 等, 『中國攝影史(1840~1937)』, 臺北: 攝影家出版社, 1990, p.66.

우 날카롭도다. 넓적한 등에 피 묻은 엄지손가락으로 사람을 보면 세차게 쫓을 것이로다. 눈이 세 개 달린 호랑이 머리, 그 몸뚱이는 소를 닮았도다. 모두가 사람을 달콤히 여기나니, 돌아오라! 재앙을 자초할까 두렵도다"라고 묘사하고 있다.[48] 이런 관념은 산 자의 형상을 제멋대로 상장건축에 묘사하지 않도록 했다. 따라서 조위의 경우는 확실히 세상을 놀라게 한 사건이었다. 사망에 대한 이런 금기는 몇몇 고고학적 발견에서 나타나는 특수한 현상에 대한 해석을 가능케 한다.

첫째, 고구려 덕흥리묘. 이 무덤은 전실과 후실로 구성되었는데, 전실에 묵서 묘지가 있어 묘주가 동진에서 유주자사로 봉해졌던 고구려의 '小大兄 □□鎭'이며, 409년 매장됐음을 알 수 있다. 후실은 관이 놓인 관실棺室로,[49] 정벽에 2인용 유장帷帳이 그려져 있다. 유장의 향向좌측에는 묘주 '□□鎭'의 정면 좌상이 있으며, 향우측에는 유장 아래에 가로로 긴 탑榻이 그려져 있을 뿐, 탑 위에는 인물 없이 비어 있다.(도7) 묘주상과 향우측 빈자리의 병렬 관계, 유장 양쪽에 그려진 안마鞍馬와 우거牛車, 그리고 전실과 후실 사이의 용도 좌우벽에 그려진 안마출행도와 우거출행도 등으로 미루어 유장 안의 빈자리는 '□□鎭'의 부인 자리로 추정된다. 중원 지역의 풍속에 의하면, 부부 합장은 일반적으로 묘

지 안에 두 사람의 죽은 시간, 혹은 매장 시간을 분명하게 기록한다. 그러나 이 무덤의 묘지는 부인에 대해 전혀 언급하지 않았다. 그러므로 이 무덤의 남성 주인이 매장될 당시 부인은 아직 살아 있었을 것이다. 살아 있는 부인의 형상을 무덤에 그리는 것은 적합하지 않은 일이었다.

둘째, 1971년 하북성 안평 녹가장에서 발견된 후한 희평 5년(176) 벽화묘에는 주목할 만한 현상이 출현한다. 발굴자는 '이 무덤이 매장 후 멀지 않은 시기에 의도적으로 열리고 훼손되었으며, 그 원인은 정치적인 것'이라고 추정했다. 즉 중실에 표현된 묘주의 출행장면 벽화의 "북벽 아래 주거主車와 그 전후 부분이 무덤 훼손 당시 인위적으로 파괴되었음을 보여준다. 주거는 흡사 쇠망치로 강하게 몇 번 두들겨 맞은 듯하고, 중실의 오른쪽 측실에 묘사된 묘주상은 눈이 망치로 맞아 박락된 것 같다.(도8)"[50] 동시에 무덤 속 시체 역시 찢겨 있었다. 이런 현상은 무덤을 훼손한 자가 사자에 대해 깊은 적의를 가지고 있었음을 말해준다. 그리고 묘주의 형상을 파괴한 것은 곧 '주살竅'의 흔적으로, "무덤을 파 관을 부수고, 시체를 밖에 늘어놓는 것"[51]과 동일한 목적을 가진다.

셋째, 일찍이 산동성 금향현金鄕縣에서 발견된, 예전에 '주유석실朱鮪石室'로 불린 후한 후기 석石사당

---

48 "魂兮歸來! 君無下此幽都些. 土伯九約, 其角觺觺些. 敦脄血拇, 逐人駓駓些. 三目虎首, 其身若牛些. 此皆甘人, 歸來! 恐自遺災些." 洪興祖 撰, 白化文 等 點校, 『楚辭補注』, 北京: 中華書局, 1983, pp.201-202. 한글 번역은 류성준 편저, 『초사(楚辭)』, 문이재, 2002, p.126을 참조함.

49 이 무덤은 도굴로 인해 부장품의 상황이 분명치 않다.

50 河北省文物研究所, 『安平東漢壁畫墓』, p.14.

51 "發墓剖棺, 陳尸出之." 『後漢書·朱樂何列傳』, p.1470.

도7a 평양 덕흥리고분(409
년) 후실의 묘주도, 고구려
(朝鮮民主主義人民共和
國社會科學院·朝鮮畫報
社, 『德興里高句麗壁畫古
墳』, p.37의 도46)

도7b 덕흥리고분 후실 묘주도
선화, 고구려(필자 그림)

이다. 사당 내벽의 화상은 상하 두 단으로 나뉘어
있는데, 모두 거대한 연음 장면이 새겨져 있다. 상
단에는 대부분 머리장식이 화려하고 아름다운 여
성이, 하단에는 남자가 묘사되었는데, 무씨의 여러
사당벽화에서 볼 수 있는 누각의 남녀 주인이 상하
로 배열되는 방식과 일치한다. 정벽의 경우, 윗줄
에 주인과 손님이 서로 섞여 앉고 시종이 술과 음식
을 바치는 장면이 있으며, 아랫줄에는 바쁜 시종들

만 묘사되어 있을 뿐 중요한 자리는 오히려 크게 비
어 있다.(도9) 양쪽 벽에도 이런 공백이 있다. 윌마 페
어뱅크Wilma Fairbank는 일찍이 이 사당과 무덤에 대
해 조사하고, 아울러 무덤의 실측도를 그리기도 했
다.(도10)[52] 이런 형태의 묘실은 동시에 여러 사람(혹
은 부부, 혹은 몇 대의 사람들)을 안치하기 위해 설계된
듯하며, 따라서 사당 내 화상의 빈자리 역시 산 자
를 위해 남겨둔 것이라 할 수 있다. 사당의 화상은

---

52 Wilma Fairbank, "A Structural Key to Han Mural Art", *Harvard Journal of Asiatic Studies*, 7, no.1(April 1942), pp.52–88. 후
에 Wilma Fairbank의 *Adventures in Retrieval*, pp.87–140에 재수록 됨.

도8a 하북성 안평 녹가장묘의 묘주도, 후한(河北省文物研究所,『安平東漢壁畫墓』, 도판40)

도8b 하북성 안평 녹가장묘의 묘주도 선도, 후한(河北省文物研究所,『安平東漢壁畫墓』, pp.25-26, 도6)

도9 산동 금향사당 정벽의 화상, 후한(Wilma Fairbank, *Adventures in Retrieval*, p.119, fig.9)

'회화를 모방한'[53] 선각線刻으로 묘사되었다. 설령 훗날 합장이 있더라도 회화라는 간편한 방식으로 사당 안에 화상을 보충할 수 있었다. 그러나 오랜 세월 지상에 노출되어 사라져 버렸다. 물론 이런 추정에 대한 직접적인 증거는 없지만, 본문에서 언급해 두고자 한다.

넷째, 하남성 밀현密縣 타호정打虎亭 1호묘 화상으로, 이곳에 표현된 모든 마차에는 수레바퀴와 바퀴살이 없다. 안장을 얹고 나갈 채비를 하고 있음에도, 공중에서나 다닐 수

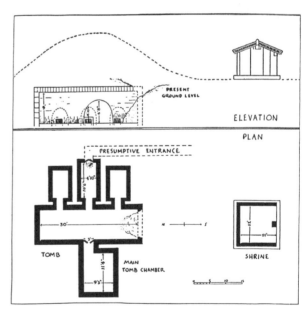

도10 산동성 금향현 무덤 및 석사당의 측회도(測繪圖), 후한(Wilma Fairbank, *Adventures in Retrieval*, p. 137, fig. 15)

53 滕固, 「南陽漢畫像石刻之歷史的及其風格的考察」, 『張菊生先生七十生日紀念論文集』, 上海: 上海印書館, 1937. 본문은 沈寧 編, 『滕固藝術文集』, 上海: 上海美術出版社, 2003, pp.280-292에서 인용했다.

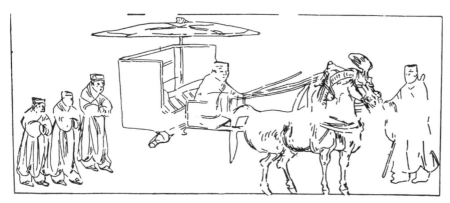

도11 하남성 밀현 타호정 1호묘 남쪽 이실(耳室) 용도 서벽의 거마도, 후한(河南省文物
研究所, 『密縣打虎亭漢墓』, p.98의 도74)

있는 모양새가 되었다.(도11)[54] 발굴자는 이것이 모종의 금기를 의미한다고 추정했는데, 필자가 보기에는 아직 세상을 떠나지 않은 어느 친속親屬과 관련이 있지 않을까 싶다.

4. 묘주도와 종교적 신상

이 장에서는 형식적 특징을 통해 묘주도의 변화와 발전 과정에서 나타나는 문제를 논의하고자 한다.

묘주도는 처음 출현 당시 대부분 측면상이었다. 초기의 명정 위에 묘사된 묘주 역시 예외 없이 측면형이다.(도1~4) 이런 형식은 후한 후기까지 이어졌다.(도6b, 도19, 도20) 정면상은 대략 전한과 후한 교체기부터 출현하며, 후한 후기에 이르러 크게 증가했다.(도8, 도12) 위진북조시기에 이르러 벽화 속 묘주도는 대부분 정면형으로 변화했다.

진웨이눠金維諾는 일찍이 묘주 측면상에 대해 "정측면상正側面像은 인물의 특징을 잡아내기에 좋다. 특히 군상을 처리할 때는 모두 정측면형으로 하는데, 쭉 나열할 수 있어 서로 조응하기가 쉽다"고 언급했다.[55] 우훙은 무량사武梁祠 연구에서 이런 구도형식을 체계적으로 분석한 후, 전통적인 측면향의 비대칭적 구도를 '이야기식'으로 구분하고 무량사의 효자, 열녀, 충신 등 고사성 제재가 여기에 속하는 것으로 보았다. 나아가 "이런 구도의 인물들은 모두 서로 직접적인 관계가 있으며, 그들의 자세와 운동은 서로의 행위와 반응을 표현하고자 한 것이다. 화면 속 인물의 상호작용은 일종의 서사성을 표현하고 있다. 이런 구도는 폐쇄적이기 때문에 그것이 표현하는 의미는 화면 본래의 구도 관계 속에 내재해 있다. …… 그림을 보는 사람은 단지 하나의 방관자에 지나지 않으며, 참여자가 될 수 없다"고 했다. 그러나 대칭으로 표현되는 서왕모와 동왕공의 정면상은 '신상식神像式'으로, "장엄하고 엄숙

---

54 河南省文物研究所, 『密縣打虎亭漢墓』, 北京: 文物出版社, 1993, 도73·74·77·78·80·81·82·83.

55 金維諾, 「談長沙馬王堆三號漢墓帛畫」, p.43.

도12 산동성 제성현 양대묘(凉臺墓)
의 묘주도, 후한(山東省博物館·山
東省文物考古研究所,『山東漢畵
像石選集』, 濟南: 齊魯書社, 1982,
도230, 도547)

하여 양쪽의 시종을 거들떠보지 않으며, 그 눈빛은
화면을 초월해 관람자를 직시하고 있다. 그리하여
관람자의 시선 역시 이 중심 신상에 의해 화면 속으
로 직접 인도된다 …… 중심인물은 전체 화면 속에
존재할 뿐 아니라, 그의 의미는 동시에 외재하는 관
람자에 의해 실현된다. 실제로 이런 개방식 구도의
설계는 한 명의 관람자가 있고, 아울러 그 관람자와
신상 사이에 직접적인 관계가 있다는 가설 위에 서
있다"고 분석했다.[56]

우홍의 분류는 묘주도 연구에도 적용할 수 있다.

조금 다른 점이 있다면, 우홍이 분류한 두 종류의
구도가 표현한 것은 각각 다른 도상이지만, 본문에
서 언급하는 측면과 정면의 화면이 표현하는 것은
동일하다는 점이다. 그러나 묘주도 역시 두 종류로
구분할 수 있다. 즉 서사에 치중하는 것과 신상 형
식으로 발전하는 '초상'이다. 전국시대와 전한시대
의 명정은 두 기능을 모두 지니는데, 두 기능의 분
화는 결국 화면 구도의 변화를 불러왔다.[57] 무씨 사
당 내 묘주상은 측면이지만 화상 앞에는 또 제사를
지내는 석상을 설치하여 서사적 형식과 신상식 기

56 Wu Hung, *The Wu Liang Shrine: The Ideology of Early Chinese Pictorial Art*, Stanford: Stanford University Press, 1989,
pp.132-134.

57 초기 화조화를 논의할 때 회화의 구도와 기능의 관계를 언급한 적이 있는데, 당과 오대의 화조화에 보이는 대칭식 구도는 곧 '궁
전의 당을 장식하고(裝堂) 그림을 걸어 장식하는(鋪殿)' 기능과 유관할 것이다. 이에 대해서는 鄭岩·李清泉,「看時人步澀, 展
處蝶爭來—談新發現的北京八里莊唐墓花鳥壁畫」,『故宮文物月刊』총158호(臺北), 1995년 5월, pp.126-133.

능의 모순이 잘 드러난다. 개방식의 정면상은 화상과 관람자의 교류를 강조한다. 이 때문에 제사의례에 더 잘 어울린다. 다시 말해 전한과 후한시대 이래로 선진시대의 종법관념이 붕괴하여 제사의 중점이 먼 조상에서 근친으로 바뀌고, 나아가 효 사상과 관련 제도의 유행으로 인해 제사에서 점점 더 사자와의 교류를 강조하게 된 것이다. 따라서 정면형식이 새롭게 주류를 차지하여 대세가 되었다.

기능적 요인 이외에 우리가 더 관심을 두어야 하는 것은 '반전통적 형식인 정면향이 어디에서 유래하는가'이다. 정면의 묘주상은 신상 형식이다. 그러나 중국의 상고上古시기는 우상숭배가 결여되어 있었다. 류둔위안劉敦願 선생이 일찍이 이 문제를 거론한 적이 있으며,[58] 쉬량까오徐良高 역시 유사한 관점을 가지고 있다.[59] 그러나 장광즈張光直는 복사卜辭의 '상商'자를 해석하며 이 글자 위쪽의 '신¥'자가 선조의 정면상을 대표하는 것으로 보았으며,[60] 링춘성凌純聲 역시 "중국의 문헌기록이나 고고학 및 민족학적 증거를 볼 때, 사람 모양으로 새긴 목주木主가 많다는 것을 완전히 부정할 수는 없다"고 했다.[61] 그러나 요녕성 우하량牛河梁 홍산문화의 여신상[62]과 같은 고고학적 발견은 매우 드문 현상이며, 이를 한대 묘주도상의 변화와 직접적으로 관련시키기도 어렵다.

춘추시대 말기에 출현하는 문양을 새긴 청동기는 대부분 종교와 전쟁 장면을 표현하고 있다. 그러나 도상 속의 묘당廟堂에서 신상과 같은 종류의 상은 볼 수 없다. 죽은 자의 모습을 표현한 그림은 초지역에서 출현하는데, 이는 과거에는 없던 것이다. 이후 진한의 통일제국에 이르러서야 신상을 만들기 시작했다. 마왕퇴 1호묘 백화 상부의 중앙에 출현하는 인신사미人身蛇尾의 신은 여와女媧나 촉룡燭龍으로 추정되는데, 여전히 정면상이 아니며 방향감이 모호한 반측면상이다.[도3] 중국의 전통적인 복희와 여와는 시종일관 정면상이 되지 못했다.

주목해야 하는 것은 서왕모의 형상이다. 비록 관련된 전설이 선진시대 문헌에 등장하지만, 서왕모는 전한 말기에 이르러서야 비로소 독존의 신神이 되어 광범한 숭배를 받았다. 서왕모는 불사의 약을 관장하는 여신이며, 각종 신선의 주재자였다. 후한 중기에서 말기에 이르러 서왕모의 짝으로 동왕공東王公, 혹은 동왕부東王父라 불리는 형상이 출현했다. 선학들은 이런 신들이 부부라는 점에 주목했는데, 이름에서 보듯 그들은 자상한 부모의 신분으로 사람들의 종교생활 속에 출현했다.

초기의 서왕모상은 전한대 복천추묘에서 나타나는데, 여전히 반측면이다.[도5] 그러나 훗날 다량으로 출현하는 서왕모는 모두 정면향으로 단정하게

58 劉敦願, 「中國早期的雕刻藝術及其特點」, 劉敦愿, 『美術考古與古代文明』, 臺北: 允晨文化公司, 1994, pp.261-276.

59 徐良高, 「從商周人像藝術看中國古代無偶像崇拜」, 中國社會科學院考古研究所, 『考古求知集―'96考古研究所中青年學術討論會文集』, 北京: 中國社會科學出版社, 1997, pp.334-352.

60 張光直, 「商城與商王朝的起源及其早期文化」, 張光直, 『中國考古學論文集』, 臺北: 聯經出版事業公司, 1995, pp.287-288.

61 凌純聲, 「中國古代神主與陰陽性器崇拜」, 『中央研究院民族研究所集刊』, 1959년 第8기, p.23.

62 遼寧省文物考古研究所, 「遼寧牛河梁紅山文化"女神廟"與積石塚群發掘簡報」, 『文物』 1986년 제8기, pp.1-17.

도13 산동성 가상현 송산 서왕모상, 후한(『文物』 1979년 제9기, p.3)

앉아 있다.(도13) 천루성陳履生은 서왕모의 구도 형식과 묘주도의 공통점에 주목했다.

한대 신화神畵에서 짝을 이룬 두 쌍의 신(동왕공과 서왕모, 복희와 여와를 지칭함: 저자 주)의 형상과 신화神畵 속의 다른 형상 및 현실 생활 속의 형상은 일부 유사하다. …… 특히 동왕공과 서왕모의 형상은 한대의 많은 묘주형상과 구분하기 어렵다. 즉 산동성 추현鄒縣 독산獨山과 등현 서호구西戶口 화상석의 묘주상과 동왕공·서왕모는 모두 두 손을 잡고 사다리꼴 형태의 궤几에 기대 앉아 있다. 어떤 것은 승勝을 차고 있다.[63]

이런 논의들을 통해 정면형 묘주도의 유행이 서왕모상의 영향을 받았음을 알 수 있다. 정면향의 서왕모상 역시 갑자기 하늘에서 뚝 떨어진 것은 아니다. 우홍은 대칭적인 신상식 서왕모상이 한대에 출현하는 배경으로 서역과의 교통, 나아가 서방에서 신선을 구한다는 환상의 출현을 꼽았다. 그리고 인도 불교조상의 영향을 크게 받았으며, 따라서 중국의 전통 인물화의 구도와 근본적으로 다르다고 분석했다.[64]

묘주상은 하루아침에 측면향에서 정면향으로 변화한 것이 아니다. 후한 후기에도 대부분의 묘주상은 여전히 전통적인 측면방식을 고집스레 유지했으며, 북조시기에 이르러 비로소 이런 변화가 기본적으로 완성되었다.(도14) 이런 결과를 촉구한 외래적 힘은 종교예술과 관련이 있다.

63 陳履生, 『神話主神研究』, 北京: 紫禁城出版社, 1987, p.29.

64 Wu Hung, *The Wu Liang Shrine: The Ideology of Early Chinese Pictorial Art*, pp.108-141.

도14 산서성 태원시 왕곽촌(王郭村) 누예묘(婁睿墓) 묘주부부도, 북제(山西省考古研究所·太原市文物考古研究所, 『北齊東安王婁睿墓』, 北京:文物出版社, 2006, 도57)

묘주도가 서왕모상을 통해 간접적으로 불교예
술의 영향을 받았다고 한다면, 남북조시대 이래 다
량으로 출현하는 불교조상은 세속예술인 묘주도
에 더욱 직접적인 영향을 미쳤다. 사람들은 죽은 부
모의 혼령을 위해 탑을 건립하고 석굴을 조영했으
며, 경전을 새기고 상을 만들었다. 그리고 불교예술
의 많은 장엄의장을 묘주도에 이용했다. 묘주는 누
각이나 유장 안에 앉아있고, 불상은 화개華蓋 아래
에 있다. 북조시대에 조성된 돈황의 불상 가운데는
궐문闕門 아래에 표현된 경우도 있다. 이런 묘주상
과 불상의 공통점은 모두 폐쇄된 예의 공간 안에 있
다는 점이다. 정면의 묘주상은 모두 앉아 있는데,
불상의 가부좌와 매우 유사하다. 묘주 양측에 공손
히 선 시종들은 불상 양쪽에 시립한 보살이나 제자

도15 평양 덕흥리고분 전실의 묘주도, 고구려(필자 그림)

II. 남북조시대

도16 평양 안악3호분. 고구려(357) (Kim Lena, *Koguryo Tomb Murals*, Seoul: ICOMOS-Korea, Culture Properties Administration, 2004, p.8)

와 유사하다. 이와 같은 형식적 공통점은 양자가 소통하기 위한 전제였을 뿐 아니라, 소통을 통해 더욱 강화되었다. 그리하여 덕흥리묘 묘주상의 두 귀는 아래로 늘어져 보통 사람과 다른데, '이는 곧 불상이 가진 상호의 특징'이라는 설득력 있는 견해가 제시되었다.(도7, 도15)[65]

동진 이후, 묘주도에 주목할 만한 변화가 출현한다. 평양 안악에서 발견된 안악3호분(357년)(도16)과 운남성 소통昭通의 동진시대 곽승사묘霍承嗣墓[66]의 묘주상은 모두 손에 주미麈尾를 들고 궤几를 가슴 앞에 품고 있다. 지리적으로 거리가 매우 먼 안악과 소통의 두 무덤에서 공통의 '기물'이 출현하는 것은 이것들이 당시에 널리 유행했음을 의미한다. 위魏 정시正始 연간 이래로 명사들은 대부분 주미를 들고 청담을 했는데, 이후 너도나도 따라하여 풍속으로 자리 잡았다. 다시 말해 주미는 명사들의 우아한 기물이 되었다.[67] 그리고 세 다리가 달린 궤는 당시에는 '고풍스런' 가구로 간주됐다.[68] 화면 속의 묘주는 궤에 기대고 주미를 잡고 있는데, 이런 모습은 당시에 매우 유행했다. 흥미로운 현상은 북조에서

---

65 "佛耳普垂埵, 旋生七毛, 輪郭衆相." 『佛說觀佛三昧海經 · 觀相品』, T15, p.656中.

66 雲南省文物工作隊, 「雲南省昭通後海子東晉壁畫墓淸理簡報」, 『文物』1963년 제12기, pp.1-6.

67 孫機, 「諸葛亮拿的是"羽扇"嗎?」, 孫機 · 楊泓, 『文物叢談』, 北京: 文物出版社, 1991, pp.171-178.

68 楊泓, 「隱几」, 『文物叢談』, pp.263-266.

도17 이요귀(李要貴) 조성 천존상, 북주(필자 그림)

출현하는 도교의 천존상이 전체적으로 불교조상을 모방하고 있음에도 불구하고, 여전히 손에 주미를 들고 궤에 기대는 형상으로 나타난다는 것이다.(도17)[69] 이런 사례들을 통해 당시 집안의 사당이나 무덤의 사당에서 죽은 선조의 화상을 어렵지 않게 볼 수 있었고, 그 형상은 현재 우리가 무덤에서 보는 화상과 같으며, 당시의 장인은 종종 종교예술과 세속예술을 모두 제작했음을 알 수 있다. 그렇다면 천존상의 조형은 일상 속 도사나 법사들의 형상에서 유래할 뿐 아니라, 이미 만들어진 예술품의 영향을 직접적으로 받았을 수도 있다.

5. 묘주도의 사실성 문제

묘주도가 그리고자 한 것은 특정 인물이다. 그러므로 초상화의 특징들을 구비해야만 했다.[70] 미술사학자들은 중국 고대 초상화의 사실성 문제에 주목했다. 그러나 한대 자료를 대상으로 한 연구에는 전혀 다른 두 관점이 존재한다. 나가히로 도시오長廣敏雄는 한대 초상화의 사실적인 수준에 대해 비교적

---

69 도17은 이요귀(李要貴) 등이 북주 천화 2년(567) 제작한 천존상으로, 일본 동경예술대학 소장이다. 사진의 출처는 金申,『中國歷代紀年佛像圖典』, 北京: 文物出版社, 1994, p.294.

70 서양회화 속의 portrait와 portraiture를 중국에서는 일반적으로 '초상' 혹은 '초상화'로 번역한다. 그러나 중국 고대문헌을 살펴보면, '초상'은 처음에는 화상을 지칭하지 않았다.『淮南子·氾論訓』의 "嫌疑肖象者, 衆人之所以眩耀."에 대해 고유(高誘)는 "肖象, 似也"라고 주를 달았다(劉文典,『淮南鴻烈集解』, 北京: 中華書局, 1989, p.451). 현대의 학자들은 일반적으로 '초상화'의 개념을 빌려 중국 고대의 '전신(傳神)', '사진(寫眞)', '사조(寫照)' 등의 인물화를 연구한다. 중국예술 속 '초상화'의 정의에 대해서는 Audrey Spiro, *Contemplating the Ancients*, University of California Press, 1990, pp.1-11를 참조. 산궈치앙(單國強)은 「肖像畫歷史槪述」(『故宮博物院院刊』 1997년 제2기, pp.59-72)에서 이 개념을 좀 더 넓게 적용했다. 본고에서는 '초상화'란 단어를 좀 더 엄격하게 사용하여 실재하는 특정인물의 화상만을 지칭하며, 허구 또는 문학적인 인물이나 역사인물(열녀, 효자, 죽림칠현 등)의 형상은 포함하지 않는다. 초상화의 목적은 인물을 표현하는 데 있으며 이야기와 사건을 표현하는 데 있지 않다. 묘주도는 실재했던 인물을 묘사한 것이므로 비록 개성을 표현하는데 일부 부족한 점이 있더라도(후술함), 여전히 초상화의 범위 안에서 연구할 수 있다.

도18a 산동성 임기 금작산 9호묘 백화 속의 묘주도, 전한(『文物』 1977년 제11기, 封2)

도18b 산동성 임기 금작산 민안 4호묘 백화 속의 묘주도 (필자 그림)

높은 평가를 내렸지만,[71] 싱이톈邢義田은 다음과 같이 다른 평가를 내리고 있다.

기본적으로 한대 화상에는 신분을 드러내야 하는 다량의 인물이 있다. 그러나 당시의 석공은 인물을 개성적인 모습으로 묘사하는 것, 즉 사람들이 묘사된 인물을 보고 단박에 특정 인물임을 알아차리도록 하는 데는 무관심한 듯하다. 그들은 일반적으로 제기題記, 혹은 자로子路처럼 의복과 장신구의 특징을 통해, 또는 〈이도살삼사도二桃殺三士圖〉처럼 이미 정해진 배치 등을 통해 인물을 드러내고자 했다. 진한시대의 조형예술 가운데에 상당히 사실적인 작품은 있지만, 진정한 의미의 초상화나 초상조각은 없다. 진시황릉의 도용과 한나라 경제 양릉의 도용은 얼굴이 다르지만 여전히 형식화되고 격식에서 벗어나지 못한 인물들이 중복적으로 출현한다. 『서경잡기西京雜記』에서는 장안의 화공이 사람의 형상을 그리고 "잘생김과 추함, 그리고 노소가 모두 그 진실함을 얻었다"고 기록하고 있지만 현재 우리가 볼 수 있는 한대 그림 가운데 이런 작품은 아직 찾아볼 수 없다.[72]

나가히로는 주로 문헌자료에 의존한 데 비해, 싱이톈은 도상자료를 분석하여 결론을 도출해냈다. 비록 싱이톈의 글에서 언급한 '사실'과 '초상' 등의

71 長廣敏雄, 「漢代肖像畵の精神史的背景」, 長廣敏雄, 『中國美術論集』, 東京: 平凡社, 1984, pp.183-197.

72 邢義田, 「漢代畵像內容與榜題的關系」, 『故宮文物月刊』 총161호(臺北), 1996년 8월, pp.71-83. 수정본은 그의 저서 『畫爲心聲──畫像石·畫像磚與壁畫』 pp.67-91. 본문 인용 부분의 수정내용은 p.82에 수록되어 있다.

개념이 본고와는 조금 다르지만, 그럼에도 불구하고 필자는 싱이톈의 주장이 역사적 사실에 더 가깝다고 생각한다.

이른바 '사실', 혹은 '닮음'은 화상과 묘사된 대상을 서로 비교했을 때 성립한다. 쉽게 말하면 화상은 그려진 인물과 같은 모습과 신체적 특징을 가지고 있어야 한다. 초기 무덤의 묘주도는 도상자료가 풍부하므로 이 문제에 대해 어느 정도 구체적인 논의가 가능하다.

두 종류의 한대 화상을 살펴보자. 하나는 산동성 임기 금작산 9호묘와(도18a) 최근 출토한 금작산 민안民安 공사현장의 4호묘에서 나온 명정 위의 묘주상이다.(도18b) 양자는 양식이 매우 흡사하여 마치 동일한 무리의 화공이 그린 듯하다. 다른 한 사례는 가상현의 무씨사武氏祠, 송산宋山사당, 그리고 남무산南武山사당 정벽의 묘주상이다.(도19, 도20)[73] 제임스Jean M. James는 무씨사와 송산사당을 동일 공방에서 나온 작품으로 추정했는데,[74] 확실히 이 두 종류의 화상은 동일한 화고畵稿를 사용했으며,[75] 따라서 동일

a

b

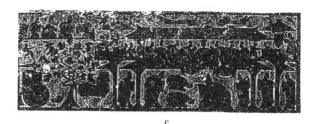

c

d

도19 산동성 가상 무씨사와 남무산사당의 묘주도

a 무량사(朱錫祿, 『武氏祠漢畫像石』, 濟南: 山東美術出版社, 1986, p.17의 도7)

b 무씨사 전석실(『武氏祠漢畫像石』, p.20의 도11)

c 무씨사 좌석실(『武氏祠漢畫像石』, p.61의 도60)

d 남무산사당(朱錫祿, 『嘉祥漢畫像石』, p.61의 도78)

73 蔣英炬・吳文祺, 『漢代武氏墓群石刻研究』, 濟南: 山東美術出版社, 1995, 도판 22-24; 濟寧地區文物組 等, 「山東嘉祥宋山1980年出土的漢畫像石」, 『文物』 1982년 제5기, p.67; 朱錫祿, 『嘉祥漢畫像石』, 濟南: 山東美術出版社, 1992, p.61의 도78.

74 Jean M. James, *An Iconographic Study of Two Late Han Funerary Monuments: The Offering Shrine of the Wu Family and the Multichamber Tomb at Holinger*, Ph.D dissertation , the University of Iowa, 1983, pp.268-286.

75 학자들은 일반적으로 한대에 화고가 있었을 것으로 추정하고 있다. 『한서・예문지』에는 '『공자도인도법(孔子徒人圖法)』 2권'을 언급하고 있는데, 처음 이 기록에 주목한 것은 Martin Powers이다. 이에 대해서는 Martin Powers, "Pictorial Art and its Public in Early Imperial China", *Art History*, vol.7, no.2, 1984, p.141 참조. 싱이톈 역시 "이것은 문헌에서 한대 도보(圖譜)를 언급한 분명하고도

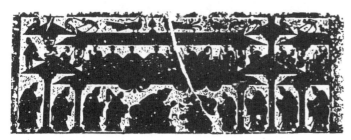

도20 산동성 가상 송산사당의 묘주화상(『嘉祥漢畵像石』, pp.5-53, 도62-65)

형식을 가지고 있다.

후한 후기에 완성된 초기 도교이론서 『태평경太平經』 권36의 「사사부득과생법事死不得過生法」에서는 무덤 안의 화상을 언급하면서 "삶이란 근본이다. 죽음이란 거짓이다. 왜 거짓이라고 부르는가? 실은 그 사람이 뭘 원하는지 볼 수 없으나 산 자들이 만든 것이니 잘못된 그림으로 그 살아있을 때를 형용했다. 헛된 것을 지키고 중요한 핵심을 채우지 않는다"[76]라고 지적했는데, 당시 지나친 과장과 허망하고 내용 없는 수법이 매우 흔했음을 알 수 있다.

싱이톈은 "설령 어느 화공이 형상을 그대로 그리는 능력이 있었다 하더라도, 그것이 화공 모두가 그런 능력을 가지고 있다는 것을 의미하지 않으며, 또한 당시에 정말로 오묘하게 모방하는 것에 관심이 있었다는 것을 의미하지도 않는다"고 했다.[77] 그는 '당시의 유행'이 어떤 것인지를 서술하는 데는 관심이 없으며, 문화적 배경에 대한 연구야말로 문제를 해결할 수 있는 관건이라고 말했다. 즉 묘주도가 진짜를 모방했는지 아닌지를 밝혀내는 관건은 화가의 능력이 아닌 당대의 관념을 바탕으로 하는 사실성에 관한 요구에 있다. 이런 요구의 유무는 사실적인 기법의 발전에 영향을 미쳤다.

상술한 내용들을 통해 우리는 적어도 세 방면으로부터 묘주도에 나타난 고인들의 관념과

거의 유일한 사례"라고 언급했다. (邢義田, 「漢代壁畵的發展和壁畵墓」, 『畵爲心聲─畵像石 · 畵像磚與壁畵』, p.38).

76 "生者, 其本也; 死者, 其僞也. 何故名爲僞乎 ? 實不見睹其人可欲, 而生人爲作, 知妄圖畵形容過其生時也, 守虛不實核事." 王明, 『太平經合校』上冊, 北京: 中華書局, 1960, p.53.

77 邢義田, 『畵爲心聲─畵像石 · 畵像磚與壁畵』, p.82.

사실적인 양식의 관계를 밝혀낼 수 있다. 첫째, 묘주도는 사자의 영혼을 상징하는 것으로 인물의 얼굴과 형태, 오관에 대한 세밀한 묘사를 요구하지 않았으며, 단지 대략 그 형태를 갖추어 제사 등 의례의 수요를 만족시켜 줄 것만을 요구했다. 둘째, 보편적으로 존재하던 화상의 금기는 화가의 창작과 묘사되는 대상을 분리시킴으로써 사생寫生(옛사람들은 '실대實對'라 불렀다)이 보편적인 회화방식이 될 수 없도록 했다. 셋째, 묘주도는 종교조상의 영향을 받아 필연적으로 신상과 마찬가지로 형식화의 경향을 띤다. 이런 배경 아래 문자는 그림의 사실성을 요구하지 않았고, 그 결과 화가의 정밀하고 섬세한 관찰력은 쓸모없는 능력이 되어버렸다.

일찍이 나가히로는 한대에 상마술相馬術과 상인술相人術이 매우 유행했으며, 이 때문에 화가는 사람들을 자세히 관찰하고, 매우 사실적인 초상화를 창작할 수 있다고 보았다. 이런 추론은 성립하기 어렵다. 상인술은 사람의 얼굴형과 오관을 인위적으로 다른 유형으로 나누고, 귀천과 화복 등의 명운을 억측하는 것이다. 만약 이 이론이 화가들에게 수용되었다면,[78] 그들은 완벽하게 아름답고 부귀상이 가득한 얼굴의 인물화를 그리고자 했을 것이다.

많은 학자들이 전한의 궁정화가가 왕소군王昭君을 비롯한 궁녀도를 그린 일을 인용해 한대 인물화의 사실적 수준을 증명하고자 했다. 이 고사는 아주 오랫동안 퍼졌고 심지어 『역대명화기』 등의 미술사 저서에도 인용되었다. 관련 기록 가운데 가장 이른 것은 『서경잡기西京雜記』 권2로, 소군이 변방의 흉노에게 시집 간 것은 화공이 그의 모습을 추하게 그려놓아 원제元帝가 잘못 선발했기 때문이라고 묘사하였다.[79] 『서경잡기』는 한대 유향劉向의 저작으로 알려졌으나, 현재는 진대晉代 갈홍葛洪의 저작으로 보는 경향이 크다. 궁정의 일, 뛰어난 문장과 기이한 재주, 그리고 신을 찾아 나서거나 기이한 것을 잡아나서는 일 등을 다수 기록했다. 그러므로 모두 믿을 만한 사실로 보기는 어렵다. 왕소군이 변방으로 나간 일에 대해 『한서』는 원제가 그를 시집보낸 것으로 기록했으며,[80] 『후한서』는 왕소군이 궁중에서 총애를 받지 못해 스스로 자원해서 간 것으로 기록하고 있다.[81] 반면 『서경잡기』에는 당시의 인물화가 촬영술에 매우 근접한 것으로 말하고 있는데, 믿기 어렵다.

이 고사는 한대 혹은 조금 뒤에 만들어졌는데, 비록 하나의 환상이라 하더라도 사실을 반영한다. 즉 당시 사람들이 어떤 의미에서는 화상이 진짜와 똑같기를 바라고 있었다는 것이다. 이런 소망은 위진

78 상술(相術)의 이론은 화가의 관찰과 훈련방식에 영향을 주었을 것이다. 연대가 늦은 사례를 통해 그 사실을 설명할 수 있다. 청대 정고(丁皋)가 저술한 『사진비결(寫真秘訣)』에는 창작과정에 대해 논의하고 있는데, 항상 지리적 형태와 사람의 생리구조를 대비하면서 상면술의 단어를 대량으로 차용하고 있다. 프랑스의 Hubert Delahaye도 이 문제를 주목한 바 있다. 이에 대한 논의는 德羅繪(Hubert Delahaye), 「肖像畵」, 龍巴爾·李學勤 主編, 『法國漢學』 제1집, 北京: 淸華大學出版社, 1996, pp.116-130.

79 向新陽·劉克任 校注, 『西京雜記校注』, 上海: 上海古籍出版社, 1991, p.67.

80 『漢書·元帝紀』, p.297.

81 『後漢書·南匈奴列傳』, p.2940.

시대 이후 고개지 등의 노력을 거쳐 초상화가 성숙한 단계로 발전할 수 있도록 했다.[82] 하지만 이처럼 심미적 취미가 변화한 원인은 본문의 주제가 아니므로 여기서는 논의하지 않는다.

위진남북조시대에 화가들의 사실적 기법이 발전함에 따라 묘주도 역시 더욱 정교하고 세밀해졌다. 안악3호분의 묘주도는 용필과 색의 사용이 매우 정미하여 머리털 하나하나까지 그려냈다.(도16) 그리하여 시대가 근접한 가욕관嘉峪關의 조위曹魏시대 단청묘段淸墓에 묘사된 〈진식도進食圖〉,[83] 운남성 소통곽승사묘의 묘주도 등의 간단하면서 소박한 양식과는 매우 다르다. 일부 학자는 안악3호분의 벽화가 당시 초상화의 수준을 대표한다고 했는데, 그렇더라도 이처럼 정교하고 세밀한 작품이 과연 묘주 본인의 형상을 진실로 그려낸 것인지에 대해서는 신중할 필요가 있다.

이 문제를 좀 더 살펴보기 위해 안악3호분 화상과 매우 유사한 양식을 가진 평양 덕흥리고분의 묘주도를 살펴보자. 이 묘는 단지 '□□鎭' 한 사람만을 매장했는데, 상술한 후실의 묘주도(도7) 말고 전실에도 묘주도가 있다.(도15) 다른 그림들과 대조분석해보면, 두 폭의 화상은 동일인을 묘사했음이 분명하다. 그럼에도 두 사람의 얼굴에는 분명한 차이가 존재하여 얼굴 형태나 수염의 빽빽한 정도 등 표층적인 표식조차 같지 않다. 그러므로 우리는 이렇게 다른 두 그림을 근거로 묘주의 모습을 복원할 방

도21 하북성 자현 여여린화공주묘의 묘주도, 동위(『文物』1984년 제4기, p.15)

법이 없다.

사실 안악3호분의 묘주도 양식의 단서는 후한 후기의 안평 녹가장묘에서 출현한다. 안평묘, 안악3호분, 덕흥리고분 등의 묘주도를 비교해보면, 다른 화가의 손에서 나온 작품들이 대동소이하다는 사실을 쉽게 알아차릴 수 있다. 즉 그림 속 인물의 얼굴은 모두 네모반듯하고 단정하며 엄숙하여 형식화된 특징이 명백하다.(도7~8, 15~16) 이런 경향은 하북성 자현磁縣 출토 동위 무정 8년(550) 여여인화공주茹茹鄰和公主 여질지련묘閭叱地連墓의 묘주도까지 이어지는데,(도21)[84] 공주의 얼굴은 주위의 시녀들과 분간이 어려울 정도다.

사회에서 보편적으로 신봉되는 가치관의 영향 아래, 화공들은 묘주도 속의 의관, 누각, 유장, 병풍, 빙궤凭几, 주미 등을 지나치게 크고 화려하게 묘사했다. 이를 통해 그들은 피장자의 존귀함, 생활의 부유함과 화려함, 그리고 상현호고尙玄好古의 정신적 추구 등을 표현하였다. 사자의 친속이나 친구 등

82 앞서 인용한 산궈치앙의 글에서 중국 초상화에 대한 편년이 시도되었는데, 필자는 이를 참조했다.
83 甘肅省文物工作隊·甘肅省博物館·嘉峪關文物管理所, 『嘉峪關壁畵墓發掘報告』, 北京 : 文物出版社, 1985, 圖版58,1.
84 湯池, 「東魏茹茹公主墓壁畵試探」, 『文物』1984년 제4기, p.15.

의 욕구를 만족시키기 위해 미화된 초상화는 미사여구로 가득 찬 묘지墓誌와 함께 사자의 무덤에 넣어져 봉해진다. 이것들은 한대 이래 무덤에 대량으로 출현하는 이른바 '현실생활' 소재의 도상과 마찬가지로 단지 사실의 굴절일 뿐이며, 결코 사실 그 자체는 아니다.

전통적 관념과 고정화된 형식은 줄곧 묘주도의 발전을 제어했다. 전국시대와 양한兩漢시대의 화상만이 천편일률적인 표준형식을 띠는 것은 아니며, 위진시대 이후 적지 않은 화상이 양식적으로 더욱 정교하고 세밀해졌음에도 여전히 고개지 등이 주장한 '사진전신寫眞傳神'과는 거리가 멀었다. 그러므로 고고학적으로 발견된 민간예술 자료를 가지고 문헌기록에 나타난 전문화가의 회화이론들을 검증하고자 하는 수법은 설득력을 가지기 어렵다.

본문은 원래 山東大學考古學系 編, 『劉敦願先生紀念文集』(濟南: 山東大學出版社, 1998, pp.450-468)에 실린 것으로, 1997년 초 필자가 시카고대학 미술사학과 방문연구 당시 완성했다. 그때 우훙 교수와 유진 왕汪悅進 교수가 초고를 읽고 지적을 해주었다.

10여 년이 지난 지금, 다시 이 글을 읽어보니 자못 거친 감이 있다. 논문 발표 이후 다른 연구자들이 여러 차례 이 글을 인용하였다. 나무로 이미 배를 완성했으니 다시 원래대로 되돌릴 수는 없다. 이번에 본서에 수록하면서 단지 문자와 주석 등을 정정했는데, 여기에서 관련 문제에 대해 보충설명을 하고 싶다. 글의 제목은 고구려 덕흥리 고분벽화 보고서를 읽을 때 우연히 떠올랐는데, 일단 글을 쓰기 시작하자 문제가 매우 복잡하다는 사실을 알아차렸다. 그러나 당시 필자가 가진 지식의 한계로 논의를 간단하게 만들어버렸다. 이 글이 아직도 의미가 있다면, 여러 가지 문제를 제기하고 학자들에게 이 문제에 대해 주의를 환기시켰다는 데 있을 것이다. 그러나 아직도 문제를 해결해가야 하는 길은 한참이나 멀다.

본고에서는 묘주도의 변화와 기능, 정면상의 형성 과정과 문화적 배경, 한대에 산 자들이 화상을 그리지 않았던 금기, 그리고 이런 회화의 비사실성 등을 논의했다. 현재까지는 필자 자신이 본고에서 논의한 기본적 견해를 수정할 생각은 없다. 그러나 반드시 짚고 넘어가야 할 것은 새로운 고고학적 발견이 기존 해석에 도전장을 내밀고 있다는 점이다. 즉 2000년 발견된 섬서성 순읍현

旬邑縣 백자촌百子村 후한시대 무덤[85]의 제기題記
는 후한 후기 일부 무덤의 경우 무덤이 완성된 후
와 하장下葬 이전에 일정 기간 사람들에게 개방되
었음을 말해주고 있다. 그렇다면 고분벽화를 보
는 자, 기능과 제재 등에 대해서는 어느 정도 새
로운 해석을 내려야만 한다.[86] 이 무덤의 또 다른
특수한 현상은 후실에 "화사공畫師工", "화사공부
인畫師工夫人"의 형상이 출현하는 점이다. 화사공
은 벽화를 그린 화공일 텐데, 그렇다면 필자가 언
급한 '한대인은 생전에 화상을 그리지 않았다'는
결론과 모순된다. '화사공'의 상像은 자화상이거
나, 피장자의 수하에 있던 장인으로 이해할 수도
있다. 이는 특수한 사례긴 하지만, 이를 통해 연
구자들은 문제의 복잡성에 주목해야 한다. 이와
관련하여 장보친姜伯勤은 당대唐代 사원의 '영당影
堂' 연구를 통해 생전에 화상을 제작한 많은 당대
인의 실례를 열거했다.[87] 또한 레이원雷聞은 수당
시기 사관寺觀에서 공봉한 황제상 관련자료를 다
량으로 수집했다.[88] 실제로 송대까지, 심지어는
근대까지도 민간에서 생전에 화상을 제작할 것인
가의 여부에 대해서는 여전히 다른 견해가 존재
했다. 이에 관해서는 필자의 다른 책에서 대강 언
급했다.[89]

본서에 함께 수록된 북제 서현수묘 및 북주 강
업묘의 묘주도와 관련한 연구들은 상술한 문제
의식의 연속선상에서 발전한 것이다. 최근 차이
성방柴生芳,[90] 텐리쿤田立坤,[91] 류웨이劉未,[92] 여우
치우매이游秋玫,[93] 리링李零,[94] 우홍巫鴻,[95] 장펑張

---

85 관련 보도는 陝西省考古研究所,「陝西旬邑發現東漢壁畫墓」,『考古與文物』2002년 제3기, p.76; Susan Greiff, Yin Shenping: *Das Grab des Bin Wang: Wandmalereien der Östlichen Han-zeit in China,* Verlag des Römisch-Germanischen Zentralmuseums in Kommission bei Harrassowitz Verlag · Wiesbaden, Mainz, 2002.

86 이에 대해서는 본서「한대 상장화상(喪葬畫像)의 관람자」참고.

87 姜伯勤,『敦煌藝術宗教與禮樂文明』, 北京: 中國社會科學出版社, 1996, pp.77-86.

88 雷聞,『郊廟之外―隋唐國家祭祀與宗教』, 北京: 生活·讀書·新知三聯書店, 2009, pp.115-155.

89 鄭岩,『中國表情―文物所見古代中國人的風貌』, 成都: 四川出版集團四川人民出版社, 2004, pp.146-155.

90 柴生芳,「東魏北齐壁畫墓の研究―正面向き墓主像を中心として」,『美術史論集』제2호, 神戶大學美術史研究會, 2002년 2월, pp.11-25.

91 田立坤,「袁臺子壁畫墓の再認識」,『文物』2002년 제9기, pp.41-48.

92 劉未,「遼陽漢魏晉壁畫墓研究」, 吉林大學邊疆考古研究中心 編,『邊疆考古研究』제2집, 北京: 科學出版社, 2003; 劉未,「鄭岩《魏晉南北朝壁畫墓研究》書評」, 中山大學 藝術史研究中心 編,『藝術史研究』제5집, 廣州: 中山大學出版社, 2003, pp.518-520.

93 游秋玫,「漢代墓主像的圖像模式·功能與表現特色」, 臺北: 臺灣大學藝術史研究所 碩士論文, 2007.

94 李零,「中國古代的墓主畫像―考古藝術史筆記」,『中國歷史文物』2009년 제2기, pp.12-20.

95 Wu Hung, *The Art of the Yellow Springs: Understanding Chinese Tombs,* Honolulu: University of Hawaii Press, 2009, pp.68-84.

鵬,[96] 리칭취안李淸泉,[97] 및 후루다 신이치古田眞一[98] 등 많은 학자들이 이 문제에 대해 주목할 만한 견해들을 발표했다.

본문은 기본적으로 묘주 정면상의 문제에 한정했다. 그러나 이런 작품, 또는 이와 관련된 문화현상이 중국미술사에서 어떤 의미를 가지는가는 설명하지 못했다. 이 문제를 해결하기 위해서는 시야를 좀 더 확대할 필요가 있다. 문헌을 보면 동주시기에 이미 다양한 제재의 건축벽화가 나타났지만, 무덤에서 화상이 다량으로 출현하는 것은 한대가 확실하다. 선진시대 무덤의 예술품과 비교할 때, 한대 상장건축의 화상예술에서 가장 주목을 끄는 변화는 다량의 인물 제재가 청동시대의 동물 제재를 대신한 점, 그리고 도상의 신비적인 색채가 점점 퇴색하고 인물이 예술의 주제가 되어간 것이다. 변화의 원인은 다양한데, 사회관계와 사회구조의 변화가 중요한 요소라 할 수 있다. 바로 이 시기에 서주 이래의 혈연을 기초로하는 종법제도가 파괴되고 소농경제가 건립됨으로써, 소가족이 사회의 기본단위가 되었다. 상주시기에 출현했던 먼 선조에 대한 숭상은 이제 근친에 대한 제사로 변화했으며, 효의 관념이 사람들 마음속 깊이 파고들었다. 그리하여 이전과 달리 무덤의 개인화 특징이 더욱 현저히 나타난다.

사자는 무덤의 주인공이며 각종 예술제재의 가장 핵심적인 내용이 된다. 어떤 의미에서는 거의 모든 내용이 묘주의 형상을 만들어내는 것을 둘러싸고 전개된다고 해도 좋을 정도다. 도상의 설계는 사회에서 통용하는 상장관념에 영향을 받지만, 사자 개인의 요구와 더욱 관련이 깊다.

한대인은 확실히 이런 예술작업 과정에서 여러 실험을 했다. 그러므로 정면상 이외의 다른 형식의 묘주상에 대해서도 주목해야 한다. 내몽고 화림격이和林格爾 소판신小板申 벽화묘는 거마행렬, 성지城池와 관부官府 등을 통해 묘주의 경력을 표현했으며, 하북성 망도望都 소약촌묘所藥村墓 벽화는 속리屬吏를 통해 묘주의 신분과 위의威儀 등을 표현했다. 혹은 다른 제재들을 통해 묘주와 제작자가 생각하는 갖가지 천리天理와 인욕人慾 등을 표현했다. 이런 형식들은 모두 묘주형상을 만들어냈다. 그런데 이 무덤들은 모두 황실이나 고급 귀족묘가 아니며 민간적 색채가 농후하다. 즉 제도의 제약을 적게 받는데, 벽화와 화상석이 성행하던 후한 후기에 이르러서도 무덤 화상에 대한 통일된 규칙이나 제도가 출현하지 않으며 비교적 자유롭게 제작되었다. 화공과 제작자는 작품의 제작에서 운신의 폭이 큰 편이었다. 위진시대 이후 한대 고분 벽화 가운데 묘주형상을 표현

96 張鵬,「勸世與娛情—宋金墓葬壁畫中的一桌二椅到夫婦共坐」, 巫鴻 · 鄭岩 主編,『古代墓葬美術研究』, 北京: 文物出版社, 2011, pp.313-328.

97 李淸泉,「墓主夫婦"開芳宴"與唐宋墓葬風氣之變—以宋金時期的墓主夫婦對坐像爲中心」,『第二屆古代墓葬美術研究國際學術會議論文』(北京), 2011년 9월.

98 古田眞一,「中國壁畫墓における墓主人の表現をめぐつて—昇仙から墓主宴飲圖へ—」, 徐光冀 總監修, 古田真一 監修 · 翻訳,『中國出土壁畫全集』別卷, 東京: 科學出版社東京株式會社, 2012, pp.7-23.

하는 여러 방법들은 계승되기도 하고 도태되기도 하면서 새로운 문화적 요소들을 첨가했다. 동위·북제시기에 이르러 도성 업성鄴城 일대에 출현한 많은 대형무덤에서 점점 관방官方 계통의 제도가 형성되었다. 그러나 여전히 정면의 묘주상, 그리고 비록 간략하거나 복잡한 차이는 있지만 출행의 장면 등은 생략할 수 없는 제재가 되었다. 그렇다면 묘주형상을 핵심으로 하는 한대 상장미술은 확실히 양한 전후 중국미술사의 중요한 변화를 반영하고 있다고 할 것이다. 앞으로 이에 대한 심층 연구가 진행되어야 할 것이다.

묘주 도상의
전승과 변화

●

북제
서현수묘徐顯秀墓를
중심으로

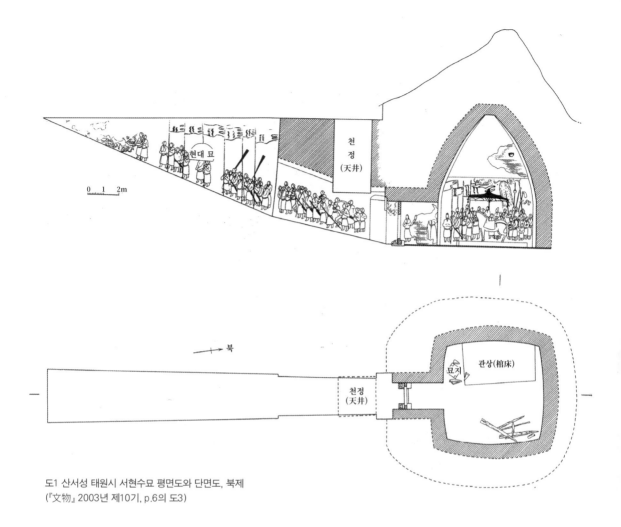

도1 산서성 태원시 서현수묘 평면도와 단면도, 북제
(『文物』 2003년 제10기, p.6의 도3)

일찍이 필자는 한대 자료를 중심으로 중국 고대 무덤의 묘주도 문제를 논의한 적이 있다.[1] 이후 새로운 고고학적 자료가 지속적으로 발견되었는데, 그 가운데 2000년부터 2002년 산서성 태원太原 왕가봉王家峰에서 발굴된 북제 무평 2년(571) 사공무안왕司空武安王 서현수묘 벽화가 중요하다.[2] 새로운 자료들을 바탕으로 이전에 제기한 문제들에 대해 좀

더 깊고 넓게 논의할 수 있게 되었다.

서현수묘는 남향이며, 길게 경사진 묘도를 가진 단실묘單室墓다.[도1] 묘실의 네 벽은 직선이 아닌 호형弧形으로, 정벽에는 묘주 부부와 남녀 시종을, 좌우 양벽에는 우거牛車와 안장을 얹은 말[鞍馬]을, 둥근 천장에는 천상天象과 신수神獸를, 묘문 양측과 용도甬道에는 문리門吏를, 긴 묘도의 북벽에는 문루

---

1 본서 「묘주도(墓主圖) 연구」 참조.

2 山西省考古硏究所 · 太原市文物考古硏究所, 「太原北齊徐顯秀墓發掘簡報」, 『文物』 2003년 제10기, pp.4-40, 표지, 표지2, 표지 안쪽; 太原市文物考古硏究所, 『北齊徐顯秀墓』, 北京: 文物出版社, 2005.

도2 산서성 태원시 서현수묘 묘실벽화 전개도, 북제(『文物』 2003년 제10기, p.16의 도20)

門樓를, 두 벽에는 의장고취儀仗鼓吹와 신수를 그렸다.(도2)

본문은 두 가지 방면에서 서현수묘의 묘주도를 살펴보고자 한다. 첫째, 묘실·용도·묘도의 벽화가 무덤의 건축구조에 의존하여 완벽하게 유기적인 도상체계를 형성하고 있는데, 여기서 중심은 묘주도다. 그러므로 우리는 벽화의 전체적인 체제 속에서 각 부분의 관계를 살펴볼 수 있으며, 이를 바탕으로 묘주도의 의미를 관찰할 수 있다. 둘째, 묘실 안의 벽면이 넓고 평평한데, 화공에게 이런 장방형 벽면은 큰 폭의 비단과 같았을 것이다. 그러므로 우리는 각 벽면에 그려진 벽화가 개별적으로 제작되었다고 볼 수 있으며,[3] 따라서 묘주도가 그려진 정벽을 상대적으로 독립된 한 폭으로 보고 논의를 전개해도 될 것이다. 아래에서는 이와 같은 두 측면으로부터 도상의 특징을 관찰하고 나아가 이와 관련된 역사적, 문화적 배경에 대해서도 함께 논의하고자 한다.

1. 묘주도의 출현과 성격의 변화

서현수묘 묘실 북벽의 벽화에는 26명의 인물이 등장하는데, 중앙에 묘주 부부가 유장帷帳 안에서 칠기 술잔을 들고 정면향으로 단정하게 앉아 있다. 묘주 부부의 시선은 앞을 향하며, 양쪽으로 나눠 선 남녀 시종들은 음식 그릇을 들거나 악기를 연주하고, 혹은 부채 등의 의장기물을 들고 있는데 장면이 매우 방대하다.(도3)

---

3 이 무덤의 정벽과 좌우 양벽의 화면은 비록 제재상 관련되어 있지만, 모서리가 만나는 지점의 인물상 사이에 엄밀한 연속관계를 찾기는 힘들다. 우거와 안마의 위치는 좌우가 바뀌어 정벽의 묘주부부상과 서로 대응하지 않는데, 이미 완성된 화본을 사용했기 때문일 것이다.

도3 산서성 태원시 서현수묘 묘실 북벽 벽화, 북제(『文物』2003년 제10기, p.21의 도29)

　　상술한 내용은 전통적인 고분벽화의 제재와 구도다. 유사한 내용을 표현한 북제시대 무덤은 매우 많다. 산서성 태원 왕곽촌 무평 원년(570) 동안왕東安王 누예묘婁睿墓 묘실 정벽의 묘주 부부 초상,[4] 산동성 제남시 마가장馬家莊 무평 2년(571) '축아현령□도귀묘祝阿縣令□道貴墓' 북벽의 병풍 앞에 단정히 앉은 묘주도,[5] 하북성 자현磁縣 동괴수촌東槐樹村 무

평 7년(576) 좌승상문소왕左丞相文昭王 고윤묘高潤墓 정벽의 유장 속에 앉은 정면의 묘주상,[6] 태원 제1열 전창熱電廠 북제시대 무덤 정벽의 유장에 단정히 앉은 세 명의 여성,(도4)[7] 그리고 최근 보도된 산서성 삭주朔州 수천량水泉梁 북제시대 무덤 정벽의 유장 아래 앉은 부부상[8] 등이 있다.

　　그리고 연대가 조금 이른 것으로 자현 대총영촌

4　山西省考古研究所 · 太原市文物考古研究所,『北齊東安王婁睿墓』, 北京: 文物出版社, 2006, 도57.

5　濟南市博物館,「濟南市馬家莊北齊墓」,『文物』1985년 제10기, pp.42-48, p.66.

6　磁縣文化館,「河北磁縣北齊高潤墓」,『考古』1979년 제3기, pp.235-243, p.234.

7　山西省考古研究所 · 太原市文物管理委員會,「太原南郊北齊壁畫墓」,『文物』1990년 제12기, pp.1-10.

8　山西省考古研究所 · 山西省博物館 · 朔州市文物局 · 崇福寺文物管理所,「山西朔州水泉梁北齊壁畫墓發掘簡報」,『文物』2010

도4 산서성 태원시 제1열전창 무덤 묘실 북벽 벽화, 북제(『文物』 1990년 제12기, p.9의 도4)

大塚營村 동위 무정 8년(550) 여여공주茹茹公主 여질 지련묘閭叱地連墓 정벽의 묘주와 시녀의 입상이 있 지만,[9] 묘주의 형상이 매우 불명확하다. 북위 무덤 의 정면 묘주도는 비교적 흔한 편이다. 낙양 천도 이전의 무덤 가운데 산서성 대동시 사령沙嶺 태연 원년(435) 임시중·평서대장군任侍中·平西大將軍 등을 역임한 파다라씨破多羅氏 부모의 합장묘 정벽에 묘 주부부상이 있으며, 당시 함께 출토한 칠관漆棺 잔

편에서도 동일한 구도의 묘주상을 볼 수 있다.(도5)[10] 대동시 마신장馬辛莊 화평 2년(461) 산기상시선부상 서안락자散騎常侍選部尚書安樂子 양발호梁拔胡 부부 무덤의 정벽에도 유사한 형식의 묘주도가 있다.[11] 영하회족자치구 고원固原 뇌조묘雷祖廟의 북위묘 칠 관,[12] 대동시 지가보智家堡 북위 석곽,[13] 산서성 유사 榆社 하와촌河洼村 출토 북위 신구 연간(518~520) 방 흥묘方興墓 석관[14] 등의 묘주도 역시 주목할 만하다. 그리고 하남성 낙양 지역의 북위 후기 무덤 가운데 맹진孟津 북진촌北陳村 태창 원년(532) 안동장군安東 將軍 왕온묘王溫墓 좌벽의 방 안 유장 아래 앉은 묘 주부부도,[15] 심양沁陽 서향양관소西向糧管所 석관상 石棺床의 둘레병풍에 선각된 '병풍 앞에 앉은 묘주 부부'의 정면상[16] 등이 있다.

이와 같은 묘주도의 연원은 운남성 소통昭通 후해 자後海子 출토 동진시대 곽승사묘霍承嗣墓,(도6)[17] 북 경 석경산구石景山區 팔각촌八角村 위진시대 무덤의 석곽(도7)[18] 등으로, 모두 묘주가 손에 주미를 들고 가슴 앞에 빙궤凭几를 안고 있다. 요양 지역의 경우,

년 제12기, pp.26-42.

9 磁縣文化館,「河北磁縣東魏茹茹公主墓發掘簡報」,『文物』1984년 제4기, pp.1-15.

10 大同市考古研究所,「山西大同沙嶺北魏壁畫墓」,『文物』2006년 제10기, pp.4-24.

11 國家文物局 主編,『2009中國重要考古發現』, 北京: 文物出版社, 2010, pp.106-111.

12 寧夏固原博物館,『固原北魏墓漆棺畫』, 銀川: 寧夏人民出版社, 1988, 도판1

13 王銀田·劉俊喜,「大同智家堡北魏墓石槨壁畫」,『文物』2001년 제7기, pp.40-51.

14 王太明,「榆社縣發現一批石棺」, 山西省考古學會 等 編,『山西省考古學會論文集(三)』, 太原: 山西古籍出版社, 2000, pp.119-122.

15 洛陽市文物工作隊,「洛陽孟津北陳村北魏壁畫墓」,『文物』1995년 제8기, pp.26-35.

16 周到 主編,『中國畫像石全集』제8권, 鄭州·濟南: 河南美術出版社·山東美術出版社, 2000, pp.79-85.

17 雲南省文物工作隊,「雲南省昭通後海子東晉壁畫墓淸理簡報」,『文物』1963년 제12기, pp.1-6.

18 石景山區文物管理所,「北京市石景山區八角村魏晉墓」,『文物』2001년 제4기, pp.54-59. 이 무덤의 연대를 북위까지 내려 보 는 견해도 있고(田立坤,「袁臺子壁畫墓的再認識」,『文物』2002년 제9기, pp.45-46), 서진 후기에서 십육국시대 초기로 보는 주장도 있다(倪潤安,「北京石景山八角村魏晉墓的年代及墓主問題」,『故宮博物院院刊』2012년 제3기, pp.37-61).

도5 산서성 대동시 사령 파다라씨 부부 합장묘 칠관 화상, 북위(『文物』 2006년 제10기, p.13의 도19)

도6 운남성 소통 곽승사묘 북벽의 벽화, 동진(『文物』 1963년 제12기, 도판1)

도7 북경시 석경산구 팔각촌묘 석곽의 정벽 벽화, 위진시대(『文物』 2001년 제4기, 표지2)

이런 그림은 후한까지 소급되며, 처음에는 단지 남성의 묘주도만 그렸다. 그런데 조위시대 이후 점차로 여주인의 모습이 첨가되는데, 대부분 이실耳室의 측벽에 그려지며 지위도 남성 묘주 다음이다. 많은 사람을 합장한 무덤에서도 형식화된 묘주부부도가 종종 출현한다. 이런 제재는 요녕성 조양朝陽 지역의 삼연三燕시대 무덤과 길림성 집안集安과 한반도의 고구려 무덤에도 영향을 미쳤다.[19] 평양에서 발견된 안악3호분(357)은 일찍이 전연의 사마를 지내다 후에 고구려에 망명한 인물 동수와 관련된 묵서 제기가 있는 무덤으로, 묘주도가 매우 섬세하여[20] 많은 연구자들의 주목을 끈 바 있다. 이보다 이른 묘주도가 출현하는 후한 후기의 중요 무덤은 하북성 안평安平 녹가장逯家莊의 후한 희평 5년(176) 묘,[21] 산서성 하현夏縣 왕촌묘王村墓[22] 등이다.

그러나 서현수묘를 대표로 하는 북제시대 무덤

---

19 중국 동북 지역 및 한반도 발견 묘주도에 대한 종합적인 논의는 田立坤, 「袁臺子壁畫墓的再認識」, pp.44-45를 참조.

20 宿白, 「朝鮮安嶽所發現的冬壽墓」, 『文物參考資料』 1952년 제1기, pp.101-104; 洪晴玉, 「關於冬壽墓的發現和研究」, 『考古』 1959년 제1기, pp.27-35.

21 河北省文物研究所, 『安平東漢壁畫墓』, 北京: 文物出版社, 1990, pp.25-26.

22 山西省考古研究所·運城地區文化局·夏縣文化局博物館, 「山西夏縣王村東漢壁畫墓」, 『文物』 1994년 제8기, p.39.

도8 하북성 안평 녹가장묘 중실 벽화, 후한(河北省文物研究所, 『安平東漢壁畫墓』, 도판2)

이 묘주 정면도의 전통을 수동적으로 계승한 것은 아니다. 그 사이의 변화에 더욱 주목할 필요가 있다. 상술한 사례 가운데 북제시대보다 이른 시기의 무덤에서는 묘주 정면상이 있기도 하고 없기도 하는 등 묘 안에서의 위치가 그다지 고정적이지 않다. 그러므로 묘실 정벽에 묘주 정면도를 그리는 것은 북제에 이르러 비로소 제도화된 것으로 추정할 수 있다. 우리는 몇몇 사례를 통해 시대마다 묘주도가 무덤에서 차지하는 위치와 의의가 어떻게 다른지 살펴볼 수 있다.

안평 녹가장 후한묘의 묘주도는 중실中室의 오른쪽 측실 남벽 위에 그려졌으며, 옆에는 남녀 시종이

있다. 동벽과 전실로 통하는 오른쪽 옆문의 통로 남벽 서쪽에는 알현하는 4명의 속리를 그렸다. 서벽에는 기악이, 북벽의 동측에는 문졸門卒이 있으며, 묘주도와 상대하는 북벽의 서쪽에는 장원건축이 묘사되었다. 여기서 주목할 것은 이 무덤의 중축선상에 위치하는 중실의 네 벽에 위에서 아래까지 모두 4조組의 방대한 거마행렬도가 있다는 점이다.(도8) 이는 묘주의 신분과 지위를 표현하는 한 형식이다. 자세히 살펴보면, 각 조의 행렬 속에서 묘주가 탄 주거主車를 찾을 수 있다.[23] 다시 말해 묘주형상은 벽화에서 여러 차례 출현하며 적어도 두 종류의 다른 형식을 포함한다. 그들의 관계에 대해서는 연구가 더 필요하겠지만 유장 아래 정면향의 묘주가 그려진 측실은 무덤의 중축선에서 벗어나 상대적으로 폐쇄되어 자체적인 계통을 가진 독립공간이며, 그 속에 묘사된 묘주상은 무덤의 전체 벽화에서 주도적 지위를 갖지 못한다는 점은 확실해 보인다.

하현 왕촌묘의 정면향 묘주도 역시 유장 안에 앉아 있는데, 옆에 "安定太守裴將軍"의 제기가 있다.(도9) 녹가장묘와 달리 묘주도가 위쪽의 거마출행도와 함께 용도 맞은편인 전실 정벽의 중앙에 그려졌다. 이곳은 기본적으로 묘실의 중축선상에 해당하며, 이 묘주도로 인해 가로로 긴 전실은 제사를 지내는 의례적 성격의 '당堂'으로 변화했다. 반면 피장자 부부의 시신을 안치한 후실에서는 벽화가 발견되지 않아, 후실은 더욱 은밀한 '침寢'이 되었다.

---

23 내몽고 화림격이 소판신묘에서 규모가 다른 여러 폭의 출행도를 볼 수 있는데, 묘주 생전의 승관(升官) 경력을 표현한 것이다. 그러나 녹가장묘에 4층으로 그려진 거마출행도는 등급의 차이가 크지 않은 편이다. 그러므로 발굴자는 "묘주가 일생 중 가장 기념할만한 사적만을 묘사한 것 같다"고 추정했다(河北省文物研究所, 『安平東漢壁畫墓』, p.24).

유사한 배치는 가장 넓은 전실에 두 개의 유장과 많은 제사용품을 차려놓고, 폐쇄된 후실에 사자의 관곽을 안치한 하북성 만성滿城의 전한 중산왕中山王 유승묘劉勝墓에서도 볼 수 있다.[24]

녹가장묘와 유사하게 요양 지역의 후한 후기부터 위진시대까지 무덤의 묘주도 역시 측실에 나타난다. 이 지역에서는 몇 세대를 합장하는 풍속이 유행했다. 그리하여 무덤 안에 여러 묘주도가 공존하며, 이를 각각 여러 측실에 안치하는 현상도 나타난다. 하나의 대가족은 대부분 부부 단위의 소가족들로 구성되었는데, 이런 사회관계가 무덤의 건축과 벽화에 표현되었다. 이처럼 묘주도가 상대적으로 독립되어 있고 측실에 소재하여 각각 단독의 예의 공간을 구성하는 것은 제사활동이 사자의 시신과 일정한 거리를 유지한 채 이루어졌다는 사실을 암시한다. 이런 제사활동은 아마도 하장下葬할 때 한 번 실시되었을 텐데, 상상속의 '영원히 끝나지 않는 연회'였을 것이다. 상술한 사례를 볼 때, 묘주도의 위치는 결코 고정적이지 않으며 다른 지역과 다른 계층에서 행해진 상장의례의 차이가 명확히 나타난다. 또 무덤 건축의 각 부분에 대한 상징과 의미에 대한 다른 이해 등을 반영한다. 그리하여 묘주상을 위주로 하는 제사나 연악이 이 시기에는 결코 전체 묘장의례 체계의 중심이 아님을 알 수 있다. 돈황 불야묘만佛爺廟灣 37호묘(서진시대) 묘실 정벽(동벽)과 133호 진대晉代 무덤 전실의 북벽(오른쪽 벽) 서쪽 끝에 있는 벽감에는 유장을 그린 채색화가 있다.

도9 산서성 하현 왕촌묘 전실 정벽의 그림, 후한(『文物』1994년 제8기, p.39의 도12)

그러나 유장 아래에는 사람의 형상이 없고(도10) 비어 있어 문제의 복잡성을 잘 보여준다.[25]

무덤이 다실묘에서 단실묘로 변화함에 따라 대략 북위시대부터 묘주상도 점점 묘실의 정벽으로 이동하기 시작했다. 산서성 대동시 사령 출토 파다라씨의 부모묘는 이런 변화 과정을 잘 보여준다. 단실묘의 정벽에는 정면의 묘주 부부가 집 안에 앉아 있는 모습을, 주위에는 커다란 나무, 거마, 인물 등을 그려 넣었다.(도11) 좌벽左壁에는 부엌과 연음을, 우벽右壁에는 우거출행을,(도12) 전벽前壁의 좌우 양쪽에는 각각 높이 방패를 들고 손에 긴 칼을 든 무사를 그려 놓았다. 무덤 천장은 이미 훼손되었으며, 단지 우벽 상부 홍색 테두리 안에 신수와 서금瑞禽을 그린 잔편만이 남아 있다. 용도 양측에는 각각 문을 지키는 무사와 인면수신人面獸身의 신괴神怪를, 용도 천장에는 복희와 여와 등을 그렸다.

24 中國社會科學院考古研究所 · 河北省文物管理處, 『滿城漢墓發掘報告』, 北京: 文物出版社, 1980.
25 戴春陽 主編, 『敦煌佛爺廟灣西晉畵像磚墓』, 北京: 文物出版社, 1998, p.17, p.34.

도10 감숙성 돈황 불야묘만 133호묘 북벽 벽감 및 유징 벽화, 서진(戴春陽 主編,『敦煌佛爺廟灣西晉畫像磚墓』, 도판12)

도11 산서성 대동시 사령 파다라씨 부부 합장묘 묘실 정벽 벽화, 북위(『文物』 2006년 제10기, p.19의 도40)

　사령묘 묘실 정벽의 묘주도는 전벽과 용도에 나타난 무사나 진묘신鎭墓神과 함께 일종의 '중축대칭中軸對稱' 구도를 보인다. 한대 고분벽화와 비교해 볼 때, 무덤 내 각 벽화의 화상들은 내용과 형식면에서 관계가 더욱 밀접해졌다. 그러나 이런 관계가 아주 원만한 것은 아니다. 예를 들어 정벽의 묘주 부인상과 북쪽 수목 사이에는 한 세트의 안마와 우거가 있고, 그것들은 묘주상과 동일한 평면 위에 늘어서 있는데, 묘주 부부를 태우기 위해 배치한 것이다. 그런데 대규모의 출행도가 묘실 우벽에도 출현하여 주제 면에서 중복되고 있다. 한편 안마와 우거가 나란히 늘어서 있을 경우, 일반적으로 안마는 남성 묘주에, 우거는 여성 묘주에 속하지만 사령묘에서는 우벽의 출행도에 남성 묘주가 우거에 타고 있으며, 여성 묘주는 보이지 않는다. 그 이유는 아마도 정벽과 측벽의 화상이 각각 다른 화본에서 유래했기 때문일 것이다. 정면의 묘주상과 우거출행도는 이미 평양의 안악3호분(357)에서 출현한다. 사령묘의 변화는 단지 이런 두 종류의 화본을 이웃한 벽면 위에 안배한 것이며, 양자 사이에는 아직 훌륭한 조화가 이뤄지지 않았다. 좌벽의 부엌과 연음 등의 전통적 제재 역시 정벽의 묘주도와 유기적 관계를 이루지 못하고 있다.

　서현수묘의 묘주부부도에서는 외부의 집을 그려 넣지 않는 대신 화려한 유장을 출현시켜 실내의 특징을 더욱 강화했다. 묘주 부부의 양측에 배열된 기악인의 수자는 대략 비슷하며, 화면의 대칭식 구도는 더욱 엄정하다. 안마(도13)와 우거(도14)는 좌우 양벽으로 옮겨갔으며, 면적의 확대로 말미암아 화면의 내용은 더욱 복잡해졌다. 정벽(북벽), 좌벽과 우

도12 산서성 대동시 사령 파다라씨 부부 합장묘 묘실 우벽 벽화, 북위(『文物』 2006년 제10기, p.16의 도30)

도13 산서성 태원시 서현수묘 묘실 우벽 벽화, 북제(太原市文物考古研究所, 『北齊徐顯秀墓』, pp.46-47의 도31)

II. 남북조시대

도14 산서성 태원시 서현수묘 묘실 좌벽 벽화, 북제(太原市文物考古研究所, 『北齊徐顯秀墓』, pp.36-37의 도22)

벽의 뒷줄에 그려진 시종들은 모두 손에 일산[傘], 부채, 그리고 깃발 등을 들고 있으며, 정벽의 두 일산은 접혀 있는 반면, 좌우벽의 일산은 완전히 펴져 있어 시간의 연속성을 암시하는 듯하다. 이처럼 좌우벽의 벽화는 정벽의 내용을 확대한 결과가 되었다. 안마와 우거 뒤에는 손에 깃발을 든 행렬이 있는데, 묘실 남벽의 묘문 좌우, 그리고 다시 용도를 지나 묘문 밖의 묘도 양쪽까지 이어진다.(도15) 많은 악공과 시종, 그리고 위의威儀의 키는 모두 산 사람과 거의 비슷한데, 안에서 밖으로 배열되어 있다. 그리하여 전체 무덤의 벽화는 묘주상으로부터 점점 확대되는 질서 있는 통일체를 형성한다. 묘실 천장에는 전통적인 천상도가 그려져 있고, 천상도와

네 벽의 인물 사이에는 수많은 연화蓮花가 점철되어 있다. 동일한 형태의 연화는 묘문과 용도 외벽에도 출현한다. 남벽 묘문 상부 양쪽에는 각각 아래를 향해 힘차게 내려오는 괴수가 있다. 이런 괴수는 또 용도 외벽과 묘도 최전방의 좌우벽에도 출현하는데, 연화와 괴수 등의 소재가 안팎으로 호응하여 전체 고분벽화에서 통일성을 강화한다. 우리는 이런 벽화를 하나의 중심으로부터 '양 끝'으로 확대해 가는 긴 두루마리로 상상할 수 있다. 그러나 이것은 '중축대칭' 구조를 가진 무덤건축에 부속되는 것으로, '양 끝'은 또 하나의 방향을 향하도록 되어 있다. 그리하여 '안으로부터 밖으로, 그리고 한 방향을 향하는 개방적인 구조'를 형성하게 된다.

도15 산서성 태원시 서현수묘 묘도 우벽 벽화, 북제(太原市文物考古研究所, 『北齊徐顯秀墓』, p.15의 도2)

안에서 바깥쪽 방향으로 이 벽화들을 서술한다면, 묘실 정벽 묘주상의 시선을 빌려 밖을 보는 것과 같다. 지금까지 이런 구도로부터 화면과 관람자와의 대화 관계를 고려했다면, 지금부터는 밖에서 안을 향해 무덤의 벽화를 관찰할 수도 있다.(도16) 후자의 순서에 따르는 것은 우리 자신을 서현수의 장례에 참여하는 사람으로 설정하는 것이다.[26]

밖에서 볼 때, 묘도 양측의 의장행렬은 지상에서 행하는 상례의 설비와 의식의 연속이다.[27] 묘도는 현실세계의 '지면'과 지하세계의 '지면'을 잇는 곳이며, 그 긴 거리와 적당한 각도는 바로 송장행렬의 편리한 행진을 위한 것이다. 필자는 일찍이 다른 글

---

26 북조의 상례에 관한 문헌기록은 체계적이지 않다. 소략한 자료에 의하면 대부분 상례의 규모가 매우 컸다고 한다. 『魏書·任城王澄傳』에는 신구 2년(519) 임성왕 원징의 사후 내려진 칙명과 장례의 성대함에 대해 "賻布一千二百匹, 錢六十萬, 蠟四百斤, 給東園溫明秘器, 朝服一具, 衣一襲; 大鴻臚監護喪事, 詔百僚會喪. …… 澄之葬也, 凶飾甚盛."이라 기록하고 있다(北京: 中華書局, p.480). 그리고 『魏書·恩倖·趙修傳』에는 조수 부모의 상을 치르는 상황을 "百僚自王公以下無不吊祭, 酒犢祭奠之具, 塡塞門街. 於京師爲制碑銘, 石獸石柱皆發民車牛, 傳到本縣. 財用之費, 悉自公家. 凶吉車乘將百兩, 道路供給, 亦皆出官."으로 묘사하고 있다(p.1998).

27 하북성 자현 만장촌에 소재한 북제묘의 지면에서 일찍이 석인(石人)을 발견했는데(中國社會科學院考古研究所·河北省文物研究所, 『磁縣灣漳北朝壁畵墓』, 北京: 科學出版社, 2003, 彩版1·2), 서현수묘와 같은 등급의 무덤에서도 이처럼 신도석각이 있었는지 현재로선 알 수 없다. 서현수묘 묘도 양측의 의장벽화는 비록 규모가 크지 않지만, 만장묘 등 대형 무덤의 묘도벽화와 마찬가지로 제도화되었음을 알 수 있다.

도16 산서성 태원시 서현수묘 묘도, 북제(太原市文物考古研究所, 『北齊徐顯秀墓』, p.14의 도1)

매우 위엄 있게 하며, 대오가 앞으로 나아감에 따라 깊이 역시 심화됨으로써 무덤을 더욱 신비로운 공간으로 만들어준다. 송장행렬이 마지막으로 향하는 곳은 바로 묘실 정벽의 엄숙한 묘주상이며, 이는 곧 행진곡의 클라이맥스며 종점이다.

2. 정면 묘주상의 등장과 불교예술의 영향

필자는 일찍이 동위·북제시대 업성 지역 벽화묘의 제도적 특징을 '업성규제鄴城規制'라는 말로 개괄했다.[29] 이런 제도 아래서 묘주도는 전체 벽화체계의 핵심이 된다. 서현수묘는 비록 업성이 아닌 병주并州 진양晉陽에 있지만 분명히 이런 제도의 계통 속에 위치한다. '업성규제'가 만들어진 배경은 아마도 벽화묘가 점점 상층사회에 수용된 것과 관련이 있을 것이다. 이런 도상계통의 내부 구조를 구체적으로 살피려면, 구조가 유사한 동시기 다른 시각예술과의 관계를 고려해야 한다.

정면 묘주상은 신상적 성격을 가진 회화다. 우홍이 말한 것처럼 이런 형식의 "의의는 단지 그 자신에게만 있는 것이 아니며, 그림 밖에 존재하는 관람자에 의존하고 있기도 하다. 이와 같은 '개방적' 구도는 그림 밖 가상의 관람자나 예배자를 전제로 하며, 신상과 관람자, 혹은 예배자와의 직접적인 교류를 목적으로 한다."[30] 이는 원래 우홍이 산동성 가상현 후한시대 무량사의 동왕공과 서왕모 도상을 언

에서 묘실이 폐쇄된 후 묘도는 바로 흙으로 메운다고 지적했다. 우리가 현재 보는 것은 발굴을 거쳐 묘도가 폐쇄되기 이전의 공간구조와 시각효과를 회복한 무덤이다. 그러므로 묘도 양벽과 묘도 지면의 회화(만장묘의 경우 묘도 지면에 회화가 있다)는 반드시 묘도가 사용되는 시점, 즉 상례가 진행되는 시점으로 돌아가서 볼 때 비로소 이해가 가능하다.[28] 즉 사람들이 사자의 관을 호위하며 천천히 행진할 때, 묘도 양쪽의 그림 속 등신대 크기의 의장대 역시 실제 상장행렬의 양 측면에 있게 된다. 긴 묘도는 의식을

---

28 본서 「한대 상장화상(喪葬畫像)의 관람자」 참조.

29 鄭岩, 「論"鄴城規制"─漢唐之間墓葬壁畵的一個接點」, 中山大學 藝術史研究中心 編, 『藝術史研究』 제3집, 廣州: 中山大學 出版社, 2001, pp.295－329.

30 Wu Hung, *The Wu Liang Shrine: The Ideology of Early Chinese Pictorial Art*, Stanford: Stanford University Press, 1989, p.133.

급할 때 했던 말이다. 동왕공과 서왕모는 무량사 동서 측벽의 박공 부분에 있는데, 외부의 관람자가 쉽게 볼 수 있는 위치가 아니다. 사당은 사자를 제사하는 건축시설이며, 그 기본적인 의례는 제사를 지내는 자와 정벽의 제사를 받는 도상의 교류를 통해 완성된다. 즉, 사당 내 전체화상의 중심은 정벽의 사주상祠主像이다. 그리고 박공 부분의 동왕공과 서왕모는 결코 '제사를 지내거나 제사를 받는' 관계 속에 놓이지 않았다. 그러나 두 도상의 정면 형식은 그들이 외부의 관람자를 가지고 있음을 상정한다. 그리하여 한대에 서왕모 신앙과 서왕모 제사를 중심으로 하는 종교 장소가 상당수 있었을 것으로 추정할 수 있다. 이런 장소의 시각적 중심은 곧 정면향의 서왕모상이다(혹은 동왕공을 포함할 수도 있다). 반면 대다수 묘실과 무덤의 사당에 표현된 동왕공과 서왕모상은 일종의 부차적인 '복제품'에 불과하다.

필자가 과거에 언급한 것처럼 정면향의 묘주도는 서왕모상의 형식에서 영향을 받았을 가능성이 크다. 그러나 그들이 무덤에서 결코 핵심적 지위를 차지하지 않는 반면 서현수묘에서는 묘주상의 신상적 성격이나 개방적 특징이 최대한도로 구현되어 있다. 시야를 묘장미술 밖으로 돌리면, 당시에 가장 흔히 볼 수 있던 신상은 불당과 석굴에 조성된 다량의 불교조상이다. 비록 무덤과 석굴에 구현된 생사관이 서로 다르다 할지라도, 이것이 결코 양

자 사이에 어떤 관계를 발생시키는 데 장애가 되지는 않는다. 서현수묘에서 볼 수 있는 중축선을 중심으로 하는 대칭구도, 즉 유장에 단정히 앉은 묘주와 그 주위를 둘러싼 시종들의 모습 등은 불교예술에서 쉽게 유사 사례를 찾을 수 있다.

푸시녠傅熹年은 중국의 초기 불교사원의 평면 변화에 대해 명확하게 개괄했다. 즉 남북조시대부터 시작해 수대를 거쳐 당대 전기까지 "먼저 외래 형식의 인도 스투파가 모두 중국의 누각형 탑으로 바뀌고, 다시 탑을 중심으로 하는 사찰형식에서 탑과 불전佛殿이 모두 중시되는 과도기를 지나 마지막으로 불전 중심의 구조로 바뀌었으며, 이는 중국의 궁전식 배치를 딴 것"이라고 주장했다.[31] 나아가 북조 말기인 북제와 북주에 이르러 안팎 모두에 중국의 목조 불전형식을 가진 석굴이 출현했음에 주의하고, 이런 석굴들을 당시 불전 복원의 주요 자료로 삼았다. 나아가 감숙성 천수天水 맥적산麥積山석굴 제4굴(북주시대)의 구조와 장식에 근거하여 북조시대 불전의 상상도를 제작했는데, 여기서 불전의 중심은 불상을 봉안한 유막, 즉 불장佛帳이다.(도17)[32] 이런 불장은 태원의 천룡산석굴,(도18)[33] 한단의 남향당산석굴, 공의현의 공현석굴(도19) 등 북조 석굴에서 다수 볼 수 있다.

불전에서 불장과 그 안에 봉안된 불상은 전체 사원의 중심이 된다. 불전에서는 흔히 삼존상이나 오

중국어 번역본은 巫鴻 著, 柳揚·岑河 譯, 『武梁祠─中國古代畫像藝術的思想性』, 北京: 生活·讀書·新知三聯書店, 2006, p.149.

31 傅熹年, 「中國早期佛教建築布局演變及殿內像設的布置」, 傅熹年, 『傅熹年建築史論文集』, 北京: 文物出版社, 1998, p.137.

32 傅熹年, 「麥積山石窟中所反映出的北朝建築」, 傅熹年, 『傅熹年建築史論文集』, p.126.

33 李裕群·李鋼, 『天龍山石窟』, 北京: 科學出版社, 2003, pp.17-23.

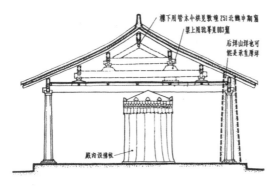

도17 감숙성 천수시 맥적산석굴 4호굴(북주)을 기초로 한 불전구
조 상상도(傅熹年, 『傅熹年建築史論文集』, p.126의 도29)

도18 산서성 태원시 천룡산석굴 제2굴 정벽의 조상, 북조시대 (李
裕群·李鋼, 『天龍山石窟』, 北京 : 科學出版社, 2003, p.20)

도19 하남성 공현석굴 제3굴 중심주 남면, 북위(河南省文物
研究所 編, 『中國石窟·鞏縣石窟寺』, 北京·東京 : 文物出版
社·平凡社, 1989, 도117)

존상 등을 안치하는데, 불상을 중심으로 하는 여러 존상의 조합은 인도나 중앙아시아에서는 볼 수 없으며, 불교예술이 중국화 된 결과다. 이런 배치와 묘주도가 반영하는 주종관계는 동일한 것으로, 양자의 연원은 아마도 일상에서 볼 수 있는 귀족 관원의 정치 형상과 유관할 것이다. 사찰의 중국화 과정에서는 '개인의 저택을 사찰로 만드는, 이른바 사택위사舍宅爲寺'의 풍속이 커다란 추동작용을 했다.[34]

남조 건강建康과 북조의 낙양성 및 업성에서는 왕공귀족과 부상대가富商大賈 들이 자신의 집을 사찰로 희사한 경우가 많았다. 그리하여 사찰건축은 인도의 '탑을 중심으로 하는 옛 구조'를 유지하기가 어려웠고 점점 중국의 전통적 주거건축과 합류하게 된다. 양현지楊衒之는 북위 낙양성에서 저택을 사찰로 변환시킨 건중사建中寺가 원래 저택의 평면을 그대로 유지하고 있음을 기록하고 있는데, 건중

---

34 傅熹年, 「中國早期佛敎建築布局演變及殿內像設的布置」, pp.136-137.

사는 "원래의 전청前廳은 불전으로, 후당後堂은 강당"으로 사용하였다.[35] 서현수 부부 역시 유장 안에 안치되어 있는데, 우리가 이 무덤에 들어가면서 얻는 시각적 느낌은 사찰의 산문山門에 발을 내디딘 후, 마지막으로 불상 앞에 도달한 예배자가 보았던 것과 매우 유사하다.

불전의 건축형식과 조상배치가 모두 중국의 전통건축과 예속禮俗의 영향 아래 성립되었음에도 불구하고, 우리는 왜 서현수묘의 벽화를 '현실생활의 반영'이라고 간단히 말해버리지 못하는가. 만약 사상이나 관념의 추동이 없었다면 현실생활은 결코 예술 속 도상으로 자연스럽게 전환되지 못했을 것이다. 만약 불교의 전래와 유행이 없었다면, 그리고 열광적인 신앙에 기초하여 자신의 집을 사찰로 희사하는 열정이 없었다면, 중국화된 석굴도 출현하지 못했을 것이다. 마찬가지로 불교예술이 성행하지 않았다면, 일상생활 속의 건축, 실내 설비, 그리고 귀족들의 위의威儀 역시 지하의 무덤으로 옮아가지 않았을 것이다. 그러므로 우리는 북조 후기에 고분벽화와 같은 전통예술의 변화를 고찰할 때, 이 시기 시각예술의 전체적인 변화를 고려하지 않으면 안 된다.

이와 같은 인식을 토대로 북조 후기 벽화묘의 또다른 특징인 무덤 밖의 긴 묘도를 당시 성시城市 공간의 변화와 연관시켜 생각해볼 수 있다. 조위 십육국시대의 업북성鄴北城,[36] 북위 낙양성,(도20)[37] 동위·북제의 업남성鄴南城[38] 등에서 궁성의 정전正殿을 관통하는 남북의 중축선이 발견됐다. 조위와 십육국시대 몇 왕조의 도성이었던 하북성 임장현臨漳縣의 업북성에서 남북을 관통하는 대로가 남단 정중앙의 중양문中陽門에서 궁성 안의 정전인 문창전文昌殿까지 쭉 뻗어 있다. 새로운 형식은 북위 낙양성에 계승되어, 낙양성 중앙 궁성의 정남문인 창합문閶闔門에서 선양문宣陽門에 이르는 남북 방향의 동타기銅駝街가 전체 도성의 중축선이 된다. 중축선은 북으로는 궁성의 태극전太極殿에 이르며, 선양문 밖으로는 계속 남쪽으로 뻗어 외곽성을 뚫고 낙수洛水를 지나, 황제가 제천의례를 하는 원구圜丘에 이르게 된다.[39] 동위·북제시대의 업남성의 궁성은 도성 북쪽의 중앙에 위치하는데, 궁성 남벽의 정중앙에 위치한 주명문朱明門을 뚫고 지나는 대로는 전체 도성의 중축선이다. 대로 좌우에는 궁성의 주요 궁전이 위치했다. 이처럼 새로운 성시 공간의 평면은 황권의 위엄을 강조한 측면이 강하다. 그러므로 우리는 북제 황릉으로 추정되는 업성 자현 만장묘灣漳墓의 평면을 어렵지 않게 추정할 수 있다. 긴 경사면

---

35 "以前廳爲佛殿, 後堂爲講室." 楊衒之 撰, 周祖謨 校釋, 『洛陽伽藍記校釋』, 北京: 中華書局, 2010년 제2판, p.35.

36 中國社會科學院考古研究所·河北省文物研究所 鄴城考古工作隊, 「河北臨漳鄴北城遺址勘探發掘簡報」, 『考古』1990년 제7기, pp.595-600.

37 洛陽市文物局·洛陽白馬寺漢魏洛陽故城保管所 編, 『漢魏洛陽故城研究』, 北京: 科學出版社, 2000.

38 中國社會科學院考古研究所·河北省文物研究所 鄴城考古工作隊, 「河北臨漳鄴北城遺址勘探與發掘」, 『考古』1997년 제3기, pp.27-32.

39 楊衒之 撰, 周祖謨 校釋, 『洛陽伽藍記校釋』, pp.112-115. 이에 대한 고증은 傅熹年 主編, 『中國古代建築史』 제2권, 北京: 中國建築工業出版社, 2001, p.83, p.89 주석.

II. 남북조시대

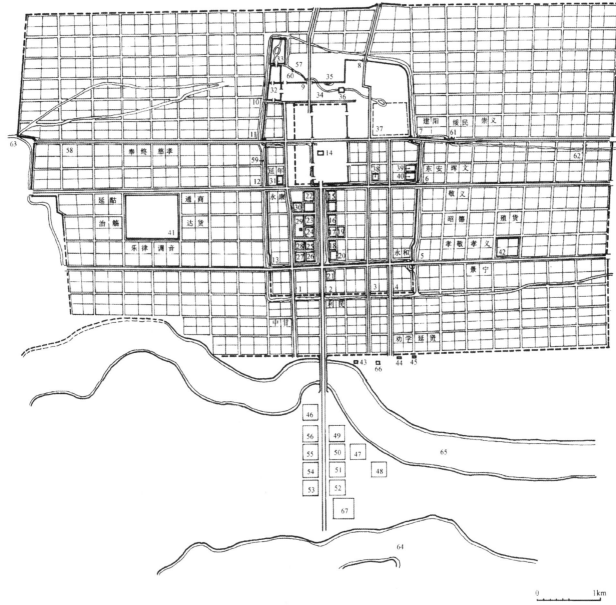

도20 북위 낙양성 평면 복원도(傅熹年 主編, 『中國古代建築史』 제2권, p.85)

의 묘도로부터 벽화묘 안으로 걸어 들어가는 것은, 남쪽 중앙의 성문에서 북쪽으로 제왕을 알현하려 가는 사람의 시각이나 심리와 매우 유사할 것이다.

한대에는 벽화를 통해 무덤을 따뜻하고 포근한 개인의 집으로 만들었다면, 북조 후기의 벽화는 무

덤을 일종의 정치적 장소로 변화시켰다. 그리고 성대한 장례는 제도와 권력을 연출하는 활동이 되었으며, 묘주부부상의 엄숙하고 장중함 역시 이런 활동과 그 성격이 완전히 일치한다.

서현수묘에서 사자의 시신을 놓는 관받침대[棺

床]는 서벽에 붙어 있어 정벽의 묘주화상과 결코 대응하지 못하는데, 오랜 전통의 영향일 것이다. 무덤의 문이 닫힌 후 그런 의식儀式들은 곧 의미를 잃을 터인데, 그렇다면 묘주도와 관받침대는 어떤 관계를 맺을 것인가. 무덤을 조성한 사람은 이처럼 어려운 문제를 홀로 남은 사자에게 그대로 남겨두었다.

3. 개성 없는 이상적 인물상의 복제

서현수묘 묘실 정벽의 벽화가 상장의례의 시각적 중심이라고 한다면, 그 중앙의 유장은 바로 '중심의 중심'이 된다. 유장은 묘실 정벽의 1/3을 차지하며, 좌우와 뒷면 등 삼면에서 유장 안의 인물과 외부의 관련을 차단하고 있다. 그리하여 인물은 단지 관람자만을 대면하게 되고 관람자의 시선 역시 구조적인 테두리 안에 갇히게 된다. 유장 좌우에 많은 인물을 빽빽하게 배치한 데 비해 유장 안의 공간은 매우 넓다. 이런 긴장과 넉넉함의 조화는 묘주의 지위를 더욱 두드러지게 한다. 악공樂工 가운데 비록 정면향의 인물이 있지만 다른 인물들의 방향이 확정적이지 않기 때문에 이들의 정면향은 특별히 두드러지지 않는다. 악공들의 얼굴 방향이 산만하기 때문에 정면향의 묘주의 시선은 더욱 주목받게 된다. 묘주부부상의 필선과 색채는 주위 악공들과는 비교도 되지 않을 정도로 매우 정미하고 섬세하다.

한대 인물화는 대부분 거칠고 소박하고 호방하며, 벽화에서 인물의 오관을 정교하고 섬세하게 묘사한 경우는 적다. 반면 화공은 상대적으로 묘주의 묘사에 신경을 썼다. 낙양 주촌朱村 후한 후기묘에 묘사된 반측면의 묘주상은 뛰어난 선으로 맑은 정

신과 마른 자태를 아주 잘 표현하고 있다.[도21] 안평 녹가장묘 묘주상은 도굴범에 의해 파괴되어 오관이 분명하지 않지만, 인물의 머리카락이 하나하나 분별될 정도다. 안악3호분의 묘주상은 완전하게 보존된 편인데, 도판자료를 보면 아래위 눈꺼풀을 묘사한 필선에 차이가 없어 오관의 묘사가 개념화로 흐른 면이 있다. 동진 이후 인물화는 날로 정교하고 섬세해져 '전신傳神'과 '기운생동'을 추구했다. 물론 형사形似는 더욱 기본적인 요구사항이었다. 서현수 부부를 그린 그림은 이전의 것들보다 훨씬 뛰어나다. 부부의 얼굴은 모두 긴 계란형으로 눈썹이 높고 평평하며, 두 눈은 작고 가늘고 길다. 비량鼻梁의 위아래는 좁고 가운데는 넓으며, 인중은 두 줄의 수직

도21 하남성 낙양시 주촌묘 벽화 속 묘주상, 후한(黃明蘭·郭引强, 『洛陽漢墓壁畫』, 北京: 文物出版社, 1996, p.191의 도4)

도22 산서성 태원시 서현수묘 벽화의 서현수 두상, 북제(楊泓 촬영)

도23 산서성 태원시 서현수묘 벽화의 서현 수부인 두상, 북제(楊泓 촬영)

도24 산서성 태원시 서현수묘 벽화의 악공 두상, 북제(楊泓 촬영)

선으로 표현하였다. 작은 입에 두터운 입술은 깊이가 풍부하다.(도22, 도23) 서현수의 위 눈꺼풀의 용묵用墨은 아래쪽 눈꺼풀보다 진하여 광선의 차이를 반영했다. 그리하여 두 눈은 더욱 신기神氣가 있어 보인다. 아마도 묘실 안의 특수한 환경이 만든 결과로 생각되는데, 밑그림의 선들이 매우 분명하여 구분해낼 수 있을 정도다. 이를테면 부인의 한쪽 눈동자는 밑그림에서는 약간 낮았는데, 수정을 거쳐 지금의 모습으로 완성했다. 화공이 벽화를 그리면서 수정을 반복했던 것이다. 흥미롭게도 서현수 부부의 긴 얼굴형은 누예묘와 만장묘 벽화에서도 모두 출현한다. 당대 염립본閻立本은 북제의 화성畫聖 양자화楊子華의 인물화를 "사람을 묘사하기 시작한 이래 그 묘함을 다하였고 아름다움을 간략하게 묘사하

여 많아도 덜어낼 것이 없고, 적어도 더할 바가 없다"고 평가했다.[40] 벽화 속의 장중한 인물상들과 비교해보면, 이 글은 일종의 시대양식을 개괄적으로 서술한 말이며, 염립본의 말대로 이것이 '오직 양자화'의 작품에만 해당하는 것은 아닌 듯하다.

묘주상은 특정 인물에 관한 것이기에 인물의 개성이 드러나도록 표현해야 함에도 불구하고 실제 상황은 조금 복잡하다. 양홍楊泓 선생은 일찍이 누예묘 우측 문의 문리門吏와 만장대묘 서벽의 무사를 비교한 후 두 얼굴이 매우 흡사함을 지적하고, 나아가 업성 혹은 진양 지역의 화사畫師가 모두 고정적인 하나의 회화규율을 지키고 있다고 추정했다.[41] 이런 규율은 서현수 부부 그림에서도 마찬가지다. 서현수의 두상을 동쪽의 비파 타는 남자의 두

40 "自像人以來, 曲盡其妙, 簡易標美, 多不可減, 少不可逾." 張彦遠 撰, 秦仲文·黃苗子 點校, 『歷代名畫記』 권8, 北京: 人民美術出版社, 1963, p.156.

41 楊泓, 『美術考古半世紀─中國美術考古發現史』, 北京: 文物出版社, 1997, p.231.

상(도24)과 비교해 보면, 두 사람의 지위와 신분은 서로 다르지만 얼굴형이나 눈과 눈썹 등의 선조線條는 거의 일치한다. 다만 전자의 용필이 조금 섬세할 뿐이다. 심지어 서현수와 그 부인의 얼굴형과 오관의 화법도 대동소이하다. 이는 그림이 묘사하는 인물이 당시 유행하던 이상화된 얼굴이며, 반드시 묘주의 진짜 모습은 아니라는 점을 시사한다.

얼굴 이외에 인물의 복식 역시 주목해야 한다. 서현수가 몸에 걸친 털로 만든 겉옷은 갖옷[皮裘]인데, 표현이 매우 섬세하고 정교하다.(도25) 갖옷은 추위를 막기 위한 것으로 당시 각계각층의 사람들이 모두 입었다. 심지어 남방에서도 갖옷이 유행하여, 염립본이 그린 〈역대제왕도〉에는 진陳 문제文帝가 갖옷을 걸치고 있다. 값비싸고 귀한 가죽털로 만든 갖옷은 사대부의 아름답고 준수한 자태의 표지로, 관련 기록이 상당히 많다. 동진의 간문제簡文帝가 사만謝萬을 접견할 때, "사만은 백륜건을 쓰고 학창구鶴氅裘를 입었으며, 판을 밟으며 앞으로 나아갔다."[42] 왕공王恭은 "일찍이 학창구를 걸치고 눈을 밟으며 갔다. 맹창孟昶이 이를 엿보고 감탄하여 '바로 신선 속의 사람이다'라고 말했다."[43] 문헌에는 또한 공작구孔雀裘, 치두구雉頭裘 등이 출현하는데, 추위를 막는 원래의 기능은 이미 부차적인 것이 됐다. 담비가죽옷[貂裘]은 존귀한 지위를 상징했다. 조비

도25 산서성 태원시 서현수묘 벽화의 서현수상, 북제(太原市文物考古研究所, 『北齊徐顯秀墓』, p.30의 도16)

曹丕의 〈염가하상행艶歌何嘗行〉에는 "큰 형은 이 천 석千石 관리고, 둘째 형은 담비가죽옷을 걸쳤네, 막내 동생은 비록 관작이 없지만 안장 얹은 말을 타고 왕후장자와 왕래하며 노니네"라고 읊었다.[44] 북제

---

42 "萬著白綸巾, 鶴氅裘, 履版而前." 『晉書』, 北京: 中華書局, 1974, p.2086.

43 "嘗被鶴氅裘, 涉雪而行, 孟昶窺見之, 歎曰: '此真神仙中人也!'" 『晉書』, pp.2186-2187.

44 "長兄爲二千石, 中兄被貂裘. 小弟雖無官爵, 駃騠, 往來王侯長者遊." 『송서·악지』에서는 이 시를 고사(古詞)로 부르고 있는데(北京: 中華書局, 1979, pp.619-620), 후인들은 이 글의 작자를 조비로 보고 있다(逯欽立 輯校, 『先秦漢魏晉南北朝詩』, 北京: 中華書局, 1983, p.397).

황제인 문선제 고양高洋은 청서피靑鼠皮로 만든 갖옷을 진양에 있는 당옹唐邕에게 하사했다.[45] 유송시대의 낭야인 왕홍지王弘之는 조정의 부름을 여러 차례 받았으나 나가지 않았으며, 좌복야 왕경홍王敬弘이 "일찍이 담비가죽옷을 풀어 그에게 주었으나 이를 약초 캘 때 입어" 은일의 뜻을 내비쳤다.[46] 환관 서용구徐龍駒를 총애한 남제의 소소업蕭昭業은 "서용구를 위해 미녀 기악을 두고 항상 함장전에 머물게 했다. 서용구는 황륜모를 쓰고 담비가죽옷을 걸치고 남면하여 책상 앞에서 소업을 대신해 칙서를 그렸는데, 좌우의 시직侍直들이 소업과 다르지 않다고 여겼다."[47] 서현수의 화상 역시 이런 상황과 비교할 수 있다. 위진시대 묘주도의 인물은 항상 손에 주미를 들고 궤를 앞에 두고 있다. 주미는 청담을 하는 인물이 손에 잡는 우아한 기물이며 궤는 고풍스런 가구로 인식되었는데, 모두 사자의 사상적 경향을 드러낸다. 그러나 서현수의 화상은 담비가죽옷과 같은 도구를 사용해 인물의 특수한 신분과 지위를 표현하고 있다. 이는 곧 시대에 따른 유행의 변화를 반영한 것이다.

양梁 보통 원년(520) 활국滑國에서 "또 사자를 보내 노란 사자, 하얀 담비가죽옷, 페르시아 비단 등을 바쳤다."[48] 활국은 중앙아시아 유목부족인 에프탈[嚈噠]이다. 서현수가 걸친 갖옷은 백색 바탕에 흑색 반점이 점점이 박혀 있는데, 이른바 '하얀 담비가죽옷'이 아닐까 싶다. 서현수묘 벽화 속 복식에는 연주문이 있는 비단이 많이 출현하는데, '페르시아 비단'이 틀림없다.[49] 묘주 부부는 손에 칠기 잔을 들고 있는데 모두 새끼손가락을 위로 치켜 올리고 나머지 손가락으로는 잔의 다리를 눌러 잡고 있다. 이런 자세는 영하회족자치구 고원 뇌조묘雷祖廟 칠관화漆棺畵 속 묘주가 잔을 잡은 자세와 기본적으로 같다. 고증에 의하면, 후자가 에프탈인의 풍습과 더욱 유사하다고 한다.[50] 이런 세부에서 보듯 이 그림은 중앙아시아 및 서아시아와 중국 내지와의 교류에 관한 정보를 포함한다.

위진시대와 북조시대에 병주는 소수민족이 중원으로 들어오는 통로였다. 흉노와 선비鮮卑, 그리고 갈족羯族 모두 병주에서 시작하거나 혹은 이곳을 통해 중원으로 진입했으며, 저족氐族과 강족羌族의 일부도 이 지역에 들어왔다. 수당시기 병주에는 천교祆教, 즉 조로아스터교를 믿는 소그드인의 취락도 있었다고 한다.[51] 발굴된 묘지墓誌에 의하면 수 대업 11년(615) 사망한 태원 사람 적돌파翟突娑의 부친

---

45 『北齊書』, 北京: 中華書局, 1972, p.532.

46 『宋書』, p.2282.

47 "昭業爲龍駒置美女伎樂, 常住含章殿, 著黃綸帽, 被貂裘, 南面向案, 代昭業畫敕, 左右侍直, 與昭業不異." 『魏書』, p.2167.

48 "又遣使獻黃師子, 白貂裘, 波斯錦等物." 『梁書』, 北京: 中華書局, 1973, p.812.

49 榮新江, 「略談徐顯秀墓壁畫的菩薩聯珠紋」, 『文物』 2003년 제10기, pp.66-68.

50 孫機, 「固原北魏漆棺畵」, 『文物』 1989년 제9기, p.41; 孫機, 『中國聖火—中國古文物與東西文化交流中的若干問題』, 沈陽: 遼寧教育出版社, 1996, pp.127-128,

51 榮新江, 「隋及初唐幷州的薩保府與粟特聚落」, 『文物』 2001년 제4기, pp.84-88.

사마아娑摩訶가 일찍이 호인胡人 취락의 정교수령政敎首領인 대살보大薩寶를 역임했다.[52] 그러므로 이 취락의 연대는 적어도 북제까지 소급할 수 있다. 이 밖에도 북제시기 상층사회에는 호화胡化 경향이 매우 강했다. 그러므로 서현수묘 벽화에서 중앙아시아나 서아시아 문화 요소가 출현하는 것은 당연한 일이다.

동진과 남조의 사족들은 자태와 얼굴, 그리고 풍모의 미를 중시했다. 동진의 왕몽王濛은 일찍이 자신의 '아름다운 자태와 용모'를 거울에 비쳐보고 아버지를 칭찬하며 "왕문王文이 낳은 자식이 이처럼 아름답구나"라고 읊었다.[53] 왕공王恭에 대해 "아름다운 자태를 많은 사람들이 좋아하여 간혹 이를 보고 '맑고 깨끗한 것이 봄날의 달과 버드나무 같다'고 평하였으며,"[54] 온교溫嶠는 "풍모가 뛰어나고 정돈되어 있으며, 담론을 잘하여 보는 사람들이 모두 그를 좋아했다"고 한다.[55] 남쪽의 풍속이 점점 북쪽으로 이동해 북제의 심미관은 일정 부분 남조의 영향을 받았는데, 이런 관념이 묘주도에도 반영되었다. 흥미롭게도 '형태를 보존하는 것은 그림만한 것이 없어서', 벽화의 발견으로 말미암아 우리는 당시 사람들이 이상적으로 생각하던 '아름다운 용모와 자태'를 비로소 알 수 있게 되었다.

다시 그림의 구도로 돌아가 보자. 우리는 북제 병주 지역 묘주도의 도식이 다른 문화로도 전파되었음을 발견하게 된다. 산서성 태원시 진원구晉源區 왕곽촌王郭村 출토 수 개황 12년(592) 우홍묘虞弘墓 석관에는 묘주도로 추정되는 한 폭의 화상이 있다.[56] 서현수는 원래 항주恒州 충의군忠義郡의 한인漢人 출신이지만, 우홍은 중국에 들어온 서역인이었다. 그리하여 우홍묘 석각은 중국에 거주하던 서역인의 미술을 대표한다고 할 수 있다. 그러나 우리는 두 폭의 그림에서 어렵지 않게 공통점을 발견할 수 있다. 즉 양자 모두 부부가 유장 안에 놓인 탑榻 위에 마주 앉아 무언가를 마시고 있다. 그리고 앞에는 식품이 진열되어 있으며, 유장의 양쪽 혹은 앞쪽에 시종과 기악인이 있다. 다른 점이라면 우홍묘가 외래문화의 색채가 좀 더 강하다는 점이다.

이런 구도는 산동성 가상현 영산英山의 수 개황 4년(584) 가부시랑駕部侍郎 서민행묘徐敏行墓에서도 볼 수 있다.(도26)[57] 양홍 선생은 이곳 묘주도의 전체 구도가 북제의 벽화묘와 관련이 있다고 했는데,[58] 뤄펑羅豊은 그림 속 남성 묘주가 가진 투명한 술잔이 사산조 페르시아제품인 점, 묘주 앞에서 춤을 추

52 榮新江, 「北朝隋唐粟特人之遷徙及其聚落」, 北京大學中國傳統文化研究中心 編, 『國學研究』 제6권, 北京: 北京大學出版社, 1999, pp.62-63.

53 "王文開生如此兒邪!" 『晉書』, p.2418.

54 "美姿儀, 人多愛悅, 或目之云: '濯濯如春月柳.'" 『晉書』, p.2186.

55 "風儀秀整, 美於談論, 見者皆愛悅之." 『晉書』, p.1785.

56 山西省考古研究所·太原市文物考古研究所·太原市晉源區文物旅遊局, 『太原隋虞弘墓』, 北京: 文物出版社, 2005, pp.106-111.

57 山東省博物館, 「山東嘉祥英山一號隋墓淸理簡報—隋代墓室壁畵的首次發現」, 『文物』 1981년 제4기, pp.28-33.

58 楊泓, 「隋唐造型藝術淵源簡論」, 楊泓, 『漢唐美術考古和佛敎藝術』, 北京: 科學出版社, 2000, pp.157-158.

II. 남북조시대

도26 산동성 가상현 영산 서민행묘 정벽 벽화, 수(산동박물관 제공)

는 무용수의 몸짓이 서역의 춤과 관련 있음에 주목했다.[59] 이 밖에도 부부가 함께 앉아 연음하면서 춤을 감상하는 장면 역시 우홍묘와 유사하다. 서민행묘 발굴보고서에 의하면 원래 그림의 왼쪽에는 주악을 하는 사람이, 인물 좌우에는 수목과 새 등이 있었다. 이런 세부 역시 우홍묘 화상의 일부와 유사하다. 서민행부인은 반측면으로 더 이상 표준적인 정면상은 아닌데, 우홍묘의 양식과 관련이 있을 것이다. 서민행묘 벽화 속 인물은 긴 계란형 얼굴이며, 남성 묘주의 정면 모습은 여전히 서현수묘 벽화의 형식을 보존하고 있다. 특히 주인에 근접한, 식

품을 들고 있는 한 시녀는 서현수묘 벽화에서 동일한 위치에 그려진 인물과 거의 동일하다. 이런 유사성은 당시에 벽화의 화본이 존재했고, 이런 화본이 다른 지역에서 채택되었으며, 화본이 반복적으로 사용되는 과정에서 세부적인 변화가 발생하여 다른 문화적 취미를 만들어냈음을 시사한다.

이 글의 일부가 「北齊徐顯秀墓墓主畫像有關問題」라는 제목으로 『文物』 2003년 제10기, pp.58-62에 게재되었다.

---

59 羅豊, 「固原漆棺畫に見えるペルシャの風格」, 『古代文化』 제44권 제8호(京都), 1992, pp.45-46. 중문 글은 羅豊, 「北魏漆棺畫中的波斯風格」, 羅豊, 『胡漢之間—"絲綢之路"與西北歷史考古』, 北京: 文物出版社, 2004, pp.61-64.

죽은 자의
마스크

●

북주 강업묘康業墓
석관상石棺床의 도상

1. 강업묘 석관화를 보는 다양한 시선

북주 천화 6년(571) 조성된 강업묘는 2004년 섬서성 서안시 북쪽 교외에 위치한 '상림원上林苑 주택지구' 건설현장에서 발굴되었는데,[1] 매우 중요하고 의미 있는 무덤이다. 묘지墓誌에는 묘주墓主인 강업이 강거국康居國 왕의 후예로, 일찍이 북위에서 대천주大天主 등의 관직을 지냈다고 기록하고 있다. 무덤 안에서는 병풍을 두른 석상石床이 하나 발견되었다. 이 병풍은 음각선으로 화상을 묘사하였으며, 부분적으로 금박과 채회彩繪 흔적이 있었다.

동일한 형태의 석상이 낙양 지역 북위시대 무덤에서도 발견됐는데, 보통 '석관상石棺床(관을 놓는 돌로 된 상)'으로 지칭한다.[2] 매장 지점과 연대를 볼 때, 강업묘 석관상과 가장 가까운 것은 서안시 북쪽 교외에 위치한 항저채炕底寨 발견 북주 대상 원년(579) 동주살보同州薩保 안가묘安伽墓의 석상이다. 그러나 안가의 석상 위에는 아무 것도 없었기 때문에 발굴자는 이런 구조를 아주 신중하게 '둘레병풍이 있는 석제 탑, 즉 위병석탑圍屏石榻'이라 불렀다.[3] 반면 강업의 석상 위에는 시신이 놓여 있었다. 그러므로 강업묘의 석상은 장구葬具가 확실하여, 본문에서는 '석관상'이라는 단어를 그대로 사용한다.[4]

일반적으로 고고학적 자료는 우연히 발견된다. 그러므로 이런 자료들은 학술사적 배경 아래에서 관찰해야만 한다. 그럴 때에만 기존의 지식과 대화를 나누고 이를 통해 새로운 인식을 도출해 낼 수 있기 때문이다. 그런 의미에서 강업묘와 관련된 학술적 문제는 크게 두 가지로 요약할 수 있다. 첫째, 오랫동안 진행돼 온 상장喪葬화상(채회벽화, 화상석, 그리고 화상전 등의 각종 형식)에 관한 연구이며, 둘째, 최근 십여 년 동안 이뤄지고 있는 중국에 들어온 서역인의 상장미술에 관한 논의다.[5]

---

1 西安市文物保護考古所, 「西安北周康業墓發掘簡報」, 『文物』 2008년 제6기, pp.14-35.

2 관련연구는 다음과 같다. 林聖智, 「北朝時代における葬具の圖像と機能─石棺床圍屏の墓主肖像と孝子傳圖を例として」, 『美術史』 제154책, 2003, p.224의 주3; 山本忠尙, 「圍屏石牀の研究」, 『中國考古學』 제6호, 2006, pp.45-67.

3 陝西省考古研究所, 『西安北周安伽墓』, 北京: 文物出版社, 2003, p.87.

4 서견의 『초학기』 권25는 복건(服虔)의 『통속문(通俗文)』에 있는 "床三尺五曰榻板, 獨坐曰枰(枰), 八尺曰床."(徐堅, 『初學記』 下冊, 北京: 中華書局, 1962, p.602) 구절을 인용해 한대 상탑의 척도를 논하고 있다. 이를 오늘날의 척도로 환산하면, 탑의 길이는 84cm, 상은 대략 192cm이다(孫機, 『漢代物質文化資料圖說(增訂本)』, 上海: 上海古籍出版社, 2008, p.251). 이 기록에 따르면, 앉기와 눕기를 겸할 수 있는 가구는 여전히 '상'이라 부르는 게 합당할 듯하다(楊泓, 「考古學所見魏晉南北朝家具」, 揚之水 · 孫機 · 楊泓 · 林莉娜, 『燕衍之暇─中國古代家具論文』, 香港: 香港中文大學文物館, 2007, pp.66-68). 장광다는 당대 요여능(姚汝能)의 『안록산사적(安祿山事跡)』 卷上의 "祿山胡服坐重床"이라는 기록을 토대로 이런 형태의 장례용구와 소그드왕의 왕좌를 관련시켜 "현재 세계 유명박물관이 소장한 중국 출토 '석관상'은 모두 '중상(重床)'이다"고 주장했다(張廣達, 「再讀晚唐蘇諒妻馬氏雙語墓志」, 袁行霈 主編, 『國學研究』 제10권, 北京: 北京大學出版社, 2002, 본문에서는 張廣達, 『文本 · 圖像與文化流傳』, 桂林: 廣西師範大學出版社, 2008, p.269를 사용했다). 그러나 현재 각지에서 출토된 석관상이 모두 소그드인과 관련됐다고는 할 수 없다. 무덤의 특수한 환경을 고려한다면, 이런 형태는 예전부터 사용되어온 '석관상'이라는 단어를 그대로 쓰는 게 맞다고 생각한다. 이 문제에 대한 최근의 논의는 滕磊, 「一件海外回流石棺床之我見」, 『故宮博物院院刊』 2009년 제4기, pp.29-32를 참조.

5 이런 자료는 섬서성 서안시 북쪽 교외에서 발견된 북주 대상 원년(579) 동주살보 안가묘, 대상 2년(580) 양주살보 사군묘(西安市文物保護考古所, 「西安市北周史君石槨墓」, 『考古』 2004년 제7기, pp.38-49, 도판7 · 8 · 9; 西安市文物保護考古所, 「西安北周涼州薩保史君墓發掘簡報」, 『文物』 2005년 제3기, pp.4-33), 산서성 태원 진원구 왕곽촌에서 발견된 수 개황 12년(592) 우홍묘(山西省考古研究所 · 太原市文物考古研究所 · 太原市晉源區文物旅遊局, 『太原隋虞弘墓』, 北京: 文物出版社, 2005), 그리고 기

많은 연구자들이 무덤의 화상에 대해 지속적으로 관심을 쏟는 가장 중요한 이유 가운데 하나는 벽화, 화상석, 화상전 등이 전통미술사의 핵심인 회화에 가장 근접하기 때문이다. 그러나 무덤은 이동이 용이한 권축화卷軸畵와 달리 미술사 속의 '회화'로 하여금 하나의 기능적 공간 안에서 구조적 연관성을 갖도록 한다. 그러므로 우리는 작품 내용과 형식 등 내부요소를 연구함과 동시에 작품과 특정장소 사이의 유기적 관계에 대해서도 생각할 수 있다. 나아가 작품과 구체적 인물, 심지어 사건을 연관시켜 생각해 볼 수도 있다.

그렇다면 어떻게 무덤 안의 화상을 해석하고, 또 어떻게 화상과 묘주 사이에 존재할 수도 있는 관계를 찾아내어 증명하고 정립할 것인가. 기존에 해왔듯 그림에 근거해 실마리를 찾듯이 무덤 속 화상을 근거로 묘주의 신분을 알아내거나 혹은 묘지墓誌에 반영된 사자의 신분과 일생을 근거로 화상을 해석할 수도 있다. 과거 중국 내 서역인 무덤에 관한 연구는 주로 도상과 문자자료를 서로 대조하거나 도상자료를 이용하여 문화교류의 역사를 정립하고 보충하는 식으로 이루어졌다. 이는 학술적 시야를 크게 확대했을 뿐 아니라, 역사학과 도상연구를 연결했으며, 이로 인해 고고학적 자료에 대한 다방면의, 그리고 다양한 학문 영역에서의 해석을 이끌어냈다. 이와 같은 연구 방법론과 방식은 새로운 재료의 출현으로 난관에 부딪히는 한편, 이런 과정을 통해 좀 더 완성되고 발전되기도 했다. 강업묘의 학술적 가치는 새로운 자료를 제공하는 데 그치는 것이 아니며, 기존의 해석방법과 이론에 대한 새로운 도전을 제공해준 데 있다.

발굴보고서는 강업묘의 석관 도상에 대해 중요한 해석을 시도하였다. 즉 각 폭의 병풍화 속 주요인물을 무덤의 남녀 주인으로 본 것이다. 그러나 직접적인 논거를 제시하지 않았으며, 원래의 그림에도 이를 증명할 제기題記가 없다. 그러므로 이런 해석은 여전히 가설의 상태에 머물러 있다. 그러나 그림이 놓여 있던 환경이 무덤인 점을 고려한다면, 그림 속 주요인물을 묘주로 보는 것이 현재로서는 가장 설득력 있다. 만약 역으로 우리가 다른 해석을 시도하고자 한다면, 다시 말해 이 인물들을 불교, 도교, 조로아스터교 등의 종교적 존상으로 보거나, 혹은 민간신앙 속의 기타 신들이나 역사인물로 보고자 한다면, 더욱더 관련 논거를 찾기 어렵다.

발굴보고서 속의 상술한 관점은 본문의 중요한

년이 분명치 않은 감숙성 천수시 석마평 문산정묘(天水市博物館,「天水市發現隋唐屏風石棺床墓」,『考古』1992년 제1기, pp.46-54) 등이 있다. 이 밖에 해외박물관과 개인이 소장한 자료도 적지 않다. 그 가운데 형태가 비교적 완전한 것으로는 1922년경 하남성 안양 근교에서 출토된 석관상 한 구가 있다(Gustina Scaglia, "Central Asians on a Northern Ch'I Gate Shrine", Artibus Asiae, vol.XXI, 1958, pp.9-28; 姜伯勤,「安陽北齊畵石棺床的圖像考察與入華粟特人的祆敎美術」, 中山大學 藝術史硏究中心 編,『藝術史硏究』제1집, 廣州: 中山大學出版社, 1999, pp.151-186). 또 최근 일본 미호미술관에서 새로 구입한 11건의 백대리석제 부조에는 채색과 금칠이 남은 벽판과 한 쌍의 문궐이 포함되어 있으며(『Miho Museum. Southwin/南館圖錄』, 滋賀: Miho Museum, 1997, pp.247-257), 일찍이 파리 기메미술관에서 전시된 비교적 완전한 백대리석제 석관상 세트 역시 채회와 금칠이 있었다(Guimet, Musée éd., Lit de pierre, sommeli barbar, Présentation, après restauration et remontage, d'une banquette funéraire ayant appartenu à un aristocrate d'Asie centrale venu s'établir en Chine au VIe siècle, Paris, Musée Guimet, 2004).

전제다. 그러나 유감스럽게도 이런 관점을 증명해 줄 문헌자료나 제기가 없다. 이런 종류의 '아쉬움'은 습관적인 사고방식에서 유래한다. 즉 도상을 해석하기 위해서는 반드시 문자자료의 도움을 받아야만 한다는 것이다. 그러나 지하에서 출토한 고고학적 자료를 직접적으로 언급하는 문헌 자료가 얼마나 된단 말인가? 제기의 도움 없이 우리는 속수무책일 수밖에 없는가?[6] 필자가 보기에 이런 아쉬움이 오히려 도상의 내부 특징이나 도상 사이의 논리적 관계를 고찰하도록 하며, 나아가 연구과정에서 도상 자체를 주체적 사료로 볼 수 있는 가능성을 모색케 하는 것 같다. 본문에서 도상은 더 이상 문자에 부속된 존재가 아니며, 또 있어도 없어도 그만인 '삽도'가 아니다. 문자의 의미는 목적지에 도착한 도상 자체가 그 특유의 목소리를 낼 수 있도록하는 데 있다. 만약 본문에서 그림을 없애버린다면, 본문의 문자 역시 읽어낼 수 없다.

이와 같은 인식에 기초하여 본문은 그림의 주제를 고증하거나 혹은 그림의 주제를 통해 강업의 일생을 연구하는 데 중점을 두지 않을 것이다. 또한 거마, 의장, 복식, 가구, 건축 등의 물건과 형태 등 물질문화를 세밀하게 연구하는 데도 의미를 두지 않고자 한다. 본문은 다른 방면으로 연구를 전개할 생각이다. 첫째, 시험적으로 도상형식에 내재하는 논리적 관계를 논의하고자 한다. '무엇을 그렸는가'와 '어떻게 그렸는가'라는 문제로부터 출발하고자 하는데, 6세기 회화예술이 가지는 보편적 특징을 관찰하기 위해서다. 둘째, 첫 번째 연구를 발전시켜

역사문제를 함께 논의하고자 한다. 즉, 도상형식의 분석으로부터 역사연구로 나아갈 수 있는 가능성을 탐색하고자 하는 것이다. 그리고 이런 논의를 토대로 특수성과 보편성이라는 두 측면에서 무덤 속 도상의 기능을 탐색할 것이다.

2. 강업묘 석관상 도상의 주제와 그 의미

강업의 석관상 둘레에는 4개의 석판石板이 있으며, 석판 안에는 모두 선각線刻 병풍도가 있다. 이전에 발견된 안가, 사군史君, 우홍虞弘 및 해외에 흩어진 많은 서역인의 장구에 표현된 그림들과 비교할 때, 이 병풍 속 그림은 다음과 같은 특징을 지닌다. 첫째, 그림 속의 모든 인물, 동물, 경물은 유창하고 세밀한 음각선으로 표현되었으며, 중국에 거주했던 서역인의 무덤 출토품에서 흔히 볼 수 있는 입체감 풍부한 부조가 아니다. 다시 말해 기술적으로 낙양에서 출토된 북위 후기 장구에서 볼 수 있는 그림에 훨씬 근접해 있다. 둘째, 그림의 제재가 비교적 단일하여 다른 장구에서 흔히 출현하는 수렵, 회맹會盟, 절기節氣의 축하, 상장喪葬 등의 복잡한 제재가 없으며, 조로아스터교 신앙이나 풍속과 관련된 내용도 많지 않다.

서술의 편의를 위해 본문은 서벽 남쪽의 제1폭에서 시작해 정벽(북벽)을 지나 동벽 남쪽의 제1폭에서 마무리하고자 하며, 이 순서대로 '그림1'에서 '그림10'까지 번호를 붙였다.(도1) 형식의 차이에 따라 병풍화를 대략 3조組로 구분할 수 있다. 제1조는

---

6 만약 화면의 주제가 당시 사람들이 쉽게 판별해낼 수 있는 내용이라면 굳이 제기를 덧붙일 필요가 없었을 것이다.

도1 강업묘 석관상에 번호를 붙인 복원도, 북주(劉婕 그림)

그림6·7·8을, 제2조는 그림4·5를, 제3조는 그림 1·2·3·9·10의 다섯 폭을 포함한다. 발굴보고서에 이미 그림이 상세하게 묘사되어 있으므로 본문은 도판을 수록하는 것으로 대신하며, 그 내용을 세세하게 설명하지는 않겠다.

잘 살펴보면, 이 그림들은 일정한 규칙에 따라 배열되어 있다. 다만 그 규칙이 매우 엄격한 건 아니다. 제1조의 그림7은 정면향의 묘주가 건물 안에 단정히 앉아 있고, 좌우 앞쪽에 많은 시자들이 묘사되어 있다. 양쪽의 6과 8은 각각 우거와 안마鞍馬를 표현했다. 북위와 북제 묘실벽화의 일반적인 배치법을 따른다면 그림7은 정벽 중앙에 위치해야 한다. 그러나 석관상 정벽은 크기가 같은 두 개의 석판으로 만들었으므로 화폭을 홀수로 설계하기엔 부적합하다. 그리하여 정중앙에 위치한 화폭이 존재할 수 없다. 이 때문에 정벽 동쪽의 석판 중앙에 묘주의 정면상을 놓고, 그 양쪽에 우거와 안마의 보조 도상을 놓았다. 제2조의 그림4와 5는 특별한 형

식의 출행도다. 그림4는 묘주의 기마행렬과 그 뒤를 따르는 산개와 부채를 든 시종을 새겨 놓았으며, 그림5는 묘주 부인이 많은 시녀를 대동하고 천천히 앞으로 나아가는 장면을 묘사했다. 두 폭 그림 속 인물의 행진방향은 같다. 그러나 남성이 앞에 서고 여성이 그 뒤를 따르는 행렬로 볼 수도 있다. 제1조의 화상 위치를 확정한 후 제2조 화상을 정벽의 서쪽에 놓고, 측판으로 각각 제3조 화상의 그림1과 2, 그림9와 10의 두 폭을 좌우에 대응시켰다. 아마도 설계 당시에 그림3을 마지막으로 첨가하여 구성을 완성한 것으로 보인다. 제3조의 그림은 모두 주인과 손님이 나무 아래서 알현하고 대담하는 종류의 도상이다. 두 폭은 남성이, 세 폭은 여성이 주요 인물이다. 만약 상술한 두 조組 안의 남녀 주인상을 포함한다면 남녀 주인의 출현 횟수는 똑같아진다. 이것이 우연인지 아니면 계산된 것인지는 이후 연구를 기다려야 할 것이다.

연구자들은 습관적으로 무덤에 표현된 인물의

연악宴樂, 출행, 사교활동의 그림을 '현실생활 제재'라 부르며, 이런 서사성 그림이 묘주 생전의 구체적인 경력과 관련이 있다고 본다.[7] 강업묘 석관상의 그림에 대해서도 동일한 해석이 나온 바 있다. 소부가와 히로시曾布川寬는 이런 그림을 묘주 부부의 생전 경력을 표현한 것으로 보았으며,[8] 주디스 러너 Judith A. Lerner는 석관상 정벽의 6폭(그림3~8)이 하나로 연결되어 묘주의 여정을 표현한 것이라 추정하기도 했다.[9] 그러나 최근 늘어나는 고고학적 발견 및 이와 관련된 논의는 무덤 속 그림과 사자의 관계가 우리가 상상하는 것 이상으로 복잡하다는 것을 알려준다.

한편 묘주와 무덤 그림 사이의 관계가 아주 밀접한 경우도 있다. 『후한서』에는 조기趙岐가 무덤 안에 그림을 그린 일을 기록하고 있고,[10] 우훙巫鴻이

추정한 대로 후한의 유생 무량武梁은 생전에 자기 무덤의 설계에 참여했을 가능성이 크다.[11] 쩡란잉曾藍瑩이 논증한 것처럼 낙양 북향양촌北向陽村의 북위 효창 2년(526) 원예묘元乂墓의 성상도星象圖는 피장자 본인과 관계가 있다.[12] 그러나 상반된 사례 또한 배제할 수 없다. 싱이톈邢義田과 쩡란잉은 한대 화상석 생산에서 나타나는 공방工坊과 특정 형식의 회화의 기능에 대해 언급했으며,[13] 『낙양가람기』는 북위의 많은 장구가 성 안의 봉종리奉終里 공방에서 제작되었다고 기록했다.[14] 허시린賀西林과 저우칭취안鄒淸泉은 북위 화상장구의 일부가 조정에서 하사한 '동원비기東園秘器'에 속한다고 보았다.[15] 그러므로 일부 그림은 이미 생전 사자 자신에 의해, 혹은 가족의 엄격한 통제 아래 제작되었으며, 한편으로는 장인이 비교적 자유롭게 만들기도 했을 것이

---

7 무덤 속 그림을 묘주 생전의 사적을 반영한 것으로 보는 인식은 적어도 청대 『금석색(金石索)』까지 거슬러 올라가는데, 이런 인식은 재검토할 필요가 있다. 이에 대한 논의는 鄭岩, 「"客使圖"溯源—關於墓葬壁畫研究方法的一點反思」, 陝西歷史博物館 編, 『唐墓壁畫國際學術研討會論文集』, 西安: 三秦出版社, 2006, pp.165-180.

8 曾布川寬, 「中國出土のソグド石刻畫像試論」, 曾布川寬 編, 『中國美術の圖像學』, 京都: 京都大學 人文科學研究所, 2006, pp.157-158.

9 Judith A. Lerner, "Aspects of Assimilation : The Funerary Practices and Furnishings of Central Asians in China", *Sino-Platonic Papers,* 168(2005), pp.22-23.

10 『後漢書 · 趙岐傳』, 北京: 中華書局, 1965, p.2124.

11 Wu Hung, *The Wu Liang Shrine: The Ideology of Early Chinese Pictorial Art*, Stanford: Stanford University Press, 1989. 중국어 번역본은 巫鴻 著, 柳揚 · 岑河 譯, 『武梁祠—中國古代畫像藝術的思想性』, 北京: 生活 · 讀書 · 新知三聯書店, 2006.

12 Lillian Lan-ying Tseng, "Visual Replication on Political Persuasion: The Celestial Image in Yuan Yi's Tomb", 巫鴻 主編, 『漢唐之間的視覺文化與物質文化』, 北京: 文物出版社, 2003, pp.377-424.

13 邢義田, 「漢碑 · 漢畫和石工的關係」, 『故宮文物月刊』(臺北) 제14권 제4기, 1996, pp.44-59(수정본은 邢義田, 『畫爲心聲—畫像石 · 畫像磚與壁畫』, 北京: 中華書局, 2011, pp.47-68에 수록); 曾藍瑩, 「作坊 · 格套與地域子傳統—從山東安丘董家漢墓的制作痕跡談起」, 『美術史研究集刊』(臺北) 제8집, 2000, pp.33-86; 邢義田, 「格套 · 榜題 · 文獻與畫像解釋—以失傳的"七女爲父報仇"漢畫故事爲例」, 邢義田 主編, 『中世紀以前的地域文化 · 宗教與藝術』(中研院第三屆國際漢學會議論文集歷史組), 2002, pp.183-234(수정본은 邢義田, 『畫爲心聲—畫像石 · 畫像磚與壁畫』, pp.92-137에 수록)

14 『낙양가람기』 권3에는 한대 최함의 부활 고사가 있다(範祥雍, 『洛陽伽藍記校注』, 上海: 上海古籍出版社, 1978, pp.174-175).

15 賀西林, 「北朝畫像石葬具的發現與研究」, 巫鴻 主編, 『漢唐之間的視覺文化與物質文化』, 2003, pp.341-376; 鄒淸泉, 『北魏孝子畫像研究』, 北京: 文化藝術出版社, 2007, pp.33-52.

다. 그러나 대부분의 경우 장인이 이미 만들어진 화본을 근거로 화상을 제작했으며, 상가喪家에서 화상의 내용을 구체적으로 요구했던 것은 아니었을 것이다. 개괄적으로 말하자면, 이런 화상은 먼저 커다란 도상계통에 속하고, 이런 계통의 '저작권'과 사용권은 어떤 구체적인 사람이 아니라 한 시대의 특정 사회계층 혹은 단체에 있다. 이런 전제 아래 특정 시대, 특정 계층이나 단체에 속한 사람은 이런 계통 속의 그림들을 이용하여 독특한 사상을 표현할 수 있다. 두 측면은 결코 모순되지는 않지만, 반드시 분리해서 논의해야만 한다. 강업묘 석관상의 그림이 바로 이런 사례다.

먼저 제1조의 그림을 보자.(도2) 그림7 중앙은 묘주의 정면상으로, 제1조 그림의 핵심이다. 그림 속에서 강업은 한 건물 안에 앉아 있고 좌우에 각각 두 명의 시종이 있다. 건물 앞에도 4명의 시종이 있는데, 시종과 건축 및 경물 등은 주요 인물을 화면의 중심으로 만들어준다. 여기서 우리는 '초상'이라는 단어를 신중하게 사용해야 한다. 이 그림은 결코 묘주가 가진 오관五官의 특징을 의식적으로 주의해서 표현하지 않았다. 필자는 이 석판의 실물을 조사한 적이 있는데, 당시 그림 속 강업의 왼쪽 눈과 왼쪽 귀의 선각이 분명치 않음을 발견했다. 이런 결함이 색칠을 통해 보충되었다 하더라도, 장인이 얼굴에 특별히 신경을 쓰지 않았음이 확실하다. 정면의 묘주상은 연대가 유사한 산서성 태원시 왕가봉王家

峰 북제 무평 2년(571) 태위무안왕太尉武安王 서현수묘 벽화에서 보듯 대부분 천편일률적이다. 창작자는 주로 묘주의 자세, 각도, 복식, 가구, 기물, 건축 내지 시종과 자연환경을 통해 묘주의 비범한 지위와 외양을 표현하고자 했다. 그림 속 인물은 특정한 사람이지만, 화가는 결코 의식적으로 그의 개성적인 얼굴을 그려내지 않았다. 단지 사람들이 공통적으로 느끼는 일종의 심미적 표준에 근거하여 가장 이상적이라고 생각되는 형상을 표현했다.[16]

그림7에서 강업이 오른손을 위로 들고 왼손을 허리 사이에 둔 형태를 주목할 필요가 있다. 이런 독특한 자세는 '옛 유형'[17]을 도식적으로 따른 것이다. 한반도 평양에 소재한 안악3호분(357년)의 묘주는 오른손에 주미를 들고 왼손은 궤几를 감싸고 있는데,(도3)[18] 6세기에 이르러 주미와 궤는 더 이상 유행하지 않았으며, 그 결과 두 기물은 전통적인 그림 속에서 퇴장했다. 그러나 인물의 자세는 여전히 과거의 모습을 보존하고 있다.

동일한 형태의 정면 묘주상은 한대까지 소급한다.[19] 후한 말년에서 위진시기까지 요녕성 요양 지역의 석판묘石板墓에서는 흔히 묘실 안에 단독의 이실耳室을 만들어 묘주도를 그렸다. 요양 상왕가촌上王家村 서진시대 무덤 우측 이실에 그려진 정면의 묘주상은 탑榻 위에 단정히 앉아 있고, 손에는 주미를 들었다. 옆에는 "서좌書佐" 등의 관리가 있으며, 둥근 병풍이 주위를 둘러싸고 위에는 연화와 술로

---

16 본서 「묘주 도상의 전승과 변화─북제 서현수묘(徐顯秀墓)를 중심으로」 참조.
17 '유형(遺型)'은 고고학의 유형학(類型學)에서 사용하는 용어로, 기물의 형식은 존재하나 그 기능은 사라진 것이다.
18 宿白, 「朝鮮安嶽所發現的冬壽墓」, 『文物參考資料』, 1952년 제1기, pp.101-104.
19 河北省文物研究所, 『安平東漢壁畵墓』, 北京: 文物出版社, 1990, pp.25-26.

도2 강업묘 석관상 제1조 그림, 북주(그림6·7·8, 『文物』 2008년 제6기, p.31)

장식한 복두형覆斗形의 유장이 펼쳐져 있다.[20] 5세기 초 평성平城 지역의 북위 무덤은 이런 정면상의 전통을 계승했다. 묘주는 일반적으로 유장 아래 병풍 앞에 앉아 있고, 의복은 화려하고 얼굴은 단정하다. 산서성 대동시 사령沙嶺에서 발견한 태연 원년(435) '임시중·평서대장군任侍中·平西大將軍' 등의 관직을 가진 파다라씨破多羅氏 부모 합장묘 정벽의 그림과 이 묘의 칠관漆棺에서 발견된, 배치가 동일한

묘주상이 전형적인 사례다.[21] 정면 묘주상은 다실묘의 소실과 단실묘의 유행으로 점점 묘실의 정벽으로 옮아갔으며, 6세기 북제묘 벽화에서는 '제도'로 정착했다. 북제 서현수묘의 서현수상은 담비가죽옷 등의 복식, 많은 시종들로 에워싸는 형식, 그리고 안마와 우거를 채용해 인물의 특수한 신분과 지위를 표현했는데, 시대적 유행의 변화를 반영한 것이다.

20 李慶發, 「遼陽上王家村晉代壁畫墓清理簡報」, 『文物』 1959년 제7기, pp.60-62.
21 大同市考古研究所, 「山西大同沙嶺北魏壁畫墓」, 『文物』, 2006년 제10기, pp.4-24.

그림7 양쪽의 그림6과 8은 각각 우거와 안마를 표현했다. 우거와 안마는 양진兩晉과 남북조시대 예술에서 흔히 출현한다. 비교적 이른 사례를 낙양의 서진시대 무덤에서 볼 수 있는데, 이곳의 출행의장 出行儀仗 도용들에서는 주로 우거와 안마가 나타난다.[22] 섬서성 요현耀縣 수 개황 8년(588) 〈서경휘조상徐景輝造像〉의 뒷면에는 말을 탄 남성과 우거를 탄 여성이 새겨져 있다. 각각 "父徐默", "母毛羅束"의 제기가 있어 이미 돌아가신 부모의 형상임을 알 수 있다.[23] 보아하니 안마와 우거는 각각 남녀 묘주의 출행에 사용하는 것이 확실하다. 그러나 이런 대응관계가 반드시 엄격하게 지켜진 것은 아니어서 강업묘 그림7에는 남성 묘주 한사람만 있음에도 불구하고 우거와 안마를 모두 갖추고 있다. 산동성 제남濟南 마가장馬家莊 북제 무평 2년(571) '축아현령□도귀묘祝阿縣令□道貴墓'의 상황도 완전히 같다.[24] 한편 서현수묘에서는 우거 및 안마가 남녀 묘주와 대응하지 않고 위치가 바뀌어 있는데, 이는 당시 장인이 벽화를 제작하면서 내용을 마음대로 조정할 수 있는 권한이 비교적 컸음을 보여준다.

대다수의 사례와 같이 강업묘에서도 수레와 말 위에 올라탄 사람은 없으며, 자리를 비워둔 채 그림

도3 평양 안악3호분(357년) 묘주상, 고구려(Kim Lena, *Koguryo Tomb Murals*, Seoul: ICOMOS-Korea, Culture Properties Administration, 2004, p.8)

7의 묘주를 기다리고 있다. 그림6의 소는 끌채와 멍에를 풀고 수레 옆에 누워 풀을 먹고 있다. 우거를 몰 두 명의 호인은 한쪽에서 술을 마시고 있어 아주 한가로운 분위기를 연출한다.[25] 가장 주목을 끄

---

22 河南省文化局文物工作隊第二隊, 「洛陽晉墓的發掘」, 『考古學報』 1957년 제1기, pp.169-185. 이에 대한 상세한 논의는 楊泓, 「談中國漢唐之間葬俗的演變」과 「北朝陶俑的源流‧演變及其影響」 등 두 편의 글에서 볼 수 있다(楊泓, 『漢唐美術考古和佛敎藝術』, 北京: 科學出版社, 2000, pp.1-10, pp.126-139).

23 周到 主編, 『中國畵像石全集』 제8권, 濟南‧鄭州: 山東美術出版社‧河南美術出版社, 2000, 도판130.

24 濟南市博物館, 「濟南市馬家庄北齊墓」, 『文物』, 1985년 제10기, pp.42-48, p.66.

25 끌채와 멍에 등이 풀려 있는 수레나 말은 일찍이 산동성 기남의 북채 후한 화상석, 감숙성 주천 서구(西溝)의 위진시대 무덤, 돈황 불야묘만 37호 서진시대 무덤 화상전 등에서 볼 수 있다. 이에 대해서는 曾昭燏‧蔣寶庚‧黎忠義, 『沂南古畵像石墓發掘報告』, 北京: 文化部文物事業管理局, 1956, 탁본35; 馬建華 主編, 『甘肅酒泉西溝魏晉墓』, 重慶: 重慶出版社, 2000, p.17; 甘肅省文物考古硏究所 戴春陽 主編, 『敦煌佛爺廟灣西晉畵像磚墓』, 北京: 文物出版社, 1998, p.86을 참조.

도4 산동성 제남시 마가장 '□도귀묘' 서벽 그림(부분), 북제(『文物』 1985년 제10기, p.45)

도5 감숙성 천수시 석마평 석관상 그림(부분), 북주~수대 (『考古』 1992년 제1기, p.47)

는 것은 뒷모습으로 표현된 수레와 그림8의 중앙에 있는 말이다. 비교적 좁은 정면이나 뒷면과 달리 수레와 말의 측면은 비교적 길기 때문에 외형적 특징을 표현하는 데는 측면 각도가 제일 적합하다. 이와 달리 정면과 뒷면은 투시도법에 의해 깊이를 압축 foreshortening해야 하므로 새기거나 그리기가 어렵다. 이런 세부사항이 독특하지만, 그렇다고 강업묘 화상을 제작한 사람이 이것들을 특별히 창조한 것은 아니다. 정면 또는 뒷면의 말과 수레는 한대 그림에서도 볼 수 있는데, 대부분 형상이 간단하다.[26] 6세기 작품에서도 훌륭한 사례들을 볼 수 있다. 제남시 마가장 북제 '□도귀묘' 서벽에 있는 수레 하나는 정면처럼 보이는데 표현의 난이도는 뒷면과 마찬가지로 어렵다.[도4] 감숙성 천수天水 석마평묘石馬坪

墓 석관상 정면의 가장 왼쪽에 있는 병풍 속 수레는 뒷모습이 묘사되어 있다.[도5][27] 뒷모습의 말은 미국 넬슨아트킨스미술관 소장 북위 후기 효자석관에서 볼 수 있다.[도6][28] 이 석관은 일찍이 낙양 망산에서 출토되었는데, 석관화상 가운데 두 장면은 효자 왕림王琳의 고사를 표현했다. 첫 장면에는 적미군赤眉軍 포로가 되어 곧 잡아먹힐 왕림의 동생이 있고, 왕림은 땅에 무릎을 꿇고 자신이 동생을 대신하겠다고 애원하고 있다. 그리고 적미군 장수 하나가 산속에서 말을 타고 나오고 있다. 두 번째 장면은 감동 받은 적미군이 왕림 형제를 석방하고 산속으로 들어가는 모습이다. 여기에서 말은 뒷모습이지만 약간 옆쪽으로 몸을 틀고 있다. 강업묘 그림8의 말은 완전히 뒷모습이기 때문에 말의 외형적 특징을

---

26 鄭岩, 「正面的馬, 背面的馬」, 『文物天地』 2003년 제9기, pp.52-55; 繆哲, 「漢代的正面騎與背面騎」, 黃惇 主編, 『藝術學研究』 제1권, 南京: 南京大學出版社, 2007, pp.110-128.

27 天水市博物館, 「天水市發現隋唐屛風石棺床墓」, p.47.

28 黃明蘭, 『洛陽北魏世俗石刻線畫集』, 北京: 人民美術出版社, 1987, p.5.

도6 미국 넬슨아트킨스미술관 소장 낙양 출토 석관의 〈효자 왕림 고사도〉, 북위(黃明蘭, 『洛陽北魏世俗石刻線畫集』, p.5)

완전히 전달하기 어렵다. 그러나 흥미롭게도 그 오른쪽에 측면형 말의 전반신이 하나 더 있다. 하나는 뒷모습이고 하나는 측면으로 마치 기계제도의 두 각도에서 본 정투영도正投影圖처럼 상호 보완관계를 이룬다. 게다가 측면향의 말이 반만 표현되어 주객이 전도되는 것을 면할 수 있었다. 두 폭의 화면은 모두 부감법을 사용했고 가까운 데서 먼 곳까지 산림에 깊이감을 더했으며, 거마의 각도를 독특하게 처리하여 화면의 구조가 상당히 복잡해졌다.

이어 제2조의 그림을 보자.(도7)[29] 제1조 그림의 장

---

29 린성즈 역시 강업묘 석관상의 병풍화를 몇 개의 조로 나누었지만 구체적인 내용은 필자와 다르다. 그는 석관상 병풍화를 '3폭이 한 조를 이루는' 규율에 근거하여 그림3을 제2조에 넣었다. 또 그림3·4·5는 '남성 묘주의 기마출행을 중심'으로 하고, 양측을 각각 '여성 묘주가 여성 손님을 만나는 장면'과 '여성 묘주의 출행'으로 보았다. 이처럼 "중앙의 두 석판을 서로 비교하여 기마출행과 묘주연음이 있는 위치를 각각 좌우로 하면 서로 대칭이 된다"고 하였다(林聖智, 「北朝晚期漢地粟特人葬具與北魏墓葬文化─以北魏石棺床圍屛與北齊安陽粟特石棺床爲主的考察」, 『中研院歷史語言研究所集刊』第81本 第3分, 2010년 9월, p.544). 그러나 필자가 보기에 이 세트의 그림은 '3폭이 한 조를 이루는' 규율을 엄격하게 지키고 있는 것 같지 않으며, 양쪽 측판의 그림은 모두 두 폭이다. 그림3의 화폭은 비록 제3조의 그림1·2·9·10보다 조금 좁지만 기본적인 구도와 내용은 오히려 유사하다. 그러므로 필자는 이 그림을 제3조에 넣었다. 그림3의 화폭이 좁아든 것은 아마도 위치를 고려한 것으로, 석관상 정면의 그림과 크기를 반드시 통일시킬 필요에서 기인했

도7 강업묘 석관상 제2조 그림, 북주(그림4·5, 『文物』 2008년 제6기, p.29)

그림5의 처리는 상당히 능숙해서, 인물의 옷끈이 날리는 화법은 넬슨아트킨스미술관의 효자석관상에 묘사된 순舜 임금의 두 비妃와 동영董永 고사 속 선녀 형상과 동일하다.[31] 동일한 형태는 산서성 대동시 석가채石家寨의 북위 연흥 4년에서 태화 8년 사이(474~484)에 매장된 낭야강왕琅邪康王 사마금룡묘司馬金龍墓 출토 칠관 병풍, 회화 전세품인 〈여사잠도女史箴圖〉와 〈낙신부도洛神賦圖〉에서도 볼 수 있다.[32] 인물의 신체 뒤쪽에서 나부끼는 옷끈과 앞쪽으로 기울어진 일산[傘]의 선線은 움직임이 분명히 묘사되고, 인물의 중복된 자세는 화면에 운율감을 가득 넣어준다. 그리고 인물의 앞뒤를 투시법으로 처리한 점, 가장 뒤쪽의 시녀가 한 걸음 뒤로 떨어져 있고 뒤에서 두 번째 시녀가 몸을 약간 돌린 점 등도 화면을 더욱 풍부하게 만들어준다.

그림4와 5의 남녀 주인이 행진하는 방향은 같기 때문에 전후의 연속관계를 볼 수 있다. 북제 최분묘의 묘주상도 이처럼 남자가 앞서고 여성이 뒤따르는 구도다. 다만 거기에서는 남녀 묘주가 모두 걸어가고 있는 데 비해, 강업묘 그림4의 남성 묘주는 말을 타고 있는 반면 여성 묘주는 걸어가고 있어 남녀의 모습이 다르다. 이런 불일치는 〈여사잠도〉와 사마금룡묘 병풍에서 공통으로 나타나는 반첩여班婕妤 고사에서도 볼 수 있다.[(도9)] 〈반첩여도〉는 특정 고사를 표현했지만, 그 안에 반영된 남녀의 존비관념은 고대에는 매우 보편적이었다.

면이 정적인 것과 달리 제2조의 그림은 동적이다. 그림4에 묘사된 말 탄 묘주는 독창성이 결여돼 있어 여기에서 자세히 논할 필요는 없다. 그림5는 여주인이 여러 시녀들에 둘러싸여 천천히 걸으며 출행하는 장면으로, 인물들의 기본적인 관계는 용문석굴이나 공현석굴의 〈제후예불도〉와 유사하고, 또 산동성 임구臨朐 야원冶源 북제 천보 2년(551) 동위위열장군·남토대행대독군장사東魏威烈將軍·南討大行臺督軍長史 최분묘의 그림과 비교적 일치한다.[(도8)][30]

을 것이다.

30 최분묘 벽화에 대한 논의는 본서 「북제 최분묘(崔芬墓) 벽화 시론」 참조.

31 黃明蘭, 『洛陽北魏世俗石刻線畵集』, p.3, p.8.

32 中國古代書畵鑒定組 編, 『中國繪畵全集』 제1권, 도23·24, 도35~37, 北京·杭州: 文物出版社·浙江人民美術出版社, 1997.

도8 산동성 임구 해부산 최분묘의 묘주도, 북제(臨朐縣博物館, 『北齊崔芬壁畫墓』, 彩圖9)

제2조의 그림은 노부도鹵簿圖를 간략화한 것으로 볼 수 있다. 저우이량周一良은 남북조시대 노부도의 유행에 대해 "당시 일부 사람들에게는 이런 그림이 자신의 신분을 과시하는 도구였다"고 추정했다.[33] 출행을 표현한 화면은 한대의 거마행렬도까지 소급할 수 있으며, 청대의 〈건륭남순도乾隆南巡圖〉까지 이어진다. 한대의 거마행렬도로부터 대동시 사령 북위묘 벽화의 우거 의장도까지, 이런 회화는 대부분 방대한 출행장면을 통해 인물의 대단한 신분을 표현한다.[34] 한대의 전통과 다른 점은 강업묘 그림4와 5의 경우 더 이상 무한하게 장면을 확장하지 않았으며, 인물의 모습과 자세 등을 보다 중시했다는 것이다. 다시 말해 과거의 적극적인 '전진前進'의

추구는 이미 내적으로 수렴되어 섬세하고 조용하고 우아한 것으로 대체되었다.

필자는 제3조 그림에 대해 집중적으로 토론하고자 한다.(도10~14) 제1조와 2조 그림이 각 조 안에서 서로 관련되는 것과 달리, 3조의 그림은 독립적이다. 그리하여 전체 병풍 속에서 다른 위치에 산재한다. 그러나 화면구도에는 공통점이 있다. 첫째, 모두 군상의 조합으로, 그림 속에는 반측면형의 남자와 여자가 각각 조그만 탑상 위에 앉아 있다. 탑상 위 인물은 묘주 부부로 추정되며, 남녀 묘주의 주위를 많은 시종과 빈객이 둘러싸고 있다. 이들은 서 있기도, 앉아 있기도 하며 어떤 사람은 주인의 담화에 귀를 기울이는 듯하다. 이들의 위치와 모습은 주

---

33 周一良, 『魏晉南北朝史札記』, 北京: 中華書局, 1985, p.165.

34 많은 연구자들은 습관적으로 문헌 속의 수레제도로부터 한대 출행도 속 주요인물의 신분을 판정한다. 그러나 일부 학자는 무덤 안에 표현된 일부 거마행렬의 규모가 묘주의 관작을 넘어서고 있는 데 주목, 거마행렬도가 현실생활을 그대로 베낀 것이 아니라 당시 사람들의 소망을 반영한 것으로 추정했다(林巳奈夫, 「後漢時代の車馬行列」, 『東方學報』 제37책(京都), 1996, pp.191-212). 그러나 제도가 존재하기 때문에 참월이라는 것도 비로소 의미가 있다.

도9 산서성 대동시 사마금룡묘 칠병풍의 〈반첩여도〉, 북위(대동시박물관 제공)

종主從의 차이는 있지만, 지위는 모두 묘주 부부보다 낮다. 둘째, 모든 인물은 산림 속에 있다. 셋째, 등장인물이 모두 커다란 나무 아래 몰려 있다.

기존 자료에서 어렵지 않게 유사한 그림을 찾을 수 있다. 첫 번째는 1930년 낙양성 서쪽에서 출토한 북위 정광 5년(524) 조군정경왕趙郡貞景王 원밀元謐석관 양측의 효자와 효손의 그림이다.[35] 제기에 의하면 그림 속에는 정란丁蘭, 한백여韓伯餘, 곽거郭巨,(도15) 민자건閔子騫, 미간적眉間赤, 백기伯奇, 동독보董篤父, 동영董永, 노래자老來(萊)子, 순舜, 효손 원곡原穀 등의 인물이 있다. 화면을 잘 살펴보면, 이 인물들의 등장 목적은 고사의 내용을 표현하는 데 있지 않으며, 단지 하나하나의 정태적 장면을 선택했을 뿐이다.[36] 원래 고사에서 이런 장면은 결코 전형적인 것이 아니었다. 다만 여기서 이들은 서로 일정한 공통점을 지닌다. 모든 인물은 앉아 있으며 지위가 비교적 높은 부모는 반측면형으로 작은 탑상 위에 앉아 마치 효자들을 향해 훈시하는 듯하다. 심지어 손짓이 표현되어 우리로 하여금 대화가 진행되고 있음을 확연히 느끼게 해주는 장면도 있다. 모든 고사는 산림 속에서 벌어지며, 어떤 인물은 나무 아래 앉아 있기도 하다. 반측면으로 앉은 인물, 인물의 주종관계, 무성한 숲과 나무 등이 모두 강업 석관상의 그림과 유사하다.

---

35 이 석관은 현재 미국의 미네아폴리스미술관(The Minneapolis Institute of Arts)에 소장되어 있다(黃明蘭, 『洛陽北魏世俗石刻線畫集』, pp.30-39).

36 형식상의 조정은 이런 화상을 이용해 상장관념과 관련된 다른 사상을 표현하고자 했기 때문이 아닐까. 이에 대해서는 鄭岩, 『魏晉南北朝壁畫墓研究』, 北京: 文物出版社, 2002, pp.230-231.

도10 강업묘 석관상 그림1, 북주(『文物』 2008년 제6기, p.27)

도11 강업묘 석관상 그림2, 북주(『文物』 2008년 제6기, p.27)

도12 강업묘 석관상 그림3, 북주(『文物』 2008년 제6기, p.29)

도13 강업묘 석관상 그림9, 북주(『文物』 2008년 제6기, p.33)

도14 강업묘 석관상 그림10, 북주(『文物』 2008년 제6기, p.33)

도15 하남성 낙양 출토 원밀석관의 곽거 그림, 북위(필자 그림)

두 번째는 1977년 낙양 북쪽의 망산에서 출토된 북위 석관상의 그림이다.(도16)[37] 그림 속에는 역시 많은 인물이 나무 아래 앉아 있다. 이 가운데 솟구친 뱀의 형상이 있는 한 폭은 효자 백기의 고사로 추정된다.[38] 그림 안에는 모두 제기를 쓸 공간을 마련해놓았지만, 막상 제기는 없다. 게다가 대다수가 표지적인 세부묘사가 결여되어, 고사의 내용은 약화되거나 심지어는 소홀히 다루어져 원래의 제재를 추정하기 어렵다. 화면은 모두 세로의 장방형 테두리가 있어 실제의 병풍형식을 모방했음을 알 수 있는데, 이 점은 강업묘 석관상의 그림과 일치한다.

상술한 두 번째 사례의 병풍식 구도를 참고하여 제3, 제4의 사례를 찾아낼 수 있다. 즉 상술한 최분

묘(도17) 및 산동성 제남시 동팔리와東八里洼 북제 무덤의 고사병풍 벽화다.[39] 비록 인물의 수는 적지만 강업 석관상과 마찬가지로 대부분 나무 아래 앉아 있다. 산동 지역 북제 고사화의 연원을 남조의 죽림칠현도로 추정하므로,[40] 남조로 관심을 돌릴 필요가 있다. 남경 서선교西善橋 궁산묘宮山墓에서 발견된 '죽림칠현과 영계기榮啓期'를 묘사한 벽돌 벽화는 아주 유명하다.(도18)[41] 이곳 인물들은 모두 나무 아래 앉아 있는데, 8등분된 공간을 하나의 단위로 하고 각 공간에는 사람과 나무를 각각 하나씩 배치했다. 이런 구도는 아마도 병풍화에서 중간의 테두리를 없앰으로써 출현한 결과일 것이다. 이 남조 고분의 도상이 바로 제5의 사례다.

이상의 다섯 사례에서 우리는 강업 석관상의 그림과 유사한 구도와 형식들을 볼 수 있다. "내용이 형식을 결정한다"는 전통적 이론과 달리 상술한 형식은 고사의 내용과 직접적인 관계가 없으며, 동일한 고사라 하더라도 다른 형식을 채용하기도 한다. 산동성 가상현의 후한대 무량사와 북위 원밀석관의 정란 고사를 비교해보자. 어렵지 않게 양자의 차이를 볼 수 있는데,(도19) 후자에서 보이는 수목산림은 문학적 고사 안에 원래부터 있던 요소가 아니며, 특정 시대에 새롭게 출현한 요소이다.

제6의 사례는 우리의 시야를 불교예술 영역으로

37 낙양고대예술관 소장. 이 작품은 黃明蘭, 『洛陽北魏世俗石刻線畫集』, 도판81-84에 게재되어 있다.

38 趙超, 「關於伯奇的古代孝子圖畫」, 『考古與文物』 2004년 제3기, p.69.

39 臨朐縣博物館, 『北齊崔芬壁畫墓』, 北京: 文物出版社, 2002; 山東省文物考古硏究所, 「濟南市東八里洼北朝壁畫墓」, 『文物』 1989년 제4기, pp.67-78.

40 楊泓, 「北朝"七賢"屛風壁畫」, 楊泓·孫機, 『尋常的精致』, 沈陽: 遼寧敎育出版社, 1996, pp.118-122.

41 南京博物院·南京市文物保管委員會, 「南京西善橋南朝大墓及其磚刻壁畫」, 『文物』 1960년 8·9기 합간, pp.37-42.

도16 하남성 낙양 출토 석관상의 그림(부분), 북위(필자 그림)

도17 산동성 임구 해부산 최분묘의 고사병풍 벽화, 북제(臨朐縣博物館,『北齊崔芬壁畫墓』, 彩圖15)

도18 강소성 남경시 서선교 궁산묘의 〈죽림칠현과 영계기〉 벽돌그림, 남조(姚遷·古兵,『六朝藝術』, 北京: 文物出版社, 1981, 도162·163)

도19 〈정란고사도〉의 비교: 위, 산동 가상현 무량사, 후한(蔣英炬 主編,『中國畫像石全集』第1卷, 濟南·鄭州: 山東美術出版社· 河南美術出版社, 2000, p.29); 아래, 하남성 낙양 출토 원밀석 관, 북위(필자 그림)

확대시킨다. 김진순金鎭順은 일찍이 시카고미술관 The Art Institute of Chicago 소장 석관상의 병풍에서 반 측면으로 앉아 있는 남녀 주인의 상과 메트로폴리 탄미술관 소장 동위 무정 원년(543) 조상비의 〈유마 변상도維摩變相圖〉 부조[도20]를 대조분석했는데, 사 용한 장막이 매우 유사함을 지적했다. 나아가 불교 미술과 묘장미술의 연관에 대해서도 논의했다.[42] 사실 양자의 관계는 여기에서 그치는 것만은 아니 다. 그림 속 유마힐과 문수사리의 장막을 제거하면, 유마변상도 속의 많은 요소와 강업묘 석관상의 그 림이 상당히 유사함을 알 수 있다. 유마힐과 문수사 리 뒤쪽에 모두 커다란 나무 한 그루가 있다. 더 중 요한 것은 두 사람이 모두 반측면의 좌상이며 말을 하고 있고 그 주위를 많은 청중들이 둘러싸고 있다 는 점이다.

감숙성 영정永靖 병령사炳靈寺 제169굴 서진시대 벽화에는 두 곳에 유마힐상이 있는데,[43] 비교적 시 대가 이르다. 이 제재는 운강, 용문, 돈황의 북조시 대 석굴에서도 발견된다. 불교경전에 의하면 유마 힐과 문수사리는 한 방에 같이 있었다고 한다. 하 지만 비교적 발전된, 성숙하고 고정된 형식에서 유 마힐과 문수사리는 서로 대립하는 이원적 형식으 로 표현된다. 두 사람은 다른 방이나 유장 아래 앉 아 있으며 모두 반측면상이다. 이런 각도는 변론하 는 두 사람의 관계를 표현하는 데 매우 적합하다. 그뿐 아니라 완전히 측면형 인물상처럼 화면 밖 관

---

42 金鎭順,「南北朝時期墓葬美術硏究―以繪畫題材爲中心」, 北京: 中國社會科學院硏究生院博士學位論文, 2005, pp.77-78. 메 트로폴리탄미술관 소장 동위 무정 원년(543) 조상비는 Laurence Sickman & Alexander Soper, *The Art and Architecture of China*, Penguin Books Ltd, 1956, pl.44를 참조.

43 甘肅省文物工作隊·炳靈寺文物保管所,『中國石窟·永靖炳靈寺』, 北京·東京: 文物出版社·平凡社, 1989, 도판37·41.

도20 미국 뉴욕 메트로폴리탄미술관 소장 조상비의 〈유마변상도〉, 동위(Laurence Sickman & Alexander Soper, *The Art and Architecture of China*, pl.44)

람자의 존재를 아예 무시하지도 않는다. 불교경전에서는 문수사리가 유마힐이 거주하는 곳으로 간다. "이 때 팔천의 보살, 오백의 제자, 백천百千의 천인 등이 모두 함께 가고자 했다. 그리하여 문수사리는 여러 보살과 대大제자 및 여러 천인 권속과 함께 유야리維耶離 대성大城으로 들어갔다."[44] 그러나 문헌과 달리 유마변상도의 이원적인 대립구도에서는 여러 수행보살과 제자, 천인이 두 개의 진영으로 나뉘어 각각 유마힐과 문수사리 주위에 도열하고 있으며 문수사리 쪽에 몰려 있지 않다. 화면을 중앙에서 분리해보면, 각각 화면 반쪽에서 주연이 되는 두 사람은 여전히 강연을 하고 있다. 그러나 유마힐과 문수사리는 더 이상 대등한 구조가 아니며, 주인공과 주위 인물은 각각 강연을 하고 이를 듣는 관계로 변화한다. 이와 같은 관계를 강업묘 화면 속에서도 볼 수 있다. 이처럼 한 폭의 화면을 둘로 나눈 것은 결코 강업 석관상의 그림과 비교하기 위해 필자가 주관적으로 선택한 수법이 아니다. 돈황의 6세기 석굴에서는 중심 불감의 존재로 말미암아 유마힐과 문수사리, 그리고 그 권속인 청중들이 각각 감 바깥의 양측에 분리되어 나타난다. 수대에 조영된 206·276·314[(도27)]·380·417·419·420굴 등이 모두 여기에 속한다. 이런 구도는 후대까지 계속되었다.[45]

44 『大正新修大藏經』제14책, p.525.

45 이런 변화과정에 대한 논의는 巫鴻 著, 鄭岩 等譯, 「何爲變相?─兼論敦煌藝術與敦煌文學的關系」, 鄭岩·王睿 編, 『禮儀中的美術─巫鴻中國古代美術史文編』下冊, 北京: 生活·讀書·新知三聯書店, p.375.

불교경전에서는 유마힐의 집에 커다란 나무가 있다는 내용이 없다. 그러나 북조 후기에서 수대에 이르기까지 나무는 유마변상도에서 가장 흔한 소재였다. 수대에 조영된 돈황 420굴 유마변상도 벽화에서 전형적인 사례를 찾을 수 있다.[46] 이런 현상은 6세기 수목문의 유행과 관련이 있다. 수목의 형상은 6세기 이전에는 주로 반가사유상에서 보였으나 6세기 이후 여러 부처와 보살상으로 확대되었다.[47] 불교조상의 수목도상을 연구한 학자는 종종 남북조시대 무덤 그림 속의 수목과 비교 연구를 하면서 양자 사이의 형태상의 관계에 주목했다.[48] 소현숙蘇鉉淑은 일찍이 하남 용문석굴 노동路洞 남북 양벽에 쌍수雙樹를 사이에 두고 부처와 보살의 3존상이 안치되는 형식이 〈죽림칠현과 영계기〉 벽화와 매우 유사하다는 점을 지적했다.[49] 한편 사천성 성도成都 만불사지萬佛寺址 출토 남조 조상비 WSZ48 뒷면의 서방정토변, WSZ49 뒷면의 미륵변상도 등 설법 장면을 묘사한 그림에서 강업 석관상 그림과 유사한 많은 요소들을 어렵지 않게 볼 수 있다.[50]

한편 강업 석관상 그림2에는 한 여성이 오른손으로 나뭇가지를 잡고 왼손은 허리에 대고 서 있다.(도21) 이 세부묘사의 구체적인 의미가 무엇인지 단정하긴 어렵다. 이것과 형식적으로 가장 유사한 표현은 불전고사佛傳故事(필자는 불본행고사佛本行故事로 적었지만 석가모니 탄생설화는 불전고사류에 속한다: 역자 주)에서 석가모니의 탄생을 묘사한 장면이다. 후한 축대력竺大力과 강맹상康孟詳이 번역한 『수행본기경修行本起經』 권상卷上의 「보살강신품菩薩降身品」은 "명성明星이 나올 때 부인이 나뭇가지를 잡자 태자가 오른쪽 옆구리에서 태어났다"고 기록했다.[51] 유송劉宋 구나발타라求那跋陀羅 번역의 『과거현재인과경過去現在因果經』 권1은 "이때 부인이 원림에 들어가자 모든 것들이 조용해졌다. 10개월이 다 차 2월 8일 해가 처음 나올 때였다. 부인이 원림 안에서 커다란 나무 한 그루를 보았는데, 무우無憂라 불리는 것으로 꽃이 아름답고 향이 선명했으며 나뭇잎이 아주 울창했다. 바로 오른손을 들어 이를 따려고 했는데 보살이 점점 오른쪽 옆구리에서 나왔다"라고 기록하고 있다.[52] 이 고사를 묘사한 도상은 대부분 경전의 내용과 부합한다. 시카고미술관에 소장된 기원전 2세기 말에서 3세기 초 사이에 제작된 것으로 추정되는 간다라 부조에서 오른손으로 나뭇가지를 잡고 두 다리를 교차시킨 마야부인을 볼 수 있다.(도22)[53]

46 敦煌文物研究所, 『中國石窟·敦煌莫高窟』 제2권, 北京·東京: 文物出版社·平凡社, 1984, 도판61·68·69.

47 蘇鉉淑, 『東魏北齊莊嚴紋樣硏究—以佛敎石造像及墓葬壁畵爲中心』, 北京: 文物出版社, 2008, pp.181-183.

48 趙聲良, 『敦煌壁畵風景硏究』, 北京: 中華書局, 2005, pp.70-77; 蘇鉉淑, 『東魏北齊莊嚴紋樣硏究—以佛敎石造像及墓葬壁畵爲中心』, pp.180-214.

49 蘇鉉淑, 『東魏北齊莊嚴紋樣硏究—以佛敎石造像及墓葬壁畵爲中心』, pp.194-195.

50 袁曙光, 「四川省博物館藏萬佛寺石刻造像整理簡報」, 『文物』 2001년 제10기, pp.32-33.

51 『大正新修大藏經』 제3책, p.463.

52 『大正新修大藏經』 제3책, p.624.

53 Sherman E. Lee, *A History of Far Eastern Art*, New York: Prentice Hall, Inc. and Harry N, Abrams, Inc., p.106, fig.140. 이와 유사한 사례는 시크리(Sikri) 출토품으로 현재 파키스탄 라호르박물관(Lahore Central Museum)소장품이다. 이에 대해서는 宮治昭

도21 강업묘 석관상 그림2(부분), 북
주(『文物』 2008년 제6기, p.26)

도22 미국 시카고미술관(The Art Institute of Chicago) 소장 2세기 말~3세기 초 간다라 부조(필자 사진)

미야지 아키라宮治昭에 의하면, 이런 자세는 고
대 인도에서 풍요를 상징하는 나무 여신상에서 유
래한다. 그러므로 태자가 어머니의 오른쪽 겨드랑
이에서 탄생하는 것은 "오른쪽은 청정하며 왼쪽은
청정하지 못하다"는 인도인의 관념과 부합한다.[54]
이런 나무의 여신 가운데 가장 유명한 것은 기원
전 2세기 인도 바르후트Bharhut(마디야프라데슈Madhya
Pradesh 주 소재) 불탑 주위 난간에 묘사된 야차녀藥
叉女(Shalabhanjika) 부조와 기원전 1세기 인도 산치
Sanchi(마디야프라데슈 주 소재) 대탑 동문의 북측 입주立
柱와 세 번째 횡량橫梁 말단의 교차부에 묘사된 야
차녀로, 모두 인도에서 가장 아름다운 여성조각으

로 알려져 있다.[55] 바르후트의 일부 야차녀상에는
나무이름이 새겨져 있어 형상과 나무의 관계를 증
명한다.

중국 북조시대 불교조각에도 석가모니 탄생 제
재가 많다. 운강석굴 제6굴 중심탑주中心塔柱 하층
서면 불감 좌측 부조에서 마야부인은 오른손으로
나뭇가지를 잡고 왼손은 안으로 구부려 시녀의 부
축을 받고 있는데, 두 다리를 교차한 인도식 자세는
나타나지 않는다.(도23)[56] 연대가 조금 늦은 맥적산
제133굴 제10호 북위 조상비에 묘사된 마야부인의
자세는 조금 다르다. 흡사 두 손으로 나뭇가지를 잡
고 있는 듯한데, 그럼에도 불구하고 태자는 여전히

著, 李萍 譯, 『犍陀羅美術尋蹤』, 北京: 人民美術出版社, 2006, p.228을 참조.

54　宮治昭 著, 李萍 譯, 『犍陀羅美術尋蹤』, pp.94-95.

55　Sherman E. Lee, A History of Far Eastern Art, p.89, fig.115; p.92, fig.119.

56　雲岡石窟文物保管所, 『中國石窟 · 雲岡石窟』 제1권, 北京 · 東京: 文物出版社 · 平凡社, 1991, 도판73.

도23 산서성 대동시 운강석굴 제6굴 중심탑주 아래층 서면 불감의 좌측 부조, 북위(雲岡石窟研究院 編, 『雲岡石窟』, 北京: 文物出版社, 2008, p.43)

강업 석관상 속의 인물은 완전히 중국식 복장이고 인도의 이른바 '삼굴식三屈式' 자세도 없지만, 한 손을 허리에 대고 한 손으로는 나무를 잡는 모습이 여전히 우아하고 부드럽다.

마지막으로 화면 속 산림을 보자. 산림은 도교, 불교신앙 및 풍속과 모두 관련이 있으며, 또한 남조 원림문화의 발전과 밀접한 관계가 있다. 이는 이미 상식이기 때문에 더 이상 부언할 필요가 없다. 단지 도상의 특징을 가지고 논한다면, 강업 석관상 그림과 유사한 사례로 대략 두 가지를 들 수 있다. 하나는 상술한 원밀석관이며, 다른 하나 역시 상술한 넬슨아트킨스미술관 소장 북위 효자화상 석관이다.(도24)[60] 두 경우 모두 고사의 내용은 산림을 배경으로 전개된다. 세 번째 사례는 문헌에서 유래한다. 즉 동진 화가 고개지顧愷之의 작품으로 전해지는 『화운대산기畫雲臺山記』에서 산수의 화법을 논하고 있는데, 여기에 주목할 만한 대목이 있다.

오른쪽 옆구리에서 출생하고 있다.[57] 대만臺灣 진단 문교기금회震旦文教基金會 소장 북제 하청 2년(563) 조상비 측면에서도 이 제재를 볼 수 있는데, 마야부인은 왼손으로 나뭇가지를 잡고 석가모니는 그 왼쪽 옆구리에서 나온다. 어떤 학자는 도상이 놓인 위치 때문에 이런 조정이 이뤄진 것으로 추정하기도 한다.[58] 돈황 북주 제290굴 인자피정人字披頂의 동쪽 불전고사도에서[59] 마야부인의 왼쪽 겨드랑이를 아래에서 부축하는 시녀의 모습을 제거하면 곧 강업묘에서 보이는 여성의 자세와 거의 동일해진다.

서쪽은 산으로부터 떨어져서 원근의 경색景色을 상세하게 그린다. 동록東麓으로부터 출발하여 점점 올라가 거의 반쯤 못 미친 지점에 구름 뭉치 같은 형태의 자석紫石이 대여섯 매 언덕을 끼고 존재한다. 길은 그 사이를 구불구불 올라가 마치 용 같다. 그리고 하나의 봉우리를 끼고 돌면 바로 여기에서 끝이 난다. 그 근방에는 위에도 아래에도 모두 언덕이 중첩되어 조망하면 마치 붙어

57 天水麥積山石窟藝術研究所, 『中國石窟 · 天水麥積山』, 北京 · 東京: 文物出版社 · 平凡社, 1998, 도판95.
58 李玉珉, 「佛陀形影」, 鄭安芬 主編, 『佛敎文物選粹1』, 臺北: 震旦文敎基金會, 2003, p.16.
59 賀世哲, 『敦煌圖像研究 · 十六國北朝卷』, 蘭州: 甘肅敎育出版社, 2006, 도판41右上
60 黃明蘭, 『洛陽北魏世俗石刻線畫集』, pp.1-10.

도24 미국 넬슨아트킨스미술관 소장 석관 그림(부분), 북위(William Watson, *The Arts of China to AD900*, Yale University Press, 1995, p.158)

오는 바람에 운기雲氣가 밀집하여 올라가는 듯하다.[61]

단애丹崖의 계곡 위를 오르는 것을 그릴 때는 붉은 햇빛에 비치는 작은 봉우리를 겹쳐 험하고 높은 기세를 그리는 게 좋다.[62]

또 그 서쪽으로 석천石泉이 보인다. 바위가 끝나는 근방에 계속 이어지는 언덕을 그리고, 땅속으로 들어간 물이 땅 밑을 흐르다가 여기서부터 조금 동쪽으로 내려간 계곡에서 솟아나와 소용돌이가 되어 못淵 안으로 들어간다. 그러므로 하나는 서쪽으로 흐르고 하나는 동쪽으로 흘러내려가는 것이 자연스럽게 그려진다.[63]

---

61 "西去山, 別詳其遠近, 發跡東基, 轉上未半, 作紫石如堅雲者五六枚. 夾岡乘其間而上, 使勢蜿蜒如龍, 因抱峰直頓而上. 下作積岡, 使望之蓬蓬然凝而上." 張彥遠 撰, 兪劍華 注釋, 『歷代名畫記』 권5, 上海: 上海人民美術出版社, 1964, p.112.

62 "畫丹崖臨澗上, 當使赫巘隆崇, 畫險絶之勢." 위의 책, p.113.

63 "其西, 石泉又見, 乃因絶際作通岡, 伏流潛降, 小復東出. 下磵爲石瀨, 淪沒於淵. 所以一西一東而下者, 欲使自然爲圖." 위의 책, p.115.

II. 남북조시대

이 기록 대부분을 강업 석관상의 그림과 대응시
킬 수 있다. 있다. 만약 독자가 회화언어와 문학언
어의 대비에 대해 회의적이라면, 우리는 좀 더 구체
적인 세부로부터 양자의 관계를 찾을 수 있다. 『화
운대산기』는 "운대의 서쪽을 향하면, 봉황이 임하
고 있는 벽은 계곡이 되고, 계곡 아래에는 푸른 물
이 흐른다. 그 측벽의 바깥에 백호 한 마리를 그렸
는데, 돌에 엎드려 물을 마시고 있다"라고 적고 있
다.[64] 물을 마시고 있는 호랑이는 강업 석관상의 그
림9와 10 등 두 폭에서 출현한다.[도25] 그런데 『화
운대산기』에서 묘사한 것은 순수한 산수화가 아니
며, 장도릉張道陵이 운대산에서 조승趙升 등의 제자
를 시험하는 고사를 묘사한 것이다. 산수는 단지 도
교고사의 배경이 될 뿐이며, 화면의 주체는 많은 등
장인물이다. 이 점은 강업 석관상의 그림과도 일치
한다. 『화운대산기』의 작자와 저술시기에 대해서는
현재 일치된 견해가 없다. 그러나 이 문장의 연대가
설령 늦다 하더라도 상술한 요소의 유래는 아마도
6세기 전후까지 올라갈 수 있을 것이다.

기존 연구는 이상의 사례를 '불교예술', '도교예
술' 혹은 '묘장미술' 등의 여러 분야로 분류하고, 그
형식도 특정 내용과 의의에 한정하여 논하곤 했다.
그러나 본문에서는 세속과 종교의 경계, 불교와 도
교, 유학과 현학의 경계를 모두 허물고 이런 예술작
품의 형식이 가지는 공통점을 강조하고자 한다. 그
렇다면 이런 공통점은 단순히 도상자료에 근거하

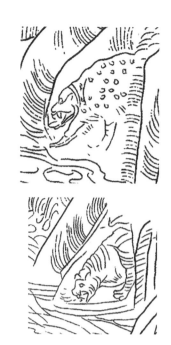

도25 강업묘 석관상 그림9·10(부분), 북주(『文物』2008년 제6
기, p.33)

어 이뤄지는 허구인가? 형식의 배후에 관념적인 관
계는 없는가? 필자는 이런 복잡한 문제에 되도록
간단하게 답하고자 한다.

루쉰魯迅은 "진晋 이래의 명류名流들은 모두 세 가
지의 놀잇감을 갖고 있었다. 하나는 『논어』와 『효
경』이며, 두 번째는 『노자』, 세 번째는 『유마힐경』
이다"라고 지적했다.[65] 다시 말해 이처럼 성격이 다
른 경전이 실생활에서 뒤섞여 있었다. 남제의 장융
張融은 죽기 전 "3천千의 돈으로 관棺을 사고, 옷은
새로 만들지 마라. 왼손에는 『효경』과 『노자』를, 오
른손에는 『소품小品』과 『법화경』을 쥐게 해 달라"는

64 "對雲臺西鳳所臨壁以成礄, 礄下有淸流. 其側壁外面作一白虎, 匍石飮水." 張彦遠 撰, 兪劍華 注釋, 『歷代名畫記』 권5, 上海:
上海人民美術出版社, 1964, p.116.

65 魯迅, 「吃敎」, 『魯迅全集 第五卷 · 准風月談』, 北京: 人民文學出版社, 2005, p.328.

유훈을 남겼다.[66] 다른 성격의 경전이 관 안에 함께 놓일 수 있었으므로, 경전과 거리가 한참이나 먼 도상은 함께 혼합될 기회가 더욱 많았을 것이다. 도상의 형식적 특징과 상호관계는 작품의 의미와 기능의 변화를 가져 왔을 것이다. 혹은 형식 자체도 작품의 중요한 내용이 되었다고 할 수 있다. 필자는 이미 이런 각도에서 죽림칠현도의 기능과 의의에 대해 거론한 바 있다.[67]

다시 문헌 사례를 보자. "왕공(왕도王導를 지칭)이 태위 왕연王衍을 지목하여 바위처럼 맑고 우뚝하며, 천길 낭떠러지처럼 우뚝 서 있다"고 했는데,[68] 이처럼 문학에서 산수로써 인물의 용모를 비유하는 사례가 많다. 회화에서도 동일한 수법을 볼 수 있다. "고개지가 바위 가운데 있는 사유여謝幼輿를 그리자 사람들이 그 이유를 물었다. 고개지는 '스스로를 산과 계곡보다 낫다고 했으니, 이 사람을 마땅히 암학岩壑 사이에 두어야 한다'라고 대답했다"[69] 여기서 암석과 구학丘壑은 인물의 이미지를 형성하는 중요한 수단이 되었는데, 우리가 강업의 석관상 그림에서 본 산수도 마찬가지다. 원래 부처, 천존, 고사, 효자에 속하던 자리가 강업묘에서는 죽은 묘주가 태연자약하게 앉는 곳이 되었다. 그러므로 이런 화면은 경전에 대한 도해라기보다는 세속사회에 속한 인물이 자신의 사후세계를 위해 건립한 일종의 이

상화되고 격식화된 초상으로 봐야 할 것이다.

남북조시대는 분열의 시대인데, 도대체 무슨 근거로 다른 지역의 작품들을 서로 비교할 수 있는가? 이에 대한 대답을 문헌 속 두 사례에서 찾아볼 수 있다.

첫째, 북위가 도성 평성에 태묘太廟와 태극전太極殿 등을 건립할 당시, 황제는 장작대장將作大匠 장소유蔣少遊를 낙양에 파견하여 "위진시대의 옛 유지를 측량하라"고 했다.[70] 둘째, 효문제가 낙양성을 건립하는 과정에서 역시 장소유에게 사신을 따라 남제의 도성 건강健康에 가서 "경사京師 궁전의 제도와 모습을 몰래 보고 오라"고 했고, 그 결과 "북위의 궁실제도가 모두 건강성에서 나왔다"는 점이다.[71] 특정한 예술형식은 문화교류의 매개이자 표현수단일 뿐 아니라, 문화 가치관이 구현된 것이기도 하다. 북위가 적국의 건축형식을 채택한 것은 실제로는 탁발 선비족이 한화漢化 과정에서 취한 정치적 책략이자 문화적 취향이었다.

공통점을 가진 자료의 비교연구 이외에, 제3조 그림에 표현된 제재의 연원에 대해서도 간단히 논의할 필요가 있다. 내용 면에서 볼 때, 이런 그림의 분명한 특징은 '지위가 상대적으로 낮은 인물을 통해 주인의 존귀함을 돋보이게 하는 것'이다. 이른바 '손님을 빌려 주인을 묘사하는借客形主' 기법인데,

66 『南齊書‧張融傳』, 北京: 中華書局, 1972, p.729.
67 鄭岩, 『魏晋南北朝壁畵墓硏究』, pp.209-235.
68 劉義慶 撰, 劉孝標 注, 楊勇 校箋, 『世說新語校箋』, 北京: 中華書局, 2006, p.392.
69 張彦遠 撰, 兪劍華 注釋, 『歷代名畵記』, p.113.
70 『魏書‧術藝傳‧蔣少遊』, 北京: 中華書局, 1974, p.1971.
71 『南齊書‧魏虜傳』, p.985.

도26 산동성 가상현 무씨사 좌석실 제9석(부분), 후한(朱錫祿, 『武氏祠漢畫像石』, 濟南: 山東美術出版社, 1986, p.60)

이 말은 명대 왕사석王嗣奭의 『두억杜臆』에서 유래한다.[72] 필자는 이 글귀의 의미를 차용하고자 한다. 그러므로 도상 속의 '주인'과 '손님'은 모두 구체적인 형상을 의미한다. 도상의 경우 '손님을 빌려 주인을 묘사하는' 방식은 적어도 전한시대까지 올라간다. 호남성 장사시 마왕퇴 1호분과 3호분 등 진한시대 무덤 출토 비단그림에서는 시종들을 사용해 주인의 형상을 돋보이게 한다.[73] 후한시대에 유행하는 손님과 주인의 만남 장면 역시 비교적 지위가 낮은 인물로써 주인의 존귀함을 드러낸다. 산동 지역에서는 주인과 손님의 만남 소재가 이미 고정적인 격식으로 사당 정벽에 자주 출현하는데,(도 26)[74] 심지어 요절한 어린이의 무덤에서도 이런 구도를 사용하고 있다.[75] 그런데 후한시대부터 새로운 변화가 출현한다. 이민족을 이용하여 주인의 지위를 부각시키는 것이다. 필자는 이런 전통을 '사이四夷가 빈복賓服하고 만방萬方이 내조來朝하는 관념의 민간적인 판본'으로 보았다. 6세기의 전형적인 사례는 산동성 청주시 부가촌傅家村 북제 무평 4년(573) 무덤의 석각에 나타난 묘주상이다.[76] 강업묘 제3조의 다섯 폭 그림은 이런 제재 가운데 인물의 출현이 가장 많은 사례로, 그림 속의 '손님[客]'은 '무리[衆]'로 발전한다. 필자는 이런 구도가 유마변상도나 『화운대산기』 속 장도릉이 제자들을 시험하

---

72 왕사석은 두보의 〈단청인丹靑引〉이라는 시를 논하면서 "韓幹亦非凡手, '早入室' '窮殊相' 已極形容矣, 而借以形曹, 非抑韓也. 如孟子借古聖人百世師, 而形容孔子之生民未有. 此借客形主之法."이라고 평하며 이 단어를 사용하였다(王嗣奭, 『杜臆』 권6, 上海: 上海古籍出版社, 1983, pp.199-200).

73 湖南省博物館·中國社會科學院考古研究所, 『長沙馬王堆一號漢墓』, 北京: 文物出版社, 1973, 도38; 湖南省博物館·湖南省文物考古研究所, 『長沙馬王堆二·三號漢墓 第一卷 田野考古發掘報告』, 北京: 文物出版社, 2004, 도31.

74 가장 전형적인 자료는 산동성 가상현 무씨사의 세 사당과 가상현 송산과 남무산 출토 사당 정벽의 사주상이다 관련 자료는 蔣英炬·吳文祺, 『漢代武氏墓群石刻研究』, 濟南: 山東美術出版社, 1995, 도판22-24; 濟寧地區文物組·嘉祥縣文管所, 「山東嘉祥宋山1980年出土的漢畫像石」, 『文物』 1982년 제5기, pp.66-67; 朱錫祿, 『嘉祥漢畫像石』, 濟南: 山東美術出版社, 1992, 도78.

75 본서 「어린이를 위한 상장공간—산동성 임치(臨淄)의 후한대 왕아명(王阿命)각석」 참조.

76 鄭岩, 『魏晋南北朝壁畫墓研究』, pp.236-284.

는 고사와 관련 있다고 지적했는데, 그렇다면 이런 변화는 종교회화의 설법 제재로부터 영향을 받았을 것이다. 화면 속 인물은 3/4 측면관을 하고 있는데, 이런 각도는 주인과 손님 사이의 호응을 강조할 뿐 아니라 반쯤 개방된 형태로 관람자를 향한다. 그리하여 관람자는 아주 성공적으로 청중의 일원이 된다.

3. 강업묘의 묘주부부도와 6세기 인물화

강업묘 석관상 속 3조의 그림들은 6세기 묘주상의 세 유형을 대표한다. 이 자료를 통해 우리는 이 시대 인물화의 특징을 좀 더 잘 관찰할 수 있다.

필자는 10여 년 전 처음으로 묘주도를 다루었는데, 당시에 비교적 신중하게 이를 '신상형神像型' 도상의 범위에 넣었다.[77] 이 개념은 우홍巫鴻의 산동성 가상현 소재 후한시대 무량사 연구로부터 유래했다. 우홍은 무량사 화상 속 인물의 각도와 구도를 토대로 정면의 동왕공과 서왕모를 '신상형'으로, 각종 역사고사도에 출현하는 측면형의 인물을 '이야기형' 그림으로 범주화했다. 전자의 중심인물이 취하는 정면 각도는 '관람자와 직접적 관계가 있다'는 가설에 근거한 것으로, 그림 속 인물은 시종을 바라보지 않는다. 그의 시선은 화면을 초월하여 직접 관

람자를 직시하며, 화면은 그 자체로서 의미를 지님과 동시에 외재적 관람자에 의해 그 의미가 실현된다. 그러므로 일종의 개방식 구도를 취한다. 후자는 화면 속 인물 간의 행위와 반응을 강조하는 것으로, 그것이 드러내는 의미는 화면 본래 구조의 영향을 받으므로 자연히 폐쇄적인 구도가 된다.[78]

강업묘 석관상의 제1조 그림은 우홍이 말한 전자의 유형과 매우 근접하다. 그리하여 인물의 정면 각도는 이 묘주상과 종교신상 사이의 관계를 시사한다. 강업묘 제2조와 3조 화상은 모두 화면 속 인물들 사이의 관계를 강조하여 우홍이 말한 '이야기형' 도상에 근접해 있다. 그러나 인물들 사이의 관계가 강조되고 있음에도 불구하고, 분명한 기승전결의 이야기 구조가 없어 문학성 서사와도 다르다. 즉 제2조 인물출행의 시작 지점은 모두 명확하지 않고, 제3조 인물들 간의 대화 내용 역시 중요하지 않다. 그러므로 이 화면들은 어떤 특정 고사를 이야기하고자 한 것은 아니며, 매우 정성껏 만들어진 무대화된 장면이다. 여기서 주인공은 단지 이런 장면을 빌려 특수한 몸짓으로 '자신을 드러낸다.' 이 점에서 볼 때, 남조 무덤에 나타난 〈죽림칠현과 영계기〉 그림의 상황과 강업 석관상의 제2조 및 3조의 그림은 유사한 데가 있다.[79]

제3조 화상의 구도와 관련 있는 유마변상도나 효

---

77 본서 「묘주도(墓主圖) 연구」참조.

78 Wu Hung, *The Wu Liang Shrine: The Ideology of Early Chinese Pictorial Art*, pp.132-134. 중문 번역본은 巫鴻 著, 柳揚·岑河 譯, 『武梁祠—中國古代畫像藝術的思想性』, pp.149-150.

79 필자는 〈죽림칠현과 영계기도〉에 대해 "사람 하나, 나무 하나를 단위로 구성되는 화면에서 인물들은 서로 간섭하지 않는다. 이 때문에 인물들 사이에 서사적 관계가 수립되기 어렵다. 실제로 이런 그림은 이미 서사적인 것도 아니고, 또 위엄스런 자세로 단정하게 앉은 종교적 신상과도 다르다. 그들은 현대사회에서 유행하는 스타의 사진처럼 마음대로 하나의 자세를 취할 뿐이며, 관중은 그들이 무엇을 하는지 전혀 개의치 않는다"고 논한 바 있다(鄭岩, 『魏晋南北朝壁畫墓研究』, p.214).

자고사 등의 제재는 모두 문학적 배경을 가지고 있다. 그러나 기능적 이유 때문에 구도의 서사성은 어느 정도 감소한다. 두 가지 요소의 대립적 구조를 가진 유마변상도나 북위 원밀석관 속의 효자도 모두 고사 속 이야기를 특별히 부각시키지 않는데,[80] 강업묘 그림에서 이런 구도는 곧 인물 형상의 테두리나 배경으로 변화한다.

제1조와 다른 두 조의 그림을 굳이 두 유형으로 분류하는 것은 한계를 지닌다. 실제로 제1조 그림에서도 환경과 인물의 관계에 대한 표현을 볼 수 있다. 그런데 이런 구도는 화면 속 인물 관계의 변화에 따라 언제든지 그 각도를 조정할 수 있다. 저우칭취안鄒淸泉은 강업 석관상의 그림7과 막고굴 제314굴 〈유마변상도〉의 유마힐장면(도27)이 매우 흡사한 점에 주목했다.[81] 그러나 〈유마변상도〉의 주인공은 그림7에서 볼 수 있는 정면 각도가 아니며 3/4 측면관이라는 점을 주의해야 한다. 아마도 제재 때문에 나타난 변화일 것이다. 314굴 〈유마변상도〉의 유마힐은 결코 독립적으로 존재하지 않으며, 문수보살과 함께 중앙 불감佛龕의 양쪽에 대칭으로 분

포한다. 그리하여 3/4 측면관은 서로 호응할 수 있게 된다. 유마힐과 문수보살을 연계해 살펴보면, 이 조의 화상은 더 이상 신상적 성격을 띠지 않는다. 이렇듯 그림의 형식과 제재 사이에는 일종의 미묘하고도 복잡한 연동관계가 존재한다.

강업묘의 제1조와 2조 그림들의 구도는 동시기 고분벽화와 장구그림에 흔하게 나타난다. 다만 다른 무덤에서는 그 가운데의 한 폭 내지 한 종류만 볼 수 있다면, 강업묘에서는 다른 유형의 그림들이 모두 한 곳에 모여 있고, 남녀 묘주가 중복 출현하는 점이 다를 뿐이다.

미국 보스턴미술관 소장 낙양 출토 북위 효창 3년(527) 횡야장군견관주부橫野將軍甄官住簿 영상寧想의 석실石室 뒷면에는 3명의 남성과 그 시녀를 새긴 한 세트의 선각이 있다. 이들은 각각 네 개의 기둥으로 구분된 세 공간에 출현하여 3폭을 형성하는데, 구도가 병풍과 매우 유사하다.(도28)[82] 그림 속 인물의 형상과 복식은 모두 유사하지만 각도는 서로 다르다. 많은 학자들은 이 그림 속 남성을 죽은 자의 초상으로 보지만,[83] 직접적인 증거는 아직 부족

---

80 원밀석관에 나타난 그림들의 서사성이 약화되었다는 점에 대해서는 鄭岩, 『魏晋南北朝壁畵墓硏究』, pp.230-231 참조.

81 鄒淸泉, 「維摩詰變相硏究—中古〈維摩詰經〉的圖像演繹」, 北京: 中央美術學院人文學院 博士論文, 2009, pp.103-104.

82 黃明蘭, 『洛陽北魏世俗石刻線畵集』, pp.95-105; 郭建邦, 『北魏寧懋石室線刻畵』, 北京: 人民美術出版社, 1987. 중국에서 출간된 많은 저서에서는 이 그림이 사당 정벽의 안쪽에 새겨진 것으로 잘못 소개하고 있다. 실제로는 정벽 외측에 새겨져 있다. 필자는 보스턴미술관을 여러 차례 방문해 실물을 관찰했는데, 미술관의 현재의 석실배치가 맞다. 과거 연구자들은 대부분 석실과 함께 출토한 묘지에서 사자의 성명을 '영무(寧懋)'로 읽었다. 최근 차오쉰은 '영상(寧想)'으로 읽을 것을 주장했는데, 그렇게 되면 사자의 자인 '아념(阿念)'과 뜻이 통한다. 이에 대해서는 曹汛, 「北魏寧想石室新考訂」, 王貴祥 主編, 『中國建築史論匯刊』 第4輯, 北京: 淸華大學出版社, 2011, pp.77-125.

83 黃明蘭, 『洛陽北魏世俗石刻線畵集』, p.121; 王樹村 主編, 『中國美術全集·繪畵編19·石刻線畵』, 上海: 上海人民美術出版社, 1988, 도판설명 p.2의 黃明蘭의 설명; Wu Hung, Monumentality in Early Chinese Art and Architecture, Stanford: Stanford University Press, 1995, pp.262-264; 巫鴻 著, 李淸泉·鄭岩 等 譯, 『中國古代藝術與建築中的"紀念碑性"』, 上海: 上海人民出版社, 2009, p.342. 황밍란과 우훙은 이 3조의 인물을 사자 일생의 각각 다른 단계로 보았다. 이 주장은 좀 지나친 감이 있는데, 적어도 화면의 형식으로부터는 이에 대한 유력한 증거를 찾을 수 없다. 공다종(宮大中) 역시 묘주설을 주장했는데, 그는 시녀가 영상의

도27 감숙성 돈황 막고굴 제314굴 유마변(부분), 수(敦煌文物研究所, 『中國石窟·敦煌莫高窟』 제2권, 도136)

II. 남북조시대

도28 미국 보스턴미술관 소장 낙양 출토 영상석실 뒷면, 북위(필자 그림)

하다.

1970년대 낙양의 동관東關에서 방형의 각석刻石 하나를 발견했는데, 뒤쪽에 4명의 남성이 좌우를 보는 장면이 새겨져 있었다. 이들은 모두 한 명 내지 두 명의 시종의 부축을 받고 있다.(도29)**84** 이 각석의 정면에는 박산로와 사자가 부조되어 있으며, 양쪽에는 각각 신왕神王이 있다. 이로 미루어 불교와 관련된 비석의 대좌가 아닐까 싶다. 뒷면에 새겨진 남성은 공양인으로 추정되는데, 그 형식은 영상석실 후벽의 그림과 매우 유사하다. 이 각석과의 대조를 통해 필자는 영상석실 후벽 인물화에 대한 또 다른 해석을 시도하고자 한다. 즉 3조의 인물들을 석실의 건립자금을 낸 효자의 모습으로 보려 한다. 차오쉰曹汛이 지적한 것처럼 "3조의 인물들은 뒷벽 바깥에 새겨져, 석실 양벽 상단에 묘사된 효자 고사와 서로 대응함으로써 동일한 주제로 짝을 이룬다."**85**

부인이 아닐까 지적하기도 했다(宮大中, 『洛都美術史跡』, 武漢: 湖北美術出版社, 1991, p.306).

84 黃明蘭, 「洛陽出土一件線刻碑座」, 『考古與文物』 1986년 제4기, p.108, 표지2·3; 李獻奇·黃明蘭 主編, 『畫像磚石刻墓志研究』, 鄭州: 中州古籍出版社, 1994, pp.79-82. 상술한 두 글은 모두 이 각석이 1979년 낙양 동관 하원(下園)에서 출토되었다고 보도했는데, 삽도의 배열이 모두 잘못되어 도3과 도4가 전도되어 있다. 황밍란은 『洛陽北魏世俗石刻線畫集』 pp.109-115의 설명문에서 이 각석이 1978년 낙양 동관 욱승(旭升)에서 출토됐다고 적고 있다. 周到 主編, 『中國畫像石全集』 제8권의 도판설명 pp.14-15에서는 이 각석이 1978년 낙양 동관에서 출토됐다고 적었다.

85 차오쉰은 이 주제를 "동영과 정란의 효자고사와 마찬가지로 일종의 소망을 표현한 것이다. …… 높은 관직 혹은 장수의 의미를 포함하

도29 하남성 낙양 동관 출토 석비 대좌의 공양인상, 북위(黃明蘭, 『洛陽北魏世俗石刻線畫集』 p.112)

돈황 막고굴의 공양인상은 보통 십여 명 혹은 수십 명이며, 428굴의 경우 심지어 1200명에 이른다. 이들은 대부분 민족적 특징과 신분에 근거하여 분류되는데, 동일한 형식으로 그려지며 그림 옆에 쓰인 시주자의 직함과 원적지는 공덕의 다소에 따라 추가된 것이다. 이에 비해 낙양 동관각석은 예술성이 풍부한 새로운 형식이다. 다른 공양인 그림과 비교해 볼 때, 낙양 동관각석은 4명의 다른 인물을 표현했을 가능성이 크다. 이런 형식은 영상석실에서는 다른 효과를 드러냈다. 즉 새로운 시각으로 동일한 인물의 다양한 모습을 빠짐없이 드러냈으며, 설령 나이의 변화를 특별히 드러내지 않았다 하더라도 확실히 우리로 하여금 공간의 전이를 느끼도록 할 뿐 아니라 시간의 존재마저 연상케 한다.

낙양 동관각석과 영상석실의 그림에는 형식적으로도 주목할 만한 두 가지 특징이 있다. 첫째는 전체적 통일, 둘째는 세부의 변화다. 화면 속 인물의 얼굴, 관복, 자세, 조합은 상당히 일치하나 인물의 각도 변화는 화면을 더욱 흥미롭게 만들어준다. 이것과 비교할 수 있는 사례는 남경 서선교西善橋 남조시대 벽돌무덤에 나타난 〈죽림칠현과 영계기〉로,(도18) 여기서는 상술한 두 사례와 마찬가지로 전체적인 구도의 일치와 인물 및 수목의 세부 변화가 완벽하게 융합되어 있다.

비록 〈죽림칠현과 영계기〉 그림의 작자가 누구인지 입증할 직접적인 증거는 없지만, 이 그림의 예술적 성취도가 높아 당시 문헌기록 속의 저명한 화가들과 연관시킬 수 있다. 강업묘의 그림에서 화공은 다른 형식과 자태들을 선택하여 인물을 표현하려고 노력했는데, 아마도 당시 대가들이 이끄는 예

고 있다. 가운데의 한 사람은 연화를 잡고 얼굴을 외면하고 있어 이름을 날리고 뜻을 얻어 만족한 모습 같다. 손에 연화를 가진 것은 불교에 귀의했음을 표시하는 것이다"고 해석하였다(曹汛, 「北魏寧想石室新考訂」, p.101). 그러나 이런 해석은 비약이 지나치다.

II. 남북조시대

술적 분위기의 영향을 받은 게 아닐까 싶다. 그러나 강업묘 그림에서는 다른 유형의 밑그림들을 모아 놓은 것이 비교적 생경하고, 각 조의 그림 사이에서도 분명한 논리적 관계를 볼 수 없다. 즉 '왼쪽에서 오른쪽으로, 혹은 오른쪽에서 왼쪽으로'라는 선적인 흐름도, 엄격한 대칭관계도 없어 비교적 잡다하고 혼란스러운 느낌이 강하다. 이러한 혼란스러움은 제3조의 그림 안에서도 볼 수 있다. 제3조의 다섯 폭은 동일한 구도를 중복해서 사용해 시각적으로 대동소이한 효과를 준다. 이와 같은 중복은 병풍의 폭 수를 석관상의 구조에 맞게 조절한 데서 비롯된 것으로 보이며, 다른 특별한 의도가 있었던 것은 아닌 듯하다. 영상석실이나 죽림칠현도와 무슨 차이가 있건, 이 작품은 당시 회화언어가 날로 풍부해졌으며, 사람들이 내용 이외의 형식에 관심을 가지고 새로운 방법을 모색하고자 했음을 보여준다. 역으로 형식이 내용을 더욱 깊이 있고 복잡한 방식으로 표현하도록 했다.

회화언어가 나날이 풍부하고 섬세해짐과 동시에 문학에도 유사한 변화가 일어났다. 후자의 대표적 사례를 하나 들어보자. 남조 유송의 종실인 유의경劉義慶의 저작인 『세설신어世說新語』의 「용지容止」 부분을 보면, '용모'의 동의어가 비정상적으로 풍부해졌음을 발견할 수 있다. 풍자風姿, 자용姿容, 신정

神情, 미용美容, 용자容姿, 용의容儀, 형모形貌, 미형美形 등과 같이 비유가 다양해졌다.

당시 사람들이 "하후현夏侯玄이 밝게 빛나는 것은 낭랑朗朗 일월이 품에 들어온 듯하며, 이안국의 초췌하고 위축된 모습은 옥산이 무너지려는 것과 같다"고 말했다.[86]

혜강을 …… 본 자가 말하기를 "맑고 청정함이 숙숙肅肅 소나무 아래 바람 같아 높이 서서히 인도된다." 산공이 말하기를 "혜숙야의 사람됨은 암암岩岩함이 외로운 소나무가 홀로 선 듯하다. 술에 취하면 괴아傀俄함이 옥산이 무너질 듯하다."[87]

배공령이 보고 "왕안풍의 눈은 너무 밝아燦燦 마치 바위가 벼락을 맞은 듯하다."[88]

어떤 사람이 왕융에게 "혜연조의 뛰어남이卓卓 들판의 학이 닭 무리들 속에 있는 것과 같다"고 말했다.[89]

회계왕이 왔을 때 헌헌軒軒함이 아침 안개가 피어오르는 듯했다.[90]

어떤 사람이 왕공의 모습을 보고 감탄하며 "적적濯濯함이 봄날의 버드나무와 같다"고 했다.[91]

과거 어떤 시대에도 이처럼 자신의 용모에 관심을 쏟은 적이 없으며, 어떤 시대에도 이처럼 정교한

86 "時人目'夏侯太初朗朗如日月之入懷, 李安國頹唐如玉山之將崩.'"劉義慶 撰, 劉孝標 注, 楊勇 校箋, 『世說新語校箋』, p.553.
87 "嵇康 …… 見者 …… 或云: '肅肅如松下風, 高而徐引.' 山公曰: '嵇叔夜之爲人也, 岩岩若孤松之獨立; 其醉也, 傀俄若玉山之將崩.'" 위의 책, p.553.
88 "裴令公目'王安豊眼燦燦如岩下電.'" 위의 책, p.554.
89 "有人語王戎曰: '嵇延祖卓卓如野鶴之在雞群.'" 위의 책, p.556.
90 "唯會稽王來, 軒軒如朝霞擧." 위의 책, p.568.
91 "有人歎王恭形貌者, 云: '濯濯如春月柳.'" 위의 책, p.569.

문자를 통해 사람들의 자태와 표정을 묘사한 적이 없다. 회화와 문학의 양식이 왜 이처럼 유사하게 변화했는지에 대해 심층적인 연구가 필요하다.

4. 문자 속 묘주와 도상 속의 묘주

『세설신어』의 문자는 모두 동일한 구형句型을 사용한다. 즉 '~와 같다'는 '여如'와 '약若'은 하나의 문장을 두 부분으로 나눈다. 전반부의 랑랑朗朗, 암암岩岩, 헌헌軒軒 등은 추상적, 무형적, 내재적 개념이며, 이것이 바로 문장의 핵심이다. 그리고 후반부의 일월日月, 외로운 소나무孤松, 아침 안개朝霞 등은 모두 구체적, 시각적, 외재적 형식이다. 문학과 달리 회화는 단지 도상을 나열하며, 그것이 표현하고자 하는 관념은 형상의 배후에 은닉해 있다. 바꿔 말해 우리가 회화에서 보는 것은 단지 문장의 후반부이며, 그것의 주요한 뜻은 선과 색채의 배후에 숨어 있다. 역으로 이와 같은 선과 색채는 결코 순수한 형식이 아니며, 사상의 색인이라 할 수 있다.

흥미롭게도 강업묘에서는 '도상 속의 강업' 이외에 '문자 속의 강업'을 발견할 수 있다. 이는 우리로 하여금 더욱 많은 자료를 토대로 도상과 묘주의 관계, 지목할 수 있는 것과 지목된 것의 관계를 연구할 수 있도록 해준다.

묘지墓誌(도30)에서는 강업의 조상을 강거국康居國의 왕족으로 적고 있다. 그의 부친은 서위 대통 10년(544) 대천주大天主에 천거되었으며, 북주 보정 3년(563) 사망했다. 이후 강업이 대천주의 자리를 이어받았으며, 강업은 북주 천화 6년(571) 사망했다. 문헌에는 '대천주'의 관직이 없지만, 고증에 의하면 대천주는 수당대의 '천주祆主(혹은 祆祝)'와 관련이 있는 것 같다.[92] 그렇다면 묘지의 문자가 반영하는 강업과 도상 속의 강업은 어떠한 관계인가?

1999년 산서성 태원시에서 우홍묘(592)가 발굴된 이래 일련의 고고학적 발견으로 6세기 전후 중국에 들어온 서역인의 무덤과 그 미술 연구가 광범위하게 진행되었다. 새로운 발굴 덕에 과거 혹은 최근 해외로 유산된 석제 장구의 시대와 문화적 성격에 대해서도 새롭게 인식할 수 있게 되었다. 학자들은 중국의 전통적 도상과는 차이를 보이는 요소들에 주목했다. 즉 심목고비의 인물, 중앙아시아 종교의 특징을 가진 신, 이역색채로 가득 찬 건물과 복식, 기물, 심지어는 화면 전체의 구도나 기법, 양식 등에 관심을 가졌다. 이런 도상 자료를 토대로 소그드인 중심의 서역민족의 역사, 혹은 중원문화와의 교류 등을 논의하기 시작했다. 그러나 강업묘의 그림은 서역인인 안가, 사군, 우홍 등의 묘에서 출토된 장구에 표현된 그림과는 달리 전체적으로 중원문화의 기조가 명백하다.

강업묘 석관상은 음각선 기법을 채용했다. 이처럼 선이 유창하고 세밀하며 화려한 양식의 음각화는 이미 낙양 망산의 북위 후기 무덤에서 발견할 수 있다. 동위, 북제, 북주에서도 선각화상이 소량 발견되었는데, 전체적인 양식 차이가 두드러지지 않

---

92 程林泉·張翔宇·山下將司, 「北周康業墓志考略」, 『文物』 2008년 제6기, pp.82-84.

도30 강업묘 묘지, 북주(『文物』 2008년 제6기, p.25)

아 이런 작품이 비교적 강한 연속성을 가지고 있음을 보여준다.[93] 강업묘 그림은 확실히 북위 이래의 예술 전통을 계승하고 있으며, 중국에 들어온 서역인의 무덤에서 보이는 금박을 입히고 색채를 한 얕은 부조의 그림과는 차이가 매우 크다.

강업묘 석관상 그림 속의 건축, 복식, 기물은 대부분 중원의 체제를 표현하며, 일부만이 조로아스터교 신앙과 관련되어 있다. 그림7에는 중앙 건물

---

93 자료의 한계로 말미암아 현재 북조 선각화에 대한 정밀한 편년연구는 적은 편이다. 만약 강업묘가 과학적인 발굴을 통해 발견된 것이 아니고 단지 그림의 양식과 기법에만 의존하여 시대를 판별한다면, 이 그림들과 이전에 발견된 북위 유물을 명확히 구분해내기 어렵다.

도31 북주 강업묘 석관상과 서안 남강 출토 북주 보정 4년(564) 이탄묘 석관의 화단 (1.『文物』 2008년 제6기, p.31; 2. 程林泉·張翔宇·張小麗, 「西安北周李誕墓初探」, p.300)

로 올라가는 길 위에 높은 다리가 달린 기물이 하나 놓여 있다. 아래쪽은 복련覆蓮 장식이 있고, 중앙의 허리 부분이 잘록하며, 그 위의 작고 평평한 대臺에는 구슬 장식이 아래로 늘어져 있다. 그 위에는 발鉢 형태의 물건이 있다.(도31-1) 동일한 형태의 그릇은 2005년 서안 북쪽 교외 봉성일로鳳城一路의 남강촌南康村에서 발굴된 북주 보정 4년(564) 이탄묘李誕墓 석관의 앞판에 묘사된 가문假門 아래쪽에서도 볼 수 있다.(도31-2)[94] 연구자들은 후자를 화단火壇으로 추정하고 있다.[95] 거청용葛承雍은 강업묘 그림7에 표현된 이런 기물을 화단이 아닌 향로로 보았다.[96] 필자 역시 초고를 발표할 당시 이 견해에 동의했다. 그런데 2011년 10월 28일 하버드대학에서 열린 1차 소회의에서 조로아스터교예술을 연구하는 주디스 러너Judith Lerner 박사로부터 강업과 이탄묘 석관

속에 묘사된 기물은 모두 화단이 확실하다는 얘기를 들었다. 그는 이처럼 장식물이 매달린 화단이 중앙아시아 도상 가운데도 있다고 부언해주었다.

그러나 안가묘 문미門楣의 화단(도32)과 대조해 볼 때, 강업과 이탄묘의 화단은 다르다. 즉 강업 석관상 화단의 상부에는 화염이 없고, 이탄묘 석관의 화단에는 단지 위로 솟구치는 운무만이 있을 뿐, 주위에 공봉된 물건이나 마스크를 쓴 조로아스터교 사제인 목호穆護 등은 없다. 더욱 중요한 점은, 전자 화면의 초점은 낙타의 등 위에 놓인 화단이며, 후자 화면의 중심은 정면의 묘주상, 혹은 문 배후에 숨겨진 피장자라는 것이다. 이런 차이는 화단과 관련된 종교의식이 강업과 이탄묘에서는 모두 약화되었음을 의미한다. 특히 이탄은 바라문의 후예였으므로, 그의 신앙은 조로아스터교가 아닌 불교였을 가

---

94 程林泉·張小麗 等, 「西安北郊發現北周婆羅門後裔墓葬」, 〈中國文物報〉 2005년 10월 21일, 제1판; 程林泉·張翔宇·張小麗, 「西安北周李誕墓初探」, 中山大學 藝術史研究中心 編, 『藝術史研究』 제7집, 廣州: 中山大學出版社, 2005, pp.299-308.

95 程林泉·張翔宇·張小麗, 「西安北周李誕墓初探」, p.300.

96 葛承雍, 「祆敎聖火藝術的新發現—隋代安備墓文物初探」, 『美術研究』 2009년 제3기, p.18의 주24.

도32 섬서성 서안시 항저채 출토 안가묘 문미의 화단, 북주(陝西省考古研究所, 『西安北周安伽墓』, pp.16~17)

능성이 더욱 크다. 발견된 무덤의 위치로 볼 때 이 탄은 강업, 안가, 사군 등 소그드인과 밀접한 관계가 있었던 것으로 보이는데, 혹시 북위 정광 연간(520~525) '계빈罽賓에서 귀화'한 경력과 관련이 있는지도 모르겠다. 이탄석관에서 가장 중요한 것은 사신四神, 복희, 여와 등 중원전통의 제재다. 화단은 '중앙아시아문화와 관련된 부호'쯤으로만 인식되어 묘주가 외래인임을 표시하는 정도며, 그의 신앙을 확실하게 반영한 것은 아닐 것이다.

이탄석관과 마찬가지로 강업석관상의 제작자도 중원의 예술전통에 익숙한 사람이며, 외부에서 온 장인은 아니었을 것으로 추정된다. 그는 화단과 같은 도상의 모본을 매우 낯설어했을 가능성이 크며, 이와 관련된 종교의례는 더욱 이해하지 못했을 것이다. 그리하여 화단과 중원의 향로를 혼동하기 쉬웠고, 결국 화단을 중원의 전통적 도상이 집중된 곳에 집어넣었다.

발굴보고서는 묘주의 종족과 신분을 논하면서 "석관상 주위의 병풍 선각화 가운데 세 폭의 화면에 호인胡人의 활동상면을 표현했다. 정면 왼쪽에서부터 오른쪽으로 4번째, 5번째, 그리고 6번째 폭(필자가 번호를 붙인 그림6~8)이 그것으로, 인물 대부분 머리를 자르고 원형 옷깃에 소매가 좁은 긴 옷을 입고 있으며, V자형 옷깃의 긴 포복을 입은 자도 있다. 그리고 탑榻 측면의 연주문 역시 이역의 양식을 보여준다"고 언급했다. 사실, 이 세 폭의 그림에서 호복을 입은 인물은 묘주가 아니며, 손에 음식그릇을 쥔 시종이나 마부, 그리고 수레꾼 등이다. 더욱 놀라운 사실은, 그림7의 묘주가 호복이 아닌 중국의 전통적인 포의박대식襃衣博帶式 옷을 입었다는 점이다. 심지어 한족漢族의 얼굴을 한 경우도 하나 있다. 비록 그림 속 왼쪽 눈이 분명치 않지만, 보이는 부분으로 판단하건대 이 얼굴은 전체적으로 편평하며, 중앙아시아인의 특징인 심목고비가 아니다. 보존상태가 훨씬 좋은 그림4를 보면, 말 등 위의 묘주는 완전히 중원 사대부의 모습이다.(도33) 이와 같은 '한족의 얼굴'은 묘주의 개인적인 특징뿐만 아니라 그가 속한 민족의 특징마저도 표현하지 못했다.

늦어도 한대 이후, 호인의 모습은 중원 지역 예술작품에서 자주 출현한다. 그 가운데 하나가 시종과 문리門吏다.[97] 낮은 신분으로 묘사된 호인도상은 민족융합을 보여주는 것이 아니라 중원인 이외의 이민족을 통해 자기 신분의 문화적 우월감을 높이려는 시도로 해석해야 한다. 이에 대해서는 이미 제3조 그림의 '손님을 빌려 주인을 드러내는' 수법으로 설명했다. 이와 같은 그림7의 세부묘사는 묘주의 혈통과 큰 차이가 있다. 중국 밖에서 들어온 연주문은 6세기에 이미 중원 지역에 보편적으로 존재했으므로, 결코 소그드인 특유의 신분을 드러내는 표지가 될 수 없다.[98] 그러므로 우리는 그림과 묘주의 관계, 그리고 과거의 연구방법 등을 다시 생각해봐야만 한다. 과거 필자는 묘지墓誌가 없는 산동성 청주시 부가傅家의 북제 화상석을 논하면서, 묘주의 형상을 볼 때 그는 한족, 혹은 선비족이며 결코 소그드인이 아니라고 판정했는데, 지금 보아하니 이런 결론은 좀 더 신중하게 재고할 여지가 있다.[99]

강업을 대표로 하는 서역인들은 중원에 들어온 선비족과 마찬가지로, 중국 땅에 들어온 후 비록 종

도33 강업묘 석관상 그림4(부분), 북주(서안시문물보호고고소 제공)

교나 습속, 그리고 예술 방면에서 어느 정도 자신들의 전통을 유지했지만 동시에 현지의 문화 속에 융합되기를 희망했다. "빈장殯葬을 할 때 관곽을 사용하는 것은 중원의 제도며, 화장이나 수장水葬을 하

---

97 본서 「이민족에 대한 시선—한대 예술 속의 호인胡人 형상」 참조.

98 북제 무평 2년(571) 서현수묘 벽화에서 연주문을 비단에 사용한 사례를 볼 수 있다(山西省考古硏究所 · 太原市文物考古硏究所, 「太原北齊徐顯秀墓發掘簡報」, 『文物』 2003년 제10기, pp.30-32).

99 만약 청주 부가묘의 주인을 서역인으로 판정하려면 더욱 많은 논거가 필요하다. 그러므로 당시 필자는 비교적 신중한 결론을 내린 것인데, 보아하니 그것이 최종 결론은 아닌 것 같다.

는 것은 서융西戎의 습속이다"[100]는 말에서 보듯 흙에 묻거나 관곽 및 관상棺床을 사용하는 것은 원래 한화漢化의 표현이다.[101] 마찬가지로 우리는 강업묘 석관상의 화상이 중원의 예술형식을 채용한 점으로부터 중국 내 소그드인의 문화적 경향을 생각해볼 수 있다. 이 단계에서는 무덤의 그림과 묘주의 신분을 연계하여 고려할 수 있다. 다만 주의할 점이 있다. 즉 미술사적인 각도와 방법에서 볼 때, 먼저 도상의 전파, 복제, 차용, 개조 과정에서 나타나는 내재적 논리관계를 관찰해야 하며, 성급하게 묘주의 생생한 전기나 민족사를 만들어선 안 될 것이다. 도상언어와 문자언어는 소통하지만 양자의 차이 또한 소홀히 할 수 없기 때문이다.[102]

이미 발견된 몇몇 서역인의 무덤이 드러내는 문화경향은 매우 복잡하여 한마디로 말할 수 없다. 북주 사군묘 석당石堂의 문미에 있는 두 언어로 된 제기 가운데 소그드문자는 한문에 비해 훨씬 유창하고 완전한 편이다. 쑨푸시孫福喜는 이에 근거하여 "장인은 중국어와 중국문화에 익숙하지 않은 소그드 문인이 쓴 글을 바탕으로 이것을 만들었다"고 했다.[103] 사군묘의 명문과 달리 북주 동주살보同州薩寶 안가의 묘지는 한자를 매우 정성껏 썼다. 해서

지만 예서의 느낌도 비교적 두드러지는데, 예서는 한대의 전통적 글씨체다. 묘지에서는 안가의 선조가 "황제黃帝의 후손에서 파생되었다"고 하여 의도적으로 호인의 혈통을 약화시켰다. 또 안가가 생전에 대도독大都督을 역임하고 "융정戎政을 감독하고 군용軍容을 엄숙히 하였으며, 뜻은 계명雞鳴을 본받았으며, 몸은 마혁馬革을 기대했다"고 쓰고 있다.[104] '계명'은 북벌의 뜻을 세운 동진의 명장 조적祖逖의 '문계기무聞雞起舞'에서 유래하며,[105] '마혁'은 한대 명장 마원馬援이 내뱉은 "남아는 변방에서 죽어야 하며, 말가죽으로 시체를 싸서 무덤으로 돌아올 뿐, 어찌 침상에서 여자 품에 안겨 죽는단 말인가?"[106]에서 연원한다. 조적과 마원은 모두 호인을 적으로 보았는데, 안가의 묘지에서 두 사람은 그의 모범이 되었다.

현재로서는 아식 자료가 충분치 않아 중국 내 소그드인들의 장구 제작 과정을 구체적으로 복원할 수 없다. 사군묘의 명문을 통해 돌에 붓으로 글을 쓴 사람이 어떤 민족인지는 알 수 있지만, 이 글씨를 돌에 새긴 장인이 어떤 민족인지는 알 수 없다. 더욱이 그림을 제작한 사람이 어느 민족인지도 증명할 방법이 없다. 사군묘 석당의 그림이 설령 소그

100 "棺殯槨葬, 中夏之制; 火焚水沉, 西戎之俗." 『南齊書』 卷54, 「顧歡傳」, p.931.

101 이에 대한 논의는 楊泓, 「北朝至隋唐從西域來華人士墓葬槪說」, 楊泓, 『中國古兵與美術考古論集』, 北京: 文物出版社, 2007, pp.297-314.

102 관련 논의는 鄭岩・汪悅進, 『庵上坊—口述・文字和圖像』, 北京: 生活・讀書・新知三聯書店, 2008, pp.141-143.

103 孫福喜, 「西安史君墓粟特文漢文雙語題銘漢文考釋」, 榮新江・華瀾・張志淸 主編, 『粟特人在中國—歷史・考古・語言的新探索』, 北京: 中華書局, 2005, p.20.

104 "董茲戎政, 肅是軍容, 志效雞鳴, 身期馬革." 陝西省考古硏究所, 『西安北周安伽墓』, pp.61-62.

105 『晋書・祖逖傳』, 1974, p.1694.

106 "男兒要當死於邊野, 以馬革裹屍還葬耳, 何能臥床上在兒女子手中邪." 『後漢書・馬援傳』, p.841.

드취락의 내부인에 의해 제작되었다 하더라도, 이에 근거하여 강업묘 석관상의 제작 역시 그럴 것이라고 단정할 수는 없다. 강업묘 석관상 그림의 모본은 대부분 중원의 회화계통에 속한다. 그러므로 상술했듯이 장인은 아마도 중원 사람일 가능성이 크다. 안가의 묘지에서 단어에 고심한 흔적이 뚜렷하게 나타나는 것과 마찬가지로 강업 석관상의 그림에도 특별한 설계 의도가 있었을 것이다. 석관상 위의 한폭 한폭의 묘주상의 조합과 배치는 비록 어지럽고 생경하지만, 이와 같이 '중복'을 한 목적은 '강조'에 있었다. 중원 지역에서 찾을 수 있는 모든 화본을 사용하여 조용하고 침착한 얼굴, 고운 목소리와 날아갈 듯한 모습, 그리고 앞뒤로 호응하는 인물 관계 등을 그려내 일종의 이상화된 '사회적 형상'을 만들고, 동시에 그 '문화적 형상'을 다시 정의하였다. 즉 강업이 호인 혈통이라는 사실을 숨기고, 그를 의심할 바 없는 중원 사대부 신분을 가진 사람으로 분장시킨 것이다.

이런 화상이 강업 본인의 뜻을 어느 정도 반영한 것인지는 전혀 알 수 없다. 보아하니 장인은 창작의 자유가 비교적 컸던 것 같다. 즉 강업묘는 부부 합장묘가 아니지만 그림 속에서는 여주인의 모습이 반복적으로 출현한다. 이런 모순이 일어난 원인은 장인이 이미 만들어진 화본을 사용했기 때문이다. 연원이 다른 화본들은 서로 엄밀하게 호응하지 않는다. 즉 제2조 그림 속의 남녀 주인공은 동시에 출현하는 반면, 제1조 그림에서는 단지 남성 주인만 출현하고, 제3조 그림에서는 남녀 주인이 따로 출현한다. 강업 집안에서는 이런 세부 문제를 진지하게 생각하지 않은 듯하다. 만약 이런 그림을 묘주 생전이나 사후에 가족과 장인이 서로 의논한 후 만든 것이라고 한다면, 중국식 얼굴, 중국식 건축과 기물, 복식 등은 그들의 특정한 태도를 명확히 보여주는 것이라 할 수 있다. 물론 이 그림들이 구매되었거나 하사되었을 가능성도 배제할 수는 없다. 그러나 이 또한 강업 집안에서 선택하고 수용해야만 하는 것이다.

5. 그림을 통해 죽은 자의 영생을 희망하다

시선을 전체 묘실로 확대하면, 도상과 문자 속의 강업 이외에도 제3의 강업을 볼 수 있다. 강업의 육체가 그것이다.

일찍이 낙양의 북위 무덤에서 석관상이 다수 발견되었는데, 해외에 흩어진 것도 적지 않다. 이런 자료들은 대부분 부분적으로 출토되어 연구에 도움이 될 만한 온전한 발굴보고서가 부족하다. 1982년 감숙성 석마평 문산정묘의 석관상에서 부패한 관목과 인골을 발견했지만,[107] 강업묘 발굴보고서에 수록된 사진에 이르러서야 비로소 사자의 완전한 유체가 석관상 위에 안치된 것을 처음으로 볼 수 있었다.(도34) 머리는 서쪽, 다리는 동쪽에 두고 몸을 위로 하여 쭉 뻗었는데, 입에 로마제 금폐金幣를 하나 물고 있었다. 오른손에는 '포천布泉'의 동전을 쥐고, 몸에는 비단으로 된 포복을 입고 허리띠를 맸는데, 의복 위의 자수문양까지 매우 선명했다.

---

107 天水市博物館, 「天水市發現隋唐屏風石棺床墓」, p.46.

도34 강업의 시신과 석관상, 북주(서안시문물보호고고소 제공)

묘지는 생전의 강업에 대한 추억이다. 이 석관상과 둘레병풍이 드러내고자 한 것은 묘주의 두 존재다. 하나는 사망한 그의 시신이며, 하나는 그림 속에서 생동하는 형상이다. 양자의 대비는 이처럼 강렬하고 또 긴밀하게 연결되어 있다. 그렇다면 무엇이 이 무덤의 핵심인가? 우리는 무덤이라는 특수한 환경 속에서 이런 그림을 어떻게 이해해야 하는가? 이처럼 활발한 형상과 차디찬 시신은 어떤 관계가 있는가?

이런 문제들은 강업묘에만 한정되는 것은 아니며, 중국 고대 묘장미술 전체에 대한 이해의 문제

다. 그러나 강업묘의 발견으로 이런 문제들이 선명하게 부각되었다. 이에 대한 전면적인 대답은 중국 고대 묘장 발전의 전 역사를 고찰해야만 가능하다. 즉 상례와 장례 등의 각종 제도와 습속, 행위, 그리고 물질까지도 모두 살펴야 하며, 한두 편의 논문으로 명확하게 해결될 사안이 절대 아니다. 본고에서는 일정한 시대로 범위를 좁혀 이 문제를 시험적으로 풀어보고자 한다.

먼저 비교적 연대가 이른 시기의 시로부터 시작해보자. 진晉의 반악潘岳(247~300)은 〈망자를 애도하는 3수의 시悼亡詩三首〉에서 죽은 처를 묻고 집으로

돌아오는 슬픈 장면을 묘사했다. 그가 보는 것마다 슬픔을 일게 했는데, 많은 건축과 가구의 형상을 일일이 시 속에서 표현했다.

> 오두막을 바라보며 그 사람을 생각하고, 방에 들어가 지나온 바를 생각한다.
> 유장과 병풍에는 희미한 그림자도 없는데, 글에는 흔적이 남아 있구나.[108]

오두막, 유장, 병풍은 고인의 유물이다. 지금 물건은 그 물건이지만, 사람은 그 사람이 아니다. 가구나 기물 주인의 육체는 어디에 머물고 있는가? 부현傅玄의 〈만가挽歌〉는 이에 대한 답을 준다. 시인은 자신이 사후에 무덤에 머물고 있을 것을 상상한다.

> 영좌는 먼지를 일으키고, 혼의는 지금 막 움직이는구나.
> 망망한 무덤 사이에 송백이 울창하고 빽빽하도다.
> 명기는 쓸 때가 없고, 오동나무 수레는 몰 수 없다.
> 살아서는 옥전玉殿에 앉고, 죽어서는 유궁幽宮으로 돌아가는구나.
> 지하에는 각루刻漏가 없으니, 어찌 여름과 겨울을 알겠는가?[109]

도연명의 〈만가〉 역시 비슷한 정경을 묘사하고 있다.

> 어제는 마실 술이 없더니
> 오늘은 단지 빈 술잔만 있구나.
> 봄날의 막걸리에 개미가 떠다니는데
> 언제야 다시 맛볼 수 있을까?
> 안주를 담은 상은 내 앞에 가득한데
> 친구는 내 옆에서 우는구나.
> 말을 하려 해도 소리가 안 나오고
> 보려 해도 눈에 빛이 없다.
> 어제는 높은 침당에 누웠는데
> 오늘은 거친 풀 무성한 곳에서 잠을 자는구나.[110]

부현과 도연명의 시는 모두 절망적인 사망을 묘사하고 있다. 명기는 사용할 수 없고 오동나무로 만든 수레는 몰 방법이 없다. 사람의 사지는 기능을 잃었으며, 지하세계에서 시간은 완전히 멈추어버렸다. 남은 것이라고는 영원한 고독이다.

그러나 이는 시인의 이성적인 인식일 뿐이다. 전통적인 예제禮制와 습속에 기초해 볼 때, 죽음의 무대는 도리어 살아 있는 자들의 세계를 모방했다. 『순자·예론禮論』에서는 "상례란 산 것으로 사자를 장식하는 것이다. 대략 살아 있을 적 모습대로 죽은 자를 보내는 것이다. 그러므로 죽은 자 섬기기를 산 자 섬기듯 하는 것이며, 없는 것 섬기기를 마치 있

---

108 "望廬思其人, 入室想所歷. 帷屏無仿佛, 翰墨有餘跡." 蕭統 編, 李善 注, 『文選』, 上海: 上海古籍出版社 1986, p.1091.

109 "靈坐飛塵起, 魂衣正委移. 芒芒丘墓間, 松柏鬱參差. 明器無用時, 桐車不可馳. 平生坐玉殿, 沒歸都幽宮. 地下無刻漏, 安知夏與冬?" 虞世南 撰, 孔廣陶 校注, 『北堂書鈔』, 北京: 中國書店, 1989, p.352.

110 "在昔無酒飲, 今但湛空觴. 春醪生浮蟻, 何時更能嘗? 肴案盈我前, 親舊哭我傍. 欲語口無音, 欲視眼無光. 昔在高堂寢, 今宿荒草鄉." 王叔岷, 『陶淵明詩箋證稿』, 北京: 中華書局, 2007, pp.499-500.

는 듯이 하며, 시작과 끝이 하나다"[111]라고 표현했다. 지하의 '유궁幽宮'은 생전의 '옥전玉殿'에 대응한다. 부장품에는 수레와 말, 그리고 술과 음식을 모두 완비하였다. 고고학적 발굴을 통해 우리는 지하에 방, 유장, 병풍이 출현하고, 지상의 건축구조를 모방한 묘실이 있으며, 가옥형 혹은 상탑식床榻式의 장구가 출현하고, 혹은 벽화 속에 유장이 있음을 알 수 있다. 건축, 가구, 기물, 그리고 술과 음식은 시인의 이성과 완전히 상반되는 가설, 즉 죽은 자는 지하세계에서 그들의 '생활'을 연속할 수 있음을 보여준다. "명기는 쓸 곳이 없고 오동나무 수레는 몰 수 없다"는 구절은 어찌할 도리가 없는 죽은 자의 상태를 전달해줄 뿐 아니라, "물건을 갖추었으나 쓸 수 없다"[112]는 옛 말과 관련되기도 한다. 시에서는 조건법을 쓰고 있는데, 현재 시를 쓰고 있는 시인은 아직 죽지 않았다. '쓸 수 없다'는 것은 산 자의 입장에서 말한 것이며, 사자에게 이런 물건들은 모두 그들의 세계에서 기능을 발휘한다.

음양陰陽 사이에는 이미 거리가 있지만, 사자의 세계와 산 자의 세계는 물질적으로나 시각적으로 서로 유사한 물건을 갖추고 있다. 다만 '쓸 수 없다'는 점이 다르다. 그러므로 지하세계의 건축과 가구는 일부 변화를 주어야만 한다. 묘실은 비록 지상건축을 모방했지만, 묘실이 드러내고자 하는 것은 일종의 내부공간의 모습이다.[113] 또 장구는 비록 일상의 방과 가구를 모방했지만, 흙과 나무는 오히려 돌로 바뀌었다. 북조시대 석관상 주위의 병풍에는 풍부한 내용의 그림이 그려져 있는데, 이런 수법 역시 생활에서 사용하는 커다란 상床에서 유래한다. 그러나 둘레병풍 속의 그림은 일상생활 속에서 직접 옮겨온 것이 아니며, 특별히 설계된 경우가 많다.

먼저 일상생활에서 커다란 상 주위에 둘렀던 병풍화의 특징을 살펴보자. 북위 사마금룡묘 출토 목제 칠병풍의 경우, 사마금룡이 생전에 사용했던 물건으로 추정된다.[114] 그리하여 일상 속 병풍회화의 원래 모습을 반영하는데,(도35) 열녀와 효자고사를 채색으로 그려 넣었으며 색채가 아주 선명했다.

강업묘 석관상 그림7의 중앙, 건물 속 묘주가 앉

---

111 "喪禮者, 以生者飾死者也. 大象其生以送其死也, 故事死如生. 事亡如存, 始終一也." 梁啓雄, 『荀子簡釋』, 北京: 中華書局, 1983, p.267.

112 "孔子謂爲明器者, 知喪道矣. 備物而不可用也, 哀哉." 『禮記·檀弓 下』, 『十三經注疏』, 北京: 中華書局, 1980, p.1303; "古者明器有形無實, 示民不用也." 『鹽鐵論·散不足』, 『諸子集成』本, p.34.

113 요·송·금·원대의 묘실건축 장식은 외부의 입면을 표현하는 특징이 있다. 즉 벽에 나타난 전조(磚彫)의 영창(欞窓)은 실외의 구조다. 그리하여 이것을 가옥 중앙의 정원을 모방한 것으로 보는 학자도 있다(Ellen Johnston Laing, "Patterns and Problems in Later Chinese Tomb Decoration", *Journal of Oriental Studies*, 16, nos.1, 2, 1978, pp.3-20; ; "China 'Tartar' Dynasty(1115~1234) Material Culture", *Artibus Asiae*, no.49,1/2, 1988/89, pp.73-126). 리칭취안은 하북성 선화 요대 무덤의 후실에 대한 연구에서 목조건축을 모방한 구조와 함께 출현하는 차, 경전, 음식 등을 준비하고 행장을 준비하는 인물들의 벽화에 주의하고, 후실을 "실제로 묘주가 지하에서 생활하는 하나의 '당(堂)'으로 만들어졌다"고 추정했다. 나아가 이 '당'을 '천당'으로 해석했다(李淸泉, 『宣化遼墓: 墓葬藝術與遼代社會』, 北京: 文物出版社, 2008, p.246).

114 사마금룡묘 병풍의 복원에 대해서는 楊泓, 「漫話屛風—家具談往之一」, 『文物』 1979년 제11기, pp.76-77을 참조(이 글은 후에 『逝去的風韻—楊泓談文物』, 北京: 中華書局, 2007, pp.34-35에 수록됨). 이 병풍은 무덤 안에서 돌로 된 평대(平臺)와 함께 조합을 이루고 있으므로, 실제로는 둘레병풍을 가진 석관상을 구성하고 있다고 할 수 있다. 사자가 생전에 쓰던 물건을 무덤에 직접 사용한 특수한 사례다.

은 곳 역시 둘레병풍을 두른 커다란 상이다. 이 병
풍에는 흥미롭게도 산수화가 독립적으로 묘사되었
다.(도36) 비록 선은 간략하지만 현재로서는 가장 이
른 시기로 추정되는 독립 산수화다. 또 다른 사례는
산동성 제남시 마가장馬家莊 무평 2년(571) '축아현
령□도귀祝阿縣令□道貴' 무덤으로, 묘실 정벽의 묘
주상 배후에 있는 병풍 위에 먼 산과 운기를 대략적
으로 그렸다.(도37)115 연대가 조금 늦은 산동성 가상
현 서민행묘(584) 벽화의 경우, 묘주부부도 배후에
여러 폭의 병풍이 있는데 그 위에 산수화가 단독으
로 그려져 있다.(도38)116 벽화 속의 병풍도들은 주인
의 생동적인 형상 뒤에 위치하는데, 일상생활에서
커다란 상 주위에 놓이는 병풍회화를 반영한다.

상술한 사례에는 공통점이 있다. 즉 각 병풍의 그
림은 형식과 제재가 매우 통일되어, 열녀나 효자,
또는 산수를 그리고 있다. 그림의 구도 역시 기본적
으로 일치한다. 그러나 시선을 강업묘 그림7의 세
부로부터 석관상 전체의 병풍그림으로 확대하면
분명한 차이를 발견하게 된다. 즉 강업묘 병풍 속 3
조의 그림들은 구도나 형식이 전혀 통일되지 않았
다. 장구로서의 석관상의 형태는 비록 일상용 가구
에서 연원하지만 병풍 속 도상은 일상생활에서 사
용하는 가구와는 일정한 거리가 있는데, 이런 도상
은 무덤의 특수한 기능에 근거해 설계되었기 때문
이다.

늦어도 전국시대 후기에는 회화가 무덤 안에서
중요한 역할을 하기 시작했다. 무덤 속 회화의 의의

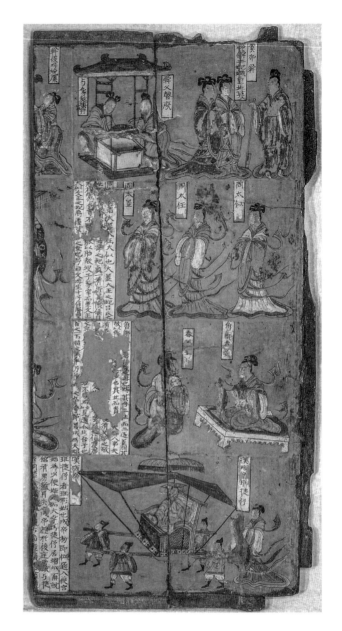

도35 산서성 대동시 석가채 사마금룡묘 칠병풍, 북위(대동시박물관
제공)

115 濟南市博物館,「濟南市馬家莊北齊墓」, p.45.
116 山東省博物館,「山東嘉祥英山一號隋墓淸理簡報—隋代墓室壁畵的首次發現」,『文物』1981년 제4기, pp.28-33.

II. 남북조시대

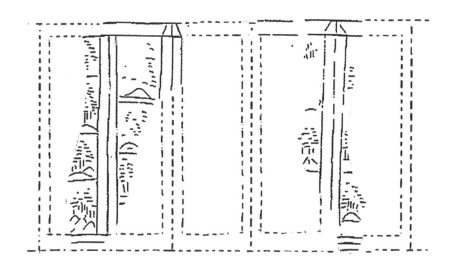

도36 강업묘 석관상 그림4 묘주 뒤의 병풍, 북주(필자가 『文物』 2008년 제6기, p.31을 기초로 수정)

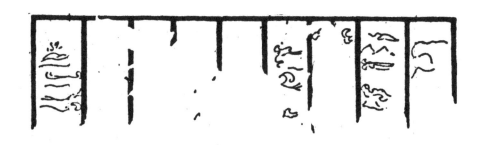

도37 산동성 제남시 마가장 '□도귀묘' 정벽 묘주상 뒤의 병풍, 북제(필자가 『文物』 1985년 제10기, p.45를 기초로 수정)

는 부장품과 마찬가지로 사자에게 물질적, 시각적으로 '삶과 같은' 환경을 만들어주는 데 있다. 논리적으로 볼 때, 묘주상의 출현은 두 가지 인식에 기초한다. 첫째는 사자의 시신이 또 다른 세계에서 지속적으로 '생활'할 수 있는 기능을 상실했다는 점, 둘째는 이런 회화들이 '신령과 감통할 수 있는' 대용품의 기능을 할 수 있다는 점이다.

"말하고자 하여도 소리가 나오지 않고, 보고자 하나 눈에 빛이 없다"는 도연명의 시 구절은 전자에 대한 아주 절묘한 주석이다. 그러나 위진시기 통치자와 지식계층에서는 이성주의적 관념이 유행했던 것 같다. 이와 관련하여 "뼈는 아프거나 가려운 것을 알지 못하고 무덤은 신이 깃드는 곳이 아니다"든지 "관곽은 썩은 뼈를 넣으면 그만이요, 옷과 이불은 썩은 육체를 싸면 그만"[117]이라는 조비曹丕의 글에 주목할 필요가 있다. 물론 이보다 이른 시기에 쓰인 유사한 내용의 글이 없는 것도 아니다. 그러나 후한 말년의 전란이 확실히 이런 관념을 상당히 보

---

117 『三國志 · 魏書 · 文帝紀』, 北京: 中華書局, 1959, p.81.

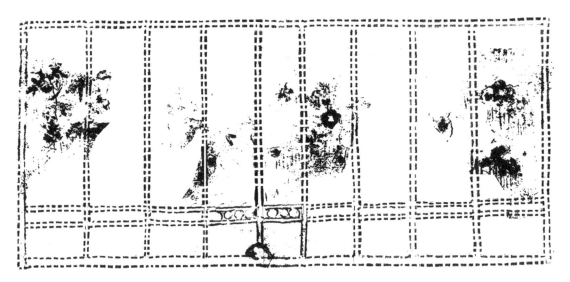

도38 산동성 가상 영산 서민행묘 묘주부부상 뒤의 병풍, 수(필자 그림)

급시키고, 아울러 당시 묘장제도와 풍습에 심각한 영향을 주었음에 주목해야 한다.[118]

중국의 초기 회화이론의 '영감靈感'에 대한 무나카타 키요히코宗像淸彦와 스서우첸石守謙의 중요한 연구가 있다. 그들의 해석에 의하면 "이른바 '감통신령感通神靈'은 진짜 같아서 관람자로 하여금 그림 속 물건을 진짜로 오인하게 하는, 사실적인 힘을 뛰어넘는 무술巫術과 유사한 신비스런 능력을 가지고 있다. 중국의 고대 예술가들은 예술작품이 일단 이런 생명력을 가지면 곧 '동류상감同類相感'의 원리에 의해 외재적인 천지자연과 서로 소통하여 영이靈異로운 현상을 발생시킬 수 있다고 믿었다."[119]

첸종수錢鍾書는 고대 중국과 서양의 풍부한 사료를 인용해 '오묘한 그림이 신령과 통한다'는 문제에 대해 비교적 전면적으로 논의했다.[120] 스서우첸의 연구는 중국 중고中古시기 회화사 자료에 집중되어 있다. 그는 『역대명화기』에는 장승요와 관련된 영이고사가 많고, 『세설신어世說新語』에는 고개지 관련 영이고사가 기록되어 있음을 살핀 후, 북제 양자화楊子華와 관련된 내용, 즉 "일찍이 벽에 말을 그렸는데, 밤에 말발굽과 물어뜯는 긴 소리를 들었는데 마치 물풀을 찾는 듯했다"는 것 역시 영이에 속

118 楊泓, 「談中國漢唐之間葬俗的演變」, 『文物』 1999년 제10기, pp.60-68.

119 Munakata Kiyohiko, "Concepts of Lei and Lan-lei in Early Chinese Art Theory", in Susan Bush and Christian Murck eds., *Theories of the Arts in China*, Princeton: Princeton University Press, 1983, pp.105-131; 石守謙, 『風格與世變─中國繪畫十論』, 北京: 北京大學出版社, 2008, p.66.

120 錢鍾書, 『管錐編』 제2책, 北京: 中華書局, 1979, pp.711-718.

II. 남북조시대

하는 것으로 보았다.[121] 그는 또 두보의 시 〈단청인丹靑引〉 가운데 조패曹霸가 그린 "옥화총玉花驄(당 현종이 타던 말: 역자 주)은 황제의 탑榻 위에 걸려 있는데, 탑이 놓인 뜰 앞의 진짜 옥화총과 서로 마주하고 있네玉花卻在御榻上, 榻上庭前屹相向"의 두 구절이 조패가 그린 옥화총이 매우 핍진逼眞한 것을 비유하는 것만은 아니며, 실은 화가의 붓끝에서 창조되어 정원의 진짜 말과 치환이 가능한 화마畵馬에 표현된 골기骨氣와 생명력을 찬미한 것이라 평가하였다.[122] 여기서 "옥화총은 황제의 탑 위에 걸려 있는데"라는 구절이 가리키는 것은 상탑 주위를 두른 병풍에 그려진 말이 확실하다. 유사한 내용을 그린 실물 병풍은 투르판 지역 당대 무덤에서 볼 수 있다.

송대 곽약허郭若虛는 『도화견문지圖畵見聞誌』에서 이런 신통한 그림을 '술화術畵'로 분류하고, "나쁜 사람이 미혹스럽게 이름을 파는" 작품으로 보았다.

> 야인이 벽을 타고, 미녀가 담을 내려오고, 물속에 오색이 비추고, 안개 밖으로 쌍룡을 일으키는 것은 모두 방술方術에서 나온 것으로 남을 현혹시키는 것이다. 이를 화법畵法에도 적용하면 부족한 바가 있으니 기록하지 않는다.[123]

곽약허의 태도는 송대 이후 사인士人들의 예술사상의 변화를 반영한다. 그는 '술화'를 따로 한 종류로 구분하였는데, 이는 역으로 회화가 신통하다는 관념이 중국 중고사회에서 상당히 보편적이었음을 보여준다. 곽약허와 달리 당대의 단성식段成式은 『유양잡조酉陽雜俎』에서 '미인이 담에서 내려오는' 고사를 상세하게 기록하였는데 상술한 두보의 시 구절과 비교된다.

> 원화 초년 한 사인이 있었는데 성과 자는 잊어버렸다. 술에 취해 청당廳堂에서 잠을 잤는데, 잠에서 깨어나 옛 병풍 속의 여성들이 모두 상床 앞에서 노래하며 춤추는 것을 보았다. 노래 소리도 들려, "장안의 아가씨들이 봄날에 답청踏靑을 하는데, 곳곳의 봄날 풍광이 애간장을 끊는구나. 옛적 춤출 때 소매와 활처럼 휜 듯한 허리는 이미 잊었는데, 두 눈썹도 수심이 있는 듯 하니 마치 가을의 서리 같구나"라고 부르고 있었다. 이 가운데 두 머리를 쪽 진 사람이 "활처럼 휜 허리란 어떤 모양인가"라고 묻자 노래 부르던 사람이 "넌 내가 허리를 활처럼 휘는 것을 못봤느냐"라고 물었다. 이에 머리의 상투를 돌려 땅까지 닿게 하자 허리가 규規처럼 구부러졌다. 사인이 너무 놀라 이를 나무라자 홀연히 병풍 속으로 들어갔다. 또 다른 흔적이 없었다.[124]

121 필자가 보기에 이런 관념은 결코 중고시기에 한정된 것은 아니며, 상고시기에서 연원하는 것이 확실하다. 단지 중고시기에 회화와 관련된 문헌이 점점 풍부해짐으로써 오래된 관념이 더욱 분명하게 표현되었을 뿐이다.

122 石守謙, 『風格與世變―中國繪畵十論』, pp.69-70.

123 "至於野人騰壁, 美女下牆, 映五彩於水中, 起雙龍於霧外, 皆出方術怪誕, 推之畵法闕如也, 故不錄." 郭若虛, 『圖畵見聞誌』 권 6, 北京: 人民美術出版社, 1963, p.158.

124 "元和初, 有一士人失姓字. 因醉臥廳中, 及醒, 見古屛上婦人等, 悉於床前踏歌, 歌曰: '長安女兒踏春陽, 無處春陽不斷腸, 無袖弓腰渾忘卻, 蛾眉空帶九秋霜.' 其中雙鬟者問曰: '如何是弓腰?' 歌者笑曰: '汝不見我作弓腰乎?' 乃反首髻及地, 腰勢如規

문장 속의 '성과 자를 잊어버렸다', '취하였다', '잠에서 깼다', '옛 병풍' 등의 글자는 이런 현상이 실재할 수 없음을 암시한다. 그런데 이어지는 고사는 더욱 진짜 같다. 이런 문학적 필법과 마찬가지로 무덤 역시 하나의 허구세계다. 허구세계의 한 요소로서의 회화 속 형상이 실재하는 인물로 변화하는 것도 당연하다.

다시 강업묘로 돌아가 보자. 사망은 이미 사실이며, 강업은 석상 위에 누워 다시는 소생할 수 없다. 아마도 이 시대의 모든 사람들이 영혼이 지각능력을 갖고 있다고 믿은 것은 아닐 것이다. 그러나 사망에 직면하여 가족과 친지, 그리고 친구들은 아무 힘도 없었기 때문에 단지 모든 것을 열심히 할 수밖에 없었다. 석관상과 강업의 시신은 묘실의 뒤쪽에 안치되어 있었으며, 앞쪽은 비어 있었다. 무덤이 도굴되기 전, 이곳에는 많은 음식과 보물이 놓이고, 강업을 하장한 후 여기에서 아주 짧은 제사가 행해졌을 것이다. 묘문이 일단 닫히면 빛이 정지되어 화려했던 제사 장면은 순간의 '과정'에서 영원한 '장면'으로 전환되었다.

산서성 대동시 사령의 북위묘에서 출토한 칠관 위 묘주부부도는 다행히 "□慈顔之永住, □□□□無期" 등의 제기가 일부 남아 있다.[125] "자애스런 모습이 영원히 이곳에 머물기를"이라는 구절은 반악의 "유장과 병풍에는 희미한 그림자도 없는데"란 시구와는 의미가 완전히 다른데, 시인의 아쉬움은 이미 장구상의 회화를 통해 보완되었다. 강업 석관상 주위의 병풍 속 그림 역시 동일한 작용을 한다. 그림은 평면적이고 허구적이며, 일종의 반半폐쇄적 구도를 가지고 강업의 시신 주위를 둘러싸고 있다. 강업의 육체와 이 그림들은 결코 보는 자와 보이는 자의 관계가 아니다. 그림은 강업의 한바탕 아름다운 꿈과 같으며, 꿈속의 주인공은 기이한 이야기 속의 미인이 아닌 강업 자신의 그림자다. 이 그림자는 그의 육체를 벗어나 꿈속에서 다시 출현한다. 비록 모든 것이 부패되어도 돌은 영원하다. 그림의 양식은 사실적이고, 여기에 채색과 금박을 입혀 '살아있는 듯 생생한' 모양이 되었다. 만약 '살아있는 듯 생생하다'는 구절을 문자 그대로 이해한다면, 문제의 요점에 다가가게 된다. 다시 말해 이런 그림은 강업으로 하여금 다른 세계에서 영원히 '살아 있는 것처럼' 살아가도록 만들었으며, 또한 그의 집안사람들로 하여금 어느 정도 안도감을 느끼게 해주었다. 그렇다면 이 그림들은 곧 강업의 '마스크'가 될 것이다. 그것들은 서역에서 온 강업을 중원의 사대부로 만들어 주었을 뿐 아니라, 사자로 하여금 영생을 얻게 해주었다.

모든 것은 다 산 자들이 안배한 것이다. 그러므로 이는 단순히 사망에 대한 이야기만은 아니다.

焉. 士人驚懼, 因叱之, 忽然上屛, 亦無其他." 段成式, 『酉陽雜俎』前集 권14, 上海古籍出版社 編, 『唐五代筆記小說大觀』上冊, 上海: 上海古籍出版社, 2000, p.662.

125 趙瑞民·劉俊喜, 「大同沙嶺北魏壁畫墓出土漆皮文字考」, 『文物』 2006년 제10기, pp.78-81; 殷憲, 「山西大同沙嶺北魏壁畫墓漆畫題記研究」, 張慶捷·李書吉·李鋼 主編, 『4—6世紀的北中國與歐亞大陸』, 北京: 科學出版社, 2006, pp.346-360.

이 글은 기왕에 발표한 두 편의 글을 모아 수정한 것이다. 첫 편은 「北周康業墓石榻畫像札記」(『文物』 2008년 제11기, pp.67-76. 한글은 서윤경의 번역으로 『美術史論壇』 28, 2009년 6월, pp.241-262에 수록되었으며, 영문은 Judy Chungwa Ho의 번역으로 "Notes on the Stone Couch Pictures from of Kang Ye in Northern Zhou", *Chinese Archaeology*, vol.9, pp.39-46에 수록되었다), 두 번째 문장은 「逝者的"面具"—再論北周康業墓石棺床畫像」(巫鴻·鄭岩 主編, 『古代墓葬美術研究』 제1집, 北京: 文物出版社, 2011, pp.217-242)에 수록한 것이다. 본문은 후자의 제목을 따랐다.

청주靑州 출토 북제 화상석과
중국의 소그드미술

●

우홍묘 등
새로운 고고학 발견이
시사하는 것

1. 중국 거주 소그드인 무덤의 발굴

최근 새로운 고고학적 발견이 잇따르면서 중국에 거주하던 소그드인의 미술이 학계의 주목을 받고 있다. 1999년 7월 산서성 태원시太原市 진원구晉源區 왕곽촌王郭村에서 발견된 수 개황 12년(592)의 우홍묘虞弘墓에서는 금색을 비롯해 여러 색깔을 칠한 부조가 있는 백대리석제 관이 발견되었다.(도1)[1] 출토된 묘지에 의하면, 우홍은 어국인魚國人으로 일찍이 여여茹茹국왕의 명을 받고 페르시아와 토욕혼 등에 사신으로 파견되었다. 이후 북제에도 사신으로 파견되었는데, 북제와 북주, 그리고 수나라에서 관직을 역임했다. 북주에서는 검교살보부檢校薩保府에서 근무했다. 2000년 5월 섬서성 서안시 북쪽 교외에 위치한 대명궁향大明宮鄕 항저채炕底寨에서 북주 대상 원년(579) 안가묘安伽墓의 석관상石棺床이 출토되었다.(도2)[2] 여기에도 조로아스터교의 영향을 보여주는 부조가 있었는데, 역시 금색과 여러 색으로 장식되어 있었다. 그리고 이 무덤의 문액門額에서 화단火壇 등 조로아스터교 관련 도상이 발견되었다. 안가는 일찍이 북주의 동주살보同州薩保를 역임한 안국인安國人의 후예다. 그들은 중앙아시아 아무다리아와 시르다리아 유역에 거주하던 소무구성昭武九姓의 호인, 다시 말해 한위시기에 속익粟弋, 혹은 속특粟特으로 불리던 소그드인이다.

소그드인은 장사수완이 뛰어난 것으로 이름났는데, 주로 조로아스터교를 믿었다. 남북조시대 이후

도1 석관, 우홍묘, 수, 산서성 태원시(山西省考古硏究所·太原市文物考古硏究所·太原市晉源區文物旅遊局,『太原隋虞弘墓』, 北京: 文物出版社, 2005, 도판1)

도2 석관상, 안가묘, 북주, 섬서성 서안시(陝西省考古硏究所,『西安北周安伽墓』, 北京: 文物出版社, 2003, 도판1)

대거 중국 신강과 중원 지역으로 이주해왔다. 살보薩保는 '薩寶', 혹은 '薩甫' 등으로도 불리는데, 북조 및 수당대에 설립된, 조로아스터교와 소그드인을 전문적으로 담당하는 관직이다. 천인커陳寅恪는 "중국 역사상의 민족, 특히 위진남북조시대의 민족은 종종 문화로서 구분되며, 혈통으로 구분되지 않는다. 소수민족이 한화되면 곧 '잡한雜漢', '한아漢

---

1 山西省考古硏究所 · 太原市考古硏究所 · 太原市晉源區文物旅遊局,「太原隋代虞弘墓淸理簡報」,『文物』2000년 제1기, pp.27-52.

2 陝西省考古硏究所,「西安北郊北周安伽墓發掘簡報」,『考古與文物』2000년 第6기, pp.28-35.

도3 석관상, 북조, 감숙성 천수시 석마평(필자 사진)

兒', '한인漢人' 등으로 간주된다. 이와 반대로 한인이 어느 소수민족의 문화를 흡수하여 이에 동화되면 소수민족으로 간주된다. …… 북조시대의 민족문제를 연구할 때는 혈통을 지나치게 고려해서는 안 되며, '화化'를 주의해야만 한다"라고 지적했다.[3] 어국이 어디에 위치했는지 아직 확실하지 않지만, 우홍의 석관에 조로아스터교의 색채가 분명히 드러난다는 데는 많은 학자들이 동의하고 있다.[4] 우홍이 꼭 소그드혈통인 건 아니겠지만 일찍이 검교살보부에서 관직을 역임했으므로 소그드문화에 많이 동화되었을 것이다. 그러므로 우홍을 소그드'화'한 인물로 보고, 그의 석관 위에 묘사된 화상 역시 소그드미술품으로 간주할 수 있다.

1982년 감숙성 천수시天水市 석마평石馬坪 문산정文山頂에서 발견된 한 세트의 석관상은 그 양식이 안가의 석관상과 유사했다.[도3][5] 두 석관상은 형태 이외에 도상도 매우 유사하다. 즉 안가석관상의 '뒤쪽 병풍3'에서 팔작지붕의 가옥 아래 두 사람이 탑

---

3   萬繩楠 整理, 『陳寅恪魏晉南北朝史講演錄』, 合肥: 黃山書社, 1987, p.292.

4   룽신장은 어국이 어느 나라인지 알 수 없지만, 우홍의 조부가 유연에서 관직을 역임한 사실로 미루어 서북의 호인계통에 속할 것으로 추정했다. 그러나 우홍은 소그드인과 관계가 아주 밀접했기 때문에 검교살보부의 관원이 될 수 있었다. 린메이춘(林梅村)은 어국이 북적 계통의 계호(稽胡)에 속하며, 철륵(鐵勒)에서 기원하여 소그드문화의 영향을 깊이 받아 조로아스터교를 믿었다고 보았다(榮新江, 「隋及唐初幷州的薩寶府與粟特聚落」, 『文物』 2001年 第4期, p.84; 榮新江, 『中古中國與外來文明』, 北京: 生活·讀書·新知三聯書店, 2001, pp.169-180; 林梅村, 「稽胡史跡考—太原新出虞弘墓志的幾個問題」, 『中國史硏究』 2002년 제1기, pp.71-84).

5   天水市博物館, 「天水市發現隋唐屛風石棺床墓」, 『考古』 1992년 제1기, pp.46-54.

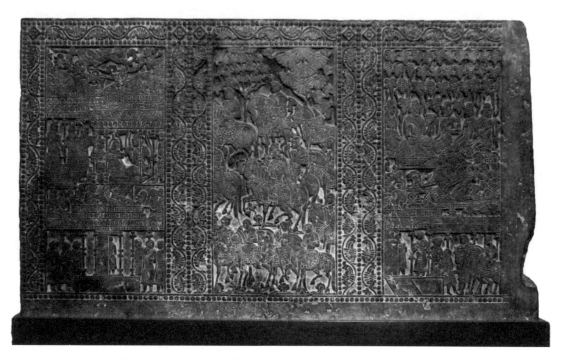

도4 석관상 병풍 가운데 하나, 북제, 미국 보스턴미술관(필자 사진)

위에 앉아 이야기를 나누고 있으며, 그 가옥 앞으로 물이 흐르고 다리가 있다. 이 그림은 천수 석마평석관상 '병풍6'의 도상과 유사하다. 그리고 안가석관상의 '오른쪽 병풍1'의 수렵 그림은 역시 석마평석관상의 '병풍11'에서도 볼 수 있다. 후술하는 석마평석관상의 '병풍1'의 부분도 역시 우홍석관의 그림과 관련이 있다. 이 밖에 보고서에서도 지적한 것처럼, 석마평묘의 석관상 앞에 배열되었던 호인 주악용이 가진 악기는 모두 쿠차악 계통이다. 이런 현상들은 석마평석관상이 소그드미술의 특징을 비교적 농후하게 가지고 있음을 말해준다. 그러므로 이에 대해서는 좀 더 자세한 연구가 필요하다. 보고

서는 석마평석관상의 연대를 수낭대로 추정하였는데, 현재로서는 북조 후기에서 수대에 제작된 유물일 가능성이 크다.

1992년경 하남성 안양安陽에서 출토된 한 구의 북제 석관상은 현재 미국의 워싱턴 프리어미술관 Freer Gallery of Art과 독일 쾰른Cologne의 동방예술박물관Museum für Ostasiatische Kunst, 프랑스 파리의 기메미술관Museé Guimet, 그리고 미국의 보스턴미술관Boston Museum of Fine Arts 등에 분산 소장되어 있다.(도4) 1999년 장보친姜伯勤은 이 석관상을 천수 석마평석관상과 대조하여 그 형태를 성공적으로 복원했으며, 석관상의 도상 연구도 함께 시도했다.[6] 일찍이 1958

6　姜伯勤,「安陽北齊石棺床的圖像考察與入華粟特人的祆教美術」, 中山大學藝術學研究中心 編,『藝術史研究』 제1집, 廣州: 中山大學出版社, 1999, pp.151-186.

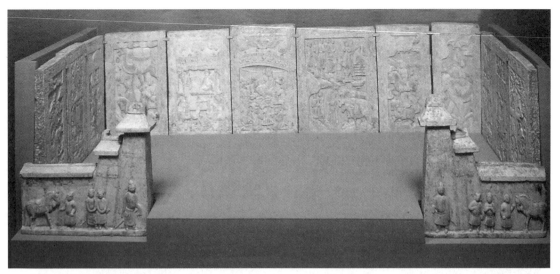

도5 석관상, 북조, 일본 미호미술관 소장(*Orientations*, October, 1997, p.72, fig.1)

년 구스티나 스카글리아Gustina Scaglia는 이 안양석 각을 업도鄴都에 거주하던 살보가 제작했을 것으로 추정했다.[7] 장보친 역시 이 관점에 동의했는데, 우 홍묘와 안가묘의 발견은 스카글리아의 추정을 강 력하게 뒷받침한다.

최근 일본의 미호미술관에서 11건의 채회화상 석관과 한 쌍의 문궐을 구입했다.(도5) 기좌 부분은 현재 개인이 소장하고 있다.[8] 이 석각은 산서성의 북제 무덤에서 나온 것으로, 그 형태는 안가묘의 석 각과 유사하다. 발표된 도판을 보면 미호미술관의 석관상은 백대리석제며, 부조도상 위에는 금과 채 색이 가해져 있다. 채색과 장식수법이 우홍 석관묘 와 기본적으로 같아, 북제 혹은 수대 병주幷州 지역

소그드인의 물건으로 추정할 수 있다.

이와 같은 새로운 자료들은 중국의 고대 조로아 스터교 예술, 중원과 페르시아 및 중앙아시아의 문 화교류 연구에 중요한 의미를 지닌다. 동시에 한당 대 묘장미술의 인식을 더욱 풍부히 해줘 심층연구 가 필요하다. 이런 자료들을 토대로 필자는 산동성 청주시(원래는 익도현益都縣) 부가촌에서 출토된 북제 화상석 자료들에 대한 재검토를 진행함으로써 새 로운 견해를 제시할 수 있게 되었다. 본문은 이 화 상석의 원래 배치형식, 도상내용 및 기타 관련 문제 들에 대한 초보적인 연구다.

---

7 Gustina Scaglia, "Central Asians on a Northern Ch'i Gate Shrine", *Artibus Asiae*, vol.XXI,1, 1958, pp.9-28.

8 Annette L. Juliano and Judith A. Lerner, "Cultural Crossroad: Central Asian and Chinese Entertainers on the Miho funerary Couch", *Orientations,* October, 1997, pp.72-78.

2. 산동 부가화상석의 도상 해석

청주의 부가화상석은 1971년 한 무덤에서 출토되었다. 당시 현장 인부의 말에 의하면 무덤은 남향으로 위치하고 있었다. 장방형의 묘실은 남북이 약 5m이고, 동서로는 대략 6m이다. 묘실 남쪽에는 대략 길이 5m, 너비 2m에 가까운 용도甬道가 있으며,[9] 묘실과 용도는 모두 상하 2열의 석판을 사용하였다. 무덤의 부장품은 일찍이 도굴되어 하나도 남아 있지 않았다. 대부분의 돌 부재는 농민들이 잘라서 근처 저수지의 바닥을 만드는 데 사용해버렸다. 현지 박물관에서 겨우 일부 석판을 수집했는데, 그 가운데 9개에 음각선으로 표현된 화상이 있었다. 크기가 완전히 같지는 않으며, 높이 130~135cm, 너비 80~104cm이다. 두께 역시 균일하지 않아 가장 얇은 것은 10cm, 가장 두꺼운 것은 30cm 정도에 이른다.

이 화상석에 대해 보고서는 "묘지墓誌가 저수지 아래에 깔렸기 때문에 묘주의 성명은 알 수 없다. 단지 북제 무평 4년(573)에 사망해 묻혔다는 사실만 알 수 있을 뿐이다"라고 쓰고 있다.[10] 보고서를 작성한 샤밍차이夏名采는 '이 연대는 자신의 조사에 의한 것'이라고 했다. 그는 1973년 익도현박물관(현재의 청주시박물관)에 부임, 다음해에 부가에서 당시 무덤을 팠던 몇몇 농민을 방문했는데, 이들 모두 묘지에 쓰인 묘주의 사망과 매장 연대를 확실히 기억하고 있었다고 전했다. 그러나 당시 이 화상의 내용과 비교할 수 있는 다른 유물이 발견되지 않았기 때문에 그 연대의 추정을 합리적이라고 간주하기 어려웠다. 후에 우홍묘 등이 새롭게 발굴되어 이 연대를 신뢰할 수 있게 되었다.

1985년 보고서는 8폭의 화상을 발표했는데, 누락된 것이 있었다. 최근 샤밍차이는 다른 글에서 이를 보충했는데,[11] 본고에서는 편의를 위해 원 보고서가 이 화상석판에 붙인 이름과 서술에 따라 다음과 같이 번호를 붙이고자 한다.

제1석 낙타를 모는 상려도商旅圖(도6)
제2석 상거래도(도7)
제3석 수레행렬도(도8)
제4석 출행도1(도9)
제5석 출행도2(도10)
제6석 음식도(도11)
제7석 주인과 시종의 담화도(도12)
제8석 상희도象戲圖(도13)
제9석 새로 발표된 1석(도14)

부가화상석의 원래 배치는 알 수 없다. 보고서는 이 화상석이 원래 묘실의 네 벽에 배치되었을 것으

---

9 여기 제시된 수치는 보고서를 쓴 샤밍차이의 조사에 의한 것이다. 그런데 그는 다른 논문에서 "묘실의 길이와 너비는 각각 3m에 가까우며, 묘문은 남쪽에 있는데 너비가 1m이다. 묘문 밖에는 묘도가 있었을 텐데, 너비와 길이는 알 수 없다"며 다른 수치를 제시하고 있다. 아마도 이 화상석판들을 묘벽에 부착된 것으로 보고, 이 석판의 수량과 크기에 근거하여 원래의 수치를 변경한 데서 기인했을 것이다. 이에 대해서는 夏名采, 「絲路風雨—記北齊線刻畵像」, 夏名采 主編, 『青州市文史資料選輯』 제11집, 青州, 1995(내부발행), pp.144-149 참조.

10 山東省益都縣博物館 夏名采, 「益都北齊石室墓線刻畵像」, 『文物』 1985년 제10기, pp.49-54.

11 夏名采, 「青州傅家北齊畵像石補遺」, 『文物』 2001년 제5기, pp.92-93.

도6 부가화상석 제1석, 북제, 산동성 청주박물관(필자 그림)

도7 부가화상석 제2석, 북제, 산동성 청주박물관(필자 그림)

도8 부가화상석 제3석, 북제, 산동성 청주박물관(필자 그림)

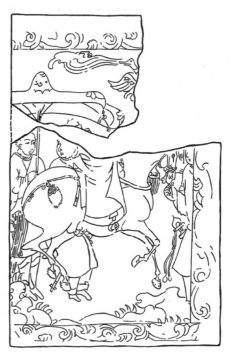

도9 부가화상석 제4석, 북제, 산동성 청주박물관(필자 그림)

도10 부가화상석 제5석, 북제, 산동성 청주박물관(필자 그림)

도11 부가화상석 제6석, 북제, 산동성 청주박물관(필자 그림)

도12 부가화상석 제7석, 북제, 산동성 청주박물관(필자 그림)

도13 부가화상석 제8석, 북제, 산동성 청주박물관(필자 그림)

도14 부가화상석 제9석, 북제, 산동성 청주박물관(필자 그림)

의 화폭이 독립적인 의미를 가지고 있음을 강조하고자 했던 것으로 보인다. 즉 각각의 화면은 상대적으로 독립되어 있다. 그러나 이 화상석들은 하나의 공동공간에 속하는 것으로, 형식과 내용이 모두 밀접하게 관련되어 있다. 현재 이 화상석의 배치는 성공적으로 복원되었지만, 전체적인 관계를 의식해야만 한다. 이 두 측면이야말로 도상연구의 출발점이다.

부가화상석과 우홍석관의 도상은 놀랄 만큼 흡사하다. 먼저 부가화상석의 가장자리 장식은 '회回'자형에 가까운 제5석을 제외하고는 모두 넝쿨문인데, 우홍석관과 안양석관상, 그리고 미호석관상 벽판의 가장자리 장식과 아주 흡사하다. 부가화상석 제5석의 모서리 부분의 꽃 역시 우홍석관과 미호석관상의 동일 부위의 꽃과 아주 흡사하다.(도15)

다음으로, 우홍석관에 보이는 목에 끈[綏]을 맨 새가 부가화상석의 제1·2·3·4·5석 등의 화면 상부에 모두 출현한다. 한 마리 또는 두 마리가 표현되었는데, 이런 새는 안양 출토 북제 석관상의 화면에서도 볼 수 있다.(도16) 동일한 도상은 파미르(총령) 이서에 위치한 아프가니스탄의 바미얀Bamiyan석굴 벽화(도17-1)와 파미르고원 이동의 신강 키질석굴 벽화(도17-2)에서도 출현한다. 이 경우 바깥쪽으로 연주문을 돌렸는데, 이는 사산조 페르시아인들이 좋아하는 도안이다.[12] 한편 키질석굴의 새는 입에 연주로 구성된 둥근 끈을 물고 있는데, 타지크스탄 경내의 유명한 소그드 성터인 판지켄트Panjikent 벽화에 표현된, 재부財富와 길상을 상징하는 '둥근 끈을

로 추정했다. 다만 두 석판의 오른쪽 부분과 또 다른 두 석판의 왼쪽 부분이 45도 정도 기울게 가공되어 있는데, 모서리의 결합부분으로 추정된다. 그렇다면 이 석판들은 적어도 한 건축물의 삼면을 구성했다고 할 수 있다. 그러나 각 화상석판의 구체적인 위치를 확정하기에는 여전히 증거가 부족하다. 가장 큰 문제는 화상석이 완전하게 수집되었는지조차 확신할 수 없다는 것이다.

부가화상석은 병풍형식을 채택했다. 화상석판에 경계선이 있고 화면이 폐쇄적인 것으로 보아 각각

---

12 薄小瑩, 「吐魯番地區發現的聯珠紋織物」, 『紀念北京大學考古專業三十周年論文集』, 北京: 文物出版社, 1990, pp.333-334.

도15 북제와 수대 장구의 가장자리 장식

a·b 부가화상석(필자 그림); c 우홍묘 석관(『文物』 2001년 제1기, p.39); d 미호미술관 석관상(필자 그림); e 안양석관상(『藝術史研究』 제1집, p.153)

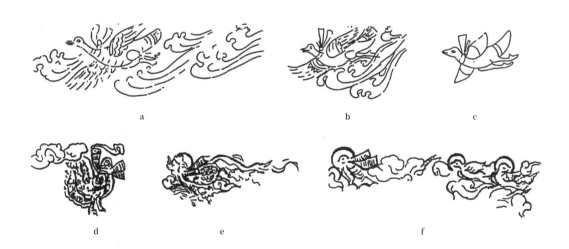

도16 북제와 수대 장구의 길상조

a·b 부가화상석(필자 그림); c 우홍묘 석관(『文物』 2001년 제1기, p.39); d·e·f 안양석관상(『藝術史研究』 제1집, p.167)

도17 파미르고원 석굴 벽화 속의 새 문양(『吐魯番古墓葬出土藝術品』, p.46)
1 바미얀석굴 벽화; 2 키질석굴 벽화

문 새hvarnah'와 관련시킬 수 있다.[13] 그러므로 장보친은 안양석관의 이런 새들을 '페르시아식 길상조吉祥鳥'로 보았는데 설득력이 있다. 그는 또한 "페르시아 사료史料 가운데 좋은 운과 관련된 몇 가지 도상이 있는데, 날개 달린 동물, 날개 달린 양, 그리고 날개 달린 빛 등이다"고 했는데,[14] 부가의 제7석 위쪽에 출현하는, 팔메트 모양의 식물을 입에 물거나 목에 끈을 맨 날개 달린 동물 역시 이런 길상을 표시하는 동물일 것이다.(도12)

셋째, 부가 제2석에는 각진 건巾을 쓰고 소매가 넓은 옷을 입고, 왼손에 작은 잔을 들고 오른쪽 다리를 왼쪽 무릎 위에 올린 채 등좌藤座 위에 앉은 인물이 있다.[15] 그는 한 호인胡人과 함께 무언가를 마시고 있다. 뒤쪽에는 손에 산호를 받들고 있는 인물이 있는데, 이국의 보물을 바치는 호인일 것이다.[16] 우홍석관 서벽의 남쪽 내면에는 두광을 가진 신神이 있는데, 오른손으로 주둥이가 구부러진 그릇을 들고 등좌 위에 앉아 있다. 그 앞에서 '한쪽 무릎을 꿇은[胡跪]' 사람이 물건을 바치고, 한 사람은 비파를 뜯고 있다.(도18) 이 두 폭 화면의 구도는 좌우가 서로 반대이지만, 인물의 조합은 매우 유사하다. 특히 두 그림 속 주인공의 앉은 자세가 완전히 같은데,(도19) 이런 자세는 판치켄트 벽화에서도 나타난다.(도20, 도21) 이런 사실들로 미루어 이 두 폭의 그림

---

13 Guitty Azarpay, "Some Iranian Iconographic Formulae in Sogdian Painting", *Iranica Antiqua*, XI, pp.174–177.

14 姜伯勤,「安陽北齊石棺床的圖像考察與入華粟特人的祆敎美術」, pp.166–167.

15 중국에서는 등좌를 전제(筌蹄)라 부른다. 이에 대한 고증은 孫機,「唐李壽石槨線刻〈侍女圖〉〈樂舞圖〉散記」,『中國聖火—中國古文物與東西文化交流中的若幹問題』, 沈陽: 遼寧敎育出版社, 1996, pp.209–211.

16 산호는 당시 진기한 보물로 여겨져 황제가 대신에게 하사하거나, 혹은 관료들이 서로 쟁취하고자 하는 물건이었다. 이에 대해서는 劉義慶 撰, 劉孝標 注, 楊勇 校箋,『世說新語校箋』, 北京:中華書局, 2006, p.791을 참조. 또한 이 책의 p.791에는 劉孝標가『南州異物志』를 인용하여 "산호는 대진국에서 나온다"고 한 대목이 있다. 그러므로 산호는 장사에 능한 소그드인이 중국에 가지고 왔을 가능성이 크다.

도18 우홍묘 석관 서벽의 남쪽 그림
(『太原隋虞弘墓』, 도판50)

a   b

도19 부가화상석 제2석과 우홍묘 석관 서벽 남쪽 내면의 그림 비교

a 부가화상석 제2석(필자 그림); b 우홍석관상(『文物』 2001년 제1기, p.39)

도20 타지크스탄 판치켄트 6~7세기 소그드벽화(*Iranica Antiqua*, XI, p.171, fig.6)

도21 타지크스탄 판치켄트 6~7세기 소그드벽화
(Aleksandr Belenitsky, *The Ancient Civilization of Central Asia*, London, Barrie&Rockliff: The Cresset Press, 1969, fig.142)

도22 〈묘주도〉, □도귀묘, 북제, 산동성 제남시(필자 그림)

은 동일한 모본을 기초로 수정을 가한 것 같다.

그러나 부가 제2석과 우홍석관의 서벽 남쪽 내면 화상의 주제는 같지 않다. 후자에서 등좌 위에 앉은 인물은 심목고비에 수염이 있고 호복을 착용하고 있는데, 두광이 있어 신이 틀림없다. 반면 전자의 주인공은 이마와 뺨이 넓고 각진 건을 쓰고 교령의 포복을 입고 허리띠를 매고 장화를 신고 있는데, 두

건과 포복의 형식은 산동성 제남시濟南市 마가장馬家莊의 □도귀묘□道貴墓,[22]17 하북성 자현磁縣 동괴수촌東槐樹村 고윤묘高潤墓(573)의[18] 묘주 모습과 유사하기 때문에 묘주를 표현했을 가능성이 크다. 부가화상식의 묘주형상은 또 제5·6·7석에서도 볼 수 있다.[도10~12] 이 가운데 제5석의 묘주는 선비鮮卑 모자를 썼는데, 산서성 태원시 왕곽촌 누예묘婁叡墓 벽화 속 인물의 복식과 기본적으로 같은 데서 보듯[19] 전형적인 북제의 선비 복식이다. 비록 도상에 근거하여 묘주의 혈통을 정확히 밝힐 수는 없지만, 대략 그의 문화적 정체성을 판단할 수는 있다. 적어도 이 형상은 소그드인이 아니며 선비인 혹은 한인으로, 북제 통치계층에 속하는 인물이다. 제2석의 호인은 심목고비에 곱슬머리를 하고 몸에는 연주문이 있는 긴 포복을 입고 있다. 이는 안양석관상의

17　濟南市博物館,「濟南市馬家莊北齊墓」,『文物』1985년 제10기, pp.45-46.

18　磁縣文化館,「河北磁縣北齊高潤墓」,『考古』1979년 제3기, 圖版7.

19　山西省考古研究所·太原市文物考古研究所,『北齊東安王婁叡墓』, 北京: 文物出版社, 2006.

소그드인 복식과 기본적으로 같기 때문에,^(도23) 소그드인이 분명하다.

부가 제7석 역시 묘주와 소그드인의 담화 장면을 묘사한 것이다.^(도12) 중앙에 서 있는 인물은 얼굴이나 복식이 제2석의 등좌 위에 앉은 인물과 일치한다. 그러므로 묘주가 틀림없다. 그리고 소그드인의 자신을 낮추는 태도나 뒤쪽에 서있는 한인(혹은 선비인)의 복식 모두 제2석의 것과 차이가 없다.

화면구도와 관련하여 제2석의 연원은 이미 서술했다. 내용의 경우, 제2석 및 7석과 유사한 주제는 서주徐州 홍루洪樓의 후한대 화상석에서 이미 출현한다.^{(도24)20} 홍루화상 속에서 중앙에 앉은 인물은 묘주일 것이다. 그에게 와서 배알을 하고 있는 손님 중에는 호인과 한인이 모두 있다. 이런 도상은 당대 염립본의 〈보련도〉나²¹ 건릉에 소재한 61구의 번왕상藩王像,²² 그리고 당대 장회태자묘 묘도에 묘사된 〈객사도客使圖〉^(도25)를 연상시킨다.²³ 문헌에도 이와 유사한 작품에 대한 기록이 있다. 양 원제 소역蕭繹이 "형주자사로 있을 당시 〈번객입조도藩客入朝圖〉

도23 안양석관상의 소그드인 형상, 북제(『中國聖火』, p.186)

를 그렸는데 무제가 매우 칭찬했다. 그는 또 〈직공도〉를 그리고 서문을 지었다. 외국에서 공물을 바치는 그림을 잘 그렸다"고 한다.²⁴ 왕소王素는 '남북조시대에 남조와 북조 모두 '직공'의 성쇠를 정통의

도24 홍루 화상석, 후한, 강소성 서주시(『江蘇徐州漢畫像石』, 도판40)

20 江蘇省文物管理委員會, 『江蘇徐州漢畫像石』, 北京: 科學出版社, 1959, 도판40.

21 故宮博物院, 『中國歷代繪畫: 故宮博物院藏畫集』, 北京: 人民美術出版社, 1978, pp.36-37.

22 王子雲, 『陝西古代石雕刻Ⅰ』, 西安: 陝西人民美術出版社, 1985, 도판45.

23 陝西省博物館等唐墓發掘組, 「唐章懷太子墓發掘簡報」, 『文物』 1972년 제7기, 도판2,1.

24 張彥遠 撰, 秦仲文·黃苗子 點校, 『歷代名畫記』 권7, 北京: 人民美術出版社, 1963, p.145. 이 책의 권3에도 양 원제의 〈직공도〉가 언급되어 있다. 중국 국가박물관에는 송대의 〈직공도〉 모본이 한 권 있는데, 각국의 사신을 묘사하였다. 원작은 남조 소역의 것으로 추정되고 있다(江蘇省美術館 編, 『六朝藝術』, "顧愷之·蕭繹繪畫長卷四款"之三을 참조).

도25 〈객사도〉, 장회태자묘 묘도 동벽, 당, 섬서성 건현(周天遊 主編, 『章懷太子墓壁畫』, 北京: 文物出版社, 2002, p.42)

표지로 삼았기 때문에 화가는 종종 〈직공도〉를 그려 사랑을 받았다'고 지적하고 있다.[25] 그러므로 부가 제2석은 '역대 제왕이 사이四夷의 빈복賓服을 받았으며, 만방에서 입조했다'는 관념의 영향을 받아 이를 모방해 만들어낸 일종의 형식화된 도상이라

할 수 있다.[26]

장보친 교수에 의하면 제8석의 주제는 만령절萬靈節(Hamaspath-maedaya)이다.[도13] 만령절은 조로아스터교가 이란-아리아인의 종교로부터 계승한 명절로 매년 마지막 날의 한밤중을 기리는 것이다. 이때

---

25 王素, 「梁元帝〈職貢圖〉新探―兼說滑及高昌國史的幾個問題」, 『文物』 1992년 제2기, p.72.

26 다른 사회계층 사이에서 일어나는 도상의 차용은 보편적 현상이다. 예를 들면 산동성 임구 해부산(海浮山)의 북제 천보 2년(551) 최분묘의 묘주출행 도상은 용문석굴에서 출현하는 황제와 황후의 예불도, 그리고 고개지의 작품으로 전해지는 〈낙신부도〉 속 조식의 형상과 다르지 않다. 이에 대한 논의는 楊泓, 『美術考古半世紀―中國美術考古發現史』, 北京: 文物出版社, 1997, p.229; 李力, 「北魏洛陽永寧寺塔塑像的藝術與時代特徵」, 巫鴻 主編, 『漢唐之間的宗教藝術與考古』, 北京: 文物出版社, 2000, pp.364-367을 참조

사자의 영혼이 생전에 살던 집으로 돌아온다고 한다. 망령을 맞이하기 위해 사람들은 청소를 깨끗이 하고 제전을 거행하며 제물과 옷 등을 바친다. 사람들은 또한 만령절에 "우리들은 죽은 자의 영혼urvan과 여러 의인義人들의 영혼fravaši을 숭배한다"는 경문을 읊는다. 신년의 서광이 비치려 할 때 사람들은 가옥의 꼭대기에서 횃불을 밝힌다. 하늘이 점점 밝아올 때 영혼은 다시 인간계를 떠난다.[27] '조로아스터력曆'에서 한 해는 365일로서 12개월로 나누며, 매달 30일, 그리고 나머지 5일은 윤일이다. 세수歲首는 사년에 한 번씩 하루를 앞당긴다. 그러므로 문헌 속 소무구성의 세수 관련 기록과 다르다.[28] 북제와 북주에서 세수는 대부분 6,7월에 있었으므로 만령절 또한 이 시기에 거행하였다. 즉 신년이 실제로는 여름이다.[29] 그러므로 『수서·석국전隋書·石國傳』에 나오는 다음 기록은 만령절에 궁정에서 벌어진 활동을 묘사한 것으로 볼 수 있다.

나라 안 성의 동남쪽에 가옥을 세우고 그 안에 대좌를 둔다. 정월 6일과 7월 15일 왕의 부모를 태우고 남은 뼈를 금 그릇에 담고 이것을 상床 위에 올려놓는다. 이를 돌며 꽃과 향, 그리고 여러 과일들을 뿌리고, 왕이 신하들을 거느리고 제사를 지낸다.[30]

제8석은 교외의 풍경을 묘사하고 있는데, 먼 곳에 있는 집은 아마도 '그 안에 대좌를 둔' 가옥일 것이다. 큰 코끼리의 등 위에 있는 대좌는 『수서·석국전』에서 언급한 '상床'으로 추정되는데, 그림 속에서 '뼈를 담은 금 그릇'이 생략되어 있을 뿐이다. 상 주변에 점점이 놓인 6개의 복숭아 형태 물건은 화염으로, 이런 유행游行이 한밤중에 거행되었음을 설명해준다. 이와 같은 특징은 기본적으로 문헌 속에 표현된 만령절의 기록과 부합한다.

제9석에 새긴 것은 송장送葬 장면이 아닐까 싶다.(도14) 그림 속 네 마리의 말이 건물 하나를 받치고 앞으로 나아가고 있는데, 가옥의 크기가 비교적 작아 관으로 보인다. 바닥에 난간과 터진 부분이 있어 관이 목재로 만들어졌음을 알려준다. 앞에서 서술한 것처럼 영상寧想석실과 우홍석관은 모두 목조가옥을 모방했는데, 부가화상석의 형태 역시 마찬가지다. 고적회락묘庫狄迴洛墓 출토 목조가옥은 곽으로 사용했다는 점이 다를 뿐, 재질과 형태는 모두 유사하다.

5세기 후반 남조에서 유명했던 도사 고환顧歡이 "관곽으로 빈장을 하는 것은 중국의 제도며, 화장이나 수장은 서융의 풍속이다"고 불교를 비판하였는데,[31] 서역에서 생활하던 소그드인의 장례풍속은 한인과는 달라서 성골함을 사용했으며 관곽을 쓰

27 龔方震·晏可佳, 『祆教史』, 上海: 上海社會科學出版社, 1998, p.51.

28 蔡鴻生, 『唐代九姓胡與突厥文化』, 北京: 中華書局, 1998, pp.32-33.

29 姜伯勤, 「安陽北齊石棺床的圖像考察與入華粟特人的祆教美術」, pp.172-173.

30 "國城之東南立屋, 置座於中, 正月六日, 七月十五日以王父母燒餘之骨, 金甕盛之, 置於床上, 巡繞而行, 散以花香雜果, 王率臣下設祭焉." 『隋書』, 北京: 中華書局, 1973, p.185.

31 『南齊書』 권54, 「顧歡傳」, 北京: 中華書局, 1972, p.931.

지 않았다. 강국康國에 대해『통전』권193에서는 위 절章節의『서번기西藩記』를 인용하여 다음과 같이 기록하고 있다.

나라 안 성의 바깥에 따로 2백여 호가 있었는데, 전문적으로 상사喪事를 처리했다. 따로 하나의 원院을 만들어 그 안에서 개를 키웠다. 사람이 죽을 때마다 시체를 가지고 와서 이 원 안에 두고 개로 하여금 죽은 이의 살을 모두 다 먹게 했다. 그리고 해골을 수거해 묻었으며, 관곽을 사용하지 않았다.[32]

중국 내 소그드인의 상황에 큰 변화가 발생해 한인 사이에서 유행하던 석관과 석관상을 사용하기 시작했다. 그러나 한화漢化의 전반적인 추세 속에서도 원래의 습속을 유지했는데, 이로 인해 무덤 속에서 기이한 현상들이 출현한다. 즉 우홍의 석관에는 시체는 없었으나 부장품은 있었다. 한편, 석관 아래쪽은 비어 있었는데, 마치 성골함의 기능을 가진 것처럼 보인다. 또 다른 사례로는 안가묘가 있다. 안가의 시체는 석관상 위가 아닌 용도에 놓여 있었는데, 무덤을 닫을 때 이곳에 불을 질렀기 때문에 무덤 안에는 부장품이 적었다. 이런 장구들의 장식도상은 북조의 한인이나 선비인의 무덤에서 발견되

는 화상석이나 벽화와 크게 다르다. 이 밖에 부가 제9석의 송장 장면 속에 개 한 마리가 출현하는데, 우홍석관의 도상에서도 개의 형상이 여러 차례 등장한다. 이것들은 개로 하여금 시체를 먹게 했던 소그드인들의 습속을 반영한 것이라 할 수 있다.

이런 제재들은 부가화상석에서만 출현하는 것은 아니다. 미호석관상의 둘레병풍 한 폭에도 전형적인 조로아스터교 상례장면이 묘사되어 있다.[도26] 화면 속 상례는 야외에서 거행되고 있는데, 그 중심에 마스크를 쓴 사제가 화단을 살피고 있다.[33] 그 뒤로는 손에 칼을 쥐고 '얼굴에 상처를 내고 귀를 자르는' 4명의 인물이 있고,[34] 나머지는 머리를 숙여 애도를 표하고 있다. 몇 필의 말이 신고 가는 것은 상장용 물건으로 추정된다. 사제의 아래쪽에는 개 한 마리가 있는데, 부가 제9석의 개와 동일한 의미를 가지고 있을 것이다. 이 장면은 문헌기록과 정확히 부합하는데, 이는 당시 무덤 속에 새겨진 상장 내용이 실제로 행해졌음을 시사한다.

부가 제8석과 9석은 구도와 형식 면에서 유사점이 많다. 두 석관의 원경은 모두 끊임없이 이어지는 산들과 산속에 위치한 하나의 건축물이다. 제8석의 큰 코끼리 등 위에 놓인 상床과 제9석의 말이 신고 가는 관은 모두 목조다. 이는 두 판석이 서로 호응하고 있음을 설명해주는 듯한데, 이로 미루어 원래

---

32 "國城外別有二百餘戶, 專知喪事. 別築一院, 其院內養狗, 每有人死, 即往取屍, 置此院內, 令狗食之肉盡, 收骸骨埋殯, 無棺郭."『通典』, 北京: 中華書局, 1984, p.1039.

33 조로아스터교 화단과 사제의 도상은 안양석관상에도 출현한다. 이에 대해서는 姜伯勤,「安陽北齊石棺床的圖像考察與入華粟特人的祆教美術」, pp.159-160 참조.

34 이런 장면에 대해 한웨이(韓偉)는 손에 연료를 쥐고 사제를 돕는 사람으로 해석했으나(韓偉,「北周安伽墓圍屛石榻之相關問題淺見」,『文物』2001년 제1기, p.92), 정확하지 않다. 발표된 도판을 보면 네 사람이 손에 든 것은 칼이다. 소무구성 호인의 상례에서 행해지는 '얼굴에 상처를 내고 귀를 자르는' 습속에 대해서는 蔡鴻生,『唐代九姓胡與突厥文化』, pp.24-25를 참조.

도26 〈상례도〉, 일본 미호미술관 석관상(필자 그림)

안마는 그 인물의 신분을 표현하는 고정된 형식일 것이다. 서진 때부터 고관대작은 우거를 귀히 여겼기 때문에 부장된 도용은 우거, 또는 안장이나 재갈 등의 마구를 갖춘 승마용을 중심으로 했다. 북조시대에 이르러 우거와 안마를 중심으로 한 출행의장 도용의 수가 급증하였는데, 이는 사자의 신분을 드러내는 주요한 상징이었다. 이런 제재는 묘실의 벽화나 불교조상에서도 자주 출현한다.

안마와 우거는 세트로 출현하는데, 노부鹵簿의 간략화된 표현이다. 『수서·경적지經籍志』, 『역대명화기』 등에는 〈노부도〉에 대한 기록이 상당히 많다. 예를 들면 『송서·종실전』에는 다음과 같은 기록이 있다.

대칭으로 위치했을 가능성이 크다. 주제의 측면에서 보더라도 두 판석은 관계가 있다. 제9석의 송장 장면과 제8석의 사자의 영혼을 맞는 장면은 모두 사망 및 송장과 관련된 것으로, 무덤 속에서 출현하는 게 매우 당연하다.

부가 제3석과 4석은 우거牛車와 안장을 얹은 말[鞍馬]을 새겨놓았는데,(도8, 도9) 이는 북조예술에서 매우 유행한 제재다. 만약 북조 벽화 속 정면형의 인물상이 신상적 성격을 가진 묘주의 신령이 존재한다는 사실을 표현하는 일종의 부호라면, 우거와

(유온)이 상주와 옹주에 있을 적에 그림을 잘 그리는 사람에게 그의 출행과 노부의 위의를 그리게 하고 항상 이것을 감상하였다. 이 그림을 정서장군 채흥종에게 보여주었는데, 흥종이 이를 놀렸다. 겉으로 마치 그림을 잘 모르는 것처럼 유온의 형상을 가리키며 "수레 위에 있는 사람은 어떤 사람이지요?"라고 물었다. 유온이 "이게 바로 나입니다"라고 하였다. 비루함이 이와 같았다.[35]

저우이량周一良은 "출행노부도를 그리는 것은 스스로를 과시하고자 하는 것으로 남북조시대 이후 유행이 되었다. 어찌 비루한 유온만이겠는가"라고

35 "(劉韞)在湘州及雍州, 使善畫者圖其出行鹵簿羽儀, 常自披玩. 嘗以此圖示征西將軍蔡興宗, 興宗戲之, 陽若不解畫者, 指韞形像問曰: '此何人而在輿上?' 韞曰: '此正是我.' 其庸鄙如此." 『宋書』, 北京: 中華書局, 1974, p.1466.

도27 〈우거도〉, 일본 미호미술관 석관상의 둘레병풍(필자 그림)

도28 〈안마도〉, 일본 미호미술관 석관상의 둘레병풍(필자 그림)

의 제3석 및 4석의 화면구도와 상당히 유사하다. 당 정관 21년(647) '대당고낙양강대농묘지大唐故洛陽姜大農墓誌'에는 강대농의 아버지 강화康和가 수나라 정주定州 살보로서 '집안의 종복이 수백 명이며, 출행을 하면 말 탄 이들이 줄을 이었다'고 하여,[38] 생전에 한족 귀족과 마찬가지의 위용이 있었음을 보여준다. 그러므로 무덤에서도 유사한 도상을 채택했을 것이다.

부가 제4석의 오른쪽은 45도 정도 경사지게 가공했고, 제3석 우거화상의 양쪽은 수직이기 때문에, 이 두 폭이 정면으로 마주하지는 않았을 것이다. 두 돌에는 각각 말과 우거행렬 장면의 일부를 묘사했다. 이 두 폭의 화면은 짝을 이루는 다른 화면과 함께 대규모의 행렬도를 구성했을 것이다. 방향을 볼 때, 제1석의 호인이 낙타와 말을 끌고 가는 장면(도6)의 방향은 제4석 화면의 방향과 일치하므로 아마도 이것과 연결되었을 것이다. 현재는 우거와 연결되는 화상을 찾을 수 없다.

제1석의 호인이 낙타와 말을 끌고 가는 장면에 대해 원 보고서에는 '그림 속 낙타가 둘둘 말린 직물을 싣고 있다'고 보고 '묘주가 생전에 동서무역에 종사하던 상인이며, 그의 종복 가운데 서역이나

지적했다.[36] 이런 유행 아래 그 모본이 활발히 유포되었을 것이다.

안가석관상, 미호석관상, 안양석관상 등에서도 묘주의 기마출행, 혹은 우거를 타고 출행하는 화면을 볼 수 있다. 이 가운데 안양석관상의 의장과 출행도의 복식, 말을 탄 모습, 산개는 모두 "소그드 본토와 대동소이"하다.[37] 그러나 미호석관상의 동일 제제는 분명히 한화의 경향을 보여(도27, 도28) 일반적인 북제 벽화에서 볼 수 있는 동일한 화면이나 부가

36 周一良, 『魏晉南北朝史劄記』, p.165.

37 姜伯勤, 「北齊安陽石棺床畫像石與粟特人美術」, p.166.

38 周紹良, 『唐代墓志彙編』 上冊, 上海: 上海古籍出版社, 1992, p.96.

도29 〈낙타도〉, 일본 미호미술관 석관상의 둘레병풍(필자 그림)
도30 〈낙타행렬도〉, 누예묘 묘도, 북제, 산서성 태원시(필자 그림)

중앙아시아 사람이 있었을 가능성이 있다'고 추정하였다. 그러나 실제로 낙타의 등 위에 평행선으로 표현된 것은 여행에서 사용하는 텐트나 물건을 싣는 데 사용하는 버팀목으로,[39] 이런 내용은 누예묘의 묘도 서벽에 출현하는 출행도 상층의 낙타와 비교적 일치한다. 동일한 제재는 미호석관상에서도 볼 수 있다. 미호석관상과 누예묘 벽화에는 심지어 호인의 형상이 출현한다.(도29, 도30) 이런 회화작품은 북조 무덤 속에서 즐겨 나타나는 낙타도용과 마찬가지로 이 시기 무덤에서 유행하는 예술제재다. 이런 제재가 무덤에서 가지는 의미는 상장관념과 관련해 고찰해야 할 것이다.[40]

제5석에는 묘주가 말을 탄 장면을 새겨놓았는데,(도10) 노부의 성격을 가진 화면에 속한다. 이것과 다른 화면과의 관계는 잘 알 수 없다. 이 석판의 가장자리 장식은 다른 화면과 다른데, 그 이유는 알 수 없다. 제6석은 묘주가 자리 위에 앉아 길다란 궤几를 안고 있는데, 3/4 측면관으로 묘사되어 북조

---

39 남북조시대와 수당대 천막의 형태에 대해서는 吳玉貴, 「白居易 "氈帳詩" 所見的唐代胡風」, 榮新江 主編, 『唐研究』 제5권, 北京: 北京大學出版社, 1999, pp.401-420을 참조.

40 이에 대한 연구로는 Elfriede Regina Knauer, *The Camel's Load in Life and Death: Iconography and Ideology of Chinese Pottery Figurines from Han to Tang and their Relevance to Trade along the Silk Routes,* Zürich: AKANTHVS, Verlag Für Archaologie, 1998이 있다. 이 글에 대한 롱신장의 서평은 『唐研究』 제5권, pp.533-536을 참조.

벽화묘에서 흔히 출현하는 정면형의 좌상과는 조금 다르다.(도11) 그리고 이 석관의 오른쪽은 45도 정도 경사져 있기 때문에 신상적 성격을 띤 중앙의 인물상은 아닐 텐데, 이 돌과 다른 석판들과의 관계는 명확하지 않다.

이상과 같은 부가화상석에 대한 분석은 우리들이 원래부터 가지고 있던 관점과 방법을 재검토할 것을 요구한다. 일부 연구자들은 이런 도상을 사자의 생전 경력을 복원한 것으로 보기도 한다.

화상은 묘주의 생전 경력을 찬양함과 동시에 묘주가 당시 상대商隊를 거느리고 서역에 원정하면서 비단무역에 종사했던 생활의 단편을 아주 섬세하게 묘사했을 뿐 아니라, 청주에 와서 무역을 하던 외국상인이 묘주를 알현하는 장면을 의도적으로 새겨놓았다. (제2석을 가리킴: 저자 주) …… 북제의 석실화상에서 〈상희도象戲圖〉가 출현하는 것은 …… 이 청주 상인의 족적이 이미 인더스강 유역의 불교국가까지 이르렀음을 알려준다.[41]

이는 각 폭 사이의 관계를 정립하고자 하는 관점이다. 도상과 사실의 관계를 파악하고자 한 이런 시도에 대해 필자는 일찍이 공감을 표한 바 있다.[42] 그러나 이런 해석은 구체적인 화면의 내용을 확정하기에는 근거가 미약하며, 또한 일부 연결고리에 대한 구체적인 분석도 결여되어 있다. 지금껏 고대 무덤 속 도상을 연구할 때 이와 같은 접근법이 습관적으로 사용되어 왔는데,[43] 부가화상에 대한 전통적인 해석은 이런 접근법의 문제를 전형적으로 드러낸다. 그러므로 진전된 분석을 진행할 필요가 있다.

먼저 화면 사이의 관계는 석각들의 원래 구조와 관련해서 이뤄진 복원을 기초로 진행할 필요가 있다. 비록 본문에서는 석관의 구조복원 문제를 완전히 해결하지 못했지만, 우리는 이미 이 화상들이 같은 평면이 아니라 삼차원적 공간에 배열되었음을 알고 있다. 이들은 종종 대칭을 이루며 서로 호응하며, 결코 전후가 긴밀히 연결된 '연환화連環畵' 형식이 아니다. 화면들 사이의 관계는 시간적이 아니라 공간적이다. 그러므로 화면 사이에서 일종의 단선적인 문학적 서사관계를 찾기 어렵다.[44]

둘째, 문제는 '사실'에 대한 과거의 이해에서도 출현한다. 부가화상석의 선조線條는 매우 유창하며, 인물의 비례가 매우 합리적이고 형상은 생동적이다. 고대 미술에서는 보기 드문 사실적 양식의 작품이다. 그러나 이런 사실적인 양식은 우리로 하여금 화면의 내용을 이해하는 데 일종의 오해를 불러일으킨다. 즉 이처럼 생생한 작품은 묘주 생전의 활동을 충실히 재현한 것으로 보도록 한다. 그러나 이

---

41 齊濤, 『絲綢之路探源』, 濟南: 齊魯書社, 1992, pp.157-249. 이 무덤에 대한 샤밍차이의 보고서 역시 유사한 관점을 가지고 있다.

42 鄭岩·賈德民, 「漢代臥駝銅鎭」, 『文物天地』 1993년 제6기, pp.36-37.

43 관련 논의는 鄭岩, 「"客使圖"溯源─關於墓葬壁畵硏究方法的一點反思」, 陝西歷史博物館 編, 『唐墓壁畵國際學術硏討會論文集』, 西安: 三秦出版社, 2006, pp.165-180.

44 방법론의 연구에 대해서는 蔣英炬, 「漢畵像石考古學硏究絮語─從對武梁祠一故事考證失誤說起」, 山東大學考古學系 編, 『劉敦願先生紀念文集』, 濟南: 山東大學出版社, 1998, pp.431-437; Wu Hung, "What is *Bianxiang*變相?─On the Relationship between Dunhuang Art and Dunhuang Literature" *Harvard Journal of Asiatic Studies*, 52.1(1992), pp.111-192.

는 '작품 형식상의 사실적 양식'과 '내용이 원형에 충실했다'는, 성격이 다른 두 문제를 동일한 것으로 간주하는 것이다. 다시 말해 '사실적=현실주의'로 설명하는 것으로, 이론적으로 볼 때 문제를 지나치게 간소화한다. 상반된 사례가 곽거병의 무덤 앞 조각에서 나타난다. 전한대 곽거병의 무덤 앞에는 유명한 '마답흉노馬踏匈奴' 형상의 돌조각이 있었는데, 전혀 '사실적'이지 않고 곽거병의 형상을 직접적으로 묘사하지도 않았지만 오히려 그 생전의 사적과 매우 긴밀한 관계를 가지고 있다.[45] 과거 '사실적'인 양식에 대한 해석은 오랫동안 행해진 중국의 관방 문예이론, 즉 '현실주의의 최고 원칙은 전형적인 환경 속의 전형적 인물을 진실하게 재현하는 것'으로 인식하는 이론의 영향을 받은 경향이 크다. 이 이론은 미술창작과 평론을 장기간 지배했는데, 고대미술연구 방법론에 커다란 영향을 미쳤다.[46]

셋째, 이 화면들을 일련의 구체적 사건들로 해석한 것은 문헌을 읽을 때의 습관적 사고에서 비롯되었을 가능성이 크다. 그러나 문학언어와 회화언어는 다르다. 예를 들면, 문학을 이용하여 어떤 구체적 사건을 표현하고자 하면 반드시 시간, 장소, 인물이라는 세 가지의 기본적 조건들을 구비해야 한다. 그러나 화면 속에서 명확히 볼 수 있는 것이라곤 '인물'이라는 한 요소밖에 없으며, 시간과 장소의 표현은 명료하지 않다. 그러므로 상술한 관점이

성립하려면 먼저 화면의 시간과 장소가 가지는 유일성을 일일이 증명해야 한다. 그러나 현재 이 문제를 해결하기에는 자료가 충분치 않다. 다시 말해 화면들을 하나의 구체적 사건으로 해석하기 위한 전제가 아직 불충분하다.

사실로부터 한 세트의 도상을 형성하는 것 역시 많은 중간 고리가 필요하다. 부가화상의 경우 장구의 기능, 모본의 이용 등은 반드시 고려해야만 하는 요소들이다. 모본의 형성과 실제 생활 배경은 어느 정도 일정한 관계가 있을 것이다. 그러나 장구 위에 묘사된 이러한 화면들이 직접적으로 반영하는 것은 당시 사람들의 상장관념이지 생활의 원형은 아니다. 예를 들면, 호인이 낙타를 끌고 가는 화면이 출현하는 배경에는 대외교통과 무역의 발달이 있다. 그러나 누예묘의 호인이 낙타를 끌고 가는 벽화를 누예의 묘지나 정사正史 속에 묘사된 그의 전기와 비교해 보면, 화면과 묘주 생전의 삶 사이에 직접적인 관계를 발견하기 어렵다.

그렇다고 무덤 속에 묘주 생전의 삶에 대한 구체적인 묘사가 존재한다는 사실 자체를 부정하는 것은 아니다. 내몽고 화림격이和林格爾 소판신小板申의 후한대 벽화묘에는 여러 폭의 거마행렬, 성지城池, 부사府舍 등의 도상에 묘주가 역임했던 관위와 근무처의 지명 등을 써놓았는데,[47] 그의 벼슬 경력을 표현한 것으로 추정할 수 있다. 그러나 이런 형식은

45 金維諾,「秦漢時代的雕塑」, 金維諾,『中國美術史論集』, 北京: 人民美術出版社, 1981, p.50.

46 일부 학자는 중국 문예이론 가운데 '재현'이란 단어가 'representation'에 대한 오역이라고 주장한다. 서양에서는 이 단어가 '(모방식의)재현'이 아니라, '표현', '표상', '상징' 등의 의미를 가지고 있다는 것이다(周汝昌,「紅學的深思」, 文池 主編,『在北大聽講座(第三輯)—思想的魅力』, 北京: 新世界出版社, 2001, p.37에서 재인용).

47 內蒙古自治區博物館文物工作隊,『和林格爾漢墓壁畫』, 北京: 文物出版社, 1978, pp.10-19.

남북조시대에 들어와 크게 변화하여, 일종의 기능적 구분이 이루어진 것으로 보인다. 즉 묘주의 가계와 평생의 사적은 묘지에 상세히 기록하며, 여기서는 문학이 가지는 서사적 장점을 충분히 이용하고 있다. 반면 벽화는 상장의례가 벌어지는 공간의 분위기를 살리는 데 중점을 두며, 진실한 사건과는 대부분 무관하다. 도용은 모두 얼굴이 같으며, 심지어 동일한 틀을 사용해 만든 도용이 여러 무덤에서 동시에 출토되기도 한다.

모본은 여러 차례 사용되거나 복제되고 선택되었다. 또한 새롭게 조합되거나 만들어지기도 했다. 그러므로 문제가 비교적 복잡하다. 부가석관의 도상에 나타난 구도와 주제는 대부분 이미 존재하던 고정된 틀에서 유래했다. 그렇다고 이런 도상이 지니는 분명한 개성을 완전히 부정하는 것은 아니다. 반대로 굉장히 유사해 보이는 많은 도상형식 가운데 묘주의 특수한 신분과 관련된 가감加減이 이뤄지기도 한다. 즉 어떤 도상을 선택하고, 어떻게 개조할 것인가 등은 모두 사자가 갖고 있던 문화적 취미의 특수성과 복잡함을 반영한다. 그러므로 더욱 해결하기 어려운 문제는 '전통적 형식을 이용해 과연 어떤 특정 의의를 표현할 수 있는가'이다.

필자는 일찍이 산동성박물관의 청대 선면화에 주목한 적이 있다. 이 부채그림은 1960년대 초 산동 치천淄川 농민 유덕배劉德培의 폭동사건을 묘사한 것인데,(도31) 목판 연화年畵인 〈공성계空城計〉의 구도를 사용했다.(도32) 원화 속의 제갈량은 유덕배

의 군사로 변환되었고, 성을 공격하는 자는 승격림심僧格林沁이 이끄는 청나라 병사가 되어 있다.[48] 이런 상황은 부가화상석에서도 나타난다. 즉 부가 제2석은 당시 유통되고 있던 모본을 사용하면서 주제에 변화를 주고 있다. 그러나 부가화상석의 자료가 완전하지 않고 화상석의 배치관계가 명료하지 않은 데다 문자자료가 없기 때문에 이 문제를 근본적으로 해결하기는 매우 곤란하다. 결론적으로 말해 이 무덤 속 도상의 제재와 구도는 어딘가로부터 유래한다. 그러나 동시에 이 도상의 독창성과 특수한 의미를 완전히 배제할 수도 없다. 필자가 주장하고 싶은 것은 그 독창성과 특수한 의미를 탐색하기 위해서는 반드시 일부 전제적 조건들을 논의해야만 하며, 이론적으로 결코 간단화해서는 안 된다는 점이다.

3. 부가화상석 출현의 역사적 배경

최근 청주 지역 남북조시대 고고학에서 가장 중요한 발견은 용흥사지龍興寺址 매장 구덩이[窖藏]에서 출토한 다량의 북조 불교조상이다. 연구자들은 이 조상들의 예술적 특징에 주목했는데, 그 가운데 의복이 몸에 달라붙고 의문이 조밀한 북제시기의 양식을 조중달曹仲達을 대표로 하는 '조가양曹家樣'과 연관시켰다. 『역대명화기』 권8에는 "조중달은 원래 조국인이다"는 기록이 있는데,[49] 조국은 소무구성 가운데 하나다. 그러므로 조중달은 화사畵史에 유일

---

48 鄭岩, 「一幅珍貴的年畫」, 『文物天地』 1995년 제4기, pp.32-34.
49 張彦遠 撰, 秦仲文·黃苗子 點校, 『歷代名畵記』, p.157.

도31 〈유덕배 폭동 선면화〉, 청대, 산동 박물관(王書德 촬영)

도32 〈공성계〉, 산동성 유방 양가부 연화(淸版 新刻, 필자 소장)

하게 기록된 소그드 화가가 된다. 청주의 북조 불교 조상은 이 소그드 화가의 양식과 관련이 있는데, 이는 부가화상석에 소그드 미술의 요소가 출현하는 배경을 이해하는 데 도움을 준다.

그러나 롱신쟝榮新江의 관점은 보다 신중하다. 그는 '조가양'이 대표하는 것은 일종의 회화양식이고, 석각조상은 조소예술에 속하는 것이므로 양자 사이에는 일정한 거리가 있다고 보고, "조중달의 회화

가 표현하는 양식은 아마도 우선적으로는 소그드 미술의 특징을 가지고 있었을 것이다"고 추정했다. 조중달이 주로 활동한 지역은 당연히 업성 일대다. 그러므로 일찍이 안양에서 출토한 석관상을 포함한 일부 소그드 미술품의 제작자들은 업성의 소그드 장인이었을 것이다.[50] 다시 말해 우홍묘 출토품을 비롯한 몇몇 장구에 보이는 소그드양식의 조각은 소그드 장인의 손에서 나온 게 틀림없다.

---

50 榮新江, 「粟特祆敎美術東傳過程中的轉化—從粟特到中國」, 巫鴻 主編, 『漢唐之間文化藝術的互動與交融』, 北京: 文物出版社, 2001, pp.52-54; 榮新江, 『中古中國與外來文明』, pp.301-325.

화상에 근거하여 부가화상의 묘주가 일찍이 중앙아시아 등지를 다녀온 적이 있다고 섣불리 결론 내릴 수는 없다. 또한 청주미술의 양식을 직접적으로 조중달과 같은 화가의 활동과 연관시킬 수도 없다. 그렇다면 부가화상에 소그드 미술 요소가 출현하는 이유는 무엇인가?

수바이宿白는 청주 용흥사 불교조상에서 동위 말기부터 의복이 몸에 달라붙는 새로운 양식이 출현하는 것에 주의하고, 이런 변화의 배경으로 "6세기 인도불상의 재전래, 북제가 중앙아시아의 호인들의 기예와 인도 승려를 중시한 것, 그리고 북제가 북위의 한화에 대해 모종의 반발심을 가진 것 등과 관련이 있을 것"으로 추정했다. 그는 또 "상업과 기예를 목적으로 중원에 온 호인들은 북위에서는 대부분 낙양에 거주하다가 북제를 따라 동쪽으로 이주하여 자못 황제들의 은총을 입었다. 업성으로 천도한 후 동서교류가 여전히 빈번했다. 청주의 부가화상석에 호인형상이 많이 출현하는 것은 바로 이런 역사적 배경과 관련이 있다"고 언급하였다.[51]

부가묘의 묘지墓誌가 사라졌기 때문에 도상에 근거해 묘주의 신분을 판단할 수밖에 없다. 이미 언급했듯이 그림 속 묘주의 복식과 얼굴은 소그드인과 확연히 달라 한인 혹은 선비족으로 볼 수 있다. 이것이 부가화상석과 우홍 및 안가 등의 무덤장식과의 결정적 차이다. 한편 부가화상석은 소그드 미술의 회화 모본을 다량으로 사용했는데, 심지어 묘주의 앉은 자세 역시 이질적인 문화에 대한 기호와 감상을 드러낸다. 그리하여 우리는 부가석관의 주인은 북제 통치계층에 속하는 한인 혹은 선비족이며, 그가 생전에 살보 등 소그드인과 상당히 밀접한 관계를 맺고 있었기 때문에 살보가 상장에서 사용하던 모본을 얻어 이를 개조한 다음 자신의 무덤 속에서 사용했다고 가정할 수 있다.

부가화상석은 이처럼 살보 무덤 속의 도상과 상당히 유사한데, 그렇다면 북제시기 청주에 살보가 있었는가의 여부가 중요해진다. 뤄펑羅豊은 1998년 당대 이전의 문헌과 묘지에 보이는 살보 관련 자료를 수집하여, 경사京師에서 임직한 2명, 하서지구의 양주와 장액의 5명, 정주의 1명, 병주의 1명, 그리고 출신을 알 수 없는 1명을 추출해냈다.[52] 그러나 살보는 전국적인 성격을 가진 관직이었을 가능성도 있다. 중국 국가도서관 소장 탁본 가운데는 당함형 4년(673) 강군康君의 묘지가 있는데, "아버지는 오상作相으로 구주마하대살보九州摩訶大薩寶를 지냈다"는 내용이 있다.[53] 장보친은 이 구절 속의 '마하대살보는 전국적인 성격의 직함과 관련이 있다'고 추정했다.[54] 『수서·백관지』는 북제의 살보제도를 '경읍살보京邑薩甫'와 '제주살보諸州薩甫' 등 두 종류로 구분했다.[55]

비록 문헌에서는 아직 북제시기 청주 지역의 살

51 宿白, 「靑州龍興寺窖藏所出佛像的幾個問題—靑州城與龍興寺之三」, 『文物』 1999년 제10기, pp.44-59.
52 羅豊, 「薩寶: 一個唐朝唯一外來官職的再考察」, 榮新江 主編, 『唐硏究』 제4권, 北京: 北京大學出版社, 1998, pp.217-219.
53 周紹良, 『唐代墓志彙編』 上冊, pp.571-572.
54 姜伯勤, 「薩寶府制度源流論略」, 饒宗頤 主編, 『華學』 제3집, 北京: 紫禁城出版社, 1998, p.294.
55 『隋書』, p.756.

보에 대한 명확한 기록을 발견할 수 없지만, 묘지자료로 미루어 중앙아시아에서 온 살보와 관련된 인물을 접촉했던 것은 확실하다. 롱신장은 1984년 태원시 북쪽 교외에 위치한 소정욕촌小井峪村 출토 용륜龍潤 묘지를 통해 당대 병주 지역의 소그드 부락과 살보부薩寶府의 영향을 거론했는데,[56] 이 묘지는 본 연구에도 중요한 가치를 지닌다.(도33)

묘지에는 '용씨 성이 소호少昊에서 나왔으며, 용륜이 당대에 병주살보부 장사長史를 지냈고, 그의 증조가 북제에서 청주자사를 지냈다'고 설명하고 있다.[57] 롱신장은 '용씨 성이 소호少昊에서 나왔다'는 주장은 믿기 어려우며, 문헌기록에서는 용씨 성이 일반적으로 서역의 언기국焉耆國이 동쪽의 중원으로 이주한 이후에 사용한 성이라고 밝혔다.[58] 한편, 언기 호인의 후예인 용륜이 당대에 병주살보부 장사를 지낸 것은 용씨와 소그드인 취락이 직접적으로 관계가 있음을 설명해준다. 용륜의 증조인 용강기는 북제시대에 일찍이 청주자사를 지냈으므로, 청주 부가화상석에서 소그드문화 요소가 출현

도33 용륜묘지, 당, 산서성 태원시 북교 소정욕 출토(『文物』 2001년 제4기, p.86)

하는 것은 우연이 아니다. 용강기와 용륜이 살았던 시대가 비록 다르지만, 그들은 각각 청주와 병주에서 관직을 맡았으므로, 이 두 지역 사이에는 문화적 연관이 있었다고 봐야 한다. 이런 연관성은 부가화상과 우홍석관 화상에서도 다시 한번 출현한다. 북제시기 청주 지역에 소그드인 취락이 있었는지의

56 榮新江, 「隋及唐初並州的薩寶府與粟特聚落」, 『文物』 2001년 제4기, pp.86-87.

57 "君諱潤, 字恒伽, 並州晉陽人也. 白銀發地□□□蛇龍之山. 祖先感其譎詭, 表靈異而稱族. 鑿空鼻始, 爰自少昊之君; 實錄采奇, 繼以西楚之將. 及漢元帝, 顯姓名於史遊. 馬援之稱伯高, 慕其爲人, 敬之重之. 『晉中興書』, 特記隱士子偉, 以高邁絶倫. 並異代英賢, 鬱鬱如松, 硌硌如玉者也. 曾祖康基, 高齊靑 · 萊二州刺史, 僵(疆)場鄰比, 風化如一. …… □(公)屬隋德道消, 嘉循貞利, 資業溫厚, 用免驅馳. 唐基締構, 草昧區夏. 義旗西指, 首授朝散大夫, 又署薩寶府長史. …… 永徽四年(653)九月十日, 薨於安仁坊之第, 春秋九十有三. …… 永徽六年三月廿日, 附身附槨, 必誠必信, 送終禮備, 與夫人何氏合葬於並州城北廿里井穀村東義村北." 『隋唐五代墓志彙編 · 山西卷』, 天津: 天津古籍出版社, 1991-1992, p.8; 『全唐文補遺』5, 西安: 三秦出版社, 1998, p.111.

58 榮新江, 「龍家考」, 『中亞學刊』 제4집, 北京: 北京大學出版社, 1995, pp.144-160.

도34 석관상의 도상, 감숙성 천수시 석마평(『考古』 1992년 제1기, p.48)

여부는 앞으로 새로운 고고학적 자료의 출현을 통해 검증될 것이다.

우홍석관의 도상에 보이는 소그드문화의 색채는 비교적 순수한 반면, 부가화상석의 원 모본은 비교적 변형되었다. 우홍석관의 연대가 부가묘보다 19년 정도 늦기 때문에 부가화상석이 우홍석관에서 직접 연원했다고 할 수 없다. 부가화상석과 미호석관상의 화상에 공통점이 출현하는 것 이외에 천수 석마평석관상의 '병풍1' 아래쪽에도 부가 '제2석'과 유사한 도상이 있다.(도34) 도상들 사이의 이러한 유사성은 북조시기를 전후하여 일부 소그드문화 색채가 비교적 농후한 모본이 중국에서 널리 유포되고 사용되었음을 말해준다.

소그드인 무덤장식의 모본은 인물의 모습, 복식, 기구 등 물질문화 방면에서 중앙아시아 민족의 특

징 외에도 조로아스터교미술의 흔적을 갖고 있다. 장보친은 안양석관상의 제사, 화단 등의 도상을 연구했는데,[59] 우홍묘와 안가묘에서도 화단 등의 형상이 출현하며, 미호석관상에는 전형적인 조로아스터교 장례도상이 출현한다. 이런 내용은 소그드인들이 고향에서의 도상체계를 그대로 계승했음을 시사한다. 한편 많은 학자들이 주목한 것처럼 중국 내지에 거주하게 된 중앙아시아인들 역시 한화되어 무덤을 만들거나 관곽을 사용한 것 이외에, 장식도상에서도 일부 중국의 전통적 제재를 흡수했다. 앞서 언급한 안마와 우거가 바로 내지의 한인 혹은 한화된 선비족의 도상계통에서 유래했을 것이다. 자료가 계속 풍부해짐에 따라 소그드 미술의 한화 문제는 지속적으로 연구되어야 할 것이다.

부가화상석을 통해 한화된 조로아스터교 상장미술이 소그드인이 아닌 사람에게 차용된 것을 살펴보았는데, 이것이야말로 문화교류의 훌륭한 사례가 될 것이다. 이런 자료들은 외래문화의 한화뿐만 아니라 외래문화의 영향을 받아 중국 본토문화가 변화한 양상, 즉 중원민족의 전통적인 상장미술이 이질적인 소그드 미술을 흡수, 개조하여 이용하는 현상에도 주목해야 함을 상기시킨다.

남북조시대 미술사 및 고고학적 자료 가운데서 중앙아시아의 영향을 보여주는 사례를 쉽게 찾을 수 있다. 6세기 산동 지역의 경우, 이런 영향은 불교 조상에서 매우 현저하게 나타날 뿐 아니라, 고분벽화에서도 목격되었다. 청주에서 멀지 않은 임구시 臨朐市 야원冶源의 북제 천보 2년(551) 최분묘 벽화

---

59 姜伯勤, 「北齊安陽石棺床畫像石與粟特人美術」, pp.159-160.

에는 죽림칠현 등 한족문화를 대표하는 인물이 그려져 있고, 한편으로는 이 고사도와 나란히 호무를 추는 두 인물이 보인다.[도35][60] 이 도상은 1985년 영하寧夏 염지현鹽池縣에서 발견된 당대 6호묘의 석문 위에 조각된, 춤을 추는 호인의 몸짓과 아주 유사하다. 그리고 동일 지역의 3호묘에서 출토된 하부군 묘지何府君墓誌에서는 묘주를 '대하월지인大夏月氏人'으로 기록하고 있어 이곳이 소그드인의 매장지임을 알 수 있다.[61] 그러나 부가석관이 최분묘나 이 지역 출토 서민행묘徐敏行墓와 다른 점은 소그드 미술의 색채가 결코 부분적으로 나타나지 않으며 비교적 온전하게 호인묘의 도상체계를 사용하고 있다는 것이다. 그러므로 특별히 연구할 만한 가치가 있다.

배경 자료가 부족하기 때문에 왜 한인이나 선비족이 이처럼 특수한 도상으로 자신의 무덤을 장식했는지는 알 수 없다. 그러나 전부를 베끼는 방식이 아니라, 묘주 본인이 속한 문화와 관련해 변형하여 차용했음을 확인할 수 있다. 즉 부가화상석은 소그드 장구에서 흔히 쓰이는 얕은 부조의 방식을 채용하지 않고 북위 낙양 지역의 전통(선각線刻을 지칭한다: 역자 주)을 따르고 있다. 이것이 묘주의 출신과 관련이 있는지 주의할 필요가 있다. 또한 부가 제2석은 소그드인의 구도를 채택했지만 주제는 원래의 것과 매우 다르다. 묘주 본인은 등좌에 앉아 있는데, 옆의 소그드인은 도리어 체구가 왜소한 데다 매우 공손한 태도를 보인다. 도상의 설계자는 도상의

도35 〈호무를 추는 사람〉, 최분묘, 북제, 산동성 임구시 야원 (필자 그림)

모본이 원래 소그드인에게서 나왔음을 망각한 듯하다. 이런 모순적인 현상은 묘주가 자신의 신분과 스스로 속한 문화에 대해 깊은 우월감을 가지고 있음을 보여주는 것으로 흥미롭다.

미호석관상과 안가석관상에서 나타나는 안마와 우거는 확실히 중원문화에서 유래했다. 그러나 이와 같은 제재들은 미호석관상과 매우 유사한 구도로 부가석관에 다시 출현하여 이런 도상이 문화적

60 山東省文物考古研究所·臨朐縣博物館, 「山東臨朐北齊崔芬壁畫墓」, 『文物』 2002년 제4기, pp.4-25.

61 寧夏回族自治區博物館, 「寧夏鹽池唐墓發掘簡報」, 『文物』 1988年 제9기, pp.43-56.

으로 어디에 속하는지 판단하기 어렵다. 문화의 융합과 교류 과정에서 동일한 성격의 도상이 다른 문화 속으로 들어와 섞이는 전형적인 사례로 보인다.

한화이건 호화胡化이건 모두 자신의 문화를 개조하는 한편, 다른 문화를 이용하는 '화化'의 과정은 많은 요소들의 영향을 받게 마련이다. 그리고 융합과 전화轉化의 과정 역시 다른 층차로 나눠지기 때문에 문제가 상당히 복잡하다. 만약 안양이나 안가, 그리고 미호의 석관상과 우홍의 석관 등을 중국 내 소그드인들이 가지는 비교적 전형적인 상장미술 양식으로 간주하고, 최분묘 등을 전형적인 한인의 상장미술로 본다면, 부가석관은 이 양자 사이의 특수한 '혼합형식'으로 볼 수 있다. 앞에서 언급한 것처럼 성격이 다른 문화가 서로 '혼합'하는 현상은 이런 두 전통 속에 이미 존재하고 있다. 그러나 우홍묘이건, 혹은 최분묘이건 간에 그 문화기조의 색채는 비교적 쉽게 판단할 수 있었다. 이와 달리 부가화상에서는 기조의 색채가 이미 크게 모호해졌다. 이런 현상은 기존에 습관적으로 사용해왔던 연구 방식을 재고할 필요가 있음을 시사한다. 부가묘의 묘지가 없기 때문에 우리는 어쩔 수 없이 도상을 근거로 묘주의 신분을 판단할 수밖에 없었는데, 이때 사용한 것은 복식과 인물의 모습이다. 이것들은 비교적 구체적인 지표가 될 수 있다. 만약 당시 묘주의 초상이 새겨진 석관 몇 개가 수집되지 않았다

면 화상의 양식 등의 지표에 근거하여 사회적, 문화적 속성을 판단하기 어려웠을 것이다. 마찬가지로 만약 묘지가 없었다면, 벽화에 근거해 고원固原에서 출토된 수 대업 6년(610) 사사물묘史射勿墓를 살보 후예의 무덤이라 추정할 수 없었을 것이다.[62]

서로 다른 문화 사이의 교류가 초래하는 변화는 지역마다 또는 사회계층마다 차이가 있으며, 어떤 때는 현저하고 어떤 때는 모호하다. 청주에서 이처럼 소그드문화의 영향을 강하게 받은 무덤이 나타나는 것은 비교적 특수하다. 이것과 소그드 미술과의 긴밀한 관계는 비교적 복잡한 과정을 통해 실현된다. 즉 소그드인의 이주나 회화 모본의 유포와 직접적인 관계가 있다. 우리들은 이 무덤에서 내린 특수한 결론을 단순하게 일반화하거나 확대해서는 안 된다. 왜냐하면 산동 지역에서 발견된 다른 북조 무덤에서 외래문화의 영향은 결코 이처럼 현지하게 나타나지 않기 때문이다. 이후 고고학적 자료가 풍부해지면 무덤 속에 나타난 소그드 미술의 요소에 대한 분석이 보다 심화되어 구체적인 인식이 가능해질 것이다.

최근 남북조시대 청주 지역 문화의 복잡성에 대한 관심이 증가하고 있다. 이 지역은 동진십육국시대 후기에는 남연南燕의 도성이 있었으며, 이후 차례로 동진, 유송, 북위, 동위, 북제의 관할 아래 있었다. 청주는 약 반세기 동안은 전기 남조문화의 분위

---

62 사사물 묘지의 내용은 다음과 같다. "公諱射勿, 字槃陀. 平涼平高縣人也, 其先出自西國第曾祖妙尼, 祖波匿, 並仕本國, 俱爲薩寶." 그러나 무덤속 벽화의 제재나 구도는 영하 고원(固原)의 심구촌(深溝村)에서 발굴한 북주 천화 4년(569) 이현묘(李賢墓) 벽화와 일맥상통하며, 명료한 소그드문화의 색채를 찾아보기 어렵다(寧夏文物考古研究所·寧夏固原博物館,「寧夏固原隋史射勿墓發掘簡報」,『文物』1992년 제10기, pp.15-22; 寧夏回族自治區固原博物館 羅豊 編著,『固原南郊隋唐墓地』, 北京: 文物出版社, 1996, pp.7-30, 채색도판1-8).

기 속에 있었으며, 북위 점령 이후에도 남조문화의 영향을 지속적으로 받았다. 그러므로 청주 지역의 고고학문화에는 적어도 세 요소가 있다. 즉 하북 경기 지역의 영향, 남조의 영향, 그리고 현지의 문화 전통 등이다. 이런 요소들은 불교조상과 묘장자료에 모두 표현되어 있다.[63] 청주와 그 부근에서 발견된 무덤들, 임치臨淄 와탁촌寫托村의 북조시대 최씨묘지崔氏墓地,[64] 임구의 북제시대 최분묘, 제남의 북제시대 □도귀묘와 동팔리와東八里洼의 북제 벽화묘[65] 등은 모두 다원화된 특색을 보여준다. 이런 무덤들에는 반드시 지켜야만 하는 일종의 규제가 결여되어 있지만, 벽화 등의 도상표현은 매우 자유롭고 불확정성이 크다. 이는 전한과 후한, 그리고 당대 등 통일시기 각 지역의 문화에서 나타나는 강력한 동일성과는 구별되는 것으로 남북조시대 정권의 분립, 인구의 유동, 사상의 다원화, 그리고 문화교류 등이 촉발한 결과다. 부가화상석은 청주 지역의 문화에 아직 외래적 요소가 있음을 드러내는 것으로, 이 문제에 대한 해석은 앞으로도 지속적인 연구가 필요할 것이다.

본문의 서술 과정에서 楊泓, 姜伯勤, 巫鴻, 그리고 李淸泉 등 여러 선생의 교시를 받았다. 원문은 巫鴻 主編, 『漢唐之間文化藝術的互動與交融』(北京: 文物出版社, 2001, pp.73-109)에 처음 실렸으며, 이후 수정을 거쳐 졸저인 『魏晉南北朝壁畫墓研究』(文物出版社, 2002, pp.236-284)에 수록되었다. 글이 발표된 후 많은 연구자들의 주목을 받았는데, 적지 않은 학자들이 새로운 견해를 제시했다. 그런데 10년이 지나 이 문장을 읽어보니 많은 문제들이 눈에 띄어 마음이 편하지 않았다. 그럼에도 불구하고 전면적인 수정은 어려우니 몇몇 문제에 대해서만 설명하고자 한다.

첫째, 본문에서 연구 대상으로 삼은 부가화상석은 오랫동안 청주시박물관의 전시실 벽에 삽입되어 전시되었으며, 현재도 마찬가지다. 그리하여 가장자리의 측면을 대략 살펴볼 수 있을 뿐, 뒷면의 상황은 전혀 알 수 없다. 2004년 12월 필자는 미국 뉴욕 메트로폴리탄미술관 아시아부 제임스 와트James C. Y. Watt 선생의 초청을 받아 '황금시대의 여명Dawn of the Golden Age' 전시의 강연회에 강연자로 참석했다. 그때 전시를 위해 빌려온 청주 부가의 제1석과 제2석을 다시 살펴볼 기회를 가질 수 있었다. 다행히 전시상황이 달라졌으므로 두 석판의 뒷면을 살펴볼 수 있었는데, 모두 다듬은 흔적이 없이 거칠고 평평하지 않아 필자가 「산동성 임치臨淄의 후한대 왕아명王阿命 각

63 楊泓, 「關於南北朝時青州考古的思考」, 『文物』 1998년 제2기, pp.46-53.

64 山東省文物考古研究所, 「臨淄北朝崔氏墓」, 『考古學報』 1984년 제2기, pp.221-244; 淄博市博物館・臨淄區文管所, 「臨淄北朝崔氏墓地第二次清理簡報」, 『考古』 1985년 제3기, pp.216-221.

65 山東省文物考古研究所, 「濟南市東八里洼北朝壁畫墓」, 『文物』 1989년 제4기, pp.67-78.

도36 새로 발표된 부가화상석, 북제, 산동성 청주박물관(청주시박물관 제공)

석」논문에서 언급한 한대의 많은 소형 사당의 외벽과 흡사했다. 그러므로 부가화상석에 대한 원보고서의 추정을 쉽게 부정해서는 안 될 것이다. 다시 말해 이 석각은 무덤의 벽이었을 가능성이 크다. 본문이 처음 발표되었을 당시 본인은 이 석판을 석관의 부재로 추정했으나 논거가 부족했다. 이번 발표에서는 초고에서 언급한 이와 같은 추정과 북조시대 석제장구의 기능과 의의에 대한 논의를 모두 생략했다. 초고에서는 또한 조각기술의 문제를 논의했는데, 본 주제와 관계가 그리 크지 않아 그것도 모두 생략했다.

둘째, 青州市博物館 編, 『山東青州傳家莊北齊線刻畵像石』(濟南: 齊魯書社, 2014)에서 새로이 화상석 잔편 하나를 추가로 발표했는데, 그 화면 속에서 발찌를 찬 맨발 하나를 볼 수 있다. 아마도 이 화상석의 10번째 부재가 아닐까 싶다.(도36) 본문 말미에서 도판을 제공함으로써 이후 연구자들에게 참고가 되었으면 하는 바람이다.

셋째, 본문에서는 그림 속 묘주의 얼굴을 근거로 묘주가 서역인이 아닌 한인이나 선비족일 가능성을 논의했다. 그러나 이런 연구방법은 북주 강업묘 벽화를 연구할 때는 적당하지 않다(본서 「죽은 자의 마스크—북주 강업묘康業墓 석관상石棺床의 도상」 참조). 부가묘 피장자의 종족에 대한 추론에는 여전히 신중해야 한다. 그렇지만 강업묘의 새로운 발견은 고대 고분벽화의 복잡성에 대하여 충분한 인식이 필요함을 우리에게 알려준다.

북제 최분묘崔芬墓
벽화 시론

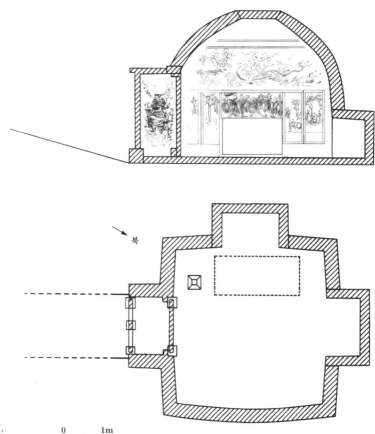

도1 최분묘 평면도와 단면도, 북제(臨朐縣博物館, 『北齊崔芬壁畫墓』p.2. 여기에 수정을 가했다)

0   1m

1. 산동성 북제 무덤의 지역성

1986년 산동성 임구臨朐 해부산海浮山에서 북제 천보 2년(551) 조성된 동위위열장군·남토대행대도군장사東魏威烈將軍·南討大行臺都軍長史 최분의 무덤이 발견되었다.[1] 본문은 이 무덤의 벽화를 문헌에 기록된 저명한 화가와 직접 연결시켜 회화양식과 이론 등을 논의하는 대신 '특정 시대와 지역에서 이런 벽화는 어떻게 형성되는가?'라는 질문을 제기하고자 한다. 필자는 이 무덤을 동시대 다른 지역 무덤과 비교함으로써 각 지역 사이의 문화적 관계는 물론, 동일 지역 묘장미술에서 나타나는 문화적 차이에 대해서도 살펴보고자 한다. 이 연구의 목적은 예술창작의 규율을 탐구하고자 하는 것이 아니며, 역사를 관찰하기 위해 보다 새로운 시점을 탐색하는 데 무게를 두고 있다.

북제의 벽화묘는 경기京畿 지역인 업성鄴城 주변

---

1 山東省文物考古研究所·臨朐縣博物館, 「山東臨朐北齊崔芬壁畫墓」, 『文物』2002년 제4기, p.25; 臨朐縣博物館, 『北齊崔芬壁畫墓』, 北京: 文物出版社, 2002.

도2 최분묘 동벽, 북제
(필자 그림)

0　　　　　50cm

도3 최분묘 서벽, 북제
(필자 그림)

0　　　　　50cm

II. 남북조시대

도4 최분묘 북벽, 북제
(필자 그림)

0　　　　50cm

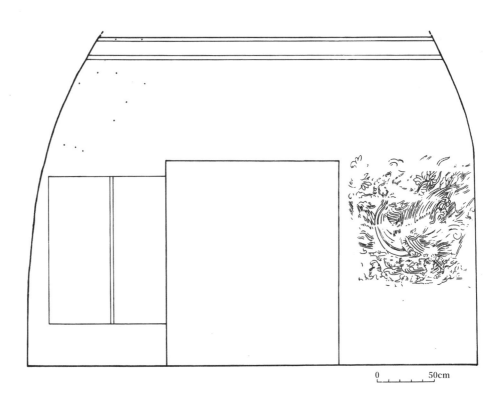

도5 최분묘 남벽, 북제
(필자 그림)

0　　　　50cm

북제 최분묘崔芬墓 벽화 시론

의 발견 사례가 가장 많다. 현재 하북성 자현磁縣 부근에서 조사된 황릉과 상층귀족 무덤은 대부분 벽화가 그려진 벽돌무덤이다. 벽화의 배치는 일반적으로 묘실 천장에 천상도를, 묘실 정벽에는 묘주의 정면상을, 양쪽 벽에는 안마鞍馬와 우거牛車를, 묘문 양쪽과 용도甬道 등에는 시위侍衛를, 묘문의 바로 위쪽에는 주작과 신수神獸를, 묘문 밖으로 길게 뻗은 경사진 묘도의 양 벽에는 무덤마다 규모가 다른 의장행렬 및 각종 신이한 조류나 동물을 그린다. 신분이 높은 무덤의 경우, 묘도의 가장 앞쪽에 청룡과 백호를 그린다. 많은 무덤에서 출현하는 이러한 도상들은 일정한 규칙성이 있어 북제 고분벽화의 주류를 이룬다. 아울러 다른 지역에도 영향을 미쳤는데, 심지어는 초당기初唐期 고분벽화의 내용과 배치에까지 영향을 미쳤다.[2]

그런데 최분묘 벽화는 도성인 업성 지역의 고분벽화와 상당히 다르다. 업성의 벽화무덤이 벽돌로 건축된 것과 달리, 최분묘로 대표되는 산동의 북제시대 무덤은 대부분 석실묘로, 돌 위에 직접 벽화를 그렸다. 2008년 산동성 청주靑州 타산鴕山 남쪽 기슭의 건축공사 현장에서 출토한, 양평상陽平相을 역임했던 연계燕繼의 묘지墓誌(북제 천통 6년-570, 이 해는 무평 원년이기도 하다)에는 묘주의 장례를 설명하면서 "옥석을 쪼아 방을 만들고 붉은색과 자주색으로 그

렸는데 진짜 같다"[3]는 구절이 있다. 아마도 이런 벽화묘를 지칭한 게 아닌가 싶다. 최분묘의 묘도는 조사가 안 되었지만, 1973년 조사된 산동성 임구 와탁촌窩托村 무평 4년(573) 서주장사徐州長史 최박묘崔博墓,[4] 1984년 조사된 산동성 제남시 마가장馬家莊 무평 2년(571) '축아현령□도귀묘祝阿縣令□道貴墓',[5] 1986년 조사된 제남시 동팔리와東八里洼 북제묘[6] 등에는 업성 지역의 등급이 높은 무덤에서 유행했던 길게 뻗은 경사진 묘도가 없다. 이는 산동 지역 북제시대 무덤의 특징이자 무덤의 등급과도 관련된 것으로 주목할 필요가 있다. 한편, 최분묘의 벽화에는 고사高士를 제재로 한 병풍과 묘주출행도 등이 있는데, 이런 제재 역시 업성 지역에서는 보이지 않는다. 다시 말해 최분묘 벽화의 제재와 형식의 연원은 업성 지역과 다르다고 할 수 있다.

최분묘의 네 벽에는 17곡曲의 병풍이 배치되어, 병풍 같은 가구家具를 표현한 도상이 형성하는 허구적 공간과 무덤의 벽이 구성하는 실제 공간이 하나로 겹쳐진다.(도2~5) 남벽 동쪽의 두 병풍만 비어 있을 뿐, 나머지 병풍은 고사, 무도舞蹈, 안마鞍馬, 암석과 수목 등의 많은 도상으로 장식되었다. 이 가운데 8폭의 고사도가 가장 중요하다. 고사도의 기본 구도는 한두 그루의 나무 아래 한 명의 고사가 자리 위에 앉아 있는 형식이다. 이들은 책상에 엎드려

2   鄭岩, 『魏晋南北朝壁畵墓研究』, 北京: 文物出版社, 2002, pp.181-208.
3   "琢玉石以爲室, 繪朱紫如取眞." 이 묘지는 개인 소장품이다. 이와 관련한 보도는 李森, 「新見北齊燕繼墓志考析」, 『中國文化研究』 2010년 제4기, p.19를 참조.
4   山東省文物考古研究所, 「臨淄北朝崔氏墓」, 『考古學報』 1984년 제2기, pp.234-238.
5   濟南市博物館, 「濟南市馬家莊北齊墓」, 『文物』 1985년 제10기, pp.42-48, p.66.
6   山東省文物考古研究所, 「濟南市東八里洼北朝壁畵墓」, 『文物』 1989년 제4기, pp.67-78.

도6 산동성 제남 동팔리와 고분 벽화, 북제(『文物』1989년 제4기, p.69)

도7 산서성 대동시 송소조묘 석곽 화상, 북위(필자 그림)

글을 쓰기도 하고, 술을 마시거나 분재를 들고 있는 등 다양한 모습이다. 고사 뒤에는 대부분 한두 명의 시종과 암석이 있다. 유사한 그림은 제남 동팔리와 북제시대 고분벽화에도 출현하여, 이 무덤의 정벽 중간에 배치된 4폭의 병풍도 속에 수하고사도樹下高士圖가 표현되었다.(도6)[7] 양홍楊泓 선생은 이런 벽화들과 남조의 죽림칠현 벽화를 연관시켜 산동 지역이 남조문화의 영향을 강하게 받았다는 설득력 있는 주장을 내놓았다.[8]

다른 북조묘에서도 이런 제재의 영향을 찾아볼 수 있다. 산서성 대동시 안북사원雁北師院 북위 태화 원년(477) 송소조묘宋紹祖墓 석곽 정벽에 출현하는 금琴과 완함을 연주하는 인물(도7)은 남조 고사도의

---

7   山東省文物考古研究所,「濟南市東八里洼北朝壁畫墓」, pp.67-78.

8   楊泓,「北朝"七賢"屛風壁畫」, 楊泓·孫機, 『尋常的精致』, 沈陽: 遼寧教育出版社, 1996, pp.118-122.

영향으로 추정된다.[9] 낙양 지역 북위 말기 무덤에서 출토한 석제 장구葬具의 선각 효자도에서도 미약하나마 남조 고사도 구도의 영향을 볼 수 있다.[10] 그러나 고사의 수나 시녀의 조합 등 세부를 볼 때, 오직 최분묘 벽화만이 내용이나 형식면에서 비교적 완전하게 남조의 〈죽림칠현과 영계기〉 벽화의 영향을 받은 것으로 보인다. 이는 곧 청주 지역이 남북조의 문화교류에서 비교적 특수한 의미를 가지고 있었음을 의미한다.

2. 남조 무덤과 최분묘의 관계

남조와 북조의 고사도는 조금 다른데, 재료와 기술적인 면 이외에 세 가지 정도 차이가 있다. 첫째, 묘주의 신분과 무덤 규모다. 남조의 묘주는 제왕이며, 북조 묘주의 신분은 비교적 낮다. 둘째, 남조의 모본은 유명 화가의 손에서 나온 것으로 추정되지만, 북조는 일반적인 화공이 제작했다. 셋째, 남조의 그림에는 제기가 있고 인물의 신분이 확실한 데 비해, 북조는 제기가 없고 인물의 신분 또한 모호하다. 이런 차이를 통해 동일한 제재가 다른 지역과 다른 사회계층에서 유통할 때의 변화양상을 살펴볼 수 있다. 이런 그림이 유행하는 이유는 그림의 배후에 사람들이 보편적으로 인정하는 일종의 상징적 의미

가 있기 때문이다. 이런 의미에서 고사의 신분과 개성은 약화된다. 구체적으로 말하면, 이런 그림이 무덤에서 가지는 의미는 당연히 승선昇仙관념과 관련되는데, 이에 대해서는 필자가 일찍이 논의한 바 있으므로 여기서는 언급하지 않는다.[11]

한편, 남조묘의 고사도에서 수목은 인물들 사이에 놓여 인물들을 분리해주는 역할을 한다. 그러나 최분묘의 고사도에서는 수목이 모두 병풍 안으로 들어가 인물의 배경으로 변화했다. 실제의 병풍과 병풍도상은 이미 한대 무덤에서 출현했다. 산서성 대동시 석가채石家寨에서 발견된 북위 사마금룡묘에서도 열녀도가 그려진 목제 칠병풍의 실물이 출토되기도 했다.[12] 낙양 일대에서 출토한 북위 석관상石棺床의 경우, 석관상 주위에 병풍을 두르고 여기에 음각선으로 도상을 묘사한 경우가 많다. 1977년 출토한 석관상의 병풍에 많은 수하인물도가 선각되어 있는데, 구도가 최분묘의 것과 매우 유사하다.[13] 재료와 기술면에서 볼 때, 낙양양식과 유사한 선각은 청주의 북제 무덤에서도 발견되었다.[14] 그러므로 산동의 북제시대 고분벽화는 남조 이외에 중원 지역 상장미술의 영향도 받았음을 알 수 있다.

최분묘 북벽 동단東端에 위치한 병풍 한 폭에 그려진 두 명의 무용수에 주목할 필요가 있다. 모두 여성으로 추정되는데, 긴 소매 옷에 몸에 붙는 짧은

9 山西省考古研究所 · 大同市考古研究所, 「大同市北魏宋紹祖墓發掘簡報」, 『文物』 2001년 제7기, p.31.

10 효자고사도의 구도와 고사도의 관계에 대해서는 鄭岩, 『魏晋南北朝壁畫墓硏究』, pp.230-231을 참조.

11 鄭岩, 위의 책, pp.209-235.

12 山西省大同市博物館 · 山西省文物工作委員會, 「山西大同石家寨北魏司馬金龍墓」, 『文物』 1972년 제3기, pp.24-26.

13 黃明蘭, 『洛陽北魏世俗線刻畫集』, 北京: 人民美術出版社, 1987, 도판81-84.

14 청주 부가 무평 4년(573) 무덤 화상석의 선각에 대한 논의는 鄭岩, 『魏晋南北朝壁畫墓硏究』, pp.237-284 참조.

도8 산동성 가상현 영산 서민행묘 묘주화상(부분), 수(필자 그림)

도9 산서성 태원시 왕곽촌 우홍묘 석관의 묘주도, 수(『文物』 2001년 제1기, p.37)

치마를 입고 있다. 춤추는 동작이 영하寧夏 염지현鹽池縣 6호묘(당대)의 석문 위에 표현된 두 호인의 몸짓과 기본적으로 같다.[15] 후자의 춤은 소그드인의 특기인 호선무胡旋舞로 판명되었다.[16] 그렇다면 최분묘의 춤추는 그림 역시 호선무를 표현한 것으로 봐야 한다.[17] 호선무는 중앙아시아 강국康國에서 나온 것으로, 수당대 중원에서 매우 유행했다. 그러나 호선무가 중원에 처음 전해진 시기는 수대보다 이르다.[18] 최근 서안 북쪽 교외에 위치한 항저채炕底寨에서 출토된 북주 대상 원년(579) 안가묘安伽墓의 석관상과 산서성 태원시 진원구晉源區 왕곽촌王郭村에서 발견된 수 개황 12년(592) 우홍묘虞弘墓의 백대리석제 석곽에도 호선무 도상이 금칠과 채회로 묘사되어 있는데,[19] 두 무덤의 묘주 모두 중원에 진출한 소그드족과 관련이 있다.

뤄펑羅豐은 산동성 가상현 양루楊樓 영산英山의 수 개황 4년(584) 가부시랑駕部侍郎 서민행묘徐敏行墓 벽화 속 남성 묘주가 든 투명 술잔의 형태가 사산조 페르시아의 은제 술잔과 매우 유사하므로 사산조 페르시아 제품이 확실하다고 추정했다. 원 보고서에는 묘주 앞의 인물을 발로 공을 차는 축국자蹴鞠者라고 했지만, 춤추는 자가 확실하며 그의 몸짓

15　寧夏回族自治區博物館, 「寧夏鹽池唐墓發掘簡報」, 『文物』 1988년 제9기, pp.43-56.

16　羅豐, 「隋唐間中亞流傳中國之胡旋舞─以新獲寧夏鹽池唐墓石門胡舞圖爲中心」, 『傳統文化與現代化』 1994년 제2기, pp.50-59.

17　본문의 초고가 발표된 이후 일부 학자들은 이 그림을 호선무로 보는 것에 이의를 제기했다. 이에 대해서는 李金鳳, 「北齊崔芬墓"胡旋舞"壁畫質疑」, 『文學界(理論版)』 2010년 제9기, p.191을 참조.

18　羅豐, 「隋唐間中亞流傳中國之胡旋舞─以新獲寧夏鹽池唐墓石門胡舞圖爲中心」, pp.52-53.

19　陝西省考古硏究所, 『西安北周安伽墓』, 北京: 文物出版社, 2003; 山西省考古硏究所·太原市文物考古硏究所·太原市晋源區文物旅遊局, 『太原隋虞弘墓』, 北京: 文物出版社, 2005, 圖版81-84.

도10 산동성 제남시 마가장 '□도귀'묘 벽화, 북제(『文物』1985년 제10기, p.45)

은 서역의 춤과 관련이 있다.(도8)[20] 한편, 서민행묘 벽화 속 남녀 묘주가 함께 앉아 술을 마시고 무악을 감상하는 구도는 태원 출토 우홍묘 석관 정벽 중앙에 묘사된 한 폭의 그림과 유사한데,(도9) 이런 제재는 업성의 북제묘에서는 보이지 않는다. 서민행묘와 우홍묘의 병풍과 석관상 위에는 모두 소그드 미술에서 흔히 나타나는 연주문이 장식되어 있다. 서민행묘의 조사보고서에 의하면, 원래 그림 왼쪽에 악기를 연주하는 인물이 있고(뤄펑은 횡적 이외의 나머지 악기는 모두 서역과 관련이 있다고 추정), 인물 좌우에 수목이, 수목 위에는 새가 있다. 우홍묘의 상술한 그림에서도 이와 대응하는 도상이 있다.

필자는 일찍이 산동성 청주 부가傅家 북제 무평 4년(573) 무덤의 선각화에 소그드미술의 특징이 농후하다는 점에 주목했는데, 심지어 그 가운데 한 폭은 우홍묘와 동일한 화본을 사용했다. 더불어 여러

묘지墓誌를 검토한 결과, 서역 언기焉耆 지역 호인인 용강기龍康基가 북제시대에 청주자사를 역임하고, 증손인 용륜龍潤이 당대에 병주并州에서 소그드인의 종교사무를 주관하는 살보薩寶를 역임한 사실을 발견했다.[21] 따라서 6세기 전후 산동 지역에 중앙아시아 문화의 영향이 비교적 컸음을 알 수 있다.

최분묘 벽화에는 또 수목과 암석은 있으나 인물이나 동물은 없는, '소위' 독립산수화 병풍이 4폭 더 있다. 이런 산수병풍은 제남시 마가장의 무평 2년(571) '축아현령□도귀'묘(도10)와[22] 서민행묘 묘주상 뒤쪽(도8)에서도 볼 수 있다. 독립된 산수화와 산수화론을 서술한 문헌 기록은 진晉과 유송劉宋 사이에 출현한다. 고분벽화에서 독립산수가 출현하는 것은 미술사상의 이런 중요한 변화를 증명한다. 이 밖에 최분묘 좌우 양벽의 병풍도에는 각각 '안장을 얹은 말[鞍馬]' 그림이 한 폭씩 있는데, 동벽의 경우 마

20 山東省博物館, 「山東嘉祥英山一號隋墓淸理簡報─隋代墓室壁畵的首次發現」, 『文物』 1981년 제4기, pp.28-33; 羅豊, 「固原漆棺畵に見えるペルシャの風格」, 『古代文化』(京都), 第44卷 第8號, pp.45-46, 중문은 羅豊, 「北魏漆棺畵中的波斯風格」, 羅豊, 『胡漢之間─"絲綢之路"與西北歷史考古』, 北京: 文物出版社, 2004, pp.61-64.

21 鄭岩, 『魏晉南北朝壁畵墓硏究』, pp.237-284

22 濟南市博物館, 「濟南市馬家莊北齊墓」, 『文物』 1985년 제10기, pp.45-46.

도11 산동성 임구 해부산 최분묘 묘주도, 북제(필자 그림)

부를 그려 넣기도 했다. 이렇게 고사도 속에 끼어들
어가는 안마는 묘주의 출행을 위해 준비된 것이다.

　학자들은 병풍 속 도상 이외에도 최분묘의 묘주
상에 주목했다.[23] 이 그림은 업성 지역 북제묘 정벽
에 그려지는 정면향의 묘주도와는 양식이 전혀 다
르다. 후자의 인물이 복두형覆斗形 유장帷帳 아래 아
주 엄숙하게 앉고 양쪽에 남녀 시종이 있어 마치 사
당이나 종묘의 신상 같은 데 비해,[24] 전자는 동태적
인 군상 표현을 보여준다. 즉 반측면형으로 묘사된
묘주는 두 팔을 벌리고 있으며, 시자가 좌우에서 부
축하고 있다. 인물은 넓은 끈으로 가슴을 맨 넓은
옷자락의 이른바 '포의박대식褒衣博帶式 옷'을 입었
는데 자연스럽게 아래로 내려가며 성글기도 하고
빽빽하기도 한 옷주름은 운율감을 주어 인물의 조
용하고 고귀한 몸짓을 성공적으로 표현해낸다.[도11]

도12 전(傳) 고개지 〈낙신부도〉(부분), 동진(孫機,『中國古代輿
服論叢』, 北京: 文物出版社, 1993, p.171)

23　이 묘주상에 대한 논의는 楊泓,『美術考古半世紀』, 北京: 文物出版社, 1997, pp.228-229; 李力,「北魏洛陽永寧寺塔塑像的藝術
　　　與時代特徵」, 巫鴻 主編,『漢唐之間的宗教藝術與考古』, 北京: 文物出版社, 2000, pp.364-367; 孟暉,「左右扶憑見宓妃」,『藝
　　　術世界』2000년 11월호, pp.74-75.

24　본서「묘주도(墓主圖) 연구」참조.

이런 모습은 "좌우에서 부축해주었다", "실내에 들어가면 곧 옆에서 부축해주었다", "천천히 걸음을 옮겼다"는 서진과 동진 및 남북조시대 사대부에 대한 문헌 속 묘사와 일치한다.[25] 이런 구도의 변화에 적응하기 위해 그림의 위치 역시 서벽으로 옮겨간 것이다.

많은 학자들이 지적한 것처럼, 이런 구도의 묘주도는 최분묘를 만든 사람의 발명품이 아니다. 이 그림의 원류에 대한 고찰을 통해 우리는 다음과 같은 문제를 생각해 볼 수 있다.

첫째, 이런 구도를 가진 가장 이른 사례는 동진의 고개지顧愷之 작품으로 전해지는 〈낙신부도洛神賦圖〉 첫머리에 등장하는 조식曹植의 모습이다.[도12] 그러므로 최분묘 벽화는 역으로 〈낙신부도〉 원본의 연대를 추정할 수 있는 참고자료가 될 수도 있다. 아울러 우리로 하여금 종교의례의 기능과 관련된 전통회화나 두루마리 그림 등 새로운 회화형식 사이의 관계에 대해서도 생각케 한다.

둘째, 구도는 동일하지만 인물의 신분이 다르다는 점이다. 북위시대에 조영된 용문석굴의 빈양중동賓陽中洞과 황보공굴皇甫公窟, 공현석굴鞏縣石窟, 낙양 영녕사永寧寺의 경우 황제와 황후의 예불도禮佛圖에서 이런 구도가 나타난다. 사천성 면양綿陽에 위치한 한대 평양부군궐平楊府君闕 위에는 양에서 북주시기에 걸쳐 만들어진 불감佛龕이 있는데 여기서 왕이나 귀족이 예배하는 장면은 모두 이런 구도

를 가지고 있다.[26] 이 밖에 당의 염립본閻立本 작품으로 전하는 〈역대제왕도歷代帝王圖〉와 돈황 막고굴의 당대 〈유마변상도維摩變相圖〉 속의 황제 형상도 구도가 모두 동일하다.[도13] 최분묘에서는 제왕이나 귀족 인물을 표현하는 구도를 차용했는데, 이때 복식 등 신분을 표시하는 것을 약간 개조한 것 이외에는 기본적으로 큰 변화가 없다. 그렇다면 종교와 상장의례에서 사용하는 도상이 제도의 제약을 받았는지, 받았다면 어느 정도인지 등이 모두 연구되어야 할 것이다.

셋째, 전체 도상의 한 부분으로서 이런 그림의 중요도와 의미의 차이가 분명하게 나타난다. 〈낙신부도〉에서 중심 인물은 고사를 이야기해주는 사람으로 일인칭의 신분으로 출현한다. 석굴에서는 공양인의 신분으로 출현하며, 작품의 시주자로서 종교적 신상에 종속되어 있다. 무덤에서는 전체 도상의 주인공이자 무덤의 주인이다. 결국 동일한 구도가 다른 의례 환경에서 기능상의 변화를 일으켰다.

넷째, 이러한 도상의 성격이 저마다 다르다는 점이다. 〈낙신부도〉는 문학작품의 해석이자 연역인 반면, 최분묘의 그림은 사회에 보편적으로 유행하는 상장관념에 종속되어 있다. 이 두 작품 모두 세속미술의 범주에 속하지만, 황제·황후의 예불도는 불교미술에 속한다. 다시 말해 성격이 다른 문화 속에서 동일한 구도가 유통되고 있다. 그러므로 연구자들은 장인과 공방의 분업과 연계 등을 고려해야

---

25 孟暉, 「左右扶憑見宓妃」에서 이와 관련된 문헌 기록을 모아놓았다.
26 孫華, 「四川綿陽平楊府君闕闕身造像─兼談四川地區南北朝佛道龕像的幾個問題」, 巫鴻 主編, 『漢唐之間的宗教藝術與考古』, pp.89~137.

도13 감숙성 돈황 막고굴 제220굴 〈유마변상도〉(부분), 초당기(沈從文,『中國古代服飾研究』, 香港: 商務印書館, 1981, p.186)

하며, 세속미술과 종교미술을 구분하는 기준이 상
대적이라는 사실 또한 주지해야만 한다.

다섯째, 그림 속 주요 인물은 비록 이름을 가진
특정한 인물이지만, 이미 만들어진 화본에 근거해
묘사했기 때문에 얼굴이 모두 천편일률적이다. 이
런 그림의 목적은 인물을 진짜처럼 묘사하는 것이
아닌 유행하는 구도를 통해 인물의 빛나는 신분과
고귀한 자태를 표현하여 사회에서 보편적으로 수
용되는 관념에 영합하고자 하는 것이다. 그러므로
이런 개념화된 작품은 서양미술의 '초상화' 이념과
는 큰 차이가 있다.

상술한 문제는 모두 고고학과 미술사 연구에서
좀 더 깊이 연구할 가치가 있다. 만약 우리가 습관
적으로 형식이 같은 도상은 동일한 주제를 가지고
있다고 인식하거나 도상으로부터 인물의 등급과
신분을 추론하고, 혹은 민간예술의 순수성을 강조
한다면 이런 이론과 방법들은 새로운 자료들을 토
대로 다시 신중하게 재고되고 검토되어야만 한다.

도14 최분묘 북벽의 현무도, 북제(필자 그림)

3. 북조 무덤과 최분묘의 관계

최분묘의 남벽과 북벽, 그리고 동벽과 서벽 천장 아래쪽에 그려진 사신도는 더욱 넓은 공간을 묘사하고 있다. 이 그림과 묘실의 정사각형 평면은 자연스럽게 방위方位와 대응한다. 게다가 궁륭형 천장과 일월성수도는 지하 깊숙이 위치한 입체적 우주를 드러낸다. 사신 가운데 청룡, 백호, 현무(도14)는 신인神人이 타고 있는데, 이는 승선관념과 관련이 있다. 사신에 올라탄 인물 도상은 북위시대 묘지와 장구葬具의 장식,(도15) 산서성 태원시 제1열전창熱電廠 북

제묘 그림, 섬서성 동관潼關 세촌稅村의 수대 묘 석관의 뒤판(도16) 그림 등과 비교적 일치한다.[27] 최분묘의 사신도 가운데서는 북벽 중앙의 소형 감 위쪽에 묘사된 현무도가 가장 정교하다. 현무 위의 신인은 위엄 있게 손에 긴 검을 든 모습으로 표현되었는데, 무덤을 사악한 것으로부터 지키기 위한 진묘벽사鎭墓辟邪의 의미를 가지고 있을 것이다. 사신도 가운데 '외수畏獸'라 불리는 이상한 동물들 또한 마찬가지로 벽사의 의미를 지닐 것이다. 한편 묘실 네 벽 상부에 사신을 그리는 수법은 하북성 자현에 소

---

27 黃明蘭, 『洛陽北魏世俗線刻畫集』, 도판14·15·27·28·33·34·52; 山西省考古硏究所·太原市文物管理委員會, 「太原南郊北齊壁畫墓」, 『文物』 1990년 제12기, pp.1-10; 陝西省考古硏究院, 「陝西潼關稅村隋代壁畫墓線刻石棺」, 『考古與文物』 2008년 제3기, pp.33-47.

도15 하남성 낙양 출토 석관의 뒤판에 묘사된 현무도, 북위
(필자 그림)

도16 섬서성 동관 세촌묘 출토 석관 뒤판에 묘사된 현무도, 수(『考古與
文物』2008년 제3기, p.43의 도15)

재한 동위 무정 8년(550) 여여공주 여질지련묘閭叱地連墓에서도 목격된다.[28] 그러므로 최분묘 사신도는 중원과의 관계가 더욱 밀접하다고 할 수 있다.

'진묘벽사'의 의미와 관련된 또 다른 그림은 용도 양 벽에 묘사된, 문을 지키는 사람이다.(도17) 원래 음각선으로 칼을 쥔 문관(도18)을 묘사했는데, 아마도 용맹스럽지 못하다고 느꼈던 듯 다시 무사상으로 채색하여 원래의 도상을 덮어버렸다. 두 명의 무사는 모두 갑옷을 입고 방패를 든 모습으로 위엄이 대단한데, 무덤을 지키던 기능을 지녔던 '진묘무사

용鎭墓武士俑'의 형상과 비교적 일치한다. 동일한 모습은 일찍이 낙양에서 출토된 영상寧想석실 앞판의 통로 양측에서도 볼 수 있다.[29]

한대에 통일된 문화를 구성했던 것과 달리 남북조시대에는 문화의 지역성이 뚜렷했으며, 각 지역의 벽화묘는 다원적인 교류망을 형성했다. 최분묘 벽화에 대한 해석과 분석은 각 지역이 여러 방향으로 관계를 맺었으며, 산동 지역의 경우 남조의 영향을 받았을 뿐 아니라 중원 지역과의 관계 또한 존재하고, 동시에 중원과 남조 역시 서로 영향을 주고

28　磁縣文化館, 「河北磁縣東魏茹茹公主墓發掘簡報」, 『文物』 1984년 제4기, p.15.

29　黃明蘭, 『洛陽北魏世俗線刻畫集』, 圖版105·106, 이 석실 주인의 성명에 대한 고증은 曹汛, 「北魏寧想石室新考訂」, 王貴祥 主編, 『中國建築史論彙刊』第4輯, 北京: 淸華大學出版社, 2011, pp.77-125 참조.

도17 최분묘 용도 벽화, 북제(필자 그림)

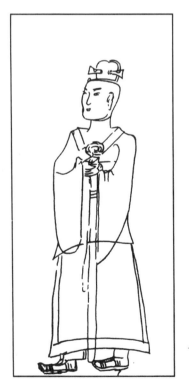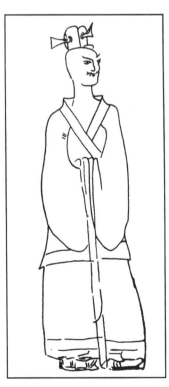

도18 최분묘 용도 문관의 음각화, 북제(臨朐縣
博物館, 『北齊崔芬壁畫墓』, p.14)

받았음을 시사한다. 이 밖에도 이 지역에는 중앙아시아문화 요소도 존재했다. 이와 같은 문화의 표상 배후에는 계속되는 군사정벌, 왕조에 따라 달라지는 영토 변화, 인구의 유입과 전출, 민족의 융합, 그리고 교통과 무역의 부단한 발전 등이 있다. 이러한 문제에 대해서는 이미 많은 학자들이 논의한 바 있으므로,[30] 본고에서는 거론하지 않는다.

최분묘 벽화에서 목격되는 연원이 다른 문화요소는 결코 목적 없이 함께 버무려 놓은 것은 아니며, 통일적인 구도 아래 새로운 유기적인 도상체계를 만들어낸 것이라 할 수 있다. 여기에서는 업성 지역의 황제와 귀족무덤에서 보이는 것과 같은 의장儀仗을 강조하는 경향보다는 선인이 되려는 욕망이나 벽사 등의 주제가 훨씬 두드러진다. 이런 변화가 지역적 차이인지, 아니면 묘주의 신분등급의 차이인지 현재로서는 자료가 부족해 확실히 단정하기 어렵다.

한편 주목해야 하는 몇몇 현상이 있다. 첫째, 제남 동팔리와묘와 최분묘 벽화에서 나타나는 일부 공통적 특징은 최분묘 벽화가 우연히 출현한 고립적 사례가 아니라는 점을 말해준다. 둘째, '□도귀'묘 정벽 중앙에 묘사된 정면 묘주상, 좌벽과 우벽의 우거와 안마(도10)는 도성 업성의 영향을 받은 게 확실하지만, 묘도에 벽화가 없고 정벽에 묘사된 병풍이 각각 좌우벽으로 한 폭씩 이어지는 점 등은 세 벽에 병풍을 그려넣은 최분묘의 수법과 유사하다. 그러므로 이 무덤을 업성과 청주 지역 사이의 일종

의 과도기적 형식으로 볼 수 있다. 셋째, 최분묘 벽화는 돌 위에 직접 그림을 그렸는데, 백분을 아주 얇게 한 층 칠하는 것 이외에는 바탕에 다른 재료를 두껍게 바르지 않았다. 이는 고구려 고분벽화의 수법과 유사하다. 넷째, 많은 당대 무덤에서 발견되는 이른바 '수하노인도樹下老人圖' 형식의 병풍도가 최분묘 병풍도와 관련되지 않을까 하는 점이다. 만약 그렇다면 최분묘 도상의 배치는 모종의 지역적 제도로 정착된 게 아닐까. 이런 제도가 그 가족의 문화배경과 무슨 관련이 있는지, 그리고 다른 지역이나 후세의 고분벽화에 어떤 영향을 주었는지 등의 문제에 대해서는 현재 확정적인 답을 내릴 수 없다. 아마도 이후 발굴 자료가 계속 풍부해진다면 문제에 대한 답안을 일부 찾아낼 수 있을 것이다.

본고는 원래 臨朐縣博物館, 『北齊崔芬壁畵墓』(北京: 文物出版社, 2002. pp.23-32)에 수록되었다. 이번에 책을 내면서 약간의 수정을 가했다.

---

30 楊泓, 「關於南北朝時靑州考古的思考」, 『文物』 1998년 제2기, pp.46-53; 山東省文物考古硏究所·臨朐縣博物館, 「山東臨朐北齊崔芬壁畵」, p.25.

북조시대 장구葬具에 표현된
효자도의 형식과 의미

1. 상장예술에 표현된 효자 도상

유가사상이 지배하던 고대 중국에는 효자와 효행을 주제로 한 회화와 조각(이하 '효자도'로 약칭)이 매우 많았다. 특히 고급예술 이외의 세속예술과 종교예술에서 흔하게 볼 수 있는데, 원대 이후에는 〈24효도二十四孝圖〉처럼 세트를 이루는 작품이 일찍부터 대량으로 복제되어 널리 전파되었다. 고고학적 발견은 이런 제재가 상장예술에서 전승되었음을 잘 보여주는데, 이 가운데 한대 및 요·송·금·원대의 자료가 가장 풍부하다.[1] 더불어 북조시대의 많은 장구葬具에 묘사된 효자도 역시 주목을 끈다.

화상畫像이 있는 북조의 장구는 대부분 돌로 만들었는데, 주로 관과 관상棺床의 두 종류가 있다. 관은 가옥형과 상자형으로 나눌 수 있다. 관상 위에는 좌우면과 후면 등 3면에 병풍이 둘러쳐져 있다. 일부는 앞쪽에도 축소된 쌍궐雙闕과 담이 세워져 있다. 석관과 석관상 위에는 유창하고 세밀한 선으로 화

상을 음각하였는데, 묘주상, 우거牛車, 안장을 얹은 말[鞍馬], 그리고 효자도와 승선도 등이다. 화상에는 원래 금을 붙이거나 채색을 했지만 지금은 대부분 탈락되어 남아 있는 게 거의 없다. 『위서·목관전魏書·穆觀傳』에서 언급한 "금 장식을 한 관에 전신을 숨겨두었다通身隱起金飾棺"는 기록은[2] 이런 장구를 언급한 것으로 추정된다. 20세기 초부터 많은 북조시대 석제장구가 중국 밖으로 빠져나갔는데, 최근 많은 노력 끝에 다시 중국으로 돌아오고 있다.[3]

효자도가 새겨진 석제장구는 대부분 북위 낙양시대(493~534)에 제작되었다. 이 밖에 2007년 하남성 안양安陽 고안固岸에서 나온 동위 무정 6년(548) 사씨풍승휘묘謝氏馮僧暉墓의 석관상은 비교적 늦은 시기에 제작되었으며,[4] 영하 고원固原 뇌조묘雷祖廟의 북위 무덤에서 출토한 금과 채색을 가한 칠漆목관[5]과 남조 무덤의 화상전에서 보이는 효자도[6]는 북조의 석제장구에 나타난 도상과의 비교연구가

---

1 '24효' 및 〈24효도〉의 원류에 대한 연구는 趙超, 「"二十四孝"在何時形成」, 『中國典籍與文化』 1998년 제1기, pp.50-55 및 제2기, pp.40-55를 참조. 묘장미술 속의 효자도에 대한 연구성과는 비교적 많다. 한대 묘장미술 가운데 가장 대표적인 두 발견은 산동성 가상현의 후한대 사당인 무량사(武梁祠)와 내몽고 화림격이(和林格爾) 소판신(小板申)의 후한대 무덤이다. 이와 관련한 연구는 巫鴻 著, 柳楊·岑河 譯, 『武梁祠—中國古代畫像藝術的思想性』, 北京: 生活·讀書·新知三聯書店, 2006, pp.181-201; 陳永志·黑田彰 主編, 『和林格爾漢墓孝子傳圖輯錄』, 北京: 文物出版社, 2009 등이 있다. 송대와 금대 무덤의 효자도에 대한 연구는 鄧菲, 「關於宋金墓葬中孝行圖的思考」, 『中原文物』 2009년 제4기, pp.75-81를 참조.

2 『魏書』, 北京: 中華書局, 1974, p.664.

3 북조의 석제장구 자료를 집중적으로 모아놓은 것으로는 郭玉堂, 『洛陽出土石刻時地記』, 洛陽: 大華書報供應社, 1941; 王子雲, 『中國古代石刻畫選集』, 北京: 中國古典藝術出版社, 1957; 黃明蘭, 『洛陽北魏世俗石刻線畫集』, 北京: 人民美術出版社, 1987; 王樹村 主編, 『中國美術全集·繪畫編·石刻線畫』, 上海: 上海人民美術出版社, 1988; 周到 主編, 『中國畫像石全集』 제8권, 濟南·鄭州: 山東美術出版社·河南美術出版社, 2000 등이 있다. 이에 관한 종합연구는 賀西林, 「北朝畫像石葬具的發現與研究」, 巫鴻 主編, 『漢唐之間的視覺文化與物質文化』, 北京: 文物出版社, 2003, pp.341-376이 있다. 이 밖에 북제·북주~수대에 걸쳐 중국에 거주한 서역인의 무덤에서도 유사한 구조의 석제장구를 볼 수 있다. 그러나 도상은 대부분 중원의 전통과 다르며, 효자도는 없다. 그러므로 본문에서는 언급하지 않는다.

4 河南省文物考古研究所, 「河南安陽固岸墓地考古發掘收獲」, 『華夏考古』 2009년 제3기, pp.19-23, 彩版15-20.

5 寧夏固原博物館, 『固原北魏墓漆棺畫』, 銀川: 寧夏人民出版社, 1988, 끼워 넣은 페이지 선묘도의 3.

6 河南省文化局文物工作隊, 『鄧縣彩色畫象磚墓』, 北京: 文物出版社, 1958, p.17의 도15, p.18의 도18; 襄樊市文物管理處, 「襄陽賈家沖畫像磚墓」, 『江漢考古』 1986년 제1기, pp.16-33; 楊一, 「襄城區麒麟村南朝畫像磚賞析」, 〈襄樊日報〉 2009년 2월13

가능하다.[7]

남북조시대에 효자도가 유행했던 가장 큰 이유는 사회 분위기의 변화다. 이 시기는 왕조교체가 빈번하여, 청대 조익趙翼이 "육조의 충신 가운데 순절한 이가 없다"고 개탄했을 정도다.[8] 최근 멍스밍蒙思明은 "위진시대 이후 가족의 지위가 국가를 압도하여 효친이 충군보다 중요해졌으며, '기형적이라 할 만한 효도'는 세족의 지위를 보호하고 강화하기 위한 것이었다"고 주장했다.[9] 탕장루唐長孺 역시 "사마씨司馬氏가 진晉왕조의 정권을 탈취한 것은 유가가 표방하는 '충' 도덕에 결코 부합하지 않는데, 이 역시 임금보다 조상을 앞에 두거나 효를 충보다 앞에 두는 관념의 형성을 촉진했다"고 보았다.[10] 이 밖에도 일부 학자는 궁정제도로부터 북위 효자도 유행의 원인을 논하기도 했다.[11]

상장과 관련된 효행, 그리고 일부 무덤, 장구, 벽화, 부장품 등의 물질은 효 사상과 도덕 규범이 구현된 것들이다. 역으로 이런 물질적 측면들은 적극적이고 능동적으로 이런 의식형태를 만들어내기도 했다. 일반적인 사회배경만으로는 특정한 제재

와 형식을 지니는 장구의 도상을 구체적으로 해석할 수 없다. 우리들은 현상과 의미 사이의 구체적인 연결방식을 찾는 데 주력하고 도상이 서술하고자 하는 바를 해독해야 하며, 단지 다른 연구에 근거해 쉽게 판단해서는 안 된다. 그렇다면 우리는 다음과 같은 것들을 고려해야만 한다. 즉 '당시 상장喪葬 환경 속에서 이런 도상을 제작한 뜻은 어디에 있는가? 도상은 어떤 방식으로 관련 인물의 의도를 구현하는가? 특정 형식으로 표현된 효자도의 의미는 유가사상의 범위 안에서 엄격하게 통제되는가?' 등이다. 이런 인식에 기초하여 본문은 '곽거郭巨효자도' 등을 사례로 시험적 논의를 전개할 것이다. 이 과정에서 도상 내부의 시각적 요소를 관찰할 뿐 아니라, 도상 외부의 의례환경 및 여러 집단들의 이해관계에 대해서도 분석하고자 한다.

日, B3판.

7 북조의 석제장구에 나타난 효자도를 비교연구한 대표적인 성과는 다음과 같다. 長廣敏雄, 『六朝時代美術の硏究』, 東京: 美術出版社, 1969; Eugene Wang, "Coffins and Confucianism: The Northern Wei Sarcophagus in the Minneapolis Institute of Arts," Orientations, 30, no.6(1999), pp.56-64; Eugene Wang, "Refiguring: The Visual Rhetoric of the Sixth‐Century Northern Wei 'Filial Piety' Engravings," in GuKaizhi and the Admonitions Scroll, Shane McCausland ed., pp.108-121(London: The British Museum Press & Percival David Foundation of Chinese Art, 2003); 林聖智, 「北朝時代における葬具の圖像と機能―石棺床圍屛の墓主肖像と孝子傳圖を例として」, 『美術史』 總 제154기, 2003, pp.207-226; 趙超, 「關於伯奇的古代孝子圖畫」, 『考古與文物』 2004년 제3기, pp.68-72; 鄒淸泉, 『北魏孝子畫像硏究』, 北京: 文化藝術出版社, 2007.

8 趙翼, 『陔餘叢考』 권17, 上海: 商務印書館, 1957, pp.322-324.

9 蒙思明, 『魏晉南北朝的社會』, 上海: 上海人民出版社, 2007, pp.128-131.

10 唐長孺, 「魏晉南朝的君父先後論」, 唐長孺, 『魏晉南北朝史論叢續編; 魏晉南北朝史論拾遺』, 北京: 中華書局, 2011, pp.235-250.

11 鄒淸泉, 『北魏孝子畫像硏究』, pp.76-116.

2. 다양한 형식의 효자 곽거 도상

북조 장구에는 곽거도상이 비교적 많이 출현하므로, 표현방식을 비교분석할 수 있다. 곽거의 고사는 이미 전한시대에 비교적 완전한 형태로 존재했다. 유향의 『효자도』에 다음과 같은 내용이 있다.

곽거는 하내의 온인溫人이다. 매우 부자였는데, 아버지가 죽자 재산 2천만을 둘로 나누어 두 동생에게 주고, 스스로는 어머니를 모시고 공양했다. 이웃에 세 들어 살다가 사람이 없는 흉가로 함께 옮겨갔다. 거주함에 재난과 근심이 없었다. 아내가 아들을 낳았는데 아들을 기르는 것이 어머니 공양에 방해가 될까 걱정되어 아내에게 아이를 안으라 한 뒤 아이를 땅에 묻고자 했다. 흙속에서 금솥 하나를 얻었는데, 위에 "효자 곽거에게 준다"는 글이 있었다. 곽거가 집으로 돌아와 집주인에게 주자 주인이 감히 받지 못했다. 마침내 소문이 관에까지 들어갔는데, 관에서 솥에 적힌 대로 곽거에게 돌려주었다. 마침내 아이도 함께 양육할 수 있었다.[12]

이런 고사는 요즘 사람들의 관념에는 맞지 않지만[13] 남북조시대에는 매우 유행했다. 예를 들면, 『송서·효의열전孝義列傳』에 곽세도郭世道라는 인물의 행적이 기록되어 있는데 곽거의 고사와 거의 일치한다. 기록에 의하면 곽세도는 "집이 빈한하고 일어 없어 고용노동을 하면서 계모를 부양했다. 부인이 아들을 하나 낳았는데, 부부가 함께 의논하여 말하기를 '계모를 공양하는데, 힘이 부족하다. 만약 이 아이를 양육한다면 소비규모가 더 커질 것이다'며 울면서 아이를 묻었다."[14] 산동성 장청長淸 효리표孝里鋪 효당산孝堂山의 후한 초기 석사당은 북조시대에 이르러 곽거를 기념하는 사당으로 오인되기도 했는데,[15] 이런 사례로부터 당시 곽거의 영향력을 짐작할 수 있다.

현존하는 도상 가운데 가장 이른 곽거고사도는 영하 고원 뇌조묘의 북위시대 무덤에서 출토된 금

---

12 "劉向『孝子圖』曰: 郭巨, 河內溫人. 甚富, 父沒, 分財二千萬爲兩, 分與兩弟, 已獨取母供養. 寄住鄰, 有凶宅無人居者, 共推與之, 居無禍患. 妻産男, 慮養之則防供養, 乃令妻抱兒, 欲掘地埋之, 於土中得金一釜, 上有鐵券, 雲賜孝子郭巨. 巨還宅主, 宅主不敢受, 遂以聞官, 官依券題還巨, 遂得兼養兒." 李昉 等 撰, 『太平御覽』 권411, 北京: 中華書局, 1960, pp.1898-1899. 저우 칭취안의 통계에 의하면 곽거고사는 송대 『효자전』(『太平御覽』 권811, 『初學記』 권17)과 작자 불명의 『효자전』(『法苑珠林』 권49)에 보이며, 돈황본 『효자전』 및 일본 소장 양명본(陽明本), 선교본(船橋本) 『효자전』에서도 보인다(鄒淸泉, 『北魏孝子畫像硏究』, pp.124-125). 그밖에 진나라 간보의 『수신기』에서도 볼 수 있다(干寶 撰, 汪紹楹 校注, 『搜神記』 권11, 北京: 中華書局, 1979, p.136).

13 루쉰은 곽거고사를 엄격하게 비판했다. 이에 대해서는 그의 글 「朝花夕拾·二十四孝圖」, 『魯迅全集』 제2권, 北京: 人民文學出版社, 2005, pp.258-264를 참조.

14 『宋書』, 北京: 中華書局, 1974, p.2243.

15 장잉쥐는 장청 효당산사당을 곽거의 무덤사당으로 본 것이 북제 무평 원년(570) 호장인(胡長仁)의 〈농동왕감효송(隴東王感孝頌)〉에서 시작하는 것으로 보았다(蔣英炬, 「孝堂山石祠管見」, 南陽漢代畵像石學術討論會辦公室 編, 『漢代畵像石硏究』, 北京: 文物出版社, 1987, p.206). 린성즈는 이 가운데 "訪詢耆舊"의 구절을 근거로 호장인은 단지 당시 현지의 민간에서 전해 내려오는 전설을 기록했을 뿐이라고 보았다(林聖智, 「北魏寧懋石室的圖像與功能」, 『美術史硏究集刊』 제18기, 臺北: 臺灣大學藝術史硏究所, 2005, pp.48-49).

과 채색 장식을 한 칠관에서 볼 수 있다.[16] 이것은 북위 태화 8년에서 10년(484~486) 사이에 제작한 것으로 추정된다.[17] 지금은 부서졌으나 원래는 칠관 좌측 상부의 가로로 긴 구역에 삼각형 화염문을 사용해 칸을 나누고 각종 효자도를 그려 놓았다. 이 가운데 적어도 3곳에서 곽거고사를 표현했는데, 왼쪽에서 오른쪽으로 전개되는 듯하다.(도1) 현존하는 첫 장면은 곽거가 땅을 파서 금을 얻는 장면으로, "□衣德脱私不德與"의 방제가 있다. 두 번째 장면에서는 곽거 부부가 어깨를 나란히 하고 서 있으며, 양쪽에 각각 "相將□土塚天賜皇今(黃金)一父(釜)", "以食不足敬□曹(?)母"의 방제가 있다. 세 번째 장면에서는 두 사람이 건물 아래에 앉아 있는데, 곽거의 모친과 아들로 추정한다. 방제는 "孝子郭距(巨)供養老母"라 되어 있다. 한대 화상은 대부분 단폭화單幅畫 안에 하나의 고사를 묘사한다. 그러므로 고사의 클라이맥스뿐 아니라 서로 다른 시공간에서 벌어지는 줄거리도 함께 표현된다.[18] 이와 달리 상술한 북조시대의 연속화면은 아마도

불교예술의 불전도나 본생도로부터 영향을 받았을 것이다. 문자로 기록된 줄거리의 순서는 선적으로 전개되는 도상이라는 새로운 형식으로 변형됨으로써 무형의 시간은 이제 '볼 수 있는 것'으로 변화한다. 그것은 관람자의 시선이 특정 방향을 따라 화면상에서 순서대로 이동하기를 요구한다. 마치 시계의 시침이 연속적으로 시계 위의 숫자를 따라 움직이는 것과 같다.

일찍이 낙양에서 출토되어 미국 넬슨아트킨스미술관에 소장된 북위 석관(이하 '넬슨효자석관'으로 약칭) 좌측 중앙의 곽거도상은 3폭이 연속하는 구조다.(도2)[19] 그러나 화면이 생경하게 하나하나 펼쳐지는 것은 아니다. 곽거가 땅을 파고 금을 얻는 줄거리는 좌측 하부에 위치하여 곽거 부부가 금 솥을 메고 귀가하는 부분과 전[下]후[上]로 배열되고, 곽거 부부가 가는 방향을 따라 오른쪽에 모친과 아이를 봉양하는 세 번째 부분이 나타난다. 이 세 부분 사이의 암석과 수목은 각기 다른 공간을 구획할 뿐 아니라, 이들을 연결하여 하나의 완전체로 만들어 줌으로

16 전에 일부 학자는 하남성 등봉현 태실산 남록의 후한 연광 2년(123) 계모궐(啟母闕)의 서궐 동쪽면의 제5층 화상을 "흡사 곽거가 아이를 묻는 고사를 묘사한 것 같다"고 했지만(呂品,『中嶽漢三闕』, 北京: 文物出版社, 1990, p.37, p.69, p.134의 도124) 증거는 충분치 않다. 이 화상은 한 사람이 나무 아래 앉아 있고, 다른 한 사람은 손에 긴 물건을 쥐고 경작하는 모습 같다. 화면에는 곽거의 처와 아이, 그리고 금솥 등 곽거도상에 필수적인 요소들이 부족하다. 만약 이 그림이 효자도라면 동영(董永)의 고사를 묘사한 것으로 보는 게 더 타당하다.

17 무덤의 연대에 대한 논의는 孫機,「固原北魏漆棺畫」, 孫機,『中國聖火─中國古文物與東西文化交流中的若干問題』, 沈陽: 遼寧教育出版社, 1996, pp.122-138을 참조.

18 劉敦願,『美術考古與古代文明』, 北京: 人民美術出版社, 2007, p.49; 邢義田,「格套·榜題·文獻與畫像解釋」(修訂本), 邢義田,『畫爲心聲─畫像石·畫像磚與壁畫』, 北京: 中華書局, 2011, pp.106-110. 연구자들이 산동성 가상현의 무씨사에 묘사된 '형가가 진왕을 찌르다(荊軻刺秦王)'의 화상을 한대의 단폭식 고사화의 사례로 보는데, 여기서 주목해야 할 점은 시간개념에 기초해 건립된 도상이 무량사의 화상에서 보듯 이미 이 시기에 출현했다는 점이다. 즉 무량사에서는 서벽에서 시작해 정벽인 북벽을 거쳐 동벽에 이르고, 위에서 아래로 순차적으로 인류 탄생에서 무량 본인의 전체 역사까지를 묘사하고 있다. 이와 관련한 분석에 대해서는 巫鴻 著, 柳揚·岑河 譯,『武梁祠─中國古代畫像藝術的思想性』, 北京: 生活·讀書·新知三聯書店, 2006, pp.161-167를 참조. 단지 이런 '비허구적인' 고사는 문학적인 고사와 크게 다르다는 것뿐이다.

19 黃明蘭,『洛陽北魏世俗石刻線畫集』, p.7의 도9.

도1　영하 고원 뇌조묘 출토 묘금채회 칠관의 곽거고사도, 북위(寧夏固原博物館, 『固原北魏墓漆棺畫』, 끼워진 페이지 선묘도의 3)

도2　미국 넬슨아트킨스미술관 소장 하남 낙양 출토 효자석관의 곽거화상, 북위(黃明蘭, 『洛陽北魏世俗石刻線畫集』, p.7의 도9)

써 '폭'의 개념을 모호하게 만든다. 화상 위쪽의 "□子郭巨" 방제는 고사의 표제인 듯하며, 줄거리나 인물신분에 대한 설명은 아닌 것 같다. 이는 상당히 성숙한 구성으로, 3차원에 대한 표현이 매우 인상적이다.

일본 오사카 이즈미시和泉市 쿠보소久保惣미술관 소장 북위 정광 5년(524) 광승안묘匡僧安墓 석관상 우측 병풍에도 3개의 화면으로 표현된 곽거고사가 있다.[도3][20] 방제를 넣는 공간은 있지만 막상 제기는 없다. 각 폭의 내용은 모두 넬슨효자석관의 화상과 대응하며, 단지 세부에 약간의 차이가 있을 뿐이다. 즉 제2폭 '귀가' 장면에는 금솥을 부부가 함께 메지 않고 곽거 혼자 들고 가고 있으며, 최후의 한 폭에서 곽거의 모친은 방 안에 앉아 있는데, 이는 뇌조묘의 칠관화상과 일치한다.

다른 몇몇 석관상의 병풍에서 출현하는 곽거의 화상은 대부분 두 폭식이다. 제1폭은 곽거가 땅을 파 황금을 얻는 순간 곽거의 처가 아이를 안고 옆에 서 있는 장면이다. 제2폭은 곽거의 모친이 상床에 앉아 손자와 함께 놀고 곽거 부부는 당 아래에 서 있는 장면인데, 여기에서는 부부가 금솥을 메고 귀가하는 장면이 빠져 있다. 비교적 전형적인 사례는 심천深圳박물관이 새로 구입한 한 세트

20 『久保惣紀念美術館』, 내부 발행, 인쇄 시기 불명, 도13.

도3 일본 쿠보소미술관 소장 광승안묘 석관상 병풍의 곽거고사도, 북위 정광 5년(524)(필자 그림)

의 석관상 병풍에 묘사된 두 폭의 곽거화상으로, 각각 "孝子郭鉅煞兒養母", "孝子郭巨"의 방제가 있다.(도4) 2004년 북경의 수도首都박물관에 소장된 한 세트의 석관상 병풍 가운데, 제1폭의 방제는 "孝子郭鉅埋兒天賜金一父(釜)"이며 두 번째 폭의 방제는 "孝子郭鉅埋子府"로 건축물 위에 새겨져 있다.[21] 노근재盧芹齋 구장舊藏 한 세트의 석관상 병풍의 경우, 하나는 땅에서 금을 얻는 것으로 "孝子郭巨"의 방제가, 하나는 모친을 공양하는 장면으로

"孝子郭巨天賜皇金"의 방제가 있는데 문자가 어지럽게 섞여 있다.(도5)[22] 하남성 안양 고안의 동위 무정 6년(548) 무덤 출토 석관상 병풍 속 두 폭의 방제는 각각 "郭拒夫妻埋兒天賜黃金與之"와 "孝子郭拒母(?)祠孫兒時"이다.[23] 화면은 심천박물관 소장 석관상 병풍과 비교적 유사하다.

넬슨아트킨스미술관 소장 북위 석관상 병풍(일본의 나가히로 도시오長廣敏雄는 이를 'KB本'으로 약칭) 속의 곽거고사도는 단독화면으로,(도6)[24] 고사의 가장 극

21 滕磊, 「一件海外回流石棺床之我見」, 『故宮博物院院刊』 2009년 제4기, pp.22-32.
22 C.T. Loo, *An Exhibition of Chinese Stone Sculptures*, New York, 1940, pl.29-32. 린성즈 선생이 이 석관상과 관련된 사진을 제공해 준 것에 감사드린다. 이 석관상은 현재 보스턴미술관(Museum of Fine Arts, Boston)에 소장되어 있는데, 겨우 석관상의 다리돌 하나만 전시되고 있을 뿐, 나머지 부분은 모두 수장고에 있다. 이에 대한 최근의 연구는 徐津, 「守望死者: 波士頓美術館藏北魏石棺床復原和視覺空間研究」, '第三屆古代墓葬美術國際學術討論會論文', 北京, 2013이 있다.
23 관련 소개는 河南省文物考古研究所, 「河南安陽固岸墓地考古發掘收獲」을 참조. 그러나 이 글에는 곽거고사도의 사진이 없다.
24 長廣敏雄, 『六朝時代美術の硏究』, 圖版45.

도4 심천박물관 소장 석관상 병풍의 곽거화상, 북조

도5 노근재(盧芹齋) 구장(舊藏) 석관상 병풍의 곽거화상, 북조(林聖智 선생 제공)

도6 미국 넬슨아트킨스미술관 소장 하남 낙양 출토 석관상 병풍의 곽거화상, 북위(필자 그림)

도7 2004년 뉴욕 전시에 나온 석관상 병풍의 곽거화상, 북조(필자 그림)

적인 순간인 땅에서 금솥을 파는 장면을 선택했다. 이는 심천박물관 소장 석관상과 고안 동위묘 석관상 병풍의 제1폭과 유사하다. 이런 단폭식 화면 가운데 2004년 3월 뉴욕 전시에 나온 북조 석관상 세트는 조금 다르다. 여기서 곽거는 어깨에 쟁기를 멨는데 마치 솥 하나를 등에 짊어진 것 같다. 곽거의 아들은 곽거의 부인에 끌려 걸어가고 있어, 아이를 안고 가는 장면으로 묘사된 다른 사례들과 다르다. 그리고 화면의 오른쪽 아래 모서리에는 금빛을 내는 솥이 있고 "孝子郭鉅煞兒養母天金一釜"의 방제가 있다.[25] (도7) 다른 시간대에 발생한 사건을 한 곳에 모아놓은 화면으로, 3폭식 구조에서 제1부분과 2부분을 융합한 것으로 보인다. 일찍이 낙양에서 출토되어 현재 미국 미니아폴리스미술관 The Minneapolis Institute of Arts에 소장된 조군정경왕趙郡貞景王 원밀元謐석관 좌측의 곽거화상 역시 단폭식

---

25 *Ritual Objects and Early Buddhist Art*, Brussels: Gisèle Croës, 2004, p.33. 일부 증거에 의하면 이 석관상은 최근 서안 지역에서 유출된 것으로 추정된다. 그러므로 북주시대의 유물일 것이다.

도8 미국 미니아폴리스미술관 소장 낙양 출토 원밀석관의 곽거화상, 북위 정광 5년(524)(필자 그림)

거고사도가 있다. 모두 땅을 파서 금솥을 얻는 장면을 묘사했다. 이와 같은 도상의 출현을 통해 남북간 문화교류의 일면을 볼 수 있다.

이 도상들의 형식은 단순하기도, 복잡하기도 하며 동일하지 않다. 그러나 '진화론'과 '퇴화론' 모두 이들 사이의 관계를 개괄하지는 못한다. 게다가 새로운 형식이 출현한다고 해서 옛 형식이 역사의 뒤편으로 사라지는 것도 아니다. 유물이 비교적 풍부한 북위 낙양시대의 자료를 통해 각종 형식이 서로 모순되지 않음을 알 수 있다. 심지어 심천박물관 소장 석관상의 기좌基座에는 뇌조묘 칠관에서와 같이 삼각문으로 구역을 나누는 문양대가 다시 출현한다. 다만 화염이 산봉우리 형태로 바뀌었을 뿐인데, 산봉우리의 묘사는 북위 낙양양식을 종합하고 있다.(도11)

이다. 다만 클라이맥스가 아닌 마지막 장면을 묘사했으며, "孝子郭巨賜金一釜"의 방제가 있다.(도8)²⁶ 이 밖에 하남성 등현鄧縣 학장묘學莊墓,(도9) 호북성 양번襄樊 가가충묘賈家沖墓(도10)와 기린촌麒麟村 소재 3기의 남조묘에서 출토한 화상전에도 단폭식의 곽

도9 하남성 등현 학장묘의 곽거화상 벽돌, 남조(필자 그림)

26 黃明蘭, 『洛陽北魏世俗石刻線畫集』, p.38의 도43.

도10 호북성 양번 가가충묘의 곽거화상 벽돌, 남조(『江漢考古』1986년 제1기, p.21)

도11 심천박물관 소장 석관상의 다리부분 화상, 북조

3. 문자기록과 도상의 차이

『후한서·순열양황후전順烈梁皇后傳』에는 황후가 "어려서 바느질 등 여성들의 일을 잘했으며, 또 사서를 좋아해 9세에 『논어』에 능통했고 『한시韓詩』를 잘해 큰 뜻을 대략 드러낼 수 있었다. 항상 '열녀

도화'를 좌우에 두고 스스로 감계로 삼았다"는 기록이 있다.[27] 유년시절 황후에게 유가를 교육할 때 그림과 역사를 병용했음을 알 수 있다. 기록 속의 '열녀도화'는 유향劉向의 『열녀전列女傳』의 삽도를 지칭할 것이다. 이런 그림은 섬서성 수덕綏德 신점辛

---

27 "(順烈梁皇後)少善女紅, 好史書, 九歲能誦論語, 治韓詩, 大義略擧. 常以列女圖畫置於左右, 以自監戒."『後漢書』, 北京: 中華書局, 1965, p.438.

　　　　　　　　　　　　　　　　　　　　　　　　　　　　　　II. 남북조시대

店 명인천鳴咽泉 후한대 화상석묘의 제기 "覽樊姬觀列女崇禮讓遵大雅貴組綬富支子"에서 보듯[28] 한대 민간에 널리 유포되었다. 그런데 열녀도를 보는 목적과 효과는 정말로 이처럼 격조 있는 것이었을까? 『후한서·송홍전宋弘傳』에는 "송홍이 연회 자리에서 어좌의 새 병풍에 열녀가 그려져 있고 황제가 수차례 이를 돌아보는 것을 목격했다. 송홍이 모습을 바로 하고 '덕德을 좋아하는 자가 색色을 좋아하는 것은 보지 못했다'고 말했다"는 대목이 있다.[29]

열녀도의 원래 의의는 '덕'에 있다. 그러나 광무제의 눈길을 끈 것은 오히려 '색'이었다. 이는 그림을 그린 화공의 책임인가, 아니면 관람자의 책임인가? 북조 장구에 표현된 효자도가 내포하는 문제는 더욱 더 복잡할 것이다. 장인들은 원래의 고사를 충실히 표현하는 것 이외에도 장구와 그 도상의 기능을 고려해야만 했다. 장구들은 각종 이해관계와 역량이 부딪히는 곳이었으며, 도상은 서로 다른 인물들의 이해관계에 따라 결정되었을 것이다. 이런 배경 아래서는 제작이나 사용 측면에서 도상의 형식과 의미가 변화할 수밖에 없다.

서사방식의 차이 이외에도 도상과 원래 고사 사이의 차이에 더욱 주목할 필요가 있다. 예를 들면 넬슨석관상 둘레병풍 중 땅을 파서 금을 얻는 장면이 묘사된 한 폭에는 곽거의 부인 뒤에 다른 인물 하나가 첨가되었으며,[도6] 뉴욕 전시에 나온 한 사례에서는 곽거 아들의 나이가 비교적 많고,[도7] 노근재 구장의 석관상 병풍의 제2폭에는 한 쌍의 부부와 한 남자가 마주보고 있는 장면이 출현한다.[도5] 또 원밀석관 속의 부부와 어린아이는 나란히 상탑 위에 앉아 있고 마주보는 한 남자가 합장하며 절을 하고 있다.[도8] 뒤의 두 사례에서 공봉을 받는 인물에 곽거의 모친 이외에 곽거의 부친도 포함되는가? 만약 합장하고 절을 하는 자가 곽거라면, 그의 부인과 아이는 어디에 있단 말인가? 장인이 잘못하여 곽거 부부를 탑상 위에 그려놓았단 말인가? 노근재 구장의 병풍에서는 왜 아이가 보이지 않는가? 이런 차이들은 아마도 장인들이 본으로 삼았던 모본(혹은 구전고사)이 달랐거나 아니면 장인의 실수에서 기인했을 것이다. 혹은 더 복잡한 배경이 있을지도 모른다.

원밀석관 양쪽에는 각각 6폭의 효자고사가 있다. 여기서 고사들의 줄거리는 결코 같지 않으며, 화상 속에서 공통적으로 출현하는 것은 산림 속 커다란 나무 아래 앉은 인물뿐이다.[도12] 이런 동일성을 추구하기 위해 장인들은 고사의 클라이맥스를 애써 기피했다. 단지 그 가운데 삽입된 일부 도구(곽거고사 속의 금솥 등이 여기에 해당한다)와 방제만이 여전히 고사의 원 줄거리와 일정 부분 관계를 유지한다. 원밀석관에 묘사된 화상이 원래의 고사에서 멀어진 것은 결코 우연이 아니다. 1977년 낙양에서 출토된 한 세트의 북위 석관상 병풍에서는 이러한 경향이 더욱 발전되었다.[30] 일부 연구자는 이 가운데 한 폭

---

28 吳蘭·志安·春寧, 「綏德辛店發現的兩座畫像石墓」, 『考古與文物』 1993년 제1기, pp.17-22. 제기의 판독은 장리(張俐)의 의견을 따랐다(「論陜北東漢銘文刻石」, 朱靑生 主編, 『中國漢畫研究』 第二卷, 桂林: 廣西師範大學出版社, 2006, pp.215-216).

29 "弘當讌見, 御坐新屏風, 圖畫列女, 帝數顧視之. 弘正容言曰, 未見好德如好色者." 『後漢書』, p.904.

30 黃明蘭, 『洛陽北魏世俗石刻線畫集』, pp.73-76의 도81-84; 周到 主編, 『中國畫像石全集』 제8권, pp.55-78의 도74-78.

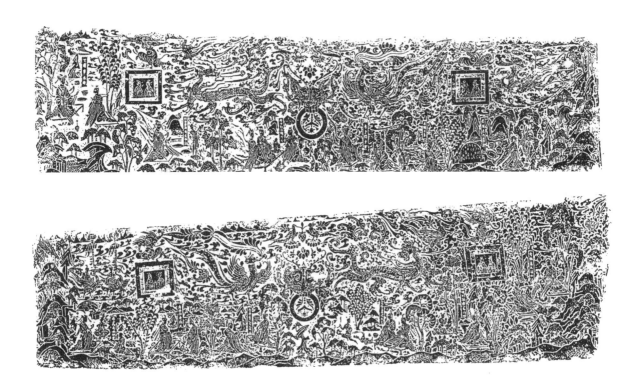

도12 미국 미니아폴리스미술관 소장 낙양 출토 원밀석관의 화상, 북위 정광 5년(『瓜茄』第5호, 大阪:
瓜茄研究所, 1939, 끼어 있는 페이지의 그림)

을 곽거고사도로 보았는데,^{(도13)31} 나무 아래 나란히
앉은 부부와 어린이에서 보듯 이 그림과 원밀석관
의 화상은 확실히 유사한 데가 있다. 그러나 전자의
경우 그림 속 인물의 신분은 더욱 모호하고, '공봉
을 하고 공봉을 받는' 이원적 대립관계는 존재하지
않는다. 아이는 탑상 위에 있지 않고, 이 그림의 표
지적 성격을 가진 금솔 역시 날개 없이 날고 있다.
더욱 중요한 변화는 화면에 제기가 없다는 점이다.

작자는 더 이상 문자를 통해 도상과 고사를 연결하
지 않았다. 단지 방제를 위한 칸을 비워두어 이미
사라진 기능을 형식적으로나마 남겨놓았을 뿐이
다. 이 석관상 병풍의 나머지 화면 역시 주제가 매
우 모호하다. 그리하여 비록 학자들이 정란丁蘭, 원
곡原穀, 노래자老萊子, 미간적眉間赤 등의 고사로 해
석하더라도³² 화면들은 대동소이하며, 고사의 줄거
리나 인물의 신분과 관련된 표지가 대부분 결여되

31 周到 主編, 『中國畵像石全集』 제8권 '도판 설명' p.20의 도74 설명.

32 周到 主編, 『中國畵像石全集』 제8권 '도판설명' p.21의 도75-78의 설명. 한 세트의 화상 가운데 한 폭이 이 책에 실리지 않았는데,
황밍란의 책에는 수록되어 있다(黃明蘭, 『洛陽北魏世俗石刻線畫集』, p.74의 도82 오른쪽 끝). 이 그림에는 한 마리의 뱀이 있다. 자
오차오는 이를 근거로 백기(伯奇)의 고사로 보았는데(趙超, 「關於伯奇的古代孝子圖畵」, 『考古與文物』 2004년 제3기, p.92), 설득
력이 있다.

도13 하남성 낙양 출토 석관상 병풍의 곽거화상, 북위(탁본은 周到 主編, 『中國畫像石全集』 제8권, p.55의 도74; 선도는 필자 제작)

어 있다. 게다가 제기가 없어 우리가 마주하는 것은 단지 커다란 나무와 산 속의 암석 사이에 서 있거나 앉아 있는 인물들이다.(도14)

심천박물관 소장 석관상의 다리 부분에 가로로 길게 묘사된 산악 표현에 이르면 문제는 더욱 복잡해진다.(도11) 위에서 언급했듯이 이런 삼각형의 산봉우리는 고원의 뇌조묘 칠관에 나타난 화염문에서 유래한다. 그러나 심천석관상에서는 뇌조묘 칠관에서와 같은 엄격한 서사과정은 볼 수 없으며 오히려 매우 혼란스러운데, 고사의 클라이맥스는 D 구역에서 표현되었다. 그리고 B와 E 두 구역의 화

면은 대동소이하여 마치 고사의 대단원을 중복 표현한 듯하다. A 구역의 가옥과 B와 E 구역의 그것은 매우 유사하다. 다만 가옥 안의 인물 수는 고사와 부합하지 않는다. 아마도 다른 고사가 섞인 듯하다. E 구역의 곽거 부부(?) 뒤에는 뚜껑을 손에 쥔 시종이 하나 있으며, C와 F 구역의 인물과 안장을 얹은 말은 곽거의 고사와는 전혀 무관하다.(도15)

상술한 내용들을 종합해보면, 이런 장구들에 묘사된 그림은 크게 두 가지 층위로 나눌 수 있다. 하나는 부분 화상이며, 다른 하나는 전체 화상의 집합이다. 첫 번째의 경우 고사의 줄거리와 인물의 개성

도14 하남성 낙양 출토 석관상 병풍의 인물 화상, 북위(周到 主編, 『中國畫像石全集』 제8권, pp.56-59의 도75-78)

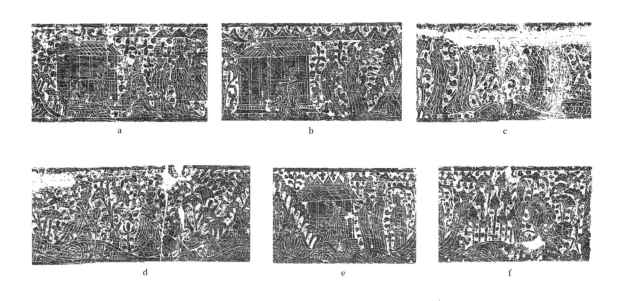

도15 심천박물관 소장 석관상의 다리 부분 가운데 긴 가로 그림의 세부, 북조

을 표현하는 데 중점을 두며, 두 번째 경우는 전체적인 시각효과와 공통의 의미를 강조하고자 한다. 이런 두 층위는 다른 작품 속에 표현될 때 차이가 나타난다. 첫 번째 층위에 해당하는 뇌조묘 칠관의 경우, 곽거고사가 순서대로 잘 배열되어 있으므로 관람자는 고사의 각 단위를 순서대로 잘 볼 수 있다. 마치 문자로 기록된 고사를 보는 것과 같다. 반면 두 번째 층위의 화상은 관 측면의 상부 가장자리에 위치하며, 각 단위 사이에 삼각형 화염문이 끼어 있고 중심부는 귀갑문과 원형이 얽힌 문양이 점유

도16 미국 넬슨아트킨스미술관 소장 하남 낙양 출토 석관상 화상, 북위(William Watson, *The Arts of China to AD900*, New Haven and London: Yale University Press, 1995, p.156, fig.252)

한다. 그러므로 각종 기하문양 안에 끼어 있는 인물고사는 장식문양의 부속품이며 독립된 회화가 아니다. 관람자가 만약 충분한 인내심을 가지고 순서대로 보지 않는다면, 이런 효자고사들은 단지 '장식적으로만 존재할 뿐'이다.

첫 번째 층위의 서사성은 넬슨효자석관에서 가장 성공적으로 표현되었다. 고사의 줄거리는 아주 정확하며, 개성이 선명하고 내용과 형식도 완벽하게 결합했다.[33] 그러나 그렇다고 해서 두 번째 층위

의 공통점을 드러내는 데 지장을 주는 것은 아니다. 즉 석관의 측면마다 묘사된 3개의 고사는 배치와 고르게 배열된 방제 등에서 보듯 모두 형식상의 통일성을 드러내며, 암석과 수목은 공간을 분할함과 동시에 시간에 따라 전개되는 각 고사들의 단위에 시각적 공통성을 부여한다. 그러므로 관람자가 고사의 내용을 모른다면 이 속에서 단서를 찾기란 어렵다.(도16)[34] 원밀석관 화상에서는 첫 번째 층위가 더욱 약화되었는데, 장인은 각 고사의 개성적 특징

---

33 필자는 일찍이 다른 글에서 넬슨효자석관에 묘사된 왕림(王琳)화상의 형식과 고사의 줄거리 사이의 관계에 대해 분석한 적이 있다(「正面的馬, 背面的馬」, 『文物天地』 2002년 제2기, pp.58-59).

34 넬슨효자석관에 묘사된 곽거의 고사는 대략 왼쪽에서 오른쪽으로 차례대로 전개된다. 그런데 옆에 있는 효손 원곡의 고사는 도리어 오른쪽에서 왼쪽으로 전개된다. 그리하여 어떤 학자는 곽거고사의 마지막 이야기를 첫 번째 이야기로 잘못 추정하기도 했다(黃明蘭 主

을 표현하는 데 뜻이 없고, 신속하게 두 번째 층위의 동일성으로 방향을 전환한 것으로 보인다.(도12) 심천박물관 석관상의 경우, 다리 상부에 표현된 첫 번째 층위의 시간개념은 더욱 혼란스러워진 채 다만 전체 형상이 만들어내는 일종의 시각적 분위기를 강화하며, 원래의 고사는 단지 있는 듯 없는 듯 그 안에 떠 있을 뿐이다.(도11)

북위 낙양시대의 석제장구들은 시기도, 지역도, 사회계층과 모티프도 동일하지만 서로 다른 지향점을 보여준다. 그리고 상술한 두 층위의 변통과 협조, 그리고 전환은 일부 장인들의 남다른 고민이나 계획, 운영 등에 의한 것이기도 하다. 따라서 이런 현상을 해석하려면 반드시 장구 및 그 화상을 둘러싼 각종 요소를 고려해야만 한다.

4. 상장예술 속 효자도의 기능

효는 최초에는 조종祖宗을 존숭하는 것을 의미했다. 그러나 후에는 친지나 가까운 사람에 대한 존경과 봉양으로 뜻이 변화했다. 상장과 같은 구체적 환경에서 효자도는 반드시 돌아가신 부모와 그 자녀들의 이익을 만족시켜야만 했다.

먼저 효자도와 고인의 자녀와의 관계를 보자. 과거 이야기는 잠시 제쳐두고 채순蔡順의 그림을 통해 이를 살펴보자. 채순은 화재가 일어났을 당시 돌아가신 모친의 관을 몸으로 막아 보호했는데, 이에

대한 이야기가 『후한서·주반전周磐傳』에 있다.

모친이 나이 90에 세상을 떴다. 아직 매장하기 전 안쪽에서 불이 났다. 불이 집 가까이 다가오자 채순이 관 위에 엎어져 관을 안고 하늘을 보고 울부짖었다. 그러자 불이 마침내 그 집을 건너뛰어 채순 혼자만이 화를 면했다.[35]

채순고사를 묘사한 가장 뛰어난 사례를 넬슨효자석관 우측의 가운데 부분에서 볼 수 있다.(도17)[36] 여기에서는 화상의 서사방식에 대해서는 논의하지 않고, 각도를 바꿔보고자 한다. 즉 이미 장구는 만들어졌지만 아직 매장되기 전의 상황, 그리고 장구와 효자의 관계 등에 대해 살펴보고자 한다. 고사는 한대의 것이지만, 그림은 북조의 상황을 반영했을 것이다.

장구는 묘실에서 출토되었다. 그러나 묘실의 환경과 결합하여 장구의 형태와 그곳에 묘사된 그림을 이해하는 것 이외에도, 장구의 제작과 증여 과정, 그리고 구매와 상례 등의 절차를 고려해야만 한다. 그리고 이런 절차 속에서 나타나는 장구와 각종 인물들 사이의 관계 역시 주시해야 한다. 문헌에 관련기록이 매우 적기 때문에 채순고사도가 드러내는 정보에 특별히 주의할 필요가 있다. 이를 토대로 필자는 다음과 같은 하나의 가설을 세웠다. 즉 "사자를 안장하기 전 사람들은 장구와 장구에 묘사된

編, 『畫像磚石刻墓志硏究』, 鄭州: 中州古籍出版社, 1994, p.57).

35　"母年九十, 以壽終. 未及得葬, 裏中災, 火將逼其舍, 順抱伏棺柩, 號哭叫天, 火遂越燒它室, 順獨得免." 『後漢書』, p.1312.

36　黃明蘭, 『洛陽北魏世俗石刻線畫集』, pp.1-10.

도17 미국 넬슨아트킨스미술관 소장 하남 낙양 출토 석관상의 채순화상, 북위(黃明蘭, 『洛陽北魏世俗石刻線畫集』, p.4의 도6)

도상을 볼 기회가 있었으며, 시각과 의미라는 측면에서 도상과 사자의 후예—새로운 효자들—사이에 모종의 관계를 구성할 기회가 있었다.”

북조시대 장구의 제작과 관련하여 우리가 알고 있는 사실은 매우 적다. 『낙양가람기洛陽伽藍記』 권3은 한대의 최함崔涵이 부활했던 고사를 적고 있다.

낙양의 태시 북쪽에 봉종리가 있는데, 이곳 사람들은 대부분 상장과 관련된 물건이나 관곽의 매매를 업으로 하고 있다. 최함이 “측백나무로 관

을 만들어야 하며 뽕나무로 그 안을 덧대지 말라”고 말했다. 사람들이 그 이유를 물으니 최함이 다음과 같이 말했다. “내가 지하에서 병사로 징발되는 귀신을 보았는데, 어떤 귀신이 자신의 관이 측백나무로 만든 것이기 때문에 면제해줘야 한다고 했다. 그러나 병무를 담당하는 관리가 ‘네가 비록 측백나무 관을 썼지만 뽕나무로 관을 덧대었으니 면제해줄 수 없다’고 대답했다.” 이 이야기 때문에 도성(낙양)에서 측백나무 가격이 매우 뛰었다. 사람들은 관을 파는 자들이 최함을 매

수하여 이런 말을 했다고 의심했다.[37]

이로 미루어 북위 도성 낙양의 태시 이북에 위치한 봉종리에 전문적으로 상장에 필요한 물건과 관곽을 파는 곳이 있었으며, 여기서 생산한 관곽은 대부분 목제였음을 알 수 있다. 당대의 단성식段成式은 『유양잡조酉陽雜俎』권13 「시창편尸窗篇」에서 "북위에서는 경쟁적으로 후장을 하여 관이 두껍고 크며 높았다. 대부분 측백나무를 쓰고 양쪽에 동으로 만든 커다란 둥근 고리를 달았다"고 적고 있다.[38] 여기서 '동으로 만든 커다란 고리'는 원밀석관의 화상에서도 볼 수 있어, 북위 석관이 이런 목관의 조형을 모방했음을 알 수 있다. 아마도 봉종리의 목관에도 화려하고 아름다운 그림이 있었을 것이다. 고원 뇌조묘 출토의 칠관이 바로 그 증거이다. 뇌조묘 칠관의 '규창窺窗'은 원밀석관에서도 나타난다.[39]

미국 보스턴미술관 소장의, 1931년 낙양고성의 북쪽 야트막한 언덕에서 출토된 북위 효창 3년(527) 횡야장군견관주부橫野將軍甄官住簿 영상寧想의 석실은 가옥 형태의 관이다.[40] 정면 양측에는 각각 "孝子寧萬壽"와 "孝子弟寧雙壽造"의 명기가 있는데, 문자가 거칠게 새겨져 석실의 다른 문자들이 정교하게 새겨진 것과는 매우 다르다. 아마도 영상의 두 아들인 만수와 쌍수가 장구를 구입한 후 새겨 넣은 것 같다. 저우칭취안鄒淸泉은 영상석실을 궁정 상장용품의 제작을 맡은 '동원東園'에서 맞춤 제작한 것으로 추정했다.[41] 정말 그렇다면 동원의 성격에 대해 다시 논의할 필요가 있다. 어떤 가능성이 성립하건 간에, 이런 장구는 여전히 상품에 속한다. 그렇다면 이 화상은 팔릴 때 사람들이 볼 수 있었을 것이다.

허시린賀西林은 원밀석관처럼 그림이 새겨진 일부 북조시대 장구들은 황제가 하사하거나 관에서 제작한 '동원비기東園秘器'에 속한다고 추정했다.[42] 그렇다면 제왕의 은혜를 대표하는 장구는 장례과정에서 일정 기간 진열되고 여러 사람들이 구경할 수 있는 대상이 되었을 가능성이 크다. 또한 중국에서는 고대에서 현재에 이르기까지 많은 농촌 지역

---

37 "洛陽太市北奉終里, 里內之人多賣送死人之具及諸棺槨, 涵謂曰: '作柏木棺, 勿以桑木爲欀.' 人問其故, 涵曰: '吾在地下, 見人發鬼兵, 有一鬼訴稱是柏棺, 應免.' 主兵吏曰: '爾雖柏棺, 桑木爲欀.' 遂不免. 京師聞此, 柏木踊貴. 人疑賣棺者貨誣, 發此等之言也." 范祥雍, 『洛陽伽藍記校注』, 上海: 上海古籍出版社, 1978, pp.174-175('柏木'은 잣나무 혹은 측백나무를 가리키는데, 중국에서 상장의례와 관련되거나 사묘나 무덤에 심는 '柏樹'는 잣나무가 아닌 측백나무다. 그러므로 본서에서는 측백나무로 번역했다.)

38 "後魏俗競厚葬, 棺厚高大, 多用柏木, 兩邊作大銅環鈕." 段成式, 『酉陽雜俎』, 北京: 中華書局, 1981, p.123.

39 규창에 대해서는 본서의 「반쯤 열린 문: '반계문(半啓門)' 도상 연구」를 참조.

40 黃明蘭, 『洛陽北魏世俗石刻線畫集』, pp.95-96; 郭建邦, 『北魏寧懋石室線刻畫』, 北京: 人民美術出版社, 1987. 연구자는 석실과 함께 출토된 묘지 속 사자의 이름을 '寧懋'로 해독했는데 최근 차오쉰은 '寧想'으로 읽어야 한다고 주장했다. 그렇게 하면 그의 字인 '阿念'과 뜻이 서로 통한다. 이에 대해서는 曹汛, 「北魏寧想石室新考訂」, 王貴祥 主編, 『中國建築史論彙刊』제4집, 北京: 淸華大學出版社, 2011, pp.77-125를 참조. 린성즈와 차오쉰 모두 이 석실이 사당이며 장구가 아니라고 주장했는데, 증거는 충분하지 않다. 이에 대해서는 林聖智, 「北魏寧懋石室的圖像與功能」, 『美術史研究集刊』제18기, 2005, pp.1-74를 참조.

41 鄒淸泉, 『北魏孝子畫像硏究』, pp.43-45.

42 賀西林, 『北朝畫像石葬具的發現與硏究』, pp.361-362. 허시린의 주요 논거는 『魏書·元諡傳』의 "(諡)正光四年薨. 給東園秘器, 朝服一具, 衣一襲, 贈帛五百匹"의 기록이다(『魏書』, p.554).

에서 생전에 무덤을 만들어놓는 것보다 장례에 사용할 물건을 미리 만들어 놓는 것이 훨씬 보편적이다.[43] 사전에 제작된 장구는 긴 시간 동안 남들이 볼 기회가 많았을 것이다.

선진시대와 한대의 송장행렬에서 관은 대부분 구거柩車와 이거輀車 등으로 운반하며, 수레의 바깥은 포장을 하고 장식을 한다.[44] 이런 전통과 달리 산동성 부가촌傅家村의 북제 무평 4년(573) 무덤 출토 화상석의 송장행렬에는 목제의 가옥형 장구 하나를 온전히 드러낸 장면이 출현한다.(도18)[45] 이로 미루어 송장 당시 장구의 화상은 여러 사람들이 볼 수 있었을 가능성이 크다.[46]

이와 같은 제작과 하사, 그리고 송장 등의 상황을 고려하면 장구는 두 가지 기능을 가졌음이 확실하다. 즉 최종적으로 묘실에 묻히는 것 이외에도, 매장 전에 진열되고 전시되었을 가능성이다. '보이는 것'을 전제로 할 때, 화상의 정묘함과 형식의 다양함 등을 더욱 잘 해석할 수 있다. 장구에 묘사된 그림 속 조형과 선은 매우 정확하고 우아하다. 게다가 겉면은 선명하고 아름다운 색채와 금빛으로 장식되었다. 크고 화려한 도상은 도덕이나 종교적 의미를 표현하는 기능을 넘어 우리의 눈을 즐겁게 해준다.[47] 이처럼 그림은 천년을 훌쩍 뛰어넘어 여전히 우리를 감동시키고 있다. 6세기 사람들 역시 우리와 다르지 않았을 것이다.

장구화상이 염두에 둔 첫 번째 관람자는 사자의 후손이 아닐 가능성이 크다. 이런 그림들은 어린이들의 학습용 교과서에 삽입된 삽도가 아니다. 게다가 효자에 대한 새로운 교화는 이미 이른 시기에 발생했으며 부모의 장례에서 이뤄졌던 것도 아니다. 제왕들은 효자도가 있는 장구를 고인에게 하사했는데, 이는 고인의 후손—새로운 효자 세대—에 대한 찬미를 포함했다. 그러므로 새로운 효자들은 이런 영예를 사람들에게 서둘러 알릴 필요가 있었다. 그들이 돈을 내 주문제작한 장구였으므로 장례에 참석한 사람들이 장구 위에 표현된 그림들을 봐주기를 바랐다. 왜냐하면 정미한 그림은 새로운 세대의 효자들이 더욱 많은 돈을 지출했음을 의미하기 때문이다. 이런 돈이야말로 효심의 구현이라고 할 수 있다.

---

43 그 한 사례로 쟈오보(焦波)를 들 수 있다. 사진사인 그는 일찍이 산동성 박산구(博山區) 천진만촌(天津灣村)에 사는 부모가 자신들의 장례에 사용할 물건들 앞에서 기뻐하는 모습을 촬영했다(焦波, 『俺爹俺娘』, 濟南: 山東畵報出版社, 1998, pp.102-104).

44 본서 「장례(葬禮)와 도상(圖像)—양한(兩漢) 및 북조(北朝)의 자료를 중심으로」에서 관련 문제를 논의했다.

45 夏名采, 「青州傅家北齊畵像石補遺」, 『文物』 2001년 제4기, pp.92-93. 이 화상의 주제에 대한 연구는 鄭岩, 『魏晋南北朝壁畵墓研究』, 北京: 文物出版社, 2002, pp.241-246; 본서 「장례(葬禮)와 도상(圖像)—양한(兩漢) 및 북조(北朝)의 자료를 중심으로」 참조.

46 필자는 일찍이 이 무덤의 화상석이 중국에 거주하는 소그드인 미술의 영향을 받은 것으로 추정했다(鄭岩, 『魏晋南北朝壁畵墓研究』, pp.236-284). 주디스 러너는 이 화상 속의 개가 소그드 상장 속의 '견시(犬視. Sagdīd)'와 관련이 있다고 주장했으며, 나아가 이 장면이 송장의 장면임을 증명했다(Judith Lerner, "Zoroastrian Funerary Beliefs and Practices Known from the Sino-Sogdian Tombs in China," The Silk Road, Vol.9, 2011, pp.18-25).

47 이와 유사하게 정교하고 우아하며, 아울러 여러 기술과 재료를 사용한 또 다른 사례는 남조의 대형 무덤에서 화상전으로 출현하는 〈죽림칠현과 영계기〉 그림이다. 이 벽돌그림은 묘실에 밀봉된 채 있었기 때문에 언뜻 심미적인 것과는 무관해 보인다. 그러나 많은 연구자들은 이 그림을 유명 화가의 작품을 복제한 것으로 추정하고 있다.

도18 산동성 청주 부가촌묘 화상석, 북제 무평 4년(573)(필자 그림)

세상의 명성을 얻고자 하는 새로운 세대의 효자들에게 부모의 죽음은 효행을 표현할 아주 소중한 기회였다. 남북조시대 정사正史 속의 '효우孝友', '효행孝行', '효덕孝德'을 열거한 열전 가운데는 돌아가신 부모를 어떻게 안장하고 추모했는지에 중점을 둔 경우가 많다. 이 때문에 "흙을 돋아 무덤을 만들었다", "묘 옆에 초막을 만들었다", "3년 동안 피눈물을 흘렸다"는 식의 구절이 많다. 곽거고사와 마찬가지로 채순고사 역시 육조시대 정사正史 속에서 여러 번 표절되었다.[48] 심지어는 사용하는 단어까지도 동일한 경우가 많아, 사서의 작자가 옛 문자를 사용하여 새로운 고사를 기록했음을 알 수 있다. 이런 표절과 이식을 통해 명예를 훔치는 것은, 한편으로는 고대의 전범과 당대의 인물 사이에 모종의 관계를 성립시켰다. 옛 효자는 새로운 효자의 형상을 만들어내는 틀이 되었으며, 새로운 효자는 이로 인해 옛 효자가 시공을 초월해 다시 출현하는, 일종의 복제품이 되었다.

장구에 효자도를 묘사하는 것은 다시 한 번 효라는 주제와 묘장을 결합시켰다. 표절꾼들의 방식과 달리 이런 장구 속 효자도는 직접적으로 효자의 형상을 드러내는 것은 아니며, 고대의 사례를 지속적으로 묘사한다. 장구와 무덤 속에 산 사람의 형상을 묘사하는 것은 불길하고 영속적 가치도 결핍되는 일이었을 것이다. 그러므로 세월의 시련을 견뎌낸

---

48 저우칭취안이 먼저 이 문제에 주목했는데(鄒淸泉, 『北魏孝子畵像硏究』, pp.109-110), 이런 사례는 매우 많다. 예를 들면 다음과 같다. 『晉書·孝友·何琦』: "及丁母尤, 居喪泣血, 杖而後起. 停柩在殯, 爲鄰火所逼, 煙焰已交, 家乏僮使, 計無從出, 乃匍匐撫棺號哭. 俄而風止火息, 堂屋一間免燒, 其精誠所感如此." 『晉書』, 北京: 中華書局, 1974, p.2292; 『宋書·孝義列傳·賈恩』, "元嘉三年(426), 母亡, 居喪過禮. 未葬, 爲鄰火所逼, 恩及妻桓氏號哭奔救, 鄰近赴助, 棺櫬得免. 恩及桓俱見燒死." 『宋書』, p.2243.

II. 남북조시대

옛 효자만이 단단한 돌 위에 새겨질 수 있었다. '전시와 보는 것'을 통해 초점이 옛 효자에서 새로운 효자로 변화할 수 있었다.

넬슨효자석관 양측에는 채순고사 이외에도 순舜, 곽거, 원곡, 동영과 왕림의 고사가 묘사되어 있다. 곽거고사와 마찬가지로 이 화면들은 대부분 둘 혹은 세 단위로 동일한 고사를 표현하며, 주인공은 화면 속에서 여러 차례 등장한다. 그러나 채순고사에는 오히려 단 하나의 장면만 있을 뿐이다. 비록 화면은 채순의 집과 이웃집 등 두 부분으로 나뉘는 듯하지만, 실제로 두 부분은 동시성을 지닌다. 즉 이웃집에 불이 나서 막 타오르고 있을 때, 채순은 모친의 관 위로 몸을 엎드리는 것이다. 화면에는 고사의 기승전결을 두드러지게 표현하지 않았으며, 상대적으로 비교적 조용한 분위기를 연출한다. '조용한 분위기'를 통해 가옥과 관의 직선이 형성하는 강렬한 공간감(면적面的인 느낌)이 두드러지는데, 이런 시각적 효과는 나머지 부분에서 암석과 수목이 형성하는 느리게 흐르고 구부러지는 운동감과 매우 이질적이다. 그리하여 이 화면은 하나의 시각적인 초점이 되고 있다.

위에서 곽거화상을 분석하면서 장구화상의 '두 층위'를 언급했다. 넬슨효자석관 채순고사도의 특수한 형식을 결합하여 우리는 여전히 '층위'의 개념을 발전시킬 수 있으며, 당시의 '보는' 행위에 대한 추측성 복원을 시도할 수 있다.

첫째, 관람자는 흥미로운 각 세부 줄거리에 흥미를 느껴 화면이 만들어내는 허구의 공간 속으로 끌려들어가 석관의 존재를 잊어버린다. 둘째, 관람자가 한 걸음 물러섬으로써 고사의 세부는 점점 모호

해지고 화면의 전체가 중요해진다. 그리하여 효자들은 하나의 집합체로서 공통의 의미를 가진 존재로 다가온다. 셋째, 관람자는 시야를 계속 확대해 '실물' 형상으로 석관을 인식하며 상례가 진행되는 동안 새로운 효자가 석관 옆에 서있는 것을 목격하게 될 것이다.(도19) 마지막으로, '새로운 효자와 석관 사이의 관계'와 그림 속 '채순과 죽은 모친의 관 사이의 관계'는 서로 평행하여 새로운 효자는 채순에, 실제 관은 그림 속 관에 대응하게 된다. 이렇게 그림 속 장면이 그림 밖에서 다시 드러난다. 새 효자는 옛 효자의 고사를 연기함과 동시에 옛 효자의 그림 역시 새 효자가 석관에 투영하는 그림자가 된다. 사자의 후손이 실제로 효심이 많았는지와 무관하게 의례와 도상의 종합적인 작용으로 인해 그는 한 사람의 효자로 변하는 것이다.

아마 채순의 도상은 특수한 사례에 불과할 것이다. 실제로 많은 효자도와 새 효자의 관계는 결코 이처럼 기계적이거나 복잡할 필요가 없었다. 효자도가 포함하는 의미는 가볍게 새로운 효자에게 전이될 수 있었다. 석관화상의 방제에는 옛 효자의 이름이 선명하여 결코 그 행적의 귀속권을 가로챌 수 없다. 그러나 새 효자는 엄연히 이런 고대의 모델과 함께 거론되었고, 사람들은 새로운 효자의 덕행을 찬양할 때 옛 효자들에게 사용했던 찬사를 수시로 사용했다. 마치 사서 속 채순의 행적이 새 효자에 적용된 것처럼 말이다.

제작자와 관람자가 합심하여 효자도를 공통의 의미를 지닌 하나의 집합으로 변화시키고자 할 때, 줄거리 자체는 더 이상 중요하지 않았다. 그러나 원래 인물의 신분, 사건, 연대, 상황 등이 약화되고 일

도19 효자와 효자도가 묘사된 관(필자 그림)

단 다른 힘이 개입되면, 고사는 원래의 절제력을 잃고 도상의 의미도 달라지게 된다.

5. 지상과 지하: 효자도 의미의 변환

또 다른 힘은 죽은 자로부터 온다. 효자들이 상례에서 보여주는 퍼포먼스는 일회적인 것이다. 비록 묘 옆에 초막을 만들어 3년 동안 죽은 부모를 받들거나 혹은 정기적인 제사를 지내 효행을 어느 정도 연속시킬 수 있었다 하더라도, 장구들은 최종적으로 사자와 함께 전혀 다른 세계로 들어가야만 했다. 린

성즈林聖智는 효자도 속의 인물을 산 자와 죽은 자를 연결하며 아울러 산 자를 대신해 무덤 속에서 묘주를 시중드는 존재로 파악했다.[49] 그러나 효자도는 부장용 도용과 다르다. 이들의 무덤 내에서의 기능을 살펴보기 위해서는 여전히 도상 자체를 관찰해야만 한다.

상술한 곽거고사의 '변형'과 같은 현상은 결코 드물지 않았다. 마치다 아키라町田章는 강소성 단양丹陽 오가촌吳家村 남조 벽돌무덤에 표현된 〈죽림칠현과 영계기〉 그림 속 인물이 모두 노인으로 변한 사실에 주목하여 "실제로는 은사隱士인 죽림칠현을

---

49 林聖智, 「北朝時代における葬具の圖像と機能—石棺床圍屛の墓主肖像と孝子傳圖を例として」.

이상적 세계의 은사와 방사方士로 변화시킨 것"이며, "벽화의 의의는 신선에 대한 찬미로 변환된 감이 크다"고 보았다. 김가촌金家村과 오가촌 무덤의 제기에서 출현하는 혼란에 대해서도 그는 "이제 인물들의 이름은 중시되지 않았는데, 이는 인물 전체를 이상적 은사로 보고자 하는 것이 아니고 무엇이겠는가?"라고 물었다.[50] 자오차오趙超는 일찍이 남북조시대 죽림칠현이 신선으로 인식된 현상에 대해 "죽림칠현은 노장사상을 수용하여 현학을 널리알렸고, 여기에 세상 사람들의 떠받듦과 도교의 유행이 합쳐져 그들은 이미 신이 되고 도교적 의미를 가진 종교적 우상이 되었다"고 분석했다.[51] 필자 역시 남북조시대 무덤의 고사高士 제재의 의미 변화에 주목, 남북조시대에 사람들의 존숭을 받았던 문화적 모델들이 무덤에서는 묘주의 승선 과정의 동반자로 인식되어 원래의 의미를 상실했음을 논한바 있다.[52] 원밀석관의 그림 속 인물들은 나무 아래 앉아 있는데, 이런 도식은 결코 효자에게만 나타나는 것은 아니다. 남북조시대 무덤의 그림 속 고사 역시 대부분 나무 아래 앉은 모습으로 표현되었다.(도20)[53] 각 고사들 사이에 미묘한 차이가 있지만, 그럼에도 불구하고 남경 서선교묘西善橋墓의 벽돌그림은 '집합적인 초상collective portrait'으로서[54] 분명히 공통점을 지닌다. 끊임없는 복제 과정에서 고사들의 개성적 특징을 약화시킴으로써 신선이 되고자 하는 뜻을 나타내고자 했다. 산동 임구臨朐 해부산海浮山의 북제 천보 2년(551) 최분묘崔芬墓 벽화에 보이는 고사에서 이미 개인의 신분은 분별되지 않는다. 더욱이 독특한 이야기조차 도출할 수 없으며, 단지 나무 아래 앉아 있는 대동소이한 인물들을 볼 수 있을 뿐이다.(도21)[55] 이런 경향은 원밀석관의 효자도에서 나타나는 것과 아주 유사하다.

중국 심천박물관 소장 석관상 다리 부분의 곽거고사도에 출현하는 일부 세부표현은 주의할 만하다. 예를 들면 C 구역의 인물(도15)은 왕즈윈王子雲이 발표한 한 세트의 석관상 병풍,(도22)[56] 일본 텐리참고관天理參考館과 샌프란시스코 아시아미술관Asian Art Museum of San Francisco에 분산 소장된 한 세트의 석관 병풍[57]에서 유사한 사례를 볼 수 있는데, 나가히로는 후자를 '임간소요도林間逍遙圖'라 불렀다.[58] 필

---

50 町田章 著, 勞繼 譯, 「南齊帝陵考」, 『東南文化』 제2집, 南京: 江蘇古籍出版社, 1987, p.51.

51 趙超, 「從南京出土的南朝竹林七賢壁畵談開去」, 『中國典籍與文化』 2000년 제3기, pp.4-10

52 鄭岩, 『魏晋南北朝壁畵墓硏究』, pp.209-235.

53 강업묘에서는 이런 형식이 묘주의 형상으로 표현되었다. 이에 대해서는 본서 「죽은 자의 마스크─북주 강업묘 석관상(石棺床)의 도상」을 참조.

54 Audrey Spiro, *Contemplating the Ancients*, Berkeley: University of California Press, 1990, p.98.

55 臨朐縣博物館, 『北齊崔芬壁畵墓』, 北京: 文物出版社, 2002.

56 王子雲, 『中國古代石刻畵選集』, 도5.7, 5.9. 이런 석관상의 다른 도판은 黃明蘭, 『洛陽北魏世俗石刻線畵集』, pp.79-90의 도87-98 및 周到 主編, 『中國畵像石全集』 제8권, pp.67-68의 도86-87을 참조. 이 책의 도판 설명은 "원래 미국으로 유실되었다"고만 기록했는데, 아직도 소장자가 누구인지 알 수 없다.

57 長廣敏雄, 『六朝時代美術の硏究』, 도판29-34, p.148의 도41.

58 위의 책, p.148.

도20 강소성 남경시 서선교 궁산묘의 〈죽림칠현과 영계기〉 벽돌 그림, 남조(姚遷·古兵, 『六朝藝術』, 北京: 文物出版社, 1981, 도162·163)

자는 이런 인물이 산림을 출입하는 고사나 신선이 아닐까 생각한다. 리사오쉔李小旋은 미발표된 문장에서 "등현 학장의 남조묘 화상전에서는 곽거의 처가 상투를 높이 올리고 몸에 화려한 옷을 걸치고 있는데, 이는 넬슨효자석관 속 동영고사도의 선녀와 다를 바 없다"고 지적했다. 그는 이런 현상을 한대 이래 존속하던 인물화 모본의 '전이傳移'라고 해

석했다.[59] 이 밖에 인물이 원래와는 다른 신분으로 묘사되는 고사의 변형 역시 특정한 의미를 지닌다. 효자도 속의 이런 변화는 고사 속 인물을 신선 같은 역할로 변환하여 고인의 좌우에서 그와 함께 하도록 함으로써 장구와 무덤을 고인이 선경仙境으로 가는 통로로 미화하기 위한 것이다.[60]

강소성 단양 학선요묘鶴仙坳墓,[61] 건산建山 김가촌

---

59 李小旋, 「婦人, 仙人與舞者—試論中國早期繪畫中的人物形象的再利用」, 미발표 논문.

60 덩페이는 송대와 금대 무덤 속 효자도와 승선의 관계에 대해 연구했는데(鄧菲, 『關於宋金墓葬中孝行圖的思考』), 이처럼 시기가 늦은 자료와 북조 장구인 석관상 효자도 사이에 어떤 관계가 있는지는 이후 연구를 기다려야 할 것이다.

61 南京博物院, 「江蘇丹陽胡橋南朝大墓及磚刻壁畫」, 『文物』 1974년 제2기, pp.44-56.

II. 남북조시대

도21 산동성 임구시 해부산 최분묘 서벽의 벽화, 북제 천보 2년(551)(필자 그림)

도22 하남성 낙양 출토 석관상 병풍인물, 북위(王子雲,『中國古代石刻畫選集』, 도5.7과 5.9)

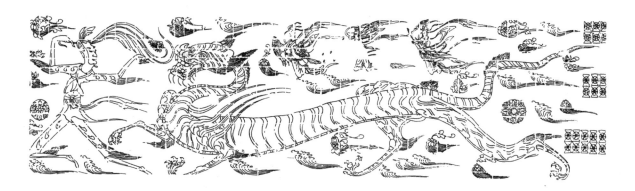

도23 강소성 단양시 금가촌묘 백호 벽돌그림, 남조(필자 그림)

묘,[62] 호교胡橋 오가촌묘[63] 등 대형 남조묘에서는 묘실 뒤쪽에 〈죽림칠현과 영계기〉 그림이, 앞쪽에는 선인이 청룡과 백호를 인도하는 커다란 화면이 있으며,(도23) 벽돌 옆면에는 "大龍" "大虎" 등의 문자가 음각되어 있다. 남조의 대묘에 표현된 용과 호랑이는 원밀석관 그림 속에서도 볼 수 있는데,(도12) 후자의 변화는 〈죽림칠현과 영계기〉를 각종 효자의 형상으로 전환시킨 데 불과하다. 그러나 두 명의 수하인물도 방식, 커다란 용과 호랑이의 조합은 매우 유사한데, 이런 화면에서 파생되어 나온 의미 역시 근본적으로는 큰 차이가 없을 것이다.

1977년 낙양의 북쪽 교외인 상요촌上窯村 산하瀍河 동쪽에 위치한 벽돌공장에서 출토된 한 구의 석관 양 측면에는 묘주가 용과 호랑이를 타고 선인, 기악, 괴수의 호위를 받으며 승선하는 장면이 새겨

져 있다.(도24, 도25)[64] 이 그림들은 표면적으로는 효자 제재와 달라 보이지만, 원밀석관에서 볼 수 있는 용과 호랑이, 괴수 등의 도상과 연관시킬 수 있다. 이처럼 신인을 태운 용과 호랑이, 그리고 괴수는 북제 최분묘의 벽화에서도 목격되는데, 다만 병풍 속의 고사高士가 함께 출현하는 점은 다르다.(도21)

용과 호랑이는 신선이 되고자 하는 자가 타는 것이며, 우인羽人은 이런 사람들의 인도자면서 보호자다. 신선이 되고자 하는 자와 마찬가지로 신분이 바뀐 고사나 효자는 죽은 자 본인이 된다. 효자도는 처음에는 주로 고인의 후손들의 영예를 위해 제작되었으나, 이후 또 고인의 이익과 결합하는 식으로 성격이 변화했다. 1977년 낙양 출토 석관상과 심천박물관 소장 석관상 병풍 가운데 효자도와 묘주상이 함께 출현하는 것을 볼 수 있다. 설령 묘주상이

62 南京博物院, 「江蘇丹陽胡橋·建山兩座南朝墓葬」, 『文物』 1980년 제2기, pp.1-17.

63 주62와 동일.

64 洛陽博物館, 「洛陽北魏畫象石棺」, 『考古』 1980년 제3기, pp.229-241.

II. 남북조시대

도24 하남성 낙양 상요촌 출토 석관 좌측 남성 묘주의 승선도, 북위(필자 그림)

도25 하남성 낙양 상요촌 출토 석관 좌측 남성 묘주의 승선도 세부, 북위(周到 主編, 『中國畵像石全集』 제8권, p.45의 도60)

출현하지 않더라도 장구들은 죽은 자의 시신과 함께 무덤 속에 매장되어야만 하는 것이다.

장구 화상을 제작한 장인들은 한 그림에서는 고인의 후손의 영예와 관련된 효를 강조할 수 있다. 그리고 다른 그림에서는 고인의 이익과 관련된 승선을 부각시킬 수 있다. 나아가 동일한 작품 속에서 교묘한 방법을 사용하여 하나의 도상으로 두 가지 기능을 모두 획득하기도 했다. 이처럼 고인의 이익이 되었건, 혹은 후손의 영예를 위해서건 장구에서 모든 목적을 드러낼 수 있었으며, 동시에 다른 제재 사이의 대립과 분열을 회피할 수 있었다.

사상사의 입장에서, 이곳의 효도나 신선관념은 전 시대의 내용을 결코 뛰어넘지 못했다. 효자건 승선이건 모두 진부한 개념이다. 효자도는 한대 이래 유행했던 제재며, 승선 역시 결코 신선한 발명이 아니었다. 게다가 한대의 상황과 비교할 때, 북조의 승선도상은 사상적으로 매우 허약했다.

비록 한대의 사후승선에 대한 체계적인 이론과 관련된 문헌기록을 찾기 어렵지만, 무덤과 사당 속에서는 도리어 한대인들이 각종 예술형식을 통해 신선신앙과 유관한 도상체계를 구축했음을 알 수 있다. 이런 도상은 처음에는 무덤과 사당에 출현하지 않았을 테지만, 상장에 일정한 영향을 미쳤다. 지금까지 밝혀진 바로는 이런 도상계통은 대략 세 영역을 포괄한다. 첫째, 서왕모를 핵심으로 하고 각종 선인들이 부가되는 신들의 계통이다. 둘째, 선도仙島, 곤륜산, 천문天門, 누각 등의 모티프처럼 선경仙境의 상상과 묘사에 관한 것이다. 마지막으로, 선경으로 가는 과정을 묘사한 것으로, 천마, 신록神鹿, 옥녀, 육박六博 및 일부 거마행렬이 포함된다. 이것

들은 일부 지역 혹은 사회의 중하층에서 유행했던 것으로 보이며, 결코 모든 사람들에게 환영받은 것은 아니다. 게다가 최종적으로 완성되거나 정형화된 모습은 없다. 그럼에도 불구하고 이런 시험적인 도상은 오히려 살아 있는 듯 생동적이고 상상력과 창조성이 매우 풍부하다.

그러나 북조 장구에 보이는 승선화상은 단조롭고 공허한 감이 있다. 사신, 인도하는 우인, 각종 괴수, 용과 봉황을 탄 악공들을 제외하면, 선경의 구체적인 묘사나 종교적 신상은 매우 적으며 창조적인 새로운 모티프는 더욱 볼 수 없다. 일부 학자는 이런 도상들을 도교미술로 보기도 하나 정확한 해석이라고 보기 어렵다. 실제로 이런 도상에는 제도화된 종교에서 볼 수 있는 체계적인 이론이나 관련 의례 등이 결여되어 있다. 우리들은 이런 도상들로부터 단지 전통사상이 연속되고 있음을 볼 수 있을 뿐이다. 사망에 대한 더욱 주도면밀하고 새로운 이론과 사상은 석굴사원과 불교조상들 속에서 찾을 수 있다. 낙양성 안팎에는 높이 솟은 사원과 탑이 즐비하였고, 용문과 공현에는 대규모의 석굴이 조형되었다. 시간이 흐를수록 사람들은 죽은 자의 영혼이 불교경전에 상세히 묘사된 천당에 들어가기를 기원하였다. 그러나 사자의 육신은 전통의례에 근거해 안장했다. 일부 장식적인 연화문을 제외하면 불교사상과 교리, 그리고 관련 의례는 장구 화상 속에 크게 유입되지 못했다. 이른바 천교祆敎로 불리던 조로아스터교 역시 이 시기 중원 지역에 들어온 소그드 등 외래민족의 무덤에서만 출현할 뿐이다. 만약 남북조시대의 장인들이 승선계통 도상의 구축에 일정한 공헌을 했다면, 그것은 고사와 효자

를 제재로 한 회화 사이의 경계를 모호하게 만들고, 심지어는 이런 인물고사 제재를 어느 정도 신선신 앙을 핵심으로 하는 도상체계 속으로 흡수했다는 점일 것이다.

내용보다 더욱 중요한 것은 도상 형식의 변화다. 사망을 둘러싸고 전개되는 예술창작에서 신분이 낮은 장인들은 형식을 미묘하게 조정함으로써, 관련된 각종 이익들 사이의 평형을 유지하고 무미건조한 주제를 더욱 다채롭고 다양하게 표현했다. 구도에서는 투시법에 대한 탐색을 시도했으며, 유창한 선으로 빽빽하고 성김을 잘 조절하여 수목이나 암석 등 새로운 물상을 묘사했다. 그리고 연한 녹색과 진한 붉은색, 나아가 번쩍이는 금니金泥 등은 예술언어에 대한 적극적인 시도라고 할 수 있다. 이 시대 특유의 '예술자각'은 동진과 남조회화의 다양한 양식과 이론에서 나타나고 있을 뿐 아니라, 전세傳世되는 권축화와 사승師承관계가 명확한 유명 화가들 속에서도 드러난다. 그리고 황천에 매장된 푸른 돌, 즉 무덤 예술 속에도 새겨져 있다.

그림의
테두리를 누른
붓끝

●

고분벽화와
전통회화사의 관계

도1 섬서성 부평현 여촌 주가도묘 서벽 산수 병풍 벽화, 당(徐濤 선생 제공)

도2 주가도묘 동벽 무악도 벽화, 당(徐濤 선생 제공)

1. 당대 고분 속 병풍도 벽화

1994년 섬서성 부평현富平縣 여촌향呂村鄉 주가도 촌朱家道村에서 무덤 하나가 도굴되었다. 도굴 사실 이 알려지자 즉각 발굴전문가가 투입돼 조사가 진행되었다. 조사에 의하면, 이 무덤은 면적 $4m^2$의 단실묘單室墓로 당 고조 이연李淵의 무덤인 헌릉獻陵의 배장묘陪葬墓 구역에 위치한다. 부장품과 묘지墓誌는 이미 사라져 묘주의 신분은 알 수 없다. 다만 인물의 복식과 머리 형태 등으로 미루어 연대는 성당기盛唐期로 추정된다.[1] 묘실 안에는 벽화가 있었는데 보존상태가 비교적 좋은 편이다.

서벽에는 6곡曲의 수묵산수 병풍이 그려져 있었으며,[도1][2] 동벽에는 악무가 표현되었다.[도2][3] 북벽에는 가로로 긴 두 병풍을 묘사했는데, 병풍 안에는 각각 푸른 소를 끌고 가는 곤륜노昆侖奴[도3]와 학鶴[도4]이 있다. 남벽의 서쪽 끝에도 역시 가로로 긴 병풍을 그렸는데, 엎드린 사자가 묘사되어 있다.[도5] 묘문 양쪽에는 시종 한 명씩을, 천장에는 해와 별자

1 井增利 · 王小蒙, 「富平新發現的唐墓壁畫」, 『考古與文物』 1997년 제4기, pp.8-11. 이 글은 너무 간략하여 관련 자료인 張建林, 「唐墓壁畫中的屏風畫」, 『遠望集』編委會, 『遠望集―陝西省考古研究所華誕四十周年紀念文集』 下卷, 西安: 陝西人民美術出版社, 1998, pp.720-729를 침조하였다. 후자에는 이 무덤의 서벽과 북벽 벽화의 선묘화가 발표되어 전자의 미비함을 보충해주고 있다. 그러나 불행히도 이 무덤의 벽화는 최근 현지 촌민에 의해 파괴되어 더 이상 상세한 자료를 얻을 수 없다.

쑨즈홍(孫志虹)은 산수벽화의 양식분석을 통해 무덤의 연대를 중당기로 추정했다(「從陝西富平唐墓山水屏風畫談起」, 『文博』 2004년 제6기, p.53). 쉬타오와 리싱밍 두 사람은 무덤의 조성연대를 성당 후기로 추정했으며(徐濤, 「呂村唐墓與水墨山水的起源」, 『文博』 2001년 제1기, pp.53-57; 李星明, 『唐代墓葬壁畫研究』, 西安: 陝西人民美術出版社, 2005, p.351), 자오성량은 8세기 말~9세기 건립으로 추정했다(「唐代壁畫中的水墨山水畫」, 陝西歷史博物館 編, 『唐墓壁畫國際學術研討會論文集』, 西安: 三秦出版社, 2006, pp.297-313).

2 징쩡리(井增利)와 왕샤오멍(王小蒙)은 "서벽과 관상(棺床) 등에 한 세트의 산수병풍화를 그렸다"고 보도했다. 장젠린은 이 벽화들이 서벽에(위의 논문, p.722), 리싱밍은 벽화가 "묘실 서벽의 관상 위에 위치하고 있다"고 하여(위의 논문, p.350), 서벽과 관상이 서로 대응하는 위치에 벽화가 그려지고, 벽화는 석판으로 만들어진 관상과 함께 둘레병풍을 가진 커다란 상을 구성하고 있음을 알 수 있다.

3 장젠린은 남벽의 누운 사자 주위에 병풍 테두리가 그려져 있고, 동벽 무악도에도 병풍의 테두리 흔적을 볼 수 있다고 했다. 이는 징쩡리와 왕샤오멍의 글에서는 볼 수 없던 정보다. 2008년 10월 섬서성문물국의 쉬타오 선생과의 담화에서 그는 동벽의 무악도가 병풍형식 인지 아닌지는 더 생각해볼 여지가 있다고 하였다. 그가 제공한 사진자료를 살펴본 결과, 사자도 옆에는 확실히 병풍 테두리가 있으나 무악도에서는 병풍의 흔적을 볼 수 없었다.

리 등을 그렸다.

고대 병풍의 형식과 구조에 대한 학자들의 분류법에 따라 이 무덤의 병풍벽화를 구분하면, 남벽과 북벽의 세 병풍은 '면판 하나를 세운 입병立屛'에 속하며, 서벽의 병풍은 '접고 펴는 것이 가능한 다곡多曲병풍'에 속한다.[4] 조사보고서와 다른 보도 자료에 근거하여 필자가 간략하게 병풍화의 배치도를 그려보았는데, 묘실 내 병풍화의 대략적인 배치 상황을 알 수 있다.(도6)

최근 많은 학자들이 당대 산수화를 논하면서 이 무덤의 산수병풍 벽화를 자주 인용하고 있다. 어떤 연구자는 무덤 안 각 세트의 병풍벽화 옆에 그려진, 손에 필묵 등을 든 시종에 주목하기도 했다. 북벽의 두 병풍 사이에는 남장을 한 시녀가 붓을 들고 있고,(도7) 서벽 산수병풍 남쪽에는 복두건(幞頭巾을 쓴 두 명의 남자 시종이 각각 붓을 씻는 그릇을 들고 있다.(도8) 색깔로 미루어 한 그릇에는 물이, 또 다른 그릇에는 먹물이 들어 있는 것 같다. 이런 세부에 대해 장젠린張建林은 북벽과 서벽의 시종은 "지금 막 붓을 휘둘러 병풍화를 그리려는 화가를 시중드는 것 같다"고 평했으며,[5] 리싱밍李星明은 다음과 같이 지적했다.

이것은 우리가 이미 알고 있는 다른 당대 벽화무덤에서는 출현하지 않는 장면이다. 벽면에 그림을 그리는 사람의 형상이 없고, 또 벽화의 조합과

도3 주가도묘 북벽 곤륜노와 푸른 소 병풍 벽화, 당(徐濤 선생 제공)

도4 주가도묘 북벽 학 그림 병풍 벽화, 당(徐濤 선생 제공)

도5 주가도묘 남벽 누운 사자 병풍 벽화, 당(徐濤 선생 제공)

4 李力,「從考古發現看中國古代的屛風畫」, 中山大學 藝術史研究中心 編,『藝術史研究』제1집, 廣州: 中山大學出版社, 1999, p.286.

5 張建林,「唐墓壁畫中的屛風畫」, p.722

도6 주가도묘 벽화 배치도, 당(동쪽에서 서쪽을 바라보며. 필자 그림)

도7 주가도묘 북벽 시녀 벽화, 당
(徐濤 선생 제공)
도8 주가도묘 서벽 시종 벽화, 당
(徐濤 선생 제공)

그림의 테두리를 누른 붓끝

인물의 위치 및 자태가 구성하는 정경 등으로 미루어 볼 때 그림을 그리는 화가는 바로 묘주일 것이다. 그러므로 묘주는 그림을 좋아하는 귀족 혹은 사대부 화가일 가능성이 있다.[6]

이는 도상의 제재와 형식을 바탕으로 작품과 사람의 관계를 고려한 견해이다. 생각 자체는 기발하지만, 이를 확정하기 위해서는 더 많은 논거와 분석이 필요하다. 쉬타오徐濤는 최근 발표한 글에서 관련 인물들을 더욱 확장하여 "아마도 묘주 혹은 그의 상장喪葬을 안배한 친속이나 관원이 회화의 감상자거나, 혹은 화가가 그 안의 설계에 참여한 것을 의미하는지도 모른다"고 평했다.[7]

필자가 보기에 손에 필묵을 받들고 있는 시종은 확실히 벽화 작자의 존재를 암시한다. 그렇다 하더라도 무덤 안에서 영면하고 있는 사자死者로까지 그 범위를 확대할 필요는 없다. 이런 독특한 형식이 가리키는 것은, 무덤 안에 그림을 그린 후 곧바로 몸을 돌려 떠난 화공이라고 보는 게 나을 듯하다.

지하에 영면하고 있는 사자와 비교할 때, 화공과 벽화의 관계는 일시적이지만 더욱 직접적이다. 벽면을 마주하고 선 화공은 누구보다도 '어떻게 벽화를 완성할 것인가'라는 문제에 골몰했을 것이다. 화공은 먼저 자신의 작품을 당대 회화에서 가장 흔한

평평한 병풍이라는 '그림의 테두리' 속에 집어넣고, 이어 테두리 안에 각종 화면을 배치했을 것이다. 각각의 화면은 제재와 형식 면에서 큰 차이를 보인다. 우선 산수, 동물, 인물 들의 제재 사이에는 큰 관련이 없다. 형식상의 차이는 더욱 명백하다. 첫째, 6폭 산수화는 원경遠景이 되고, 곤륜노와 푸른 소의 형상은 조금 작아 중경中景 같으며 사자와 학은 근경近景이 된다. 둘째, 6폭의 산수가 서벽에 병렬하지만, 이들은 구도와 형식 면에서 서로 독립적이다. 셋째, 산수와 학은 수묵을 많이 쓴 반면 곤륜노, 소, 사자는 선명한 색채를 사용했다. 이런 차이는 여러 폭의 화면의 관계를 소원하게 했는데, 이와 같은 거리감은 모든 것들이 단지 화공의 붓 끝에서 이뤄졌음을 시사한다.[8]

병풍 바깥에 배치된 시종은 비록 벽화의 일부지만, '테두리'로 인해 그들과 병풍 안의 도상은 두 개의 세계로 분리되었다. 북벽의 붓을 든 여성은 두 병풍 사이의 한정된 공간에 서 있는데, 그녀의 손은 이미 박락되었으나 다행히 훼손되지 않은 붓끝이 푸른 소가 있는 병풍의 동쪽 테두리를 파고 들어가 있다는 점에 주목할 필요가 있다. 이는 그녀의 의복 뒤쪽 모서리 부분과 쌍학을 그린 병풍의 서쪽 테두리가 만나는 부분과 대비된다. 다시 말해 화가는 의복의 선을 처리할 때에는 조심스럽게 병풍을 피하

---

6 李星明, 『唐代墓葬壁畫研究』, pp.350-351.

7 徐濤, 「唐墓所見〈昆侖奴青牛圖〉考釋」, 中山大學 藝術史研究中心 編, 『藝術史研究』 제10집, 廣州: 中山大學出版社, 2008, p.348.

8 이런 효과는 적어도 시각적인 면에서 볼 때 상당히 돌출적이다. 관념적인 면에서 볼 때, 우리는 아마도 조금은 억지스럽지만 이 화면들 사이의 내재적 관계를 구축할 수 있다. 즉, 산수화는 도가의 은일사상과 관련이 있으며, 괴석 옆의 매우 한가로운 학의 자태 역시 도가가 추구하는 무언가를 반영하고 있다고 볼 수 있다. 게다가 푸른 소를 보고 노자의 행적을 연상할 수도 있으며, 묘문 근처의 사자 역시 벽사의 뜻을 내포하고 있다고 추정할 수 있다.

여 병풍의 완전한 모습을 유지한 반면 붓끝을 그릴 때는 도리어 상반되는 수법을 채용했다.

병풍과의 미묘한 관계로 붓의 형상은 특별히 돌출되고 여성과 병풍화의 거리 또한 벌어졌다. 이와 비슷한 세부묘사를 보이는 그림으로는 이탈리아 르네상스 초기의 유명 화가 프란체스코 델 코사 Francesco del Cossa(1435~1477)의 〈천사가 기쁜 소식을 알리다〉가 있다. 화가는 그림의 테두리 아래쪽에 달팽이 하나를 그렸다.(도9, 도10) 이에 대해 프랑스 현대 예술사가인 다니엘 아라스Daniel Arasse는 "달팽이는 화면 위에 그려져 있지만, 화면 안에 그려진 것은 아니다"고 평했다.[9] 고분벽화 속 '그림의 테두리'를 누른 붓끝은 확실히 화공이 의식적으로 그렇게 한 것으로, 벽화 속 여성을 화공과 우리가 존재하는 현실로 밀어 넣는다. 아라스의 말을 빌려 얘기하자면, 이 여성은 화공이 "어떤 그림 속의 형상으로 창조한 것이며, 그를 우리가 존재하는 공간 속에 놓도록 한 것이다."[10] 병풍 속 각각의 화면이 서로 무관하게 존재하는 것과 달리, 붓을 든 여성과 물과 먹물을 든 두 명의 남성은 다른 벽면 위에 위치하고 있음에도 불구하고 분명히 모종의 관계를 지닌다. 그들의 높이는 실제 사람과 큰 차이가 없으며, 화공과 동일한 지면상에 서 있다. 그들이 손에 쥔 것은 실제로는 한 세트의 문방용구들이다. 더욱 중요한 것은 화공의 행동이 그들을 직접적으로 연계시킨다는 점이다. 그는 수시로 여성의 손에 있는 화필을

도9 프란체스코 델 코사(Francesco del Cossa, 1435–1477), 〈천사가 기쁜 소식을 알리다〉(ca.1470–1472), 독일 드레스덴미술관 소장(阿拉斯, 『我們什麼也沒看見――部別樣的繪畫描述集』, 北京: 北京大學出版社, 2007, 彩版1의 下)

도10 프란체스코 델 코사, 〈천사가 기쁜 소식을 알리다〉(부분).

받아 두 명의 남성이 있는 곳으로 가서 물에 담그고 먹을 묻힌 후 다시 병풍 안에서 붓을 휘두른다. 화공 본인 이외에 누가 이처럼 강렬하게 회화 도구와 재료(붓, 먹, 물, 병풍)의 의미에 관심을 두겠는가.[11] 이

---

9 阿拉斯(Daniel Arasse) 著, 何蒨 譯, 董强 審校, 『我們什麼也沒看見―部別樣的繪畫描述集』, 北京: 北京大學出版社, 2007, p.26.

10 阿拉斯, 『我們什麼也沒看見―部別樣的繪畫描述集』 p.27.

11 다른 고분벽화에서도 간혹 문방구를 든 시종을 볼 수 있는데, 대부분 다른 물건을 가진 시종과 함께 출현한다. 산서성 태원시 남쪽 교

처럼 특별한 설계는 짧은 창작 과정을 '고정'시킴으로써 우리들이 화공을 추념할 수 있는 '색인'이 되게 했다.

이와 같은 필자의 해석은 문헌에 근거하여 그림의 주제를 고증하는 방법과 달리, 화면의 시각적 형식에 대한 분석에 기초한다. 만약 '증거'를 문자자료의 범위에 한정해버린다면, 우리는 이런 판단을 지지해줄 어떤 문헌자료도 영원히 발견할 수 없을 것이다. 한편 주가도묘 벽화와 코사의 그림은 성격상 차이가 매우 크다. 전자가 어두운 무덤 안에 깊이 감추어진 것인 반면 후자는 한 폭의 제단화다.[12] 필자의 해석은 실증주의의 궤도에서 벗어났다는 것 이외에도, "작은 붓끝을 너무 확대했다"는 비판에 직면해야 할지도 모르겠다. 그렇다면, 잠깐 한 발 물러나 이론적 논변은 제쳐둔 채 단지 이런 해석을 가설이라 보고 새로운 발견과 연구를 통해 검증하고 수정하기로 하자. 이런 해석에서 출발하여 일련의 문제를 제기할 수 있다는 점이 오히려 더 중요

하다. 즉 '무덤 속 벽화와 벽화의 작자는 도대체 어떤 관계인가? 문헌과 현존하는 전세품만을 근거로 할 때 전통회화사와 고분벽화는 어떤 관계인가? 고고학적 자료에 직면하여 미술사는 어떤 문제를 제기해야 하며, 어떤 서사적 관계를 수립해야 하는가?' 등의 질문 말이다.

2. 고분벽화와 중국회화사

20세기 이후 미술사가들이 고분벽화를 중국회화사에 편입시킨 이유는 먼저 고대회화사의 사료가 적었기 때문이다. 고고학적 자료들은 '공백을 메워주는' 기능을 발휘했다. 이런 점에서 본다면 고분벽화는 확실히 중국회화사의 시간적 범위를 크게 확대시켰다고 할 수 있다.

많은 영문판 중국미술사 서적들이 일찍이 하남성 낙양 교외('팔리대'로 알려져 있다)에서 발견돼 현재 미국 보스턴미술관에 소장된 전한대 무덤 속 박공

외 왕곽촌에 위치한 북제 누예묘의 용도 뒤쪽 서벽에는 붓을 꽂은 필가(筆架)를 든 한 명의 시종이 있는데(揚之水, 『終朝采藍—古名物尋微』, 北京: 生活·讀書·新知三聯書店, 2008, p.184), 수건을 가진 동벽의 시종과 서로 대응하고 있다(山西省考古研究所·太原市文物考古研究所, 『北齊東安王妻睿墓』, 北京: 文物出版社, 2006, pp.64-65). 강서성 악평현 예림향(禮林鄕) 구림촌(九林村) 석류화첨산(石榴花尖山)의 송대 무덤 서벽에는 손에 벼루를 든 시종이 그려져 있다. 이것과 대응하는 동벽에는 지팡이를 든 무관과 홀을 든 문관, 원형 합, 인수(印綬), 접시, 수건, 대야, 두루마리 형태의 물건 등을 든 시종들이 있다(江西省文物考古研究所·樂平縣文物陳列室, 「江西樂平宋代壁畫墓」, 『文物』 1990년 제3기, pp.14-18). 반면 벼루는 다른 물건들 속에 숨겨져 돌출되지 않는다. 여기에 표현된 시종들은 아마도 묘주를 위해 그려졌으며, 시종이 든 물건은 강소성 무석 흥죽(興竹)의 송대 1호묘에서 부장품으로 벼루가 발견된 것처럼 무덤의 부장품과 같은 의미를 가지고 있을 것이다(無錫市博物館, 「江蘇無錫興竹宋墓」, 『文物』 1990년 제3기, pp.21-22). 그러나 부평 주가도묘 벽화 속의 시종이 가진 물건은 품목이 단일하고, 화면의 형식 역시 상술한 무덤들과는 크게 다르다.

12 아라스는 시종 관람자의 각도에서 코사의 작품을 해석하고 있다. 코사의 작품이 교회당 안에 진열된 것과 달리 무덤은 일반적으로 공적인 공간이 아니다. 고분벽화의 관람자에 대해서 필자는 일찍이 묘주의 영혼, 그리고 개별적인 상황에서 묘문이 닫히기 전에 묘실에 들어갈 수 있었던 산 자들이 모두 벽화를 위한 관람자라고 추정했다(본서 「한대 상장화상(喪葬畫像)의 관람자」 참조). 여기서 보충해두고 싶은 것은, 벽화가 완성된 후 와서 본 시주자, 무덤 안에 벽화를 그린 화공들 역시 현장의 관람자라는 점이다. 여기서 특히 후자의 창작 당시의 태도와 심리는 미술사연구에서 반드시 주목해야 한다.

부분의 벽화를 자주 언급한다.[13] 1934년 허창췬賀昌群이 이 자료를 중국에 처음 소개함으로써,[14] 중국학자들은 고분벽화로부터 중국의 초기회화사를 논의하기 시작했다. 그러나 유명한 저술에도 언급되지 않았고, 또 일찍이 어두운 지하에 밀폐되었던 회화작품들이 어떻게 당당히 무대에 올라 형호나 관동, 동원과 거연, 나아가 오파吳派 대가들의 작품과 함께 거론될 수 있겠는가? 발굴을 통해 발견된 이 자료들은 전통회화사 속의 권축화卷軸畫와 어떠한 관계인가? 이런 질문에 대한 논의는 매우 적다. 그러나 이런 문제들은 고고학과 예술사의 관계, 역사적 관념의 변화 등에 대해 중요한 이론적 과제를 제기한다. 한두 편의 논문은 충분한 대답이 될 수 없다. 필자가 여기서 제기하고자 하는 것은 단지 이런 문제의 일부일 뿐이다.

일부 중국회화통사 저술이 주는 인상은 다음과 같다. 선사시대와 선진시대의 회화는 수많은 그릇들에 표현된 문양이고, 위진남북조시대 회화는 비단그림[帛畫]과 고분벽화, 화상전과 화상석, 석굴벽화 등 다양한 형식으로 나타나며, 당대 회화는 전해 내려오는 권축화, 고분벽화와 석굴벽화 등으로 구성되나 뒤로 갈수록 고분벽화는 역사 무대에서 사라지고 일부 회화사는 곧 단순한 권축화의 역사로 변화한다. 이렇게 놓고 보니 고분벽화와 권축화는 흡사 이것이 없어지면 저것이 흥성하는 과정을 가지고 있는 것처럼 보인다. 즉 초기회화사의 경우 작품은 있지만 작가는 없으며, 위진시대에는 작가는 있지만 작품이 없고, 더 뒤로 가면 작가도 있고 작품도 있다. 그러나 이는 재료가 가지는 한계와 단순한 서사가 초래한 착각에 불과하다.

최근 일부 학자가 고분벽화의 특성을 충분히 주의하고 고대의 장의葬儀 연구를 중시하며 나아가 고고학적 자료가 가지는 우연성과 한계성을 인식할 필요성을 환기시켰다.[15] 또 어떤 학자는 발굴을 통해 발견된 초기 도상자료를 '의례 속의 미술'로 개괄하고 주로 감상을 위해 창작된 훗날의 권축화와 구별하기도 했다.[16] 이런 관점은 경청할 필요가 있다. 필자의 연구 역시 그들의 영향을 받았다. 21세기를 살아가는 우리가 중국회화사를 권축화, 심지어는 문인화의 범위 안에 제한할 필요가 전혀 없

---

13 Otto Fischer, *Die Chineseische der Han-Dynastie*, Berlin: Neff Verlag, 1931, pp.82-83; Kojiro Tomita, *Portfolio of Chinese Paintings in the Museum(Han to Sung Periods)*, Boston, 1933, pls.1-8; Fontein Jan and Wu Tung, *Unearthing China's Past*, Boston: Museum of Fine Arts Boston, 1973, pp.96-99.

14 賀昌群, 「三種漢畫之發現」, 『文學季刊』 創刊號, 1934년 1월, pp.233-236.

15 양홍 선생은 "고고학적인 각도에서 보면, 한대 묘실벽화 연구의 기초 작업은 바로 한대 고분벽화에 대한 종합연구다. …… 만약 한대인들이 어떻게 장의제도를 보았는지 명확히 알지 못한다면 자연히 현대인의 사유를 사용하여 한대 벽화를 '진단'하게 된다. 그렇다면 나오는 결론은 뻔할 것이다"라고 지적했다. 또한 "한대 고분벽화의 발견이 중국미술사, 특히 중국의 고대회화사 연구에 중요한 작용을 한다는 점을 충분히 인정하더라도 한대 고분벽화의 예술적 가치를 지나치게 과장해서는 안 된다. 왜냐하면 한대 고분벽화의 제재는 상장의례의 제한을 받으며, 기법면에서도 당시 회화예술의 일반적 상황만을 반영하고 있을 뿐, 절대로 한대 예술의 가작(佳作)을 대표하는 것은 아니다"라고 역설했다(楊泓, 「中國古代墓葬壁畫綜述」, 考古雜志社 編, 『探古求原—考古雜志社成立十周年紀念學術文集』, 北京: 科學出版社, 2007, p.175, p.178).

16 巫鴻 著, 鄭岩 等 譯, 『禮儀中的美術—巫鴻中國古代美術史文編』, 北京: 生活·讀書·新知三聯書店, 2005.

다. 많은 고분벽화와 석굴벽화 등의 자료는 확실히 연구할 만한 가치가 있는 중국회화사의 새로운 계통이라고 할 수 있다. 다만 사찰이나 도관 및 석굴의 벽화를 연구할 때 반드시 종교적, 사회적 배경을 고려해야 하는 것과 마찬가지로 고분벽화 또한 반드시 상장의 기능을 고려해 이해해야 한다.

그러나 이것이 우리가 극단적인 결론에 이르러야 한다는 의미는 아니다. 즉 모든 시대의 고분벽화를 사회관념의 산물이나 상장의례의 부속품, 또는 사상이나 물질문화사의 자료로만 간주하고 작품 자체의 예술적 가치를 소홀히 하거나 작품이 작자의 창조적 사유의 결과임을 간과해서는 안 된다. 30여 년 전 한대 예술을 연구한 미국학자 페어뱅크는 다음과 같이 지적했다.

예술작품의 내용을 어떻게 대할 것인가? 예술가가 전통과 외부세계, 정서, 그리고 미에 대한 감각을 특정 도안이나 설계, 고사를 활용하여 어떠한 재료로 어떻게 표현했건 간에 그는 후원자나 주인의 각종 요구라는 외부요소와 무관할 수 없다. 예술에서 창조성과 현실적인 요구 사이의 관계에 대해 줄곧 많은 학생과 학자, 그리고 비평가들이 주목해왔다. 그들은 전통과 작품의 연대, 역사배경을 논의한다. 그리고 형상, 양식, 설계 요소 등을 분류하고 그 상징적 의의와 도상적 의미 등을 해석한다. 이처럼 고심의 흔적이 뚜렷한 연구와 해석은 우리가 작품을 이해하는 데 큰 도움

이 된다. 그러나 실제 연구 과정에서 일부 학자들은 작품의 내용 때문에 혼란스러워 이런 작품을 창조한 두 손과 머리를 보지 못하기도 한다. 이런 학술토론에서는 주제와 양식을 독립적인 실체로 설정하는 경향이 강하다! 차근차근 양식을 분석하는 과정에서 그것들을 단성생식單性生殖(parthenogenesis)하는 아이로 간주하는 경우도 적지 않다![17]

페어뱅크의 언설은 오늘날에도 여전히 가치가 있다. 그는 아주 겸손하게 예술작품의 내용 연구에 대한 언급을 회피하고 재질, 기술, 양식에 대한 논의에 특별히 주의했다. 그의 의견은 매우 독창적이다. 수십 년 동안의 '신예술사'의 흐름이 지나간 후 원래의 입장으로 되돌아갈 필요는 없다. 사회사와 문화사에 대한 연구를 작품의 형식 및 양식을 분석하는 것과 연결하는 노력을 통해 새로운 기초 위에서 작품의 형식과 양식을 관찰할 수 있을 것이다. 이런 인식을 기반으로 고분벽화를 심층적으로 연구할 때 반드시 주의해야만 하는 것 가운데 하나가 시대상에 따른 벽화의 변화이다.

고분벽화는 독자적인 문화전통을 지니는 한편 당시의 생사관과 기타 종교관념의 영향을 받는다. 그리고 무덤은 시대의 변화와 무관하게 비교적 강한 전승관계를 갖고 있다. 그러므로 늦은 시기의 일부 무덤은 초기 벽화의 내용을 계승하는 경우가 많다. 그러나 한편으로는 시간적 변화 또한 분명하게

17 Wilma Fairbank, *Adventures in Retrieval: Han Murals and Shang Bronze Molds*, Cambridge: Harvard University Press, 1972, p.4.

III. 당대~원대

도11 하북성 곡양현 서연천촌 왕처직묘 동쪽 이실 동벽 벽화 속의 산수병풍, 오대(河北省文物研究所·保定市文物管理處, 『五代王處直墓』, 彩版18)

나타난다. 한대 고분벽화가 일종의 기능성 회화라면, 후기의 고분벽화는 도리어 전통적 생사관과 상장의례로부터 점점 더 멀어졌다. 조위曹魏에서 박장薄葬을 시행하고, 또 불교가 유행하면서 묘장에 대한 사람들의 관념에 중요한 변화가 발생했기 때문이다. 이런 변화는 고분벽화의 내용과 형식의 변화를 유도했다. 일부 연구자는 초기 고분벽화의 문제를 너무도 쉽게 후대의 자료 속에 이식하곤 한다. 그리하여 한대부터 명청시대까지 무덤에서 출현하는 회화가 모두 옛 선인들의 불변하고 경건하기 이를 데 없는 '생사관'을 반영하는 것으로 보는데, 이는 매우 편협한 사고라 할 수 있다.

상장에 사용되는 고분벽화와 일상생활 속 회화는 성격이 다르다. 그렇다고 해서 양자가 절대적으로 독립하여 발전하며, 서로 어떤 관계도 없다고 할

수는 없다. 묘장계통이 비교적 특수하다고 할지언정 고분벽화는 여전히 회화의 형식으로 나타난다. 사회생활 속 회화의 변화와 발전은 지하의 고분벽화에 영향을 줄 수밖에 없다. 회화의 심미적 가치에 대한 인식, 회화예술의 독립, 회화언어의 풍부함과 발전 모두가 고분벽화의 내용과 형식에 영향을 준다. 시대가 비교적 늦은 무덤에서 이 점은 더욱 분명하게 드러난다. 하북성 곡양현曲陽縣 서연천촌西燕川村에 소재한 오대의 왕처직묘王處直墓 내부에 있는 병풍화 속의 산수(도11)와 화조는 비록 유명 화가의 손에서 나온 것은 아닐지라도 현존하는 동원董源의 산수화나 문헌기록 속 서희徐熙의 장당화裝堂花와 관련성을 보인다.[18] 요녕성 법고현法庫縣 엽무대葉茂臺의 요대 7호묘에는 심지어 양 폭의 긴 축그림[軸畵]을 실내 건축물처럼 만든 관실棺室의 내

18 河北省文物研究所·保定市文物管理處, 『五代王處直墓』, 北京: 文物出版社, 1998; 孟暉, 『花間十六聲』, 北京: 生活·讀書·新知三聯書店, 2006, pp.28-29; 鄭岩, 「裝堂花新拾」, 〈中國文物報〉 2001년 1월 21일, 제4판.

벽에 걸어 놓기까지 했다.(도12, 도13)[19] 최근 일부 학자들이 상장의례의 각도에서 이 그림을 새롭게 해석하려고 했지만,[20] 이러한 회화가 더 이상 전통적인 벽화가 아니라 세로의 축그림 형식을 취하고 있다는 점을 간과해서는 안 된다. 양홍 선생은 일찍이 하북성 정형현 井陘縣 시장柿莊의 금대 무덤에서 나온 〈부녀도련婦女搗練〉 벽화에 주목, 장훤 張萱의 〈도련도〉의 모본이 민간에서 유행했음을 언급하고, "민간에서 장훤화풍의 그림이 유행하고, 또 그 모본에 의거해 고분벽화를 그렸는지는 알 수 없다"고 하였다.[21] 또 다른 대표적인 사례는 산서성 대동의 원나라 지원 2년 (1265) 풍도진馮道眞 무덤의 산수벽화다.[22] 구도와 필법 등을 모두 현존 회화와 비교할 수 있고, 그림에 '소림석조疏

도12 요녕성 법고현 엽무대 7호묘 출토 〈심산회기도(深山會棋圖)〉, 요(中國古代書畫鑒定組, 『中國繪畫全集(3): 五代宋遼金』 제2권, 杭州: 浙江人民美術出版社, 1999, p.82의 도57)

도13 요녕성 법고현 엽무대 7호묘 출토 〈죽작쌍토도(竹雀雙兎圖)〉, 요(中國古代書畫鑒定組, 『中國繪畫全集(3): 五代宋遼金』 제2권, 杭州: 浙江人民美術出版社, 1999, p.84의 도59)

林夕照'의 제자題字가 출현하는 등 한 폭의 두루마리 형식과 크게 다르지 않다.(도14) 형식 면에서 확실히 후기 고분벽화는 한위漢魏시기와 크게 다르다. 물론 벽화가 무덤이라는 특정한 건축공간 속에 있다는 사실과 의례와 종교적 맥락에서의 특수한 의의(예를 들면, 풍도진묘의 산수벽화를 묘주가 전진교全眞敎 도관道官이며 용상만수궁龍翔萬壽宮의 종주宗主라는 신분과 연

관시켜 고려할 수도 있다) 등은 지속적으로 논의되어야 한다. 그러나 어쨌든 벽화의 형식에서 새로운 변화가 일어나고 있다는 사실을 소홀히 해서는 안 된다. 연구자들이 풍도진묘의 〈소림석조도〉를 현존하는 권축화와 함께 관찰해야만 하는 이유다.[23]

19 遼寧省博物館·遼寧鐵嶺地區文物組,「法庫葉茂臺遼墓記略」,『文物』1975년 제12기, pp.26-36.

20 李淸泉,『宣化遼墓: 墓葬藝術與遼代社會』, 北京: 文物出版社, 2008, pp.203-212.

21 楊泓,「記柿莊金墓壁畫"搗練圖"」, 楊泓,『逝去的風韻—楊泓談文物』, 北京: 中華書局, 2007, pp.218-220.

22 大同市文物陳列館·山西省雲岡文物管理所,「山西省大同市元代馮道眞·王靑墓淸理簡報」,『文物』1962년 제10기, p.45.

23 李鑄晋,『鵲華秋色—趙孟頫的生平與畫藝』, 北京: 生活·讀書·新知三聯書店, 2008, pp.156-160.

도14 산서성 대동시 풍도진묘 산수벽화, 원(『文物』1962년 제10기, p.45)

3. 위진남북조시대의 고분벽화

고분벽화의 변화 연구에서 심층분석이 필요한 시대는 위진남북조시대다. 이 시기에 회화는 기타 예술형식과 마찬가지로 전혀 새로운 단계에 진입했다. 유럽 르네상스시대에 회화가 흥성했던 것과 마찬가지로, 이 시기에는 독립된 두루마리 그림이 날로 유행하였으며, 이는 훗날 중국회화의 기본 형식 가운데 하나가 되었다.[24] 휴대가 간편한 두루마리 그림은 구매하여 감상하고 소장하고 싶다는 욕구를 불러일으켰다. 본문 서두에서 언급한 병풍은 위진남북조시대에는 더 이상 가구가 아니었으며, 회화의 중요한 매개이자 표현수단으로 변화했다.[25]

장언원은 『역대명화기』 권2에서 "반드시 손에 권축화를 들고 입으로는 귀천을 정하고 돈을 아끼지 않고 함에 넣어 보관한다. 동백인, 전자건, 정법사, 양자화, 손상자, 염립본, 오도현의 병풍 하나는 금 2만에 해당한다. 그 다음이 1만5천에 팔린다(수대 이전부터 병풍에 그림을 많이 그렸는데, 화장畵幛이 있었는지는 모르겠다. 그러므로 병풍으로 표준을 삼았다: 원주)"고 적고 있다.[26] 발굴자료에 의하면, 이 시기 한 짝[扇]의 병풍 안에는 종종 한 폭의 그림이 그려져 있어 '선扇'은 '폭幅'의 동의어가 되었다.

2004년 서안시 북쪽 교외에 위치한 북주 천화 6년(571) 강업묘에서 병풍을 두른 석관상이 발견되

---

24 두루마리식[手卷式] 회화의 원형은 후한 때 이미 출현했으며, 남조 유송시대에 표구하는 방법이 날로 정미해져 그 제도가 확립되었다. 거는 그림인 괘축(掛軸)은 당대에 대략의 모습이 갖춰지고 북송에 이르러 완비되었다. 이에 대한 논의는 薛永年, 『晋唐宋元卷軸畫史』, 北京: 新華出版社, 1993, p.2.

25 한대 병풍에서도 채화장식을 볼 수 있다. 그러나 한대 벽화와 화상석 가운데 병풍은 독립적인 형상이나 제재는 아니었으며, 항상 묘주도의 배경이었을 뿐이다. 병풍의 기능은 하나의 공간을 형성하는 데 있으며, 하나의 회화에 평평한 공간을 마련해주기 위한 것은 아니었다. 다시 말해 이 시기의 병풍은 주로 가구의 모습으로 회화 속에 출현한다고 해야 할 것이다. 당대에 이르러 장언원이 병풍을 언급했을 때, 병풍은 더 이상 가구가 아니라 하나의 회화작품이며, 더 이상 회화를 담아내는 도구가 아니다. 병풍과 병풍화의 논의에 대해서는 楊泓, 『逝去的風韻—楊泓談文物』, pp.32-45를 참조.

26 "必也手揣卷軸, 口定貴賤, 不惜泉貨, 要藏篋笥, 則董伯仁, 展子虔, 鄭法士, 楊子華, 孫尚子, 閻立本, 吳道玄屏風一片, 値金二萬, 次者售一萬五千(原注: 自隋已前多畫屏風, 未知有畫幛, 故以屏風爲准也)." 張彦遠 撰, 秦仲文·黃苗子 點校, 『歷代名畫記』, 北京: 人民美術出版社, 1963, p.31. '화장'의 연구에 대해서는 揚之水, 『終朝采藍—古名物尋微』, pp.37-41을 참조.

었는데,[27] 이 가운데 한 짝의 병풍 위에 묘주의 정면
상이 묘사되어 있다. 묘주는 건물 아래 있는데, 그
가 앉아 있는 가구 역시 병풍을 두른 상床이다. 그
런데 흥미롭게도 그 배후의 병풍 안에 독립적인 산
수화가 묘사되었다.^(도15) 비록 선은 간략하지만, 아
마도 우리가 현재 볼 수 있는 가장 이른 시기의 독
립 산수화일 것이다. 본문 서두에서 언급한 섬서성
부평묘에 묘사된 산수병풍의 선배격이 되지 않을
까 싶다. 이 사례는 초기 산수화와 같은 새로운 회
화제재가 병풍의 형식으로 사람들의 삶 속에 출현
했다는 사실을 보여준다.

뒤로 물러나 강업의 석관상을 전체적으로 관찰
하면 특별한 현상을 발견할 수 있다. 바로 석제병풍
의 그림은 일상생활의 제재를 다루지 않았으며, 매
짝의 병풍에 장식된 것은 단순하면서 심미적 가치
를 지닌 산수가 아니라 다양한 형식의 묘주도라는
점이다. 즉 안장을 얹은 말과 우거牛車 등 이 시기
고분벽화와 명기明器에서 유행한 제재가 모두 병풍
안에서 출현한다. 따라서 병풍은 더 이상 일상생활
속의 보통 가구가 아니라 묘주의 시신을 놓기 위한
장구葬具가 된다.[28] 병풍 속 그림의 많은 부분이 일
상생활 속의 회화에서 연원하는 것이 아닌 특정한
상장관념을 표현하기 위한 것으로, 당시 고분벽화
나 용俑들의 제재와 일치한다. 즉, 가구를 장식하는
것이 아니라 사자를 위해 또 다른 '생활'을 건립하
기 위해 도상을 사용한 것이다.

도15 섬서성 서안시 상림원 주택단지 공사현장 발견 강업묘 석
관상의 묘주상, 북주(『文物』 2008년 제6기, p.31)

---

27 西安市文物保護考古所, 「西安北周康業墓發掘簡報」, 『文物』 2008년 제6기, pp.14-35.

28 상술한 부평묘 산수병풍화와 관상(棺床)의 조합이 반영하는 것은 바로 이런 석관상의 구조이다. 강업묘 석관상의 논의에 대해서는, 본
　　서 「죽은 자의 마스크—북주 강업묘(康業墓) 석관상(石棺床)의 도상」을 참조.

상장관념과 밀접하게 연결된 도상은 이미 한대 무덤에서 대략적으로 형성되었다. 내몽고 화림격이和林格爾 소판신小板申 후한대 무덤에서는 묘주 생전의 경력을 표현한 거마행렬, 성지城池와 관아의 건물을 묘사한 벽화가 용도에서부터 시작하여 전실의 네 벽과 앞쪽의 중실[前中室] 통로를 지나 중실까지 이어진다.[29] 하남 언사偃師 행원촌杏園村 후한대 무덤에서는 대규모의 거마출행 벽화가 전실의 네 벽에 순서대로 이어지는데 길이가 12m에 이른다.[30] 하북성 망도望都 소약촌所藥村 1호묘에 묘사된 묘주와 속리屬吏는 전실 남벽의 묘문 양쪽에서 시작해 좌우 벽을 지나 앞쪽 중실 사이의 통로까지 쭉 이어진다.[31] 이런 벽화는 대부분 2차원적 평면 위에 전개된 것이 아니라 묘실이라는 3차원적 공간과 결합된 것이다. 끝없는 도상의 행렬을 보면 벽의 존재를 잊어버리기 쉬운데, 벽화가 묘실이라는 유한한 건축공간을 하나의 광활한 도상의 세계로 변화시켰기 때문이다.

북조의 무덤에서도 전통적인 벽화의 주제와 구도 등이 여전히 지속되지만 동시에 새로운 구도가 출현한다. 강업묘 석관상에서 묘주의 신분을 표현하는 것은 전통적인 주제이다. 그러나 구체적인 제재를 구성하는 부분에서 변화가 일어났으며 이를 상대적으로 독립된 단위로 쪼개 병풍의 폭에 하나씩 안배하는 새로운 형식이 출현했다. 우리가 보는 것은 화면 속의 형상임과 동시에, 또 한 짝의 병풍이자 물질성을 가진 한 폭의 회화기도 하다.

새로운 변화는 장구에 국한되지 않고 같은 시기 무덤의 벽면 장식에도 출현한다. 산동성 임구臨朐 해부산海浮山 북제 천보 2년(551) 최분묘 벽화에서 새로운 화법이 나타난다.[32] 최분묘는 단실묘로, 묘실의 동벽과 서벽, 그리고 북벽에 병풍이 그려져 있다.(도16) 그러나 북벽과 서벽의 소형 감에 의해 병풍의 연속성이 파괴됨으로써 병풍의 구조는 산만해지고 이해 불가능한 것이 되었다. 즉 가구로서의 완정성은 더 이상 존재하지 않는다. 다만 병풍의 각 폭은 테두리가 있어 완정한 형식을 보여준다. 확실히 이 벽화의 작자가 먼저 그의 작품을 독립된 '그림[畵]'으로 간주한 이후에야 비로소 전통적 의미의 '벽화'가 되는 것이다. 병풍에서 출현하는 '수하고사樹下高士'는 당시 유행한 제재다.[33] 그러나 전통적 제재인 안장을 얹은 말과 춤추는 장면도 출현하는데, 이는 전통적 제재가 새로운 '틀' 안에 들어왔음을 의미한다.

29 內蒙古自治區博物館文物工作隊, 『和林格爾漢墓壁畵』, 北京: 文物出版社, 1978.

30 中國社會科學院考古硏究所 河南第二工作隊, 「河南偃師杏園村東漢壁畵墓」, 『考古』 1985년 제1기, pp.18-22.

31 北京歷史博物館·河北省文物管理委員會, 『望都漢墓壁畵』, 北京: 中國古典藝術出版社, 1955.

32 臨朐縣博物館, 『北齊崔芬壁畵墓』, 北京: 文物出版社 pp.23-32.

33 산동성 제남시 동팔리와 북제시대 무덤에서 동일한 종류의 벽화가 발견되었다(山東省文物考古硏究所, 「濟南市東八里洼北朝壁畵墓」, 『文物』 1989년 제4기, pp.67-78).

도16 산동성 임구 해부산 최분묘 서벽과 북벽, 북제(臨朐縣博物館, 『北齊崔芬壁畫圖』, 彩圖15)

4. 벽화에 대한 문자기록

다시 문헌자료를 통해 선인들이 벽화를 어떻게 보고 묘사했던지 살펴보기로 하자. 고분벽화를 언급한 문헌기록이 매우 적기 때문에 사용할 수 있는 자료는 지상건축에 묘사된 벽화와 그 주변을 언급한 것들로 한정된다. 사실상 이런 자료들은 성격과 문체가 서로 다르고, 연대 차이도 비교적 크다. 하지만 상술했던 회화와 시대가 비교적 가까우며, 또한 어느 정도 그 시대 사람들의 벽화에 대한 시각과 이해 방식의 변화를 반영한다. 관람자와 작품이 상호 교류한다고 전제한다면, 문헌자료에서 드러나는 '보기'와 서술 방식의 변화로부터 벽화의 형식이 변화하는 양상을 이해할 수 있을 것이다.[34]

가장 이른 사례로 굴원의 〈천문天問〉을 보자.[35] 후한 왕일王逸의 〈천문장구서天問章句序〉에 의하면, 이 작품은 굴원이 조정에서 쫓겨난 후 초나라 '선왕의 종묘와 공경의 사당'에 있는 벽화를 보고 "껄껄 웃음으로써 분노를 발산하고 슬픔을 풀어낸 것이

---

34 전당, 사찰과 도관의 벽화와 고분벽화는 기능과 의의가 다르다. 그러나 모두 벽화의 형식을 채용하고 있기 때문에 동일한 역사시기 안에서 양자의 비교가 어느 정도 가능하다.

35 洪興祖 撰, 白化文 等 點校, 『楚辭補注』(重印修訂本), 北京: 中華書局 1983, pp.85-119. 지면상의 관계로 본문에서는 원문을 일일이 인용하지 않는다.

다."[36] 쑨쭤윈孫作雲은 〈천문〉이 초나라 회왕懷王 30년(기원전 209) 가을에 쓰인 것으로 추정했다.[37] 그의 연구에 의하면 〈천문〉의 전체 글은 '문천問天, 문지問地, 문인問人'의 순서로 시작하여 차례대로 '문순사問舜事, 문하사問夏事, 문상사問商事, 문서주사問西周事, 문춘추사問春秋事, 잡문사사雜問四事와 맺음말'로 전개된다.[38] 여기에서 시선과 사고가 이동하는 '순서'를 주목할 필요가 있다. 즉 먼저 공간에서 시작하여 건축 내부의 벽화를 통해 망망한 우주를 연상하고, 이어 시간의 실마리에 근거하여 춘추 이전의 모든 인류 역사를 회고하는 것이다. 쑨쭤윈은 "〈천문〉이 비록 벽화에 근거하여 질문을 하고 있지만 그렇다 하더라도 〈천문〉에서 물었던 모든 것들을 벽화에서 모두 볼 수 있다고는 할 수 없다"고 지적했다.[39] 다시 말해 글 속의 문자들을 벽화에 대한 아주 사실적인 묘사라고는 볼 수 없다. 작자는 단지 벽화 속의 이런저런 제재를 빌려서 "분노를 발산하고 슬픔을 풀어내고 있을" 뿐이며, 건축구조와 화면 형식은 문자의 표면으로 드러나지 않는다. 〈천문〉이 표현하는 것은 굴원이 본 것이 아니라 그가 생각한 것이라고 봐야 한다. 바꿔 말하면, 이런 문자 속에서 벽화는 단지 우주와 역사를 보는 '실마리'며, 시각 예술작품으로서의 특성은 충분히 표현되지 않았다.

굴원의 심경과는 달리 400여 년 후 왕일의 아들 왕연수王延壽는 초나라 땅에서부터 노魯 나라까지 북상했는데, 목적은 단지 "노나라의 예술을 보기 위해서"였다. 그는 노공왕魯恭王 유여劉餘가 지은 영광전靈光殿의 호화로움에 매우 감탄하여 저명한 〈노영광전부魯靈光殿賦〉를 지었다. 부의 앞부분은 먼저 한 왕조의 개창과 노나라 제후에 봉해진 사실을 찬양하고, 이어 도성 건립의 위업을 찬미한다. 이어 영광전의 화려하고 드넓은 건축과, 비할 데 없이 화려한 장식을 서술한다. 작자는 건축의 전체적인 평면을 천상의 별자리와 비교했다. 그리고 여정에 따라 순서대로 숭용崇墉, 주궐朱闕, 고문高門, 태계太階, 당堂을 서술한 후, 금비金扉를 거쳐 북쪽으로 진입하여 구불구불하고 그윽한 선실旋室과 동방洞房에 들어가며, 연회를 하고 휴식을 취하는 서상西廂과 깊고도 무거운 동서東序를 지난다. 이어 들보와 기둥, 문과 창, 그리고 천장 등 건축 부재의 화려함과 아름다움에 대해 언급한다.

아래 구절은 한대 화상석과 화상전 미술을 연구하는 학자들이 자주 인용하는 부분이다.

각종 날짐승과 길짐승들이 나무의 부재에 따라 그려지고 새겨져 자태를 드러낸다. 짝을 이룬 맹호가 서로 붙잡고서 치고 박고 싸우는데, 머리를

---

36 洪興祖 撰, 白化文 等 點校, 『楚辭補注』 p.85. 쑨쭤윈은 '굴원이 본 것은 춘추 말년 초나라 소왕 12년(기원전 504) 영도(郢都)에서 약지(都地)(현재 호북성 의성현 동남쪽 45km 지점)로 천도한 후 건립한 종묘의 벽화'라고 추정했다(孫作雲, 「從〈天問〉中所見的春秋末年楚宗廟壁畫」, 孫作雲, 『天問研究』, 鄭州: 河南大學出版社, 2008, p.62).

37 孫作雲, 「〈天問〉的寫作年代及地點」, 孫作雲, 『天問研究』, 2008, p.12.

38 孫作雲, 「〈天問〉校正本」, 孫作雲, 『天問研究』, pp.102~108.

39 孫作雲, 「從〈天問〉中所見的春秋末年楚宗廟壁畫」, 孫作雲, 『天問研究』, p.62.

들고서 떨쳐 일어나 갈기를 세우고 있다. 규룡이 날아오르며 구불대니, 턱이 끄덕이고 몸이 꿈틀거리면서 움직이는 것 같다. 남방의 신 주작이 날개를 펼치고 난간에 서 있으며, 날아다니는 뱀인 등사가 또아리를 틀고서 서까래를 휘감고 있다. 신록인 흰 사슴이 두공 위에서 머리를 내밀고 몸을 서린 이룡이 가로들보를 휘어감아 받들고 있다. 교활한 토끼가 두공 위 횡목 곁에서 웅크리고 있으며, 각종 원숭이들이 서까래를 부여잡고 서로 쫓고 있다. 검은 곰들이 혀를 내놓고 이빨을 드러내고서 동량을 등에 지고 기둥 끝에 쭈그리고 앉아 있다. 이 금수들은 일제히 머리를 들고 눈을 뜨고서 쳐다보는데, 단지 응시하고 노려보고 있다. 호인들이 저 멀리 기둥 상단에 모여 공경스럽고 장중한 태도로 꿇어 앉아 서로 마주 대하고 있다. 그들은 큰 머리를 들고 수리새 같은 눈으로 보며 움푹 꺼진 두 눈을 부릅뜨고 있는데, 표정은 마치 위험한 곳에 처해 슬프고 근심스러운 듯하며, 처참함으로 눈살을 찌푸리고 이마를 찡그리고서 근심을 머금고 있다. 또한 신선들이 동량 사이에서 곧게 서 있고 옥녀들이 창문으로 아래를 엿보고 있다. 그러다가 갑자기 잘 보이지 않고 어렴풋해져, 귀신같이 있는 것 같기도 하고 없는 것 같기도 하다.[40]

이 부분은 건축부재들에 표현된 부조를 묘사한 것처럼 보인다. 모든 형상은 구체적인 건축부재와 결합되어 있다. 이와 달리 아래 인용문에서는 건축에 대해 언급하지 않으며, 도상이 평평한 벽면에 전개되고 있다는 인상을 준다.

하늘과 땅을 그려놓고 각 종류의 여러 생물들을 구분했으며, 잡다한 괴물들과 산신 및 바다 속 신괴들의 형상을 묘사하여, 그것들을 각종 색깔들로 장식했다. 그 형상들은 변화가 수없이 많고 사람들의 사적도 각기 모양이 다르며, 각각의 색깔로 각 종류의 사물들을 표현해서 곡절曲折하고 세밀하게 그 정태情態를 나타냈다. 천지가 개벽한 것에서부터 상고시대의 초기를 그려놓았는데, 오룡씨가 날개를 나란히 하여 날아가고, 인황씨는 머리가 아홉 개이며, 복희씨는 온 몸에 용의 비늘이 있고, 여와는 사람의 얼굴에 뱀의 몸을 하고 있다. 온 세상이 몹시 황량하던 시대에는 소박하고 간략해 형상들이 다 질박했지만 뒤이어서는 문물들이 밝게 빛나 볼만한 것들이 있었으니, 황제, 요, 순 시대에는 경대부들의 수레와 관면이 사용되었고 의상도 지위에 따라 달랐다. 아래에는 하, 상, 주 삼대의 개국군주, 음탕한 후비들과 나라를 망친 군주들, 충신과 효자 및 열사와 정녀 등에 이르기까지, 현인과 우인들의 성공과 실패

40 "飛禽走獸, 因木生姿. 奔虎攫拏以梁倚, 仡奮鬛而軒鬐. 虯龍騰驤以蜿蟺, 頷若動而躨跜. 朱鳥舒翼以峙衡, 騰蛇蟉虯而繞榱. 白鹿子蜺於欂櫨, 蟠螭宛轉而承楣. 狡兔跧伏於柎側, 猿狖攀椽而相追. 玄熊舑舕以齗齗, 卻負載而蹲跠. 齊首目以瞪眙, 徒眽眽而狋狋. 胡人遙集於上楹, 儼雅跽以相對, 仡欺 以雕頹, 幽頽頹而睽睢. 狀若悲愁於危處, 憯嚬蹙而含悴. 神仙嶽嶽於棟間, 玉女窺窗而下視. 忽瞟眇以響像, 若鬼神之仿佛." 蕭統 編, 李善 注, 『文選』 제2책, 上海: 上海古籍出版社 1986, pp.514-515. 한글 해석은 김영문 등 역, 『문선역주』 2, 소명출판, 2010, pp.293-294를 참조.

가 모두 표현되지 않음이 없었으니 악한 자를 묘사해서 세상에 경계했고 선한 자를 그려 후대의 전범으로 제시했다.[41]

확실히 이 부분은 공간으로부터 시간에 이르는 〈천문〉의 서사구조를 구현했다. 그러나 문자가 말하는 하늘과 땅은 '그려진 천지'로서, 일종의 사상이나 관념이 아닌 구체적인 시각 형상이다. 인물 묘사를 보면, 굴원의 "여와는 몸이 있다[女媧有體]"는 "여와는 뱀의 몸체를 하고 있다[女媧蛇軀]"는 구체적 묘사로 발전했다. 그리하여 모든 화면은 "훤히 볼 수 있는 것이 되었다." 이후 작자는 간단하게 화면의 교화기능, 즉 "악으로써 세상을 경계시키고, 선으로써 후인에게 보여 준다"는 점을 서술했다. 부의 말미에는 거시적인 관점에서 전체건축을 묘사하고 또 건축과 환경의 관계를 되돌아보았다. 나아가 영광전의 의의를 "우리 한나라 왕실의 상서祥瑞로서, 영원히 썩지 않을 것"이라는 역사적 측면으로까지 끌어올렸다.

왕연수의 붓끝에서 벽화의 도상과 건축의 관계가 한층 명확해졌다. 그러나 벽화를 "천변만화와 모든 일들이 각각 분명하고, 사물에 따라 색을 칠하고 묘사하는 것이 그 정리情理를 잘 얻었다"고 찬탄함과 동시에 여전히 내용 간의 관계를 강조했다. 이런 상황은 장언원의 『역대명화기』에서 변화한다. 권3

'양경 및 외주의 사관벽화를 기록記兩京及外州寺觀畫壁'한 부분에서 도성 장안과 낙양의 많은 사찰과 도관의 벽화를 언급했는데, 그 가운데 장안의 '자은사慈恩寺'를 골라 그 서술방식을 보자.

탑 안의 동쪽을 향한 서쪽 칸에 윤림의 그림이 있다. 서쪽 보살은 사자를 타고 있고, 동쪽 보살은 코끼리를 타고 있다. 탑 아래 남문에는 위지을승의 그림이 있다. 서벽에 그려진 '천발문수'는 위지을승의 그림이다. 남북 양쪽 칸과 양쪽 문에는 오도자의 그림과 함께 그의 제자題字가 있다. 탑 북쪽에 있는 전각의 앞쪽 창 사이에는 오도자가 그린 보살이 있다. 전각 안에는 양정광이 그린 경변상도가 있는데 색이 손상되었다. 대전 동쪽 헌랑 북벽의 것을 오도자 그림이라고 하는데 (사실이) 아니다. 예전에 오도자 그림이라고 했는데, 자세히 보니 아니다. 대전 동랑 북쪽에서 첫 번째의 원院에는 정건, 필굉, 왕유 등이 그린 백화가 있다. 원에 들어가면 북벽의 두 신이 매우 묘한데, 작자를 알 수 없다. 양쪽 낭도의 벽 사이에는 염령의 그림이 있다. 중간과 서쪽 낭도에 이과노가 행승을 그렸다. 탑의 동남쪽 중문 바깥에 장효사가 지옥변상도를 그렸는데 이미 박락되었다. 원 안의 동랑 북쪽에서 첫 번째 방의 남벽에는 위란이 소나무를 그렸다. 대불전 안 동벽에 좋은 그림이 있는데, 작자를 알 수 없다. 중심문 안의 양

41 "圖畫天地, 品類群生, 雜物奇怪, 山神海靈. 寫載其狀, 托之丹靑, 千變萬化, 事各繆形; 隨色象類, 曲得其情. 上紀開辟, 遂古之初; 五龍比翼, 人皇九頭; 伏羲鱗身, 女媧蛇軀. 鴻荒樸略, 厥狀睢盱; 煥炳可觀, 黃帝唐虞. 軒冕以庸, 衣裳有殊, 下及三後, 淫妃亂主; 忠臣孝子, 烈士貞女. 賢愚成敗, 靡不載敘; 惡以誡世, 善以示後." 蕭統 編, 李善 注, 『文選』 제2책, 上海: 上海古籍出版社 1986, pp.515-516. 한글 해석은 김영문 등 역, 『문선역주』 2, pp.295-296를 참조.

면에는 윤림이 신을 그렸다.[42]

장언원의 기록에서도 건축은 여전히 존재한다. 그러나 그 구조를 완전하게 묘사하지는 않았다. 다시 말해 서벽은 언급하나 동벽은 언급하지 않고, 첫 칸은 언급하면서 두 번째 칸에는 관심이 없다. 그리고 벽화 내용들 사이의 관계에 대해서도 언급하지 않아 이전 인용문에서 볼 수 있던 시공간적 좌표는 더 이상 존재하지 않는다. 장언원은 사원에서 일부 작품들을 고른 듯한데, 선택 기준은 화가의 명망과 작품의 수준이었을 것이다. 책 제목이 말하는 대로 그가 선택한 작품은 하나하나가 명화다.[43] 장언원은 벽화의 내용에 대해서는 매우 소홀히 기술했으며, 그림의 종교적 의의는 더욱 고려하지 않았다. 사원들은 유명 화가들의 회화작품을 전시하는 미술관으로 변화했으며, 모든 벽화는 전시실에 진열된 병풍이나 두루마리와 같다.

이런 변화를 단순히 '회화사를 다루는 전문학자의 독특한 방식'으로 해석해서는 안 된다. 번화한

대도시에서 종교적 벽화가 백성들의 시선을 끌 수 있었던 이유는 단지 그것이 가진 종교적 가치 때문만은 아니며, 날로 세속화되는 양식 때문이기도 하다. 사원의 속강俗講에 사람들이 몰려들었던 이유가 강의가 문학적 매력을 증대시켰기 때문인 것과 비슷한 이치다[44](당시의 자은사는 장안성 안에서 연희를 하는 무대가 가장 집중되어 있었다[45]). 오도자는 홍선사興善寺에 지옥변상도를 그렸는데, 과연 "장안성의 백정이나 물고기를 잡는 무리들이 이를 보고 놀라 업종을 바꾸려는 자들이 많았으며, 그들로 하여금 선을 닦게 하는" 교화기능이 있었다. 또 그가 신상을 그릴 때 역시 한바탕 커다란 무대를 연출했다. 그리하여 "장안성 내 시장의 노소와 사서士庶가 모두 이르러 이 광경을 보는 사람이 담을 둘러치듯 많았다. 원형 광배는 그가 붓을 세워 지나가자 마치 바람이 도는 듯했다. 이를 보고 사람들이 모두 신神이 도운 것이라 했다."[46] 또한 "그에 대한 명성이 방읍坊邑을 진동시켰다"[47]고 할 정도였다. 이처럼 벽화의 파급력은 회화의 소재가 아닌 화가의 뛰어난 기법에 있

---

42 "塔內面東西間, 尹琳畫. 西面菩薩騎師子, 東面騎象. 塔下南門尉遲畫. 西壁千缽文殊, 尉遲畫. 南北兩間及兩門, 吳畫, 並自題. 塔北殿前窗間, 吳畫菩薩. 殿內楊庭光畫經變, 色損. 大殿東軒廊北壁, 吳畫未了. 舊傳是吳, 細看不是. 大殿東廊從北第一院, 鄭虔畢宏王維等白畫. 入院北壁, 二神甚妙, 失人名. 兩廊壁間閣令畫. 中間及西廊李果奴畫行僧. 塔之東南中門外偏, 張孝師畫地獄變, 已剝落. 院內東廊從北第一房間南壁, 韋鑾畫松樹. 大佛殿內東壁好畫, 失人名. 中三門裏兩面, 尹琳畫神." 張彥遠 撰, 秦仲文 · 黃苗子 點校, 『歷代名畫記』, pp.50-51.

43 리싱밍은 『唐代墓葬壁畫研究』의 하편을 '회화사 속의 당대 고분벽화'라 이름 했는데, 그의 목적은 벽화를 무덤으로부터 떼어내 잠시 묘장문화의 맥락에서 벗어나도록 한 후, 그것을 당대 회화사의 맥락 속에 넣고 예술사 방면의 의의를 해석하고자 한 것이다(p.229). 그런데 그는 이런 방법의 전제에 대해서는 설명을 하지 않았다. 필자가 보기에 그가 말하는 회화사는 너무 전통적 의미에 국한된 게 아닌가 싶다. 그러나 이런 수법은 확실히 『역대명화기』의 서사방식과 부합한다.

44 이와 관련된 논의는 向達, 「唐代俗講考」, 向達, 『唐代長安與西域文明』, 北京: 生活 · 讀書 · 新知三聯書店, 1957, pp.294-336; 鄭振鐸, 『中國俗文學史』, 上海: 上海人民出版社, 2006, p.154를 참조.

45 "長安戲場多集於慈恩, 小者在青龍, 其次薦福永壽. 尼講盛於保唐, 名德聚之安國, 士大夫之家入道盡在咸宜." 錢易 撰, 黃壽成 點校, 『南部新書』, 北京: 中華書局, 2002, p.67.

46 于玉安 編, 『中國歷代美術典籍彙編 第六冊—唐朝名畫錄』, 天津: 天津古籍出版社, 1997, p.209.

47 俞劍華 注譯, 『宣和畫譜』 권2, 「道釋2」, 南京: 江蘇美術出版社, 2007, p.59.

었다. 그러므로 사원에 가서 그림을 보는 사람들은 심미안도 가지고 있었을 것이다.

당대에 '벽화'로부터 '화畫'에 이르는 연결은 개념적인 측면을 넘어 간혹 물질적 방면에서도 표현되었다. 장언원은 장안 홍당사興唐寺 서원西院에 "오도자와 주방의 비단그림이 있었다"고 기록하고 있다.[48] 이에 대해 쉐용녠薛永年은 "비단그림 혹은 벽에 표구되거나 걸린 그림들의 경우, 비단의 폭은 일정한 크기가 있었기 때문에 벽화로 제작할 경우 여러 폭으로 만들어야 한다. 당시唐詩 가운데 '물이 굽이굽이 많은 산을 돌고, 생사[生綃] 여러 폭이 중당中堂에 걸렸네'라는 구절이 있는데 이는 곧 벽면에 붙이지 않는, 여러 폭의 고정되지 않은 이동 가능한 벽화를 언급한 것이다"라고 하였다.[49] 당대 사원에서 이처럼 특수한 비단그림 벽화는 형식적으로는 권축화와 벽화를 연결하는 교량과 같은 존재로 볼 수 있다. 흥미로운 점은 벽화가 나뉘어 잘린 채 수장된 사실이다.

회창 연간에 대부분 훼손되었는데, 지금은 모두 갖추어졌다. 또한 호사가들 가운데 그림이 그려진 벽면을 얻어 자신의 집에 가지고 있는 경우도 있다.[50]

회창 5년(845) 무종武宗은 천하의 사탑을 훼손하고 장안과 낙양에 각각 두세 개만 남기게 했다. 그리하여 사원의 벽에 남아 있는 벽화는 고작 한두 개뿐이었다. 당시에 호사가들 가운데 벽을 뜯어내는 경우도 있었다. 앞에서 기록한 것 가운데 남은 것은 매우 적다. 전에 재상 이덕유가 절서 지역을 다스리며 감로사를 창건했는데, 감로사만 훼손되지 않았다. 그가 관할하는 지역의 여러 사원 벽화를 가져와 이 사원 안에 두었다.[51]

벽화의 종교적 가치는 무종의 멸법으로 인해 부정되고, 사람들이 잘라내어 소장한 벽화들은 건축물로부터 분리되어 독립적인 존재가 되었다. 그리하여 유명 화가가 그린 벽화의 유창하고 춤추듯 움직이는 선과 붉고 푸른 색채만이 부각되었다.

5. 고분벽화에 반영된 '화공'의 개성

도상의 세계로 되돌아가 보자. 부평 주가도촌의 벽화는 상상의 폭을 확대시켰다. 이런 상상은 미술사 연구에서 가치가 없는 것이 아니다. 벽면에서 억지로 떼어낸 벽화와 달리 주가도묘의 화공은 자신의 화필을 교묘하게 이용하여 경계 없는 벽면을 쉽게 이동할 수 있는 병풍으로 변화시켰다. 독립적으

---

48 張彦遠 撰, 秦仲文 · 黃苗子 點校, 『歷代名畫記』, p.53.

49 薛永年, 『晉唐宋元卷軸畫史』, p.3.

50 "會昌中多毀折, 今亦具載, 亦有好事收得畫壁在人家者." 張彦遠 撰, 秦仲文 · 黃苗子 點校, 『歷代名畫記』, p.49.

51 "會昌五年, 武宗毀天下寺塔, 兩京各留三兩所, 故名畫在寺壁者, 唯存一二. 當時有好事, 或揭取陷於屋壁. 已前所記者, 存之蓋寡. 先是宰相李德裕鎮浙西, 創立甘露寺, 唯甘露不毀, 取管內諸寺畫壁, 置於寺內……" 張彦遠 撰, 秦仲文 · 黃苗子 點校, 『歷代名畫記』, p.71. 동일한 내용은 송대 곽약허의 『도화견문지』 권5, 「회창폐벽」 조에도 보인다(『圖畫見聞誌』, 北京: 人民美術出版社, 1963, pp.127-128).

로 존재하는 병풍은 다양한 제재를 지닌 그림들이 단순히 상장喪葬의 요구를 만족시키기 위해 준비된 한 세트의 벽화가 아닌 한폭 한폭이 모두 표준적인 '화畵'라는 인상을 준다. 이런 작품에 대한 합당한 감상과 묘사 방식은 굴원이나 왕연수가 아닌 이 무덤과 시대적으로 가까운 장언원의 것이다.

사람들이 오고가는 사찰이나 도관과는 달리 이 안은 어두운 지하의 묘실이다. 사망은 사람들에게 공포를 불러일으킨다. 화공들이 이곳을 보다 온난한 곳으로 만들고자 해도 묘실은 어쨌든 상서롭지 못한 곳이다. 더불어 시문학을 잘하는 학자들이 주의를 기울이지 않는 장소이기도 하다. 일반적으로 산 자들은 음지의 차가운 무덤 속 벽화를 볼 방법이 없다.[52] 아마도 무덤 조성에 돈을 낸 상가喪家 사람들은 무덤의 벽화를 볼 수 있었을 것이다. 그러나 화공이 손에 필묵을 든 시종들을 그렸다고 해서 고용주가 화공에게 돈을 더 주었을 것이라고 생각하긴 어렵다. 그보다는 '벽화의 작자가 자기 신분을 드러내고자 한 것'으로 보는 게 더 타당하다. 운명은 화공이 일하는 장소를 묘실 안으로 한정했다. 그러나 이처럼 특수한 형식의 그림은 화공 스스로를 일깨웠을 것이다. 즉 그는 전통적 의미에서 고분

벽화를 그리는 장인을 넘어서 책에 이름이 기록되는 유명 화가와 어깨를 나란히 할 수 있으며, 그리하여 그의 작품은 '벽화'에 그치는 것이 아니라 '화'가 된다. 사찰이나 도관의 벽화와 비교할 때에는 더욱 '화'로서 독립적 의미를 가지게 된다. 그리고 병풍 밖의 필묵을 가진 사람들은 묘주의 노비임과 동시에, 주인에 의해 파견되어 이 존귀한 화가를 시중드는 존재가 된다.

놀라운 것은 병풍에 보이는 학, 사자, 소, 산수 등이 회화의 제재를 분류하는 당대唐代인들의 방식에 상당히 상응한다는 점이다. 주경현朱景玄은 『당조명화록唐朝名畵錄』 서문에서 회화의 제재를 '인물, 금수禽獸, 산수, 누전옥목樓殿屋木'의 4개로 분류했다.[53] 그리고 화가 정수기程修己를 언급하는 대목에서는 좀 더 정미하게 '산수, 죽석, 화조, 인물, 고현古賢, 공덕功德, 이수異獸 등'으로 분류했다.[54]

장언원은 "6법을 모두 갖출 필요가 없다(육법해 六法解는 하편에 있다: 원주). 단지 하나의 기법을 채용해도 된다(인물, 옥목, 산수, 안장을 얹은 말, 귀신, 화조 등으로 부르는데, 각각 잘하는 바가 있다: 원주)"고 했다.[55] 이 묘실은 비교적 작기 때문에 한 사람이 벽화를 완성했을 가능성이 큰데, 이 벽화를 제작할 당시 장인은 단

---

52 필자는 일찍이 묘문 밖 용도 양 벽에 쓰인 제기를 통해 섬서성 순읍 백자촌의 후한대 무덤의 벽화가 완성 후 대외적으로 개방됐을 것으로 추정했다(본서 「한대 상장화상(喪葬畵像)의 관람자」 참조). 일부 학자는 필자가 말한 것을 보편적 현상으로 오해하기도 했는데, 논문에서 이미 강조했듯이 필자가 논의한 것은 단지 하나의 특수 사례에 불과하다.

53 『唐朝名畵錄』, p.288.

54 『唐朝名畵錄』, p.296.

55 張彦遠 撰, 秦仲文·黃苗子 點校, 『歷代名畵記』, p.12. 바이스밍은 8세기 성당기에 이미 그림을 '인물, 가옥, 산수, 안장을 얹은 말, 귀신, 화조' 등 6개의 과목으로 크게 구분하고 있었으며, 11세기 전후에는 좀 더 세분화되었다고 보았다(白適明, 「盛世文化表象─盛唐時期"子女畵"之出現及其美術史意義之解讀」, 中山大學 藝術史研究中心 編, 『藝術史研究』 제9집, 廣州: 中山大學出版社, 2007, p.46의 주석2).

지 '한 장르만 잘하는' 사람이 아니었으며, 여러 병풍들에 다양한 제재의 작품을 완성할 수 있는 사람이었다.[56] 병풍 이외에도 악무, 문리門吏, 별자리가 있는 하늘 등을 그렸는데, 이것들은 단지 전통과 제도의 요구에 의한 것이며, 화가의 흥미를 끄는 주요 제재는 아니었다. 그가 죽은 자를 위해 제공한 것은 종교적 공간이나 기능적 공간을 넘어서는 오색찬란한 회화의 천지였다.

사람들은 오랫동안 습관적으로 '묘장제도'의 개념 아래 유형학적 방법을 이용하여 고분벽화를 분류하고 연구해 왔다. 이 경우 전체적으로 고대 고분벽화의 발전과 변화의 기본적인 상황을 파악할 수 있어 많은 보편적인 문제들을 관찰하거나 파악하는 데 유리하다. 유형학 연구에서는 독특한 성격을 가진 것들은 쉽게 배제한다.[57] 그러나 미술사는 작품의 시대양식 등의 공통점을 연구하는 동시에, 개성이 풍부한 작품 역시 주시하고 연구해야만 한다. 거의 모든 연구자들이 주가도묘의 벽화가 드러내는 개성에 주목하는데, 이런 개성은 '묘장제도'의 측면에서는 절대 해석할 수 없다. 이 무덤이 드러내는 사실은 화공이 일정한 범위 안에서 자주성을 지닌다는 점이다. 유사한 사례를 다른 무덤에서도 찾

을 수 있다. 절민태자節愍太子 이중준묘李重俊墓 묘도의 제1과동過洞 동쪽에 위치한 소형 감 양쪽에는 각각 한 명의 남자 시종이 그려져 있다. '제도' 혹은 전통에 따르면 이 두 명의 시종은 유사한 위치에 서 있는 다른 사람들과 마찬가지로 두 손을 모으고 엄숙한 모습으로 서 있어야만 한다. 그러나 화공은 도리어 북쪽의 시종을 먼 곳에서부터 안쪽으로 바삐 들어오는 모습으로 그려놓았다.[58] 이헌묘李憲墓 묘도의 북벽 위에는 문의 누각을 그렸는데, 대개 '제도'의 규정을 따른 것이다. 그런데 화공은 누각 동쪽 도리칸의 대나무 발 뒤로 몸을 굽혀 아래를 조망하는 측면향의 서생書生을 그려놓았다.[59] 만약 이와 같은 세부를 소홀히 한다면, 이런 벽화들이 대량생산된 접시나 그릇과 무슨 큰 차이가 있겠는가.

주가도묘 벽화의 작자는 벽화를 통해 자신의 가치를 부각시키고자 하는 소망을 품었던 듯하다. 이와 같은 신분에 대한 자기인식은 과거와 다르며, 섬서성 순읍현 백자촌 후한시대 무덤의 사례와는 선명하게 대비를 이룬다.[60] 백자촌 무덤의 후실 두 벽에는 묘주 부부가 아랫사람들의 배알을 받는 장면이 있다. 화공 부부 역시 이 행렬 속에 포함되어 있는데,(도17) 현재까지 중국에서 알려진 가장 이른 시

---

56 2008년 9월 26일 항주에서 열린 '고고와 예술사의 교류' 국제학술대회에서 레더로스(Lothar Ledderose) 교수는 필자에게 이 무덤의 벽화가 여러 화공의 합작에 의해 이뤄졌을 가능성을 제시했다. 만약 이런 가정이 성립한다면, 그들의 분업형식은 사찰이나 도관에 벽화를 그리는 화공들과 유사하여 자신들이 그린 벽화 속 회화에 책임을 졌을 것이다.

57 고고유형학이 채용하는 '전형적인 기물'은 반드시 '사용량이 많아야 한다.' 그렇다면 '여러 유적지에서 비교적 많이 발견되어야만 비교가 용이하다'(兪偉超, 『考古學是什麽──兪偉超考古學理論文選』, 北京 : 中國社會科學出版社, 1996, p.78).

58 陝西省考古研究所·富平縣文物管理委員會, 『唐節愍太子墓發掘報告』, 北京: 科學出版社, 2004, p.49.

59 陝西省考古研究所, 『唐李憲墓發掘報告』, 北京: 科學出版社, 2005, p.131.

60 Susanne Greiff, Yin Shenping, *Das Grab des Bin Wang: Wandmalereien der Östlichen Han-zeit in China*, Verlag des Römisch-Germanischen Zentralmuseums in Kommission bei Harrassowitz Verlag · Wiesbaden, Mainz, 2002.

도17 섬서성 순읍 백자촌묘 후실 서벽의 벽화, 후한(Susanne Greiff, Yin Shenping, Das Grab des Bin Wang: Wandmalereien der Östlichen Han−zeit in China, abb. 28)

기의 화가 '자화상'이다. 화공은 겸손이 지나쳐 자신의 이름조차 쓰지 않고 단지 '화사공畫師工'이라는 세 글자만 써놓았다.(도18) 그는 전체 벽화에서 아주 작은 역할만을 담당하고 있어 제기가 없다면 그를 구분해낼 수 없을 정도다.

그렇다고 해서 한대 화공들이 완전히 피동적인 자세로 창조력을 필요로 하지 않는 일만을 담당했다는 이야기는 아니다. 그렇다면 동일한 제재들을 다른 양식으로 표현하지도 않았을 것이다. 실제로 한대 화공은 벽화의 종교적, 의례적 기능을 고려하는 것 이외에 회화언어의 탐색에도 힘을 쏟았다. 한대 벽화를 연구할 때에는 중국의 초기 회화언어가 이 시대에 어떤 실험을 하면서 날로 풍부해졌는지 주의할 필요가 있다.

섬서성 서안시 이공대학 기초공사 현장에서 발견된 한대 무덤 동벽에는 한 폭의 수렵도가 있다. 무덤이라는 특수한 환경 덕에 2천 년이 지난 현재, 벽화의 밑그림 선 일부가 살짝 드러나 있다. 밑그림

도18 섬서성 순읍 백자촌묘 후실 서벽 벽화 속의 '화사공(畫師工)', 후한(徐光冀 主編, 『中國出土壁畫全集』 제6권, 北京: 科學出版社, 2012, p.125의 도118)

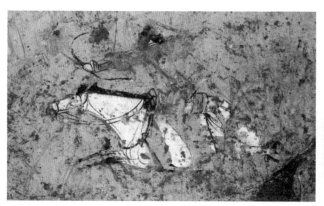

도19 섬서성 서안시 이공대학 공사현장 발견 무덤 동벽의 수렵도(부분1), 한 (國家文物局, 『2004中國重要考古發現』, p.109)

도20 섬서성 서안시 이공대학 공사현장 발견 무덤 동벽의 수렵도(부분2), 한(國家文物局, 『2004中國重要考古發現』, p.109)

을 자세히 관찰해보면, 일부 말들의 앞다리가 본래 뒤로 모아져 있었으나 후에 화공이 그림을 완성시키며 앞으로 평행하여 쭉 뻗는 모습으로 변화시켰음을 확인할 수 있다.(도19, 도20) 이렇게 해서 말의 움직임은 더욱 강렬해졌다.[61]

이와 같은 수정은 주제나 표현하고자 하는 관념에 어떤 영향도 미치지 않는다. 그렇다면 화공은 왜 신경을 써가면서 말을 수정했는가? 이에 대한 답은 화공이 결코 피동적으로 일을 하지 않았으며, 벽을 마주하며 자세히 보고 깊이 생각하여 수정에 수정을 거듭했다는 데 있을 것이다. 그는 상장의례의 기능을 위해서, 혹은 고용주로부터 품삯을 더 받기 위해서가 아니라, 단지 달리는 말을 잘 표현하기 위해서 이렇게 했다. 이로써 그는 더 이상 단지 생활을 위해 일하는 보통의 장인이 아닌 자기의식이 풍부한 예술가가 된다. 바로 이런 이유 때문에 우리는 이런 작품들을 중국회화사 속에 편입시킬 수 있다.

본고는 원래 『新美術』 2009년 제1기(pp.39-51)와 『考古與藝術史的交彙』(範景中·鄭岩·孔.令偉 主編, 杭州: 中國美術學院出版社, 2009, pp.82-104)에 실렸던 글이다. 글을 쓰는 과정에서 李淸泉, 徐濤, 雷德侯, 張鵬, 韓小囡, 劉婕, 鄭以墨, 王哲 등의 도움을 받았다. 특별히 감사드린다.

---

61 國家文物局, 「西安理工大學西漢壁畵墓」, 『2004中國重要考古發現』, 北京: 文物出版社, 2005, pp.107-113. 이 고분벽화 속의 말은 사지가 모두 하늘을 날고 있고 앞뒤로 동시에 발을 펴고 있는데, 프랑스 낭만주의 화가 제리콜(Theodore Géricault, 1791-1824)이 그린 〈애프슨 경주마〉 속의 말과 유사하다. 이런 화법은 고대 중국에서 흔히 볼 수 있다. 이에 대한 논의는 鄭岩, 「中國古畵中馬兒的愛普松跑法」, 楊泓 等 著, 『馬的中國歷史』, 香港: 商務印書館, 2008, pp.90-96를 참조.

당대
한휴묘韓休墓 벽화의
산수도

2014년 섬서성 서안시西安市 장안구長安區 곽신장郭新莊에서 발굴된 한휴 부부의 무덤은 경사진 긴 묘도를 가진, 단실單室의 벽돌무덤이다. 전체 길이 40.6m에 남향으로 앉은 이 무덤은 묘도, 5개의 천정天井, 6개의 벽감壁龕, 문, 용도甬道, 묘실 등으로 구성되어 있다. 출토 묘지墓誌에 의하면, 이 무덤의 주인공 한휴는 개원開元 28년(740)에, 그의 부인 유씨柳氏는 천보天寶 7년(748)에 사망했다. 무덤은 발굴 이전에 이미 심하게 도굴된 상태였는데, 다행히 벽화 대부분은 양호하게 보존되어 있었다. 묘도 북벽에는 누각樓閣 그림이 살짝 보이며, 용도에는 남녀 시종이 묘사되어 있다. 묘실 북벽의 서쪽에는 현무를, 북벽 동쪽에는 산수 병풍을 그려놓았다. 동벽에는 무악도가, 서벽의 관상棺床 위쪽에는 고사高士 병풍도가 있다. 남벽의 입구 서쪽에는 주작을, 꼭대기에는 천상天象을 그려놓았다. 이 무덤에 대한 기초적인 자료는 이미 보도되었고, 무덤과 관련된 중요 연구 성과도 일부 발표되었다.[1] 본문에서는 묘실 북벽의 산수도만을 연구대상으로 하고자 한다.

산수도의 바깥에는 자홍색 테두리를 둘렀는데, 두 가지 기능을 지닌다. 첫째, 테두리 안의 벽화를 이동이 가능한 병풍화로 만듦으로써 산수도에 독립성을 부여한다. 둘째, 그것은 병풍 자체를 의미함과 동시에 그려진 대상이다. 이를 매개로 산수도는 묘실 내 전체 벽화의 구성요소가 된다.[2] 이와 같은 두 특징에 근거하여 우리는 무덤이라는 텍스트에서 이탈하여 산수도 자체만을 분석할 수도 있고, 무덤 내부의 전체 도상 속에서 벽화의 의미를 이해할 수도 있다. 필자는 전자에 중점을 두고 논의할 것이지만, 후자를 소홀히 하지도 않을 것이다.

현존하는 당대 산수화는 드물다. 후세의 모본은 단지 어느 정도 참고자료가 될 뿐이다. 그러므로 근대 이래로 연구자들은 문헌과 석굴벽화, 그리고 출토자료 등에 의한 교차논증을 더욱 중시했다.[3] 본문 역시 많은 부분 이런 방법을 답습하며 새로 발견된 것과 이미 있던 자료, 지식을 종합적으로 분석하고자 한다. 먼저 이 그림의 내용을 자세히 분석하고 서술한 후, 이를 기초로 도식圖式, 의의, 필법 등의 문제를 논의할 것이다. 마지막으로, 이 새로운 무덤 자료를 바탕으로 전통적 화제인 초기 산수화의 '와유臥遊'에 대한 필자의 의견을 밝히고자 한다. 본문은 시론적 연구로서, 단일 문제에 국한하지 않고 최

---

1 劉呆運·程旭,「陝西長安唐韓休墓首次發現獨屏山水圖壁畵」,〈中國文物報〉2014년12월5일, 제1판; 本刊編輯部,「"唐韓休墓出土壁畵學術研討會"紀要」,『考古與文物』2014년 제6기, pp.101-117; 程旭,「長安地區新發現的唐墓壁畵」,『文物』2014년 제12기, pp.64-80.

2 필자는 이전에 벽화와 무덤에 보편적으로 존재하는 구조를 고려하여 무덤과 관계가 매우 밀접한 벽화들을 억지로 '폭(幅)'으로 분할할 필요가 없으며, '……도(圖)'로 부르는 게 좋다고 했다(鄭岩,『魏晉南北朝壁畵墓硏究』, 北京: 文物出版社, 2002, p.11). 그러나 한휴묘의 산수도는 첫 번째 특징으로 인하여 확실히 '폭'으로 구분할 수 있으며, '도'로 이름 붙일 수도 있다.

3 대표적인 관련연구로는, Anil de Silva, *Chinesische Landschaftsmalerei: am Beispiel der Höhlen von Tun-Huang*, Baden-Baden: Holle Verlag, G. M. B. H., 1964(영문 번역은 *The Art of Chinese Landscape Painting in the Caves of Tun-huang*, New York, Toronto, London: Greystone Press, 1967); Michael Sullivan, *Chinese Landscape Painting in the Sui and Tang Dynasties*, Berkeley, Los Angeles, London: University of California Press, 1980; 王伯敏,『敦煌壁畵山水硏究』, 杭州: 浙江人民美術出版社, 2000.

대한 다양하게 분석하고자 한다. 이런 방식은 한휴 묘 및 당대 산수화 연구의 시야를 확대해줄 것이다.

1. 화면 묘사

발굴자는 한휴묘 북벽의 산수병풍을 '독립산수도' 혹은 '독병獨屛 산수도'라 부르고 있다. 병풍은 높이 194cm, 너비 217cm의 가로가 긴 형식으로,(도1) 서벽에 그려진 다곡식多曲式 병풍과는 다르다. 장젠린張建林의 견해대로라면, 이 병풍은 문헌에 언급된 '화장畫障'에 해당한다.[4] 양즈수이揚之水는 당대의 병풍과 장障이 "동일한 물건에 대한 두 호칭"이며, 좀 더 명확히 말하면 "장은 대부분 병풍의 골조 위에 펼친 병풍화를 가리키는 것으로 또 '병면屛面'이기도 하다"고 지적했다.[5] 문헌에는 산수병풍과 화장에 대한 기록이 적지 않다. 장障은 '幛', 혹은 '鄣'으로도 불린다. 예를 들면, 당대 주경현朱景玄의 『당조명화록唐朝名畫錄』에는 천보 연간에 오도현吳道玄과 이사훈李思訓이 대동전大同殿의 벽과 엄장掩障에 산수를 그렸다는 기록이,[6] 장언원의 『역대명화기』에는 건중 4년(783) 장조張璪가 장안 평원리 장씨네 집에서 8폭의 산수장山水幛을 그렸다는 기

록이 있다.[7] 문헌 속 유명 화가의 필적은 이미 사라졌지만, 한휴묘의 산수는 도리어 우리 눈앞에 생생하게 출현한다.

그림은 깊은 산속 계곡을 묘사하고 있다. 중앙에 구불구불 맑은 물이 흐르고, 저 멀리 오른쪽에서부터 왼쪽으로 화면에 진입하면 중경 근처에서 오른쪽으로 방향이 바뀐다.[8] 양안에 완만한 암석이 층층이 뒤로 쌓여 있고, 물 가까이에서 약간 꺾인다. 근경에서 계곡의 양안은 화면의 왼쪽 끝에 경사져 내려와 오른쪽 아래 모서리까지 죽 이어져 화면의 하단을 폐쇄하며 U자형을 형성한다. 그리하여 화면 좌우가 분열되지 않으면서 그림 밖에서 보는 관람자 역시 적절한 감상 위치를 확보하게 된다. 왼쪽 하안 근처가 완만한 것과 달리, 뒤쪽으로는 크기가 다른 암석이 앞뒤로 툭툭 튀어나와 있다. 오른쪽 아래 모서리의 거대한 두 암석은 결이 다른 두 면을 드러내는데, 입체감이 매우 풍부하다.

중경 근처에 이르면 고립된 암석은 우뚝 솟은 산봉우리로 변화한다. 산봉우리와 하안이 맞물린 부분은 중간 고리가 없이 생경한데, 마치 하안 가장자리에 놓아버린 듯한 느낌이다. 왼쪽과 오른쪽 두 곳에 대치되어 있는 산봉우리는 돌연 중앙으로 비스

---

4 張建林, 「"屛風十二扇, 畫郡五三張"―唐墓壁畫中的"屛"與"障"」, 第一屆古代墓葬美術研究學術討論會論文, 2009, 北京.

5 揚之水, 「行障與掛軸」, 揚之水, 『終朝采藍―古名物尋微』, 北京: 生活 · 讀書 · 新知三聯書店, 2008, pp.28-41.

6 朱景玄, 『唐朝名畫錄』, 『王氏畫苑』明金陵徐智督刊本, 卷之六, 葉6.

7 張彦遠, 『歷代名畫記』 권9, 于安瀾 編, 『畫史叢書』 제1책, 上海: 上海人民美術出版社, 1963, p.121.

8 화면의 투시관계는 정확하지 않아 먼 곳의 수면이 비교적 넓고, 가까운 곳은 지나치게 좁다. 물결문은 대부분 가로로 배열되어 있어 양안과 유기적 관계를 형성하고 있지 않다. 물이 오고 가는 것 역시 매우 거칠다. 아마도 이 때문에 발굴자는 물의 방향이 가까운 곳에서 먼 곳으로 흘러간다고 본 것 같다(「陝西長安唐韓休墓首次發現獨屛山水圖壁畫」). 본문의 도11-1과 도17 속의 계곡 물은 한휴묘에서 보이는 깊이감이 결여되어 있다. 다만 고저관계는 명확하여 물결문의 형태와 물의 방향관계를 관찰할 수 있다. 한휴묘 산수도의 물결은 이 두 사례와 유사하다. 그러므로 필자는 한휴묘 산수도의 하류 역시 먼 곳에서 가까운 곳으로 향하는 것으로 보고 있다.

도1 〈산수도〉, 당, 서안시 한휴묘(『考古與文物』 2014년 제6기, p.111)

듬히 기울었는데 꺾여 떨어질 듯하다. 화가는 의식적으로 산봉우리를 찾아내 화면의 분위기를 고조시켰다. 다만 강조점이 너무 분산적이어서 주종관계가 분명하지 않다. 산봉우리의 경사를 표현한 선과 양안의 완만한 구릉은 대략 수직으로 중경을 폐쇄적인 마름모꼴로 만들어낸다.

어지러운 중경에서 조금 떨어진 곳에 유운流雲이 하나 있고, 왼쪽 상부 모서리의 원산은 붓을 곧추세운 듯 매우 조용하고 장중하게 서 있다. 두 개의

낮은 산이 중앙의 원경에 '팔八'자형을 띠고 떠 있다. 그리고 다시 그 위로는 석양이 막 구름 속으로 들어가려 한다. 산과 구름의 양쪽은 옅게 표현되어, 주변의 물상物象들과 충분히 관계를 맺지 못하고 상당한 거리를 유지한다. 다만 그 대칭구조와 특수한 위치 선정으로 일종의 소리 없는 힘을 형성하며 양쪽의 다소 소란스러운 산봉우리를 압제하는 듯하다. 산과 구름을 연하게 표현함으로써 온 산의 계곡을 반사하며 최후의 휘황한 음성을 강하게 발산

하는 태양을 강조했다. 오른쪽 상부에 묘사된 운기는 선이 끊길 듯 이어지며, 왼쪽의 쌍구법으로 묘사된 장식적인 유운과 달리 점점 잦아드는 느낌이다.

평평하고 완만한 양안 위에는 낮고 작은 나무들이 몇 그루 있는데, 가지와 줄기는 모두 단선으로 표현했다. 암석과 산봉우리 정상의 나무숲에는 가지와 줄기가 보이지 않으며, 위쪽은 깊이감이 서로 다른 둥근 형태의 거친 선으로 관冠처럼 묘사되었다. 나무 묘사가 너무 간단하여 계절적 특징을 분명히 표현해내기에는 역부족이다.

전체 화면은 송대인들이 지적한 소위 "산 앞에서 산 뒤를 엿보는" 심원에 고원과 평원을 결합하는 기법을 보여준다.[9] 지금부터는 상술한 경물의 기본 구도가 당대에 통상 행해지던 형식에서 나왔으며, 중경의 하안 옆에 위치한 두 개의 모정茅亭은 이런 구도 위에 부가된 클라이맥스임을 증명하고자 한다. 앞쪽의 원형 정자는 오른쪽 하안의 평평하고 넓은 곳 위에 서 있는데, 그 뒤에 대나무 무리가 있다. 뒤쪽의 네모난 정자는 건너편 하안에 위치하며, 반쯤 산봉우리 뒤로 가려져 있다. 정자 안에는 사람이 없어 화면에 매우 황량하고 고적한 느낌을 불어넣는다. 그러나 두 정자—특히 뒤쪽의 정자—는 잘 그린 것이 아니며, 형태가 너무 크다. 그리하여 전체 산 계곡의 규모가 축소되고 기세가 크게 떨어졌다.

본고에서는 채색을 마지막으로 설명하고자 하는데,

논리 전개의 편의를 위해서라기보다는 화면의 기본구조가 선조線條로써 완성되었기 때문이다. 전체적으로 볼 때, 구륵과 설색은 따로 진행된 감이 짙다. 산, 돌, 물, 구름은 모두 균일한 먹선으로 빠르게 그려졌으며, 이 선들 위로 색채를 투명하게 칠했다. 낮고 왜소한 수목 위에 나뭇잎을 귤색에 가까운 노란색으로 점필点筆한 것이 유일한 예외다.[10] 왼쪽 산봉우리 위의 나뭇잎은 담묵에 검보라색을 첨가하여 묘사한 것이 확실하다. 만약 필선이 매우 숙련되고 빨랐다면, 색채는 거칠게 보였을 것이다. 오른쪽 산봉우리 위에는 무심결에 떨어진 녹즙색의 점들이 있다. 암석의 색상은 주로 담묵과 검보라색으로 표현했으며, 일부는 황색을 소량 섞었다. 화가는 물상의 구조에 주의하여 하안의 구릉과 산봉우리에 색칠을 했다. 선조와 같은 방향으로 진행되는 용필과 농담의 변화가 입체감을 강화한다. 오른쪽 아래 모서리의 두 바위와 안쪽을 세로 방향의 측봉側鋒으로 색칠한 오른쪽 산봉우리 하나를 주목할 만하다. 측봉을 사용한 바깥쪽은 가로 방향으로 둥글게 호선弧線을 긋고 있는데, 모두 신경 써서 표현한 것이다.

노란색은 매우 대담하게 사용됐다. 태양과 떨어진 곳에서 평평하게 흩어지는 구름층이 노란빛을 띠는 것은 햇빛을 받은 것으로 보인다. 주목할 만한 것은 양안 아래쪽 구릉의 묵선 역시 노란색으로 덧

---

9 '삼원(三遠)'에 대해서는 郭熙, 『林泉高致集·山水訓』, 于安瀾 編, 『畫史叢書』 제1책, 上海: 上海人民美術出版社, 1963, p.23을 참조.

10 벽화의 색채 감정에 대한 보고서는 아직 나오지 않았다. 그러므로 본문의 묘사는 단지 직관적인 인상에 기초하고 있다. 그리고 여기서 사용한 용어 역시 당대(唐代)의 법식을 따르지 않았으며, 또한 실제의 성분을 반영하고 있지도 않다.

칠했다는 점인데, 이는 석양이 반사될 때의 강렬한 색채효과를 표현한다.[11] 정자 지붕의 띠풀과 근경의 돌 하나에도 같은 색상을 칠했지만, 구릉의 물 근처 구륵과는 다른 원칙으로 표현했다. 묘실을 둘러싼 다른 벽화에서 이런 색상을 너무 많이 사용하여 전체적으로는 조화가 결여되어 있다.

2. 도식

서술의 편의상 본문에서는 한휴묘 산수도에 나타나는 돌, 물, 구름, 나무, 해, 정자 등의 물질적 요소들을 '모티프'로, 그리고 모티프와 화면의 구도가 따르고 있는 안정적인 범식範式을 '도식schema'으로 칭하고자 한다. 본 장에서는 1장을 바탕으로 먼저 이 그림의 도식을 분석하고 아울러 그 주제subject matter를 논의하고자 한다.

신문매체는 습관적으로 특별한 언어를 사용하여 고고학적 발견의 독보적인 가치를 강조하곤 한다. 그러나 실제로는 어떠한 자료도 고립되어 존재하지 않는다. 한휴묘 산수도 또한 비록 현존하는 많지 않은 당대 독립산수화의 실물자료긴 하지만, 당시 유행하던 도식을 벗어나지는 않는다.

도식은 특정 모티프의 화법뿐만 아니라 화면의 구도를 포함한다. 한휴묘 산수도 세부묘사의 대부분은 당대 문헌과 도상자료에서 유사사례를 찾을 수 있다. 예를 들면 『역대명화기』에서 "위아래로 뻗은 괴석이 무너질 듯한 여울이 매우 핍진하다"[12]고 언급한 오도자의 산수는 한휴묘 산수도 양안의 입체감이 풍부한 암석과 비교할 수 있다. 또한 산수도 왼쪽 상단의 운기는 쌍구법으로 묘사했는데, 이런 화법은 섬서 부평현富平縣 주가도촌朱家道村 산수병풍에서도 볼 수 있다.[13] 그리고 『당조명화록』에는 장조의 '산수 형상'을 언급하며 "돌이 뾰족하여 마치 떨어질 듯하다石尖欲落"고 했는데,[14] 부평현 주가도촌 무덤의 산수병풍, 대북臺北 고궁박물원 소장의 〈명황행촉도明皇幸蜀圖〉와 영국박물관 소장 조맹부 모사본으로 전해지는 왕유의 〈망천도〉에서도 산봉우리 위가 뾰족하게 돌출돼,(도2)[15] 둘 사이에 어떠한 관계가 있었으리라 짐작할 수 있다. 이처럼 매우 희극화된 조형은 북방산수의 형태와 관련

---

11 쉬타오(徐濤)는 이에 대해 "햇빛 방향에 따라 두 산의 산등성이의 구릉과 아래쪽에 특별히 귤색을 사용해 선을 칠함으로써 금벽산수화에서 금색 선으로 동일 부분을 칠한 것과 같은 장식적 효과를 형성하고 있다. …… 그러므로 금벽산수의 초기형태로 볼 만하다"고 설명하였다(「"唐韓休墓出土壁畵學術研討會"紀要」, pp.114-115).

12 『歷代名畵記』권1, p.16

13 井增利·王小蒙, 「富平新發現的唐墓壁畵」, 『考古與文物』 1997년 제4기, pp.8-11.

14 『唐朝名畵錄』, 葉7. 이 책에서는 張璪를 張藻라 쓰고 있다.

15 『석거보급(石渠寶笈)』 3편은 대북 고궁박물원 소장 〈명황행촉도〉를 '송대의 관산행려도(宋人關山行旅圖)'로 저록하고 있다. 1950년대 이후 많은 사람들이 이 그림을 당 현종이 안사의 난을 피해 촉으로 피난 가던 일을 기록한 것으로 보았다. 이 연구에 대한 종합적 논의는 李如珊, 「臺北故宮〈明皇幸蜀圖〉研究」, 臺北: 臺灣大學藝術史研究所碩士論文, 2007을 참조. 미불(米芾)의 『화사(畵史)』에는 이소도(李昭道)의 〈명황행촉도〉 모본이 기록되어 있다. 일반적으로 이 모본은 송원대 사람들이 모사한 것으로 보고 있는데, 그 가운데서 당풍(唐風)을 볼 수 있다. 이 밖에 일본 야마토분까칸(大和文華館) 소장의 1권은 좌반부가 대북 고궁고본과 대동소이하다. 연대는 좀 늦을 가능성이 큰데, 미국 뉴욕 메트로폴리탄미술관의 또 다른 1권은 연대가 더 늦을 것이다.

도2 '떨어질 듯한 뾰족한 산봉우리': 1. 한휴묘 산수도 2. 부평 주가도촌 당대무덤 산수도(徐濤 선생 제공) 3. 대북 고궁박물원 소장 〈명황행촉도〉(中國古代書畫鑒定組 編,『中國繪畫全集·第1卷 戰國—唐』, 北京: 文物出版社, 1997, pp.196-197). 4.영국박물관 소장 전(傳)조맹부 모사 〈망천도〉(『文人畫粹編·第一卷 王維』, 東京: 中央公論社, 1975, 도30)

이 있다. 송대 심괄은 오대 동원이 그린 강남산수를 "기이하고 가파른 붓질을 하지 않았다"고 평했는데,[16] 이는 '기이하고 가파른' 산의 뾰족한 화법과는 다르다.

더욱 중요한 것은 한휴묘 산수도의 전체 구도가 당대 산수화에서 흔히 출현하는 도식을 따르고 있다는 점이다. 작품과 함께 관련 자료를 참고하면 도식의 기본 형태를 복원할 수 있다. 그 특징을 간단히 서술하면, '한 줄기 물이 흐르고 그 양안이 표현되며(이하 '일수양안 一水兩岸 '으로 약칭함), 계곡은 매우 그윽하고 깊으며, 석양은 반사되고 있다. 그리고 계곡물은 구불구불 흐르고, 산봉우리는 우뚝 솟아 있으며, 구름과 안개가 자욱하다.' 이와 관련해 『당조명화록』에서 장조의 그림을 어떻게 묘사했는지 살펴보자.

그가 그린 산수의 형상은 높낮이가 수려하고, 가까운 곳은 무겁고 깊으며, 바위는 뾰족하여 금방이라도 떨어질 듯하고, 샘솟는 물은 마치 크게 노한 듯하다. 가까운 곳은 사람으로 하여금 추위를 느끼게 하고, 먼 곳은 하늘의 끝까지 다 간 듯하다.[17]

다시 이사훈의 그림에 대한 『역대명화기』의 기록을 보자.

산수와 나무, 그리고 바위를 그린 필격이 매우 굳세고, 물과 여울은 부드럽게 흐르고, 구름과 안개는 자욱하게 떠 있어 신선의 일을 보는 듯하다.

16 沈括 著, 胡道靜 校證,『夢溪筆談校證』권17, 上海: 上海古籍出版社, 1987, p.565.

17 "其山水之狀, 則高低秀麗, 咫尺重深, 石尖欲落, 泉噴如吼. 其近也則若逼人而寒, 其遠也則若極天之盡."『唐朝名畫錄』, 葉7.

아득하여 바위와 산의 깊고 그윽함이 있다.[18]

두 글이 묘사하는 흐르는 물과 구름 및 안개, 그리고 깊고 깊은 바위산들이 빚어내는 공간감과 통제력은 모두 한휴묘 산수도를 묘사하는 데에도 직접적으로 적용할 수 있다. 이사훈은 청록산수에 능했으며,[19] 장조는 수묵화를 좋아했지만, 그들 작품 모두 한휴묘 산수도와 유사한 모티프와 도식을 사용했을 가능성을 배제할 수 없다.

물론 문자와 도상 사이에 일정한 거리가 있다는 사실을 인식해야 한다. 독자가 문자가 묘사하는 바에 전적으로 동의하지 않을 수 있듯, 저자들 또한 동일한 그림을 서로 다르게 묘사할 수 있다. 이는 작품을 감상하는 방식이 서로 다르기 때문이기도, 이를 문자로 표현하는 방식이 다르기 때문이기도 하다. 마찬가지로 글의 형식이 유사하다고 해서 동일한 화면을 묘사한 것이라 볼 수도 없다. 도상 사이의 연관성은 서로 비교한 후에야 비로소 직접적이고 충분한 설득력을 지닌다. 한휴묘 산수도와 비

교적 근접한 첫 사례는 일본 나라의 쇼소인正倉院 소장 8세기 전기 나전 비파에 붙어 있는 가죽 그림인 〈기상호악도騎象胡樂圖〉 배후의 산수다.[(도3)][20] 높이 39.5cm, 너비 16.6cm로 작은 크기의 화면은 마치 한휴묘 산수도를 축소하여 만든 세로 그림 같은데, 꺾이는 계곡 양쪽의 산은 층층이 뒤로 물러나며, 물오리 등이 계곡 사이를 Z자 형태를 이루며 날아가고, 멀리 햇빛이 반짝인다. 이와 같은 모티프와 구도는 모두 한휴묘 산수도와 유사하다.

더욱 많은 사례가 돈황의 성당기 벽화에서 출현한다. 막고굴 제217굴과 103굴의 남벽 서쪽[(도4)]에 그려진 〈법화경변상도―화성유품〉,[21] 320굴 북벽 동쪽[(도5)]과 172굴 남벽 서쪽과 북벽 동쪽, 148굴 동벽 남쪽의 〈관무량수경변상도―일상관日想觀〉[22] 등은 모두 전형적인 작품이다. 이 가운데 103굴의 양쪽 산봉우리는 모두 매우 높이 솟아 있는데, 320굴과 172굴에서는 한쪽 산봉우리만 솟아 있고 다른 한쪽은 비교적 완만한 하안河岸이다. 다만 이런 변화는 모두 일정한 범위로 한정되며, 전반적으로 모

---

18 "其畵山水樹石, 筆格遒勁, 湍瀨潺湲, 雲霞縹渺, 時覩神仙之事, 窅然岩嶺之幽." 『歷代名畵記』 권9, p.110.

19 북송 이후 대부분의 저록은 이사훈이 색을 무겁게 칠하는 것으로 보았다. 진웨이눠(金維諾)는 '이사훈이 청록산수를 대표하며, 돈황 막고굴의 제103굴과 217굴의 〈화성유품도〉에서 그 흔적을 볼 수 있다'고 논했다(金維諾, 「敦煌藝術在美術史硏究上的地位」, 敦煌文物硏究所 編, 『中國石窟·敦煌莫高窟』5, 北京·東京: 文物出版社·平凡社, 1987, p.189). 의덕태자 이중윤묘 안에서 '楊契跬'의 제명을 발견했는데(王仁波, 「唐懿德太子墓壁畫題材的分析」, 『考古』1973년 제6기, p.381), 설리번은 이를 "산수를 잘 그렸는데 흡사 이장군(이사훈을 지칭)의 그림 같았다"는 평가를 받았던 양공(楊鍠)으로 추정하고 있다(Michael Sullivan, *Chinese Land-scape Painting in the Sui and Tang Dynasties*, pp.119-120; 『歷代名畵記』 권9, p.112). 이 무덤의 청록산수벽화에 대해서는 李星明, 『唐代墓室壁畵硏究』, 西安: 陝西人民美術出版社, 2005, pp.325-327을 참조.

20 正倉院事務所, 『正倉院の繪畵』, 東京: 日本經濟新聞社, 1968, pp.33-36. 설리번은 이 그림이 "중국에서 가지고 온 것이건, 혹은 일본화가가 그린 것이건, 또는 고구려 이민자가 가지고 온 작품이건 모두 중요한 게 아니다. 8세기 당나라 예술이 실제로 동아시아의 국제양식을 형성했음을 의미한다"고 보았다(邁珂·蘇立文(Michael Sullivan) 著, 洪再新 譯, 『山水悠遠―中國山水畵藝術』, 廣州: 嶺南美術出版社, 1988, p.41).

21 『中國石窟·敦煌莫高窟』3, 도판 100·153.

22 『中國石窟·敦煌莫高窟』4, 도판 5·9·10·39.

도3 〈기상호악도〉, 8세기, 일본 쇼소인 소장, 비파 한발(捍撥)(正倉院事務所, 『正倉院寶物·南倉』, 東京: 朝日新聞社, 1989, 도판128; 『正倉院の繪畫』, p.33)

두가 공유하는 도식에서 벗어나지는 않는다.

아키야마 테루가즈秋山光和는 상술한 사례들보다 훨씬 이른 시기인 690년 전후에 조영된 막고굴 323굴 남북 양벽에 묘사된 서상瑞像, 부처와 고승의 기적고사도 배후에 놓인 대화면의 산수배경에 대해 언급했다. 여기서는 계속 이어지는 산봉우리와 구릉, 그리고 하늘과 닿는 원산이 모두 유기적으로 결합하고 있으며, "물은 구불구불 산 사이를 흘러가고, 굽이도는 하안은 원경의 낮은 산과 쭉 이어져 끝없는 모습을 드러내고 있다." 그는 이를 "당대 산수표현의 기본형식 가운데 하나"로 정의했다.[23] 그렇다면 상술한 성당기의 도식은 이와 같은 초당기 대화면의 산수화가 한층 발전한 것으로 볼 수 있다. 그리하여 구도는 더욱 통일되고 세부 변화는 풍부해졌다.

간과할 수 없는 또 하나의 사례가 있다. 하남성 언사시 남구씨진南緱氏鎭에 위치한 당 공릉恭陵 애황후묘哀皇后墓에서 도굴되었던 높이 14.2cm의

---

23 秋山光和,「唐代敦煌壁畫中的山水表現」,『中國石窟 · 敦煌莫高窟』 5, pp.195-209.

도4 〈법화경변상도—화성유품〉, 성당시기, 돈황 막고굴 제103굴 남벽(『中國石窟·敦煌莫高窟』3, 도판153)

도5 〈일상관〉, 성당시기, 돈황 막고굴 제320굴 북벽(『中國石窟·敦煌莫高窟』4, 도판4)

작은 도관陶罐의 배 부분에 그려진 산수가 그것이다.(도6)**24** 셰밍량謝明良은 이 도관에 대해 '당나라 사람들이 전통적인 경서 해석에 기초하여 제작한 예기 '산준山尊'으로서 북송 섭숭의聶崇義의 『신정삼례도新定三禮圖』와 동일한 계통에 속한다'고 정확히 지적했다.**25** 정확도는 좀 떨어지지만, 필자는 발표된 컬러사진을 토대로 포토샵을 이용해 펼친 모습으로 만들어봤다.(도7) 그리하여 이 그림이 '독립산수화'라 부를 수 있을 만한 소형 회화로, 한휴묘 산수도와 상당히 비슷함을 밝혀냈다. 금방이라도 떨어질 것 같은 뾰족한 산봉우리, 쌍구법으로 묘사된 운기, 그리고 수목의 화법 등이 그렇다. 산과 물의 기본적인 관계 역시 한휴묘 산수도와 꽤 비슷하다. 물론 화면이 도관의 배 부분에 둥글게 묘사되었고 화폭이 작기 때문에 세부 묘사는 결여되어 있다.

이렇게 '일수양안'을 묘사하는 구도는 당대의 다양한 산수화 도식 가운데 하나에 불과하다. 현존하는 자료로 미루어 보면, 당시에는 또 다른 도식이 존재했다. 즉 다곡병풍 위에 세로 구도로 그려진 산수화의 사례가 많이 발견된다. 서안시 장안구 방류촌龐留村 개원 25년(737) 현종 혜비惠妃 무씨묘武氏墓 서벽의 6곡 산수병풍도,(도8)**26** 부평현 주가도촌

---

24 郭洪濤, 「唐恭陵哀皇後墓部分出土文物」, 『考古與文物』 2002년 제4기, pp.9-18.

25 謝明良, 「記唐恭陵哀皇後墓出土的陶器」, 『故宮文物月刊』 제279기(2006), pp.68-83. 공릉은 태자 이홍(李弘)의 무덤으로, 그는 상원 2년(675) 매장되었다. 다음해 태자비 배씨(裴氏)가 사망하여 수공 3년(687) 공릉에 배장되었다. 9년 후에는 '애황후'로 추증되었다.

26 屈利軍, 「新發現的龐留唐墓壁畵初探」, 『文博』 2009년 제5기, pp.25-29; 屈利軍, 「從古代屛風看唐代壁畵中的山水」, 『文博』 2011년 제3기, pp.55-62.

당대 무덤 서벽의 6곡 산수병풍도,[도9][27] 섬서성 임동 경산사慶山寺 지궁地宮 동벽에 그려진 다섯 승려 배후의 산수병풍도,[28] 돈황 유림굴 제25굴의 노인이 무덤에 들어가는 것을 배웅하는 장면 속에 나타난 산수병풍도[도10][29] 등이 그것이다. 방류촌 산수병풍의 여러 폭은 양안의 험준한 산속 절벽이 물을 사이에 두고 마주하는 대각선구도를 취하는데, 여기서도 '일수양안'의 도식을 볼 수 있다.[30] 이는 여러 종류의 도식이 공존하며 상호 영향을 주고받았음을 의미한다. 더불어 구작鉤斫, 청록, 수묵 등 다양한 필법과 색채는 성당기 산수화를 더욱 풍부하고 다채롭게 만들었다. 이런 현상은 산수화가 성숙했음을 나타낸다.

도6 〈산준〉 채회도기, 당, 언사 남구씨진 공릉 애황후묘(洛陽市博物館, 『唐代洛陽』, 鄭州: 文心出版社, 2015, p.34)

도7 〈산준〉의 전개도, 당, 언사 남구씨진 공릉 애황후묘(필자 제작)

---

27 井增利·王小蒙, 「富平新發現的唐墓壁畵」, 『考古與文物』 1997년 제4기, pp.8-11.

28 臨潼縣博物館, 「臨潼唐慶山寺舍利塔基精室淸理記」, 『文博』 1985년 제5기, p.32. 원 보고서에는 병풍의 테두리를 기둥으로 잘못 보았다. 정확한 서술은 楊效俊, 「臨潼慶山寺舍利地宮壁畵試析」, 『文博』 2011년 제3기, pp.88-94를 참조.

29 敦煌硏究院·江蘇美術出版社, 『敦煌石窟藝術·楡林窟第二五窟附一五窟(中唐)』, 南京: 江蘇美術出版社, 1993, p.65의 도판 60.

30 이런 구도는 만당기 막고굴 제156굴 동벽 북쪽 유마힐 뒤의 산수병풍에서도 볼 수 있다. 이에 대해서는 敦煌硏究院·江蘇美術出版社, 『敦煌石窟藝術·楡林窟第一五窟附一六一窟(晩唐)』, 南京: 江蘇美術出版社, 1995, p.174의 도판162.

도8 〈산수병풍〉, 당, 장안 방류촌 혜비 무씨묘(『文博』 2009년 제5기, p.58)

도9 〈산수병풍〉, 당, 부평 주가도촌(徐濤 선생 제공)

이미 많은 학자들이 당대 산수화의 '성成'과 '변變'의 문제를 연구해왔다. 한휴묘 도식이 산수화 변천 과정에시 차지하는 위치에 대해서는, 지면 관계상 각각 작품의 2세기 이전과 이후의 사례를 언급 하는 데 그치고 더 이상은 논의하지 않도록 하겠다. 첫 사례는 물의 화법이다. 6세기 회화의 물의 표현에는 두 가시 방식이 있다.[도11] 첫째는 미국 넬슨아트킨스미술관에 소장된 북위 후기의 효자석관에

도10 〈노인이 무덤에 들어가는 것을 배웅하는 장면〉(부분), 당대, 돈황 유림굴 제25굴 북벽(『敦煌石窟藝術·楡林窟 第二五窟附第一五窟』, 도판60)

서 볼 수 있는, 유창한 선으로 조직된 매우 자유로운 형태의 물이다. 둘째는 서안 북쪽 교외에서 발견된 북주 사군묘석당에서 볼 수 있는, 평행선으로 구성된 장식성이 강한 S형 소용돌이 문양이다.[31] 쥬디스 러너Judith Lerner는 전자를 중원 계통으로, 후자를 중앙아시아에서 유래했을 가능성이 큰 것으로 보았다.[32] 한휴묘 산수도 속의 물과 첫 번째 방식의 전승관계는 어렵지 않게 찾을 수 있다. 두 번째 사례는 하북성 곡양 서연천촌西燕川村의 오대 왕처직묘 벽화 속 두 폭의 산수병풍이다.[33] 이 두 폭 산수화와 동원董源의 전세회화 사이에 공통점이 있다고 지적된 바 있는데,[34] 당시 이런 강남양식의 산수가 이미 하북 지역까지 유포되었다는 점에 주의해야 한다. 한휴묘 산수도와 왕처직묘 산수, 그리고 이곽파의 북방산수 등의 관계 역시 연구해 볼 가치가 있다.

돈황벽화에서 '일수양안'을 표현한 산수는 대부분 경변화經變畵 속 서사부분의 배경에 나타난다. 그러나 주제는 모두 다른데, 그렇다면 독립된 한휴묘 산수도의 주제는 어떻게 이해해야만 할까.

하나의 도식은 여러 주제를 표현할 때 함께 쓰였으며, 도식의 수정은 아마도 작품의 특정 의미를 반영할 것이다. 한휴묘 산수도의 두 정자가 바로 '수정된 부분'으로, 주의를 기울여야 하는 요소이다. 모정은 잘 알려진 문화적 부호다. 당대 유우석은 「누실명陋室銘」에서 자신의 '누실'을 '남양 제갈의

---

31 楊軍凱, 『北周史君墓』, 北京: 文物出版社, 2014, 도80.

32 2011년 10월28일, 하버드대학에서 열린 소형회의에서 이런 견해를 밝혔다.

33 河北省文物研究所 · 保定市文物管理處, 『五代王處直墓』, 北京: 文物出版社, 1998, 彩版14 · 18.

34 孟暉, 『花間十六聲』, 北京: 生活 · 讀書 · 新知三聯書店, 2006, pp.28-29.

도11 석각 도상 속 두 종류의 물 표현: 1. 미국 넬슨아트킨스미술관 소장 북위 효자석관 화상(부분, 필자 촬영); 2. 서안 북교 출토 북주 사군묘 석당 화상(부분, 『北周史君墓』, p.137)

초려 및 서측 자운의 정자'와 비교했는데,[35] '제갈의 초려'란 동한 말년 제갈량이 은거하던 남양 와룡강의 초려를 가리킨다. 당나라 은사들 역시 초려와 모옥을 지었다. 장적張籍은 〈이산인의 유거에 제시를 함題李山人幽居〉에서 "남양의 남쪽 외곽성 바깥에서 서생 하나가 모옥에 살았는데, …… 불어오는 바람과 먼지에 화답하고, 세상의 명성을 쫓는 것을 구차히 여긴다"라고 읊으며 모옥과 은거의 관계를 분명히 밝혔다.[36] 더 유명한 것은 백거이의 여산초당廬

山草堂과 도사 노홍의 숭산초당이다.[37]

한휴묘 산수도의 모정은 하나는 방형이고 하나는 원형으로, 전체 화면의 통일성과는 다소 어긋난다. 뒤쪽 방형 정자의 기초는 원래 방형이던 것을 원형으로 바꾸었는데, 수정한 흔적이 매우 명료하다. 보아하니 정자의 형태가 매우 중요하여 소홀히 할 수 없었던 듯하나 고친 이유는 알 수 없다. 방원方圓과 음양, 천지, 남녀 등등의 개념을 연관시켜 보면 그 형태 변화나 의미를 짐작할 수 있을 듯도 한

35 "南陽諸葛廬, 西蜀子雲亭." 劉禹錫 撰, 卞孝萱 校訂, 『劉禹錫集』, 北京: 中華書局, 1990, p.628. (자운은 전한시대의 유명 문학가인 양웅(揚雄)을 가리킨다: 역자 주)

36 "襄陽南郭外, 茅屋 書生 …… 應笑風塵客, 區區逐世名." 『全唐詩』 권384, 北京: 中華書局, 1960, p.3419.

37 白居易, 「草堂記」, 『全唐文』 권676, 北京: 中華書局, 1983, pp.6900–6901. 노홍(盧鴻)은 홍일(鴻一), 혹은 호연(浩然)이라고도 불린다. 그의 전기는 『舊唐書』 권192, 北京: 中華書局, 1975, p.5121 ; 『新唐書』 권196, 北京: 中華書局, 1975, p.5604에 있다.

데, 대립, 병존의 상징적 의미를 가진 한 쌍의 개념을 포함할 가능성이 크다. 자료의 한계로 말미암아 더 이상의 논의는 불가능하다.

돈황 성당기의 〈관무량수경변상도—일상관〉과의 유사성으로 미루어 한휴묘 산수도에서 묘사한 것은 석양이 서쪽으로 떨어질 때의 적막감이지, 해가 동쪽에서 뜰 때의 생기발랄함은 아니다. 쇼소인 비파의 〈기상호악도〉의 배경 역시 왕유의 시구 "석양이 새 옆으로 떨어지고, 가을 들녘에는 사람 이외엔 한적한데"[38]와 대응하는데, 이 또한 위 주장을 방증한다. 석양의 모티프와 모정의 기분이 짝을 이루어 정자 안에 사람이 없다는 사실을 더욱 인상적으로 만든다. 명대 동기창은 "〈유정수목幽亭秀木〉, 옛사람이 일찍이 그림을 그릴 때, 세상에서 그 뜻을 아는 자가 없었다. 내가 '정자 아래 속된 물이 없으니 이를 유幽라 한다'라고 주를 달았다"고 기록했다.[39] 종합적으로 판단할 때, 세상을 벗어난 은일 관련 모티프는 산수를 문화적 의미가 풍부한 경관으로 만들었다.

한휴묘 산수도를 개인의 원림을 표현한 것으로 보는 학자도 있다.[40] 물론 당대에는 원림이 매우 융성하여, 원림 속의 초당과 모옥을 흔하게 볼 수 있었다.[41] 한휴처럼 부유한 자는 개인 원림을 소유했을 가능성이 큰데, 당대에는 원림 그림을 전문적으로 그리는 이가 적지 않았다. 원림은 산수화와 마찬가지로 일종의 예술형식으로, 사람들 마음속의 이상화된 자연을 표현했다. 한 폭의 산수화를 원림의 재현으로 볼 것인지, 아니면 그들이 지향하던 도화원桃花源으로 볼 것인지를 판단하는 데는 좀 더 많은 논거가 필요하다. 설령 산수화가 원림을 재현한 것이라 하더라도, 반드시 원림의 '실경'을 완전히 재현할 필요는 없다. 초목과 수석으로 구성된 원림을 '실제 존재하는 실체'로 볼 수도 있겠지만, 원림은 본질적으로는 한 수의 시에 가깝다. 시의詩意는 번역하기 어려운 법인데, 하물며 한 수의 시인 산수화에 있어서야 어련하겠는가.

당대의 초당과 모옥은 이미 "남양 제갈량의 초려"처럼 개성이 풍부한 소재가 아니었다. 반대로 아주 진부한 것이 돼버려 각종 시문에 언급되었을 뿐 아니라, 여러 도상에도 출현했다. 현종이 하사한 초당을 소유했던 노홍은 "일찍이 스스로 그 거처를 그림으로 그려 보이고 대대로 이를 전했다"고 한다.[42] 섬서성 장안시 홍교사 출토 당대 돌확에는 한 폭의 도련도가 있는데 오른쪽 끝에 모정 하나가 새

---

38 "落日鳥邊下, 秋原人外閑"『全唐詩』권126, p.1274.

39 "〈幽亭秀木〉, 古人嘗繪圖, 世無解其意者. 余爲下注脚曰: 亭下無俗物謂之幽……" 董其昌,『畫旨』卷下,『畫論叢刊』, p.94. 빈 정자는 잘 알려져 있다시피 원대 예찬(倪瓚)의 작품에서 볼 수 있다. 동기창은 예찬의 그림에 대해 "雲林畫, 江東人以有無論淸俗. 余所藏〈秋林圖〉有詩云: '雲開見山高, 木落知風勁. 亭下不逢人, 夕陽淡秋影.' 其韻致超絶, 當中子久山樵之上."이라 적었다 (앞의 책, p.92)

40 「"唐韓休墓出土壁畫學術硏討會"紀要」, pp.112-113.

41 李浩,『唐代園林別業考』, 西安: 西北大學出版社, 1996, pp.17-18, 23-29. 당대 원림연구에 대해서는 楊曉山 著, 文韜 譯,『私人領域的變形—唐宋詩歌中的園林與玩好』, 南京: 江蘇人民出版社, 2009를 참조.

42 대북 고궁박물원 소장 〈초당십지도(草堂十志圖)〉는 노홍의 모본일 수도 있다. 혹은 동유(董逌)가 언급한 것처럼 "후인들이 뛰어난 경치를 쫓아 쓸데없이 제작한 것"일 수도 있다(董逌,『廣川畫跋』권6, 盧輔聖 主編,『中國書畫全書』제1책, 上海: 上海書畫出版社,

도12 〈선각 도련도〉, 당대 석조, 장안 흥교사(『文物』 2006년 제4기, p.72)

겨져 있다.^{(도12)43} 쇼소인 소장 제6호 '밀타회 접시' 위에는 물가의 나무 아래에 매우 간단한 초려가 묘사되어 있는데, 그 안에 책상은 있지만 사람은 없다. 물속에서 나와 달리는 상서로운 동물과 천상에서 노니는 봉황 등은 이곳이 세상의 시끄러움을 벗어난 선경임을 암시한다.^{(도13)44} 은일 색채가 풍부한 산수화는 당시의

1993, p.839).

43 劉合心, 「陝西長安興教寺發現唐代石刻線畵"搗練圖"」, 『文物』 2006년 제4기, pp.69-77.

44 '밀타회 접시(密陀繪盆)'는 일본 메이지시대 이후의

도13 〈밀타회 산수도〉, 8세기, 일본 쇼소인 소장(『正倉院の繪畵』, 삽도90)

도14 〈무악도〉, 서안, 한휴묘(『考古與文物』 2014년 제6기, p.109)

불교·도교사상 및 그 도상과 관련이 있을 것이다. 다만 그 성격은 순수하게 불교적이거나 도교적이지 않다. 심지어 묘주 개인의 특정한 희망이나 기호와도 필연적인 관계가 없으며, 당대 상층사회의 보편적 유행으로 보는 것이 적절하다. 만약에 한휴묘 산수화에 인적이 전혀 없다는 점에 근거해, 적적하고 쓸쓸한 느낌을 주는 이 산수화의 의미를 묘주가 도교적인 산에 귀의하고자 한 태도를 드러낸 것이라고 해석한다면 억지춘향에 불과하다.

이런 출세간적 제재와는 달리 한휴묘 동벽의 무악도는 현세의 분위기를 묘사한다. 찬란한 꽃과 나무들 사이에 남녀가 짝을 이뤄 춤을 추고, 호악胡樂과 중국의 음악이 울려 퍼져 사람들을 취하게 한다.(도14) 무악도는 병풍화가 아니며, 관상榻床과 마주본다. 이는 곧 그림 속 인물과 정경이 묘주와 동일한 세계에 속하고 있음을 설명하는 것이다.[45] 묘주가 속한 세계는 현실세계의 '그림자상鏡像'이라고 볼 수 있는데, 병풍 속 산수는 단지 이에 끼어든 '한 폭의 그림, 한 수의 시, 하나의 노래'에 불과하여 이 세계를 좀 더 풍부하고 다채롭게 만들 뿐이다.

명칭이며, 실제로는 나무로 만든 칠반(漆盤)이다(『正倉院の繪畫』, 삽도90).

45 회화 속 병풍의 테두리에 대한 논의는 朱靑生,「韓休壁畫墓"獨幅山水畫"研究劄記」미발표 원고 및 본서「그림의 테두리를 누른 붓끝―고분벽화와 전통회화사의 관계」를 참조.

그러나 양자는 결코 쉽게 위치를 변화시킬 수 있는 관계는 아니다.[46] 병풍은 현실세계에서 옮겨 올 수도, 또한 아무 때나 옮겨갈 수 있다. 마치 악공이나 춤을 추는 사람들이 생각이 일어나면 하고, 흥이 다 하면 멈추는 것과 같다.

3. 필법

다시 이 그림의 용필에 대해 논의해보자. 사서에 의하면 오도자가 그린 회화는 일반적으로 제자나 공인들이 색칠했다고 한다.[47] 한휴묘 산수도는 반드시 여러 사람이 완성했다고 할 수는 없지만, 분명한 것은 선묘와 설색이 분리되어 두 개로 구분된다는 점이다. 그러므로 오도자가 그림을 그리는 과정과 유사했을 것이다. 쇼소인 비파 위의 〈기상호악도〉 속 산수를 보면 성당기의 산수에는 이미 초보적인 필묵의 변화가 있다. 그러나 이런 변화는 한휴묘에서는 아직 분명하지 않아 그림 속 돌, 물, 구름은 모두 중봉의 운필로 그려냈고, 비록 선조에 미묘한 차이가 있다 하더라도 아직 명확한 준법은 출현하지

않았으며, 색칠하는 과정에서 살짝 '원시적인 준법'이 보이는 정도다.[48] 나무의 화법도 변화가 크지 않다. 선조를 위주로 하여 물상의 형태와 모습을 만들어내는 기법은 초기 산수화의 특징을 다수 보존하고 있다.[49] 당말 오대기의 화가인 형호荊浩는 "오도자의 산수 그림에는 필선은 있지만 먹이 없다"고 평가했으며,[50] 송대의 곽약허는 "일찍이 (오도자가) 그린 벽화와 권축화를 보았는데, 붓질이 매우 강건하며 색채는 매우 간결하고 담담하다. 간혹 벽화에서는 좀 무겁게 칠해진 것도 있지만, 이는 대부분 후대인들이 장식한 것이다. 지금 화가들 가운데 단청을 중시하지 않는 것을 '오도자의 양식吳裝'이라 한다"라고 평했다.[51] 한휴묘 산수도 역시 "필선은 있지만 먹은 없는" 작품이다.

한휴묘 벽화에서는 운필이 매우 빠르고 설색 역시 상당히 단조롭다. 이런 기법은 무덤 안의 각 부분 벽화에서 서로 다른 효과를 연출한다. 즉 묘실 북벽의 현무와 남벽 주작은 모두 전통적 제재에 속하는데, 화공은 그 조형에 매우 익숙해서 단숨에 힘 있게 그려냈다. 용도 양 벽의 인물과 묘실 서벽의

---

46 예를 들어 떨어지는 해는 단지 병풍에서만 출현하는데, 묘실의 방위와는 관계가 없다.

47 『역대명화기』에는 '장안의 흥교사, 정토원, 보리사, 안국사, 총지사 등에 오도자의 벽화가 있는데 모두 공인들이 색을 칠해 그림이 망가졌다'고 기록하고 있다(권3, pp.38-49). 또 "적염(翟琰)은 오도자의 제자다. 오도자는 그림을 그릴 때마다 그리자마자 자리를 떴으며, 대부분 적염과 장장에게 색칠을 하게 했다"고 한다(권9, p.109). 한편 『당조명화록』에는 "개원 연간 낙양의 천궁사 그림은 오도자가 친히 색칠했다"고 기록하고 있는데(葉1-2), 매우 특별한 사례라 하겠다.

48 주칭성(朱青生)은 한휴묘 산수도 속의 중봉 용필은 "동시기 안진경으로 대표되는 중봉 행서의 서법에 상당히 근접해 있다"고 보았다. 이 주장은 본문의 관점과 다르지만 중시할 만하다(「韓休壁畵墓"獨幅山水畵"研究劄記」 미발표 원고). 청정(程征)은 이 그림에 '원시적 준법'이 출현했다고 보았는데(「"唐韓休墓出土壁畵學術研討會"紀要」, p.112), 쉬타오 역시 이 그림의 설색이 "산세에 따라 이뤄지고 있어 입체적 효과가 만들어졌는데, 후세의 준법과 유사하다"고 보았다(「"唐韓休墓出土壁畵學術研討會"紀要」, p.114).

49 미국 넬슨아트킨스미술관 소장 북위 효자석관(William Watson, *The Arts of China to AD900*, New Haven and London: Yale University Press, 1995, p.156, fig.252)이 선조를 이용해 묘사한 전형적인 사례다.

50 郭若虛, 『圖畵見聞志』 권2, 『畵史叢書』 제1책, p.19.

51 郭若虛, 『圖畵見聞志』 권1, 『畵史叢書』 제1책, p.11.

고사는 화면이 비교적 간단하지만 뭔가 부족한 느낌은 없다. 그러나 동벽의 무악도를 그릴 때 이런 화법은 취약점을 드러냈다. 무악 제재에서는 인물과 그릇, 그리고 경물 등의 복잡한 모티프를 다루어야 했는데, 이런 것들은 정교하고 세밀한 필법을 필요로 했다.[52] 당대 이조李肇는 『당국사보唐國史補』 권상卷上에서 다음과 같이 적었다.

어떤 사람이 주악도를 그렸는데, 왕유가 이를 오랫동안 보더니 웃었다. 어떤 이가 그 이유를 물으니 왕유가 "이것은 〈예상우의곡霓裳羽衣曲〉 제3첩疊 제1박拍이다"라고 했다. 호사가들이 악공을 모아놓고 이를 검증했더니 한 치의 오차도 없었다.[53]

이 고사는 왕유가 음악에 정통했음을 설명할 뿐 아니라, 주악도의 그림이 매우 엄격했음을 알려준다. 오직 사실적으로 세밀하게 그려진 그림 앞에서만 악곡 주제가 한 치의 오차도 없음을 알 수 있기 때문이다. 이 주악도와 달리 한휴묘의 무악도는 생각 없이 대충 그려져 있고, 역량이 부족하여 세부를 다시 보충해 그려 넣어야만 했다. 산수도와 마찬가지로 운필이 매우 빠르지만, 그 효과는 상대적으로 좋은 편이다. 산수 모티프는 확실한 구도의 지표가

없고, 토석이나 수목, 그리고 물, 구름은 적으면 적은 대로, 많으면 많은 대로 그려도 크게 문제가 되지 않는다. 이로 인해 화가는 더욱 능력을 발휘할 여지가 많아졌다. 왼쪽의 모정을 제외하고 나머지 부분은 분명한 실수를 느낄 수 없을 뿐 아니라, 오히려 전체적으로 매우 생동감 있는 효과를 거두고 있다.

화가가 빠른 화법을 사용한 것은 아마도 공사 기간을 단축하고자 하는 객관적 요인 때문이었을 것이다. 그러나 산수도에서 이런 양식은 화가의 느긋함과 자신감을 드러낸다. 필자의 관심은 '화가의 자신감이 어디서 왔으며, 상가喪家에서는 어찌하여 이처럼 거친 양식을 수용했는가'이다. 이로부터 파생하는 또 다른 문제는, 오늘날까지 우리가 이런 화법을 묘사할 때 왜 '조광粗獷하다', '호방하다', '웅건하다', '진솔하다', '소박하다', '표일하다' 등의 좋은 말을 쓰고 되도록 '거칠다', '너무 소략하다', '산만하고 어지럽다', '대략적이고 누추하다' 등의 나쁜 말을 쓰지 않는가이다.

이에 대한 대답은 아마도 당대 회화에서 차이가 큰 양식이 다양하게 출현하였고, 대중의 회화에 대한 취미가 다원화되었으며, 사인들은 이에 대한 종합적인 이론 분석을 시도하기 시작했고, 이로부터 중국회화의 심미관이 변화되어 새롭게 형성되었다

---

52 서안시 동쪽 근교에서 발견된 천보 4년(745) 은청광록대부(銀靑光祿大夫. 종3품) 소사욱묘 동벽 무악도(陝西考古所唐墓工作組, 「西安東郊唐蘇思勗墓淸理簡報」, 『考古』 1960년 제1기, pp.30-36)의 운필은 비교적 호방하지만 한휴묘처럼 거칠고 대략적이지는 않다. 규모와 연대가 비슷한 부평 주가도촌 당대 무덤의 동벽 악무도(컬러도판은 『考古與文物』 1997년 제4기, 표지를 참조)는 용필이 매우 정교하다.

53 "人有畫奏樂圖, 維熟視而笑. 或問其故, 維曰: '此是〈霓裳羽衣〉第三疊第一拍.' 好事者集樂工驗之, 一無差謬." 李肇·趙璘, 『唐國史補/因話錄』, 上海: 古典文學出版社, 1957, p.18.

는 점과 관련이 있을 것이다. 『역대명화기』 권1에
는 다음과 같은 글이 있다.

상고시대의 그림은 자취가 간단하고 뜻이 담담하
여 우아하고 바르다. 고개지와 육탐미류가 여기
에 해당한다. 중고시대의 그림은 세밀하고 정치
하여 매우 아름다운데, 전자건과 정법사의 그림
들이 여기에 해당한다. 근대의 그림은 찬란하고
완전무결을 추구하며, 오늘날의 그림은 어지럽고
뜻이 없으니, 여러 공인들의 그림이 이것이다.[54]

이 글은 서로 다른 필법들을 갖고 시기를 나누고
그 특징을 분명히 했다. 다만 지나치게 단순화시켰
다. 여기서 '중고'의 전자건 및 정법사(6세기)와 '오
늘날'(9세기) 사이에 위치한 '근대'는 대략 초당기에
서 중당기에 해당한다. 그런데 이 시기 회화는 결코
'찬란하고 완전무결을 추구하는' 한 종류만 있었던
것은 아니다. 두보는 상원 원년(760) 지은 〈산수도
에 재미삼아 제시를 씀戲題畫山水圖歌〉에서 매우 세
밀하고 정치한 필법에 대해 "10일 동안 물 하나만
을 그리고 5일 동안 돌 하나만을 그렸다. 능사能事
는 다그치는 것에 구애받지 않으니, 왕재王宰가 비
로소 기꺼이 진작을 남겼다"라고 묘사했다.[55] 이와
유사한 것으로 연대가 조금 이른 천보 연간 대동전

에 '여러 달 걸려 비로소 그림을 마친' 이사훈이 있
는데, 오도자의 작품과는 완전히 다르다.

또 명황(현종)이 천보 연간에 홀연히 촉蜀 지역의
가릉강을 생각하고, 마침내 오도자에게 그곳에
가서 그리게 했다. 오도자가 돌아오자, 현종이 그
형상을 물었다. 오도자가 황제에게 "신은 분본粉
本이 없습니다. 단지 마음속에 기록하고 있을 뿐
입니다"라고 아뢰었다. 후에 대동전에 이를 그리
라고 했는데, 가릉강 300여 리의 산수가 하루 만
에 모두 끝났다.[56]

이처럼 신속한 필법은 "찬란하고 완전무결을 추
구하는" 표준을 초월했다. 이에 대해 예술감상 능
력이 뛰어났던 현종은 "이사훈이 수개월 동안 공을
들였는데, 오도자는 하루만에 이루어냈으니, 모두
가 매우 기묘하다"고 평가했다.[57]

작품을 만드는 일은 본래 매우 정교하고 또 정교
함을 추구한다. 그런데 이 말은 동시에 자유롭고 쇄
탈洒脫하여 세밀하고 사소한 것에 구속받지 않는
빠른 필법의 가치를 인정하는 것이다. 이사훈은 개
원 6년(718) 사망했으므로,[58] 이사훈과 오도자가 천
보 연간 재주를 겨루었다는 이야기는 당연히 허구
다. 다만 이 시기 전혀 다른 두 화풍이 공존했음은

---

54 "上古之畫, 跡簡意淡而雅正, 顧陸之流是也; 中古之畫, 細密精致而臻麗, 展鄭之流是也; 近代之畫, 煥爛而求備, 今人之畫, 錯
亂而無旨, 眾工之跡是也." 『歷代名畫記』 권1, p.15

55 "十日畫一水, 五日畫一石. 能事不受相促迫, 王宰始肯留眞跡." 『全唐詩』 권219, p.2305.

56 "又明皇天寶中忽思蜀道嘉陵江水, 遂假吳生驛駟令往寫貌. 及回日, 帝問其狀. 奏曰: '臣無粉本, 並記在心.' 後宣令於大同殿
圖之, 嘉陵江三百餘裏山水一日而畢." 『唐朝名畫錄』, 葉2.

57 "李思訓數月之功, 吳道子一日之迹, 皆極其妙也." 『唐朝名畫錄』, 葉2.

58 『舊唐書』 권60, p.2346.

부정할 수 없다. "모두가 매우 기묘하다"는 평가는 현종의 말은 아닐지라도, 적어도 이야기를 하는 화자의 목소리다. 이런 목소리는 결코 고립적이지 않았다. 장언원은 그림에 '소체와 밀체 등 두 체疏密二體'가 있음을 논하면서 "붓을 겨우 한두 번 움직였을 뿐인데 그림이 이미 이루어졌다. 점획이 흩어져 때로 결락되었다"라거나 "비록 필은 주도면밀하지 않으나 뜻은 두루 갖추어졌다"고 소체의 가치를 언급했다. 그는 장승요와 오도자를 소체의 대표적 인물로 들고, 아울러 2체의 설을 더할 나위 없이 높이 평가하면서 "만약 그림에 소밀 2체가 있음을 안다면 바야흐로 그림을 논할 수 있다"고까지 말했다.[59]

오도자는 소체와 밀체에 모두 능숙했다. 장언원은 "오직 오도자의 작품을 보면 육법이 모두 갖추어져 만상이 다했다고 말할 수 있다. 신인神人의 손을 빌려 조화를 다한 것이다. 그러므로 기운이 매우 웅장하여 거의 비단바탕을 용납할 수 없을 정도며, 필적이 뇌락하여 마침내 벽면에 뜻을 자유자재로 풀어냈다. 그가 그린 세밀한 그림은 또 매우 조밀했는데, 이것도 신이하다."[60] 그러나 역사가들이 가장 흥미를 갖는 것은 무엇보다도 구속되지 않는 매우 자유로운 오도자의 회화양식이다. 이에 대해 장언원은 오도자를 다음과 같이 평가했다. "술을 좋아했다. 기를 풀어놓는데, 매번 붓을 들고자 할 때는 반드시 술을 마셔야만 했다."[61] 또한 "사람들이 모두 눈동자를 조밀하게 그릴 때, 오도자는 그저 점획을 여기저기 찍었고, 사람들이 모두 비슷하게 그리고자 할 때 그 범속함을 벗어났다"[62], "서화의 기예를 아는 것은 모두 의기意氣로 이뤄지는 것이며 나약한 겁쟁이가 할 수 있는 것이 아니다"[63] 등의 말은 그의 회화에 대한 인식을 보여준다.

당대 전기의 범장수는 "붓을 씀이 종이에 대자마자 날아갈 듯하다. 비록 요조窈窕함은 결여되어 있지만 그래도 뛰어나다"고 평가받았다.[64] 오도자에 이르러 이런 양식은 더욱 유행하고 발전하였다. 오도자는 대중들 앞에서 그림을 그릴 때 마치 연극을 하는 듯 했다. "일찍이 이르기를 오도자가 흥선사의 중문 안에 원광圓光을 그릴 때 장안의 노소와 사서士庶들이 모두 다투듯이 이르러 보는 자들이 마치 담벼락을 이룬 듯했다. 붓을 세워 원광을 그릴 때 그 필세가 마치 바람이 이는 듯했는데, 사람들이 모두 신이 도운 것이라고 말했으며",[65] "보는 자들이 떠들썩하여 마을 전체가 모두 놀랄 정도였다."[66] 가장 신이한 것은 개원 연간 오도자가 천궁사에서 장

59 『歷代名畵記』 권2, p.23.
60 『歷代名畵記』 권1, pp.15-16.
61 『歷代名畵記』 권9, p.108.
62 『歷代名畵記』 권2, p.22.
63 『歷代名畵記』 권9, p.109.
64 『歷代名畵記』 권9, p.106. 설리반은 범장수의 용필을 오도자 필법의 전조로 보았다(*Chinese Landscape Painting in the Sui and Tang Dynasties*, p.43).
65 『唐朝名畵錄』, 葉3
66 『宣和畵譜』 권2, 『畵史叢書』 제2책, p.14.

군 배민지 모친의 명복을 비는 그림을 그린 일이다.

오도자가 민지에게 참최복을 벗고 군장을 하고 말을 달려 검무를 추게 하였다. 격앙하기도 하고 갑자기 멈추기도 하는 등 매우 웅장하고 대단하였다. 이를 구경하는 자가 수천 인이었는데 모두 두려워하지 않음이 없었다. 그러나 오도자는 옷을 풀어헤치고 가부좌로 바닥에 앉아 그 기운을 사용하여 웅장한 그림을 그릴 생각을 하였기 때문에 붓을 대자 바람이 이는 듯했다. 천하의 장관이었다.[67]

부재符載의 기록에 의하면, 장조가 형주에서 감찰어사로 재직하면서 육풍陸灃의 집 연회에서 송석松石을 그릴 때도 유사한 일이 발생했다.

원외(장조를 지칭함)가 가운데 거처했다. 두 다리를 펴고 앉아 숨을 마시고 크게 내쉬었는데, 신기神機가 비로소 나오기 시작했다. 사람들을 놀라게 하는 것이 마치 전기가 흘러 하늘을 찌르는 듯하고 바람이 놀라 하늘에 이르는 듯했다. 때리고 돌리고 끌고 빠르게 휘둘러 자라처럼 갈라지고, 붓이 날며 먹을 내뿜고 손바닥을 틀어잡아 마치 터질 듯하고, 흩어지고 합하는 것이 황홀하여 홀연

기이한 형상이 만들어졌다.[68]

이런 글들 속 오도자와 장조의 형상은 『장자·전자방田子方』에 기록된 '옷을 풀어헤치고 바닥에 편하게 앉은' 화가 이미지와 중첩된다.[69] 『선화화보』는 오도자의 행위를 "재주로써 도에 들어간" 것으로 보았고, 부재 역시 장조를 "그림이 아니다. 진실로 도다"라고 칭찬했다. 화가들이 이미 철학의 영역에 올라섰으니 감히 누가 형이하의 기술로써 이를 비교할 수 있겠는가?[70]

왕묵은 여기에서 더 멀리 나아갔다. 그는 그림을 그릴 때 "취한 후에 상투에 먹을 묻혀 비단에 그림을 그렸다"고 한다.[71] 그리고 "먹을 튀기고, 웃기도 하고 읊조리기도 했으며, 발로 차고 손으로 누르고, 휘두르기도 하고 때리기도 하고, 진하게도 하고 연하게도 했다. 그 형상에 따라 산이 되기도 하고 돌이 되기도 하고 구름이 되기도 하고 물이 되기도 하니, 손에 응하고 뜻에 따르는 것이 홀연하여 마치 조화 같다. 운하를 그려내고 풍우를 그려내는 것이 완연하여 신처럼 공교했다. 내려다보면 그 묵찌꺼기의 자취가 보이지 않으니 모두 기이하다고 했다."[72] 그러나 장언원은 이런 모험적 행위에 대해 "산수화가의 발묵과 같은데, 이를 그림이라 할 수 없으니 본받아선 안 된다"라고 유보적인 태도를 취

---

67 『宣和畵譜』권2, 『畵史叢書』제2책, pp.13-14.

68 符載, 「江陵陸侍御宅讌集觀張員外畵松石序」, 姚鉉 編, 『唐文粹』권97, 『四部叢刊初編』197, 제1952책, 葉35.

69 郭慶藩 撰, 王孝魚 點校, 『莊子集釋』, 北京: 中華書局, 1961, p.719.

70 장장홍(張長虹) 교수는 사적인 자리에서 장조의 〈송석도〉가 선종과 매우 밀접한 관계를 가지고 있다고 말했는데, 이런 주장은 우리로 하여금 그 양식의 관념적 배경을 깊이 생각하게 하다.

71 『歷代名畵記』권10, p.125.

72 『唐朝名畵錄』, 葉17. 이 책에서는 왕묵(王默)의 이름을 王墨으로 적었다.

했다.[73]

당대에는 확실히 일부 화가들이 미친 것처럼 그리는 방식을 모방했다. 오도자의 제자인 장장張藏은 "크기를 추측하고 취사를 정하는 것이 거칠고 빨랐으며, 생각은 샘솟듯 하여 사찰의 벽 10칸(의 벽화작업)이 열흘이 안 되어 끝났다."[74] 또한 두보는 〈유소부의 새로운 산수병장에 대한 제시奉先劉少府新畫山水障歌〉에서 한 무명화가의 작품에 대해 기술했는데, 그 유창하고 습윤한 양식이 경천동지하고 귀신을 울릴 정도였다고 한다.[75]

"화사들은 더 이상 이름을 써넣지 않으니 모두 오도자가 전한 것이라고 한다."[76] 한휴묘 벽화를 그린 화가의 이름 또한 전해지지 않는다. 그러나 그 작품은 이런 소략하고 간결한 양식의 양상을 볼 수 있도록 해준다. 묘주 부부의 묘지가 아직 발표되지 않아 그 속에 상장 과정의 일부 과정이 서술되어 있는지는 알 수 없다. 일반적으로 묘주가 사망하여 무덤에 묻히기 전까지 무덤의 조성, 상례의 진행 등이 이뤄지는 시간은 유한하기 때문에 화공이 그림을 그리는 시간은 촉박할 수밖에 없다. 그러나 이는 문제의 한 면에 불과하다. 한휴는 재상을 지냈는데, 그의

사회적 신분, 그리고 시대와 지역의 일치성 등을 생각할 때, 이 무덤을 위해 그림을 그린 화가는 직간접으로 오도자의 '점획을 흩어놓아 때로 결락이 있었다', '기세가 마치 바람이 도는 것 같았다'는 필법의 영향을 받았을 것이다. 한휴의 상례를 진행한 사람은 이런 장안 상층사회에서 유행한 예술취미에 대해 비교적 관용적 태도를 취했던 것으로 보인다. 즉 일부는 의혹을 가지고 새로운 조류를 대했다 하더라도 '황제의 새로운 취미'처럼 호기심을 가지고 거기에 물들어갔을 것이다. 그리고 은일의 의미가 있는 산수화는 거칠고 소략한 필법을 더욱 매력적인 것으로 만들었고, 이로부터 사람들이 상찬하는 '대략적이고 진실하여 자연스럽다'는 쪽으로 평가가 바뀌어갔을 것이다.

화가가 벽을 마주하고 서서 아주 빠르게 암석과 구름, 그리고 물을 그릴 때 상가 사람들을 포함한 방관자들 역시 장조가 송석을 그릴 때의 구경꾼들처럼 "주인이 팔을 걷어붙이고 서로들 동조하며 감탄했을 것"으로 상상할 수도 있다. 그리고 화가 역시 "붓을 던지고 일어나 주인공처럼 사방을 돌아봤을 것이다."[77] 그러나 어쨌든 그는 이류 혹은 삼류의

---

73 『歷代名畫記』 권2, p.24

74 『歷代名畫記』 권9, p.109.

75 "反出前夜風雨急, 乃是蒲城鬼神入. 元氣淋漓障猶濕, 眞宰上訴天應泣." 『全唐詩』 권216, p.2266.

76 蘇軾, 「記所見開元寺吳道子畫佛滅佛以答子由」, 『東坡集』 권1, 舒大剛 主編, 『宋集珍本叢刊』 제17책, 北京: 線裝書局, 2004, p.477. 유구한 중국회화사를 볼 때, 오도자 등이 열어 놓은 빠르고 대략적인 회화양식은 그 영향이 매우 커서 의의가 자못 중대하다. 이 문제에 대해서는 제임스 캐힐이 심도 있게 논의한 바 있다. James Cahill, "Quickness and Spontaneity in Chinese Painting: The Ups and Downs of an Ideal," *Three Alternative Histories of Chinese Painting*, Kansas: Spencer Museum of Art, University of Kansas , 1988, pp.70-99. 이 글의 중국어 번역본은 高居翰, 畢斐 譯, 「中國繪畫史三題」속의 '中國繪畫的率意與天然: 一種理想的興衰'章, 範景中·高昕丹 選編, 『風格與觀念: 高居翰中國繪畫史文集』, 杭州: 中國美術學院出版社, 2011, pp.65-89를 참조.

77 姚鉉 編, 『唐文粹』 권97, p.984.

모방자에 불과할 뿐이다. 물론 짧은 시간에 완성된 무악도는 화제에 적합하지 않아 다시 그릴 수밖에 없었지만, 그럼에도 불구하고 '옥상옥'과 같은 화면의 중복과 어지러움은 수습할 수 없었다.

4. 관상觀想과 와유臥遊

한휴묘 산수도와 돈황 막고굴의 〈관무량수경변상도—일상관〉 도식의 공통성은 우리로 하여금 당대 산수화와 불교의 관계를 주목하게 한다. 이런 논의를 위해서는 한휴묘 자체에 대한 분석을 넘어 초기 산수화의 일반성 문제를 언급해야 한다.

『불설관무량수경』(이하 『관경』으로 약칭)은 불교 정토종의 기본 경전 가운데 하나로, 석가모니가 위제희韋提希 부인에게 알려준 서방극락세계의 관상법을 기록한 것이다. 따라서 정토왕생의 관상법문이라 할 수 있다. 이 가운데 '16관'은 서방극락세계 및 '서방3성聖'의 각종 공덕과 묘상을 관상하는 것에 대한 기록이다. '관상'은 보는 행위로부터 마음의 깨달음까지의 과정을 관통하는 개념으로, 신도들은 각종 도상을 관상함으로써 점점 휘황한 불국세계를 발견하며, 곧장 아미타불을 비롯한 많은 신들이 눈앞에 나타나는 것을 목도하게 된다. 제1관이 곧 '일상관'이다.

『관경』은 초기의 범문 경전에는 보이지 않는다. 그러므로 대승불교가 중앙아시아로부터 중원에 전파되는 과정에서 점차 형성되었을 것이다. 신강의 토욕석굴 고창국 후기(6세기 중엽~7세기 중엽) 벽화에서 보이는 정토관상 제재는 대부분 도표식의 도안으로, 형식적으로 볼 때 돈황과의 차이가 아주 명백하다.[78] 당대 돈황석굴에는 '16관'을 포함한 경변상도가 80여 개 있는데, '일상관'에서 한휴묘 산수도로 대표되는 도식을 채용한 것은 성당 이후다.[79] 막고굴 172굴 남벽과 북벽의 〈관경변상도〉에 대한 우홍의 연구에 의하면, 양쪽의 '미생원未生怨'과 '16관'은 일종의 폐쇄적인 서사구조를 이루며 신도들과의 상호교류를 강조하지 않는다. 중앙의 '서방정토장엄상'의 무량수불상이야말로 위제희부인과 기타 신도들이 행한 관상의 결과다.[80] 아서 웨일리의 해석에 의하면, 이런 복잡한 구도는 경문에 대한 당대 고승 선도善導의 주소注疏에서 연원한다.[81] 다시 말해 돈황의 당대 '16관'의 조형 요소는 중앙아시아와는 직접적 관계가 없으며, 중원 지역 예술로부터 그 연원을 구해야만 한다.

당대 전기에 정토신앙이 흥성하면서 정토변 제재는 장안과 낙양 등 양경兩京 지역에서 매우 보편적으로 출현했다. 단성식의 『유양잡조』에서는 장안 상락방 삼계원에 범장수의 〈서방변 및 16대사對事〉

---

78 宮治昭 著, 賀小萍 譯, 『吐峪溝石窟壁畵與禪觀』, 上海: 上海古籍出版社, 2009, p.49.

79 성당시기의 '일상관'과 이 도식은 일정한 거리가 있다. 즉 막고굴 217굴 북벽 〈관경변상도〉 동쪽 16관 상부의 '일상관'은 비록 희미하게 좌우 산봉우리를 볼 수 있지만, 오른쪽 산봉우리는 실제로는 '수상관(水想觀)'의 배경이다.

80 巫鴻 글, 杭侃 譯, 「敦煌172窟〈觀無量壽經變〉及其宗敎 · 禮儀和美術的關系」, 『禮儀中的美術—巫鴻中國美術史文編』 下冊, 北京: 生活 · 讀書 · 新知三聯書店, 2005, pp.407-408.

81 Arthur Waley, *An Introduction to the Study of Chinese Painting*, New York, Grove Press, 1923, p.128; Arthur Waley, *A Catalogue of Paintings Recovered from Tun-huang by Sir Aurel Stein*, British Museum, London, 1931, p.XXI.

그림이 있다고 적었으며,[82] 백거이의 「서방탱화기 畫西方幀記」는 "늙어가는 나이에 중풍으로 마비가 일어나, 봉록으로 받은 돈 3만을 주고 공인工人 두 종경杜宗敬에게 명하여 『아미타경』과 『무량수경』 등 두 경전에 근거해 서방세계 1부를 그리게 했다" 고 적고 있다.[83] 『역대명화기』의 '양경과 외주外州 사관의 벽화를 기록하다' 조에는 이런 벽화들이 다수 기록되어 있다. 즉 장안의 사찰 가운데 '서방변' 혹은 '정토변'의 이름이 확실히 붙은 것으로는, 광택사 윤림尹琳의 그림, 정토원 소형 불전의 오도자 그림, 홍당사의 오도자 그림, 안국사의 오도자 그림, 운화사의 조무단趙武端 그림 등이 있다.[84] 그리고 동도 낙양에는 경애사 대전 서벽의 조무단이 묘사한 서방불회西方佛會, 유아소劉阿祖가 묘사한 16관이 있고, 동선원 동벽의 소사충蘇思忠이 묘사하고 진경자陳慶子가 완성한 서방변, 위지을승이 대운사에 그린 정토변, 정손程遜이 소성사에 그린 정토변 등이 있다.[85] 상술한 그림들이 의거한 경전은 비교적 복잡했을 것으로 보이는데, 이 가운데 관상 제재가 적지 않았을 것이다.

막고굴의 관경변상도는 84점 정도로, 초당 및 성당에서부터 오대와 송대까지 제작되었다.[86] 이 가운데 당대의 〈관경변상도〉는 중원의 영향을 받아 제작된 양식이다. 320굴 북벽의 관경변상도는 '서

방정토장엄상'을 중심으로 하는데, 서쪽 16관의 〈일상관〉이 새로운 도식을 사용했을 뿐 아니라, 이와 대응하는 동쪽 〈미생원〉 꼭대기의 "대목건련 및 아난이 공중으로부터 오고, 기사굴산에서 사라진 부처가 왕궁에서 나오는" 장면 역시 이 도식을 사용하고 있다. 지는 해가 생략되었을 뿐, 양자의 상단은 모두 청록산수로 시작해 멀리 서로 상응하여 매우 신선한 느낌을 준다.[도15][87] 이런 시각적 대칭 관계를 만들어내기 위해 〈미생원〉의 줄거리는 아래에서 위로 올라가며, 〈16관〉의 줄거리는 위에서 아래로 내려온다. 즉 화공은 주제의 순서를 전도시키는 위험을 감수하며 화면형식을 매우 정연하게 획일화했다. 여기에서 장안에서 온 새로운 도식에 대한 집착을 볼 수 있다.

한휴묘 산수도가 '일상관'과 도식을 공유하는 현상은 당대 산수화와 불교회화의 복잡한 상호관계를 보여준다. 우리들은 성당기 장안의 산수화가 불교회화의 제작방식에 대해 큰 영향을 미쳤음을 볼 수 있다. 한휴묘 산수도의 화폭이 거대하고 독립적인 데 비해, '일상관'은 그것을 개조하여 불교고사의 배경으로 삼았다. 전자는 일종의 개방적 구도인데, 그 의미는 그림 밖에 존재하는 관람자와의 상호교류를 구현하는 데 있다. 그러나 후자 속 위제희 부인의 형상은 산수를 부인 한사람의 눈에 비친 경

82 上海古籍出版社 編, 『唐五代筆記小說大觀』上冊, 上海: 上海古籍出版社, 2000, p.754.
83 顧學頡 校點, 『白居易集』권71, 北京: 中華書局, 1979, p.1496.
84 『歷代名畫記』권3, pp.38-49.
85 『歷代名畫記』권3, pp.49-52.
86 敦煌文物研究所 編, 『敦煌莫高窟內容總錄』, 北京: 文物出版社, 1982.
87 王治, 「未生怨與十六觀—敦煌唐代觀無量壽經變形式發展的邏輯理路」, 『故宮博物院院刊』 2014년 제1기, p.85.

도15 〈관무량수경변상도〉, 성당시기, 돈황 막고굴 제320굴 북벽(『中國石窟·敦煌莫高窟』4, 도판4)

물로 만들어버린다. 이와 유사하게 상술한 쇼소인 비파 위 〈기상호악도〉 배후의 산수 역시 이런 도식의 변용이라 할 수 있다.

한편 우리는 불교도상 및 그 이념이 세속의 산수화에 미친 영향도 소홀히 할 수 없다. '일상관'에 대해 『관경』은 다음과 같이 언급했다.

불佛이 위제희에게 일렀다. "너와 중생들은 전심으로 서방 한 곳을 생각해야 한다." "어떻게 생각

해야 하는지요?"라고 위제희가 물었다. "모든 중생이 무릇 상想을 할 수 있으니, 중생은 태어나면서 맹인이 아니라 눈이 있는 자들로 모두 일몰을 볼 수 있다. 상념을 일으켜 서향으로 앉아 해를 체관諦觀하고, 해가 지려는 곳에 마음을 고정시켜 오로지 생각만 하고 잡념을 일으켜서는 안 된다. 해가 지려는 모습은 걸린 북의 형상과 같다. 이미 해가 지는 것을 보면 눈을 감아도 떠도 모두 분명해야 한다. 이것이 일상을 한 것이며, 초관이

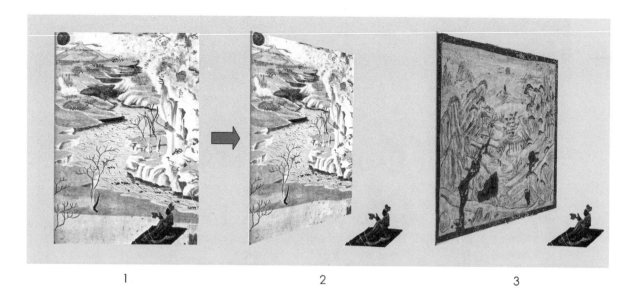

도16 〈일상관〉(성당시기, 돈황 막고굴 172굴 북벽) 구조와 한휴묘 산수도의 보는 방식 비교(필자 그림)

라 한다."[88]

위제희 부인 앞의 정경은 실제로는 자연의 산수가 아니며, 그가 눈으로 보며 마음이 머무는 일종의 '도상'이다.(도16-1) 우리는 위제희 부인이 대면하고 있는 정경을 한 폭의 산수화라 상상하고 부인을 회화를 보는 관람자로 간주할 수 있다.(도16-2) 같은 대상을 보고 있기 때문에 한 폭의 산수화를 보는 이는 위제희 부인과 유사한 방식으로 관상을 실천하게 될 것이다. 이런 추정을 뒷받침하는 것은 바로 쇼소인 소장 자단목 비파 위에 그려진 한 폭의 회화다. 화면 오른쪽 하단 모서리에 마주하고 앉은 두 문인

이 위제희 부인을 대신하고 있는데, 한 손에는 붓을 들고 득의한 곳을 읊고 있다. 두 사람 모두 몸을 돌려 맞은편 하안의 산봉우리를 보고 있는데, 화면 속 산수는 단지 '일수양안'의 도식을 조금 변화시킨 데 불과하다.(도17)[89]

관상은 보는 행위로부터 마음의 깨달음까지의 전 과정을 관통하는 것으로, 눈에서 마음으로의 전화轉化며, 최후의 지향점은 부처 자체거나 서방정토다. 만일 이를 구체적인 무덤에 대입한다면, 한휴묘의 산수는 일종의 종극적인 가치로부터 이해할 수도 있다. 그러나 만약 시야를 산수화의 보편적 개념으로까지 확대시킨다면 참고자료로서의 '일상

---

88 "佛告韋提希: 汝及眾生, 應當專心, 系念一處, 想於西方. 云何作想? 凡作想者, 一切眾生, 自非生盲, 有目之徒, 皆見日沒. 當起想念, 正坐西向, 諦觀於日, 欲沒之處, 令心堅住, 專想不移. 見日欲沒, 狀如懸鼓. 既見日已, 閉目開目, 皆令明了. 是爲日想, 名曰初觀." 『大正新修大藏經』 12책, pp.341-342.

89 『正倉院の繪畫』, 삽도 42-45.

도17 〈산수도〉, 8세기, 일본 쇼소인 소장 비파 한발(『正倉院の繪畫』, 삽도42-45)

관'의 의의는 종교적 측면에만 머물지 않고 도상 자체(도상의 주제에만 머무르지 않는다)의 기능과 의미의 이해까지 언급할 수 있다. 관상의 이념과 기술은 아마도 '깨달아 신과 통한다'든지, '청정함을 품어 도를 본다'는 관념과 모종의 내재적 관계를 가지고 있을 것이다. 또 뒤집어보면 이것은 세속 산수화와 불교 도상 사이에 관계를 형성하는 하나의 전제가 될 것이다.

두보의 시에서 "당堂 아래는 단풍나무 자라기에 적합하지 않고, 연무는 괴이한 산하 밑에서 일어난다"든지,[90] "높은 파도가 떨어져 집을 뒤집고 넘어질 듯한 바위가 상床을 누르고자 한다"[91]는 구절은 유한한 건축공간과 무한한 회화공간의 모순을 설명한다. 그러나 이런 모순은 결코 절대적이지 않다. 유럽의 르네상스시대 회화가 '다른 세계로 향하는' 창구[92]와 같다고 이해되는 것과 달리, 중국 산수화는 보는 자와의 화해와 상호교류를 강조한다. 이런 독특한 관계는 사람들의 보는 행위를 통해 만들어지는데, 이에 대해 『송서·종병전宗炳傳』은 다음과 같이 언급했다.

(종병이) 병에 걸려 아직 강릉에 있을 당시 탄식하여 이르길 "모든 노환이 이르러 명산을 두루 볼 수 없을 듯하다. 오직 맑은 뜻을 품고 도를 보면서 와유할 뿐이다"라고 했다. 발로 유람할 수 있는 곳을 모두 방 안에 그려놓고 "금琴을 만지며 튕기는 것은 여러 산들이 이에 대한 메아리를 들려줄 수 있기를 바라서이다"라고 말했다.[93]

여기서 여러 산들은 피동적으로 보이는 것이 아니라, 주인의 연주 소리와 서로 화답한다.

주목할 만한 점은 동진부터 유송시기에 생활한 종병이 일찍이 여산의 '혜원'과 많은 문인적 교류를 했다는 점이다.[94] 혜원은 정토종의 시조로, 그가 주장한 것은 아미타불의 서방정토신앙인데 주로 『반주삼매경』에 기초한다. 5세기 초 강량야사畺良耶舍가 번역한 『관경』이 종병에게 직접 영향을 주었는지 여부는 논의해볼 가치가 있다.[95] 적어도 종병의 시대에 와유와 관상이 기술적 층면에서 관계를 가지기 어려웠다 해도 와유의 주장이 정토신앙의 커다란 배경이 되었을 가능성은 배제할 수 없다. 대다수 학자들은 『관경』이 인도본을 번역한 것이 아니라 중앙아시아본을 번역한 것으로 보고 있다. 『관경』 자체가 중국적 색채가 매우 농후하기 때문에

---

90 "堂上不合生楓樹, 怪底江山起煙霧." 〈奉先劉少府新畵山水障歌〉, 『全唐詩』 권216, p.2266.

91 "高浪垂翻屋, 崩崖欲壓床." 〈觀李固請司馬弟山水圖〉, 『全唐詩』 권226, p.2447

92 Nancy Frazier, *The Penguin Concise Dictionary of Art History*, New York, Penguin Group, Penguin Putnam Inc., 2000, "picture plane", p.521.

93 "(炳)有疾還江陵, 歎曰:'老疾俱至, 名山恐難遍觀, 唯當澄懷觀道, 臥以遊之.' 凡所遊履, 皆圖之於室, 謂曰:'撫琴動操, 欲令衆山皆響.'"『宋書』, 北京: 中華書局, 1974, p.2279.

94 『宋書』, 北京: 中華書局, 1974, p.2278. 혜원의 전기는 慧皎 撰, 湯用彤 校注, 『高僧傳』 권6, 北京: 中華書局, 1992, pp.211-228을 참조.

95 『高僧傳』 권3(p.128) 등의 사료에서 서역 승려 강량야사가 『관경』을 번역했음을 기록하고 있다.

중국에서 성립했다고 보기도 한다.[96] 와유와 관상은 상호작용하며 발전했는데, 상술한 당대 도상에서 그 일단을 볼 수 있다. 7세기 초 선도는 『관경소』를 짓고,[97] 아울러 '정토변상 200포鋪'[98]를 제작해 관상 도상의 발전을 촉진했다. 그리고 양경 지역의 관경변상도 등의 정토변상도는 돈황, 투르판, 쿠차 등의 실크로드 요충지에 영향을 주었을 뿐 아니라, 한반도와 일본에까지 큰 영향을 미쳤다.[99]

이와 동시에 일상생활에서 당대인의 병풍은 천리 밖의 산수를 실내로 옮겨왔는데, 이는 종병의 "그림을 그려 그윽이 마주하고 멀리 사방을 앉아서 살핀다"라는 전통과 와유관념의 연속이다. "일월이 중당中堂에서 보이는데, 강호에도 가득 보인다",[100] "파도가 연이어 벽을 때리고 운무가 처마 아래 날아간다",[101] "하얀 파도가 하얀 벽을 때리고 높푸른 봉우리가 대들보에 삽입되어 있다",[102] "만 리를 가까이 할 수 있으며, 어느새 사시 속에서 거닌다"[103] 등 산수화는 거실 내부에서 지척과 천리를 모두 갖추고 매우 강한 흡인력을 가진 경관을 만들어낸다. 그리하여 와유는 곧 이런 기이한 경관 속에서 눈과 마음이 시공을 초월하는 경험이 된다. 장언원의 시선 속에서 회화는 "교화를 이루고 인륜을 도울" 뿐

아니라 "신변을 다하고 심오하고 정미한 것을 헤아릴 수 있는" 것으로, 이미 "육예와 공이 같고" 또 "술작述作할 수 없는 것"이었다.[104] 다시 말해 회화는 문자 및 서적과 동일한 교화기능을 갖추고 있을 뿐 아니라, 동시에 그 독특한 형식을 통해 '신변神變을 다하고' '심오하고 정미한 것'을 드러낸다. 관상과 와유는 실은 곧 '신변과 심오하고 정미한 것'을 모두 헤아릴 수 있는 중요한 통로인 것이다.

필자는 철학적 각도에서 와유를 이해하는 데 결코 반대하지 않는다. 그러나 한휴묘 산수도와 '일상관' 도상의 형식 및 함의와의 관계는 우리로 하여금 역사와 종교문화를 배경으로 하여 와유의 행위와 이론에 대해 심층적으로 탐구케 한다. 우리는 산수화와 일상관 도상의 형식적 일치성을 볼 수 있을 뿐 아니라, 양자가 관념면에서 어떤 관계를 가지고 있는지 생각할 수 있다. 즉 도상과 관념 사이의 관계는 일방적이지 않으며, 서로 원인과 결과가 되는 상호 영향적인 것이다.

물론 와유의 이론을 모두 정토신앙에 적용한다면 문제를 너무 단순화시키는 것이다. 초기 산수화 이론의 종교적 배경은 아마도 일원적이지는 않았을 것이다. 예를 들면, 중고시기에 유행한 '회화가

96 藤田宏達, 『原始淨土思想の研究』, 東京: 岩波書店, 1970, pp.116-136.

97 『觀無量壽佛經疏』 권4, 『大正新修大藏經』 37책, p.245.

98 『往生西方淨土瑞應傳』, 『大正新修大藏經』 51책, p.105.

99 百橋明穗, 「日本的阿彌陀佛淨土圖與敦煌的淨土變」, 百橋明穗 著, 蘇佳瑩 譯, 『東瀛西域—百橋明穗美術史論文集』, 上海: 上海書畫出版社, 2013, pp.103-146.

100 "日月中堂見, 江湖滿座看." 張祜, 〈題王右丞山水障二首〉, 『全唐詩』 권500, p.5804.

101 "波濤連壁動, 雲霧下簷飛." 張祜, 〈題山水障子〉, 『全唐詩』 권500, p.5805.

102 "白波吹粉壁, 靑嶂插雕梁." 杜甫, 〈奉觀嚴鄭公廳事岷山沱江畫圖十韻〉, 『全唐詩』 권228, p.2485

103 "能令萬里近, 不覺四時行." 孫逖, 〈奉和李右相中書壁畫山水〉, 『全唐詩』 권118, pp.1195-1196.

104 "夫畫者: 成敎化, 助人倫, 窮神變, 測幽微, 與六籍同功, 四時並運, 發於天然, 非由述作." 『歷代名畫記』 권1, p.1.

신통력이 크다'는 관념 안에는 회화가 무술巫術과 같은 힘을 가지고 있으며, 형상 역시 생명을 가지고 있다는 생각이 내재해 있다. 이에 대해 학자들은 비교적 심도 있는 논의들을 진행했는데,[105] 스셔우첸石守謙은 두보 시의 "옥화총이 도리어 황제의 탑 위에 있네. 탑 위에 있는 것과 뜰에 있는 것이 우뚝 서로를 향하고 있구나玉花卻在御榻上, 榻上庭前屹相向"라는 구절이 "조패가 그린 옥화총이 매우 사실적인 것을 비유하고 있을 뿐 아니라, 실은 뜰 앞에 데리고 온 진짜 말과 화가 붓에서 탄생한 탑 위의 그림 속 말 사이의 골기와 생명력을 찬미하는 것이다"라고 평했다.[106] 『유양잡조』에도 "옛 병풍 속의 부인들이 모두 상 앞에서 답가踏歌를 부르고 있다"는 고사가 있다.[107] 인물이나 동물의 제재와 비교할 때 산수는 흡사 세속을 떠난 듯하다. 그러나 현종은 이사훈의 산수를 "그대가 그린 가리개그림에서 밤에도 물소리가 들리니 신명과 통하는 아름다운 손이오"라고 칭찬했다.[108] 이처럼 "야인이 벽을 뚫쳐나오고 미녀가 담 아래 있는" 전설에는 도상의 안과 밖이라는 두 세계의 소통이 관상의 이론 및 실천과 비교

할 때 더욱 직접적으로 거칠게 제시된다. 그 연원은 매우 오래되었는데, 이른 시기에 있었던 무술의 흔적일 것이다. 송대에 이르러 곽약허는 이처럼 '사람을 현혹하며 이름을 파는 나쁜 사람'의 '교묘한 그림述畵'을 회화사의 영역에서 배제했다.[109] 동시에 곽희는 와유의 설을 발전시켜 더욱 풍부하고 복잡하게 만들었다.[110] 당대와 남북조시대에 일찍이 존재했던 일부 교집합적인 관념이 여기에 이르러 각자 다른 길을 걷게 된 것이다.

무덤의 주인공인 한휴는 경조 장안 사람으로, 개원 초년 괵주虢州 자사로 있다가 후에 상서우승이 되었다. 개원 21년(733) 황문시랑·동중서문하평장사로 옮겼다.[111] 그해 12월 재상에서 파직되고 공부상서로 자리를 옮겼다. 사봉원외랑·기거랑·중서사인을 역임하고 예부시랑으로 옮기고 지제고知制誥를 겸하였으며, 개원 28년(740) 5월에 사망했다. 관직 시절 매우 청렴하고 문사에 능하였는데, 시호는 문충이다. 태자소사로 추증되었고, 보응 원년에는 태자태부와 양주대도독으로 추증되었다. 부인 유씨는

105 錢鍾書, 『管錐編』 제2책, 北京: 中華書局, 1979, pp.711–718; Munakata Kiyohiko, "Concepts of Lei and Kan-lei in Early Chinese Art Theory," in Susan Bush and Christian Murck eds., *Theories of the Arts in China*, Princeton: Princeton University Press, 1983, pp.105–131; 石守謙, 『風格與世變—中國繪畫十論』, 北京: 北京大學出版社, 2008, p.66.

106 『風格與世變—中國繪畫十論』, pp.69–70.

107 段成式, 『酉陽雜俎』 前集 권14, p.662.

108 『唐朝名畵錄』, 葉6.

109 『圖畵見聞志』 권6, p.94.

110 곽희는 다음과 같이 말하였다. "世之篤論, 謂山水有可行者, 有可望者, 有可遊者, 有可居者. 畫凡至此, 皆入妙品. 但可行可望, 不如可居可遊之爲得. 何者? 觀今山川, 地占數百裏, 可遊可居之處, 十無三四, 而必取可居可遊之品. 君子之所以渴慕林泉者, 正謂此佳處故也. 故畫者當以此意造, 而鑒者又當以此意窮之. 此之謂不失其本意." 『林泉高致集·山水訓』, pp.17–18.

111 당 고종 영순 원년(682)부터 실제로 재상을 맡은 자들은 동중서문하평장사(同中書門下平章事)의 이름을 붙이기도 했다.

하동군 세가대족 출신이다. 천보 7년(748) 사망하여 소릉원에 한휴와 합장되었다.[112] 그의 아들 한황 韓滉은 덕종 치세기에 재상을 지냈는데, "예서를 잘 썼으며 여러 그림에 능하여 매우 유사하게 잘 그렸는데, 소와 양이 가장 뛰어났다"고 하는 당대의 유명 화가다.[113]

한휴묘 벽화의 제재 대부분은 과거 장안 지역의 성당기 등급이 높은 사람들의 무덤에서 발견되었다. 그러므로 그 내용은 한휴 본인과는 특별한 관계가 없을 것이다. 게다가 아들 한황과도 직접적인 관계를 논하기 어렵다.[114] 무덤 속 산수도는 걸작으로 보기 어려워, 그 예술 수준을 일부러 높이 평가할 필요가 없다. 그러나 벽화의 미술사적 가치는 결코 회화기법의 우열을 따지는 데 한정되지 않는다. 무덤의 연대와 지역, 그리고 묘주의 신분등급 등에 의해 우리는 이 작품을 문헌기록 속 성당기 장안 지역 화가의 활동 및 작품과 관련시킬 수 있으며, 나아가 장안의 영향을 강하게 받은 돈황과 쇼소인의 자료를 비교분석할 수 있고, 그림의 도식과 필법 등으로부터 당대 산수화에 대한 새로운 지식을 얻을 수 있게 되었다. 비록 이 그림을 통해 한 유명 화가의 사당이나 병화박물관을 건립할 수는 없을지라도, 성당기 산수화의 일반적인 형태를 관찰할 수 있고, 구체적인 생활 속에서 일종의 범식이나 양식이 차지하는 위치를 확인할 수 있다. 그리고 신뢰할 수 있는 이런 자료를 통해 회화발전의 자율성을 논의할 수 있을 뿐 아니라, 종교 등의 외부적 요소와 미술의 심층적 관계도 탐구할 수 있다. 이는 앞으로 심화연구가 필요한 부분이기도 하다.

劉呆運, 賀西林, 畢斐, 張長虹, 沈睿文, 吳雪杉, 王璜, 李思思, 王文娟 등 여러 스승과 벗들의 도움에 감사드린다.

---

112 한휴의 생애는 『구당서』 권98과 『신당서』 권126에 있다. 한휴 부부의 생애에 대한 서술은 「"唐韓休墓出土壁畫學術研討會"紀要」, p.107을 참조.

113 『歷代名畫記』 권10, p.123.

114 「"唐韓休墓出土壁畫學術研討會"紀要」, pp.108-110의 류다위원(劉呆運), 청쉬(程旭), 허시린(賀西林) 등의 발언을 참조.

석양 아래:
고분벽화의 쇠락

●

산서성 흥현 홍욕촌 소재
원대 무경부부묘
벽화 연구

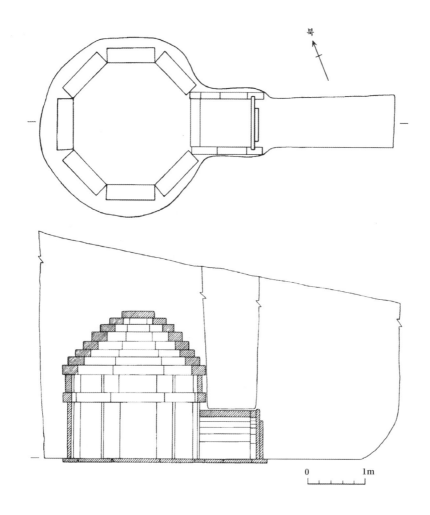

도1 무경부부묘의 평면도와 단면도(『文物』 2011년 제2기, p.41의 도2)

2008년 산서성 홍현興縣 강녕진康寧鎭 홍욕촌紅峪村 북쪽에 위치한 산마루 동쪽에서 고분 하나가 발굴됐다. 무덤 안 제기題記에 의하면, 무덤은 원나라 지대 2년(1309) 조성되었으며 묘주는 무경武慶과 부인 경씨景氏였다.[1] 무덤의 구조는 온전하게 남아 있었으며, 내부에는 벽화가 있었다. 벽화의 제재는 묘주도, 차를 준비하는 장면, 술을 준비하는 장면, 안장을 얹은 말[鞍馬], 효자고사 등으로 요·송·금·원대 무덤에서 흔히 출현하는 내용이다. 최근 많은 학자들이 벽화의 주제와 연원, 그리고 의미 등에 대

---

1 山西大學科學技術哲學研究中心 · 山西省考古研究所 · 山西博物院, 「山西興縣紅峪村元至大二年壁畫墓」, 『文物』 2011년 제2기, pp.40-46.

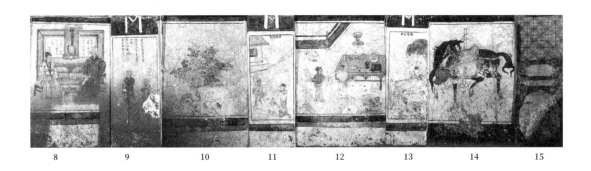

도2 무경부부묘 벽화그림의 번호(필자 그림)

1. 상층문화에 대한 하층사회의 선망과 모방

한 연구를 진행해왔다. 본고는 과거의 연구와는 방향을 달리해 다른 문제, 즉 이 시기 묘장미술과 권축화卷軸畫의 관계, 나아가 고분벽화의 변화양상을 관찰하고자 한다.

1. 상층문화에 대한 하층사회의 선망과 모방

무경 부부의 무덤은 가공한 돌로 만든 팔각형의 단실묘로, 동향東向으로 조성되었다. 각 벽 사이에는 반쯤만 밖으로 튀어나온 8개의 장방형 의주倚柱가 있고² 천장은 석판을 안으로 들여쌓았다. 묘실 내부

의 동서 및 남북의 길이는 모두 2.04m다.(도1) 이 무덤은 발굴 전 여러 번 도굴되어 사자의 유체遺體가 어지럽게 흩어져 있었고, 유체를 넣었던 관 등의 장구葬具와 부장품은 없었다. 벽화는 매우 주도면밀하게 배치되었는데, 발굴보고서는 묘문에서부터 시작하여 시계방향으로 1에서 15번까지 번호를 매겼다.(도2) 묘실 서벽(정벽)에는 묘주부부상이 있고(제8폭, 보고서에서 붙인 번호다. 이후 사용하는 번호는 모두 보고서를 따른다), 그 남쪽의 의주에는 세 명의 남자가(제7폭), 북쪽 의주에는 두 명의 승려가 있는데(제9폭) 모두 묘주를 향하고 있다. 서남쪽 벽에는 연화와 부들

---

2 발굴보고서의 평면도에는 의주를 정확하게 묘사하지 않았다.

도3 무경부부묘 벽화의 묘주(제8폭)

湧泉"(제11폭),[3] "孟宗哭筍"(제3폭), 그리고 "黃香扇枕"(제13폭) 등의 제기가 있다. 묘실 천장에는 난액闌額과 두공, 처마 등 목조건축의 부재를 그려놓았다.

무덤 정벽에는 마주 앉은 부부상을 묘사했는데, 부부 뒤에는 커다란 탁자를 그리고, 탁자 위에 위패 하나를 놓았다. 위패 위쪽에는 커다란 글자로 "祖父武玄圭"를, 아래 양쪽에는 각각 작은 글자로 "父武慶", "母景氏"라 썼는데 부부상과 대응한다.(도3) 작은 글자로 쓴 것은 묘주의 이름이고, '武玄圭'는 그의 선조일 것이다. 이와 비슷한 사례는 산서성 문수文水 북욕구北峪口에 위치한 원대 무덤의 묘주상에서도 볼 수 있는데, 묘주 부부 사이에 놓인 위패에는 "祖父之位"라는 글자가 새겨져 있고, 위패 아래에는 마찬가지로 연화가 장식되어 있다.(도4)[4] 북욕구의 원대 무덤보다 더욱 복잡한 것은 무경부부묘 벽화 속 위패 뒤에 그려진 병풍이다. 이 병풍에는 오른쪽에서 왼쪽으로 전개되는 7행의 묵서墨書가 있다.

을 그렸으며(제6폭), 서북쪽 벽에는 괴석과 모란을 (제10폭), 남벽(제4폭)과 북벽(제12폭)에는 시녀가 술과 차를 준비하는 모습을 묘사했다. 동남쪽 벽(제2폭)과 동북쪽 벽(제14폭)은 말뚝에 매인 안장 없는 말을 그렸다. 묘문 양쪽의 의주에는 문짝을 하나씩 그렸다 (제1폭과 15폭). 나머지 의주에는 '효자고사'를 그렸는데, 모두 네 개로 각각 "蔡順分椹"(제5폭), "時禮鯉

瘦藤高樹/昏鴉. 小橋流水/人家. 古道西/風瘦馬. 夕陽/西下. 已獨不在/天涯./西江月.

발굴보고서는 이 글이 원대 산곡散曲의 일종인 소령小令 『천정사·추사天淨沙·秋思』에서 나왔다고 정확히 지적했다. 그런데 이 곡은 현존하는 판본마다 조금씩 차이가 난다. 남송부터 원대에 활동한 성

3   何有祖, 「山西興縣武慶夫婦墓所出元至大二年壁畫"時禮湧泉"孝行圖解讀」, 『珞珈史苑』 창간호, 武漢: 武漢大學出版社, 2011, pp.231–236.

4   山西省文物管理委員會 · 山西省考古研究所, 「山西文水北峪口的一座古墓」, 『考古』 1961년 제3기, pp.136–138, p.141.

여재盛如梓의 『서재노학총담庶齋老學叢談』에는 〈북방의 벗이 전하는 사막의 소품 사 3수北方士友傳沙漠小詞三闋〉의 하나가 아래와 같이 기록되어 있는데, 작자와 제목이 존재하지 않는다.

해질 무렵의 갈가마귀가 노쇠한 등나무에서 쉴 곳을 찾는데 瘦藤老樹昏鴉.
먼 산에서 흘러 든 강물은 마을의 인가를 돌아 흐른다 遠山流水人家.
가을바람 스산한 옛 길에는 삐쩍 마른 말 한 마리가 천천히 가고 古道西風瘦馬
어슴푸레 해 지는 석양에도, 슬픈 유랑자는 여전히 먼 길을 떠돈다 斜陽西下, 斷腸人去天涯.[5]

도4 산서성 문수 북욕구 무덤의 묘주상, 원(『考古』1961년 제3기, p.138의 도4)

왕국유王國維는 "소령 『천정사』는 아주 가늘고 우아하여 당대의 절구絕句를 방불케 한다"고 지적했으며,[6] 원대의 주덕청周德淸 역시 "추사秋思의 원조"라고 칭찬했다.[7] 이 작품이 원대 마치원馬致遠의 작품으로 비정된 것은 명대 이후였다.[8] 홍현은 산서성 서북부 여량시呂梁市 북단에 위치하며, 서쪽으로는 황하를 사이에 두고 섬서성의 신목神木과 마주한다. 원대에는 흥주興州라 불렸으며, 기녕로冀寧

路에 속해 성여재가 말한 '북방'의 범위 안에 있었다. 벽화의 제기는 현존하는 이 곡의 가장 이른 판본이다. 그러나 그렇다고 해서 이 판본이 가장 권위 있다는 의미는 아니다. 끝에 쓰인 "西江月"의 글자는 확실히 잘못 삽입된 것이다. 이에 대해 보고서는 '대대로 읊어지는 과정에서 잘못된 것'으로 보고, "보아하니 이 곡이 당시 북방에서 상당히 유행했으며 판본 역시 원대인의 기록과 상당히 다른데, 그 이름을 알 수 없는 것 또한 당연할 것이다. …… 무덤이 위치한 지역은 당시에도 편벽한 곳이었기 때

---

5 盛如梓, 『庶齋老學叢談』, 北京: 中華書局, 影印知不足齋叢書本, 1999, p.452. 주덕청의 『中原音韻』에서도 "『越調 · 天淨沙 · 秋思』: 枯藤老樹昏鴉, 小橋流水人家, 古道西風瘦馬. 夕陽西下, 斷腸人在天涯"라는 내용의 이 곡을 싣고 있다(周德淸, 『中原音韻』 下冊, 鐵琴銅劍樓本, p.57上).

6 王國維, 『宋元戲曲史』 第十二章, 謝維揚 · 房鑫亮 主編, 『王國維全集』 제3권, 杭州 · 廣州: 浙江教育出版社 · 廣東教育出版社, 2010, p.119.

7 周德淸, 『中原音韻』 下冊, p.57上.

8 1913년 왕궈웨이는 가장 먼저 이 곡의 작자가 마치원이라는 설에 대해 의문을 제기했는데(『王國維全集』 제3권, p.118), 이후 이를 둘러싼 논쟁이 계속되었다. 이와 관련한 학술사를 종합적으로 정리한 글은 陳聖爭 · 鵬宇 · 黃霖, 「〈天淨沙 · 秋思〉作者及流傳新說」, 『中國文學研究』 2011년 제4기, pp.55-58을 참조.

문에 이 곡이 당시 비교적 영향력이 있었음을 알 수 있다"고 지적했다. 매우 적절한 판단으로 보이는데, '소령'의 내용과 무덤 내부의 각 요소 사이에 유기적인 관련이 부족하여, 무덤을 만든 사람이 제기를 만들어낸 것이 아니라 짐작되기 때문이다.

묘주도 양쪽의 벽화 상부에도 비교적 긴 묵서 제기가 있는데, 각각 다음과 같다.

安措(厝)尊靈至孝賢,／西州口爾得皆先.／榮昌後代綿又繼,／歲服人心樂自然. 維大元至大二年歲次己酉蕤賓有十日建(제7폭).(도5)

塋(塋)域皆然莫懸量,／盡終孝子豈容常.／但願／尊公千歲後, 子孫／無不出賢良(제9폭).(도6)

「추사」의 행문行文 방식과 유사하게 이 양쪽 제기는 모두 운문이다. 그러나 글의 내용이 유려하지 않고 별자別子도 많아 이상적이지 않은 모방작임을 알 수 있다. 제기는 무덤의 연대 등을 언급하고 있는데, 고인의 집안 식구 혹은 무덤을 만든 사람이 적어 넣었을 것이다. 벽화 속 글과 「추사」 사이에 나타나는 문학 수준의 차이는 「추사」가 벽화에 옮겨 기록되있음을 반증한다.[9]

「추사」의 영향은 매우 광범위했다. 그리하여 가을 풍경을 묘사한 원곡元曲과 잡극 가사는 대부분 「추사」 속 단어와 의상意象을 차용했다.[10] 무경부부

묘는 무덤에서 「추사」가 출현하는 최초의 사례다. 이 무덤은 비교적 작은 편으로, 발굴보고서는 묘주를 '부유한 한족漢族 지주 혹은 소小관리'로 추정했다. 그러나 무덤 안 제기에는 사자의 관직이 언급되지 않아 사자가 생전에 관직을 역임했는지 불확실하다. 이런 정황으로 미루어 무덤을 만든 장인 역시 민간의 장인이었을 것이다.

장인은 매우 조심스럽게 위패와 남자 묘주의 머리 부분을 피하면서 「추사」의 내용을 온전하게 남겨놓았다. 하지만 시각적 논리에 따라 전개한 것은 아니었다. 묘주 뒤에 글씨가 출현하는 다른 사례로는 하남성 우현禹縣 백사白沙에서 발굴된 송 원부 2년(1099) 조대옹묘趙大翁墓가 있다. 묘주상 뒤에 있는 병풍 속 문자는 유창하지만 알아보기 힘든 초서로 되어 있다.(도7) 이에 대해 우홍은 "이는 문학적 내용을 전달하고자 한 것이 아니라 한 폭의 병풍을 그리는데 목적을 두었기 때문이다. 위쪽의 대략적이고 거친 글씨 역시 유명한 서예가의 양식을 떠올리도록 한 것이 아닐까 싶다"고 지적했다.[11] 글을 삽입한 또 다른 사례는, 금대의 북방 민요民窯인 자주요磁州窯에서 생산된 자기베개다. 베개 속 글과 글씨는 대부분 당·송의 저명한 시詩와 사詞에서 왔으며, 글씨의 양식 또한 당·송대 유명 서예가의 필체를 모방했다.[12] 문학과 서예는 원래 상층귀족이나 관료, 그리고 지식인 계층의 문화인데, 이것이 민간

---

9 시를 병풍에 옮기는 수법은 적어도 당대까지 올라간다. 당대 승려 한산(寒山)은 시에서 "家有寒山詩, 勝汝看經卷. 書放屏風上, 時時看一遍."이라 읊었다(項楚, 『寒山詩注(附拾得詩注)』, 北京: 中華書局, 2000, p.794).

10 陳聖爭·鵬宇·黃霖, 「〈天淨沙·秋思〉作者及流傳新說」, p.57.

11 巫鴻 著, 文丹 譯, 黃小峰 校, 『重屛—中國繪畵中的媒材與再現』, 上海: 上海人民出版社, 2009, pp.150-151.

12 常存, 「書於瓷枕」, 中央美術學院 碩士論文, 2010.

도5 무경부부묘 벽화 속 묘주의 후손(?)(제7폭)

도6 무경부부묘 벽화 속 승려(제9폭)

도7 하남성 우현 백사 조대옹묘의 묘주(부분), 북송(宿白,『白沙宋墓』, 도판5)

도8 무경부부묘의 안마도(제14폭)

도9 무경부부묘의 안마도(제2폭)

의 소형 무덤과 자기에 출현하는 것은 상층 사인士人문화에 대한 하층사회의 선망과 모방 때문이다. 이런 경향이 무경부부묘 벽화에서도 보이는 점은 주목할 만하다.

2. 고분벽화의 연원: 화고畵稿

「추사」는 등나무, 나무, 까마귀, 다리, 물, 길, 집, 바람, 수척한 말, 석양 등 다양한 형상을 언급하고 있다. 이 가운데 '수척한 말'은 우리로 하여금 송대 공개龔開의 〈준골도駿骨圖〉나 원대 임인발任仁發의 〈이마도二馬圖〉 속의 피골이 상접한 말을 연상케 한다.[13] 그러나 무경부부묘 동북쪽 벽(제14폭)[도8]과 동남쪽 벽(제2폭)[도9]에 묘사된 두 필의 준마는 오히려 아주 건장하고 살이 잘 올라 있다. 이들은 모두 말뚝에 매어 있어 마구간 속의 말임을 알 수 있다. 두 폭의 말 그림과 문짝이 모두 열린 두 문(제15폭과 1폭)은 서로 인접해 있다. 마구간과 문의 공간적 관계는 송대 교중상喬仲常의 작품으로 전해지는 〈후적벽부도後赤壁賦圖〉 뒤쪽에 묘사된 소식蘇軾의 가옥에서도 볼 수 있다.[도10][14] 마구간 제재는 산서성 둔류屯留 이고향李高鄕 송촌宋村의 금 천회 13년

---

13 공개의 〈준골도〉는 오사카시립미술관 소장이며 임인발의 〈이마도〉는 북경 고궁박물원 소장이다. 두 그림의 도판은 James C. Y. Watt, ed., *The World of Khubilai Khan: Chinese Art in the Yuan Dynasty*, New Haven and London: Yale University Press, 2010, p.183, pp.204-205에 수록되어 있다.

14 교중상의 〈후적벽부도〉는 미국 넬슨아트킨스미술관 소장이며, 도판은 Zhang Hongxing, ed., *Masterpiece of Chinese Painting, 700-1900*, London: V&A Publishing, pp.166-169를 참조했다.

도10 (전)교중상, 〈후적벽도〉(부분), 송(필자 촬영)

도11 산서성 둔류 송촌묘 벽화, 금 천회 13년(1135)(徐光冀 主編,『中國出土壁畫全集』제2권, 北京: 科學出版社, 2012, p.140의 도133)

(1135) 무덤[15], 평정平定 서관西關의 1호묘(금대)[16] 벽화(도11, 도12)에서도 나타나, 당시 고분벽화에서 흔히 표현되었음을 알 수 있다.[17] 본고에서는 그 의미에 대해서는 논하지 않으며, 형식적 특징을 집중적으로 살펴보고자 한다. 우리는 '전체적 시각효과와 그 세부'라는 두 가지 면에서 두 폭의 벽화를 고찰할 수 있다.

안장을 얹은 말을 그린 두 폭의 벽화는 무덤 동서 방향의 중축선 양쪽에 분포한다. 그러나 양자는 모두 단순한 '축대칭軸對稱' 관계는 아니며,[18] 방향을 반대로 하는 중복관계라 할 수 있다. 두 필의 말은 묘문을 향하여 머리를 돌리고 앞쪽 다리를 올리고 있어 마치 서로 바라보고 있는 듯하다. 공중에서

도12 산서성 평정 서관 1호묘 벽화, 금(徐光冀 主編,『中國出土壁畫全集』제2권, p.179의 도172)

부감한다면 '중심대칭'과 유사한 관계를 목도할 수 있을 것이다.[19] 이는 좀 더 복잡한 호응상태라 할 수 있다. 머리를 돌린 자세는 동감이 매우 풍부하며,

---

15 王進先·楊林中,「山西屯留宋村金代壁畫墓」,『文物』2003년 제3기, pp.43-51.

16 山西省考古研究所,「山西平定宋金墓壁畫簡報」,『文物』1996년 제5기, pp.4-16.

17 이 제재의 연원은 심지어는 상대 은허시기 귀족 무덤의 순장 말까지 거슬러 올라가며, 한대 무덤의 화상에서 흔히 볼 수 있다. 이에 대해서는 劉敦願,「徐州漢畫像石秣馬圖」,『劉敦願文集』上卷, 北京: 科學出版社, 2012, pp.378-380을 참조.

18 '축대칭(line symmetry)'의 정의는 다음과 같다. "창에 장식하는 꽃처럼 하나의 도형을 하나의 직선을 따라 접는다. 만약 이것을 다른 하나의 도형과 겹칠 수 있다면 이 두 도형을 축대칭이라고 부를 수 있으며, 이 직선은 대칭축이라 부를 수 있다. 두 도형의 대응점은 대칭점이라 부를 수 있다." http://baike.baidu.com/view/811624.htm 2013년 4월 22일 19:54 마지막 검색.

19 '중심대칭(central symmetry)'의 정의는 다음과 같다. "하나의 도형을 특정의 한 지점에서 180도 회전하여 만약 그것이 다른 도형

도13 중심대칭식 안마(왼쪽 그림은 포토샵을 이용해 조정)

두 필의 말이 모두 동일한 방향으로 움직이며 사람들이 만든 굴레와 고삐를 풀기 위해 노력하는 듯한 몸짓이다. 그러나 두 필의 말은 기계적으로 중심대칭의 수학적 원칙을 따르고 있는 것은 아니다. 실제로 말뚝은 대칭의 중심에 있지 않다. 보는 사람의 각도에 서서 평시平視로 보면 두 필의 말은 모두 말뚝과 보는 사람 사이에 놓여 있다. 만약 말뚝을 대칭의 중심으로 설정하고자 한다면, 이 가운데 한 폭의 그림(제14폭) 속 말뚝을 말의 앞쪽으로 옮겨와야 한다. 그러나 이렇게 하면 너무 단조로워진다. 원근을 잘 처리하기 위해서는 앞쪽으로 옮긴 기둥 하나

를 크게 확대해야 하지만, 그렇게 하면 두 기둥의 크기 차이가 커져 두 벽화의 균형을 파괴한다. 뿐만 아니라 이런 기계적인 대칭관계는 한 필의 말의 완전한 형상을 깨트린다.(도13) 다행히 총명한 작자는 그렇게 하지 않고 구도를 매우 조심스럽게 조정하여 수학적 원칙을 극복하고 충분한 시각적 효과를 거두었다. 게다가 조성의 흔적도 발견하기 어려울 정도다.

이처럼 균형과 변화의 복잡한 관계에 상응하여 두 폭 벽화의 색상 역시 고심한 흔적이 있다. 제14폭 말의 털은 대춧빛 붉은색이며, 제2폭의 말 색은

과 겹친다면 두 도형은 이 점에서 대칭을 이룬다고 할 수 있으며, 혹은 중심대칭이라 할 수 있다. 그리고 이 점을 대칭중심으로 부를 수 있다. 이 두 도형이 대응하는 점은 중심에 관한 대칭점이라 부를 수 있다." http://baike.baidu.com/view/314198.htm 2013년 4월 22일 20:05 마지막 검색.

황갈색이다. 전자의 털 색상은 명도가 낮아 명도가 높은 백색의 말뚝을, 후자의 경우 털색의 명도가 높아 명도가 낮은 붉은색 말뚝을 배치했다. 이처럼 말과 말뚝은 공간적으로 떨어져 있다. 말안장의 색상 역시 유사한 변화를 보여준다. 확실히 화가는 반복적인 퇴고의 과정을 거쳐 두 필의 말의 조형과 구도를 설정했으며, 절대로 아무렇게나 그리지 않았다. 이를 1990년 발견된 둔류 송촌의 또 다른 금대 무덤의 남벽 묘문 좌측의 동일 제재 벽화(도14)와 비교하면, 수준 차이를 한눈에 알 수 있다.[20] 전자의 말이 매우 생기발랄하다면, 후자의 말은 연약하고 뻣뻣하다.

도14 산서성 둔류 송촌묘의 마구간 그림, 금 천회 13년(1135)(『文物』 2008년 제8기, p.58의 도5)

지금껏 두 화면을 비교분석하기 위해 화면과 일정한 거리를 유지하며 그 구조를 파악했다면 이제 화면 가까이 다가가 세부를 자세히 관찰할 차례다. 이때 우리는 전혀 새로운 발견을 하게 된다.

먼저 동북쪽 벽에 그려진 그림(제14폭)의 세부를 보자.(도15) 이 그림의 운필은 거의 대부분 중봉中鋒을 사용하였다. 그리하여 말의 신체, 털, 꼬리는 물론 안장, 등자, 말뚝 등의 선 굵기가 모두 같고 색깔까지 같아 마치 판에 새긴 듯한 느낌이 들 정도다. 말안장에서는 첫 붓질의 흔적을 볼 수 있는데, 화공은 한 번 만에 그림을 완성한 것이 아니라 여러 번 수정을 거쳐 비로소 최후의 먹선을 확정했다. 말머리 부분의 조형은 비교적 치졸하며 두 눈의 투시 관계 역시 잘 처리하지 못했다. 위아래 눈꺼풀은 모두 둥글기가 같은 선을 사용하여 신이神異하지 않다. 코와 입은 마치 밖으로 튀어나온 삽 같으며 형체감

이 없다. 말의 다리는 모두 평행하는 호선弧線을 사용해, 꺾이는 부분에 힘이 부족하며 살집도 없고 뼈도 없다. 말발굽의 처리는 매우 간단하며, 다리 형태와 각도의 변화에 따라 조정을 하지 못했다.

다시 동남쪽 벽화(제2폭)의 세부를 보자.(도16) 앞의 그림과 비교할 때, 이 그림 속 말의 형태는 더욱 복잡하다. 상술한 그림이 가진 각종 결함 이외에도 말머리를 회전하는 투시관계를 잘 표현하지 못했으며, 안장과 말은 외형상으로는 붙어 있는 것 같지만 실은 겉돌고 있다. 말 머리 역시 개의 머리 같다. 다리와 발굽은 동북쪽 벽화 속 말에 비해 더욱 약해빠진 듯하다. 특히 앞의 오른쪽 다리는 생경하게도 말갈기와 안장의 담요 사이에 끼어 있으며, 무릎 뒤쪽의 꺾이는 부분에는 구름 모양의 곡선이 있다. 아마도 원래는 특수한 각도를 표현하고자 한 것 같은데 잘못 처리하여 뭘 말하려는지 알 수 없어졌다.

---

20 山西省考古研究所·長治市博物館, 「山西屯留宋村金代壁畵墓」, 『文物』 2008년 제8기, pp.55-62.

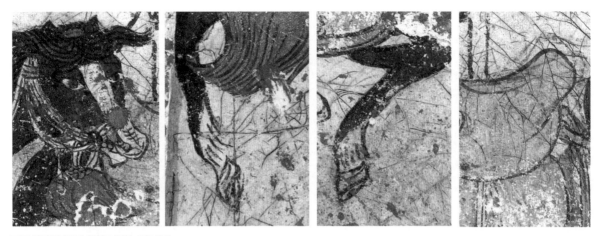

도15 무경부부묘의 안마도(부분, 제14폭)

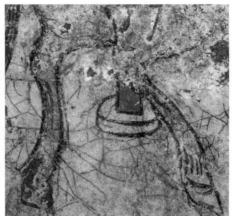

도16 무경부부묘의 안마도(부분, 제2폭)

　이 두 폭의 벽화는 언뜻 보면 매우 대범해 보이지만, 세부를 살펴보면 매우 생소하고 부자연스럽다. 전체적인 모습과 각 세부는 수준이 너무 달라 모순될 정도다. 이런 현상은 두 폭의 벽화가 기존에 있던 모본을 임모해 완성되었을 가능성을 시사한다. 화공의 기술적 한계로 말미암아 원래의 대략적인 모습만 얻었을 뿐, 세부의 정묘하고 생동적인 모습

은 전달하지 못한 것 같다. 후촉後蜀 광정廣政 연간(938~965), "당시 복감사福感寺 예탑원禮塔院 승려가 전자건展子虔이 그렸던 사자獅子를 벽에 모사해 넣었다. 포연창蒲延昌이 이것을 보고 '그저 형태만 얻었을 뿐, 그 붓의 힘은 얻지 못했다'고 하였는데",[21] 바로 이런 경우를 두고 하는 말이다.

　그렇다면 안장을 얹은 두 폭의 말 그림의 화고畫

21　黃休復, 『益州名畫錄』卷中, 于安瀾 編, 『畫史叢書』第4冊, 上海: 上海人民美術出版社, 1963, p.28.

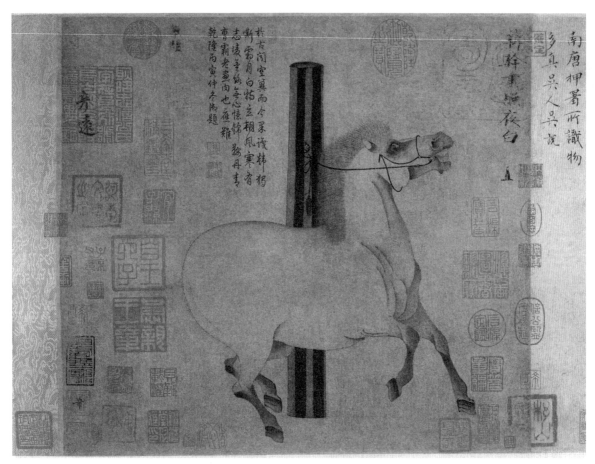

도17 (전)한간 〈조야백〉, 당, 뉴욕 메트로폴리탄미술관 소장(메트로폴리탄미술관 제공)

稿는 어디에서 온 것일까? 중국 고대회화에 익숙한 사람들이라면 미국 뉴욕 메트로폴리탄미술관 소장의 〈조야백照夜白〉^(도17)을 떠올릴 것이다. 이 그림은 당대에 말 그림으로 유명했던 한간韓幹의 작품으로 전해지는데, 크기가 매우 작아 현존 높이 30.8cm, 너비 34cm에 불과하다. 그림 왼쪽에 "彦遠"의 두 글자가 있는데, 당대 장언원의 필적으로 추정된다. 오른쪽 위 모서리에는 "韓幹畫照夜"의 글자와 수결手決이 있는데, 남당南唐 후주後主 이욱李煜의 필적으로 추정하고 있다. 비록 〈조야백〉 그림을 한간의 작품으로 확정할 수 없다 하더라도, 이 그림이

당대의 원작일 가능성은 매우 크다.

무경부부묘의 두 말과 〈조야백〉은 모두 준마가 말뚝에 매인 모습을 그린 것으로, 구도가 유사하고 말과 말뚝 이외에 어떤 배경도 없으며 말뚝은 말의 뒤쪽에 묘사되어 있다. 이런 특징은 산서 평정 서관과 둔류 송촌의 금대 무덤에서 나타나는 말구유나 말을 관리하는 사람이 함께 출현하는 것과는 완전히 다르다. 아마도 무경부부묘의 말은 〈조야백〉과 모종의 관계가 있을 것이다.

〈조야백〉은 송나라 영종英宗의 부마 왕선王詵, 원의 신도치원申屠致遠, 명의 항원변項元汴 등이 소장

했다. 현존하는 화권에는 송의 장계선張繼先, 오설 吳說, 향자인向子諲, 원대의 위소危素, 게괴揭汯, 초유선楚惟善, 초보신楚寶臣, 개묘蓋苗 등 송원대 소장자들과 감상자들의 제발이 다수 남아 있다. 이로 미루어 이 그림이 송대와 원대에 많은 사인들에게 사랑받았음을 알 수 있다. 제발들은 대부분 백묘법으로 묘사된 그림 속의 건장하고 살찐 말을 당 현종의 보마寶馬인 '조야백'으로 보았다. 이런 '백화白畫'는 북송의 이공린李公麟 등에게 계승되었다. 원대 화가들은 당대 회화에 관심이 많았는데, 조맹부趙孟頫 역시 매우 열심히 당대 작품을 모델로 하여 이른바 '고의古意'를 추구했다. 리주진李鑄晉은 일찍이 조맹부의 안마화鞍馬畫와 당대 유사작품 사이의 긴밀한 관계에 대해 상세히 논했는데, 조맹부의 〈인기도人騎圖〉(북경 고궁박물원 소장)와 〈조씨삼세인마도권趙氏三世人馬圖卷〉(뉴욕 메트로폴리탄미술관 소장)의 첫 부분이 모두 한간의 작품을 모방했다고 보았다.[22]

원대 유악신劉岳申의 기록에 의하면 조맹부 역시 〈조야백마도照夜白馬圖〉를 그렸는데,[23] 명대 서발徐㶿은 『필정筆精』 권5 '설송화마雪松畫馬' 조에서 이렇게 쓰고 있다.

근대의 제발들은 조맹부가 그린 말 그림을 대부분 폄하한다. 양사기(시호는 문정)는 이에 대해 "황제의 말 가운데 최고인 천마의 자태는 탁월하게 날아오르면서도 기꺼이 재갈물림을 당하며, 구름을 밟고 벼락을 좇으니 신기를 보는 듯하다"고 읊었다.[24]

양사기는 조맹부가 원나라에서 벼슬한 것을 쉽게 받아들이지 못했다. 만약 조맹부의 〈조야백마도〉가 당대 〈조야백〉의 구도를 계승했다면 아마도 이런 글은 목적성이 다분하다 할 수 있다. 흥미롭게도 자신의 정치적 선택에 대해 조맹부 역시 시 속에서 이와 호응하는 고민을 토로하고 있다. 〈죄출罪出〉이라는 시에 나오는[25] "籠中鳥(새장 속의 새)"나 "受羈馬(재갈 물린 말)"과 유사함을 암시하고 있는데, 이런 글귀를 통해 조맹부의 〈조야백마도〉가 당대 형식을 계승했을 것으로 추정할 수 있다.

당대 〈조야백〉은 원대 사인계층 속에서 널리 전해지고 감상되었다. 그리고 동일한 도식을 따라 다시 창작되기도 했다. 무경부부묘의 두 필의 말은 이런 제재가 사회하층의 화공들 사이에 전파되고 아울러 묘장미술 속으로 깊이 침투한 사실을 반영

---

22 李鑄晉, 『鵲華秋色—趙孟頫的生平與畫藝』, 北京: 生活·讀書·新知三聯書店, 2008, pp.85-114.

23 유악신은 〈조맹부의 조야백 말그림에 제시함(題趙學士子昂照夜白馬圖)〉에서 "曹將軍橫槊遺餘, 風流文采, 丹靑在衛夫人, 王右軍外; 天馬玉花, 又在凌煙功臣外. 然不能自道, 賴子美能以斯須, 垂之萬古. 不然, 良工心苦, 誰其知之. 松雪公兼有曹杜之長, 能自致不朽, 猶區口著同時一二知者以托微意. 向微曼碩道傳, 安知斯人爲博古君子哉! 於是松雪苦心愈盒可悲矣. 東野王君得此卷於天上人間之後, 寶而藏之, 嗚呼! 必有能爲子美者."라 읊었다. 劉嶽申, 『申齋文集』 권14, 陳高華, 『元代畫家史料』, 上海: 上海人民出版社, 1980, p.58서 인용.

24 "趙子昂畫馬, 近代題詠多合貶辭. 楊文貞士奇云: '天閑第一渥窪姿, 卓犖騰驤肯受羈; 何不翻然絶牽鞦, 踏雲追電看神奇?'" 徐㶿, 『徐氏筆精』, 『影印文淵閣四庫全書-子部雜家類』 권5, p.39.

25 이 시에서는 또 "在山爲遠志, 出山爲小草. 古語已雲然, 見事苦不早. 平生獨往願, 丘壑寄懷抱. 圖書時自娛, 野性期自保. 誰令墮塵網, 宛轉受纏繞. 昔爲水上鷗, 今如籠中鳥."라고도 읊었다(趙孟頫, 『松雪齋文集』 권2, 四部叢刊本, p.12).

한다. 물론 우리들은 디지털시대의 도상 전파방식에 근거하여 고대 도상의 전파를 추정해서는 안 된다.[26] 무경부부묘의 벽화를 그린 화공이 직접 당대의 원작을 보진 않았을 것이다. 실제로 벽화와 〈조야백〉은 크기도 다를 뿐 아니라, 구도 또한 같지 않다. 벽화 속 말은 안장과 안장깔개가 있고 색채가 선명한데, 이 역시 〈조야백〉과 다르다. 더욱 중요한 것은 말의 자세가 완전히 다르다. 그러나 이런 점들이 결코 두 작품 사이에 모종의 간접적인 관계가 있다는 것을 부정하는 것은 아니다. 문헌에 언급되거나 전세傳世되는 말을 그린 원대 그림은 매우 많은데, 상술한 것처럼 당대 〈조야백〉의 제재나 형식은 아마도 조맹부 등에 의해 계승되고, 이 화가들의 작품 혹은 모본 역시 하층사회에 유포되었을 것이다. 다만 자료가 충분치 않아 도상의 계승을 보여주는 부분을 완전하게 복원하기 어려울 뿐이다.[27]

천리마가 마구간에 갇혀 보통 말과 마찬가지로 고삐가 채워져 있는데, 이런 충돌은 매우 희극적이다. 문인들은 마음속 이상과 외부세계와의 대립과 분열 속에서 이런 그림에서 쉽게 공감대를 찾을 수 있었다. 〈조야백〉의 간결한 구도와 소박하고 단아한 백묘 역시 문인들의 심미적 취미에 부합한다. 그

러나 일단 이런 그림이 무덤 속에 그려지면 그림 속에 부가되었던 문화적 의미는 전적으로 사라지며, 새로운 작품은 원작의 틀과 그 기세를 가질 수 없게 된다. 나아가 미묘하고 정교한 부분이나 내재적인 여러 상징적 의미들을 전달할 수 없게 된다. 그리하여 이들은 가장 원시적이고 낮은 단계의 주제, 즉 말들의 원래 공간인 마구간으로 회귀하는 것이다.[28]

3. 고분벽화와 권축화

무경부부묘 벽화 속의 안장 얹은 말은 권축화와 묘장미술이라는 두 회화 전통이 결코 만날 수 없는 평행선이 아님을 보여주었다. 이는 우리로 하여금 한 시대의 구조적인 예술활동을 재인식할 수 있도록 해줌과 동시에 묘장미술의 역사적 변천에 대한 인식을 심화시킬 수 있게 한다.

무경부부묘의 다른 벽화에서는 권축화의 영향이 조금씩 다르게 표현되었다. 남벽(제4폭)(도18)과 북벽(제12폭)(도19)의 시녀가 술과 차를 준비하는 그림에 나타나는 일부 요소는 현존하는 권축화에서도 볼 수 있다. 예를 들면 두 그림에는 모두 두 시녀가 있는데 모두 하나는 앞모습, 하나는 뒷모습으로 서로

---

26 역사학자 도널드 사순(Donald Sasoon)은 19세기까지 유럽회화의 전파는 문자에 의한 것 이외에는 오로지 전문적인 임모사(臨摹師. copyist)가 살롱과 박물관에서 힘들게 제작한 모본을 통해 실현되었다고 주장했다. (Donald Sasoon, *Becoming Mona Lisa: The Making of a Global Icon*, San Diego, New York and London: Houghton Mifflin Harcourt, Inc., 2001, pp.49-50).

27 무경부부묘 벽화에 묘사된 두 필의 말은 묘문의 좌우 양측에 위치하는데, 전체 무덤 안 벽화의 분포에서 대칭과 평형을 이루고자 이렇게 배치되었을 것이다. 또 화공에게 단지 한 폭의 화고만이 있었기 때문일 가능성도 있다. 그렇다면 역으로, 당대 〈조야백〉의 원본 역시 한 쌍이고 현존하는 것은 그 가운데 한 폭일 가능성도 있지 않을까. 물론 현재로서는 이 문제에 대한 정확한 답을 찾기 어렵다.

28 Maxwell K. Hearn은 미국 넬슨아트킨스미술관 소장 원대 임인발의 〈구마도(九馬圖)〉와 산서성 평정 서관 1호묘(금대)의 마구간 벽화를 비교 분석했는데, 전자가 은유의 의미를 가지고 있어 재주와 학식이 많은 사람이 군주의 신임을 얻는 것을 상징한다면, 후자는 단지 일상생활을 표현한 것이라고 추정했다(Maxwell K. Hearn, "Painting and Calligraphy under the Mongols," James C. Y. Watt, ed., *The World of Khubilai Khan: Chinese Art in the Yuan Dynasty*, p.203)

도18 무경부부묘의 술을 준비하는 그림(제4폭)

도19 무경부부묘의 차를 준비하는 그림(제12폭)

도20 유관도 〈소하도〉, 원, 넬슨아트킨스미술관 소장(James C. Y. Watt, ed., The World of Khubilai Khan: Chinese Art in the Yuan Dynasty, p.218, fig.234)

도21 (전)조암 〈팔달유춘도〉, 오대, 대북 고궁박물원 소장(Yang Xin, Richard M. Barnhart, Nie Chongzheng, James Cahill, Lang Shaojun and Wu Hung, Three Thousand of Chinese Painting, New Haven and London: Yale University Press; Beijing: Foreign Languages Press, 1997, p.109, fig.101)

도22 작자 미상, 〈절함도〉, 송, 대북 고궁박물원 소장(Three Thousand of Chinese Painting, p.111, fig.102)

고개를 돌려 대화를 하는 듯하다. 안장을 얹은 두 필의 말이 대응하는 관계와 매우 유사하다. 이런 인물의 조합은 현존하는 회화에 매우 흔하다. 원대 유관도劉貫道의 〈소하도消夏圖〉 속 두 시녀는 서로 바라보고 대답하는 관계다.(도20) 그리고 벽화 속 술과

차를 준비하는 두 그림의 좌측 상부에 모두 구부러진 난간이 있는데, 오대 조암趙嵒의 작품으로 전해지는 〈팔달유춘도八達遊春圖〉,(도21) 송대 〈절함도折檻圖〉,(도22) 송대 주문구周文矩의 작품으로 전해지는 〈이노영희도狸奴嬰戲圖〉[29] 등의 작품에서도 유사

---

29 미국 보스턴미술관(Museum of Fine Arts, Boston) 소장. 도판은 Zhang Hongxing, ed., *Masterpiece of Chinese Painting, 700~1900*, pp.190-191.

도23 섬서성 서안시 한삼채묘 벽화, 원(西安市文物保護考古所, 『西安韓森寨元代壁畫墓』, 彩版19)

한 구조가 출현한다. 그러나 차나 술을 준비하는 벽화 속 인물과 정경은 모두 뻣뻣한 느낌이 있어 벽화 속 안장 없은 말과는 매우 다르다. 이 두 폭의 그림은 수준 높은 화본을 사용하지 않았을 가능성이 크며, 화공들 본래의 양식을 더욱 적극적으로 드러내고 있다. 만약 서안西安 한삼채韓森寨 원대 무덤의 동일 제재(도23)와 비교하면,[30] 구도는 물론 세부표현 등이 모두 크게 떨어진다.

그러나 무경부부묘의 화조화는 주목할 만한 가치가 있다. 서북쪽 벽에 그려진 괴석과 모란은(제10폭)(도24) 서남쪽 벽에 그려진 연꽃 및 부들(제6폭)(도25)과 함께 각각 봄과 여름을 상징할 것이다. 고분벽화 속의 사계도四季圖는 내몽고 파림우기巴林右旗 삭박력알索博力嘎에 위치한 요나라 경릉慶陵의 동릉東陵 중실中室에 그려진 사시날발도四時捺鉢圖까지 거슬러 올라가며,[31] 원대 무덤 벽화 속에서도 적지 않다. 이 벽화들은 대부분 산수를 위주로 하지만, 묘경부부묘에서는 가을과 겨울의 두 폭이 부족하다.

30 西安市文物保護考古所, 『西安韓森寨元代壁畫墓』, 北京: 文物出版社, 2004.
31 田村實造 · 小林行雄, 『慶陵』, 京都: 京都大學 文學部, 1953, p.70.

도24 무경부부묘의 괴석모란도(제10폭)   도25 무경부부묘의 연화부들도(제2폭)

아마도 사계관념이 이미 희미해지고, 심미적 가치
를 가진 장식제재가 되었기 때문일 것이다. 연꽃과
부들이 있는 그림의 오른쪽 아래 S형 물가는 '변각
邊角 구도'의 느낌이다. 그러나 연못 속의 연화와 연
잎, 부들은 기본적으로 대칭구도를 보이는데, 이는
하북성 내구內丘 호리촌胡里村 금 정륭 2년(1157) 무
덤 동벽의 대칭식 연화(도26)와 매우 유사하다.[32]

대칭구도는 괴석과 모란 그림에서 더욱 전형적
으로 나타나는데, 그 연원은 북경北京 해전구海淀區
팔리장八里莊에서 발굴된, 당 개성 3년(846)에서 대

도26 하북성 내구 호리
촌묘의 연화도, 금 정륭
2년(1157)(『文物春秋』
2004년 제4기, p.42의
照1)

32 賈成惠, 「河北內丘胡里村金代壁畫墓」, 『文物春秋』 2004년 제4기, pp.38-42.

도27 북경 해전구 팔리장 왕공숙부부묘 정벽 벽화, 당(『文物』 1995년 제11기, 彩色의 끼여 있는 쪽2, p.49의 도7)

도28 정순황후 경릉 석곽 북벽 동측의 그림, 당 개원 25년(737)
(『文物』 2012년 제5기, p.79의 도11)

중 2년(848)까지 유주절도판관幽州節度判官 겸 전중시어사殿中侍御史를 지낸 왕공숙묘王公淑墓의 벽화까지 소급할 수 있다.[도27][33] 최근 보도된 당 개원 25년(737) 사망한 정순황후貞順皇后 무덤인 경릉敬陵의 석곽 외벽에도 14폭의 화조도가 조각되었는데, 위에는 완전한 꽃나무를 배치하고 아래에는 한 마리 조류를 묘사했으며, 일부 꽃나무의 바닥부분에는 작은 바윗돌을 점점이 배치했다. 구도는 여전히 대칭식이다.[도28][34] 이런 작은 바윗돌은 하북성 곡양曲陽 서연천촌西燕川村에서 발견된 후당後唐 동광 원년(924)의 의무군절도사義武軍節度使 왕처직묘王處直墓의 벽화에서는 커다란 괴석으로 발전한다.[도29] 후자는 무경부부묘에 묘사된 〈괴석모란도〉의 직접

33 北京市海淀區文物管理所, 『北京市海淀區八里莊唐墓』, 『文物』 1995년 제11기, pp.45-53.

34 程旭·師小群, 「唐貞順皇后敬陵石槨」, 『文物』 2012년 제5기, pp.74-96, 封3.

도29 하북성 곡양 서연천촌 왕처직 및 그 처첩의 합장묘 후실 정벽 벽화, 오대 동광 원년 (924)(河北省文物研究所·保定市文物管理處,『五代王處直墓』, 彩版26.2)

적인 분본粉本으로 볼 수 있다.[35] 대칭식 화조화는 아마도 오대 화가 서희徐熙가 그린 '포전화鋪殿花'나 '장당화裝堂花'와 관련이 있을 것이다.[36] 이런 그림은 "위치가 단정하고 아주 엄숙하게 늘어서 있으며, 대부분 살아 있는 자연의 모습을 취하지 않았다."[37] 장당화는 당대의 방식을 그대로 따르고 있어 지나치게 뻣뻣하고 변화가 부족하였다. 그리하여 "이를 특별히 선택해서 감상하는 경우가 많지 않았

다."[38] 그러나 고분벽화 속에서는 오히려 전승되었다. 연화와 부들, 그리고 괴석과 모란을 그린 두 그림은 전체적으로 볼 때 당과 오대 고분벽화의 전통 양식을 훨씬 많이 보존하고 있다.

상술했듯이 무경부부묘 서벽 묘주부부도(제8폭) 뒤에 놓인 병풍에는 글씨가 있다. 송원시기 묘주부부도의 제재와 형식에 대해서는 이미 많은 연구자들이 좋은 성과를 내놓았다.[39] 묘주도의 전통은 한

35 河北省文物研究所·保定市文物管理處,『五代王處直墓』, 北京: 文物出版社, 1998, 彩版26,2.

36 鄭岩·李淸泉,「看時人步澀, 展處蝶爭來―談新發現的北京八里莊唐墓花鳥壁畫」,『故宮文物月刊』총 제158기(1996년 5월), pp.126-133; 李淸泉,「"裝堂花"的身前身後―兼論徐熙畫格在北宋前期一度受阻的原因」,『美術學報』 2007년 제3기, pp.56-61; 劉婕,『唐代花鳥畫硏究』, 北京: 文化藝術出版社, 2013, pp.184-188. 쑨옌은 남당이릉(南唐二陵)의 일부 장식화 역시 장당화에 속한다고 보았는데(孫彦,「"裝堂花"新談―以南京二陵裝飾畫爲例」,『南京藝術學院學報』 2010년 제1기, pp.44-45), 장당화의 외연을 너무 크게 잡은 감이 있다.

37 "位置端莊, 騈羅整肅, 多不取生意自然之態." 郭若虛,『圖畫見聞誌』, 于安瀾 編,『畫史叢書』 제1책, 上海: 上海人民美術出版社, 1963, p.92.

38 위의 책.

39 수바이는 가장 먼저 이런 제재를 '개방연(開芳宴)'이라 불렀다(宿白,『白沙宋墓』, 北京: 文物出版社, 2002년 제2판, p.48의 주 53). 송원시기의 이런 제재에 대한 주요 연구성과는 韓小囡,「宋代墓葬裝飾硏究」, 山東大學 博士學位論文, 2006, pp.56-57; 薛豫曉,「宋遼金元墓葬中"開芳宴"圖象硏究」, 四川大學 碩士學位論文, 2007; 張鵬,「勉世與娛情―宋金墓室壁畫中的一桌二椅到夫婦共坐」, 巫鴻·鄭岩 主編,『古代墓葬美術硏究』 第1輯, 北京: 文物出版社, 2011, pp.313-328; 鄧菲,「宋金時期磚雕壁畫墓的圖像題材探析」,『美術硏究』 2011년 제3기, pp.70-82; 易晴,「宋金中原地區壁畫墓"墓主人對(並)坐"圖像探析」,『中原文物』 2011년 제2기, pp.73-80; 李淸泉,「"一堂家慶"的新意象―宋金時期的墓主夫婦像與唐宋葬葬風氣之變」, 巫鴻·朱青生·鄭岩 主編,『古代墓葬美術硏究』 제2집, 長沙: 湖南美術出版社, 2013, pp.319-338; 李淸泉,「墓主像與唐宋墓葬風氣之變―以五代十國時期的考古發現爲中心」, 顏娟英·石守謙 主編,『藝術史中的漢晋與唐宋之變』, 臺北: 石頭出版股份有限公司, 2014, pp.311-342; Jeehee Hong(洪知希), "Tomb Portraits and Ancestral Worship of the Local Elite in Northern China

도30 산동성 안구 뇌가청하 호련석관 남면 어칸 상부의 부조 및 제기, 북송 소성 3년(1096)(필자 촬영 및 탁본)

대, 심지어는 전국시대까지 거슬러 올라간다.[40] 이런 화상이 오대, 송, 원대에 다시 부흥하는데, 가묘家廟나 선조 영당影堂의 영향을 받았을 것이다.[41]

묘주도와 인접한 제7폭에서 붉은색 삿갓 모자를 쓴 세 명의 남자는 무덤을 만드는데 돈을 낸 고인의 자식들로 보인다. 적어도 송대부터 이런 효자효녀의 형상이 무덤에서 출현한다. 산동성 안구安丘 뇌가청하雷家淸河에서 나온 북송 소성 3년(1096) 호련석관胡璉石棺 속의 한 폭에는 '부모가 구름을 몰고 가는 것을 아들딸들이 바라보는 장면'이 묘사되어

있다. 여기에는 "此是兒女忽見父母尊靈乘雲而去, 瞻仰禮敬之處(이것은 자녀들이 부모의 영혼이 구름을 타고 가는 것을 문득 올려다보며 예경하는 곳이다)"의 제기가 있다.(도30)[42] 무경부부묘 벽화의 제7폭과 대응하는 제9폭은 두 명의 승려를 묘사하고 있는데, 하나는 나이가 들고 하나는 젊다. 두 사람 모두 묘주의 한쪽에 서서 묘주에게 경의를 표하고 있다.

무경부부묘에는 4폭의 효자고사도가 있다.(도31~34) 그런데 줄거리가 있어 다른 화면들과 달리 내용에 대한 해석이 필요하다. 이런 제재는 이 시기

(1000~1300)"(미간행).

40 鄭岩, 「墓主畫像硏究」, 山東大學考古學系 編, 『劉敦愿先生紀念文集』, 濟南: 山東大學出版社, 1998, pp.450-468. 수정본은 본서 「묘주도(墓主圖) 연구」를 참조

41 루시싱은 "송대 전실묘의 묘주 형상은 우리들에게 많은 화상의 구체적 내용을 알려주어 송대 영당제도를 이해하는 데 도움을 주고 있다"고 논했다(陸錫興, 「宋代壁畫墓與〈白沙宋墓〉─紀念〈白沙宋墓〉出版五十周年」, 『南方文物』 2008년 제1기, pp.22-26). Christian de Pee(중국명 裴志昻)는 송금시기의 이런 종류의 묘주 부부의 '개방연도'는 선조의 유상(遺像)일 가능성이 크다고 보았다(裴志昻, 「試論晚唐至元代仿木構墓葬的宗敎意義」, 『考古與文物』, 2009년 제4기, p.87). 위에서 인용한 리칭취안과 홍지희의 문장 역시 이에 대한 심도 있는 논의를 전개하고 있다.

42 鄭岩·賈德民, 「北宋畫像石棺述要」, 『安丘文史資料』 제9집(내부 발행), 1993, pp.101-107, p.197.

도31 무경부부묘의 〈채순분심도〉(제5폭)
도32 무경부부묘의 〈시리용천도〉(제11폭)

도33 무경부부묘의 〈맹종곡죽도〉(제3폭)
도34 무경부부묘의 〈황향선침도〉(제13폭)

고분벽화에서 흔히 출현하는데, 여기서는 제7폭과 9폭의 벽화 제기가 강조하는 '효'를 회화형식으로 전개한 데 불과하다. 그것들이 전달하고자 한 것은 고사가 가지는 공통의 의미이며, 개성 풍부한 줄거리가 아니다.

4. 무덤 속 '그림'의 마술

상술한 벽화는 제재도 연원도 모두 다른데, 그렇다면 그것들은 무경부부묘에서 어떤 관계를 맺고 있는가? 이 무덤의 설계와 건립과정을 상상해보는 것도 나쁘지 않을 것이다.

현재 홍욕촌의 장인들은 무경의 자녀들이 맡긴 임무, 즉 그들의 부모를 위해 무덤 하나를 완성해야 만 한다. 무덤은 고인의 시신을 안장하는 공간이며, 고인의 또 다른 세계의 '집'이다. 벽화의 제기로부터 이 '집'의 건립이 적절한가의 여부는 고인 개인의 이익과 관계가 있을 뿐 아니라 자손들의 복福과도 관련이 있음을 알 수 있다. 그렇다면 무엇이 '집'인가? 물질적인 측면에서 볼 때, 집이란 자신과 집안의 권속이 함께 생활하는 공간이다. 사회학적 의미에서 집이란 사람과 사람 사이에 맺어진 가장 밀접한 조직관계며, 관념적인 면에서 집이란 인간정신의 회귀처다.

장인들은 먼저 물질적 측면에서 출발해 돌을 자르고 다듬어 매우 견고한 지하동굴을 만들었다. 그후 다시 예술적 수단을 통해 이 공간을 거주지로 변화시켰다. 늦어도 전국시대부터 사람들은 시험적

도35 무경부부묘 천장의 난액, 두공, 처마 채회도

으로 무덤을 지상의 건축구조와 유사하게 만들기 시작했다. 묘실공간을 만들었을 뿐 아니라 벽면에도 장식을 했다. 이런 추세는 10세기 후반에 고조기에 도달해 돌이나 벽돌, 그리고 벽화를 사용해 정교한 목조건축을 모방해 만든 무덤이 성행하기에 이르렀다. 무경부부묘에서도 문과 두공 등의 건축부재는 묘실공간과 매우 긴밀하게 일체화되었다.(도35)

이런 수법의 배후에는 고대의 '죽은 자 섬기기를 산 자 섬기듯 한다事死如生', 혹은 '살아 있을 때처럼 하여 죽은 자를 보낸다大象其生以送死'는 선진先秦 이래의 전통관념이 있다. 그러나 어떻게 '여생如生'하고 '상생象生'할 것인가. 다시 말해 어떤 방식을 통해 오래된 사상을 구현할 것인가. 이에 대해서는 이해가 다를 수 있고, 또 이를 통해 나오는 결과 또한 다를 것이다. 주의해야 할 것은 많은 무덤들이 건축적인 부분에만 공을 들인다는 점이다. 만약 상가喪家에서 더욱 많은 돈을 낸다면 장인들은 무덤 속 가짜 문과 창을 더욱 정교하게 조각함으로써 사람들의 눈을 휘둥그레 만들 수 있었을 것이다.[43] 여기서 한걸음 더 나아가 묘실 안에 넣는 각종 가구와 기물에 관심을 두는 무덤도 있다. 송원시대의 일부 무덤이 여기에 해당하는데, 하남성 정주鄭州 남관南關 밖에 위치한 북송 가우 원년(1056)의 묘는 북벽에 벽돌로 문과 창을 만들고, 나머지 세 벽에는 의자, 옷걸이, 화장대, 거울, 상자, 붓걸이, 벼루받침, 차 주전자, 등잔대 등을 조각해 넣었다. 모든 기물들이 아주 정교하게 갖춰져 있는 반면 인물은 없다.(도36)[44] 여기에서 건축이나 가구, 그리고 기물의 주인은 무덤에 안장된 사자일 것이다. 이 지점에서 장인들은 물질적인 측면에서의 집을 완성했다.

그런데 홍욕촌의 장인들은 여기에 만족하지 않았다. 그리하여 가구는 더 이상 비어 있지 않다. 그리고 벽화 속 무경 부부는 병풍 앞에 편안히 앉아 있으며, 옆에 선 승려는 그들을 위해 복을 빌어주고 있고, 자손들은 그 옆에 엄숙하게 서있으며, 그 옆에는 바쁜 모습의 시녀가 있다. 탁자와 의자, 병풍, 술그릇, 다구茶具, 말을 매는 말뚝 등은 인물과 건축의 관계를 아주 자연스럽게 만들어주며, 나아가 이런 도상 역시 무덤 안의 부장품과 함께 하나의 완전체를 형성하고 있다. 이것은 매우 중요한 진전이다. 무덤 속 인물의 출현은 도상과 사자의 시신 사이의 관계에 대한 새로운 인식을 반영한 것으로,[45] 남편과 아내, 아버지와 아들, 주인과 노복, 승려와 세속인 등등의 사회관계를 구성하고 있다.

무덤을 만드는 데 돈을 낸 무씨형제들은 다시 한 번 장인들에게 자신들의 효심을 충분히 표현해주기를 부탁했다. 그리하여 자식들의 형상 이외에 '효자도'를 집어넣었다. 할아버지의 이름을 써넣고 묘주의 자식들 모습을 덧붙임으로써 혈연관계가 3대로 확대되었다. 네 폭의 효자도 속 고사는 매우 오래된 것으로, 동한에서 삼국 오나라 시기까지 생활하던 인물들이 주인공이다. 이로 인해 무덤 속의 시

---

43 산서 남부 지역에 분포하는 대다수 금대 무덤은 주로 목조건축을 모방한 내용으로 장식되어 있으며, 인물의 활동을 표현한 것은 많지 않다. 이에 대한 연구는 吳垠, 「晋南金墓中的仿木建築―以稷山馬村段氏家族墓爲中心」, 中央美術學院 碩士論文, 2014 참조.

44 河南省文物局文物工作隊 第一隊, 「鄭州南關外北宋磚室墓」, 『文物參考資料』 1958년 제5기, pp.52-54.

45 이 문제에 대한 논의는 본서 「죽은 자의 마스크―북주 강업묘(康業墓) 석관상(石棺床)의 도상」을 참조.

도36 하남성 정주시 남관 밖 무덤의 묘실 전개도, 북송 가우 원년(1056)(『文物參考資料』1958년 제5기, p.53)

간대는 더욱 연장되었다. 서안시 한삼채의 원대 무덤에서는 묘실을 더욱 아름답게 장식하기 위해 꽃병을 놓아두었는데, 홍욕촌의 화공은 전통적인 화본을 토대로 모란과 연화를 그렸으며, 화초와 관련된 물과 오리 등도 묘실 안으로 들여 놓았다.

그런데 모순이 발생했다. 즉 이처럼 많은 내용과 조그만 묘실, 그리고 비할 바 없이 정교한 건축부재는 시각과 관념적인 측면에서 강렬하게 충돌한다. 한편으로는 묘실의 용도甬道, 벽, 그리고 천장 등의 건축이 매우 엄밀하고 문과 창, 그리고 두공의 비례가 아주 잘 맞고 규격에 척척 맞아 떨어진다. 반면서로 다른 계절의 꽃이 동시에 피어 있고 다른 세대의 인물들이 함께 묘실에 들어와 있으며, 곳곳에 시

적인 느낌이 물씬 풍긴다. 홍욕촌의 장인들은 반드시 이 모순을 해결해야만 했다. 그리하여 다른 시공간에 속하는 도상을 묘실의 물질적인 구조 및 형상과 통일시켰다.

이미 이런 화본들에 익숙해 있었기 때문에 그들은 회화의 의미를 잘 이해하고 있었다. 그리하여 하나의 방법을 찾아냈는데, 바로 시공간적 개념으로는 도저히 해석할 수 없는 내용들을 모두 '그림'으로 전환하기로 한 것이다. 필자가 아는 한, 이런 유형의 무덤으로 연대가 가장 이른 것은 섬서성 부평富平 주가도촌朱家道村의 당대 무덤이다. 주가도촌 무덤의 묘실 속 산수, 푸른 소, 학, 사자 등은 모두 병풍 속에 그려져 있다.[46] 만약 주가도촌 무덤이 당

46 鄭岩, 「壓在"畵框"上的筆尖─試論墓葬壁畵與傳統繪畵史的關聯」, 『新美術』 2009년 제1기, pp.39-51. 수정본은 본고 「그림의 테두리를 누른 붓끝─고분벽화와 전통회화사의 관계」를 참조. 이 무덤 벽화에 대한 깊이 있는 연구는 石守謙, 「"繪畵"的覺醒─唐宋間圖象呈現方式的新發展」, 顔娟英·石守謙 主編, 『藝術史中的漢晉與唐宋之變』, pp.21-33을 참조.

대의 고립된 특수사례라고 한다면, 왕위동王玉冬이 말한 것처럼 이런 수법은 원대에 이르러 비로소 유행했을 것이다. 왕위동은 아주 예리하게 무경부부묘의 벽화가 모두 괘축掛軸의 형식으로 처리되었음을 지적했다. 화공은 네 폭의 효자도에 테두리를 붙이고 상하로 먹색을 써서 천두天頭와 지두地頭를 그려 넣었고, 천두의 위쪽에는 아주 자세하게 '경대經帶'까지도 그려 넣었다.[47]

한 폭의 괘축은 하나의 '物'이다. 그리하여 문짝이나 두공과 함께 거주 공간 안에 출현할 수 있다. 그러나 회화로서 괘축은 "천지가 이르지 않는 것까지 궁구할 수 있고 일월이 비치지 못하는 곳까지 드러낼 수 있다."[48] 효자도의 형식과 조화를 이루기 위해, 의주 위에 그려진 제7폭과 제9폭의 벽화 역시 괘축의 형식으로 그렸다. 이처럼 효자와 승려는 모두 그림 속 인물이 되었다. 그림 속 제기는 먼저 제화시의 형식으로 화면에 들어갔으며, 그 다음에야 비로소 묘를 조성한 내용을 기록했다. 이런 형식상의 통일성은 8폭의 네모난 벽화로 확대되었는데, 묘주도를 포함하여 모두 위아래와 좌우에 테두리를 그려 넣었다. 괘폭의 묘주도에서는 탁자와 의자, 병풍을 그렸는데, 보아하니 상 위에 상을 놓는 중복

이 보인다. 그런데 이런 그림은 리칭취안李清泉 등이 언급한 것처럼 가묘에 거는 선조들의 상像이나 '가경도家慶圖' 등과 형식이 동일하다. 즉 고분벽화는 가묘나 영당의 제사의례를 모방함과 동시에 후자가 사용하는 도상의 물질형태를 완전하게 복제해내고 있는 것이다.[49] 이렇게 벽화는 묘실을 빙 두르며 걸리는 폭 그림으로 변화하고 있다. 이 때문에 그림 속에 서로 다른 계절의 화조와 서로 다른 지방의 인물이 동시에 출현하는 것이 당연해진다.

무경부부묘는 층층이 모여 하나의 세트를 이룬 실체다. 이 실체의 제1층은 묘를 구축한 석재로서, 견고하며 두껍고 무겁다. 그리하여 사자의 시신을 묻는다는 기본적 요구를 만족시켜 준다. 제2층은 부조와 그림으로 묘사된 기와, 처마, 두공, 난액, 문짝 등으로, 이런 방목仿木구조는 "일종의 표현이며, 지상건축에 대한 단순한 모방은 아니다."[50] 그것들은 조형과 색채로써 일종의 '건축도상'을 구성하고 있으며, 이런 도상은 원래의 건축재료를 은폐하고 있다.[51] 그리하여 지하동굴을 지상에 있는 거주지의 그림자상[鏡像]으로 변화시키는 것이다. 제3층은 병풍과 괘축이다. 이들은 물질적인 '그림'으로 제2층의 층면에 의지하여 건축도상과의 내재적

47 王玉冬, 「蒙元時期墓室的"裝飾化"趨勢與中國古代壁畵的衰落」, 『古代墓葬美術硏究』 제2집, pp.346-347(천두와 지두는 모두 장황에 사용하는 용어다. 천두는 괘축화에서 최상단을, 지두는 하단을 말하며, 경대는 괘축화의 상단 간(杆)에서 아래로 늘어지는 두 줄의 끈을 의미한다: 역자 주).

48 "窮天地之不至, 顯日月之不照." 朱景玄, 『唐朝名畵錄 · 序』, 盧輔聖 主編, 『中國書學全書』 제1책, 上海: 上海書畵出版社, 1993, p.161.

49 벽화 속 조부(祖父)의 이름은 위패 위에 쓰여 있는데, 동한대 무씨사의 화상석에서 보이는 인명과 달리 공중에 걸려 있다. 이런 위패 형식 역시 가묘에서 유래했을 것이다.

50 吳垠, 「晋南金墓中的仿木建築—以稷山馬村段氏家族墓爲中心」 IV章.

51 주목할 만한 것은 난액 위에 그려진 선명한 나뭇결무늬다.

관계를 부각시킨다. 마지막 층은 그림 속 내용이다. 그것들은 하나하나가 서로 속하지 않는 '창밖의 세계'다. 그러나 만약 실내에서 본다면, 각종 '창밖의 세계'는 이미 물질적인 '창틀' 안에 엄밀하게 한정되어 버리는데, 이 때문에 그것은 결코 구조적으로 건축도상을 파괴하지 않는다.

마지막 층은 장인들이 예술적 상상력과 표현력을 가장 잘 발휘할 수 있는 무대다. 그러나 무경부부묘의 벽화에서는 새로운 발명을 찾아보기 어려우며, 거의 모든 제재가 한당漢唐시기로부터 유래한다. 예를 들면 묘주도, 효자고사도, 마구간 등의 내용은 이미 한대에 출현했다. 불교가 유행함에 따라 남조 화상전묘에서는 승려가 출현한다.[52] 적어도 당대부터 화조화 역시 이 도상들 속에 포함되기 시작했다. 중고中古시기 전에는 이 내용들 사이의 관계가 크게 문제되지 않았다. 왜냐하면 그것들은 모두 전체적으로 창작되거나 이해된 것으로서 당시 사람들의 사후세계에 대한 상상력을 반영하고 있다. 무씨집안의 후예와 무덤을 만든 장인들은 대대로 전해지는 관념과 습속을 숭상하거나 혹은 각종 판본의 화본을 가지고 있었을 것이다. 즉 대량의 전통적인 내용이 전승되어 온 것이다. 그러나 기억과 망각은 형태를 따르는 그림자 같다. 비록 사람들이 이해하기 어려운 일부 제재가 오랫동안 전해 내려왔더라도 언제든지 삭제되거나 개조될 수 있었다. 예를 들면, 이 무덤에는 비교적 흔한 제재인 천상도가 없는데, 장인들은 아마도 물질성을 담아낼

수 있는 천장그림을 찾기 어려웠을 것이다. 관료집안의 출행도 역시 그들이 그려 넣고자 한 게 아니었다. 비록 일부 보존된 내용이 있다 하더라도 반드시 새로운 관념에 의탁해야만 한다. 그러므로 묘주 부부의 좌상이 유행한 것은 한대에 이런 형태를 만들었기 때문이 아니라, 당시 가묘家廟제사라는 예속禮俗의 영향을 받았기 때문이다. 전해 내려오는 화본들 사이의 연관성이 이미 희미해졌으므로 홍욕촌의 장인들은 반드시 그것들에게 새 틀을 만들어줘야만 했다. 원래의 의미와 관련된 내용들은 현재 이 새로운 틀 안에서 도리어 겹겹이 은폐되고 서로 낯선 듯 마주보게 된다.

전통적 의미가 희미해짐과 동시에 또 다른 힘은 도리어 나날이 강화되었다. 당대 이후의 회화사 관련 저작은 습관적으로 회화를 제재에 따라 분류했으며, 화가 역시 대부분 어떤 제재의 그림을 잘 그리느냐로 세상에 이름을 날렸다. 무경부부묘 벽화는 당시 사회에서 유행하는 각종 회화의 모티프와 어느 정도 관련을 가지고 있다. 일반적인 '과목科目'에 따라 분류하면 각각 사녀화, 화조화, 안마화 등으로 나눌 수 있다. 회화의 분과分科 및 관련 전수방식은 아마도 다른 제재 사이의 연관성을 약화시켰을 것이다. 당시 그림으로 생계를 잇는 장인들은 시부詩賦를 지을 줄 알고 명성이 높은 대가들과 대면하면 스스로 수치감을 느꼈을 것이고, 그런 유명 화가들의 작품을 잘 모방하는 것도 쉽지 않다고 생각했을 것이다.

---

52 복건성 민후 남서에 있는 남제 후기 무덤의 화상전에는 꽃을 공양하는 승려와 경을 읽는 승려의 모습이 있다(福建省博物館,「福建閩侯南嶼南朝墓」,『考古』1980년 제1기, pp.59-65).

회화의 물질형태와 화가의 정체성은 밀접한 관련을 가지고 있다. 송의 등춘鄧椿은 "그림의 육법은 모두 갖추기 어렵다. 오로지 당대의 오도자吳道子, 현재의 이백시李伯時(이공린)만이 모두 갖추었을 뿐이다. 그런데 오도자의 필은 호방하여 벽과 축의 길이나 크기에 구애받지 않으며 기이함이 무궁하다. 이백시는 스스로의 단점을 잘 알아서 단지 깨끗한 마음으로 종이에 임하여 운필이 기묘하다. 그의 작품에서는 필력의 웅건함을 볼 수 없는데, 이는 할 수 없어서가 아니다. 실은 이것을 빌미로 여러 사람들과 함께 일을 할까 두려워서다"라고 지적했다.[53] 당의 오도자는 긴 벽과 커다란 축에 그림 그리는 것을 부끄럽게 생각하지 않았는데, 송의 이공린李公麟은 오히려 여러 공인들과 짝을 이뤄 그림 그리는 것을 수치스럽게 생각했다. 이는 시대관념의 중요한 변화다. 홍욕촌의 장인은 벽화를 줄여 괘축 등 협의의 '그림'으로 꾸미고 있는데, 이는 자신의 신분에 대한 믿음을 이미 상실했음을 드러낸 것이다.

그러나 이런 이성적인 방법은 끝내 원만하게 완성될 수 없었다. 만약 장인의 생각을 따라 문제의 근원을 찾는다면 본래의 문제를 어렵지 않게 발견할 수 있다. 즉 장인이 생각하는 '그림'의 개념은 너무 강렬하여, 이 묘실의 난액 아래에는 문을 제외한 모든 곳에 그림이 그려져 있다. 더욱 중요한 것은 모든 것이 이성으로 충만되었다고 보일 때가 바로 위기라는 점이다. 왜냐하면 이런 이성은 중요한 전제, 즉 무덤의 건립은 본래 영혼신앙에 대한 가설과 상상을 기초로 하고 있다는 점을 망각하고 있기 때문이다. 장인이 얻기 어려운 화본을 손에 넣어 두 필의 준마를 그릴 때, 묘사되는 대상의 의미는 어디에 있는가? 만약 그가 마구간의 정경을 표현하고자 할 때, 꼭 괘축의 형식으로 담아내야만 했던 것일까? 만약 그것이 입체적인 한 폭의 '그림'이라면 원래의 상징적 의미들은 어디에서 찾아야 하는 것일까. 이런 새로운 모순은 끝내 고분벽화 자체를 분해시켜버리고 만다. 우리들은 무경부부묘에서 묘장미술의 '사상적 흐름'이 이미 고갈되고 있음을 목도하게 된다. 비록 벽면에 두 명의 승려를 그리긴 했지만 이는 단지 형식적인 것에 불과하다. 묘주와 위패 주위의 병풍에 쓰인 것은 이미 경전의 글귀나 부처의 이름이 아니며, 고독하여 어찌할 수 없는 가을날의 심사心思가 있을 뿐이다. 확실히 그 연원이 오래된 고분벽화는 이미 서쪽의 석양처럼 몰락하고 있는 것이다.[54]

고분벽화가 여기까지 이른 데는 복잡한 역사적 배경이 있다. 송대 이후 지연地緣에 의존하는 급격

---

53 "畫之六法, 難以兼全, 獨唐吳道子, 本朝李伯時始能兼之耳. 然吳筆豪放, 不限長壁大軸, 出奇無窮. 伯時痛自裁損, 只於澄心紙上, 運奇布巧, 未見其大手筆, 非不能也, 蓋實矯之, 恐其或近衆工之事." 鄧椿·莊肅, 『畫繼/畫繼補遺』, 北京: 人民美術出版社, 1963, p.117.

54 황마오즈는 벽화가 남송 이후 쇠락했다고 보았다(黃苗子, 「唐宋壁畫」, 『美術硏究』 1980년 제1기, pp.22-27). 천까오화는 이와는 전혀 다른 생각을 가지고 있다. 그는 문헌자료에 근거하여 "원대에 벽화가 매우 성행하였다. 위로는 궁정에서부터, 아래로는 일반 지주의 가옥으로, 옆으로는 사관에 이르기까지 모두 벽화로써 장식했다"고 논했다. 아울러 많은 문인화가들이 벽화 창작에 참여했다고 추정했다(陳高華, 「略談元代的壁畫」, 『美術硏究』 1980년 제4기, pp.85-86). 필자는 이런 자료들에 대해 양적 분석 및 질적 분석을 할 필요가 있다고 보는데, 고분벽화의 경우 황마오즈의 주장이 더욱 타당하다고 생각한다.

한 정치적 변화, 도시수공업과 상품경제의 발전, 종교공간의 축소와 세속화, 물질세계에 대한 사람들의 인식과 이해, 이학가理學家들의 '격물치지' 관념의 영향 등이 있는데, 이런 문제들은 앞으로의 연구를 기다려야 할 것이다. 본고처럼 짧은 글에서 필자는 과거 섬서성 부평 주가도촌 당대 벽화에 대한 필자의 분석, 원대벽화에 대한 왕위동王玉冬 등 학자들의 논의를 이어 무경부부묘를 통해 묘장미술 전통의 쇠락현상을 더욱 구체적으로 서술하고자 했을 뿐이다.

본문에 수록된 그림 가운데 무경부부묘 벽화의 도판은 모두 발굴자 및 류웨이劉未 박사가 제공한 것이다. 이 자리를 빌려 감사드린다.

반쯤 열린 문:
'반계문半啓門' 도상 연구

1. 반쯤 열린 문틈 사이로 몸을 내민 여성

문짝이 둘 달린 문이 있다. 하나는 닫혀 있고 다른 하나는 살짝 열려 있으며, 한 여성이 그 틈 사이로 반쯤 몸을 내밀고 있다.

중국 고대 회화와 조각에서 다수 출현하는 이 도상은 한대에 시작하여 묘실, 무덤의 사당, 그리고 석궐石闕 등에 묘사되었다. 이어 당·요·송·금·원대에 다시 한 번 유행하는데, 묘장미술 뿐 아니라 석굴, 탑, 경당經幢, 사리함, 동경, 자기 베개瓷枕, 옥기, 그리고 권축화까지 매우 다양한 분야에서 출현한다. 이후 근대기(저자는 '晩近'으로 서술했는데, 이 시기는 일반적으로 1840년 아편전쟁에서 1949년 중화인민공화국 성립까지를 지칭한다: 역자 주) 예술에서도 우연히 나타난다. 이 제재는 '문을 여는 부인', '문을 닫는 부인', '문을 여는 그림', '반쯤 열린 문으로 몸은 내놓은 도상' 등으로 불렸다. 본고에서는 편의상 이를 간략하게 '반쯤 열린 문, 즉 반계문半啓門'으로 부르고자 한다.

재료는 연구의 기초가 된다. 그러나 고고학적 자료의 출토와 이를 발전시킨 연구가 동시에 이뤄지는 것은 결코 아니다. 일찍이 1944년 모종장莫宗江과 왕스샹王世襄은 사천 지역 송대 무덤에 출현하는 이런 조각에 주의를 기울였다.[도1][1] 1957년 수바

도1 남계 이장진(李莊鎭) 당가만묘(唐家灣墓) 정벽 뒤 감에 묘사된 〈반계문도〉, 송(『中國營造學社彙刊』 제7권 제1기, p.139의 삽도3)

이宿白는 하남성 우현禹縣 백사白沙 출토 3기의 송대 무덤을 소개한 책에서 '문을 여는 부인' 도상으로 부르고 아울러 관련도상과 문헌자료를 수집하여 그 기능에 대해 정밀하고 신중한 논의를 전개했다.[2] 그러나 이것은 단지 우연히 얻은 고고학적 자료에 대한 분석일 뿐이며, 어떤 목적과 적극적인 의지를 가지고 본격적으로 논의한 것은 아니었다. 게다가 내용 일부는 당시의 일반적인 화법에서 어느

---

1 莫宗江, 「宜賓舊州壩白塔宋墓」, 『中國營造學社彙刊』 제7권 제1기, 1944, pp.105-110; 王世襄, 「四川南溪李莊宋墓」, 『中國營造學社彙刊』 제7권 제1기, 1944, pp.129-139. 모종장은 그의 글 p.109에서 구주패 I. P.101호 송대 무덤 묘실의 북벽(정벽) "감실 안에 두 짝의 격자문이 있다. …… 동쪽 문짝은 조금 북쪽으로 틀어져 반쯤 열린 듯하다. 문 사이로 한 부인이 조각되어 있는데, 묘실을 향해 얼굴을 내밀고 문을 나오려는 형상이다. 치마와 웃옷을 입고 있으며, 머리 꼭대기에 상투를 틀고 손에는 물건을 받쳐 들었는데, 무엇인지 식별할 수 없다. 이런 형태는 아마도 관행적으로 제작된 것 같은데, 도상의 의미는 훗날의 연구를 기다려야 할 것 같다"고 지적했다. 남계(南溪) 당가만묘(唐家灣墓) 정벽의 뒤쪽 감에도 동일한 도상이 있는데, 왕스샹은 이에 대해 "문으로 반쯤 몸을 가린 부인이 무덤에서 가장 주의를 끈다. …… 그 형태가 의빈 구주패의 송대 무덤에서 보이는 것과 매우 흡사하다. 당시에 보편적인 장식이었던 것 같다"고 했다(p.132).

2 宿白, 『白沙宋墓』, 北京: 文物出版社, 2004년 제2판(1957년 제1판 출간), pp.54-55.

정도 벗어나 있었다.[3]

30여년이 흐른 후 량바이취안梁白泉이 '반계문' 도상에 대한 글을 발표했는데,[4] 이 글은 '반계문'에 대한 학자들의 열띤 토론을 유발했다.[5] 반계문 도상은 고고학자와 미술사학자는 물론 역사학자들의 관심을 끌기도 했는데, 고대의 도상자료가 여러 분야 연구자들의 주목을 받고 있는 현실을 반영한다.

더욱 중요한 것은 이런 논제의 선택이 연구방향의 전환을 반영한다는 점이다. 일반적으로 '반계문' 도상은 경제사, 정치사, 그리고 군사사와는 직접적인 관계가 없어 일반적 의미의 역사학 주류에 진입할 수 없다. 그러나 물질문화사, 일상생활사, 성별사, 신체사 방면의 연구와는 관계를 맺을 수 있다.

상품유통이 활발하고 소비의 시대가 도래함에 따라, 그리고 학술연구의 다원화가 이뤄짐에 따라 학자들은 날로 미시적인 역사에 관심을 보이기 시작했다. 그들의 시선 역시 미세한 자료까지 미쳤는데, 이는 전형적인 신新문화사의 연구방법론이다. 중국미술사 저술 역시 '교재가 주도하는 통사 편찬 중시'에서 개별적 사안에 대한 전문연구로 변화하는 과정에 있으며, 연구자의 시선도 점점 '걸작'에서 좀 더 광범위한 시각재료로 확대하고 있다. 이와 같은 배경 아래 '반계문' 도상도 필연적으로 미술사학자들의 시야에 들어오게 되었다. 연구 대상의 변

---

3 예를 들면, 1959년 특수한 정치적 배경 아래 수바이는 어쩔 수 없이 '자신에 대한 비판적 검토'의 글을 발표했다. 이 가운데 특히 『백사송묘』 속 '묘주의 개방연' 도상과 '문을 여는 부인' 도상에 대해 "감상하는 태도를 가지고 서술한 것"이며 "그 속에서 분명한 계급투쟁과 계급의 대비를 발견하지 못했다"고 적었다(宿白, 「徹底改造自己, 高擧紅旗前進」, 『考古』 1959년 제2기, p.68).

4 梁白泉, 「墓飾"婦人啓門"含義揣測」, 〈中國文物報〉 1992년 11월 8일, 제3판. 최근 작자는 이 문장을 크게 수정하여 "이 그림의 함의는 무덤을 조성한 자가 묘주가 여기로부터 승천하여 선인이 되어 영생하기를 비는 것으로 해석할 수 있다"고 보았다(梁白泉, 「墓飾 "婦人啓門"含義蠡測」, 『藝術學界』 2011년 제2기, pp.63-73).

5 관련된 주요 글은 다음과 같다. 劉毅, 「"婦人啓門"墓飾含義管見」, 〈中國文物報〉 1993년 5월16일 제3판; 鄭灤明, 「宣化遼墓"婦人啓門"壁畵小考」, 『文物春秋』 1995년 제2기, pp.73-74; 土居淑子, 「古代中國の半開の扉」, 『古代中國考古·文化論叢』, 東京: 言叢社, 1995, pp.253-292; 鄭岩, 「民間美術二題」, 『民俗研究』 1995년 제2기, pp.89-93, p.77; 鄭岩, 「白駒過隙與侍者啓門—東漢繆宇墓畫像中的時間與空間」, 『文物天地』 1996년 제3기, pp.15-17; 鄭紹宗, 「宣化遼墓壁畫—中國古代壁畫之精華」, 『故宮文物月刊』 1997년 제12기, pp.102-125; Paul R. Goldin, "The Motif of the Woman in the Doorway and Related Imagery in Traditional Chinese Funerary Art", *Journal of the American Oriental Society*, vol. 121, no.4, Oct-Dec.2001, pp.539-548; 鄧小南, 「從考古發掘材料看唐宋時期女性在門戶內外的活動—以唐代吐魯番, 宋代白沙墓葬的發掘資料爲例」, 『歷史·史學與性別』, 南京: 江蘇人民出版社, 2002, pp.113-127; 劉耀輝, 「晋南地區宋金墓葬研究」, 北京大學 碩士學位論文, 2002, pp.33-34; 盛磊, 「四川"半啓門中探身人物"題材初步研究」, 朱清生 主編, 『中國漢畫研究』 第1卷, 桂林: 廣西師範大學出版社, 2004, pp.70-88; 朱清生 主編, 『中國漢畫學會第九屆年會論文集』, 北京: 中國社會出版社, 2004, pp.213-223; 馮恩學, 「遼墓啓門圖之探討」, 『北方文物』 2005년 제4기, pp.30-34; 張鵬, 「婦人啓門圖試探—以宣化遼墓壁畫爲中心」, 『藝術考古』 2006년 제3기, pp.102-109, p.64; 吳雪杉, 「漢代啓門圖像性別含義釋讀」, 『文藝研究』 2007년 제2기, pp.111-120; 王天祥·李琦, 「也論大足北山176與177窟: 一個獨特題材組合的案例—以"婦人啓門圖"爲中心」, 『藝術考古』 2008년 제4기, pp.107-110, p.79; 韓小囡, 「圖像與文本的重合—讀宋代銅鏡上的啓門圖」, 『美術研究』 2010년 제3기, pp.41-46; 楊孝鴻, 「漢代墓葬畫像中"假門"現象之探討—兼論靈魂升天還是回歸」, 中國漢畫學會·四川博物院 編, 『中國漢畫學會第十二屆年會論文集』, 香港: 中國國際文化出版社, 2010, pp.88-93; 李淸泉, 「空間邏輯與視覺意味—宋遼金墓"婦人啓門"圖新論」, 巫鴻·鄭岩 主編, 『古代墓葬美術研究』 第1集, 北京: 文物出版社, 2011, pp.329-362; 易晴, 「試析宋金中原北方地區磚室墓中〈婦人啓門〉圖像」, 樊波 主編, 『美術學研究』 第1輯, 南京: 東南大學出版社, 2011, pp.107-127; 李明倩, 「打開一扇門—中國古墓婦人啟門圖像研究綜述」, 『戲劇叢刊』 2011년 제5기, pp.84-85.

도2 사천성 노산 왕휘묘 석관 앞판의 〈반계문도〉, 후한(高文 主編, 『中國畫像石全集』 제7권, 鄭州: 河南美術出版社, 2000, p.11의 삽도14)

도3 산동성 추성 와호산 2호묘 석곽 동단 외측의 그림, 전한(胡新立, 『鄒城漢畫像石』, p.14의 도19)

화는 문제와 방법의 변화를 수반한다. 그러므로 '반계문' 도상에 대한 연구 역시 연구사와 방법론에 대한 반성으로부터 시작해야만 한다.

'반계문' 도상에 대한 연구는 학자들마다 주안점이 다르다. 먼저 재료의 시공간적 관계를 주의해야 하는데, 왕스샹은 당가만唐家灣 송대 무덤의 이 도상과 사천성 노산蘆山의 후한 건안 16년(211) 왕휘묘王暉墓 석관의 앞판 그림(도2)이 유사함을 지적하고, "도상의 연원을 한대까지 거슬러 올라갈 수 있다"고 추정했다.[6] 일찍이 많은 학자들 역시 한대 자료를 아주 세밀히 검토했다.

여기서 언급해 두고 싶은 도상은 산동성 추성시鄒城市 와호산臥虎山 2호묘(전한시대 후기) 석곽의 동쪽 끝 바깥쪽에 새겨진, 두 짝의 문 사이에 절節을 손에 든 사람이 문틈으로 몸을 반쯤 내민 장면이다.(도3)[7] 이는 현존하는 '반계문' 도상 가운데 가장 이른 사례의 하나다. 그러나 우리는 현재 한대의 반계문 도상과 당대 이후 이런 제재가 유행하는 것에 대한 필연적 계승관계를 증명할 방법이 없으며, 더욱이 이 도상의 유행과 쇠퇴의 원인에 대해서도 알 방법이 없다.[8] 도이 요시코土居淑子는 일찍이 이 도상이 중국뿐 아니라 고대 로마의 석관조각과 폼페이벽화에서도 자주 출현하는 점을 지적했다. 반쯤 열린 문으로부터 걸어 나오는 것은 그리스신화의

6 　王世襄, 「四川南溪李莊宋墓」, p.132.
7 　鄒城市文物管理局, 「山東鄒城市臥虎山漢畫像石墓」, 『考古』 1999년 제6기, pp.43-51; 胡新立, 『鄒城漢畫像石』, 濟南: 山東美術出版社, 2008, p.14의 도19.
8 　1987년 산서성 대동시 호동(湖東) 1호묘에서 발견된 칠관의 뒤판에 반쯤 열린 문이 그려져 있었는데, 도상이 연대는 북위 평성시기다. 이는 한대 이후에서 당대 사이에 출현한 도상으로는 매우 드문 사례다(山西省大同市考古研究所, 「大同湖東北魏一號墓」, 『文物』 2004년 제12기, p.31의 도10).

영웅 헤라클레스, 혹은 헤르메스다.[9] 그러나 현재 한과 로마 도상 사이의 연관관계를 증명해줄 확실한 자료는 없다. 도이 요시코는 '단지 형식상의 유사함만으로는 양자의 관계를 증명할 수 없으며, 로마 석관에 대한 해석방식에 근거하여 한대 석관을 이해해서는 안 된다'는 점을 우리에게 환기시키고 있다.

수바이는 백사 출토 송대 무덤의 반계문 도상에 대해 언급하며, 문자와 도상을 단순하게 직접적으로 연관시키지 않았다. 그는 "표현된 위치를 볼 때, 이런 장식은 가문假門 뒤에 정원이나 방, 혹은 청당廳堂이 있으며, 또 묘실이 결코 여기서 끝나지 않는다는 것을 표시하고 있는 듯하다"고 했다.[10] 이는 화면의 형식에 대한 분석이지 의미에 대한 해석은 아니다. 량바이취안의 연구는 많은 연구자들이 다시

이 도상에 관심을 가지도록 했는데, 그는 이런 도상이 "하나의 고사를 반영한 것 같다"고 추정하고 문헌 속에서 실마리를 찾으려 했다.[11] 그의 글은 짧고 매우 조심스럽게 쓰였지만 오히려 이 제재에 대한 새로운 연구방법론을 제시했는데, 바로 도상의 의미에 대한 탐색이다. 이런 논의는 많은 사람들에게 환영받았으며, 그 결과 많은 성과를 거두었다.

도상의 의미를 논할 때 좀 더 깊이 있는 관찰은 도상 내부의 두 기본 요소인 인물과 문에 주의하는 것이다. 다시 말해 '그녀는 누구인가', 그리고 '이 문은 도대체 어떤 문인가'라는 질문을 제기해야 한다.

첫 번째 문제에 대해 류이劉毅는 산서성 분양汾陽의 금대 무덤자료에 근거하여 문을 여는 여성을 묘주 생전의 시녀나 첩 등으로 보았다. 그리고 '반계문' 도상은 묘주와 따로 매장된 처첩이 자신의 영혼

9 Britt Haarløv, *The Half-Open Door: A Common Symbolic Motif within Roman Sepulchral Sculpture*, Odense University Press, 1977. 전설에 의하면 헤라클레스가 명부에 갔다가 명부의 문을 지키는 개 세르베루스(Cerberus)를 데리고 돌아왔다. 그리하여 그는 명부와 관계를 가지게 됐다. 싱이텐은 헤라클레스 도상의 동방 전파에 대해 상세히 분석했는데 "변형이 이뤄진 헤라클레스의 조형 요소와 역할 형상은 확실히 중고시기 불교의 중국 전래와 함께 온 것이다"고 추정했다(邢義田, 「赫拉克利斯(Heracles)在東方—其形象在古代中亞·印度與中國造型藝術中的流播與變形」, 榮新江·李孝聰 編, 『中外關系史—新史料與新問題』, 北京: 科學出版社, 2004, pp.15-47. 수정본은 邢義田, 『畫爲心聲—畫像石·畫像磚與壁畫』, 北京: 中華書局, 2011, p.458-513 참조. 이 글의 영역본은 I-tien Hsing, "Heracles in the East: The Diffusion and Transformation of His Image in the Arts of Central Asia, India and Medieval China", trans. by William Crowell, *Asia Major*, vol. XVIII, pt.2, pp.103-154). 한편 싱이텐은 한과 로마의 직접적 관계를 논하는 것에 대해서는 배우 비판적이다(邢義田, 「從金關,懸泉置漢簡和羅馬史料再探所謂羅馬人建驪靬城的問題」, 邢義田, 『地不愛寶—漢代的簡牘』, 北京: 中華書局, 2011, pp.285-316).

10 宿白, 『白沙宋墓』, pp.54-55.

11 梁白泉, 「墓飾"婦人啓門"含義揣測」. 량바이취안은 이 글에서 도상과 문헌의 관련성을 강조했다. 왕텐샹과 리치는 이런 방법론에 기초, 『전국책』 등의 자료를 인용해 사천성 대족 북산176굴의 '부인계문도'의 의미를 논증했다(王天祥·李琦, 「也論大足北山176與177窟: 一個獨特題材組合的案例—以"婦人啓門圖"爲中心」, p.109). 한샤오난은 도상과 문학이 드러내는 공통점을 찾고자 했는데, 과거에 '누각인물경'이라 불렸던 송대 동경과 『이견지(夷堅志)』의 몇몇 고사에 대한 비교연구를 통해 동경의 도상과 문학 텍스트가 구성요소 면에서 공통점이 있다고 보았다(韓小囡, 「圖像與文本的重合—讀宋代銅鏡上的啓門圖」, pp.44-46). 그러나 다른 학자들은 대부분 이런 동경의 주제를 '명황유월궁'의 고사로 보고 있다. 이에 대해서는 Ju-hsi Chou(周汝式), *Circles of Reflection: The Carter Collection of Chinese Bronze Mirrors*, Cleveland, OH, Cleveland Museum of Art, 2000, p.87; Eugene Y. Wang, "Mirror, Moon, and Memory in Eighteen-century China: From Dragon Pond to Lunar Palace", *Cleveland Studies in the History of Art*, vol. 9, no.1, 2005, pp.60-62; 李淸泉, 「空間邏輯與視覺意味—宋遼金墓"婦人啓門"圖新論」, pp.346-347을 참조.

이 남편의 무덤에 가기를 희망하는 염원을 반영하고 있다고 추정했다.[12] 쩡란밍鄭灤明과 쩡사오종鄭紹宗은 하북성 선화宣化의 요대 고분벽화에 나타난 '반계문' 도상 속 인물을 시녀와 비첩婢妾으로 구분했다.[13]

역사학자들은 이런 문제를 성별사의 영역으로 끌어 들였다. 폴 골딘은 사천성 형경현榮經縣의 후한대 석관화상 가운데 문을 여는 여성과 입맞춤을 하는 장면(도39)의 관계에 주목해 여자가 문을 여는 것은 성적인 의미를 내포하며, 나아가 남성의 행복한 사후 생활에 대한 상상을 대표한다고 지적했다.[14] 덩사오난鄧小南의 연구는 당송시기 여성의 사회생활사에 초점을 맞추었는데, 백사의 송대 무덤을 대표하는 '부인이 문을 여는 그림'은 유가儒家의 속박 아래 있던 여성들의 "이유 없이 문틈을 살피지 않는다"는 관념을 반영한 것이라고 보았다.[15]

신앙의 측면에서 문 뒤 인물의 신분을 추정하는 연구도 나왔다. 일부 학자는 사천성 노산현 왕휘석관의 앞판에 그려진 '반계문' 도상을 '인신화人神化한 주작의 형상'으로 추정했다.[16] 도이 요시코는 한

대 '천문天門'의 개념을 언급했는데, 문틈에 선 인물은 신분이 비록 불확정적이지만 선계仙界와 적잖은 관계가 있으며, 사자를 선경仙境으로 데리고 가는 기능을 한다고 보았다.[17] 우쉐산吳雪杉은 형경현 석관의 서왕모 도상에 주목하고 문을 여는 여성이 서왕모의 사자使者일 가능성이 크다고 추론했다. 그리고 산동과 강소 지역에서는 이런 도상에 남성이 출현하기도 하는데 아마도 사자의 영혼이 머무는 '이상적인 집' 안의 시종일 가능성이 있다고 했다.[18]

상술한 해석은 두 번째 문제와 밀접한 관계가 있다. 우훙巫鴻은 도이 요시코와 마찬가지로 산동과 사천의 한대 화상에 나타나는 반쯤 열린 문을 '혼문魂門' 혹은 '천문'의 상징으로 보았다.[19] 양사오훙楊孝鴻은 한대의 가문假門을 '음양의 두 세계를 소통하는 창구'로 보았다.[20] 이 견해는 목조건축을 모방한 요대 무덤의 사례로부터 구체적인 건축환경과 관련해 논의할 수 있다. 펑은쉐馮恩學는 요대 무덤 정벽의 문을 '당堂' 혹은 '침실'을 상징하는 것으로 보고, 좌우의 측벽에 위치한 문은 주방, 서재, 다실 등의 문으로 추정했다.[21] 리칭취안은 요·송·금

12 劉毅, 「"婦人啓門"墓飾含義管見」.

13 鄭灤明, 「宣化遼墓"婦人啓門"壁畫小考」; 鄭紹宗, 「宣化遼墓壁畫—中國古代壁畫之精華」.

14 Paul R. Goldin , "The Motif of the Woman in the Doorway and Related Imagery in Traditional Chinese Funerary Art." 사천성 형경의 후한시대 석관에 대한 보도는 李曉鷗, 「四川榮經東漢石棺畫像」, 『文物』1987년 제1기, p.95를 참조.

15 鄧小南, 「從考古發掘材料看唐宋時期女性在門戶內外的活動—以唐代吐魯番宋代白沙墓葬的發掘資料爲例」. 리칭취안 역시 이 문제를 거론했다(李淸泉, 「空間邏輯與視覺意味—宋遼金墓"婦人啓門"圖新論」, pp.341-345).

16 劉志遠·餘德章·劉文傑, 『四川漢代畫像磚與漢代社會』, 北京: 文物出版社, 1983, p.103.

17 土居淑子, 「古代中國の半開の扉」, pp.275-287.

18 吳雪杉, 「漢代啓門圖像性別含義釋讀」.

19 巫鴻 著, 鄭岩·王睿 編, 『禮儀中的美術—巫鴻中國古代美術史文編』下冊, 北京: 生活·讀書·新知三聯書店, 2005, p.481, pp.491-492.

20 楊孝鴻, 「漢代墓葬畫像中"假門"現象之探討—兼論靈魂升天還是回歸」.

21 馮恩學, 「遼墓啓門圖之探討」, pp.31-32.

대의 무덤에 나타난 이런 도상을 예술적 언어로 보고 "어느 시대건, 혹은 어느 지역에서건 시종일관 아주 정연하고 일률적인 양식을 띠고 있어 고정불변한 형상의 코드를 방불케 한다"라고 예리하게 지적했다. 그는 이런 공통성의 "배후에는 반드시 당시 사람들에게 보편적으로 인지되고 있던 부호와 상징의 논리가 연관되어 있을 것"이라고 믿고, "송·요·금대 무덤 장식 속의 '부인이 문을 여는' 도상의 배후에 있는 공간은 실제로는 하나의 '침寢'이며, 그러므로 이 도상은 바로 '침'을 암시하는 부호"라고 보았다. 이 도상이 내포하는 사회문화의 근원은 곧 '부인이 침문의 안쪽을 다스린다'는, 여성에 대한 전통적인 윤리 관념이다. 그는 이 도상을 당송시대의 전기傳奇소설과 송원시대의 잡극 속에 표현된 미녀 형상과 결합시켜 당시 사람들은 "그림 속에서 사람 마음을 움직일 정도의 미녀의 뒤에 존재하는 것은 그들이 생전에 꿈꾸던 내세의 선거仙居, 혹은 '선침仙寢'이라고 믿었다"고 지적했다.[22]

장펑張鵬은 원류나 의의 등에 대한 논의에 기초하여 요대 무덤 속의 '반계문' 도상을 연운燕雲 지역 거란 통치 아래 놓여있던 한인漢人의 상장관념, 그리고 당과 오대 이래 호한胡漢문화의 교류를 고찰할 수 있는 중요한 제재로 보았다.[23] 그리하여 이 도상은 더욱 큰 범주인 역사학의 세계로 들어갈 수 있

었다. 최근 이칭易晴은 풍수의 각도에서 송과 금대의 무덤 북벽에 그려진 '반계문' 도상의 종교적 의의를 논하기도 했다.[24]

도상의 의미에 대한 이런 논의들은 도상학Iconography, 혹은 도상해석학Iconology의 측면에서 이뤄졌다. 도상학연구의 경우, 혹자는 문헌에서 실마리를 찾아 일거에 모든 자료들 배후에 나타나는 공통적 주제를 해석하려 했다. 여기서 고증의 전제는 이런 도상이 특정한 문학고사를 도해한 것이라는 점이다. 먼저 이런 전제를 증명하지 못한다면 모든 논증은 의미가 없어진다. 도상해석학적 연구가 관심을 두는 것은 이 도상이 다른 환경에서 어떻게 사용되는가다. 연구자들은 아주 조심스럽게 연구범위를 좁히고, 이 도상이 무덤 속 다른 제재와 어떤 공간적 관계를 맺고 어떤 의미를 가지는지 분석하고자 한다. 이런 사고는 무덤의 의미를 이해하기 위한 아주 좋은 방식이다. 그러나 '반계문' 도상에 대한 결론이 단지 특정한 시간에 한정되어 있기 때문에, 이 도상이 시대를 관통해 유행하는 현상에 대해서는 해석이 불가능하다. 이처럼 다양한 견해와 주장에 직면하여, 상술한 문제들을 잠시 제쳐두고, 다음 문제를 자세히 생각해보자. 즉 도대체 무엇이 우리로 하여금 이런 도상에 흥미를 갖게 하는가? 미술사연구는 도대체 어디서부터 출발해야 하는가?

---

22 李淸泉, 「空間邏輯與視覺意味—宋遼金墓"婦人啓門"圖新論」.

23 펑은쉐 역시 '반계문도'를 관남(關南) 지역(오대 후주 현덕 6년(959) 거란으로부터 회복한 瓦橋, 益津, 淤口 의 三關 및 瀛州와 莫州를 포함하는 지역을 지칭한다. 북송시대에는 상술한 3관 이남 지역을 '관남'으로 지칭했는데, 현재 하북성 白洋淀 이동의 大淸河 유역 이남에서 河間縣에 이르는 일대이다: 역자 주) 한인 무덤의 특징으로 보고, 요녕성 법고현 엽무대 7호묘 석관 위의 〈계문도〉를 거란 귀족의 한화(漢化)를 보여주는 것으로 해석하였다(馮恩學, 「遼墓啓門圖之探討」, p.34).

24 易晴, 「試析宋金中原北方地區磚室墓中〈婦人啓門〉圖像」.

2. '반계문' 도상의 형식 분석

'반계문' 도상을 동시대인들은 어떻게 인식했는가? 대다수 연구자들은 송나라 등춘鄧椿의 『화계畵繼』 권10에 기록된 한 폭의 그림을 주목했다.

화원에서 그린 계화界畵가 가장 뛰어났는데, 오로지 '신의新意'가 있는 것을 높이 쳤다. 일찍이 한 축의 그림을 보았는데 매우 좋았다. 하나의 건물 복도를 그렸는데 금벽휘황했다. 붉은 문이 반쯤 열리고 한 궁녀가 문 밖으로 반쯤 몸을 내밀었는데 마치 키〔箕〕에 있던 과일껍질을 내던지는 모양새다. 오리의 다리, 여지荔枝, 호도, 비자, 밤, 개암, 가시연꽃 등이 있는데, 서로 독립적으로 존재해 하나하나를 판별해낼 수 있다. 필묵의 정미함이 이와 같았다.[25]

등춘이 보기에 이 계화는 '신의'가 풍부하고 '매우 사랑스러웠다.' 여기서 '신의'란 두 가지, 즉 궁녀가 문을 반쯤 연 구도와 각종 과일 껍질 하나하나를 판별할 정도로 정교한 필묵이다. 이 두 가지는 화면의 표현형식에 속하며, 주제와 의미는 아니다. 과일 껍질의 표현 수법은 송대 원체화院體畵에 익숙한 사람이라면 낯설지 않다. 이숭李嵩의 〈화랑도貨郎圖〉를 보면 그림 속 어깨에 멘 각종 물건이 정말로 하나하나를 모두 판별할 수 있을 정도로 묘사가 섬세하다. '붉은 문이 반쯤 열린' 형식은 화원화에서 보기 힘든 것으로, 발굴품들과 대조해보면 이런 수법이 민간에서 왔음을 알 수 있다.[26] 위 글에서 등춘은 궁녀의 이름이 뭔지, 또 이곳이 어느 건축물인지 언급하지 않았다. 다시 말해 등춘은 결코 이 그림을 하나의 고사화故事畵로 감상하지 않았던 것이다. 그가 흥미를 느낀 것은 화면의 새롭고 기이한 형식이었다.

현존하는 한대의 '반계문' 도상은 대부분 상장喪葬 성격을 가진 건축에서 출현한다. 당송 이후에는 상황이 좀 복잡해져 묘장 관련 물건은 물론 종교유적과 유물에서도 보이는데, 산서성 태원太原의 도교석굴인 용산龍山석굴이 대표적이다.[27] 그리고 등춘이 언급한 것처럼 북송 화원화에서도 보인다. 문헌을 이용해 이렇게 복잡한 모든 재료를 전면적으로 해석하는 것은 불가능하다. 아마도 이 도식을 처음 사용한 예술가(여기서 예술가는 장인을 포함한 개념이다. 이하도 모두 같다)는 확실히 이런 형식과 특정 주제를 결합시켰다. 그러나 도식의 전파과정에서 원래의 의미는 결코 도식의 전파와 함께 이뤄지지 않았다. 많은 연구자들이 지적했듯이, 출현하는 환경이 다르면 도상의 의미 또한 달라졌다.

만약 이처럼 성격이 다른 자료들을 하나의 전체로서 관찰할 수 있다면, 이런 자료들의 공통점에 주목해야 한다. 다종다양한 자료들 사이의 최대공약

---

25 "畵院界作最工, 專以新意相尙. 嘗見一軸, 甚可愛玩. 畵一殿廊, 金碧煇燿, 朱門半開, 一宮女露半身於戶外, 以箕貯果皮作棄擲狀. 如鴨脚, 荔枝, 胡桃, 榧, 栗, 榛, 芡之屬, ──可辨, 各不相因. 筆墨精微, 有如此者!" 鄧椿 · 莊肅 撰, 黃苗子 點校, 『畵繼/畵繼補遺』, 北京: 人民美術出版社, 1964, p.124.

26 鄭岩, 「民間美術__題」, pp.90-92.

27 張明遠, 「龍山石窟考察報告」, 『文物』 1996년 제11기, pp.65-66.

수가 만약 하나의 동일 주제나 의의로 귀결될 수 없다면, 우리는 무엇을 할 수 있단 말인가. 답은 비교적 간단하다. 바로 이 도상이 가지는 독특한 표현형식을 살펴보는 것이다.

형식에 대한 논의는 미술사연구의 기초 가운데 하나다. 그러나 신예술사가 흥기하면서 형식 문제는 상당히 약화되었고, 연구자들은 간혹 형식을 예술에서도 매우 낮은 요소로 본다. 나는 결코 미술사가 순수한 형식주의 시대로 돌아가야 한다고 주장하고 싶지는 않다. 그럼에도 불구하고 '반계문' 도상에 대한 논의는 형식에서부터 출발해야만 한다고 생각한다. '반계문' 도상의 형식이 연구자의 시선을 끌었지만, 사람들은 도리어 형식문제를 소홀히 하고 그것을 좀 더 깊이 있게 연구하지 못했다. 앞으로 전개될 논의는 이런 시각이 결코 외부로부터 강제된 것이 아니며, 이 도상 자체가 가진 전염성이 우리로 하여금 반드시 '보는 것'으로부터 시작해야 한다고 촉구했음을 증명할 것이다. 하나의 병에는 온갖 술을 담을 수 있다. 그러나 우리가 여기서 논의해야 할 것은 병의 높이, 용도, 시각적 효과이지 술맛은 아니다. 우리는 미술사적 입장에서 출발해 먼저 '무엇을 보았는가'에 관심을 가져야 한다. 필자는 특정한 조건 아래서 술과 병의 관계에 대해 논의하는 것을 결코 반대하지 않는다. 그러나 본문의 강조점은 여기에 있지 않다.

그렇다면, 문門이란 무엇인가? 프랑스 철학자 로제 폴 드루아Roger-Pol Droit는 다음과 같이 얘기했다.

그것은 양면적이다. 두 개의 완전히 독립된, 심지어는 대립된 면이다. 우리는 그것을 '문'이라 칭한다. …… '문'이 가리키는 것은 유동적인 공간이며, 뛰어넘는 점点이며, 연속되는 장애障碍의 중단이다. '문'은 동시에 상반된 의미를 대표한다. 즉 입구를 막을 수도 있고 동굴의 입구를 봉쇄할 수도 있으며, 통행을 저지할 수도 있다.

…… 네가 만약 '문은 열린 것이 아니라 닫힌 것이며, 있는 것이 아니라 없는 것이며, 빈 것이 아니라 찬 것'이라고 인식한다면 틀렸다. 사실 문은 예외 없이 이런 특징을 모두 가지고 있다. 비어 있음과 차 있음은 결코 용납할 수 없는 두 개의 대립면이 아니라 일체의 양면일 뿐이다.

…… 비어 있으면서 차 있는 문은 바로 양면적인 사물이다. 그것은 경계를 정할 수도 있고 또 경계를 깨뜨릴 수도 있다. 그리고 보호할 수도 있고 배척할 수도 있으며, 받아들일 수도 있고 거절할 수도 있다. 그는 안팎으로 병존한다. 심령心靈이 없는 길은 문과 관련이 없다.[28]

만약 철학적인 드루아의 말에 그림을 덧붙인다면, '반계문도'가 아주 적절할 것이다. 문짝이 하나는 닫히고 하나는 열린 것은 동시에 두 개의 상반된 상태, 즉 열림과 닫힘, 그리고 공空과 실實을 지향하게 한다. 문은 이미 알고 있는 세계와 미지의 세계의 경계이고 연접하는 지점이다. 드루아의 정의와 도상 속 '반계문'은 모두 문은 아무 때나 열 수 있고, 또 아무 때나 닫을 수 있음을 보여준다. 그리고

---

28 德瓦(Droit) 著, 顏湘如 譯, 『51種物戀』, 臺北: 大塊文化出版股份有限公司, 2004, pp.85–86.

　　　　　　　　　　　　　　　　　　　　　　　　　　　　　　Ⅲ. 당대~원대

미지의 세계는 수시로 우리를 받아들일 수 있고, 또 수시로 우리를 거절할 수도 있다. 하나의 문을 마주하고 우리는 다음과 같이 묻지 않을 수 없다. "문의 저쪽은 무엇인가? 어떻게 여는가? 언제 닫히는가? 누가 와서 이 문을 여는가? 누가 이 문을 통과할 수 있는가? 알리바바의 주문이 필요한가? 들어간 후에 다시 돌아올 수 있는가" 등등. 우리가 아직 이 문을 만지기도 전에, 문짝이 뒤로부터 조용히 열리고 한 여성이 몸을 반쯤 내민다. 이것보다 사람을 놀라게 하는 게 또 어디 있을까?

　하남성 우현 백사의 조대옹묘趙大翁墓('백사 1호묘'로도 부름, 1099) 후실 북벽의 〈반계문도〉는 뛰어난 발굴보고서 덕에 가장 유명한 반계문 도상이 되었다.⁽도4⁾[29] 이 묘의 후실 북벽[정벽] 상부에는 장막이 그려져 있고, 그 아래에는 벽돌을 이용하여 가문假門을 만들었다. 무덤 내 다른 건축부재와 마찬가지로 가문의 구조는 실제 문을 모방해 아주 구체적으로 표현되어 있다. 문액 위에는 네 개의 문잠門簪이 있으며, 왼쪽 문짝은 북쪽을 향해 조금 열려 있다. 가문 사이에는 환조丸彫의 여성 하나가 남쪽을 보고 서 있다. 여자는 쌍계雙髻를 하고 좁은 소매의 윗도리와 긴 치마를 입고 있다. 치마 아래에는 끝이 뾰족한 신을 신었다. 문의 틈새가 좁기 때문에 우리는 단지 그녀의 얼굴과 신체의 반 정도만 볼 수 있다. 그녀는 '숨김'과 '드러냄' 사이에 놓여 있다. 문과 마찬가지로 벽돌로 묘사한 여성은 원래 색이 칠

도4 하남성 우현 백사 조대옹묘(1호묘) 후실 북벽의 〈반계문도〉, 북송(宿白, 『白沙宋墓』, 도판34.1)

해져 있었으므로 당시에는 진짜 사람처럼 매우 사실적이었을 것이다. 백사 2호묘 후벽에도 벽돌로 가문이 만들어져 있는데, 무덤 밖을 향해 살짝 열린 왼쪽 문짝 위로 몸을 내민 젊은 여성이 그려져 있다.⁽도5⁾[30] 1호묘의 환조와 비교할 때, 이 여자는 더욱더 문짝 위에 비친 모호한 그림자 같다.

　형식만을 놓고 볼 때, 『백사송묘』 책 속의 문과 인물에 대한 묘사는 각각 '무덤의 구조'와 '무덤의 장식'이라는 상이한 두 방면에 해당한다.[31] 그러나 실제로 인간과 문은 불가분의 관계로, 인간의 힘은 문을 움직이게 하고 움직인 문은 또 인물을 숨기기도

29　宿白, 『白沙宋墓』, 도판34.1

30　宿白, 『白沙宋墓』, 도판43.

31　宿白, 『白沙宋墓』, p.30, pp.42-43.

도5 하남성 우현 백사 2호묘 묘실 북벽의 〈반계문도〉, 북송(宿白, 『白沙宋墓』, 도판43)

격이 다른 물건들 속에 광범하게 출현하는, 유구한 역사를 가진 사례들을 '반계문도'로 볼 수 있는 근거는 그것들이 바로 위에서 언급한 두 기본요소를 동시에 갖고 있기 때문이다. 인물의 복식, 문못[門釘]의 수량, 그리고 회화와 조각의 기법은 모두 부수적이며 고정요소가 아니다.

이 도식의 시각적 특징을 논의할 때, 연대와 지역은 더 이상 중요하지 않다. 그러므로 본고는 고고학의 지층학地層學이나 유형학적 방법으로 발굴자료를 다루지 않는다. 다시 말해, 이 도상의 시공간적인 틀의 구축에 우선순위를 두지 않을 것이다. 이 도식의 특징을 이해하기 위해 우리는 '관람자'라는 요소를 끌어와야만 한다. 논의가 이쯤 이르면 일부 독자는 바로 이 화면이 위치한 장소가 어디인지 떠올리며, 관람자가 어디에 있는지 관심을 둘 것이다. '반계문도'는 대부분 폐쇄된 무덤에서 발견된다. 그런데 무덤의 '관람자' 문제는 쉽게 논의할 수 없는 어려운 주제다.[33] 필자가 여기서 먼저 강조해두고자 하는 것은, 이 그림이 일종의 도상image으로 존재할 때의 형식적 특징이다. 이런 형식은 물질형태와 그림이 놓인 환경을 뛰어넘는다. 의심할 바 없이 이 도식은 사용과정에서 환경의 제약을 받았을 것이며, 또한 역으로 그것이 위치한 환경에 모종의 특수한 의미를 부여했을 것이다. 그러나 이는 또 다른 문제다(필자는 본문 마지막에서 이런 문제들을 다룰 것이다). 여기서 특별히 언급해두고 싶은 것은, 이 도식은 본래 그것이 직면해야 하는 한 명의 관람자, 그것이

하고 드러내기도 한다. 문은 인물의 형상을 빚어내는 도구며, 인물은 문에게 생명을 부여해준다.

리칭취안은 백사송묘의 〈반계문도〉를 이런 종류의 도상 가운데 '가장 전형적인' 사례로 보았다.[32] 여기서 한걸음 더 논의를 진전시켜 보자. 이런 도식은 반쯤 열린 문과 문을 여는 여성이라는 두 개의 기본요소를 포괄하고 있다. 이 가운데 하나라도 없으면 이 도상은 성립하지 않는다. 두 요소의 안정성이야말로 '전형적인 도식'을 가장 보편적인 것으로 만들어준다. 수바이가 든 사례 가운데 전형적인 도식은 한대와 당·요·송·금·원대에 유행했다. 심지어 중화민국中華民國 시대에도 출현한다. 이처럼 성

---

32 李清泉, 「空間邏輯與視覺意味―宋遼金墓"婦人啓門"圖新論」, p.330.

33 묘장도상의 관람자에 대해서는 본서 「한대 상장화상(喪葬畫像)의 관람자」 참조.

정말로 하나의 구체적 관람자건 아니건 관람자의 존재를 이미 결정하고 있다는 점이다. 그 자체의 형식은 모두 이런 동기나 바람을 갖고 있다. 이 도식에서 화면 속 인물의 시선은 그와 교류하는 반대쪽 시선의 반응을 대면해야 한다. 이것이야말로 이 도식이 가지는 특유의 흡인력이다.

'반계문도'는 희극적인 이야기 같다. 그러나 그 자체는 이미 기승전결이나 수미일관首尾一貫한 문학적 서사를 구성하고 있지 않으며, 또한 절대적으로 정지된 화면도 아니다. 그것은 예술가가 섭취한 하나의 시점으로, 조금 늘어지면 곧 지나가버린다. 현재 운동 중인 문짝과 인물이 화면 가득 불확정성을 유포한다. 이어 두 종류의 발전방향을 제공함으로써 선택권을 준다.

A. 문짝이 계속 열려 관람자는 마침내 여성의 완전한 신체를 본다.
B. 문짝이 계속 닫혀 관람자는 마지막까지 아무것도 볼 수 없다.

여성의 형상은 문을 뚫고 지나가는 길의 존재를 암시하는데, 이 길은 A의 상황에선 연속하는 하나의 선이며, B의 상황에서는 저지당해 단절되고 만다. A가 발생하면 길은 두 방향으로 향하는데, 두 가지 가능성이 모두 존재한다.

A1: 여성이 문턱을 넘어 관람자가 있는 공간으로 걸어온다.
A2: 여성이 관람자를 끌고 문턱을 넘어 미지의 세계로 들어간다.

만약 A1이 발생하면 관람자는 다음과 같이 물을 것이다. "그녀는 누구인가? 어디에서 왔는가?" 이때, 관람자 역시 두 가지의 선택권을 지닌다.

A1.1: 그녀의 제의를 받아들인다.
A1.2: 그녀의 제의를 거절한다.

만약 A2가 발생하면, 관람자는 다음과 같이 물을 것이다. "그녀는 누구인가? 나를 데리고 어디로 가려 하는가?" 이때의 관람자 역시 두 가지 선택권을 지닌다.

A2.1: 그녀를 따라간다.
A2.2: 그녀를 따라가지 않는다.

이와 같은 도식을 사용하는 과정에서 또 다른 확장이 일어날 수 있다. 즉 여성은 건축의 내부에서 우리를 보고 있거나, 혹은 이와 반대로 그녀는 단지 우연히 방문한 손님일 뿐이다.

B의 상황에서 여성의 순간적인 형상은 관람자의 기억 속에 남게 된다. 관람자는 마찬가지로 다음과 같이 물을 것이다. "그녀는 누구인가?" 그러나 갑자기 사라졌으므로 그녀가 관람자에게 남긴 인상은 그리 깊지 않을 것이다.

관람자는 화면 속 여성을 주시함과 동시에 화면 속 여성의 주목을 당한다. 이런 낯섦과 의외성은 관람자로 하여금 스스로에게 반문하지 않을 수 없게 한다. 즉 "나는 어디에 있는가? 이것은 진짜인가? 이것은 꿈인가? 나는 누구인가?……" 등과 같이 말이다.

특정한 문화적 배경 아래 문은 공간을 나누고 연결하는 경계일 뿐 아니라, 정치적·사회적 공간의 경계면서 통로기도 하다.[34] 물론, 문은 신앙세계의 입구가 될 수 있다. 이처럼 누구인가, 할 것인가 말 것인가, 어떻게 이 문을 넘을 것인가 등등, 보다 복잡다단한 선택이 있게 된다. '반계문도'에서 예술가는 결코 모든 것을 말하지 않았으며, 서두만 열어놓았을 뿐이다. 나머지는 관람자가 스스로 상상하고, 선택하고 보충하고 개조하며 완성해야 한다. 어떤 답안도 모두 성립할 수 있으며, 어떤 선택도 모두 가능하다. 그리고 어떤 조합도 이 고사故事를 세상 어디에도 없는 유일한 것으로 발전시킬 수 있다.

문학작품에서도 '반계문'의 형식을 자주 볼 수 있다. 당나라 원진元稹의 『앵앵전鶯鶯傳』에 등장하는 최앵앵崔鶯鶯의 〈명월삼오야부明月三五夜賦〉에는 "서상西廂 아래서 달을 기다리고, 반쯤 열린 문[戶]에서 바람을 맞네"라는 구절이 있다.[35] 백거이白居易는 〈비파행琵琶行〉에서 비파를 연주하는 여성의 아름다움을 "천 번 만 번 불러야 비로소 나오는데, 그것도 비파를 안고 얼굴을 반쯤 가린 듯하네"라고 읊었다.[36] 『홍루몽紅樓夢』 제37회에서 여주인공 임대옥林黛玉이 "반쯤 말아 올린 커튼으로 문을 반쯤 가리고, 얼음을 갈아 흙으로 삼고 옥으로 화분을 삼는다"는 시구를 읊고 있는 장면이 있다.[37] 역시 동일한 예술 기법이라 할 수 있다. 『전국책·제책齊策 6』에는 왕손고王孫賈의 모친이 "네가 아침에 나가 저녁에 돌아올 때면 나는 문에 기대고 바라본다. 네가 저녁에 나가 돌아오지 않으면, 나는 마을 어귀의 문[閭]에 기대고 바라본다"[38]라고 읊었는데, '집의 문에 기대고', '마을 어귀의 문에 기대고'라는 표현을 통해 자녀의 귀가를 고대하는 간절한 심정을 노래하고 있다. 『사기·화식열전貨殖列傳』에는 "수를 놓는 것은 시장의 문에 기대어 서있는 것만 못하다"[39]는 글귀가 있다. 기녀가 웃음을 파는 것을 가리킨 것이니, 대개 그 은밀한 뜻을 취하였다. 현재 산동과 하남 등지의 민간에서는 기녀를 '반엄문자半掩門子(문을 반쯤 닫은 사람)'라 낮춰 부르는데, 바로 상술한 내용의 흔적이다.

'반계문'의 표현수법은 다른 맥락으로도 사용될 수 있으며, 서로 유사하거나 혹은 상이한 뜻을 드러

---

34 류쩡궤이는 공간의 통로, 사람들의 경계 나눔, 사회의 표징이라는 세 측면으로부터 논의를 진행했다. 이에 대해서는 劉增貴, 「門戶與中國古代社會」, 『中研院歷史語言研究所集刊』 第68本 第4分, 1997, pp.817-819를 참조.

35 "待月西廂下, 迎風戶半開." 李昉 等 編, 『太平廣記』 제10책, 권488, 北京: 中華書局, 1962, p.4013. 저우사오량의 고증에 의하면 『앵앵전』이라는 제목은 『태평광기』의 편자가 붙인 것이다(周紹良, 『唐傳奇箋證』, 北京: 人民文學出版社, 2000, p.385). 대동소이한 시구가 『곽소옥전(霍小玉傳)』에도 보이는데, 모두 당대 널리 전파되었던 이익(李益)의 〈죽창문풍기묘발사공서(竹窗聞風寄苗發司空曙)〉라는 시에서 유래하였다(『唐傳奇箋證』, pp161-162, pp.397-398).

36 朱金城 箋校, 『白居易集箋校』 제2책, 上海: 上海古籍出版社, 1988, p.685.

37 "半卷湘簾半掩門, 碾冰爲土玉爲盆." 曹雪芹 撰, 無名氏 續, 中國藝術研究院紅樓夢研究所 校注, 『紅樓夢』 上冊, 北京: 人民文學出版社, 1982, p.492.

38 "女朝出而晚來, 則吾倚門而望; 女暮出而不還, 則吾倚閭而望." 諸祖耿, 『戰國策集注彙考(增補本)』, 南京: 鳳凰出版社, 2008, p.666.

39 "刺繡文不如倚市門." 『史記』, 北京: 中華書局, 1959, p.3274.

낼 수 있다. 그리하여 이로부터 파생한 고사는 위에서 언급한 A-A1-A1.1, A-A1-A1.2, A-A2-A2.1, A-A2-A.2, 그리고 B의 어떤 한 종류에 속할 것이다. 그들 사이의 공통점은 단지 '반계문'의 형식뿐이다. 이런 의미에서 리칭취안은 반계문의 도상과 문학이 당시 사람들의 '보편적인 시각취미'를 반영한 것이라고 했는데,[40] 뛰어난 분석이라 하겠다.

도상과 문자 속의 요소는 우연히 교차할 수 있다.[41] 그러나 일반적으로 도상과 문자는 서로 속하지 않는 집합이다. 만약 두 집합 사이에 어떤 공통점이 있다면, 그것은 모두 반복적으로 '반계문'이라는 독특한 형식을 사용한다는 점이다. 우리는 이미 "수를 놓는 것은 시장의 문에 기대어 서있는 것만 못하다"는 시구가 내포하는 의미로 "반쯤 말아 올린 커튼으로 문을 반쯤 가리고"라는 구절을 해석할 수 없다. 그렇다면 어떻게 해야만 문헌과 회화 사이에 의미 있는 관계를 구축할 수 있을까.

역사상의 관람자 마냥 오늘날의 연구자 역시 '반계문'의 화면 속으로 깊숙이 빨려 들어가 자신을 여성의 맞은편에 놓게 된다. 연구자가 각종 가능성 사이에서 선택과 조합을 할 수밖에 없을 때도 화면이 깔아놓은 수수께끼 같은 국면 속으로 빠져 들어간다. 이런 인식에 기초하여 필자는 수수께끼 같은 국면에서 빠져나와 더 이상 '그녀는 누구인가' 혹은 '문 뒤에는 무엇이 있는가' 등을 묻지 않고 새로운 시각을 선택하여 위와 같은 유혹에서 벗어나고자 한다. 다시 말해, 그림 속 인물과 눈을 마주치지 않고 수수께끼 같은 국면의 측면을 우회하여, 예술가와 이런 도식의 관계를 옆에서 바라보고자 하는 것이다. 물론 우리는 예술가 본인을 볼 수 없다. 그러나 도상의 내재적 요소와 그 변화를 분석함으로써 예술가가 탐색하고 사용한 이 도식의 방식과 사고를 추론할 수는 있다.

'반계문도'의 자료가 비교적 풍부한 편이지만, 그럼에도 불구하고 우리는 이 도식의 변화를 보여주는 시간적 계보를 완성하기는 어렵다. 현재 남아 있는 재료는 단지 역사상 실재했던 작품들의 작은 부분에 불과하고, 중요한 고리는 이미 사라졌을 가능성이 있다. 시간적 의미를 가지는 '기원' 문제 역시 논의하기 쉽지 않다. 다시 말해, 가장 초기의 병瓶은 특수한 술을 담기 위해 설계되었지만, 이 병과 병에 담기는 술은 이미 더 이상 존재하지 않는다. 더욱 중요한 것은 '반계문도'의 발생과 변화에 영향을 미친 원인은 '시간'이라는 요소에 그치지 않는다는 점이다. 예를 들어 한 예술가가 환경의 요구에 따라, 혹은 우연히 얻은 공구工具와 매체를 빌려, 심지어는 개인의 성격과 정서에 의지하여 '반계문도'의 양식을 순식간에 변화시켜 독특한 특색을 가진 작품으로 창조할 수도 있다. 이런 작품은 아마도 훗날 도식의 발전방향에 영향을 주었을 것이며, 역시

---

40 李淸泉, 「空間邏輯與視覺意味─宋遼金墓 "婦人啓門" 圖新論」, pp.346-353.

41 등춘의 『화계』에서 서술한 도화는 문자 기록 속 도상의 한 사례다. 반면 안휘성 흡현(歙縣)의 원 원통 2년(1334) 호씨생영(胡氏生塋) 석실에서는 최호(崔護)의 "去年今日此門中, 人面桃花相映紅, 人面不知何處去, 桃花依舊笑春風"이라는 시의 전설적인 화면을 조각했는데, 문학적 고사가 도상에 보이는 경우다. 후자에 대해서는 李淸泉, 「空間邏輯與視覺意味─宋遼金墓 "婦人啓門" 圖新論」, p.348을 참조.

모종의 특별한 원인으로 인해 어떤 영향도 미치지 않았을 수도 있다. 그러므로 '진화' 혹은 '퇴화'라는 공식은 모두 이 도식의 복잡한 역사를 개괄하기에 부족하다. 연구자들은 습관적으로 고고학의 유형학적 방법론을 사용하여 도상을 다룬다. 그러나 이런 방법이 반드시 도상의 변화에서 가장 관건이 되는 요소를 전면적으로 드러내는 것은 아니다. 생물분류학의 발전에서 유래한 유형학이 중시하는 것은 인간이 만든 제품 전체의 발전 규율로 보편성을 가지지 못하는 일부 자료는 제외해버리기 때문이다. 그러나 미술사연구에서는 제외된 표본이야말로 가장 개성적인 예술작품이 된다.

필자는 '반계문도'의 발전 계보를 만드는 것을 포기하고, 방향을 바꿔 두 측면에서 이 도식에서 보이는 변화의 논리적 관계를 탐색하고자 한다. 즉 다음 장에서 구체적인 사례를 연계하여 '반계문' 도식이 사용과정에서 수정되고 변천되는 것을 분석하고, 나아가 이 도식의 특징을 좀 더 깊이 이해하고자 한다. 필자는 결코 각 사례의 시대적 관계를 특별히 강조하지 않을 것이다. 필자는 도상형식이 자체의 내재적 생명과 규율을 가지고 있으며, 시대 변화에 완전히 종속하는 것이 아님을 믿는다. 둘째, 제4장에서 옛사람들이 안과 밖, 숨김과 드러냄, 실實과 허虛 등의 개념을 표현할 때, 유사한 시도와 탐색을

했는지 논의할 것이며, 자료의 확대를 통해 '반계문'은 단지 그 가운데 하나의 방안方案일 뿐 전부가 아니라는 점을 의도적으로 설명하고자 한다. 그렇게 되면 역으로 이런 방안의 가치가 어디에 있는지 이해할 수 있을 것이다.

3. '반계문' 도상의 변형

특정 지역에 집중된 두 종류의 자료군群을 통해 '반계문' 도식에 대한 고대 예술가의 사용과 개조를 관찰해보자. 하나는 앞서 언급한 하북성 선화의 요대 장씨張氏 가족묘 벽화며,[42] 다른 하나는 사천성 노현에 소재한 남송 후기 석실묘 안의 조각이다.[43] 논의의 전개과정에서 필요에 따라 다른 고고학적 발견도 언급하기로 한다.

먼저 백사 송대 무덤의 〈반계문도〉로 대표되는, 전형적인 도식으로부터 시작할 필요가 있다. 이처럼 간단한 도식은 각 시기의 예술가들이 끝없이 복제하고 인용하여 수량이 가장 많다. 예술가들은 화면 자체가 가지는 마력을 이해하고, 자신을 수수께끼 국면의 밖에 둔 채, 지나친 가감을 하지 않고 전통적인 수수께끼 그림으로 새로운 관람자들을 지속적으로 유혹했다. 예술가들은 고정된 화고를 차근차근 모사할 필요가 없었으며, 대부분 전형적인

---

42 펑은쉐는 '문을 여는 사람(啓門人)'을 표준으로 삼아 선화 지역 무덤 등의 '반계문도'를 '여성계문도'(나아가 이를 '진문도'와 '출문도'로 구분), '남성계문도' '쌍녀(雙女)계문도' 등 세 종류로 구분했다(馮恩學,「遼墓啟門圖之探討」, pp.30-31). 리칭취안은 부인의 계문을 '부인이 문으로 들어오다', '부인이 문을 닫다', '부인이 문을 열다' 등의 세 종류로 나누었다(李清泉,「空間邏輯與視覺意味─宋遼金墓"婦人啓門"圖新論」, p.329). 이런 분류방식과 비교해 볼 때, 필자는 화면의 구조와 각 종류 사이의 관계를 더욱 강조하였다. 이 밖에 리칭취안은 새벽에 일어나 문을 열고, 해가 져 문을 닫는 도상을 '준(准)부인계문 도상'이라 칭했다(李清泉,「空間邏輯與視覺意味─宋遼金墓"婦人啓門"圖新論」, pp.330). 필자는 그것을 개조된 후의 방안으로 보고자 한다.

43 四川省文物考古研究所·成都市文物考古研究所·瀘州市博物館·瀘縣文物管理所,『瀘縣宋墓』, 北京: 文物出版社, 2004.

'반계문' 도식의 두 기본 요소만 기억하였다가 필요할 때 한 장의 그림으로 창작해낼 수 있었다. 그러므로 구체적인 크기에서 차이가 나타날 수밖에 없었다. 차이는 문틈으로 밖을 향해 몸을 내미는 여성의 크기에서 찾을 수 있다. 백사 2호묘의 여성은 단지 반쪽 얼굴과 상반신의 아주 작은 부분만 문밖으로 내밀고 있다.^(도5) 그러나 노현 청룡진靑龍鎭 3호묘 정벽의 한 여성은 반신 전체를 문짝 사이로 내놓고 있다.[44] 청룡진 1호묘 정벽과 좌우 양 벽의 세 문 앞에는 시녀들이 모두 전신을 드러내고 문턱 위에 서있는데, 그 뒤에 살짝 열린 문이 있어 그들이 지금 막 문 사이에서 나왔음을 암시하고 있다.^(도6)[45] 여성의 몸이 드러나면 드러날수록 화면의 신비감은 줄어든다. 하남성 임현林縣(현재의 임주시林州市)의 금金 황통 3년(1143) 무덤에는 3폭의 〈반계문도〉가 있는데, 서벽과 북벽 속 여성의 동작이 매우 커 그녀들이 지금 문 뒤에서 '그녀의 신체를 제어하는 또 다른 힘과 다툼을 벌이는 것은 아닌가'하는 오해를 불러일으키게 한다.^(도7)[46] 아마도 화공의 미숙한 조형기술 때문에 벌어진 희극적 효과일 것이다.

일부 예술가들은 전형적인 도식에 대담한 변형을 가하였다. 그리하여 온갖 다양한 그림을 새로 만들어냈다. 그들은 실제 관람자와 마찬가지로 수수

도6 사천성 노현 청룡진 1호묘 정벽의 〈반계문〉조각(四川省文物考古研究所 等, 『瀘縣宋墓』, p.18의 도11)

께끼 풀기와 선택의 과정에 참여했다. 선화 2호묘인 장유공묘張誘恭墓(1117) 동남쪽 벽에는 시녀가 문을 열고 들어서는 순간이 묘사돼 있다. 시녀는 좌반신이 문에 가려져 있고 오른쪽 다리는 문턱을 밟고 있다. 여성은 두 손으로 접시를 받쳐 들고 있는데, 접시 안에는 두 개의 작은 잔이 있다.^(도8)[47] 노현 송대 무덤에서 문을 여는 여성은 대부분 손에 물건을

---

44 四川省文物考古研究所 等, 『瀘縣宋墓』, 도37.

45 四川省文物考古研究所 等, 『瀘縣宋墓』, 도9·10·11.

46 張增午,「河南林縣金墓淸理簡報」, 『華夏考古』 1998년 제2기, p.37이 도3; 張增午·李向明, 『林州文物考古發微』, 鄭州: 中州古籍出版社, 2009, p.144의 도13-3.

47 河北省文物考古研究所, 『宣化遼墓─1974~1993年考古發掘報告』, 彩版80·81.

도7 하남성 임현묘 북벽의 〈반계문도〉, 금(張增午 선생 제공)
도8 하북성 선화 장유공묘(2호묘) 동남벽의 〈반계문도〉, 요(河北省文物考古研究所, 『宣化遼墓—1974~1993年考古發掘報告』, 彩版80·81)

들고 있는데, 등잔,(도6)[48] 탁반托盤,[49] 원형 합,[50] 화장대,[51] 부채[52] 등이다. 이런 물품은 모두 일상의 생활 용구다. 여성들이 아주 조심스럽게 이 공간에서 저 공간으로 운반하고 있어 매우 진귀한 물건임을 드러내주고, 아울러 여성의 신분을 분명하게 알려준다. 손에는 물건을 들고, 신체의 다른 부위를 이용하여 문을 밀어 열고 있다. 우리는 당대 시인 가도賈島가 힘겹게 읊은 '퇴고推敲'의 고사에 아주 익숙하여 인물이 문을 여는 방식의 변화가 가져온 화면

효과의 차이를 어렵지 않게 느낄 수 있다. 이와 달리 등춘이 『화계』에서 언급한 계화 속 '물품'은 '폐기물'이 되어 여자가 문 밖으로 던져 버리는 대상으로 전락했다. '물품'의 이런 의미 변화야말로 '신의新意'라 부를 만하다.

물건을 가진 두 여성의 장면을 서로 중첩시킨 것은 선화 5호묘인 장세고묘張世古墓(1117) 후실 동남쪽 벽에 보인다. 이 화면은 두 시녀가 물품을 주고받는 장면을 통해 다른 공간과의 연결을 완성했

48 四川省文物考古研究所 等, 『瀘縣宋墓』, 도11.

49 四川省文物考古研究所 等, 『瀘縣宋墓』, 도9.

50 四川省文物考古研究所 等, 『瀘縣宋墓』, 도10 · 75.

51 四川省文物考古研究所 等, 『瀘縣宋墓』, 도76.

52 四川省文物考古研究所 等, 『瀘縣宋墓』, 도156.

도9 하북성 선화 장세고묘(5호묘) 후실 동남벽의 〈반계문도〉, 요(河北省文物考古研究所, 『宣化辽墓—1974~1993年考古發掘報告』, 彩版74)

도10 하북성 선화 장세경묘(1호묘) 후실 서벽의 〈반계문도〉, 요(河北省文物考古研究所, 『宣化辽墓—1974~1993年考古發掘報告』, 彩版66)

다.(도9)[53] 두 여자는 시선을 서로 주고받는데, 마치 말을 주고받는 듯하다. 이때 관람자는 방관자가 되어 이 폐쇄적인 고사를 관찰할 수 있을 뿐, 그 안에 참여할 수 없다. 리칭취안은 벽화에서 등을 보인 여성과 선화 1호묘인 장세경묘張世卿墓(1116) 후실 서벽의 '문을 닫는' 여성(도10)의 움직임이 기본적으로 일치하고 방향만 반대이기 때문에 동일한 모본을 뒤집어 사용했을 것으로 추정했다.[54] 이 사례를 통해 이와 같은 방안이 구체적으로 형성되는 과정을

알 수 있다.

장세경묘 후실 서벽의 여성은 뒷모습을 보여주고 있는데, 이 화면은 전형적인 도식의 의미나 형식과 반대되는 일종의 변화로 봐도 된다. 화면 속 여성은 우리가 볼 수 없는 공간으로 들어가고자 하여 우리와의 교류를 거절하고 있다. 이는 예술가가 문의 다른 쪽에서 볼 수 있는 장면일 수도 있다. 즉 우리가 볼 때 여성의 일부 신체는 문짝 사이에 감춰져 있지만, 문의 다른 쪽에서는 '전형적으로' 몸을 드

---

53 河北省文物考古研究所, 『宣化辽墓—1974~1993年考古发掘报告』, 도202.

54 李淸泉, 『宣化辽墓—墓葬藝術與辽代社會』, 北京: 文物出版社, 2008, p.112. 선화요묘 보고서는 이곳의 벽화를 "여성이 옷을 받쳐 들고 문을 열고 내실로 들어가는" 것으로 설명하고 있어(河北省文物考古研究所, 『宣化辽墓—1974~1993年考古发掘报告』, p.211), 리칭취안이 말한 '문을 닫는' 것과 다르다. 도판을 자세히 살펴보면, 도판설명처럼 여성이 반드시 '옷을 받쳐 든' 것은 아니지만 흡사 물품을 가진 듯 하여 문을 닫는 것이 아니라 여는 것으로 볼 수 있다.

러내고 있는 것이다.

장세경묘보다 연대가 약간 이른 장문기묘張文紀墓(6호묘), 장문조묘張文藻墓(7호묘, 1093), 장세본묘張世本墓(3호묘, 1093)의 벽화는 뒷모습을 보이는 여성을 좀 더 대담하게 변화시켰다. 즉 여성은 결코 문을 넘어가지 않으며, 반대로 문을 잠그고 있다.(도11)[55] 여기에서 문은 격절隔絶, 폐쇄, 그리고 보호의 의미를 드러낸다.

요녕성 능원凌源 부가둔富家屯 원대 1호묘의 묘문 상부(묘 밖을 향하고 있음)에는 반쯤 열린 주홍색 대문이 있다. 그러나 문짝 사이에 보이는 것은 더 이상 고독한 한 사람이 아니라 손에 각종 그릇을 든 채 어깨를 나란히 하고 문 밖을 향해 바라보는 3명의 여성이다. 문틈 사이로는 은정銀鋌 등의 재물이 보이며, 가문 양쪽의 벽에도 사녀仕女와 대량의 은정이 묘사되어 있다.(도12, 도13)[56] 화면은 미녀, 금전, 시끌벅적함으로 가득 차 있는데, 당시 사람들의 행복관은 이처럼 실제적이었다. 표현방법 역시 매우 직접적이다.

여성이 문을 여는 장면 이외에 장세경묘 후실 동

도11 하북성 선화 장문조묘(7호묘) 후실 서벽의 〈쇄문도(鎖門圖)〉, 요(河北省文物考古研究所, 『宣化遼墓—1974~1993年考古發掘報告』, 彩版35)

벽에는 검은 옷을 입은 남자가 손에 함을 받쳐 들고 반쯤 열린 문으로부터 묘실로 들어오는 장면이 묘사되기도 했다.(도14)[57] 함의 형태와 색채는 북쪽에 묘사된 〈비경도備經圖〉의 서탁書桌 위에 놓인 함과 똑같기 때문에 책을 넣는 상자, 혹은 문방용구로 추정한다. 책을 들고 문을 여는 남자는 노현 송대 무덤 석각에서도 볼 수 있다.[58] 노현 무덤에는 남성 시종이 인장을 넣는 함 등의 물건을 들고 있는 경우도

---

55 河北省文物考古研究所, 『宣化遼墓—1974~1993年考古發掘報告』, 도142 · 75, 彩版35 · 44. 리칭취안은 이 그림을 문을 잠그는 것으로 해석했는데, 필자도 동의한다. 왜냐하면 고분벽화의 전체적 관계를 주목했기 때문이다(李淸泉, 「宣化遼墓壁畫中的時間與空間問題」, (韓國)中國史學會 編, 『中國史硏究』 제43집, 2005, pp.77-106; 李淸泉, 『宣化遼墓—墓葬藝術與遼代社會』, p.240). 이와 달리 쩡란밍과 펑은쉐는 장문조묘 후실 서벽의 이 그림을 자물쇠를 여는 장면으로 보았다(鄭灤明, 「宣化遼墓"婦人啟門"壁畫小考」, p.73; 馮恩學, 「遼墓啟門圖之探討」, p.30). 쩡란밍은 여성이 "한 손에는 자물쇠를 받쳐 들고 한 손에는 열쇠를 갖고 있다"고 했는데, 실제 벽화 속 여성의 손이 가려져 열쇠는 보이지 않는다. 그러므로 이 주장은 직접적인 논거가 부족하다.

56 遼寧省博物館 · 凌源縣文化館, 「凌源富家屯元墓」, 『文物』 1985년 제6기, pp.55-64, p.74. 산동성 제남시 역성구 부동촌(埠東村) 원대 벽화묘의 서벽에는 반쯤 열린 문을, 문 밖에는 가득 쌓인 금빛 찬란한 재물을 묘사했는데, 사람들의 재부에 대한 추구를 매우 직접적으로 반영하고 있다(劉善沂 · 王惠明, 「濟南市歷城區宋元壁畫墓」, 『文物』 2005년 제11기, p.69의 도35).

57 河北省文物考古研究所, 『宣化遼墓—1974~1993年考古發掘報告』, 도162.

58 四川省文物考古研究所 等, 『瀘縣宋墓』, 도166.

도12 요녕성 능원 부가둔 1호묘 묘문 벽화, 원
(『文物』1985년 제6기, p.57의 도3)

도13 요녕성 능원 부가둔 1호묘 묘문 상부
의 〈반계문도〉, 원(『文物』1985년 제6기,
p.61의 도16)

성 연주兗州 흥륭탑興隆塔 지궁地宮에서 출토된 송대 석제사리함 정면의 가문이다. 문틈 사이로 반신을 내민 승려의 형상은 매우 활발하여, 장중하고 매우 엄격한 분위기를 풍기는 양 측면의 보살과 좋은 대조를 이룬다.(도16)[62] 산서성 장치長治 학가장郝家莊 원대 무덤의 동벽에서 반쯤 열린 문 사이로 몸을 내민 것은 개구쟁이 남자 아이다.(도17)[63]

새로운 장면은 매우 다채롭다. 그러나 이처럼 변화된 후의 모습이 한 폭의 그림으로 모두 성공했다고 보기는 어렵다. 화면은 새로운 요소가 증가되었고, 또 고정성이 훨씬 증가되었다. 그러나 예술가가 관람자를 대신해 선택함으로써, 관람자가 상

있다.[59] 심지어 매우 큰 의자를 어깨에 메고 있는 남자도 있다.(도15)[60] 이런 변화는 이미 전형적인 도식과 성별상의 규정을 위반한 것이다. 여기서 남자시종이 가진 물품은 대부분 예의, 권력, 지식과 관련이 있다.

남자가 문을 여는 도상은 한대에 이미 출현한다.[61] 당송 이후의 자료에서는 세속의 남성 이외에 승려의 형상도 보이는데, 가장 뛰어난 사례는 산동

상력을 발휘할 공간은 상대적으로 축소되었다. 전형적인 도식에서 우리는 문의 축이 움직이는 소리나 문짝이 가볍게 닫히는 소리 등을 들을 수 있을 정도였다. 그러나 시종의 어깨 위에 놓인 의자나 문 사이에 비좁게 서있는 여성들은 오히려 전형적인 도식이 가지는 간결함, 조용함, 함축, 은은한 아름다움 등을 모두 파괴했다.

'반계문도'의 매력은 그것이 회화의 형식을 띠고

---

59 四川省文物考古研究所 等, 『瀘縣宋墓』, 도26·59.

60 四川省文物考古研究所 等, 『瀘縣宋墓』, 도165.

61 鄭岩, 「民間藝術二題」, p.93.

62 山東省博物館·山東省文物考古研究所·兗州市博物館, 「兗州興隆塔北宋地宮發掘簡報」, 『文物』 2009년 제11기, p.49.

63 長治市博物館, 「山西省長治市郝家莊元墓」, 『文物』 1987년 제7기, pp.88-92.

도14 하북성 선화 장세경묘(1호묘) 후실 동벽의 〈반계문도〉, 遼(河北省文物考古研究所, 『宣化遼墓—1974~1993年考古發掘報告』, 彩版62)

도15 사천성 노현 복집진(福集鎭) 침직창(針織廠) 1호묘 석각(四川省文物考古研究所 等, 『瀘縣宋墓』, p.157의 도165)

도16 산동성 연주 흥륭탑 지궁 출토 석제사리함 정면의 가문, 송(산동박물관 제공)

도17 산서성 장치 학자장묘 동벽의 〈계문도〉, 원(徐光冀 主編, 『中國出土壁畵全集』 제2권, 北京: 科學出版社, 2012, p.222의 도212)

감의 존재는 사람들에게 '보는 것'의 쾌감을 선사한다. 산서성 태원의 용산에 조영된 도교 석굴사원이 아주 좋은 사례다. 제6굴 남벽의 서쪽, 즉 정벽 감龕과 연결되는 단壇 위에는 높이 1.4m, 너비 0.9m의 아치형 문과 두 개의 문짝을 조각했는데, 오른쪽 문이 살짝 열려 있고 1.17m의 신장을 가진 동자가 손에 두루마리 책을 가지고 문 안쪽에서 나오고 있다.(도18) 적당한 크기와 공간적 관계, 그리고 독특한 표현에 이 도상 특유의 매력이 더해져, 도상과 관람자의 교류가 현실이 된다. 다시 말해 많은 방문객들은 시험 삼아 한 번 씩 석문을 밀어 열고자 했다. 결국 오랜 세월이 흐르자 두 문짝 위에는 사람들이 밀어봤던 행위로 인해 만들어진 마모의 흔적이 깊게 남았다.[64]

실제로 '반계문도'는 구체적인 건축공간과 자주 결합하는데, 이런 관계를 어떻게 처리하는가는 예술가들이 반드시 직면해야 하는 새로운 과제였다. 조대옹묘의 용도甬道 입구에는 가문이 하나 있는데, 용산석굴의 수법과 달리 돌로 만든 문짝은 용도의 왼쪽 벽과 오른쪽 벽에 설치되었다. 문은 완전히 열린 상태로, 두 문짝이 하나의 평면에 있지 않고, 각각 마주 보는 양쪽 벽 위에 있어 전체 건축에서 하나의 완전체를 이룬다. 예술가는 문 뒤에 문을 담당하는 사람, 재물을 바치는 사람, 술 등을 보내온 사람, 말을 끄는 사람 등을 그렸는데, 반은 가려지고 반은 몸을 내놓고 있다. 그리하여 묘주에게 돈이나 물건을 바치기 위해 온 사람들이 마치 끊임없

있다는 점에 있는데, 부조로 나타나더라도 기본적으로는 여전히 2차원적 구도를 유지하고 있다. 반쯤 열린 문은 유한한 평면상에서 삼차원의 공간을 활짝 열어주있다. 그러나 동시에 일종의 한계를 설정하였기 때문에 관람자는 상상력에 의지해야만 하며, 그림 속 인물과 서로 교류해야만 비로소 화면의 깊은 곳으로 들어갈 수 있다. 그러므로 이 그림을 보는 것은 인간의 욕망과 화면으로부터 나오는 저항력 사이의 대항이라고 할 수 있다. 이런 긴장

---

64 張明遠, 「龍山石窟考察報告」, p.65.

도18 산서성 태원시 용산석굴 〈도교 동자상〉, 원(李雁紅 主編, 『太原文物』, 太原: 山西人民出版社, 1999, p.78)

지 조각가만이 이 일을 맡을 수 있다. 이처럼 회화의 평면은 3차원적 공간으로 전환되고, '반계문'의 구도는 분해되며, 인물과 문의 관계는 논리적이지 않아 예술적 감동을 크게 떨어뜨리고 있다.

이에 비해 선화 요대 고분벽화의 처리방법은 훨씬 성공적이다. 상술한 것처럼 여기의 몇몇 사례는 지나치게 많은 요소가 새로 더해졌는데, 전형적인 도식이 가지고 있던 원래의 구조를 어느 정도 변화시켰다. 전형적인 도식에 대한 예술가의 개조는 새로운 의미가 있다. 개조는 화면과 건축환경의 우호적인 교류로 드러났다. 예를 들면, 문을 여는 여성의 손에 있는 물건은 대부분 무덤 내 부장품에서 동일한 실물을 찾을 수 있다. 도상과 실물이 서로 밀착함으로써 도상은 부장품의 실제적 기능을 표현하고, 기물의 진짜 모습은 도상에게 생명을 부여해주었다.

리칭취안은 선화 지역 내 무덤들의 후실에 주의했다. 즉 "동벽의 가문에는 모두 문을 열고 묘실로 들어오는 인물을 묘사한 반면, 서벽의 가문은 여는 형상이 드물다. 대신 문 위에는 철제 자물쇠가 걸려 있는 경우가 많다." 아침에 일어나 머리 빗고 세수하고 날이 저물면 등燈을 드는 모습을 묘실 내 벽화와 관련시켜 보면, 이것은 "각각 아침에 일어나 문을 열고, 해가 지면 문을 닫는 것을 표현한 게 틀림없다. 다시 말해 화면은 하루의 활동을 해당 시간에 맞게 표현하고 있다."[66] 시간 개념을 공간관계를 표

이 이어지는 것처럼 보인다.(도19, 도20)[65] 벽 위의 인물과 문짝의 관계로 볼 때 이것은 '반계문도'에 매우 가깝다. 그러나 묘사된 인물들은 원래 문짝 사이의 통로에서 묘실로 들어왔지만, 현재는 오히려 문짝의 뒤에 그려져 있다. 마치 문의 바깥쪽 벽의 틈속에서 뚫고 나온 듯하다. 문짝 사이의 통로는 이제 종이나 비단, 혹은 벽 위에 있는 공백이 아니라 진실한 3차원 공간이 되었다. 이 때문에 여기서는 단

65 宿白, 『白沙宋墓』, 도판27.
66 李淸泉, 『宣化遼墓—墓葬藝術與遼代社會』, p.240. 이런 관점에 대한 서술은 역시 李淸泉, 「空間邏輯與視覺意味—宋遼金墓"婦人啓門"圖新論」, p.330에서도 볼 수 있다.

도19 하남성 우현 백사 조대옹묘 용도 동벽의 가문 및 벽화, 북송(宿白, 『白沙宋墓』, 도판27.2)

도20 하남성 우현 백사 조대옹묘 용도 서벽의 가문 및 벽화, 북송(宿白, 『白沙宋墓』, 도판27.1)

현하는 도식 속에 아주 교묘하게 융합시키고 있는 것이다. 예술가가 전형적인 도식을 개조한 중요한 원인 가운데 하나는 건축이 회화에 제기한 새로운 요구 때문이다. 개조된 방안 역시 건축에 의존하여 새롭고도 더욱 복잡한 도식을 구성했을 것이다. 새로운 도식은 더 이상 한 폭의 그림이 아니라 한 세트의 그림이었다. 이런 그림은 '조합도식'으로 불러도 무방할 것이다.

'조합도식'은 회화와 건축 공간 사이에 유기적인 관계를 만들어내기 시작했다. 그리하여 조대옹묘 용도의 가문에서 볼 수 있던 곤혹스러움을 피할 수 있게 되었다. '조합도식'은 산동성 제남시 장청구長

清區 방산方山 영암사靈巖寺에 있는 당대 혜숭법사탑慧崇法師塔(도21)까지 거슬러 올라간다. 이 석탑 남쪽에 문 하나가 있는데, 이를 통해 석탑의 내부를 볼 수 있다. 석탑의 동서 외벽은 모두 반쯤 열린 가문을 새겨 놓았다. 동쪽 가문에는 한 여성이 손에 여의를 잡고 문을 열고 들어가는 장면이,(도22) 서쪽 가문에는 한 여성이 손에 호壺를 들고 문에 기대어 서 있는 장면이 있다. 여기서 여성은 방금 문에서 나온 듯하다.(도23) 각각 나가고 들어가는 두 여성은 석탑의 남쪽에 뚫린 남문이 만들어내는 남북의 주축선主軸線 이외에 동서 방향의 부축선副軸線을 만들어냈는데, 이 부축선의 성립은 관람자에게 상상

도21 산동성 제남시 장청구 방산 영암사 혜숭탑, 당(謝燕 촬영)

력을 통해 완성에 참여할 것을 요구하고 있다.[67]

혜숭법사탑의 '문으로 들어가는 것과 문을 나가는 것'과 선화 지역 무덤에서 보는 '문을 여는 것과 문을 잠그는 것'은 유사한 연관성을 갖고 있지만, 양자가 구현한 '안팎'의 개념은 오히려 다르다. 탑의 조각은 외벽에 출현하고 있으며, 주로 드러내고자 한 것은 건축 외부의 형상이다. 관람자는 가문 도상에 끌려 어쩔 수 없이 남문에서 몸을 내밀고 가문의 배후를 관찰하게 된다. 그러나 그 내벽은 텅 비어 있고 아무 것도 없다. 선화의 벽화는 묘실의 내벽에 그려져 있고, 드러내고자 한 것은 묘실건축

내부의 공간이다. 가문은 비록 이 공간의 관념적 확대를 암시하고 있지만, '문을 잠그는' 장면은 오히려 묘실건축 내부 구조의 완정성完整性을 강조하고 있다.

'문으로 들어가는 것과 문을 나가는 것'의 조합도식은 묘실에서도 보인다. 산서성 분양의 고급호리학교高級護理學校에 소재한 금대 5호묘는 팔각무덤으로, 정벽(서벽)에 묘주부부상이, 그 오른편 서남쪽 벽에는 한 여성이 문을 열고 묘실로 들어서는 장면이, 왼편 서북쪽 벽에는 한 여성이 문을 열고 묘실을 나가는 장면이 조각되어 있다. 서남쪽 벽과 이웃

---

67 수당시기 제남 지역(당시 齊州 齊郡에 속함)에는 네 개의 문이 있는 석제 사문탑(四門塔)이 유행했다. 혜숭법사탑의 구조는 아마도 이런 전통과 관련이 있을 것이다. 이에 대해서는 다른 글에서 논의하고자 한다.

도22 산동성 제남시 장청구 방산 영암사 혜숭탑 동벽 가문, 당(謝燕 촬영)

도23 산동성 제남시 장청구 방산 영암사 혜숭탑 서벽 가문, 당(謝燕 촬영)

한 남쪽 벽에도 한 여성이 묘실로 들어오는 장면이 조각되어 있다.(도24)[68] 나가고 들어오는 세 여성은 분명한 선적線的 관계를 구성하지는 못하며, 그 작용은 묘실 내부공간의 의미를 강화하는 것이 아니라 묘실 밖에서 허구의 공간을 확대하는 것이다.

새로운 도식은 건축에 전혀 새로운 의미를 부여했다. 역으로 건축 속 도상의 배치관계 역시 도상의 세부 변화에 영향을 주었다. 사천성 남송 석실묘 정벽의 소형 감 안에는 두 종류를 제재로 한 조각을 다수 볼 수 있다. 하나는 병풍을 안치하거나 혹은 병풍 앞에 의자를 설치하여 묘주의 신위神位

를 상징한 것이며, 다른 하나는 감 안에 '반계문'을 조각한 것이다. 노현에서는 문 앞에 남성시종이 어깨 위에 의자를 멘 조각이 있는데,(도15) 실제로 이런 두 전통을 종합한 것이다. 사천성 화형시華鎣市 동쪽 교외에 위치한 남송 가성 11년(1218) 안병부인安丙夫人 이씨묘李氏墓 정벽에는 병풍 아래 '반계문'을 조각했는데(인물의 상부는 이미 훼손되었다), 역시 같은 해석이 가능하다.

이런 변화는 구체적인 건축과 특정한 기능에 의해 발생한다. 그러므로 일단 특수한 외부조건을 일탈하면 새로운 요소들은 매우 불안정한 것으로 변

---

68 山西省考古研究所 · 汾陽縣博物館,「山西汾陽金墓發掘簡報」,『文物』 1991년 제12기, pp.16-32.

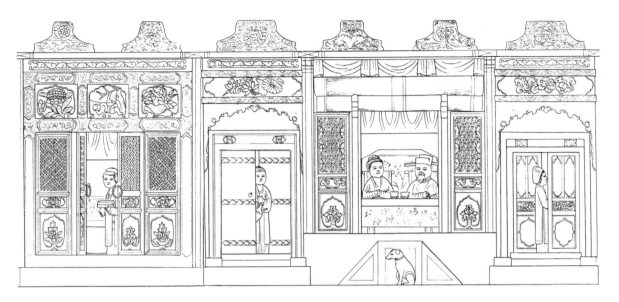

도24 산서성 분양시 고급호리학교 5호묘, 금(왼쪽부터 오른쪽으로 남벽, 서남벽, 서벽, 서북벽의 순서임. 『文物』 1991년 제12기, pp.21-22
의 도10 및 도13)

화한다. 이런 특정 사례는 흥미롭기는 하나 '반계문
도'의 주류를 형성할 수는 없다. 다른 시간과 공간,
그리고 다른 문화환경을 드나들며 출현할 수 있는
것은 여전히 전형적인 도식이다.

4. 병풍과 창窓, 문을 대신하다

인물과 건축공간의 관계를 표현할 때 적어도 '반계
문'과 유사한 두 개의 방안이 사용되었다. 인물을
병풍 뒤에 반쯤 숨기거나, 또는 '규창窺窓'을 사용하
는 것이다.

먼저 첫 번째 경우를 보자. 백사의 조대옹묘 전실

서벽에 묘사된 묘주 부부의 〈개방연〉은 시종 무리
가 각각 남녀 묘주 뒤에 설치된 병풍 옆에 서 있다.
그 뒤쪽 두 시녀는 모두 몸을 반은 숨기고 반은 드
러내고 있는데, 이 인물들의 배후에도 입立병풍이
있어 아직도 더 많은 시종들이 이중二重의 병풍 사
이에서 계속 나올 것을 암시한다.(도25)[69] 동일한 수
법은 섬서성 한성시韓城市 반락촌盤樂村의 송대 고
분벽화에서도 볼 수 있다.(도26)[70] 여기서 양쪽의 창
은 '묘실의 벽'과 '그림 속 벽'을 겹치게 하고, 병풍
뒤로부터 몸을 반쯤 드러낸 사람은 묘주 뒤에 있는
병풍으로부터 앞쪽으로 튀어 나오는 것처럼 묘사
했다. 그러나 아직은 벽에 붙은 한 장의 그림으로

---

69 宿白, 『白沙宋墓』, 圖版5.

70 孫秉君·劉軍·程蕊萍, 「陝西韓城盤樂宋代壁畫墓」, 國家文物局, 『2009中國重要考古發現』, 北京: 文物出版社, 2010,
　　　 pp.170-175.

도25 하남성 우현 백사 조대옹묘 전실 서벽의 〈개방연도〉,
북송(宿白, 『白沙宋墓』, 도판5)

보이는 경지까지는 이르지 못했다.

병풍과 문이 형식상 매우 근접해 있어서, 이 방안 역시 인물과 공간의 관계를 표현해냈다. 앞서 언급한 안병부인 이씨묘의 정벽 소형 감에는 병풍 아래 '반계문'이 표현됐는데,(도27)71 실제로는 두 방안을 하나로 결합하여 공간 표현상에서 양자의 공통적인 작용을 드러냈다. 그러나 양자는 다른 측면을 갖고 있다. 첫째, 문이 두꺼운 벽에 만들어짐으로써 그 위치가 고정적인 반면, 가벼운 병풍은 전체적으로 이동이 가능하다. 이 때문에 후자의 공간분할은 상대적이다. 둘째, '반계문도'에서 사람의 활동은

도26 섬서성 한성시 반락묘 정벽의 벽화, 송(國家文物局, 『2009中國重要考古發現』, p.172)

---

71 四川省文物考古研究院 · 廣安市文物管理所 · 華鎣市文物管理所, 『華鎣安丙墓』, p.26의 도23.

도27 사천성 화형시 안병부인 이씨묘 정벽의 소형 감, 남송(四川省文物考古研究院·廣安市文物管理所·華鎣市文物管理所, 『華鎣安丙墓』, p.26의 도23)

문짝의 움직임을 야기했지만 병풍 뒤의 인물은 자신이 이동하는 것 이외에 병풍의 정지된 상태를 변화시키지 못한다. 그러므로 사람과 사물의 교류가 일어나기 어려워, 병풍 방안의 시각적 충격은 '반계문도'에 미치지 못한다. 아마도 이런 이유 때문에 병풍형식은 '반계문'처럼 독립적으로 존재하지 못하고 다른 화면 속에 조용히 끼어 들어갔을 것이다. 그리고 사람들이 이 도식을 사용할 때도 아주 조심스러웠을 것이다. 교묘한 조합을 만들어낸 후의 화

면은 상당히 복잡하다. 예를 들어 독일 쾰른박물관 Museen der Stadt Köln 소장의 명明 숭정13년(1640) 민우오閩寓五의 주도 아래 인각한 『서상기西廂記』 판화 중의 〈성간省簡〉한 폭은,(도28)[72] 화면 구조가 벨라스케스(1599~1660)의 〈여관女官: Las Meninas〉[73]을 연상시킨다.

필자는 중국 고대회화에서 회화를 담는 도구로서의 병풍과 그 표현방식의 의의에 대한 우훙巫鴻의 상세한 연구[74]를 기반으로, '반계문'과 유사한 두 번째 방안, 즉 '규창'에 대해 좀 더 많은 지면을 할애하고자 한다.

고대 중국 회화예술 가운데 '규창'을 주제로 한 비교적 이른 사례는 후한 후기 무덤인 하남성 밀현密縣, 현재의 신밀시新密市)의 후사곽後士郭 1호묘에서 볼 수 있다.[75] 이 묘의 전실 북벽 문 위쪽 격량隔梁의 횡액橫額에 3개의 방형 벽돌을 쌓았는데, 각 벽돌마다 하나의 그림이 있다. 외연부에는 비교적 넓은 가장자리 장식이 있는데, 마치 그림의 테두리 같다. 테두리 안에는 마름모꼴 창살이 있어 우리로 하여금 '회화는 외부세계를 향한 하나의 창'이라는 말을 떠올리게 한다. 그러나 여기서 이 말은 더 이상 비유가 아니다. 실제로 여기서는 회화와 창 사이에 전환과 정합整合이 이뤄지고, 각 폭의 그림은 직접적

72 이 그림에 대한 연구는 Wu Hung, *The Double Screen: Medium and Representation in Chinese Painting,* Chicago and London: University of Chicago Press, 1997, p.252. 중문 번역본은 文丹 譯, 黃小峰 校, 『重屛: 中國繪畫中的媒材與再現』, 上海: 上海人民出版社, 2010, p.228. 한글 번역본은 서성 역, 『그림속의 그림』, 이산, 1999.

73 벨라스케스 작품인 〈여관〉의 구조에 대한 연구는 見米歇爾 福柯(Michel Foucault) 著, 莫爲民 譯, 『詞與物: 人文科學考古學』 제1장, 上海: 上海三聯書店, 2001, pp.3-21을 참조. 이 장(章)의 또 다른 중문 번역본은 陳永國 主編, 『視覺文化研究讀本』, 北京: 北京大學出版社, 2009, pp.233-245.

74 Wu Hung, *The Double Screen: Medium and Representation in Chinese Painting.*

75 河南省文物研究所, 「密縣後士郭漢畫像石墓發掘報告」, 『華夏考古』 1987년 제2기, pp.101-102.

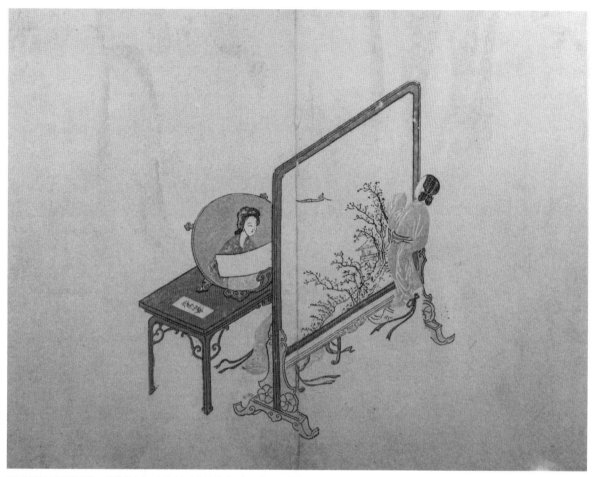

도28 독일 쾰른박물관 소장 『서상기』 판화의 '성간(省簡)', 명(畢斐 교수 제공)

으로 하나의 창문을 표현하고 있어 양자의 가장자리가 완진히 겹친다. 창살을 두과하여 우리는 인물의 활동을 볼 수 있다. 그들은 서로 이야기를 나누고 혹은 닭싸움 놀이를 구경한다.^(도29) 창의 테두리와 창살 모두 벽의 존재를 강조하고 있지만, 그 배후의 인물은 벽의 제한을 깨뜨리고 다른 공간을 만들어냈다. '물物'로서의 창과 '그림'의 외경外景으로서의 창이 아주 교묘하게 통일되어 있다.

후사곽묘 벽화의 작자가 이런 도식을 처음 시작한 것은 아니다. 후한 왕연수王延壽의 〈노영광전부魯靈光殿賦〉에는 전한 노공왕魯恭王 유여劉餘가 곡부성曲阜城에 건립한 영광전의 건축과 벽화를 묘사하고 있는데, 이 가운데 "신선이 건물 사이에 우뚝 서있고, 옥녀가 창 너머로 아래를 내려다본다"라는 글귀가 있다.⁷⁶ 부에서 묘사한 장면과 부합하는 사례를 하남성 초작시焦作市 백장白莊 121호묘

76　"神仙嶽嶽於棟間, 玉女窺窗而下視." 蕭統 編, 李善 注, 『文選』 제2책, 上海: 上海古籍出版社, p.514.

에서 출토한 채회彩繪 도루陶樓에서 볼 수 있다. 높이 112cm의 이 명기는 모두 4층으로, 호화로운 양곡창고를 표현한 것이다.(도30)[77] 도루 제4층에는 두 개의 창이 뚫려 있는데 오른쪽에 채회한 도제인물이 창 옆에 서있고 반신을 노출하고 있다. 도제인물은 머리에 높은 검은색 관을 쓰고 녹색의 교령의交領衣를 입고 있는데 마치 남자 같다. 발굴자는 이 무덤의 연대를 대략 전한 후기에서 신망新莽시기로 추정하고 있으므로, 후사곽묘 벽화보다 이르다. 우리는 이 작품과 후사곽묘 벽화의 미묘한 차이를 찾을 수 있다. 그것은 바로 창 가까이에서 먼 곳을 바라보는 도루 속 인물의 시선이 창을 뚫고 지나가는 반면, 벽화의 창문은 관람자의 엿보기를 유도한다는 점이다. 그러나 창 너머의 인물은 도리어 관람자가 존재하는 세계를 개의치 않는다.

후사곽묘 벽화보다 늦은 사례는 안휘성 마안산馬鞍山 우산구雨山區 소재 손오孫吳시대 주연묘朱然墓에서 출토한 칠안漆案에서 볼 수 있다.[78] 가로 82cm, 세로 56.5cm의 이 칠안에는 검은 바탕에 〈궁위연락도宮闈宴樂圖〉가 그려져 있다.(도31) 화면 왼쪽 상부 모서리에는 황제와 비빈이 장막 안에 앉아 있으며,[79] 오른쪽에는 한 줄로 황후와 여러 빈객이 있고, 화면 중앙에는 백희百戱장면이 커다랗게 묘사되어 있다. 화면의 가장 먼 곳에 한 줄로 늘어선 건물이 있는데, 벽과 5개의 창문만 표현되었다.

도29 하남성 밀현 후사곽 1호묘 전실 북벽 횡액 벽화, 후한(賀西林·鄭岩 主編, 『中國墓室壁畫全集』 제1권, 石家莊: 河北教育出版社, 2010, p.62의 도72)

도30 하남성 초작시 백장 121호묘 채회도루, 전한(『中原文物』 2010년 제6기, 彩版1.1)

---

77 焦作市文物工作隊, 「河南焦作白莊漢墓M121·M122發掘簡報」, 『中原文物』 2010년 제6기, pp.10-27, p.46, 彩版1·2. 이런 '규창' 인물이 있는 채회도루는 하남 지역에서 다수 발견되었는데, 대부분 후한대 작품이다.

78 安徽省文物考古研究所·馬鞍山市文化局, 「安徽馬鞍山東吳朱然墓發掘簡報」, 『文物』 1986년 제3기, pp.1-15.

79 이 그림 속 '악장(幄帳)'의 고증에 대해서는 揚之水, 『曾有西風半點香—敦煌藝術名物叢考』, 北京: 生活·讀書·新知三聯書店, 2012, p.6. 참조.

도31 안휘성 마안산시 우산구 주연묘 칠안의 화상, 손오시대(王俊 主編, 『馬鞍山文物聚珍』, 北京: 文物出版社, 2006, p.70)

창문에는 마름모꼴 창살 너머로 한 두 사람을 그려 놓았는데, 그들의 시선은 화면 중앙을 향하고 있다. 화면의 주체는 폐쇄된 공간에서 벌어지는 인물들의 활동이며, 예술가는 규창의 도식을 통해 화면 깊은 곳에 또 다른 공간의 존재를 암시하고 있다. 창 너머 인물들의 시선이 백희장면에 집중되었기 때문에 화면은 '안'과 '밖'이라는 두 공간의 존재로 인해 분열되지 않았다. 반대로 창 안의 인물은 화면 밖에 있는 관람자와 마찬가지로 시선을 모두 화면 중심으로 집중하고 있다. 5개의 창을 투과하는 시선은 관람자로 하여금 이 전체 화면을 하나의 창으로 상상하게끔 한다. 바꿔 말하면 관람자 역시 저 멀리 창 너머의 인물처럼 또 다른 창을 통해 화면 중앙의 사람들을 주시하게 된다. 이 또 다른 창의

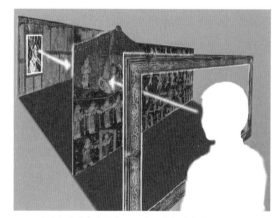

도32 안휘성 마안산시 우산구 주연묘 칠안 화상의 공간구조 표시도, 손오시대(필자 제작)

테두리야말로 전체 화면의 테두리다.(도32)

운남성 소통昭通 후해자後海子에 위치한 곽승사묘霍承嗣墓는 동진 태원 11년(386)에서 19년 사이에 조성되었을 것으로 추정되는데, 천장의 서쪽 경사

면 아래쪽 중앙에 선초仙草를 손에 들고 청룡을 이
끄는 여성이 묘사되어 있다. 여성의 그림에는 "玉
女以草授龍"이라는 묵서墨書 제기와 "金女覎聰而
視"라는 주서朱書 제기가 있다.[80] '覎'은 곧 '규窺'이
며, '총聰'은 '총憁'과 통한다. 그러므로 주서의 제기
는 '금녀가 창을 통해 바라보다金女窺窗而視'로 해석
할 수 있다. 여성이 선초를 들고 청룡을 이끄는 벽
화는 무덤 속 사신도 가운데 하나인데, "옥녀가 용
에게 풀을 주다玉女以草授龍"의 제기는 이 도상과
잘 대응하고 있다. 그러나 '金女窺窗而視'에 상응
하는 도상은 없다.

우리는 이 도상과 문자의 제작과정을 어렵지 않
게 추정할 수 있다. 화공은 먼저 청룡벽화에 청룡을
인도하는 사람을 하나 추가했다.[81] 그리고 다시 "玉
女以草授龍"의 제기를 써서 설명을 덧붙였다. 이
때 화공은 아마 '옥녀'라는 글자로부터 〈노영광전
부〉의 "玉女窺窗而下視"라는 글귀를 떠올렸을 것
이다. 그리하여 이 구절을 앞의 제기 옆에 썼다. 이
때 그는 '옥녀'를 '금녀'로 바꿔 앞 제기 속의 '옥녀'
와 중복되지 않도록 했다. 그러나 '金女窺窗而視'
라는 제기는 이에 맞는 도상을 이끌어내지 못했다.
이런 사례로부터 〈노영광전부〉의 궁전벽화를 묘사
한 대목이 후세의 벽화 창작자들 사이에서 문자 혹

도33 영하회족자치구 고원 뇌조묘 무덤 출토 채회칠관의 잔편, 북
위(寧夏固原博物館, 『固原北魏墓漆棺畫』, 채색모본 제4폭)

은 기억을 통해 대대로 전해졌음을 알 수 있다.[82]

북조 무덤에서도 규창의 전통은 여전히 지속되
었다. 영하회족자치구寧夏回族自治區의 고원固原 뇌
조묘雷祖廟에 있는 북위 무덤에서 출토된 묘금描金
채회칠관漆棺 양쪽에는 회화형식으로 작은 창을 두
개 내고, 각 창의 안쪽에 밖을 조망하는 두 인물을
묘사했다.(도33)[83] 동일한 형식은 낙양 출토 북위 정
광 5년(524) 원밀元謐석관에서도 볼 수 있다.(도34)[84]
이 석관의 표면에는 많은 효자고사가 장식되어 있
는데, 여기 묘사된 점점 멀어지는 산림山林의 존재
는 석관 표면의 존재를 잊게 만들 정도다. 그런데
우리의 시선이 창 속 인물의 시선과 서로 만나는 지
점은 창문이 있는 평면이다. 우홍의 언급대로 창문
은 사람들로 하여금 다시 석관 평면의 존재를 매우

80 雲南省文物工作隊, 「雲南省昭通後海子東晉壁畫墓淸理簡報」, 『文物』 1963년 제12기, pp.1-6.

81 남경 지역에서 발견된 연대가 조금 늦은 남조의 대형 무덤에서도 같은 주제를 볼 수 있다. 즉 단양 학선요와 김가촌 남조 무덤 용도
에는 선인이 청룡과 백호를 인도하는 벽돌벽화가 있다(南京博物院, 「江蘇丹陽胡橋南朝大墓及磚刻壁畫」, 『文物』 1974년 제2기,
pp.44-56; 南京博物院, 「江蘇丹陽胡橋, 建山兩座南朝墓葬」, 『文物』 1980년 제2기, pp.1-17).

82 근대의 민간화공들 속에서도 많은 화결이 구전되고 있는데, 회화기법에 관련된 것도, 회화제재에 관련된 것도 있다. 이에 대해서는 王
樹村, 『中國民間畫訣』, 北京: 北京工藝美術出版社, 2003을 참조.

83 寧夏固原博物館, 『固原北魏墓漆棺畫』, 銀川: 寧夏人民出版社, 1988, 彩色摹本 제4폭과 6폭.

84 黃明蘭, 『洛陽北魏世俗石刻線畫集』, 北京: 人民美術出版社, 1987, pp.30-39.

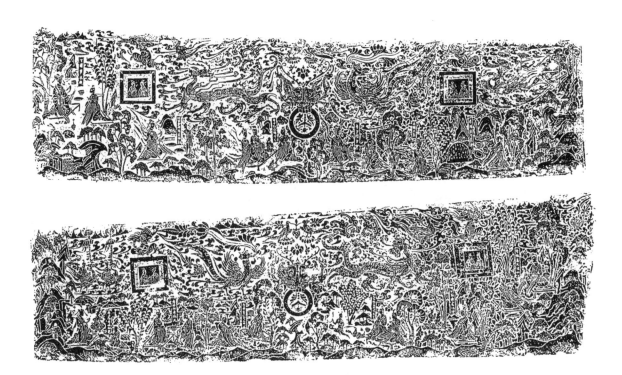

도34 하남성 낙양시 출토 원밀석관, 북위(『瓜茄』제5호, 大阪: 瓜茄研究所, 1939, 끼워 넣은 쪽의 그림)

강하게 의식하도록 한다.[85]

실제로 호북성湖北省 수주隨州의 전국시대 무덤인 증후을묘曾侯乙墓에서 출토된 칠관에는 채색으로 그린 창이 출현한다. 그러나 창 사이에 인물 형상은 없다.[86] 북위 칠관과 석관 속의 창은 거대한 시간대를 뛰어넘어 옛 전통과 직접적인 관계를 건립하지는 못한 것 같다. 다만 둘 사이의 공통점은 모두 사자를 안장하는 '합盒'을 하나의 방房으로 전환시켰다는 것이다. 방은 문과 창문이 필요하다.[87] 북

위의 예술가는 창으로 인해 한대부터 유행한 '규창'을 연상했으며, 이 때문에 옛 고사가 새로 제작된 관과 결합했다. 초기 도교의 영향을 보여주는 해제병解除瓶 위의 진묘문鎭墓文은 "산 자는 집이 있고, 죽은 자는 관곽이 있다"라고 자주 언급하여,[88] 생사가 다른 길임을 강조한다. 예술가의 노력은 곧 생과 사를 잇고 그 전환관계를 수립함으로써 사자에게 집을 주어 생사의 대립을 점점 약화시키는 것이지, 하나의 창을 만들어 우리로 하여금 그 내부의 싸늘

85　巫鴻 著, 鄭岩·王睿 編, 『禮儀中的美術—巫鴻中國古代美術史文編』, p.696.

86　湖北省博物館, 『曾侯乙墓』下冊, 北京: 文物出版社, 1989, 도판10.1.

87　고원 뇌조묘 칠관과 원밀석관의 앞판에는 모두 가문이 있다.

88　"生人自有宅舍, 死人自有棺槨." 산서성 임의현(臨猗縣) 가서촌(街西村) 출토 후한 연가 9년(166) 해제병 위에 문자가 있다. 이에 대해서는 王澤慶,「東漢延熹九年朱書魂瓶」,〈中國文物報〉1993년 11월 7일, 제3판을 참조.

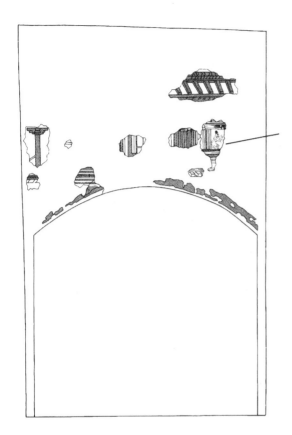

도35 섬서성 예천시 동평촌 신성장공주묘의 문루 벽화, 당(陝西省 考古研究所 等, 『唐新城長公主墓發掘報告』, pp.78-79, 도79)

한 사망을 보게 하고자 한 것은 아니다.

당대에는 규창의 사례가 우연히 나타날 뿐이다. 섬서성 예천禮泉 동평촌東坪村 당 태종의 소릉昭陵에 배장된 신성장공주묘新城長公主墓(663)의 묘도 북벽 과동過洞 위쪽에 문루門樓가 하나 그려져 있다. 그 동쪽의 잔편 벽화에 둥글게 말아 올린 커튼 너머로 한 궁녀가 실내에 앉아 있는 모습이 있다.(도35)[89] 난간과 커튼 모두 관람자의 시선을 창 너머 실내로 이끈다. 이와 조금 다른 사례는 섬서성 포성蒲城 삼합촌三合村 당 천보 원년(742) 양황제讓皇帝 이헌李憲부부의 혜릉惠陵 묘도 북벽의 문루에 그려진, 대나무 발 안에서 몸을 구부리고 아래를 조망하는 서생이다.(도36)[90] 이 두 사례는 '안팎'의 모순 이외에 '상하' 관계를 첨가했는데, 우리로 하여금 다시 한 번 〈노영광전부〉의 "옥녀가 창 너머로 아래를 바라본다"는 구절을 연상시킨다. 섬서성 빈현彬縣의 풍

89 陝西省考古研究所・陝西歷史博物館・禮泉縣昭陵博物館, 『唐新城長公主墓發掘報告』, 北京: 科學出版社, 2004, pp.78-79, 도판20.

90 陝西省考古研究所, 『唐李憲墓發掘報告』, 北京: 科學出版社, 2005, p.131, 도144.

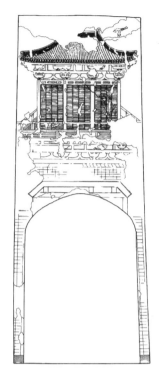

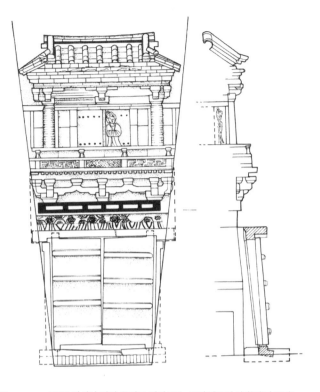

도36 섬서성 포성 삼합촌 이헌 양황제 혜릉의 문루 벽화, 당(陝西省考古研究所, 『唐李憲墓發掘報告』, p.131의 도144)

도37 섬서성 빈현 풍휘묘 채회문루, 오대(咸陽市文物考古研究所, 『五代馮暉墓』, 도6)

휘묘馮暉墓[도37][91]와 섬서성 보계시寶雞市 이무정李茂貞부인묘[92] 등 두 오대 무덤의 묘 문 위쪽에 벽돌로 만든 채회문루가 있다. 당대 무덤의 문루 전통이 연속되는 것인데, 이런 문루 위에는 모두 '부인 반계문'이 장식되어 있다. 즉 규창과 반계문이라는 유사방안이 여기에서 함께 연결되고 있는 것이다.

규창은 시선의 운동이며, 계문은 공간에 대한 신체의 돌파다. 그러므로 양자는 그것들이 가지고 있는 긴장도가 완전히 같지는 않다. 그러나 창문의 틀과 문틈의 면적은 유한하고, 규창은 계문과 마찬가지로 숨김과 드러냄의 비교이며 타협이다. 그러므로 안팎공간의 표현이라는 점에서 볼 때, 반계문은 특별하지만 유일하지는 않은 형식이며, 사람들이 시도해 본 각종 형식 가운데 선택된 하나다.

5. '반계문' 도상의 마술

산동성 추성의 전한대 무덤인 와호산 2호묘의 〈반계문도〉를 탁본으로 보면, 하나의 독립적인 그림으로 보인다.[도3] 무덤에서 이 그림은 석곽의 동쪽 끝

---

91 咸陽市文物考古研究所, 『五代馮暉墓』, 重慶: 重慶出版社, 2001, 도6, 彩版2.

92 寶雞市考古研究所, 『五代李茂貞夫婦墓』, 北京: 科學出版社 2008, pp.41-43.

도38 사천성 성도시 토교묘 화상, 후한(龔廷萬·龔玉·戴嘉陵 編, 『巴蜀漢代畫像集』, 北京: 文物出版社, 1998, 도81)

도39 사천성 형경석관 화상, 후한(高文 主編, 『中國畫像石全集』 제7권, pp.88-89, 도111)

외벽에 조각되었는데, 그림 속의 '문'은 또한 석곽의 '문'이기도 하다. 유사한 사례는 후한의 왕휘석관(도2)[93]에서도 볼 수 있다. 여기서 필자는 '반계문도'를 일종의 '건축부재'로 보고자 한다. 그러므로 무덤에서 이 도상의 의미는 건축의 부분 형상을 이용하여 묘실과 관곽을 완전한 '건축'으로 전환하는

데 있다. 이런 지하건축은 지상건축과 유사한 형상을 지니며, 또 특정한 상징의의를 갖고 있다.

사천성 성도시 토교土橋의 후한대 무덤 속 〈반계문도〉(도38)는 다른 유형에 속한다. 여기서 반쯤 열린 문 역시 건축의 일부다. 그러나 이 건축은 '그림속의 건축', 즉 건축의 형상이 이미 화면 내부에서 완

---

93 왕휘석관 앞쪽의 반계문과 석관의 구조 및 의의에 대해서는 우홍이 이미 논한 바 있다(巫鴻 著, 鄭岩·王睿 編, 『禮儀中的美術—巫鴻中國古代美術史文編』, p.176).

도40 하남성 우현 백사 조대옹묘 전실 서북쪽 모서리 두공, 북송
(宿白, 『白沙宋墓』, 도판2)

도41 하남성 우현 백사 조대옹묘 후실 동북벽 가창, 북송(宿白,
『白沙宋墓』, 도판33.1)

성되어 석관의 의미로 하여금 근본적인 변화를 발생시키지는 못한다. 유사한 사례는 송대와 금대의 '명황유월궁明皇遊月宮' 동경에서도 볼 수 있다.[94] 여기에도 '반계문도'가 있지만 단지 고사의 한 장면일 뿐, 거울은 여전히 거울이다. 이런 유형의 '반계문도'는 '회화의 부속품'이라 부를 수 있다. 사천성 형경시 석관의 〈반계문도〉는 '건축의 부재'와 '회화의 부속품'이라는 두 기능을 동시에 갖추고 있다. 그리하여 화면의 요구를 만족시키고 있을 뿐 아니라, 이 화면이 석관의 유기적인 구성 부분이 되도록 하였다.(도39) 한대 무덤에서 '회화의 부속품'으로서 반계문은 '건축부재'로서의 반계문보다 수량이 많으며, 당송시기에는 후자가 더욱 많다.

문 이외에 다른 '건축부재'로는 두공,(도40) 기둥, 창(도41) 등이 있다. 묘실의 조영과정에서 두공, 기둥, 창 등의 부재는 회화나 조각의 형식으로 제작되는데, 연구자는 이를 목조건축을 모방했다는 의미에서 '방목仿木구조'라 부른다.[95] 방목구조의 묘실은 전한과 후한시기 횡혈묘의 유행에 따라 출현하기 시작했으며, 요·송·금·원대에 매우 유행했다. 벽돌과 돌로 제작한 일부 건축부재는 상당히 진짜처럼 보이며, 돌이나 벽돌은 매우 정교하게 잘리고 연마되었다. 오색찬란한 색채는 재료가 원래 가지고 있던 질감을 은폐하였다. 나아가 구조적으로도 매우 정확히 만들고자 하였다.[96] 그러나 이런 복제품은

---

94 孔祥星, 『中國銅鏡圖典』, 北京: 文物出版社, 1992, pp.750-751.

95 방목구조의 묘실에 대한 최근의 주요 연구는 Wei-Cheng Lin, "Underground Wooden Architecture in Brick: A Changed Perspective from Life to Death in 10th-through 13th-Century Northern China", *Archives of Asian Art*(October 2011), 61(1), pp.3-36.

96 수바이는 조대옹묘 문의 두공의 재료나 쌔기 등의 고도가 15: 5.2인 점에 주목했는데, 이는 북송의 『營造法式』의 규정에 매우 접근해

결코 지상건축의 부재와 완전히 똑같지는 않았다. 그것들의 구조는 재료와 기술이 가지는 한계의 영향을 받았다.[97] 그리고 그것들은 반드시 묘실 내부 공간에 의존하여 존재하는 것이었다. 앞서 우리는 이미 북위 칠관 및 석관의 창과 주택 개념의 관련에 대해 거론했는데, 마찬가지로 무덤 안의 건축부재는 있어도 되고 없어도 되는 장식이 아니다. 반대로 그것들이 존재함으로써 무덤은 사자를 매장한 지하의 '구멍'이나 '구덩이'에서 지상건축과 흡사한 그림자상[鏡像], 즉 '지하궁전'이 되는 것이다.

라잉Ellen Johnston Laing은 '요대 및 그보다 약간 뒷시기에 조성된 무덤 대부분이 내부 천장에 천상도를 그리고, 네 벽의 들보와 기둥 및 두공을 모두 밖으로 튀어나오게 만든' 흥미로운 현상에 주목했다. 이런 관찰에 기초하여 묘실은 실내공간이 아니며, 방 중앙에 있는 정원을 모방한 것이라 해석하였다.[98] 이런 견해에 대해 리칭취안은 선화의 요대 무덤 "후실 벽화에 묘사된 차나 경전을 준비하는 장면, 물건을 실으려는 장면, 음식을 준비하는 장면 등이 왜 정원에서 진행되는지 해석할 방법이 없다. 그리고 옛 사람들이 평상시에 정원에서 등을 밝히고 옷을 갈아입고 화장하는 것은 더욱 상상할 수 없다"고 비판하였다. 그는 선화 요대 고분의 후실을 '묘주가 지하에서 일상생활을 할 수 있도록 제공된

도42 하남성 우현 백사 조대옹묘 묘실 구조 투시도, 북송(宿白,『白沙宋墓』, p.23)

하나의 당堂'으로 보았으며, 나아가 이렇게 정성껏 장식된 '당'은 "결코 지하나 인간계에 있는 것이 아니며, 불교신앙을 가지고 있던 장씨가족 및 그 동시대인들이 상상할 수 있었던 영혼의 영원한 안식처, 즉 천당"으로 보았다.[99] 린웨이정林偉正 역시 기술과 관념이라는 측면에서 이 문제를 더욱 세밀하게 분석했다. 그는 건축의 바깥 입면 형상을 하나의 내부공간에서 조합하는 것은, 산 자들의 세계에 건립되는 목조건축의 부호를 새롭게 포장하고 여기에 새로운 문화적 함의를 부여함으로써 고인을 위해 새로운 어휘를 만들어낸 것이라고 보았다.[100]

있다. 이에 대해서는 宿白,『白沙宋墓』, pp.31-32의 주석1 참조.

97 수바이는 벽돌의 한계로 말미암아 조대옹묘의 일부 부재가 많은 부분 제도와 합치되지 않음을 주목했다. 모든 두공의 튀어나온 부분이 매우 짧은 게 대표적이다(宿白,『白沙宋墓』, p.27).

98 Ellen Johnston Laing, "Patterns and Problems in Later Chinese Tomb Decoration", *Journal of Oriental Studies*, 16, nos. 1,2(1978), pp.3-20; "Chin 'Tartar' Dynasty(1115-124) Material Culture", *Artibus Asiae*, no.49,1/2(1988/89), pp.73-126.

99 李淸泉,『宣化遼墓―墓葬藝術與遼代社會』, pp.246-250.

100 Wei-Cheng Lin, "Underground Wooden Architecture in Brick: A Changed Perspective from Life to Death in 10th-through

도43 하남성 우현 백사 조대옹묘 묘문 바깥문을 막은 벽돌, 북송(宿白,『白沙宋墓』, p26의 삽도3)

도44 하남성 우현 백사 조대옹묘 용도 동벽의 가문, 북송(宿白,『白沙宋墓』, 도판18.2)

확실히 이런 종류의 묘실을 일방적으로 내부 혹은 외부라고 보는 것은 전면적이지 않다. 실제로 방목구조의 묘실은 이중적 성격을 지닌다. 조대옹묘(도42)를 보면, 묘실 단면의 벽면에 각종 '건축부재'가 지상건축의 생동적인 입면도를 구성하고 있고, 문·창·두공의 방향은 그 배후에 볼 수 없는 부분이 실내임을 암시한다. 또한 바깥으로 돌출된 부재들은 실제적이면서 폐쇄된 내향적 공간을 만들었는데, 각종 부장품은 이 '정원' 같은 공간 속에 놓여 있다. 여기서 문이나 창과 같은 것들이 아무리 진짜 같더라도 그 배후는 실제로는 모두 끝없는 황토다. 벽돌 하나하나를 자르고, 연마하고, 붙여 맞추고, 채색하여 하나의 두공을 만들어내니 비교할 수 없을 만큼 진짜 같기도 하고 만질 수도 있다. 그러나 그 두공은 무게를 받치는 원래의 기능이 없다. 반대로 장인은 이 부재가 떨어지지 않도록 주의를 기울여야만 했다. 한편 각종 '건축부재'의 배치는 구조의 논리에 부합하고, 척도 역시 비례에 부합했다. 그러나 실제의 묘실은 작고 좁다. 조대옹묘의 경우 전실 내부는 길이 1.84m, 너비 2.28m이며, 육각형 평면의 후실에서 가장 넓은 곳이라고 해봤자 2m 남짓이다. 리칭취안의 해석에 의하면, 요대 무덤 후실 북벽에 출현하는 〈부인 계문도〉의 배후는 '침寢'을 상징한다. 그러나 사자의 시체는 실제로는 후실의 관상棺床 위에 놓는다. 조대옹 부부의 육신은 시간이 흐름에 따라 부패하며, 동시에 그들의 생생한 형상은 오히려 벽면에 영원히 머물게 된다.(도26)[101]

13th-Century Northern China", p.27.

101 묘주도와 사자의 시신에 관한 논의는 본서 「죽은 자의 마스

더욱 흥미로운 한 쌍의 모순은 이 묘의 앞쪽에서 출현한다. 한편으로는 용도 바깥쪽 끝에 문을 봉하는 벽돌을 3층으로 쌓아올리고,(도43) 그 바깥쪽의 묘도에는 흙을 빽빽하게 메워 전체 무덤을 아주 엄밀하게 봉쇄했다. 또 한편으로는 용도의 동서 양벽에 각각 높이 117cm, 너비 52cm, 두께 2cm의 판으로 된 문짝 하나를 쌓고 문의 못이나 고리 등을 장식했는데 정말로 진짜 같다(상술했듯이 이 문판 뒤쪽에는 돈을 선물하는 사람 등의 벽화가 있다).(도44) 바꿔 말해 이 무덤에는 두 종류의 문이 있는데, 실제의 통로와 허구의 도상이다. 전자는 튼튼하고 소박한 반면, 후자는 정말 진짜 같다. 그리고 전자는 매정하게 닫혀 있고, 후자는 영원히 열려 있다.

이와 같은 두 모순은 두 개의 다른 철학개념을 기초로 하고 있다. 하나는 현실이며, 하나는 이상이다. 현실적인 면에서 인간은 반드시 죽음에 직면한다. 사람이 죽은 후 시체는 지하에 묻힌다. 재료와 기술, 재력의 한계로 말미암아 지하의 묘실공간은 매우 유한하다. 생사는 다른 것이지만, 동시에 도적을 막기 위해 문을 봉쇄하는 벽면은 반드시 견고하게 만들어져야만 한다. 무덤이 봉쇄된 후에는 사람을 절망케 하는 암흑과 죽음 같은 적막이 있다. 이상적인 면에서 보면, 사람들은 결코 사망을 완전한 종결로 보지 않았다. 그리고 사후에도 또 다른 세계와 또 다른 '생활'이 있기를 희망했다. 경전을 읊거나 제사를 지내는 것 이외에도 물질적으로 상응하

는 조치를 했다. 그리하여 무덤은 고인이 생전에 살던 집처럼 설계되었고, 심지어는 생전에 살던 집보다 더 호화롭기까지 했다. 묘실에도 빛이 있어야 했으며, 지하에도 일월성신이 있어야 했다. 개념적으로 또는 시각적으로 묘실의 공간을 확대해야 했으며, 각종 의례용구를 완전하게 구비해야 했다. 또 좌우에서 시중을 드는 시종이 필요했으며, 생명을 잃은 시신은 영생의 형상으로 전환되어야만 했다. 이런 무궁무진한 소망은 바로 예술이라는 수단을 통해 실현되었다.

더욱 복잡한 것은 현실과 이상이 결코 두 줄의 평행선이 아니라는 점이다. 반대로 그들은 동일한 무덤 안에서 공존하고 있다. 우리는 무덤에서 무엇이 현실이고, 무엇이 예술인지 확실히 구분하기 어려울 때가 많다. 무덤의 조영, 시신의 매장은 원래 신앙과 이상에 기반을 두고 있다. 예술표현을 통해 이런 어려움을 돌파해야 하지만, 공간이나 기술, 그리고 재료의 제약을 받는다. 모든 예술의 실천은 최종적으로는 물질적 형식으로, 그리고 시각적 언어로 구현되어 새로운 사실로 변화한다. 이 모든 것은 우리로 하여금 모든 도상과 그 공간적 관계를 단일한 논리에 의해 엄격하게 해석하도록 만들지 않는다. 하나의 무덤은 곧 현실과 이상, 사망과 예술이 부딪히고 교직되며 서로 모의하고 타협한 결과다. 그 목적은 곧 현실과 환상의 섞임이다.[102]

이런 인식을 기초로 다시 '반계문도'를 보면, 우

크—북주 강업묘(康業墓) 석관상(石棺床)의 도상」참조.

102 린웨이청의 논리에 의하면 방목구조의 묘실이 표현하는 것은 '진실한 환경(幻境. a realistic illusion)'이 절대 아니며 환상화된 현실(an illusory reality)이다(Wei-Cheng Lin, "Underground Wooden Architecture in Brick: A Changed Perspective from Life to Death in 10th-through 13th-Century Northern China", p.6).

III. 당대~원대

리는 이것이 단지 하나의 화면이 아니며 상술한 모순에 대한 농축되고 간결한 예술표현임을 발견하게 된다.[103]

일반적으로 우리가 벽화를 감상할 때, 벽면은 도상에 의해 가려진다. 새가 벽면에 그려진 포도를 쪼아 먹었다는 전설에서 새는 벽의 존재를 의식하지 못했다. 그러나 문은 다르다. 문은 반드시 벽면에 의지해 존재한다. '건축부재'로서 문은 회화나 조각을 통해 완성된다. 그러나 벽은 예술적으로 표현을 덧붙일 필요가 없다. 왜냐하면 그것은 진실하게 거기에 우뚝 솟아 있기 때문이다. 그려진 문은 벽의 존재를 인정하지만, 도상으로서 그것은 벽의 한계를 애써 깨려 한다. 반쯤 열린 문, 아름다운 여성은 모두 관람자의 주의력을 벽면으로부터, 그리고 사망으로부터 떼어놓는다. 마치 인형극 〈신필神筆〉속의 한 대목과 같다. 즉 어린 주인공 마량馬良이 감옥의 벽에 문을 하나 그렸는데—벽이 없다면 문을 그릴 수 없다—갑자기 신비스러운 붓이 마력을 발휘하자 문이 활짝 열려 자유를 얻었다는 것이다.

본문의 집필 과정에서 李淸泉, 王雲, 洪知希, 王文娟, 吳雪杉, 張增午, 肖貴田 등의 도움을 받았다. 본문의 초고는 일찍이 스페인어 "La《puerta entreabierta》en el arte imperial chino"(traducido por Ivo Hardies)와 영어 "The 'Half-Open Door' in Ancient Chinese Art"(translated by Daniel Szehin Ho)로 번역되어 두 언어가 사용되는 *Art in China*(Issue 4, Winter 2012, pp.8-15, pp.16-22) 잡지에 실렸다. 중문은 크게 증보했는데, 제4장 속의 일부를 발췌해 「說"窺窓"」의 제목으로 『設計藝術研究』(2012년 제1기, pp.29-32)에 수록했으며, 제1장에서 3장까지, 그리고 제5장은 축소하여 『故宮博物院院刊』(2012년 제3기, pp.16-36)에 수록했다. 본서에 전문을 발표하며 약간의 수정을 가했다.

---

103 덩샤오난도 '반계문'과 공간의 복잡한 관계에 대해 논의한 바 있다. 그의 주장에 의하면 이른바 '부인계문' 형상에서, '여는 것'과 '닫는 것'은 사실상 절대적으로 구분되지 않는다. 그리고 묘실구조를 볼 때 그녀들이 연 것은 확실히 외부세계로 통하는 문이 아니며, 그들이 안쪽 문을 상대하면서 '나가는 것'은 실제로는 묘실에 상대하여 '진입'하는 것이다(鄧小南, 「從考古發掘材料看唐宋時期女性在門戶內外的活動—以唐代吐魯番 · 宋代白沙墓葬的發掘資料爲例」, 주30).

부록

참고문헌

1. 고대 문헌 사료

[漢]鄭玄 注·[唐]賈公彦 疏, 『周禮注疏』, 上海: 上海古籍出版社, 1990.

[漢]鄭玄 注·[唐]孔穎達 疏, 『禮記正義』, 北京: 北京大學出版社, 1999.

[漢]郑玄 笺, 『毛詩正義』, 北京: 中華書局, 1980.

[漢]鄭玄 注·[唐]賈公彦 疏, 『儀禮注疏』, 北京: 北京大學出版社, 2000.

[清]孫希旦 著, 沈嘯寰·王星賢 點校, 『禮記集解』, 北京: 中華書局, 1989.

[漢]司馬遷 撰, 『史記』, 北京: 中華書局, 1959.

[漢]班固 撰, 『漢書』, 北京: 中華書局, 1964.

[晉]範曄 撰, 『後漢書』, 北京: 中華書局, 1965.

[晉]陳壽 撰, 『三國志』, 北京: 中華書局, 1959.

[梁]沈約 撰, 『宋書』, 北京: 中華書局, 1979.

[梁]蕭子顯 撰, 『南齊書』, 北京: 中華書局, 1972.

[北齊]魏收 撰, 『魏書』, 北京: 中華書局, 1974.

[唐]杜佑 撰, 『通典』, 北京: 中華書局, 1984.

[唐]令狐德棻 等撰, 『周書』, 北京: 中華書局, 1971.

[唐]房玄齡 等撰, 『晉書』, 北京: 中華書局, 1974.

[唐]姚思廉 撰, 『梁書』, 北京: 中華書局, 1973.

[唐]魏徵 等撰, 『隋書』, 北京: 中華書局, 1973.

[唐]李百藥 撰, 『北齊書』, 北京: 中華書局, 1972.

[唐]李延壽 撰, 『南史』, 北京: 中華書局, 1975.

[唐]李延壽 撰, 『北史』, 北京: 中華書局, 1997.

[後晉]劉昫 等 撰, 『舊唐書』, 北京: 中華書局, 1975.

[宋]歐陽修·宋祁 撰, 『新唐書』, 北京: 中華書局, 1975.

[戰國]屈原, 洪興祖 撰, 白化文 等 點校, 『楚辭補注』, 北京: 中華書局, 1983; 류성준 편저, 『초사(楚辭)』, 문이재, 2002.

[漢]東方朔 撰, 『十洲記』, 上海古籍出版社 編, 『漢魏六朝筆記小說大觀』, 上海: 上海古籍出版社, 1999.

[漢]王符 撰·[清]汪繼培 箋·彭鐸 校正, 『潛夫論箋校正』, 北京: 中華書局, 1985.

[漢]王充 撰, 黃暉 校釋, 『論衡校釋』, 北京: 中華書局, 1990.

[漢]劉向 集錄, 範祥雍 箋證, 『戰國策箋證』, 上海: 上海古籍出版社, 2011.

[漢]劉歆 撰, 向新陽·劉克任 校注,『西京雜記校注』, 上海: 上海古籍出版社, 1991.

[漢]桓寬 撰·王利器 校注,『鹽鐵論校注』, 北京: 中華書局, 1996.

[劉宋]劉義慶 撰, 劉孝標 注, 楊勇 校箋,『世說新語校箋』, 北京:中華書局, 2006; 餘嘉錫 箋疏,『世說新語箋疏』, 上海: 上海古籍出版社, 1995.

[梁]蕭統 編, 李善 注,『文選』, 上海: 上海古籍出版社, 1986; 김영문 등 역,『문선역주』, 소명출판, 2010.

[北魏]酈道元 注·楊守敬等 疏,『水經注疏』, 南京: 江蘇古籍出版社, 1999; 陳橋驛 校正,『水經注校正』, 北京: 中華書局, 2007.

[東魏]楊衒之 撰·周祖謨 校釋,『洛陽伽藍記校釋』, 北京: 中華書局, 2010년 제2판; 范祥雍 校注,『洛陽伽藍記校注』, 上海: 上海古籍出版社, 1978.

[唐]段成式,『酉陽雜俎』, 北京: 中華書局, 1981.

[唐]段成式,『酉陽雜俎』前集, 上海古籍出版社 編,『唐五代筆記小說大觀』上冊, 上海: 上海古籍出版社, 2000.

[唐]白居易, 顧學頡 校點,『白居易集』, 北京: 中華書局, 1979.

[唐]白居易, 朱金城 箋校,『白居易集箋校』제2책, 上海: 上海古籍出版社, 1988.

[唐]徐堅 等著,『初學記』, 北京: 中華書局, 2004.

[唐]虞世南 撰, 孔廣陶 校注,『北堂書鈔』, 北京: 中國書店, 1989.

[唐]劉禹錫 撰, 卞孝萱 校訂,『劉禹錫集』, 北京: 中華書局, 1990.

[唐]張彥遠 撰, 秦仲文·黃苗子 點校,『歷代名畫記』, 北京: 人民美術出版社, 1963; 于安瀾 編,『畫史叢書』제1책, 上海: 上海人民美術出版社, 1963; 兪劍華 注釋,『歷代名畫記』, 上海: 上海人民美術出版社, 1964.

[唐]朱景玄,『唐朝名畫錄』, 盧輔聖 主編,『中國畫學全書』第1冊, 上海: 上海書畫出版社, 1993; 于玉安 編,『中國歷代美術典籍彙編 第六冊—唐朝名畫錄』, 天津: 天津古籍出版社, 1997.

[宋]郭若虛,『圖畫見聞誌』, 北京: 人民美術出版社, 1963.

[宋]郭熙,『林泉高致集·山水訓』, 于安瀾 編,『畫史叢書』제1책, 上海: 上海人民美術出版社, 1963.

[宋]董逌,『廣川畫跋』, 盧輔聖 主編,『中國書畫全書』제1책, 上海: 上海書畫出版社, 1993.

[宋]鄧椿·莊肅 撰, 黃苗子 點校,『畫繼/畫繼補遺』, 北京: 人民美術出版社, 1964.

[宋]蘇軾,『東坡集』, 舒大剛 主編,『宋集珍本叢刊』제17책, 北京: 線裝書局, 2004.

[宋]沈括 著, 胡道靜 校證,『夢溪筆談校證』, 上海: 上海古籍出版社, 1987.

[宋]李昉 等撰,『太平廣記』, 北京: 中華書局, 1995.

[宋]李昉 等撰,『太平御覽』, 北京: 中華書局, 1960.

[宋]錢易 撰, 黃壽成 點校,『南部新書』, 北京: 中華書局, 2002.

[元]劉嶽申,『申齋文集』, 陳高華,『元代畫家史料』, 上海: 上海人民出版社, 1980.

[淸]董浩 等 編,『全唐文』, 北京: 中華書局, 1983.

[淸]曹雪芹 撰, 無名氏 續, 中國藝術研究院紅樓夢研究所 校注,『紅樓夢』上冊, 北京: 人民文學出版社, 1982.

[淸]王嗣奭 撰,『杜臆』, 上海: 上海古籍出版社, 1983.

[淸]王先愼 撰, 鍾哲 點校,『諸子集成·韓非子集解』, 北京: 中華書局, 1998.

[淸]趙翼 撰,『陔餘叢考』, 臺北: 世界書局, 1965.

[淸]陳立 撰, 吳則虞 點校,『白虎通疏證』下冊, 北京: 中華書局, 1994.

[淸]嚴可均 校輯,『全上古三代秦漢三國六朝文』, 北京: 中華書局, 1995.

[淸]彭定求 等奉敕編校,『全唐詩』, 北京: 中華書局, 1960.

[淸]蒲松齡,『聊齋志異(二十四卷抄本)』, 濟南: 齊魯書社, 1981.

郭慶藩 撰, 王孝魚 點校,『莊子集釋』, 北京: 中華書局, 1961.

逯欽立 輯校,『先秦漢魏晉南北朝詩』, 北京: 中華書局, 1983.

吳鋼 主編,『全唐文補遺』, 西安: 三秦出版社, 1998.

袁珂,『山海經校注』, 上海: 上海古籍出版社, 1980.

劉文典 撰, 馮逸·喬華 點校,『淮南鴻烈集解』, 北京: 中華書局, 1989.

姚鉉 編,『唐文粹』권97,『四部叢刊初編』.

諸祖耿,『戰國策集注彙考(增補本)』, 南京: 鳳凰出版社, 2008.

陳直,『三輔黃圖校證』, 西安: 陝西人民出版社, 1980.

陳直,『漢書新證』, 天津: 天津人民出版社, 1985.

陳曉捷 注,『三輔決錄·三輔故事·三輔舊事』, 西安: 三秦出版社, 2006.

何淸谷,『三輔黃圖校注』, 西安: 三秦出版社, 2006.

許維遹,『韓詩外傳集釋』, 北京: 中華書局, 1980.

[宋]趙明誠 撰·金文明 校證,『金石錄校證』, 桂林: 廣西師範大出版社, 2005.

[宋]洪括 撰,『隷釋·隷續』, 北京: 中華書局, 1986.

[淸]葉昌熾 撰, 柯昌泗 評,『語石·語石異同評』, 北京: 中華書局, 1994.

[淸]馮雲鵬·馮雲鵷,『金石索·石索』, 北京: 書目文獻出版社, 1996.

生克昭,『滕縣金石志』, 北京: 法源寺刊本, 1944.

周紹良,『唐代墓志彙編』上冊, 上海: 上海古籍出版社, 2014.

陳長安 主編,『隋唐五代墓志彙編·山西卷』, 天津: 天津古籍出版社, 1991~1992.

[後漢]竺大力·康孟詳 譯,『修行本起經』,『大正新修大藏經』제3책.

[吳]支謙 譯,『維摩詰經』,『大正新修大藏經』제14책.

[東晉]佛陀跋陀羅 譯,『佛說觀佛三昧海經』,『大正新修大藏經』제15책.

[劉宋]畺良耶舍 譯,『觀無量壽經』,『大正新修大藏經』제12책.

[劉宋]求那跋陀羅 譯,『過去現在因果經』,『大正新修大藏經』제3책.

[梁]慧皎 撰, 湯用彤 校注,『高僧傳』, 北京: 中華書局, 1992.

[唐]善導 集記,『觀無量壽佛經疏』,『大正新修大藏經』제37책.

[唐]日眞,『往生西方淨土瑞應傳』,『大正新修大藏經』제51책.

王明 編,『太平經合校』上冊, 北京: 中華書局, 1960.

2. 도록 및 발굴보고서(단행본)

甘肅省文物工作隊·甘肅省博物館·嘉峪關文物管理所,『嘉峪關壁畫墓發掘報告』, 北京: 文物出版社, 1985.

甘肅省文物工作隊·炳靈寺文物保管所,『中國石窟·永靖炳靈寺』, 北京·東京: 文物出版社·平凡社, 1989.

甘肅省文物考古研究所 戴春陽 主編,『敦煌佛爺廟灣西晉畫像磚墓』, 北京: 文物出版社, 1998.

江蘇省文物管理委員會,『江蘇徐州漢畫像石』, 北京: 科學出版社, 1959.

江蘇省美術館 編,『六朝藝術』, 蘇州: 江蘇美術出版社, 1996.

故宮博物院,『中國歷代繪畫: 故宮博物院藏畫集』, 北京: 人民美術出版社, 1978.

孔祥星,『中國銅鏡圖典』, 北京: 文物出版社, 1992.

龔廷萬·龔玉·戴嘉陵,『巴蜀漢代畫像集』, 北京: 文物出版社, 1998.

郭建邦,『北魏寧懋石室線刻畫』, 北京: 人民美術出版社, 1987.

廣州市文物管理委員會·中國社會科學院考古研究所·廣東省博物館,『西漢南越王墓』(上·下冊), 北京: 文物出版社, 1991.

國家文物局 主編,『2004中國重要考古發現』, 北京: 文物出版社, 2005.

國家文物局 主編,『2008中國重要考古發現』, 北京: 文物出版社, 2009.

國家文物局 主編,『2009中國重要考古發現』, 北京: 文物出版社, 2010.

國家文物局,『中國文物地圖集·陜西分冊(下)』, 西安: 西安地圖出版社, 1998.

宮大中,『洛都美術史跡』, 武漢: 湖北美術出版社, 1991.

金申,『中國歷代紀年佛像圖典』, 北京: 文物出版社, 1994.

羅振玉,『古明器圖錄』, 藝術叢編本, 1916; 羅振玉 影印本, 1919; 新影印本, 南京; 江蘇古籍出版社, 2003.

洛陽市博物館,『唐代洛陽』, 鄭州: 文心出版社, 2015.

南京博物館,『四川彭山漢代崖墓』, 北京: 文物出版, 1991.

內蒙古文物考古研究所,『內蒙古中南部漢代墓葬』, 北京: 中國大百科全書出版社, 1998.

內蒙古自治區博物館文物工作隊,『和林格爾漢墓壁畫』, 北京: 文物出版社, 1978.

盧輔聖 主編,『中國畫學全書 第1冊』, 上海: 上海書畫出版社, 1993.

戴春陽 主編,『敦煌佛爺廟灣西晉畫像磚墓』, 北京: 文物出版社, 1998.

敦煌文物研究所,『中國石窟·敦煌莫高窟2』, 北京·東京: 文物出版社·平凡社, 1984.

敦煌研究院·江蘇美術出版社,『敦煌石窟藝術·楡林窟第二五窟附一五窟(中唐)』, 南京: 江蘇美術出版社, 1993.

敦煌研究院·江蘇美術出版社,『敦煌石窟藝術·楡林窟第一五窟附一六一窟(晚唐)』, 南京: 江蘇美術出版社, 1995.

滕州市漢畫像石館,『染山漢墓』, 濟南: 齊魯書社, 2010.

馬建華 主編,『甘肅酒泉西溝魏晉墓』, 重慶: 重慶出版社, 2000.

文物圖像研究室 漢代拓片整理小組, 『中研院歷史語言研究所藏漢代石刻畫像拓本精選集』, 臺北: 中央研究院歷史語言研究所, 2004.

文物出版社 編, 『西漢帛畫』, 北京: 文物出版社, 1972.

『文人畫粹編·第一卷 王維』, 東京: 中央公論社, 1975.

寶雞市考古研究所, 『五代李茂貞夫婦墓』, 北京: 科學出版社, 2008.

傅擧有·陳松長 編著, 『馬王堆漢墓文物』, 長沙: 湖南出版社, 1992.

北京歷史博物館·河北省文物管理委員會, 『望都漢墓壁畫』, 北京: 中國古典藝術出版社, 1955.

四川省文物考古研究院·廣安市文物管理所·華鎣市文物管理所, 『華鎣安丙墓』, 北京: 文物出版社, 2008.

四川省文物考古研究所·成都市文物考古研究所·瀘州市博物館·瀘縣文物管理所, 『瀘縣宋墓』, 北京: 文物出版社, 2004.

山東省文物考古研究所, 『魯中南漢墓』(上·下冊), 北京: 文物出版社, 2009.

山東省博物館·山東省文物考古研究所 編, 『山東漢畫像石選集』, 濟南: 齊魯書社, 1982.

山西博物院, 『山西博物院珍粹』, 太原: 山西人民出版社, 2005.

山西省考古研究所·太原市文物考古研究所·太原市晉源區文物旅遊局, 『太原隋虞弘墓』, 北京: 文物出版社, 2005.

山西省考古研究所·太原市文物考古研究所, 『北齊東安王婁睿墓』, 北京: 文物出版社, 2006.

徐光冀 主編, 『中國出土壁畫全集 제2권』, 北京: 科學出版社, 2012.

西安市文物保護研究所 編著, 『西安文物精華·靑銅器』, 北京: 世界圖書出版公司, 2005.

徐州博物館, 『徐州漢畫像石』, 南京: 江蘇美術出版社, 1985.

陝西省考古研究所·西安交通大學, 『西安交通大學西漢壁畫墓』, 西安: 西安交通大學出版社, 1991.

陝西省考古研究所·秦始皇兵馬俑博物館, 『秦始皇陵陵園考古報告 1999』, 北京: 科學出版社, 2000.

陝西省考古研究所·榆林市文物管理委員會辦公室, 『神木大保當: 漢代城址與墓葬考古報告』, 北京: 科學出版社, 2001.

陝西省考古研究所, 『西安北周安伽墓』, 北京: 文物出版社, 2003.

陝西省考古研究所 等, 『唐新城長公主墓發掘報告』, 北京: 科學出版社, 2004.

陝西省考古研究所·富平縣文物管理委員會, 『唐節愍太子墓發掘報告』, 北京: 科學出版社, 2004.

陝西省考古研究所, 『秦都咸陽考古報告』, 北京: 科學出版社, 2004.

陝西省考古研究所, 『唐李憲墓發掘報告』, 北京: 科學出版社, 2005.

陝西省地方志編纂委員會, 『陝西省志·文物志』, 西安: 三秦出版社, 1995.

綏德縣畫像石展覽館 編, 『綏德漢代畫像石』, 西安: 陝西人民美術出版社, 2001.

宿白 主編, 『中國美術全集·繪畫編12·墓室壁畫』, 北京: 文物出版社, 1989.

宿白, 『白沙宋墓』, 北京: 文物出版社, 2002년 제2판.

楊軍凱, 『北周史君墓』, 北京: 文物出版社, 2014.

梁思永·高去尋, 『侯家庄第二本·1001號大墓(上冊)』, 臺北: 中央研究院歷史語言研究所, 1962.

呂品,『中嶽漢三闕』, 北京: 文物出版社, 1996.

閻根齊 主編,『芒碭山西漢梁王墓地』, 北京; 文物出版社, 2001.

寧夏固原博物館,『固原北魏墓漆棺畫』, 銀川: 寧夏人民出版社, 1988.

王健群·陳相偉,『庫倫遼代壁畫墓』, 北京: 文物出版社, 1989.

王啓 主編,『中華國寶—陝西文物集成·玉器卷』, 西安: 陝西人民敎育出版社, 1999.

王樹村 主編,『中國美術全集·繪畫編19·石刻線畫』, 上海: 上海人民美術出版社, 1988.

王子雲,『陝西古代石雕刻I』, 西安: 陝西人民美術出版社, 1985.

王俊 主編,『馬鞍山文物聚珍』, 北京: 文物出版社, 2006.

遼寧省文物考古研究所,『姜女石—秦行宮遺址發掘報告』, 北京: 文物出版社, 2010.

姚遷·古兵,『六朝藝術』, 北京: 文物出版社, 1981.

容庚,『漢武梁祠畫像錄』, 北平: 北平考古學社, 1936.

雲岡石窟文物保管所,『中國石窟·雲岡石窟 1』, 北京·東京: 文物出版社·平凡社, 1991.

楡林市文物保護研究所·楡林市文物考古勘探工作隊,『米脂官莊畫像石墓』, 北京: 文物出版社, 2009.

李林·康蘭英·趙力光,『陝北漢代畫像石』, 西安: 陝西人民出版社, 1995.

李雁紅 主編,『太原文物』, 太原: 山西人民出版社, 1999.

臨沂市博物館 編,『臨沂漢畫像石』, 濟南: 山東美術出版社, 2002.

臨朐縣博物館,『北齊崔芬壁畫墓』, 北京: 文物出版社, 2002.

蔣英炬·楊愛國,『漢代畫像石與畫像磚』, 北京: 文物出版社, 2001.

田村實造·小林行雄,『慶陵』, 京都: 京都大學文學部, 1953.

朝鮮民主主義人民共和國社會科學院·朝鮮畫報社,『德興里高句麗壁畫古墳』, 東京: 講談社, 1986.

趙成甫 主編,『南陽漢代畫像磚』, 北京: 文物出版社, 1990.

朱錫祿,『武氏祠漢畫像石』, 濟南: 山東美術出版社, 1986.

朱錫祿,『嘉祥漢畫像石』, 濟南: 山東美術出版社, 1992.

周天遊 主編,『章懷太子墓壁畫』, 北京: 文物出版社, 2002.

重慶大足石刻藝術博物館,『大足石刻』, 重慶: 重慶出版社, 1994.

中國古代書畫鑒定組 編,『中國繪畫全集·第1卷 戰國—唐』, 北京·杭州: 文物出版社·浙江人民美術出版
　　社, 1997.

中國古代書畫鑒定組 編,『中國繪畫全集·第3卷 五代宋遼金』, 北京·杭州: 文物出版社·浙江人民美術出
　　版社, 1999.

中國國家博物館 田野考古研究中心 等,『連云港孔望山』, 北京: 文物出版社, 2010.

中國社會科學院考古研究所·河北省文物管理處,『滿城漢墓發掘報告』, 北京: 文物出版社, 1980.

中國社會科學院考古研究所,『殷墟婦好墓』, 北京: 文物出版社, 1980.

中國社會科學院考古研究所,『北京大葆台漢墓』, 北京: 文物出版社, 1989.

中國社會科學院考古研究所·河北省文物研究所,『磁縣灣漳北朝壁畫墓』, 北京: 科學出版社, 2003.

『中國畫像石全集』編輯委員會,『中國畫像石全集』(全8卷), 濟南·鄭州: 山東美術出版社·河南美術出版社,

2000.

曾昭燏·蔣寶庚·黎忠義,『沂南古畫像石墓發掘報告』,北京: 文化部文物事業管理局, 1956.

陳永志·黑田彰 主編,『和林格爾漢墓孝子傳圖輯錄』,北京: 文物出版社, 2009.

天水麥積山石窟藝術研究所,『中國石窟·天水麥積山』,北京·東京: 文物出版社·平凡社, 1998.

湯池 主編,『中國陵墓雕塑全集2·西漢』,西安: 陝西人民美術出版社. 2009.

太原市文物考古研究所,『北齊徐顯秀墓』,北京: 文物出版社, 2005.

馮漢驥,『前蜀王建墓發掘報告』,北京: 文物出版社, 1964.

河南省文物研究所 編,『中國石窟·鞏縣石窟寺』,北京·東京: 文物出版社·平凡社, 1989.

河南省文物研究所,『密縣打虎亭漢墓』,北京: 文物出版社, 1993.

河南省文化局文物工作隊,『鄧縣彩色畫象磚墓』,北京: 文物出版社, 1958.

河北省文物管理處,『㛠墓—戰國中山國國王之墓』,北京: 文物出版社, 1996.

河北省文物研究所,『安平東漢壁畫墓』,北京: 文物出版社, 1990.

河北省文物研究所·保定市文物管理處,『五代王處直墓』,北京: 文物出版社, 1998.

河北省文物考古研究所,『宣化辽墓: 1974~1993年考古发掘报告』. 北京: 文物出版社, 2001.

賀西林·鄭岩 主編,『中國墓室壁畫全集 제1권』,石家莊: 河北教育出版社, 2010.

韓偉 主編,『陝西神木大保當漢彩繪畫像石』,重慶: 重慶出版社, 2000.

咸陽市文物考古研究所,『五代馮暉墓』,重慶: 重慶出版社, 2001.

咸陽市文物考古研究所,『西漢帝陵鈷探調查報告』,北京: 文物出版社, 2010.

湖南省博物館,『湖南省文物圖錄』,長沙: 湖南人民出版社, 1964.

湖南省博物館·中國科學院 考古研究所,『長沙馬王堆一號漢墓』,北京: 文物出版社, 1973.

湖南省博物館·湖南省文物考古研究所 何介鈞 主編,『長沙馬王堆二·三號漢墓(第1卷 田野考古發掘報告)』,
　　北京: 文物出版社, 2004.

湖北省博物館,『曾侯乙墓(上·下冊)』,北京: 文物出版社, 1989.

湖北省荊州地區博物館,『江陵馬山一號楚墓』,北京: 文物出版社, 1985.

胡新立,『鄒城漢畫像石』,北京: 文物出版社, 2008.

黃明蘭·郭引强,『洛陽漢墓壁畫』,北京: 文物出版社, 1996.

黃明蘭,『洛陽北魏世俗石刻線畫集』,北京: 人民美術出版社, 1987.

『Miho Museum. Southwin/南館圖錄』, 滋賀: Miho Museum, 1997.

C. T. Loo, *An Exhibition of Chinese Stone Sculptures*, New York, 1940.

Fontein Jan and Wu Tung, *Unearthing China's Past,* Boston: Museum of Fine Arts, 1973.

Guimet, Musée éd., *Lit de pierre, sommeli barbar, Présentation, après restauration et remontage, d'une
　　banquette funéraire ayant appartenu à un aristocrate d'Asie centrale venu s'établir en Chine au VIe siècle,*
　　Paris: Musée Guimet, 2004.

Zhang Hongxing, ed., *Masterpiece of Chinese Painting, 700-1900*, London: V&A Publishing.

3. 단행본 및 논문(신문보도 포함)

加藤直子,「ひらかれた漢墓—孝廉と'孝子'たちの戰略」,『美術史研究』35책, 東京: 二玄社, 1997.

賈成惠,「河北內丘胡里村金代壁畫墓」,『文物春秋』2004년 제4기.

葛承雍,「祆敎聖火藝術的新發現—隋代安備墓文物初探」,『美術研究』2009년 제3기.

甘肅省博物館,「甘肅磨嘴子三座漢墓發掘簡報」,『文物』1972년 제12기.

江繼甚,「漢畫題榜藝術」, 朱靑生 主編,『中國漢畫學會第九屆年會論文集』, 北京: 中國社會出版社,
    2004.

姜伯勤,『敦煌藝術宗敎與禮樂文明』, 北京: 中國社會科學出版社, 1996.

姜伯勤,「薩寶府制度源流論略」, 饒宗頤 主編,『華學』제3집, 北京: 紫禁城出版社, 1998.

姜伯勤,「安陽北齊石棺床的圖像考察與入華粟特人的祆敎美術」, 中山大學 藝術史研究中心 編,『藝術
    史研究』제1집, 廣州: 中山大學出版社, 1999.

江西省文物考古研究所·樂平縣文物陳列室,「江西樂平宋代壁畫墓」,『文物』1990년 제3기.

『考古與文物』編輯部,「"唐韓休墓出土壁畫學術研討會"紀要」,『考古與文物』2014년 제6기.

考古研究所 洛陽發掘隊,「洛陽西郊一號戰國墓發掘記」,『考古』1959년 제12기.

故宮博物院,『捐獻大家—鄭振鐸』, 北京: 紫禁城出版社, 2005.

高崇文,「試論先秦兩漢喪葬禮俗的演變」,『考古學報』2006년 제4기.

顧鐵符,「西安附近所見的西漢石雕藝術」,『文物參考資料』1995년 제11기.

高昕丹 選編,『風格與觀念: 高居翰中國繪畫史文集』, 杭州: 中國美術學院出版社, 2011.

龔方震·晏可佳,『祆敎史』, 上海: 上海社會科學出版社, 1998.

郭沫若,「洛陽漢墓壁畫試探」,『考古學報』, 1964년 제2기.

郭玉堂,『洛陽出土石刻時地記』, 洛陽: 大華書報供應社, 1941.

郭偉其,「紀念與象徵: 霍去病墓石刻的類型及其功能」,『美術學報』2010년 제4기.

郭洪濤,「唐恭陵哀皇後墓部分出土文物」,『考古與文物』2002년 제4기.

管恩潔·霍啓明·尹世娟,「山東臨沂吳白莊漢畫像石墓」,『東南文化』1999년 제6기.

國家文物局,「西安理工大學西漢壁畫墓」,『2004中國重要考古發現』, 北京: 文物出版社, 2005.

屈利軍,「新發現的龐留唐墓壁畫初探」,『文博』2009년 제5기.

屈利軍,「從古代屛風看唐代壁畫中的山水」,『文博』2011년 제3기.

宮治昭 著, 李萍 譯,『犍陀羅美術尋蹤』, 北京: 人民美術出版社, 2006.

宮治昭 著, 賀小萍 譯,『吐峪溝石窟壁畫與禪觀』, 上海: 上海古籍出版社, 2009.

金鎭順,「南北朝時期墓葬美術研究—以繪畫題材爲中心」, 北京: 中國社會科學院研究生院 博士學位論
    文, 2005.

金維諾,「談長沙馬王堆三號漢墓帛畫」,『文物』1974년 제11기.

金維諾,「我國古代杰出的雕塑家戴逵和戴顒」, 金維諾,『中國美術史論集』, 北京: 人民美術出版社, 1981.

金維諾,「秦漢時代的雕塑」, 金維諾,『中國美術史論集』, 北京: 人民美術出版社, 1981.

金維諾, 「敦煌藝術在美術史研究上的地位」, 敦煌文物研究所 編, 『中國石窟·敦煌莫高窟5』, 北京·東京: 文物出版社·平凡社, 1987.

羅福頤, 「薌他君石祠堂題字解釋」, 『故宮博物院院刊』總제2기, 1960.

羅宗眞, 「南京西善橋油坊村南朝大墓的發掘」, 『考古』1963년 제6기.

羅宗眞, 『六朝考古』, 南京: 南京大學出版社, 1994.

羅哲文, 「孝堂山郭氏墓石祠」, 『文物』1961년 제4·5기 合刊.

羅哲文, 「孝堂山郭氏墓石祠補正」, 『文物』1962년 제10기.

羅豊, 「固原漆棺畫に見えるペルシャの風格」, 『古代文化』제44권 제8호(京都), 1992; 羅豊, 「北魏漆棺畫中的波斯風格」, 羅豊, 『胡漢之間─"絲綢之路"與西北歷史考古』, 北京: 文物出版社, 2004.

羅豊, 「隋唐間中亞流傳中國之胡旋舞─以新獲寧夏鹽池唐墓石門胡舞圖爲中心」, 『傳統文化與現代化』1994년 제2기.

羅豊 編著, 『固原南郊隋唐墓地』, 北京: 文物出版社, 1996.

羅豊, 「薩寶: 一個唐朝唯一外來官職的再考察」, 榮新江 主編, 『唐研究』제4권, 北京: 北京大學出版社, 1998.

洛陽博物館, 「洛陽西漢卜千秋壁畫墓發掘簡報」, 『文物』1977년 제6기.

洛陽博物館, 「洛陽北魏畫象石棺」, 『考古』1980년 제3기.

洛陽市文物工作隊, 「洛陽孟津北陳村北魏壁畫墓」, 『文物』1995년 제8기.

洛陽市第二文物工作隊, 「洛陽淺井頭西漢壁畫墓發掘簡報」, 『文物』1993년 제5기.

洛陽市文物局·洛陽白馬寺漢魏洛陽故城保管所 編, 『漢魏洛陽故城研究』, 北京: 科學出版社, 2000.

欒豊實, 「史前棺槨的産生·發展和棺槨制度的形成」, 『文物』2006년 제6기.

南京博物院, 「昌梨水庫漢墓群發掘簡報」, 『文物參考資料』1957년 제12기.

南京博物院·南京市文物保管委員會, 「南京西善橋南朝大墓及其磚刻壁畫」, 『文物』1960년 제8·9期 合刊.

南京博物院, 「江蘇丹陽胡橋南朝大墓及磚刻壁畫」, 『文物』1974년 제2기.

南京博物院, 「江蘇丹陽胡橋·建山兩座南朝墓葬」, 『文物』1980년 제2기.

南京博物院, 「徐州青山泉白集東漢畫像石墓」, 『考古』1981년 제2기.

南京博物院·泗洪縣圖書館, 「江蘇泗洪重崗漢畫像石墓」, 『考古』1986년 제7기.

南陽市博物館, 「南陽發現東漢許阿瞿墓志畫像石」, 『文物』1974년 제8기.

南陽地區文物隊·南陽博物館, 「唐河漢鬱平大尹馮君孺人畫象石墓」, 『考古學報』1980년 제2기.

萊辛(Lessing) 著, 朱光潛 譯, 『拉奧孔』, 北京: 人民文學出版社, 1979.

魯迅, 「朝花夕拾·二十四孝圖」, 『魯迅全集』제2권, 北京: 人民文學出版社, 2005.

魯迅, 「吃敎」, 『魯迅全集 第五卷·准風月談』, 北京: 人民文學出版社, 2005.

路遠, 『陝西碑林史』, 西安: 西安出版社, 1998.

雷聞, 『郊廟之外: 隋唐國家祭祀與宗敎』, 北京: 生活·讀書·新知三聯書店, 2009.

賴非, 「濟寧·棗莊地區漢畫像石槪論」, 『中國畫像石全集』編輯委員會, 『中國畫像石全集 第2卷』, 濟南·

鄭州: 山東美術出版社·河南美術出版社, 2000.

凌純聲,「中國古代神主與陰陽性器崇拜」,『中央研究院民族研究所集刊』1959년 제8기.

達尼埃爾 阿拉斯(Daniel Arasse) 著, 孫凱 譯, 董强 審校,『繪畫史事』, 北京: 北京大學出版社, 2007.

唐長孺,「魏晋南朝的君父先後論」, 唐長孺,『魏晋南北朝史論叢續編: 魏晋南北朝史論拾遺』, 北京: 中華
　　書局, 2011.

大同市考古研究所,「山西大同沙嶺北魏壁畫墓」,『文物』2006년 제10기.

大同市文物陳列館·山西省雲岡文物管理所,「山西省大同市元代馮道真·王青墓淸理簡報」,『文物』1962
　　년 제10기.

戴應新·魏遂志,「陝西綏德黃家塔東漢畫像石墓群發掘簡報」,『考古與文物』1988년 5·6기 합간.

德羅繪(Hubert Delahaye),「肖像畫」, 龍巴爾·李學勤 主編,『法國漢學』제1집, 北京: 淸華大學出版社, 1996.

敦煌文物研究所 編,『敦煌莫高窟內容總錄』, 北京: 文物出版社, 1982.

滕固,「南陽漢畫像石刻之歷史的及風格的考察」,『張菊生七十生日紀念論文集』, 上海: 上海印書館,
　　1937.

滕磊,「一件海外回流石棺床之我見」,『故宮博物院院刊』2009년 제4기.

鄧菲,「關於宋金墓葬中孝行圖的思考」,『中原文物』2009년 제4기.

鄧菲,「宋金時期磚雕壁畫墓的圖像題材探析」,『美術研究』2011년 제3기.

藤田宏達,『原始淨土思想的研究』, 東京: 岩波書店, 1970.

馬子雲,「西漢霍去病墓石刻記」,『文物』1964년 제1기.

萬繩楠 整理,『陳寅恪魏晋南北朝史講演錄』, 合肥: 黃山書社, 1987.

邁珂·蘇立文(Michael Sullivan) 著, 洪再新 譯,『山水悠遠: 中國山水畫藝術』, 廣州: 嶺南美術出版社, 1988.

孟暉,「左右扶憑見宓妃」,『藝術世界』2000년 11월호.

孟暉,『花間十六聲』, 北京: 生活·讀書·新知三聯書店, 2006.

蒙思明,『魏晋南北朝的社會』, 上海: 上海人民出版社, 2007.

無錫市博物館,「江蘇無錫興竹宋墓」,『文物』1990년 제3기.

繆哲,「漢代的正面騎與背面騎」, 黃惇 主編,『藝術學研究』제1권, 南京: 南京大學出版社, 2007.

巫鴻 著, 鄭岩·王睿 編,『禮儀中的美術—巫鴻中國古代美術史文編』(上·下), 北京: 生活·讀書·新知三聯
　　書店, 2005.

巫鴻,「"私愛"與"公義"—漢代畫像中的兒童圖像」, 巫鴻 著, 鄭岩·王睿 編,『禮儀中的美術—巫鴻中國古
　　代美術史文編』(上), 北京: 生活·讀書·新知三聯書店, 2005.

巫鴻,「超越"大限"—蒼山石刻與墓葬敍事畫像」, 巫鴻 著, 鄭岩·王睿 編,『禮儀中的美術—巫鴻中國古代
　　美術史文編』(下), 北京: 生活·讀書·新知三聯書店, 2005.

巫鴻,「漢代道敎美術試探」, 巫鴻 著, 鄭岩·王睿 編,『禮儀中的美術—巫鴻中國古代美術史文編』(上), 北
　　京: 生活·讀書·新知三聯書店, 2005.

巫鴻 著, 杭侃 譯,「敦煌172窟〈觀無量壽經變〉及其宗敎·禮儀和美術的關系」, 巫鴻 著, 鄭岩·王睿 編,『禮
　　儀中的美術—巫鴻中國古代美術史文編』(下), 北京: 生活·讀書·新知三聯書店, 2005.

巫鴻 著, 鄭岩 等譯, 「何爲變相？─兼論敦煌藝術與敦煌文學的關系」, 巫鴻 著, 鄭岩·王睿 編, 『禮儀中的
　　美術─巫鴻中國古代美術史文編』(下), 北京: 生活·讀書·新知三聯書店, 2005.

巫鴻 著, 『美術史十議』, 北京: 生活·讀書·新知三聯書店, 2008.

巫鴻 著, 文丹 譯, 黃小峰 校, 『重屛─中國繪畫中的媒材與再現』, 上海: 上海人民出版社, 2009.

巫鴻 著, 李淸泉·鄭岩 等 譯, 『中國古代藝術與建築中的"紀念碑性"』, 上海: 上海人民出版社, 2009.

巫鴻·鄭岩 主編, 『古代墓葬美術硏究』 제1집, 北京: 文物出版社, 2011.

巫鴻, 「引魂靈璧」, 巫鴻·鄭岩 主編, 『古代墓葬美術硏究』 제1집, 北京: 文物出版社, 2011.

微山縣文管所, 「山東微山縣出土一座西漢畫像石墓」, 『文物』 2000년 제10기.

微山縣文物管理所, 「山東微山縣近年出土的漢畫像石」, 『考古』 2006년 제2기.

薄小瑩, 「吐魯番地區發現的聯珠紋織物」, 『紀念北京大學考古專業三十周年論文集』, 北京: 文物出版社,
　　1990.

裴志昂, 「試論晚唐至元代仿木構墓葬的宗敎意義」, 『考古與文物』 2009년 제4기.

樊英民, 「山東兗州金口壩出土南北朝石人」, 『文物』 1995년 제9기.

范志軍, 「漢代帛畫和畫像石中所見喪服圖與行喪圖」, 『文博』 2006년 제3기.

百橋明穗, 「日本的阿彌陀佛淨土圖與敦煌的淨土變」, 百橋明穗 著, 蘇佳瑩 譯, 『東瀛西域: 百橋明穗美
　　術史論文集』, 上海: 上海書畫出版社, 2013.

白適明, 「盛世文化表象─盛唐時期"子女畫"之出現及其美術史意義之解讀」, 中山大學 藝術史硏究中心
　　編, 『藝術史硏究』 제9집, 廣州: 中山大學出版社, 2007.

福建省博物館, 「福建閩侯南嶼南朝墓」, 『考古』 1980년 제1기.

傅天仇, 「陝西興平縣霍去病墓前的西漢石雕藝術」, 『文物』 1964년 제1기.

傅熹年, 「中國早期佛敎建築布局演變及殿內像設的布置」, 傅熹年, 『傅熹年建築史論文集』, 北京: 文物出
　　版社, 1998.

傅熹年, 「麥積山石窟中所反映出的北朝建築」, 傅熹年, 『傅熹年建築史論文集』, 北京: 文物出版社, 1998.

傅熹年 主編, 『中國古代建築史 제2권』, 北京: 中國建築工業出版社, 2001.

北京市海淀區文物管理所, 「北京市海淀區八里莊唐墓」, 『文物』 1995년 제11기.

費慰梅 글, 王世襄 譯, 「漢"武梁祠"建築原形考」, 『中國營造學社匯刊』 제7권 제2기.

謝明良, 「記唐恭陵哀皇後墓出土的陶器」, 『故宮文物月刊』 제279기, 2006.

史樹靑, 「從婁睿墓壁畫看北齊畫家手筆」, 『文物』 1983년 제10기.

史樹靑, 「婁睿墓壁畫及作者考訂」, 『中國藝術』 創刊號, 北京: 人民美術出版社, 1985.

四川省灌縣文敎局, 「都江堰出土東漢李冰石像」, 『文物』 1974년 제7기.

四川省博物館·灌縣工農兵文化站, 「都江堰又出土一軀漢代石像」, 『文物』 1975년 제8기.

山東省博物館·蒼山縣文化館, 「山東蒼山元嘉元年畫象石墓」, 『考古』, 1975년 제2기.

山東省博物館, 「山東嘉祥英山一號隋墓淸理簡報─隋代墓室壁畫的首次發現」, 『文物』 1981년 제4기.

山東省文物考古硏究所, 「臨淄北朝崔氏墓」, 『考古學報』 1984년 제2기.

山東省益都縣博物館 夏名采, 「益都北齊石室墓線刻畫像」, 『文物』 1985년 제10기.

山東省文物考古研究所,「濟南市東八里洼北朝壁畫墓」,『文物』1989년 제4기.

山東省文物考古研究所·臨朐縣博物館,「山東臨朐北齊崔芬壁畫墓」,『文物』2002년 제4기.

山本忠尙,「圍屏石牀の研究」,『中國考古學』제6호, 2006.

山西大學科學技術哲學研究中心·山西省考古研究所·山西博物院,「山西興縣紅峪村元至大二年壁畫墓」,『文物』2011년 제2기.

山西省考古研究所·太原市文物管理委員會,「太原南郊北齊壁畫墓」,『文物』1990년 제12기.

山西省考古研究所·運城地區文化局·夏縣文化局博物館,「山西夏縣王村東漢壁畫墓」,『文物』1994년 제8기.

山西省考古研究所,「山西平定宋金墓壁畫簡報」,『文物』1996년 제5기.

山西省考古研究所·太原市考古研究所·太原市晉源區文物旅遊局,「太原隋代虞弘墓淸理簡報」,『文物』2000년 제1기.

山西省考古研究所·大同市考古研究所,「大同市北魏宋紹祖墓發掘簡報」,『文物』2001년 제7기.

山西省考古研究所·太原市文物考古研究所,「太原北齊徐顯秀墓發掘簡報」,『文物』2003년 제10기.

山西省考古研究所·長治市博物館,「山西屯留宋村金代壁畫墓」,『文物』2008년 제8기.

山西省考古研究所·山西省博物館·朔州市文物局·崇福寺文物管理所,「山西朔州水泉梁北齊壁畫墓發掘簡報」,『文物』2010년 제12기.

山西省大同市博物館·山西省文物工作委員會,「山西大同石家寨北魏司馬金龍墓」,『文物』1972년 제3기.

山西省文物管理委員會·山西省考古研究所,「山西文水北峪口的一座古墓」,『考古』1961년 제3기.

商丘地區文化局,「河南夏邑吳庄石槨墓」,『中原文物』1990년 제1기.

桑原騭藏 著, 張明杰 譯,『考史游記』, 北京: 中華書局, 2007.

常存,「書於瓷枕」, 中央美術學院 碩士學位論文, 2010.

上海古籍出版社 編,『唐五代筆記小說大觀(上冊)』, 上海: 上海古籍出版社, 2000.

徐濤,「呂村唐墓與水墨山水的起源」,『文博』2001년 제1기.

徐濤,「唐墓所見〈昆侖奴靑牛圖〉考釋」, 中山大學 藝術史研究中心 編,『藝術史研究』제10집, 廣州: 中山大學出版社, 2008.

徐良高,「從商周人像藝術看中國古代無偶像崇拜」, 中國社會科學院考古研究所,『考古求知集: '96考古研究所中靑年學術討論會文集』, 北京: 中國社會科學出版社, 1997.

西北大學文博學院·陝西省考古研究院·楡林市文物考古勘探工作隊·神木縣文物管理辦公室,「陝西神木大保當東漢畫像石墓」,『文物』2011년 제12기.

徐森玉,「西漢石刻文字新探」,『文物』1964년 제5기.

西安市文物保護考古所,「西安市北周史君石槨墓」,『考古』2004년 제7기.

西安市文物保護考古所,「西安北周涼州薩保史君墓發掘簡報」,『文物』2005년 제3기.

西安市文物保護考古所,「西安理工大學西漢壁畫墓發掘簡報」,『文物』2006년 제5기.

西安市文物保護考古所,「西安北周康業墓發掘簡報」,『文物』2008년 제6기.

西安市文物保護考古所,「西安曲江翠竹園西漢壁畫墓發掘簡報」,『文物』2010년 제1기.

徐州博物館·沛縣文化館,「江蘇沛縣樓山畫像石墓清理簡報」,『考古』編輯部 編,『考古學集刊』第2集,
　　北京: 中國社會科學出版社, 1982.

徐津,「守望死者: 波士頓美術館藏北魏石棺床復原和視覺空間研究」,"第三屆古代墓葬美術國際學術討
　　論會論文", 北京, 2013.

徐進·張蘊,「西安南郊曲江池漢唐墓清理簡報」,『考古與文物』1987년 제6기.

石敬東·蘇昭秀,「山東棗莊市博物館收藏的戰國漢代銅鏡」,『考古』2001년 제7기.

石景山區文物管理所,「北京市石景山區八角村魏晉墓」,『文物』2001년 제4기.

石守謙,『風格與世變—中國繪畫十論』, 北京: 北京大學出版社, 2008.

石守謙,"繪畫"的覺醒: 唐宋間圖象呈現方式的新發展」, 顏娟英·石守謙 主編,『藝術史中的漢晉與唐宋
　　之變』, 北京: 北京大學出版社, 2016.

單國強,「肖像畫歷史概述」,『故宮博物院院刊』1997년 제2기.

薛永年,『晉唐宋元卷軸畫史』, 北京: 新華出版社, 1993.

薛豫曉,「宋遼金元墓葬中"開芳宴"圖象研究」, 四川大學 碩士學位論文, 2007.

陝西考古所唐墓工作組,「西安東郊唐蘇思勗墓清理簡報」,『考古』1960년 제1기.

陝西省考古研究所 禚振西,「陝西戶縣的兩座漢墓」,『考古與文物』1980년 제1기.

陝西省考古研究所,「陝西旬邑發現東漢壁畫墓」,『考古與文物』2002년 제3기.

陝西省考古研究所,「西安北郊北周安伽墓發掘簡報」,『考古與文物』2000년 제6기.

陝西省考古研究院,「陝西潼關稅村隋代壁畫墓線刻石棺」,『考古與文物』2008년 제3기.

陝西省博物館等唐墓發掘組,「唐章懷太子墓發掘簡報」,『文物』1972년 제7기.

蘇鉉淑,『東魏北齊莊嚴紋樣研究—以佛敎石造像及墓葬壁畫爲中心』, 北京: 文物出版社, 2008.

孫機,「固原北魏漆棺畫」,『文物』1989년 제9기.

孫機,「諸葛亮拿的是"羽扇"嗎?」, 孫機·楊泓,『文物叢談』, 北京: 文物出版社, 1991.

孫機,『中國古代輿服論叢』, 北京: 文物出版社, 1993.

孫機,"溫明"和"秘器"」, 楊泓·孫機,『尋常的精致』, 瀋陽: 遼寧敎育出版社, 1996.

孫機,『中國聖火—中國古文物與東西文化交流中的若干問題』, 瀋陽: 遼寧敎育出版社, 1996.

孫機,「固原北魏漆棺畫」, 孫機,『中國聖火—中國古文物與東西文化交流中的若干問題』, 瀋陽: 遼寧敎育
　　出版社, 1996.

孫機,「唐李壽石槨線刻〈侍女圖〉〈樂舞圖〉散記」,『中國聖火—中國古文物與東西文化交流中的若幹問
　　題』, 瀋陽: 遼寧敎育出版社, 1996.

孫機,『漢代物質文化資料圖說(增訂本)』, 上海: 上海古籍出版社, 2008.

孫機,「仙凡幽明之間—漢畫像石與"大象其生"」, 孫機,『仰觀集—古文物的欣賞與鑒別』, 北京: 文物出版
　　社, 2012.

孫福喜,「西安史君墓粟特文漢文雙語題銘漢文考釋」, 榮新江·華瀾·張志淸 主編,『粟特人在中國—歷
　　史·考古·語言的新探索』, 北京: 中華書局, 2005.

孫彦, 「"裝堂花"新談─以南唐二陵裝飾畫爲例」, 『南京藝術學院學報』 2010년 제1기.

孫作雲, 「漢代司命神像的發現」, 〈光明日報〉 1963년 12월 4일, 제4판.

孫作雲, 「楚辭〈天問〉與楚宗廟壁畫」, 河南省考古學會 編, 『楚文化研究論文集』, 鄭州: 中州書畫社, 1983.

孫作雲, 「洛陽西漢墓壁畫考釋」, 『孫作雲文集 第4卷』, 鄭州: 河南大學出版社, 2003.

孫作雲, 「〈天問〉的寫作年代及地點」, 孫作雲, 『天問研究』, 鄭州: 河南大學出版社, 2008.

孫作雲, 「〈天問〉校正本」, 孫作雲, 『天問研究』, 鄭州: 河南大學出版社, 2008.

孫作雲, 「從〈天問〉中所見的春秋末年楚宗廟壁畫」, 孫作雲, 『天問研究』, 鄭州: 河南大學出版社, 2008.

孫志虹, 「從陝西富平唐墓山水屛風畫談起」, 『文博』 2004년 제6기.

孫華, 「四川綿陽平楊府君闕闕身造像─兼談四川地區南北朝佛道龕像的幾個問題」, 巫鴻 主編, 『漢唐之間的宗教藝術與考古』, 北京: 文物出版社, 2000.

水野淸一, 「前漢代に於ける墓飾石彫の一群に就いて─霍去病ての墳墓」, 『東方學報』 제3책, 1933.

宿白, 「朝鮮安岳所發現的冬壽墓」, 『文物參考資料』 1952년 제1기.

宿白, 「太原北齊婁睿墓參觀記」, 『文物』 1983년 제10기.

宿白, 「關於河北四處古墓的札記」, 『文物』 1996년 제9기.

宿白, 「靑州龍興寺窖藏所出佛像的幾個問題─靑州城與龍興寺之三」, 『文物』 1999년 제10기.

柴生芳, 「東魏北齊壁畫墓の研究─正面向き墓主像を中心として」, 『美術史論集』 제2호, 神戶大學美術史研究會, 2002. 2.

施蟄存, 『水經注碑錄』, 天津: 天津古籍出版社, 1987.

信立祥, 「論漢代的墓上祠堂及其畫像」, 南陽漢代畫像石學術討論會辦公室 編, 『漢代畫像石研究』, 北京: 文物出版社, 1987.

信立祥, 「漢畫像石的分區與分期研究」, 兪偉超 主編, 『考古類型學的理論與實踐』, 北京: 文物出版社, 1989.

信立祥, 『中國漢代畫像石の研究』, 東京: 同成社, 1996.

信立祥, 『漢代畫像石綜合研究』, 北京: 文物出版社, 2000.

沈寧 編, 『滕固藝術文集』, 上海: 上海美術出版社, 2003.

沈珝, 「張騫墓石翼獸造型及相關問題研究」, 羅宏才 主編, 『從中亞到長安』, 上海: 上海大學出版社, 2011.

沈從文, 『中國古代服飾研究』, 香港: 商務印書館, 1981.

阿拉斯(Daniel Arasse) 著, 何蒨 譯, 董强 審校, 『我們什麼也沒看見: 一部別樣的繪畫描述集』, 北京: 北京大學出版社, 2007.

安作璋·熊鐵基, 『秦漢官制史稿』, 濟南: 齊魯書社, 1985.

安徽省亳縣博物館, 「亳縣曹操宗族墓葬」, 『文物』 1978년 제8기.

諾曼·布列遜 著, 王之光 譯, 『詞語與圖像: 舊王朝時期的法國繪畫』, 杭州: 浙江攝影出版社, 2001.

梁啓雄, 『荀子簡釋』, 北京: 中華書局, 1983.

梁啓超, 「要籍解題及其讀法」, 『飮冰室專集』의 72, 上海: 中華書局, 1936.

楊寬,『中國古代陵寢制度史研究』,上海: 上海人民出版社, 2003.

楊軍凱,「入華粟特聚落首領墓葬的新發現—北周涼州薩保史君墓石槨圖像初釋」, 榮新江·張志清 主編,
　　『從撒馬爾幹到長安—粟特人在中國的文化遺跡』,北京: 北京圖書館出版社, 2004.

襄樊市文物管理處,「襄陽賈家沖畫像磚墓」,『江漢考古』1986년 제1기.

楊樹達,『漢代婚喪禮俗考』,上海: 上海古籍出版社, 2000.

楊愛國·鄭同修,「山東·蘇北·皖北·豫東區漢畫像石墓葬形制」,山東大學考古系 編,『劉敦願先生紀念文
　　集』,濟南: 山東大學出版社, 1998.

楊愛國,「先秦兩漢時期陵墓防盜設施略論」,『考古』1995년 제5기.

楊愛國,『幽明兩界—紀年漢代畫像石研究』,西安: 陝西人民美術出版社, 2006.

楊一,「襄城區麒麟村南朝畫像磚賞析」,〈襄樊日報〉2009年2月13日, B3판.

揚之水,『終朝采藍—古名物尋微』,北京: 生活·讀書·新知三聯書店, 2008.

揚之水,「行障與掛軸」,揚之水,『終朝采藍—古名物尋微』,北京: 生活·讀書·新知三聯書店, 2008.

楊泓,「漫話屏風—家具談往之一」,『文物』1979년 제11기.

楊泓,「戰國繪畫」,『文物』1989년 제10기.

楊泓,「隱几」,孫機·楊泓,『文物叢談』,北京: 文物出版社, 1991.

楊泓,「北朝"七賢"屏風壁畫」,楊泓·孫機,『尋常的精致』,沈陽: 遼寧教育出版社, 1996.

楊泓,「四川早期佛教造像」,楊泓·孫機,『尋常的精致』,沈陽: 遼寧教育出版社, 1996.

楊泓·孫機,『尋常的精致』,沈陽: 遼寧教育出版社, 1996.

楊泓,『美術考古半世紀—中國美術考古發現史』,北京: 文物出版社, 1997.

楊泓,「關於南北朝時青州考古的思考」,『文物』1998년 제2기.

楊泓,「談中國漢唐之間葬俗的演變」,『文物』1999년 제10기.

楊泓,「南北朝墓的壁畫和拼鑲磚畫」,楊泓,『漢唐美術考古和佛教藝術』,北京: 科學出版社, 2000.

楊泓,「談中國漢唐之間葬俗的演變」,楊泓,『漢唐美術考古和佛教藝術』,北京: 科學出版社, 2000.

楊泓,「北朝陶俑的源流·演變及其影響」,楊泓,『漢唐美術考古和佛教藝術』,北京: 科學出版社, 2000.

楊泓,「隋唐造型藝術淵源簡論」,楊泓,『漢唐美術考古和佛教藝術』,北京: 科學出版社, 2000.

楊泓,「考古學所見魏晉南北朝家具」,揚之水·孫機·楊泓·林莉娜,『燕衎之暇—中國古代家具論文』,香
　　港: 香港中文大學文物館, 2007.

楊泓,「記柿莊金墓壁畫"搗練圖"」,楊泓,『逝去的風韻—楊泓談文物』,北京: 中華書局, 2007.

楊泓,「說坐·跽和趺坐」,楊泓,『逝去的風韻—楊泓談文物』,北京: 中華書局, 2007.

楊泓,『逝去的風韻—楊泓談文物』,北京: 中華書局, 2007.

楊泓,「北朝至隋唐從西域來華人士墓葬概說」,楊泓,『中國古兵與美術考古論集』,北京: 文物出版社,
　　2007.

楊泓,「中國古代墓葬壁畫綜述」,考古雜志社 編,『探古求原—考古雜志社成立十周年紀念學術文集』,北
　　京: 科學出版社, 2007.

楊曉山 著,文韜 譯,『私人領域的變形—唐宋詩歌中的園林與玩好』,南京: 江蘇人民出版社, 2009.

楊效俊,「臨潼慶山寺舍利地宮壁畫試析」,『文博』2011년 제3기.

余英時 著, 侯旭東 等 譯,『東漢生死觀』, 上海: 上海古籍出版社, 2005.

燕生東·劉智敏,「蘇魯豫皖交界區西漢石槨墓及其畫像石的分期」,『中原文物』1995년 제1기.

連雲港市博物館,「連雲港市孔望山摩崖造像調查報告」,『文物』1981년 제7기.

榮新江,「龍家考」,『中亞學刊』제4집, 北京: 北京大學出版社, 1995.

榮新江,「北朝隋唐粟特人之遷徙及其聚落」, 北京大學中國傳統文化研究中心 編,『國學研究』제6권, 北京: 北京大學出版社, 1999.

榮新江,「粟特祆教美術東傳過程中的轉化─從粟特到中國」, 巫鴻 主編,『漢唐之間文化藝術的互動與交融』, 北京: 文物出版社, 2001.

榮新江,「隋及初唐幷州的薩保府與粟特聚落」,『文物』2001년 제4기.

榮新江,『中古中國與外來文明』, 北京: 生活·讀書·新知三聯書店, 2001.

榮新江,「Miho美術館粟特石棺屛風的圖像及其組合」, 中山大學 藝術史研究中心 編,『藝術史研究』제4집, 廣州: 中山大學出版社, 2002.

榮新江,「略談徐顯秀墓壁畫的菩薩聯珠紋」,『文物』2003년 제10기.

寧夏文物考古研究所·寧夏固原博物館,「寧夏固原隋史勿墓發掘簡報」,『文物』1992년 제10기.

寧夏回族自治區博物館·寧夏固原博物館,「寧夏固原北周李賢夫婦墓發掘簡報」,『文物』1985년 제11기.

寧夏回族自治區博物館,「寧夏鹽池唐墓發掘簡報」,『文物』1988年 제9기.

倪潤安,「北京石景山八角村魏晉墓的年代及墓主問題」,『故宮博物院院刊』2012년 제3기.

吳蘭·學勇,「陝西米脂官莊東漢畫像石墓」,『考古』1987년 제11기.

吳蘭·志安·春寧,「綏德辛店發現的兩座畫像石墓」,『考古與文物』1993년 제1기.

吳垠,「晉南金墓中的仿木建築─以稷山馬村段氏家族墓爲中心」, 中央美術學院 碩士學位論文, 2014.

吳曾德·肖亢達,「就大型漢代畫像石墓的形制論"漢制"」,『中原文物』1985년 제3기.

阮榮春,「"佛教南方之路"北滲山東南部─論臨沂·沂南畫像石中的外來影響」,『故宮文物月刊』총166기, 1997. 1.

王愷,「徐州地區石槨墓」,『江蘇社聯通訊』, 1980. 10.

王愷,「蘇魯豫皖交界地區漢畫像石墓墓葬形制」, 南陽漢代畫像石學術討論會辦公室 編,『漢代畫像石研究』, 北京: 文物出版社, 1987.

王愷,「蘇魯豫皖交界地區漢畫像石墓的分期」,『中原文物』1990년 제1기.

王建中,『漢代畫像石通論』, 北京: 紫禁城出版社, 2001.

王國維,『宋元戲曲史』第12章, 謝維揚·房鑫亮 主編,『王國維全集제3권』, 杭州·廣州: 浙江教育出版社·廣東教育出版社, 2010.

王克林,「北齊庫狄迴洛墓」,『考古學報』1979년 제3기.

王伯敏,『敦煌壁畫山水研究』, 杭州: 浙江人民美術出版社, 2000.

王步毅,「安徽宿縣褚蘭漢畫像石墓」,『考古學報』1993년 제4기.

王思禮,「山東濟寧發現漢墓一座」,『考古通訊』1957년 제1기.

王思禮·賴非·丁沖·萬良, 「山東微山縣漢代畫像石調查報告」, 『考古』 1989년 제8기.

王素, 「梁元帝〈職貢圖〉新探─兼說滑及高昌國史的幾個問題」, 『文物』 1992년 제2기.

王叔岷, 『陶淵明詩箋證稿』, 北京: 中華書局, 2007.

王新良, 「山東臨淄出土一件漢代人物圓雕石像」, 『文物』 2005년 제7기.

王玉冬, 「蒙元時期墓室的"裝飾化"趨勢與中國古代壁畫的衰落」, 巫鴻·朱靑生·鄭岩 主編, 『古代墓葬美術研究』 제2집, 長沙: 湖南美術出版社, 2013.

王銀田·劉俊喜, 「大同智家堡北魏墓石槨壁畫」, 『文物』 2001년 제7기.

王仁波, 「唐懿德太子墓壁畫題材的分析」, 『考古』 1973년 제6기.

王子今, 『秦漢邊疆與民族問題』, 北京: 中國人民大學出版社, 2011.

王子雲, 『中國古代石刻畫選集』, 北京: 中國古典藝術出版社, 1957.

王子雲, 『漢代陵墓圖考』, 西安: 太白文藝出版社, 2007.

王志杰, 「霍去病墓石刻陳列方式探討」, 『文博』 1994년 제1기.

王進先·楊林中, 「山西屯留宋村金代壁畫墓」, 『文物』 2003년 제3기.

王治, 「未生怨與十六觀─敦煌唐代觀無量壽經變形式發展的邏輯理路」, 『故宮博物院院刊』 2014년 제1기.

王太明, 「榆社縣發現一批石棺」, 山西省考古學會 等 編, 『山西省考古學會論文集(三)』, 太原: 山西古籍出版社, 2000.

王澤慶, 「東漢延熹九年朱書魂瓶」, 〈中國文物報〉 1993년 11월 7일, 제3판.

遼寧省博物館·遼寧鐵嶺地區文物組, 「法庫葉茂臺遼墓記略」, 『文物』 1975년 제12기.

遼寧省文物考古研究所, 「遼寧綏中縣"姜女墳"秦漢建築遺址發掘簡報」, 『文物』 1986년 제8기.

姚生民, 『甘泉宮志』, 西安: 三秦出版社, 2003.

遼寧省文物考古研究所, 「遼寧牛河梁紅山文化"女神廟"與積石塚群發掘簡報」, 『文物』 1986년 제8기.

遼寧省文物考古研究所·姜女石工作站, 「遼寧綏中縣"姜女石"秦漢建築群址石碑地遺址的勘探與試掘」, 『考古』 1997년 제10기.

遼寧省文物考古研究所·姜女石工作站, 「遼寧綏中縣石碑地秦漢宮城遺址 1993-1995年發掘簡報」, 『考古』 1997년 제10기.

聊城市文物管理委員會, 「山東陽穀縣吳樓一號漢墓的發掘」, 『考古』 1999년 제11기.

宇文所安, 「過去的終結: 民國初年對文學史的重寫」, 『中國學術』 總 제5기, 北京: 商務印書館, 2001.

宇文所安 著, 田曉菲 譯, 『他山的石頭記─宇文所安自選集』, 南京: 江蘇人民出版社, 2003.

雲南省文物工作隊, 「雲南省昭通後海子東晉壁畫墓淸理簡報」, 『文物』 1963년 제12기.

雲鐸·銘學, 「朝鮮德興里高句麗壁畫墓」, 東北歷史與考古編輯委員會, 『東北歷史與考古』 제1집, 北京: 文物出版社, 1982.

熊傳新, 「對照新舊摹本談楚國人物龍鳳帛畫」, 『江漢論壇』 1981년 제1기.

袁曙光, 「四川省博物館藏萬佛寺石刻造像整理簡報」, 『文物』 2001년 제10기.

俞劍華 注譯, 『宣和畫譜』, 南京: 江蘇美術出版社, 2007.

劉慶柱·李毓芳, 『漢長安城』, 北京; 文物出版社, 2003.

劉丹龍·孫平燕, 「漢霍去病墓石雕藝術探微」, 『文博』 2004년 제12기.

劉敦願, 「漢畫像石上的"飲食男女"—平陰孟莊漢墓立柱祭祀歌舞圖像分析」, 『故宮文物月刊』 총141기, 1994. 12.

劉敦願, 「中國早期的雕刻藝術及其特點」, 劉敦願, 『美術考古與古代文明』, 臺北: 允晨文化公司, 1994.

劉敦願, 『美術考古與古代文明』, 北京: 人民美術出版社, 2007.

劉敦願, 「徐州漢畫像石秣馬圖」, 『劉敦願文集(上卷)』, 北京: 科學出版社, 2012.

劉敦楨 主編, 『中國古代建築史(제2판)』, 北京: 中國建築工業出版社, 1984.

劉文鎖, 「巴蜀"胡人"圖像札記」, 『四川文物』 2005년 제4기.

劉文鎖, 「漢代"胡人"圖像補說」, 『漢代考古與漢文化國際學術研討會論文集』, 濟南: 齊魯書社, 2006.

劉文典, 『淮南鴻烈集解』, 北京: 中華書局, 1989.

劉未, 「遼陽漢魏晉壁畫墓研究」, 吉林大學邊疆考古研究中心 編, 『邊疆考古研究』 제2집, 北京: 科學出版社, 2003.

劉未, 「鄭岩《魏晉南北朝壁畫墓研究》書評」, 中山大學 藝術史研究中心 編, 『藝術史研究』 제5집, 廣州: 中山大學出版社, 2003.

劉福俊·齊克榮, 「臨沭縣西南嶺西漢畫像石墓」, 中國考古學會 編, 『中國考古學年鑒1995』, 北京: 文物出版社, 1997.

劉敍傑, 「漢代斗栱的類型與演變初探」, 『文物資料叢刊』 제2집, 北京: 文物出版社, 1978.

劉玉生, 「淺談"胡奴門"漢畫像石」, 南陽漢代畫像石學術討論會辦公室 編, 『漢代畫像石研究』, 北京: 文物出版社, 1987.

俞偉超, 「應當愼重引用古代文獻」, 『考古通訊』 1957년 제2기.

俞偉超, 「漢代諸侯王與列侯墓葬的形制分析—兼論"周制", "漢制"與"秦制"的三階段性」, 『中國考古學會第一次年會論文集』, 北京: 文物出版社, 1979.

俞偉超, 『考古學是什麼—俞偉超考古學理論論文選』, 北京: 中國社會科學出版社, 1996.

劉尊志, 「徐州地區早期漢畫像石的產生及其相關問題」, 『中原文物』 2008년 제4기.

劉尊志, 『徐州漢墓與漢代社會研究』, 北京: 科學出版社, 2011.

劉振淸 主編, 『齊魯文化—東方思想的搖籃』, 濟南: 山東美術出版社·香港商務印書館, 1997.

劉呆運·程旭, 「陝西長安唐韓休墓首次發現獨屏山水圖壁畫」, 〈中國文物報〉 2014년 12월 5일, 제1판.

劉婕, 『唐代花鳥畫研究』, 北京: 文化藝術出版社, 2013.

游秋玫, 「漢代墓主畫像的圖像模式, 功能與表現特色」, 臺北: 臺灣大學藝術史研究所 碩士學位論文, 2007.

維特魯威 著, 高履泰 譯, 『建築十書』, 北京: 知識產權出版社, 2001.

劉合心, 「陝西長安興教寺發現唐代石刻線畫"搗練圖"」, 『文物』 2006년 제4기.

陸錫興, 「宋代壁畫墓與『白沙宋墓』—紀念『白沙宋墓』出版五十周年」, 『南方文物』 2008년 제1기.

殷憲, 「山西大同沙嶺北魏壁畫墓漆畫題記研究」, 張慶捷·李書吉·李鋼 主編, 『4~6世紀的北中國與歐亞大陸』, 北京: 科學出版社, 2006.

李鑒昭, 「江蘇睢寧九女墩漢墓清理簡報」, 『考古通訊』 1955년 제2기.

李慶發, 「遼陽上王家村晉代壁畫墓淸理簡報」, 『文物』 1959년 제7기.

李金鳳, 「北齊崔芬墓"胡旋舞"壁畫質疑」, 『文學界(理論版)』 2010년 제9기.

李零, 「中國古代的墓主畫像—考古藝術史筆記」, 『中國歷史文物』 2009년 제2기.

李力, 「從考古發現看中國古代的屛風畫」, 中山大學 藝術史研究中心 編, 『藝術史研究』 제1집, 廣州: 中山大學出版社, 1999.

李力, 「北魏洛陽永寧寺塔塑像的藝術與時代特徵」, 巫鴻 主編, 『漢唐之間的宗敎藝術與考古』, 北京: 文物出版社, 2000.

李發林, 『山東漢畫像石硏究』, 濟南: 齊魯書社, 1982.

李思思, 「漢代建築明器硏究」, 北京: 中央美術學院人文學院 碩士學位論文, 2012.

李森, 「新見北齊燕繼墓志考析」, 『中國文化硏究』 2010년 제4기.

李星明, 『唐代墓葬壁畫硏究』, 西安: 陝西人民美術出版社, 2005.

李松 等, 『中國古代雕塑』, 北京: 外文出版社, 2006.

李安宅, 『〈儀禮〉與〈禮記〉之社會學的硏究』, 上海: 上海人民出版社, 2005.

李如珊, 「臺北故宮〈明皇幸蜀圖〉硏究」, 臺北: 臺灣大學藝術史硏究所 碩士學位論文, 2007.

李玉珉, 「佛陀形影」, 鄭安芬 主編, 『佛敎文物選粹1』, 臺北: 震旦文敎基金會, 2003.

李裕群·李鋼, 『天龍山石窟』, 北京: 科學出版社, 2003.

李錚 等 編, 『季羨林敎授八十華誕紀念文集 2』, 南昌: 江西人民出版社, 1991.

李濟, 「跪坐蹲居與箕踞」, 『「中央硏究院」歷史語言硏究所集刊』 第24本, 1953.

李濟, 「跪坐蹲居與箕踞—殷墟石刻硏究之一」, 張光直·李光謨 編, 『李濟考古學論文選集』, 北京: 文物出版社, 1990.

李肇·趙璘, 『唐國史補/因話錄』, 上海: 古典文學出版社, 1957.

李鑄晉, 『鵲華秋色—趙孟頫的生平與畫藝』, 北京: 生活·讀書·新知三聯書店, 2008.

易晴, 「宋金中原地區壁畫墓"墓主人對(並)坐"圖像探析」, 『中原文物』 2011년 제2기.

李淸泉, 「"裝堂花"的身前身後—兼論徐熙畫格在北宋前期一度受阻的原因」, 『美術學報』 2007년 제3기.

李淸泉, 『宣化遼墓—墓葬藝術與遼代社會』, 北京: 文物出版社, 2008.

李淸泉, 「墓主夫婦"開芳宴"與唐宋墓葬風氣之變—以宋金時期的墓主夫婦對坐像爲中心」, 『第二屆古代墓葬美術研究國際學術會議論文』, 北京, 2011. 9.

李淸泉, 「"一堂家慶"的新意象—宋金時期的墓主夫婦像與唐宋墓葬風氣之變」, 巫鴻·朱靑生·鄭岩 主編, 『古代墓葬美術研究』 제2집, 長沙: 湖南美術出版社, 2013.

李淸泉, 「墓主像與唐宋墓葬風氣之變—以五代十國時期的考古發現爲中心」, 顔娟英·石守謙 主編, 『藝術史中的漢晉與唐宋之變』, 臺北: 石頭出版股份有限公司, 2014.

李獻奇·黃明蘭 主編, 『畫像磚石刻墓志研究』, 鄭州: 中州古籍出版社, 1994.

李浩, 『唐代園林別業考』, 西安: 西北大學出版社, 1996.

李洪甫,「連雲港市錦屛山漢畫像石墓」,『考古』1983년 제10기.

臨沂文化館,「山東臨沂金雀山九號漢墓發掘簡報」,『文物』1977년 제11기.

臨沂市博物館,「臨沂的西漢甕棺·磚棺·石棺墓」,『文物』1988년 제10기.

臨潼縣博物館,「臨潼唐慶山寺舍利塔基精室淸理記」,『文博』1985년 제5기.

林梅村,『漢唐西域與中國文明』,北京: 文物出版社, 1998.

林梅村,『古道西風—考古新發現所見中西文化交流』,北京: 生活·讀書·新知三聯書店, 2000.

林梅村,「稽胡史跡考—太原新出虞弘墓志的幾個問題」,『中國史硏究』2002년 제1기.

林巳奈夫,『漢代の神神』,京都: 臨川書店, 1989.

林巳奈夫,「後漢時代の車馬行列」,『東方學報』제37책(京都), 1996.

林聖智,「北朝時代における葬具の圖像と機能—石棺床圍屛の墓主肖像と孝子傳圖を例として」,『美術史』제154책, 2003.

林聖智,「北魏寧懋石室的圖像與功能」,國立台灣大學美術史硏究集刊編輯委員會 編,『美術史硏究集刊』제18기,臺北: 國立臺灣大學藝術史硏究所, 2005.

林聖智,「北朝晚期漢地粟特人葬具與北魏墓葬文化—以北魏石棺床圍屛與北齊安陽粟特石棺床爲主的考察」,『中硏院歷史語言硏究所集刊』第81本 第3分, 2010. 9.

林樹中,「江蘇丹陽南齊陵墓磚印壁畫探討」,『文物』1977년 제1기.

臨淄文物志 編輯組,『臨淄文物志』,北京: 中國友誼出版公司, 1990.

林通雁,「西漢霍去病墓石雕群的三個問題」,『美術觀察』, 2009년 제3기.

林通雁,「論西漢長安的陵墓雕塑藝術」,湯池 主編,『中國陵墓雕塑全集2·西漢』,西安: 陝西人民美術出版社, 2009.

棗莊市文物管理委員會·棗莊市博物館,「山東棗莊小山西漢畫像石墓」,『文物』1997년 제12기.

棗莊市文物管理委員會·棗莊市博物館,「山東棗莊市臨山漢墓發掘簡報」,『考古』2003년 제11기.

棗莊市博物館,「山東棗莊市渴口漢墓」,『考古學集刊』제14집,北京: 文物出版社, 2004.

磁縣文化館,「河北磁縣北齊高潤墓」,『考古』1979년 제3기.

磁縣文化館,「河北磁縣東魏茹茹公主墓發掘簡報」,『文物』1984년 제4기.

磁縣文化館,「河北磁縣東陳村北齊堯峻墓」,『文物』1984년 제4기.

張建林,「唐墓壁畫中的屛風畫」,『遠望集』編委會,『遠望集—陝西省考古硏究所華誕四十周年紀念文集 下卷』,西安: 陝西人民美術出版社, 1998.

張建林,「"屛風十二扇,畫鄣五三張"—唐墓壁畫中的"屛"與"鄣"」,第一屆古代墓葬美術硏究學術討論會論文,北京, 2009.

張廣達,「再讀晚唐蘇諒妻馬氏雙語墓志」,袁行需 主編,『國學硏究』제10권,北京: 北京大學出版社, 2002.

張廣達,『文本·圖像與文化流傳』,桂林: 廣西師範大學出版社, 2008.

長廣敏雄,『六朝時代美術の硏究』,東京: 美術出版社, 1969.

長廣敏雄,「漢代肖像化の精神史背景」,長廣敏雄,『中國美術論集』,東京: 平凡社, 1984.

張光直,「商城與商王朝的起源及其早期文化」, 張光直,『中國考古學論文集』, 臺北: 聯經出版事業公司, 1995.

張濤,『列女傳譯注』, 濟南: 山東大學出版社, 1990.

張俐,「論陝北東漢銘文刻石」, 朱靑生 主編,『中國漢畫研究』第2卷, 桂林: 廣西師範大學出版社, 2006.

張鵬,「勉世與娛情—宋金墓葬壁畫中的一桌二椅到夫婦共坐」, 巫鴻·鄭岩 主編,『古代墓葬美術研究』, 北京: 文物出版社, 2011.

張書田 主編,『中國名流叢書·洛陽卷』, 香港: 香港大學出版印務公司, 1995.

蔣英炬·吳文祺,「武氏祠畫像石建築配置考」,『考古學報』1981년 제2기.

蔣英炬,「漢代的小祠堂—嘉祥宋山漢畫像石的建築復原」,『考古』1983년 제8기.

蔣英炬,「略論曲阜"東安漢裏畫象"石」,『考古』1985년 제12기.

蔣英炬,「孝堂山石祠管見」, 南陽漢代畫像石學術討論會辦公室 編,『漢代畫像石研究』, 北京: 文物出版社, 1987.

蔣英炬·吳文祺,『漢代武氏墓群石刻研究』, 濟南: 山東美術出版社, 1995.

蔣英炬,「關於漢畫像石產生背景與藝術功能的思考」,『考古』1998년 제11기.

蔣英炬,「漢畫像石考古學研究絮語—從對武梁祠一故事考證失誤說起」, 山東大學考古學系 編,『劉敦願先生紀念文集』, 濟南: 山東大學出版社, 1998.

張倩儀,『魏晉南北朝升天圖研究』, 北京: 商務印書館, 2010.

張欣,「規制與變異—陝北漢代畫像石綜述」, 朱靑生 主編,『中國漢畫研究』第2권, 桂林: 廣西師範大學出版社, 2006.

田立坤,「袁臺子壁畫墓的再認識」,『文物』2002년 제9기.

錢鍾書,『管錐編』, 北京: 中華書局, 1979.

田眞一,「中國壁畫墓における墓主人の表現をめぐつて—昇仙から墓主宴飮圖へ—」, 徐光冀 總監修, 古田眞一 監修·翻訳,『中國出土壁畫全集』別卷, 東京: 科學出版社東京株式會社, 2012.

程林泉·張小麗 等,「西安北郊發現北周婆羅門後裔墓葬」,〈中國文物報〉2005년 10월 21일 제1판.

程林泉·張翔宇·張小麗,「西安北周李誕墓初探」, 中山大學 藝術史研究中心 編,『藝術史研究』제7집, 廣州: 中山大學出版社, 2005.

程林泉·張翔宇·山下將司,「北周康業墓志考略」,『文物』2008년 제6기.

鄭岩,「安丘董家莊漢墓立柱雕刻圖像考」, 山東大學歷史系考古敎研室 編,『紀念山東大學考古專業創建20周年文集』, 濟南: 山東大學出版社, 1992.

鄭岩·賈德民,「漢代臥駝銅鎭」,『文物天地』1993년 제6기.

鄭岩,「一幅珍貴的年畫」,『文物天地』1995년 제4기.

鄭岩·李清泉,「看時人步澀, 展處蝶爭來—談新發現的北京八里莊唐墓花鳥壁畫」,『故宮文物月刊』총158호(臺北), 1995. 5.

鄭岩,「墓主畫像研究」, 山東大學考古學系 編,『劉敦願先生紀念文集』, 濟南: 山東人學出版社, 1998.

鄭岩,「裝堂花新拾」,〈中國文物報〉2001년 1월 21일 제4판.

鄭岩, 「靑州北齊畵像石與入華粟特人美術—虞弘墓等考古新發現的啟示」, 巫鴻 主編, 『漢唐之間文化藝術的互動與交融』, 北京: 文物出版社, 2001.

鄭岩, 「論鄴城規制—漢唐之間墓葬壁畵的一個接點」, 中山大學 藝術史研究中心 編, 『藝術史研究』 제3집, 廣州: 中山大學出版社, 2001.

鄭岩, 『魏晉南北朝壁畵墓研究』, 北京: 文物出版社, 2002.

鄭岩, 「正面的馬, 背面的馬」, 『文物天地』 2003년 제9기.

鄭岩, 『中國表情—文物所見古代中國人的風貌』, 成都: 四川出版集團四川人民出版社, 2004.

鄭岩, 「關於漢代喪葬畵像觀者問題的思考」, 朱靑生 主編, 『中國漢畵研究』 제2권, 桂林: 廣西師範大學出版社, 2006.

鄭岩, 「"客使圖"溯源—關於墓葬壁畵研究方法的一點反思」, 陝西歷史博物館 編, 『唐墓壁畵國際學術研討會論文集』, 西安: 三秦出版社, 2006.

鄭岩·汪悅進, 『庵上坊—口述, 文字和圖像』, 北京: 生活·讀書·新知三聯書店, 2008.

鄭岩, 「中國古畵中馬兒的愛普松跑法」, 楊泓 等 著, 『馬的中國歷史』, 香港: 商務印書館, 2008.

鄭岩, 「壓在"畵框"上的筆尖—試論墓葬壁畵與傳統繪畵史的關聯」, 『新美術』 2009년 제1기.

程旭, 「長安地區新發現的唐墓壁畵」, 『文物』 2014년 제12기.

程旭·師小群, 「唐貞順皇後敬陵石槨」, 『文物』 2012년 제5기.

町田章 著, 勞繼 譯, 「南齊帝陵考」, 『東南文化』 제2집, 南京: 江蘇古籍出版社, 1987.

程征, 「爲冢象祁連山—霍去病墓石刻群總體設計之探討」, 『西北美術』 1984년 제2기.

鄭州市文物考古研究所·滎陽市文物保護管理所, 「河南滎陽萇村壁畵墓調查」, 『文物』 1996년 제3기.

井增利·王小蒙, 「富平新發現的唐墓壁畵」, 『考古與文物』 1997년 제4기.

鄭振鐸, 『中國俗文學史』, 上海: 上海人民出版社, 2006.

濟南市文化局·平陰縣博物館籌建處, 「山東平陰新屯漢畵像石墓」, 『考古』 1988년 제11기.

濟南市博物館, 「濟南市馬家莊北齊墓」, 『文物』 1985년 제10기.

濟寧市博物館, 「山東濟寧師專西漢墓群淸理簡報」, 『文物』 1992년 제9기.

濟寧地區文物組 等, 「山東嘉祥宋山1980年出土的漢畵像石」, 『文物』 1982년 제5기.

齊濤, 『絲綢之路探源』, 濟南: 齊魯書社, 1992.

趙文俊·於秋偉, 「山東沂南縣近年來發現的漢畵像石」, 『考古』 1998년 제4기.

趙瑞民·劉俊喜, 「大同沙嶺北魏壁畵墓出土漆皮文字考」, 『文物』 2006년 제10기.

趙聲良, 『敦煌壁畵風景研究』, 北京: 中華書局, 2005.

趙聲良, 「唐代壁畵中的水墨山水畵」, 陝西歷史博物館 編, 『唐墓壁畵國際學術研討會論文集』, 西安: 三秦出版社, 2006.

曹汛, 「北魏寧想石室新考訂」, 王貴祥 主編, 『中國建築史論匯刊』 제4輯, 北京: 淸華大學出版社, 2011.

趙春靑, 「洛陽漢塚靑銅羽人」, 『文物天地』 1993년 제5기.

趙超, 「漢代畵像石墓中的畵像布局及其意義」, 『中原文物』 1991년 제3기.

趙超, 「"二十四孝"在何時形成」, 『中國典籍與文化』 1998년 제1기.

趙超,「從南京出土的南朝竹林七賢壁畫談開去」,『中國典籍與文化』2000년 제3기.

趙超,「關於伯奇的古代孝子圖畫」,『考古與文物』2004년 제3기.

周紹良,『唐代墓志彙編(上冊)』, 上海: 上海古籍出版社, 1992.

周汝昌,「紅學的深思」, 文池 主編,『在北大聽講座(第三輯)─思想的魅力』, 北京: 新世界出版社, 2001.

朱蔚,「〈儀禮·士喪禮〉,〈既夕禮〉所反映的喪葬制度研究」, 廈門大學 碩士學位論文, 2008.

周一良,『魏晉南北朝史札記』, 北京: 中華書局, 1985.

重慶巫山縣文物管理所·中國社會科學院考古研究所 三峽工作隊,「重慶巫山縣東漢鎏金銅牌飾的發現與研究」,『考古』1998년 제12기.

中國社會科學院考古研究所 編,『新中國的考古發現和研究』, 北京: 文物出版社 1984.

中國社會科學院考古研究所 河南第二工作隊,「河南偃師杏園村東漢壁畫墓」,『考古』1985년 제1기.

中國社會科學院考古研究所·河北省文物研究所 鄴城考古工作隊,「河北臨漳鄴北城遺址勘探發掘簡報」,『考古』1990년 제7기.

中國社會科學院考古研究所·河北省文物研究所 鄴城考古工作隊,「河北臨漳鄴北城遺址勘探與發掘」,『考古』1997년 제3기.

中國社會科學院考古研究所 漢長安城工作隊·西安市漢長安城遺址保管所 編,『漢長安城遺址研究』, 北京: 科學出版社, 2006.

中國社會科學院 考古研究所 編著,『中國考古學·新石器時代卷』, 北京: 中國社會科學出版社, 2010.

中國社會科學院考古研究所,『中國考古學·秦漢卷』, 北京: 中國社會科學出版社, 2010.

中央美術學院 美術史系 中國美術教研室 編著,『中國美術簡史(新修訂本)』, 北京: 中國青年出版社, 2010.

曾藍瑩,「作坊·格套與地域子傳統─從山東安丘董家漢墓的制作痕跡談起」,『美術史研究集刊』(臺北) 제8집, 2000.

曾布川寬,「中國出土のソグド石刻畫像試論」, 曾布川寬 編,『中國美術の圖像學』, 京都: 京都大學 人文科學研究所, 2006.

陳健文,「先秦至兩漢胡人意象的形成與變遷」, 臺灣師範大學 歷史研究所 博士學位論文, 2005.

陳公柔,「士喪禮·旣夕禮中所記載的喪葬制度」,『考古學報』1956년 제4기.

陳公柔,『先秦兩漢考古學論叢』, 北京: 文物出版社, 2005.

陳履生,『神話主神研究』, 北京: 紫禁城出版社, 1987.

陳葆真,『〈洛神賦圖〉與中國古代故事畫』, 杭州: 浙江大學出版社, 2012.

陳聖爭·鵬宇·黃霖,「〈天淨沙·秋思〉作者及流傳新說」,『中國文學研究』2011년 제4기.

陳詩紅,「霍去病墓及其石雕的幾個問題」,『美術』1994년 제3기.

陳申·胡志川 等,『中國攝影史(1840~1937)』, 臺北: 攝影家出版社, 1990.

秦俑考古隊,「臨潼鄭庄秦石料加工場遺址調查報告」,『考古與物』1981년 제1기.

陳垣,「火祆教入中國考」,『國學季刊』제1권 제1호, 1923.

陳直,「陝西興平縣茂陵鎮霍去病墓新出上左司工石刻題字考釋」,『文物參考資料』1958년 제11기.

蔡鴻生,『唐代九姓胡與突厥文化』, 北京: 中華書局, 1998.

天水市博物館,「天水市發現隋唐屛風石棺床墓」,『考古』1992년 제1기.

焦波,『俺爹俺娘』, 濟南: 山東畫報出版社, 1998.

崔述,『考信錄提要(卷上)』,『崔東壁遺書』第1冊, 臺北: 河洛圖書出版社, 1975.

崔陳,「江安縣黃新龍鄕魏晉石室墓」,『四川文物』1989년 제1기.

秋山光和,「唐代敦煌壁畫中的山水表現」,『中國石窟·敦煌莫高窟5』, 北京·東京: 文物出版社·平凡社,
　　1984.

秋山進午·佟佩華 等,『鏡の中の宇宙』, 山口: 山口縣立萩美術館·浦上紀念館, 2005.

鄒城市文物管理局,「山東鄒城市臥虎山漢畫像石墓」,『考古』1999년 제6기.

鄒淸泉,『北魏孝子畫像研究』, 北京: 文化藝術出版社, 2007.

鄒淸泉,「維摩詰變相研究—中古『維摩詰經』的圖像演繹」, 北京: 中央美術學院人文學院 博士學位論文,
　　2009.

淄博市博物館·臨淄區文管所,「臨淄北朝崔氏墓地第二次淸理簡報」,『考古』1985년 제3기.

湯池,「西漢石雕牽牛織女辨」,『文物』1979년 제2기.

湯池,「東魏茹茹公主墓壁畫試探」,『文物』1984년 제4기.

土居淑子,『古代中國の畫象石』, 京都: 同朋舍, 1986.

馮寶琳,「記魯迅先生手繪的兩幅土偶圖」,『文物』1961년 제10기.

河南省文化局文物工作隊第二隊,「洛陽晉墓的發掘」,『考古學報』1957년 제1기.

河南省文物局文物工作隊 第一隊,「鄭州南關外北宋磚室墓」,『文物參考資料』1958년 제5기.

河南省文化局文物工作隊,「洛陽西漢壁畫墓發掘報告」,『考古學報』1964년 제2기.

河南省文物考古硏究所,「河南安陽固岸墓地考古發掘收穫」,『華夏考古』2009년 제3기.

夏名采,「靑州傅家北齊畫像石補遺」,『文物』2001년 제4기.

夏名采,「絲路風雨—記北齊線刻畫像」, 夏名采 主編,『靑州市文史資料選輯』第11집, 靑州, 1995(내부발
　　행).

河北省文化局文物工作隊,「洛陽西漢壁畫墓發掘報告」,『考古學報』1964년 제2기.

河北省石家莊市文保所,「石家莊發現漢代石雕裸體人像」,『文物』1988년 제5기.

賀西林,『古墓丹靑—漢代墓室壁畫的發現與硏究』, 西安: 陝西人民出版社, 2001.

賀西林,「北朝畫像石葬具的發現與硏究」, 巫鴻 主編,『漢唐之間的視覺文化與物質文化』, 2003.

賀西林,『寄意神工—古代雕塑』, 北京: 生活·讀書·新知三聯書店, 2008.

賀西林,「"霍去病墓"的再思考」,『美術硏究』2009년 제3기.

賀西林·李淸泉,『永生之維—中國墓室壁畫史』, 北京: 高等敎育出版社, 2009.

賀世哲,『敦煌圖像硏究·十六國北朝卷』, 蘭州: 甘肅敎育出版社, 2006.

何有祖,「山西興縣武慶夫婦墓所出元至大二年壁畫"時禮湧泉"孝行圖解讀」,『珞珈史苑』創刊號, 武漢:
　　武漢大學出版社, 2011.

賀梓成,「唐墓壁畫」,『文物』1959년 제8기.

賀昌群,「三種漢畫之發現」,『文學季刊』創刊號, 1934년 1월.

夏超雄, 「孝堂山石祠畫像年代及主人試探」, 『文物』 1984년 제4기.

韓小囡, 「宋代墓葬裝飾研究」, 山東大學 博士學位論文, 2006.

韓若春, 「西漢霍去病墓側新發現兩块"左司工"題記石」, 『考古與文物』 1993년 제1기.

韓偉, 「北周安伽墓圍屏石榻之相關問題淺見」, 『文物』 2001년 제1기.

韓偉東·劉學連, 「臨淄石刻擷萃」, 『書法叢刊』 2007년 제6기.

向達, 「唐代俗講考」, 向達, 『唐代長安與西域文明』, 北京: 生活·讀書·新知三聯書店, 1957.

邢義田, 『秦漢史論稿』, 臺北: 東大圖書公司, 1987.

邢義田, 「漢代壁畫的發展和壁畫墓」, 邢義田, 『秦漢史論稿』, 臺北: 東大圖書公司, 1987.

邢義田, 「漢碑·漢畫和石工的關系」, 『故宮文物月刊』(臺北) 제14권 제4기, 1996.

邢義田, 「漢代畫像內容與榜題的關系」, 『故宮文物月刊』 총161호(臺北), 1996. 8.

邢義田, 「格套·榜題·文獻與畫像解釋—以失傳的"七女爲父報仇"漢畫故事爲例」, 邢義田 主編, 『中世紀
    以前的地域文化·宗敎與藝術』(中硏院第三屆國際漢學會議論文集歷史組), 2002: 邢義田, 『畫爲心聲: 畫像
    石·畫像磚與壁畫』, 北京: 中華書局, 2011.

邢義田, 「允文允武: 漢代官吏的典型—"郡縣時代的封建餘韻"考論之一」, 『中央研究院歷史語言研究所
    集刊』 第75本 第2分, 2004: 「允文允武: 漢代官吏的一種典型」, 邢義田, 『天下一家—皇帝·官僚與社
    會』, 北京: 中華書局, 2011.

邢義田, 『畫爲心聲: 畫像石·畫像磚與壁畫』, 北京: 中華書局, 2011.

胡廣躍·朱衛華, 「濟寧肖王莊石槨畫像及相關問題」, 中國漢畫學會·四川博物院 編, 『中國漢畫學會第
    十二屆年會論文集』, 香港: 中國國際文化出版社, 2010.

湖南省博物館, 「長沙(砂)子塘西漢墓發掘簡報」, 『文物』 1963년 제2기.

湖南省博物館, 「新發現的長沙戰國楚墓帛畫」, 『文物』 1973년 제7기.

湖南省博物館, 「長沙子彈庫戰國木槨墓」, 『文物』 1974년 제2기.

洪晴玉, 「關於冬壽墓的發現和研究」, 『考古』 1959년 제1기.

華玉氷, 「試論秦始皇東巡的"碣石"與"碣石宮"」, 『考古』 1997년 제10기.

黃瓊儀, 「漢畫中的秦始皇形象」, 臺北: 臺灣大學歷史學研究所 碩士學位論文, 2006.

黃明蘭, 「洛陽出土一件線刻碑座」, 『考古與文物』 1986년 제4기.

黃明蘭 主編, 『畫像磚石刻墓志研究』, 鄭州: 中州古籍出版社, 1994.

黃展岳, 「中國西安·洛陽漢唐陵墓的調査與發掘」, 『考古』 1981년 제6기.

黃展岳, 「漢代諸侯王墓論述」, 『考古學報』 1998년 제1기.

淮陰市博物館·泗陽縣圖書館, 「江蘇泗陽打鼓墩樊氏畫像石墓」, 『考古』 1992년 제9기.

黑光, 「西安漢太液池出土一件巨型石魚」, 『文物』 1975년 제6기.

A. Bulling, "Three Popular Motives in the Art of the Eastern Han Period: The Lifting of the Tripod, the
    Crossing of a Bridge, Divinities", *Archives of Asian Arts*, 20, 1996~1997.

Audrey Spiro, *Contemplating the Ancients*, Berkeley: University of California Press, 1990.

Albert E. Dien, "Observations Concerning the Tomb of Master Shi," *Bulletin of the Asia Institute*, vol.17, 2003.

Albert E. Dien, "The Tomb of the Sogdian Master Shi: Insights into the Life of a Sabao," *Silk Road*, vol.7, 2009. 8.

Ann Paludan, *Chinese Spirit Road: The Classical Tradition of Stone Tomb Statuary*, New Haven and London: Yale University Press, 1991.

Annette L. Juliano and Judith A. Lerner, "Cultural Crossroad: Central Asian and Chinese Entertainers on the Miho funerary Couch", *Orientations,* 1997. 10.

Arthur Waley, *An Introduction to the Study of Chinese Painting*, New York: Grove Press, 1923.

Arthur Waley, *A Catalogue of Paintings Recovered from Tun-huang by Sir Aurel Stein*, London: British Museum, 1931.

Audrey Spiro, *Contemplating the Ancients*, University of California Press, 1990.

Britt Haarløv, *The Half-Open Door: A Common Symbolic Motif within Roman Sepulchral Sculupture*, Odense University Press, 1977.

Carl Hentz, "Les influences étrangères dans le monument de Houo-Kiu-ping", *Artibus Asiae*, Vol.1, no.1, 1925.

Carl W. Bishop, "Notes on the Tomb of Ho Ch'ü-Ping", *Artibus Asiae*, vol.3, no.1, 1928-1929.

Craig Clunas, *Art in China*, Oxford and New York: Oxford University Press, 1997.

Donald Sasoon, *Becoming Mona Lisa: The Making of a Global Icon*, San Diego, New York and London: Houghton Mifflin Harcourt, Inc., 2001.

Elfriede Regina Knauer, *The Camel's Load in Life and Death: Iconography and Ideology of Chinese Pottery Figurines from Han to Tang and their Relevance to Trade along the Silk Routes,* Zürich: AKANTHVS, Verlag Für Archaologie, 1998.

Ellen Johnston Laing, "Patterns and Problems in Later Chinese Tomb Decoration", *Journal of Oriental Studies*, 16, nos.1·2, 1978.

Ellen Johnston Laing, "China 'Tartar' Dynasty(1115~1234) Material Culture", *Artibus Asiae,* no.49,1·2, 1988·89.

Eugene Wang, "Coffins and Confucianism: The Northern Wei Sarcophagus in the Minneapolis Institute of Arts," *Orientations,* 30, no.6, 1999.

Eugene Wang, "Refiguring: The Visual Rhetoric of the Sixth-Century Northern Wei 'Filial Piety' Engravings," in *GuKaizhi and the Admonitions Scroll*, Shane McCausland ed., London: The British Museum Press & Percival David Foundation of Chinese Art, 2003.

Eugene Y. Wang and Zheng Yan, "Romancing the Stone: An Archway in Shandong", *Orientations*, vol.35, no.2, 2004.3; 鄭岩·汪悅進(Eugene Wang), 『庵上坊─口述, 文字和圖像』, 北京: 生活·讀書·新知三聯書店, 2008.

Eugene Y. Wang, "Mirror, Moon, and Memory in Eighteen-century China: From Dragon Pond to Lunar Palace", *Cleveland Studies in the History of Art*, vol. 9, no. 1, 2005.

Eugene Y. Wang, "Ascend to Heaven or Stay in the Tomb? Paintings in Mawangdui Tomb 1 and the Virtual Ritual of Revival in the Second-Century B.C.E. China", in *Mortality in traditional Chinese Thought*, Amy Olberding and Philip Ivanhoe, eds., Albany: SUNY, 2011.

Frantz Grenet and Riboud, "A Reflection of the Hephtalite Empire: The Biographical Narrative in the Reliefs of the Tomb of the Sabao Wirkak(494-579)," *Bulletin of the Asia Institute*, vol.17, 2003.

Frantz Grenet, et al., "Zoroastrian Scenes on a Newly Discovered Sogdian Tomb in Xi'an, Northern China," *Studia Iranica*, 33.2, 2004.

Gisèle Croës, *Ritual Objects and Early Buddhist Art*, Brussels: Gisèle Croës, 2004.

Guitty Azarpay, "Some Iranian Iconographic Formulae in Sogdian Painting", *Iranica Antiqua*, XI.

Gustina Scaglia, "Central Asians on a Northern Ch'i Gate Shrine," *Artibus Asiae*, vol. XXI, 1, 1958.

James C. Y. Watt, ed., *The World of Khubilai Khan: Chinese Art in the Yuan Dynasty*, New Haven and London: Yale University Press, 2010.

Jean Lartigue, "Au tombeau de Houo-k'iu-Pimg", *Artibus Asiae*, no.2, 1927.

Jean M. James, *An Iconographic Study of Two Late Han Funerary Monuments: The Offering Shrine of the Wu Family and the Multichamber Tomb at Holinger*, Ph.D dissertation, the University of Iowa, 1983.

John C. Ferguson, "Tomb of Ho Ch'ü-ping", *Artibus Asiae*, vol.3, no.4, 1928-1929.

Jessica Rawson ed., *Mysteries of Ancient China: New Discoveries from the Early Dynasties*, London: British Museum Press, 1996.

Ju-hsi Chou(周汝式), *Circles of Reflection: The Carter Collection of Chinese Bronze Mirrors, Cleveland*, OH, Cleveland Museum of Art, 2000.

Judith Lerner, "Central Asians in Sixth-Century China: A Zoroastrian Funerary Rite," *Iranica Antiqua*, XXX, 1995.

Judith A. Lerner, "Aspects of Assimilation: The Funerary Practices and Furnishings of Central Asians in China", *Sino-Platonic Papers,* 168, 2005.

Judith Lerner, "Zoroastrian Funerary Beliefs and Practices Known from the Sino-Sogdian Tombs in China," *The Silk Road*, Volume 9, 2011.

Kim Lena, *Koguryo Tomb Murals*, Seoul: ICOMOS-Korea, Culture Properties Administration, 2004.

Kojiro Tomita, *Portfolio of Chinese Paintings in the Museum(Han to Sung Periods)*, Boston, 1933.

Laurence Sickman & Alexander Soper, *The Art and Architecture of China*, Penguin Books Ltd, 1956.

Lillian Lan-ying Tseng, "Visual Replication on Political Persuasion: The Celestial Image in Yuan Yi's Tomb", 巫鴻 主編, 『漢唐之間的視覺文化與物質文化』, 北京: 文物出版社, 2003.

Lydia Thomson, *The Yi'nan Tomb: Narrative and Ritual in Pictorial Art of the Eastern Han(25-220 C. E.)*, Ph. D. dissertation, New York: New York University, 1998.

Martin Powers, "Pictorial Art and its Public in Early Imperial China", *Art History*, vol.7, no.2, 1984.

Maxwell K. Hearn, "Painting and Calligraphy under the Mongols," James C. Y. Watt, ed., *The World of Khubilai Khan: Chinese Art in the Yuan Dynasty*, New Haven and London: Yale University Press, 2010.

Munakata Kiyohiko, "Concepts of Lei and Lan-lei in Early Chinese Art Theory", in Susan Bush and Christian Murck eds., *Theories of the Arts in China*, Princeton: Princeton University Press, 1983.

Michael Sullivan, *Chinese Landscape Painting in the Sui and Tang Dynasties*, Berkeley, Los Angeles, London: University of California Press, 1980.

Nancy Frazier, *The Penguin Concise Dictionary of Art History*, New York: Penguin Group, Penguin Putnam Inc., 2000.

Otto Fischer, *Die Chineseische Malerei der Han-Dynastie,* Berlin: Neff Verlag, 1931.

Paul R. Goldin, "The Motif of the Woman in the Doorway and Related Imagery in Traditional Chinese Funerary Art", *Journal of the American Oriental Society*, vol. 121, no.4, 2001. 10~12.

Robert L. Throp and Richard Ellis Vinograd, *Chinese Art and Culture*, New York: Harry N. Abrams, Inc., 2001; 杜朴·文以誠 著, 張欣 譯, 『中國藝術與文化』, 北京: 世界圖書公司, 2011.

Sherman E. Lee, *A History of Far Eastern Art*, New York: Prentice Hall, Inc. and Harry N, Abrams, Inc.

Stanley K. Abe, "From Stone to Sculpture: The Alchemy of the Modern" in *Treasures Rediscovered: Chinese Stone Sculpture from the Sackler Collections at Columbia University*, Miriam and Ira D. Wallach Art Gallery, Columbia University in the City of New York, 2008.

Susanne Greiff, Yin Shenpping, *Das Grab des Bin Wang: Wandmalereien der Ostlichen Han-zeit in China*, Verlag des Romisch-Germanischen Zentralmuseums in Kommission bei Harrassowitz Verlag·Wiesbaden, Mainz, 2002.

Victor Segalen, "Premier Exposé des resultats archéologiques obtenu dans la Chine occidentale par la mission Gilbert de Voisins, Jean Lartigue et Victor Segalen(1914)", *Journal Asiatiques,* mai-juin, 1915.

Victor Segalen, "Recent Discoveries in Ancient Chinese Sculpture", *Journal of the North-China Branch of the Royal Asiatic Society*, vol.48(Shanghai), 1917.

Victor Segalen, "Gilbert de Voisins and Jean Lartigue, Mission archéologique en Chine(1914)", *Geunther*(Paris), vol.1, 1923-35.

Wei-Cheng Lin, "Underground Wooden Architecture in Brick: A Changed Perspective from Life to Death in 10th-through 13th-Century Northern China", *Archives of Asian Art,* 61(1), 2011. 10.

Wilma Fairbank, "A Structural Key to Han Mural Art", *Harvard Journal of Asiatic Studies*, 7, no.1, 1942.4; Wilma Fairbank, *Adventures in Retrieval*, Cambridge, Massachusetts: Harvard University Press, 1972.

Wilma Fairbank, "The Offering Shrines of 'Wu Liang Tz'u'", in *Adventures in Retrieval*, Cambridge, mass: Harvard University Press, 1972.

Wilma Fairbank and Kitano Masao(北野正男), "Han Mural Paintings in the Pei-Yuan Tomb at Liao-yang, South Manchuria", *Artibus Asiae*, 17, no.3/4, 1954; Wilma Fairbank, *Adventure in Retrieval*,

Cambridge, Massachusetts: Harvard University Press, 1972.

William Watson, *The Arts of China to AD900*, New Haven and London: Yale University Press, 1995.

Wu Hung, "Buddhist Elements in Early Chinese Art(2nd and 3rd Century AD)", *Artibus Asiae*, vol.47, no.3/4, 1986: 巫鴻, 「早期中國藝術中的佛教因素(2-3世紀)」, 巫鴻 著, 鄭岩·王睿 編, 『禮儀中的美術—巫鴻中國古代美術史文編(下)』, 北京: 生活·讀書·新知三聯書店, 2005.

Wu Hung, *The Wu Liang Shrine: The Ideology of Early Chinese Pictorial Art*, Stanford: Stanford University. Press, 1989; 巫鴻 著, 柳揚·岑河 譯, 『武梁祠—中國古代畫像藝術的思想性』, 北京: 生活·讀書·新知三聯書店, 2006.

Wu Hung, "What is Bianxiang變相?—On the Relationship between Dunhuang Art and Dunhuang Literature" *Harvard Journal of Asiatic Studies*, 52.1, 1992.

Wu Hung, *Monumentality in Early Chinese Art and Architecture*, Stanford: Stanford University Press, 1995: 李清泉·鄭岩 等 譯, 『中國古代藝術與建築中的"紀念碑性"』, 上海: 世紀出版集團上海人民出版社, 2009.

Wu Hung, *The Double Screen: Medium and Representation in Chinese Painting*, Chicago and London: University of Chicago Press, 1997: 文丹 譯, 黃小峰 校, 『重屏: 中國繪畫中的媒材與再現』, 上海: 上海人民出版社, 2010: 서성 역, 『그림 속의 그림』, 이산, 1999.

Wu Hung, "Art in Its Ritual Context: Rethinking Mawangdui", *Early China* 17, 1992: 陳星燦 譯, 「禮儀中的美術—馬王堆再思」, 鄭岩·王睿 編, 『禮儀中的美術—巫鴻中國古代美術史文編(上卷)』, 北京: 生活·讀書·新知三聯書店, 2005.

Wu Hung, *The Art of the Yellow Springs: Understanding Chinese Tombs*, Honolulu: University of Hawaii Press, 2009.

Yang Xin, Richard M. Barnhart, Nie Chongzheng, James Cahill, Lang Shaojun and Wu Hung, *Three Thousand of Chinese Painting*, New Haven and London: Yale University Press; Beijing: Foreign Languages Press, 1997.

Ying-shih Yu, *Views of Life and Death in Later Han China*, Ph. D. Dissertation, Harvard University, 1962.

Zheng Yan, "Sarcophagus Tombs in Eastern China and the Transformation of Han Funerty Art"(translated by Marianne P Y Wong and Shi Jie) *RES: Journal of Anthropology and Aesthetics*, 61/62, 2012.

색인